양명학연론

陽明學演論

양명학연론

陽明學演論

본심이 감통하는 따뜻한 세상

정인보 저 | 한정길 역해

규장각 026
새로 읽는
우리 고전

아카넷

‘규장각 고전 총서’ 발간에 부쳐

　고전은 과거의 텍스트이지만 현재에도 의미 있게 읽힐 수 있는 것을 이른다. 고전이라 하면 사서삼경과 같은 경서, 사기나 한서와 같은 역사서, 노자나 장자, 한비자와 같은 제자서를 떠올린다. 이들은 중국의 고전인 동시에 동아시아의 고전으로 군림하여 수백 수천 년 동안 그 지위를 잃지 않았지만, 때로는 자신을 수양하는 바탕으로, 때로는 입신양명을 위한 과거 공부의 교재로, 때로는 동아시아를 관통하는 글쓰기의 전범으로, 시대와 사람에 따라 그 의미는 동일하지 않았다. 지금은 이들 고전이 주로 세상을 보는 눈을 밝게 하고 마음을 다스리는 방편으로서 읽히니 그 의미가 다시 달라졌다.

　그러면 동아시아 공동의 고전이 아닌 우리의 고전은 어떤 것이고 그 가치는 무엇인가? 여기에 대한 답은 쉽지 않다. 중국 중심의 보편적 가치를 지향하던 전통 시대, 동아시아 공동의 고전이 아닌 조선의 고전이 따로 필요하지 않았기에 고전의 권위를 누릴 수 있었던 우리의 책은 많지 않았다. 이 점에서 우리나라에서 고전은 절로 존재하였던 과거형이 아니라 새롭게 찾아 현재적 가치를 부여하면서 그 권위가 형성되는 진행형이라 하겠다.

　서울대학교 규장각한국학연구원은 법고창신의 정신으로 고전을 연구하는 기관이다. 수많은 고서 더미에서 법고창신의 정신을 살릴 수 있는 텍스트를 찾아 현재적 가치를 부여함으로써 새로운 고전을 만들어가는 일을 하여야 한다. 그간 이러한 사명을 잊은 것은 아니지만, 기초적인 연구를 우선할 수밖에 없는 현실로 인하여 우리 고전의 가치를 찾아 새롭게 읽어주는 일을 그다지 많이 하지 못하였다. 이제 이 일을 더 미룰 수 없어 규장각한국학연구원에서는 그간 한국학술사 발전에 큰 기여를 한 대우재단의 도움을 받아 '규장각 새로 읽는 우리 고전 총서'를 기획하였다. 그 핵심은 이러하다.

　현재적 의미가 있다 하더라도 고전은 여전히 과거의 글이다. 현재는 그 글이 만들어진 때와는 완전히 다른 세상이다. 더구나 대부분의 고전은 글 자체도 한문으로 되어 있다. 과거의 글을 현재에 읽힐 수 있도록 하자면 현대어로 번역하는 일은 기본이고, 더 나아가 그 글이 어떠한 의미가 있는지를 꼼꼼하고 친절하게 풀어주어야 한다. 우리 시대 지성인의 우리 고전에 대한 갈구를 이렇게 접근하고자 한다.

'규장각 새로 읽는 우리 고전 총서'는 단순한 텍스트의 번역을 넘어 깊이 있는 학술 번역으로 나아가고자 한다. 필자의 개인적 역량에다 학계의 연구 성과를 더하여, 텍스트의 번역과 동시에 해당 주제를 통관하는 하나의 학술사, 혹은 문화사를 지향할 것이다. 이를 통하여 우리의 고전이 동아시아의 고전, 혹은 세계의 고전으로 발돋움할 수 있기를 기대한다.

기획위원을 대표하여 이종묵이 쓰다.

차례

일러두기

1. 글을 싣는 순서는 번역-해설-원문 순이다.
2. 원문은 저자 정인보가 《동아일보》에 연재한 기사를 저본으로 삼아 오식과 오류를 바로잡고 해설의 구획에 맞추어 나누어 실었다. 기사의 순서는 연재순이지만 구획이 게재 분량과 일치하는 것은 아니다.
3. 원문의 강조는 신문 연재에서 저자의 강조다.

본심이 감통하는 따뜻한 세상을 위하여

1. 위당 정인보의 삶과 학문

한국의 근대사는 동북아시아가 직면한 '서구문화에의 대응'이라는 공통의 과제 이외에도 '국권 회복'이라는 민족의 특수한 과제를 안고 있었다. 이러한 시대적 과제를 '본심(本心)' 환기와 민족혼인 '조선의 얼'을 되살림으로써 해결하고자 했던 인물이 바로 위당(爲堂) 정인보(鄭寅普, 1893~1950)다.

오천 년 조선 역사의 운명이 '본심 회복'에 달려 있다고 본 위당은 그 본심 회복의 방법을 양명학에서 찾는다. '본심의 양지대로 살라'는 양명학의 가르침이 조선인의 마비된 본심을 되살리는 데 유효하다고 본 것이다. 위당에게서 양명학은 자신의 삶을 이끌어가는 지도 이념으로서만이 아니라, 조선 민중의 복리를 도모하고 국권을 회복할 수 있는 사상으로 기능하고 있다.

위당의 집안과 소론계 가학(家學)

위당의 어렸을 적 이름은 경시(景施)이고, 자는 경업(經業)이며, 호는 담원(薝園) · 위당(爲堂) · 미소산인(薇蘇山人)이다. 그는 동래(東萊) 정씨 가운데서도 회동(會洞) 정씨라고 불리던 명문가 출신이다. 이 회동 정씨 가문에서 선조 때 좌의정 정유길(鄭惟吉), 인조 때 좌의정 정창연(鄭昌衍), 인조 · 효종 · 현종 때 영의정 정태화(鄭太和) 등 모두 12명의 재상이 배출되었으며, 정유길의 직손 가운데서는 한성판윤이 14명, 부마가 둘이나 나왔다. 헌종 때 영의정을 지낸 정원용(鄭元容)이 바로 위당의 증조부다. 조부 정기년(鄭基年)은 장락원정(掌樂院正)과 부평부사(富平府使)를 지냈고, 아버지 정은조(鄭誾朝)는 장예원부경(掌禮院副卿)과 호조참판(戶曹參判)을 지냈다.

위당 일가는 1903년(위당 11세)에 경기도 양근[양평]으로 낙향하고, 1907년에는 다시 충북 진천(鎭川)으로 거처를 옮긴다. 당시 진천은 소론계의 반향(班鄕)으로서, 강화에서 200년 동안 계승되어 오던 조선양명학이 새롭게 싹을 틔우던 곳이다. 위당은 진천에 머무는 동안 집안 어른인 정인표(鄭寅杓, 1855~1935)에게서 『주역』을 배웠다. 정인표는 평상시에 월암(月巖) 이광려(李匡呂, 1720~1783)를 해동고표(海東高表)로 우러르고 있었는데, 이광려는 조선의 대표적인 양명학자인 하곡(霞谷) 정제두(鄭齊斗, 1639~1736)의 학문을 이어받은 강화학파(江華學派)의 일원이었다. 이러한 정황으로 보면 위당은 어려서부터 소론계의 가학인 양명학을 접하고 있었음을 알 수 있다.

난곡 이건방과의 만남

위당의 삶에서 가장 중요한 사건은 난곡(蘭谷) 이건방(李建芳, 1861~1939)과의 만남이다. 난곡은 정제두로부터 발원하여 강화학파를 통해 내려오는 한국양명학의 정수를 이어받아 위당에게 전수한 인물이다. 그는 「조선유학과 왕양명」이라는 글을 《동아일보》에 1933년 4월 15일부터 6월 12일까지 8회에 걸쳐 연재하면서, '양명학이야말로 공자의 적통이요, 당시 유학계의 병통을 치유할 수 있는 신묘한 약'이라고 주장한 바 있다. 위당이 나라 잃은 민족의 아픔을 통렬히 느끼고 양명학을 통해 당대의 시대적 과제를 해결하려고 한 것도 모두 난곡의 가르침에 힘입은 것이다.

경술년(1910) 나라를 잃은 두 달 뒤인 10월에 당시 18세이던 위당은 난곡의 제자가 된다. 그는 난곡을 처음 만났을 때의 광경을 다음과 같이 서술한다.

> "아직도 삼삼해라 경술 그해 밤에 재동댁 찾아뵙던 일. 외로운 등불 아래 횃닭이 울도록 숨겨둔 깊은 아픔을 내게 말씀하셨지. 이 뒤부터는 님 향한 마음 날로 깊어서 임 따르기 기약했네. 엎드러지건 자빠지건 동서건 남북이건."(『담원문록』 중, 「祭蘭谷李先生文」)

난곡은 위당을 처음 만났을 때 그동안 자신이 남에게 드러내놓고 말하지 못했던 '숨겨둔 깊은 아픔[隱痛]'을 다 꺼내 보여주었다. 그 은밀한 아픔이 어떤 아픔인지는 짐작하기 어렵지 않다. 나라 잃은 백성의 곤고를 느끼는 데서 오는 아픔이요, 세상을 구제하고자 하는 우환에서 오는 슬픔인 것이다. 우리가 위당과 난곡의 만남에 주목해야 하는 이유는 위당이 난곡을 만나면서 그 아픔을 함께하고, 세상을 구하는 데 뜻을 세웠기 때문이다. 엎드러지건 자빠지건 어떻게 해서든지, 동서남북 어디에 있든지, 오직 난곡의 뜻을 받들어 세상을 구원하리라는 다짐이 난곡과의 만남을 통하여 이루어지고 있다. 위당은 난곡을 만남으로 해서 자신이 평생 지향해야 할 삶의 이정표를 확고하게 세울 수 있었던 것이다.

상해로의 외유와 참된 진리의 길에 대한 탐색

젊은 시절 위당의 행적 가운데 또 하나 주의하여 살펴볼 것은 상해로의 외유다. 1913년 2월 말 위당은 벽초(碧初) 홍명희(洪命熹)와 함께 상해를 방문하여 그해 9월 말까지 체류한다. 그곳에서 위당은 단재(丹齋) 신채호(申采浩), 호암(湖巖) 문일평(文一平), 춘원(春園) 이광수(李光洙), 예관(睨觀) 신규식(申圭植), 창강(滄江) 김택영(金澤榮) 등을 만나 그들과 함께 구국의 문제를 논하고 동제사(同濟社)에 참여하게 된다.

상해 체류기 동안 위당의 행적에서 주목할 만한 것으로 두 가지를 들수 있다. 하나는 상해에 망명해 있던 민족주의 사상가들과의 만남이다. 특히 단재 신채호와의 만남은 그 후 위당의 삶의 역정에서 볼 때 매우 중요한 의미를 지닌다. 위당은 훗날 단재의 「조선사연구초」에 영향을 받아 '조선사 연구'를 하게 된다. 또 하나는 중국양명학자와 국학자의 학문을 접한 것이다. 이에 관하여 위당의 제자인 민영규는 "상해 생활 반 개년에 위당과 장병린(章炳麟), 그리고 회계산(會稽山)의 풍광(風光)이 어느 정도로 서로 교차될 수 있었던지 이에 관해서 남겨진 기록은 아직 없다. 다만 내수동(內需洞, 지금의 需昌洞) 위당의 거실에는 황종희(黃宗羲), 장학성(章學誠), 그리고 장병린(章炳麟)의 문집들이 언제나 가지런하게 선생의 머리맡에 정리되어 있었다고 한다. 이것은 절동학파(浙東學派) 일색으로 불러도 좋을 이들의 학문에 대한 접촉이 있었음을 입증한다고 하겠다. 훗날 위당이 국학을 강조하게 된 것도 장병린의 학문에서 영향을 받은 바 크다"(「爲堂 鄭寅普선생의 行狀에 나타난 몇 가지 문제점實學原始」)고 말한다.

상해 외유에서 돌아온 뒤로 위당은 10여 년 동안 학문을 닦는 일에 몰두한다. 그를 진리 탐구에 매진하게 한 것도 역시 난곡이었다. 위당은 상해 외유에서 돌아와 난곡을 찾아뵈었을 때 받았던 가르침을 다음과 같이 술회한다.

"외유에 지쳐 돌아오자 뜻이 타락했다 꾸짖지 않으시고 더욱 날 전진토록 옛말로 빗대어 고달픔 잊게 하셨네. '머뭇거리기도 하고 돌기도 하며 더러는 면면하여 더디기도 하여 쇠북이나 경쇠처럼 이리저리 감돌다가 멀리 참의 경지 따라 가야느니라.' 이 말씀 이미 내 귀가 취할 지경인데 서론을 더욱 넓히시되, '자질구레함만 궁구치 말고 반드시 큰길을 앞세워야 하느니라. 고루 닮는다 하더라도 형체와 정신은 달라야 한다. 그윽한 데서

뽑아내어야 두드러지게 남을 감동시키는 법이니라.'"(『담원문록』 중, 「祭蘭
谷李先生文」)

위당은 중국에 갈 때 '세상을 구제하려는 큰 뜻'을 품고 있었다. 그런
데 위당은 중국 외유에서 자신의 뜻을 실현할 수 있는 길을 찾지는 못
한 듯하다. 오히려 중국에서 돌아왔을 때는 처음 품었던 뜻조차 위축되
어 있었다. 그럼에도 난곡은 위당의 뜻이 타락했다고 꾸짖지 않고, 오
히려 '머뭇거리기도 하고 돌기도 하며 더러는 면면하여 더디기도 하여
쇠북이나 경쇠처럼 이리저리 감돌다가 멀리 참의 경지 따라 가야 하느
니라'라고 말한다. 자신이 품은 뜻을 실현하기 위해서 어떤 길을 가야
하는지, 그 길을 찾기란 그리 쉬운 일이 아니다. 어떤 때는 지금 만난
이 길이 내가 가야 할 길이 맞는가를 살피기 위해서 머뭇거리기도 하
고, 어떤 때는 '아! 이 길이 맞는다'고 판단해서 갔는데 막상 가보니 자
기가 가야 할 길이 아니라서 돌아오기도 하며, 더러는 그 길이 엉겨 있
어서 천천히 가야 하기도 하고, 어떤 경우에는 정신없이 이리저리 감돌
기도 한다. 그것이 바로 우리네 인생살이다. 그렇지만 아무리 어렵더라
도 '참된 진리의 길[眞際]'을 구하여 좇아가도록 해야 한다는 것이다. 난
곡은 위당에게 '중국 외유에서 그가 가야 할 길을 찾지 못했다고 낙심
하지 말고, 참된 진리의 길을 구하여 좇도록 하라'고 권고한 것이다. 그
러면서 난곡은 참으로 귀중한 가르침을 한마디 더 보탠다. '자질구레함
만 궁구치 말고 반드시 큰길을 앞세워야 하느니라. 고루 닮는다 하더라
도 형체와 정신은 달라야 한다. 그윽한 데서 뽑아내어야 두드러지게 남

을 감동시키는 법이니라.' 난곡은 위당에게 '자잘한 길을 찾지 말고 반드시 큰길을 가야 한다. 앞선 이들이 터놓은 그 큰길을 가면서 그들을 고르게 본받지만, 자기만의 독특한 형체와 정신을 발휘해야 한다'고 가르치고 있다. 이렇게 해서 위당은 세상을 구제하고자 하는 자신의 큰 뜻을 실현하기 위해서 중국에 망명하여 독립운동을 하고 있는 이들과 똑같이 행동할 필요는 없다는 것을 알게 되었으리라. 이제 위당은 자신이 독특하게 지닌 형체와 정신을 발휘하면서 자신의 뜻을 실현할 수 있는 길을 찾아야 했다. 상해 외유를 마치고 돌아온 이후 10여 년 동안 위당은 특별한 사회활동은 접은 채 자신의 형체와 정신을 제대로 발휘할 수 있는 길을 탐색하고, 남을 감동시킬 수 있는 내면의 그윽한 정신 역량을 키워나간다. 한마디로 이 10여 년의 기간은 자신의 독특한 형체와 정신을 표현해 낼 수 있는 힘을 배양한 시기였다고 할 수 있다.

연희전문학교와 위당의 국학

위당은 1923년(31세)에 연희전문학교 전임교수로 초빙되어 1937년까지 15년 동안 교육과 연구에 전념한다. 그 제자인 홍이섭의 회고에 의하면 위당은 "한문학 시간에 사서, 『사기』 열전, 연암의 글, 『두시언해』도 강해해 주셨고, 조선문학으로 『청구영언』을 그리고 『조선문학원류』 강의를 해주셨다. 그 사이사이에 얘기하신 한국 고사의 변정론 단편이라든지 양명학에 대한 짧은 논평은 강석의 한구석을 색 달리 채워주셨다"(『홍이섭전집』 8, 「위당 선생님과 국학연구」)고 한다. 이로써 보면 위당이 당시에 담당했던 강의 과목은 한문학과 조선문학이 중심이었음을 알 수 있다. 사학이나 철학은 공식적인 강의 과목에는 포함되지 않고 문학을 강의하는 사이사이에 언급하였을 뿐이다.

위당은 국학을 매우 강조하였다. 서구의 문명이나 일본의 압제에 대응할 수 있는 내면의 힘을 국학 연구를 통해서 키우려고 한 때문이다. 전통적으로 보유하고 있는 조선의 고유한 역사와 문화를 재정리하여 민족의 주체성을 확립하지 않고서는 나라와 민족의 명맥을 유지하기 어렵다고 본 것이다. 위당은 해방되던 이듬해 국학대학(國學大學)을 창설하고 국학대학장을 역임한 바 있다. 국학을 강조하는 위당의 뜻은 당시 연희전문에서 교편을 잡던 최현배·백남운·백낙준과도 공유되었고, 그리고 그 제자인 홍이섭·민영규 등에게 전해졌다. 연세대학교는 1977년 그 부설연구기관으로 국학연구원을 설립하여, 국학을 강조하는 학풍을 이어가고 있다.

'조선고서해제'와 성호·다산 연구에 나타난 실학의 정신

위당은 많은 저술을 남기고 있다. 그 가운데 대표적인 것으로는 1929년 『성호사설』을 간행하면서 낸 성호 이익을 소개한 글, 1931년의 '조선고서해제' 18편, 1834~1835년 사이에 이루어진 다산 관련 저술, 1933년의 『양명학연론』, 1935년의 『오천 년간 조선의 얼』 등을 들 수 있다. 이 저술들에 나타난 위당의 학문정신과 그 의의는 무엇인지를 살펴볼 필요가 있다.

먼저 '조선고서해제'는 조선후기 국학 관련 저술 18편을 간략히 해제한 것이다. 그 해제 과정에서 위당은 근세 조선학에 대한 새로운 인식의 지평을 열게 된다. 그것은 바로 17~18세기로 접어들면서 기존의 주자학과는 그 성격을 달리하는 일련의 학문적 흐름이 있었다고 보는 것이다. 그 흐름의 특징은 '시(是)·진(眞)·실(實)'을 추구하는 실학(實學)이라는 점에 있다. 위당이 '조선고서해제'를 통하여 세상에 드러내고자 한 인물들은 대부분 소론 계열의 학자들과 근기 남인계열의 학자들이다. 위당은 이들의 학문을 '실학'이라는 하나의 학문 범주로 묶는다. 그는 특히 성호 이익과 다산 정약용의 학문을 깊이 연구하고, 그들이 '실사구시'를 추구하고, '실(實)'로 '부실(不實)'을 대체하고자 한 실학자였음을 드러낸다. 그런데 위당은 그들이 실학을 하게 된 데에는 세상을 구제하고자 하는 평생의 고민과 아픔이 가슴속에 진하게 흐르는 참된 혈맥[眞血脈]이 있었기 때문이라고 주장한다. 실학의 근저에 민중에 감통하는 실심이 있었다고 보는 것이다.

조선후기 학술에 대한 위당의 이러한 인식은 그 이후 조선후기 학술을 연구하는 이들에게 실로 지대한 영향을 끼친다. 1930년대 이후로 오늘날까지 조선후기 학술을 연구하는 이들이 대부분 '조선후기 실학'이라는 하나의 고유한 학문 영역을 설정하고 있는데, 그것은 기본적으로 위당의 관점에 입각한 것이다.

위당은 조선후기 실학자들에 대한 소개와 연구를 통해 지하에 갇혀 있던 그들을 광복시켰다. 그들에게서 발견되는 실학정신이 국권을 회복하고 민생을 이롭게 하는 모든 활동의 본보기가 될 수 있기를 바란 것이다. 그러나 이 실학정신을 강조하는 것만으로는 조선인의 마음을 일깨울 수 없다. 조선인의 마음을 일깨우기 위해서는 직접 마음의 문제를 다루지 않을 수 없다. 위당은 양명학을 대중에게 널리 소개함으로써 이 문제를 해결하고자 한다. 그래서 이루어진 것이 『양명학연론』이다.

『양명학연론』에 나타난 본심감통(本心感通)의 정신

위당은 『양명학연론』의 저술 동기를 '실심 환성(喚醒)'에서 찾는다. 양명학을 통하여 민중(民衆)의 실심(實心)을 불러 깨움으로써 민족의 시대적 과제를 해결하려고 한 것이다. '실심'이란 '우리가 타고난 본밑 마음', 즉 본심이다. 본심은 육체의 제약을 넘어서서 타자(他者)에 감통(感通)하여 그와 하나가 되는 역량을 지닌다. 조선인(朝鮮人)이라면 전 조선인(全朝鮮人)으로서의 아픔과 가려움을 함께 느끼는 것, 그것이 바로 본심의 감통이다. 위당은 '감통'에 본심의 생명이 달려 있다고 본다. 그래서 그는 "본심이란 감통(感通)에서 살고 간격(間隔)에서 죽는다"고 말한다. 이 한마디는 그야말로 전 조선인을 향한 외침이다. 그 외침은 차라리 절규에 가깝다. 수백 년 조선의 피비린내 나는 역사와 그 망국의 현실이 모두 '기사(己私)'에 의한 간격(間隔)'에서 빚어졌음을 애통해하고 '본심(本心)의 감통(感通)'을 부르짖는 처절한 절규인 것이다. '본심에 의한 민중과의 감통'은 바로 당시 도탄에 빠져 있던 조선의 민중을 구제하려는 강력한 구세 정신의 표현이라고 하겠다. '본심감통(本心感通)' 네 글자는 그야말로 위당학문의 종지라고 평가할 만하다.

『오천 년간 조선의 얼』에 나타난 조선인의 민족적 정체성

위당은 양명학을 통해 민중들의 본심을 불러 깨움으로써 국권 회복이라는 민족의 시대적 과제를 해결하고자 했다. 그런데 이와 더불어 진행해야 할 일이 있었다. 바로 조선민족의 자긍심을 회복하는 일이었다. 위당은 조선사에 대한 연구를 통하여 조선인의 긍지를 살리고자 한다. 일찍이 단재의 민족주의 사관에 영향을 받은 위당은 그 이념을 계승하여 오천 년간 조선의 역사를 새롭게 규명하는 일에 착수한다. 그것이 바로 1935년 1월 1일부터 12월 30일까지 《동아일보》에 연재한 『오천 년간 조선의 얼』이다.

위당은 조선의 민족적 정체성을 조선인을 조선인답게 하는 정신에서 찾는다. 그리고 그 정신을 '조선의 얼'이라는 개념으로 표현한다. 조선인의 정체성을 조선인의 '민족정신'에서 찾고 있다는 점에서 위당의 역사관은 정신사관이라고 할 수 있다.

위당이 말하는 '얼'은 '어떤 사람이 그 사람으로 존재할 수 있는 참된 근거', '남과 구분되는 자기 정체성'으로서의 정신을 의미한다. '자기의 고유한 정체성'인 이 얼은 사람이라면 누구나가 다 선천적으로 지니고 있다. 그런데 위당은 이 얼을 단순히 개인적 차원으로만 한정하지 않는다. 위당은 그것을 민족의 차원에까지 확대한다. 따라서 얼은 개인의 고유한 정신만이 아니라, 어떤 민족이 고유하게 공유하고 있는 '민족정신'을 가리키는 개념으로 그 범위가 확장된다. '조선의 얼'이라는 말은 바로 '조선민족이 고유하게 지니고 있는 민족정신'을 가리키는 차원에서 이루어진 개념이다. 조선인에게는 조선인의 고유한 민족정신이 있는데, 그것이 바로 '조선의 얼'이라는 것이다. 조선의 얼은 조선민족의 고유한 정체성을 구성하는 것이기에 그것은 시간과 공간의 제약을 뛰어

넘을 수 있다. '조선의 얼'이라는 개념을 통해서 위당은 조선민족을 하나로 묶어내고 있다. 이제 조선의 역사란 바로 '조선의 얼'을 지닌 조선민족이 겪어온 주체적인 역사가 된다. '조선의 얼'이 전개된 역사, 그것이 바로 조선사인 것이다. 따라서 '오천 년간 조선의 얼'은 조선사에 대한 연구를 통해서 밝힐 수 있게 된다. 오천 년이라는 유구한 세월 동안 조선민족이 살아오면서 남긴 삶의 자취에서 생생하게 살아 있는 '조선의 얼'을 밝힘으로써 당대인에게 민족적 자긍심을 심어주고자 한 것이다. 그러나 안타깝게도 위당의 이 야심 찬 기획은 일제의 《동아일보》 정간 조치로 조선고대사 연구에 머물고 만다.

우리는 여기에서 '얼'과 '양지'의 관계를 언급할 필요가 있겠다. 이 양자의 관계를 규명하는 일은 곧 위당의 양명학 연구와 조선사 연구의 내재적인 연관을 밝히는 것이기 때문이다. 얼과 양지를 동일한 것으로 오해하는 이들이 있지만, 위당에게서 얼과 양지는 분명히 구별된다. 위당은 얼과 양지의 차이를 다음과 같이 말한다.

> "저로서의 판별함은 이 이른바 양지라. 본디 가진 자연한 앎이로되 저로서 시타함을 구차히 남 따라서 비타 하고, 저로서 부당타 함을 구차히 남 따라서 당타 하므로 마침내 제 얼을 자수하지 못하는 것이니, 날라 창광망행이 저로서가 아님에 있다. 저로서에 있는 것이 아니다."(『薝園鄭寅普全集』 3, 「조선사연구」, 9쪽)

'저를 저답게 하는 것'은 얼이다. 반면에 '저를 저답게 하는 것이 무엇인지를 판별하는 것', 즉 '자기의 얼'을 판별하는 것이 바로 양지다. 따라서 '제 얼'을 지키려면 양지가 제 기능을 발휘해야 하고, '조선의 얼'을 지키려면 조선인이 자기의 '본심 양지'를 불러 깨워서 제 기능을 발휘할 수 있도록 해야 한다. 위당은 양명학을 통하여 조선인의 본심을 환기시킴으로써 조선인이 '조선의 얼'을 지킬 수 있게끔 한 것이다. 위당은 『오천년간 조선의 얼』을 통하여 조선인의 고유한 민족정신을 규명함으로써 조선인으로 하여금 민족적 자긍심을 가질 수 있도록 했으며, 『양명학연론』을 통하여 조선인의 본심을 환기시킴으로써 조선인으로 하여금 조선의 얼을 지키고 민족의 복리 증진과 국권 회복에 나서도록 했던 것이다.

1930년대 후반부터 일제의 탄압이 더욱 심해졌다. 대학에서도 일본어로 하는 강의만 허용하자 위당은 교직에서 물러나 오랜 칩거에 들어간다. 1945년 해방 이후 위당은 정치활동에 참여하여 대한민국 정부의 초대 감찰위원장직을 맡은 바 있으며, 또 국학대학을 창립하여 국학대학 학장을 역임하였다. 1950년 한국전쟁 당시에 북한군에 의해 납북되었고, 그해 11월 하순에 사망한 것으로 알려져 있다.

2. 『양명학연론』의 구성과 주요 내용

『양명학연론』은 1933년 9월 8일부터 12월 17일까지 《동아일보》에 66회에 걸쳐 연재되었다. 그 뒤 장준하 선생이 백낙준 박사의 추천으로 《동아일보》에 실린 내용을 필사하여, 《사상계》 1953년 6월 호(58쪽)와 7월 호(53쪽)에 전문을 나누어 게재하였으며, 1955년 8월 20일 문교사(文

敎社)에서 『담원국학산고(薝園國學散藁)』를 간행하면서 제4편에 실었다. 그 뒤 1972년 7월 31일 삼성문화재단에서 『양명학연론』을 단행본으로 간행하였고, 1983년 연세대학교 출판부에서 『담원정인보전집(薝園鄭寅普全集)』 6권을 간행하면서 제2권에 수록하였다.

『양명학연론』은 모두 7장으로 구성되어 있다. 제1장은 「논술의 연기」, 제2장은 「양명학이란 무엇인가」, 제3장은 「양명본전」, 제4장은 「대학문」·「발본색원론」, 제5장은 「양명문도급계기한 제현」, 제6장은 「조선양명학파」, 제7장은 「후기」다.

제1장에서는 『양명학연론』을 서술하게 된 까닭을 밝히고 있다. 그것은 한마디로 양명학을 소개함으로써 조선 민중의 '실심'을 불러 깨우기 위함이다. 그럼 위당은 왜 조선 민중의 '실심'을 불러 깨우려고 한 것일까? 여기에는 조선의 역사와 당대의 현실에 대한 위당의 인식과 구세 방안이 놓여 있다. 위당은 과거 조선의 수백 년간의 역사와 당대 수십 년간의 조선인의 삶의 자취가 모두 '허(虛)와 가(假)'의 전개라고 비판한다. 그리고 그 원인을 '실심'과 무관하게 외물의 이치를 탐구하는 길을 연 주자학이 사람들의 '자사념'을 키워온 데서 찾는다. 위당은 '자사념', 즉 '자기의 이익만 도모하려는 일념'이 바로 조선이 역사적으로 지니고 있는 온갖 난치병의 뿌리요, 조선의 구원은 이 병근을 제거함으로써만 가능하다고 본다. 그리고 이를 제거하려면 실심을 환기(喚起)해야 한다고 주장한다. 위당은 '실심' 환기의 한 방법으로 양명학을 널리 소개하여 조선 민중의 '실심'을 불러 깨워 조선인의 오랜 병근인 '자사념'을 제거함으로써 전 조선인으로 하여금 당대의 시대적 과제인 조선 민중의

복리를 도모하고 국권을 회복하는 데 나서도록 한 것이다.

　제2장에서는 양명학의 학문 종지인 치양지와 그 주요 이론인 심즉리설·지행합일설·천지만물일체설들을 소개함으로써 양명학이 타고난 본심 양지 그대로 조금의 거짓도 없이 살아가려는 공부임을 밝힌다. 위당은 먼저 주자학과 구분되는 양명학의 학문 종지가 치양지에 있음을 강조한다. 그는 주자학과 양명학의 근본적 차이가 『대학』의 '격물치지'에 대한 해석에서 나타난다고 본다. 주자는 '격물치지'를 사물에 나가서 그 이치를 탐구하는 것으로 보는 반면에, 양명은 마음을 바로잡음으로써 양지를 실현하는 것으로 본다. 그리고 이 해석의 차이는 개인의 내적 생활만이 아니라, 세상에 끼치는 영향이 매우 크다고 주장한다. 주자의 설에 따르면 공부가 마음 밖으로 향하게 되고, 백성을 새롭게 하는 것과 자신의 덕을 밝히는 것이 두 가지의 일로 분리된다. 반면 양명학에서는 공부가 마음을 벗어나지 않으며, 백성을 친하는 것이 바로 자신의 덕을 밝히는 마음 안의 일이 된다. 백성을 친한다는 것은 자신의 마음이 백성에 감통하여 그들의 아픔과 곤고를 자신의 아픔과 곤고로 느끼는 것이다. 위당은 양명학에서 말하는 본심 양지가 백성과 만물에 감통하는 능력을 지니고 있음에 주목한다. 이것을 그는 '애틋함'으로 표현한다. 그런데 본심의 애틋함은 만물을 한 몸으로 여기지만, 그 실천 과정에는 경중(輕重)과 후박(厚薄)이 있다. 남의 부모보다는 내 부모를, 다른 민족보다는 내 민족을, 다른 나라보다는 내 나라를 중하게 여겨서 먼저 두텁게 사랑하는 것이다. 이 경중과 후박이 없고서는 애틋함의 참된 핏줄을 찾을 수 없다. 조선인이라면 무엇보다 먼저 조선인의 아픔과

가려움을 함께 느껴서 조선인의 복리를 도모해야 하고, 내 나라와 적을 구분하여 잃어버린 국권을 회복해야 한다. 위당이 양명의 천지만물일체설을 소개하면서 천지만물을 한 몸으로 여기는 '애틋함'에 경중후박이 있음을 특별히 강조한 것은 조선 민중의 복리를 도모하고 잃어버린 국권을 회복하고자 한 때문이다.

그런데 본심 양지대로 민물(民物)에 감통하며 살기 위해서는 이 본심 양지가 자기에게 있음을 먼저 확인해야 한다. 이에 대해 위당은 아주 명쾌한 답변을 제시한다. "저 홀로 저만 아는 속에 스스로 속이지 못할 곳이 있거든, 분명하거든 양지로 알라"는 것이다. 자기에게 돌이켜 보아 '스스로 속일 수 없는 곳'이 있거든 그것이 바로 본심인 양지라는 것이다. 이처럼 위당은 누구라도 쉽게 자기 안에서 체험적으로 본심을 확인할 수 있는 방법을 제시함으로써 양명학에 쉽게 접근할 수 있는 길을 열어놓고 있다. 이렇게 되면 사람이라면 누구나 자기 안에서 체험적으로 확인된 '본심'을 일체의 것을 판단하는 기준으로 삼을 수 있다. 양명이 제시하는 학설의 타당성 여부도 우리의 본심에 비추어 그 옳고 그름을 판단할 수 있을 뿐만 아니라, 비록 양명학의 개념을 사용하지는 않지만 그가 드러내는 정신이나 삶의 자취로 보아 본심에 의거한 것이 분명할 때는 그를 양명학자로 분류할 수 있게 된 것이다. 실제로 위당은 이 방법을 통하여 조선의 양명학파를 찾아낸다. 이처럼 본심을 '일진무가(一眞無假)'로 수렴한 것은 우리가 양명학을 주체적으로 이해할 수 있는 길을 열어주었다는 점에서 의미가 있다.

제3장에서는 왕양명의 인물과 그 행적을 소개한다. 왕양명의 젊은

시절 학문 변천 과정과 경세에 대한 관심, 용장오도, 도찰원좌첨도어사(都察院左僉都御史)로 남감(南贛)을 순무하면서 거둔 업적, 신호(宸濠)의 반란 진압, 양광 지역의 변란 평정, 사구교의 가르침, 삶을 마칠 때 남긴 '오심광명(吾心光明)'이라는 유언들을 서술한다. 왕양명은 '삼불후(三不朽)'를 다 이룬 인물로 평가된다. '삼불후'란 세 가지 썩지 않는 것으로서, 입덕(立德)·입언(立言)·입공(立功)이 그에 속한다. 입덕이란 덕행을 펼친 것이요, 입언이란 새로운 학설을 세운 것이요, 입공이란 사공의 업적을 거둔 것을 가리킨다. 양명은 자기 내면에서 양지라는 밝은 덕을 발견하였고, 평생토록 이 덕을 실천하며 산 사람이다. 그의 교육활동과 정치활동이 모두 이 덕을 밝히는 실천 과정이었다고 할 수 있다. 양명은 또 양명학이라는 자신의 독자적인 학문을 수립하였다. 그런데 양명의 남다른 면모는 사공 방면에서 거둔 빛나는 업적이다. 양명이 거둔 사공의 업적으로 대표적인 것이 산중의 도적을 소탕한 것과 신호의 반란을 진압한 것, 그리고 이민족의 변란을 평정한 일이다. 위당은 왕양명의 행적을 소개하면서 이 사공의 업적을 보다 자세히 소개한다. 그것은 양명학이 공허한 학문이 아니라, 사공 방면에서도 실질적인 효과를 가져다주는 학문임을 보여주고자 한 것이다.

제4장에서는 양명학의 주요 이론이 담긴 「대학문(大學問)」과 「발본색원론(拔本塞源論)」을 해설하고 있다. 「대학문」은 『대학』에 대한 양명의 평생 연구 성과가 응축된 글이다. 거기에는 '대인지학'의 의미, 명덕(明德)에 대한 새로운 규정, 명명덕과 친민의 관계, 명덕과 친민의 최고준칙으로서의 지선(至善), '물유본말(物有本末)'에 대한 해석, '격물·치지·

성의 · 정심 · 수신'에 대한 양명의 새로운 해석들이 담겨 있다. 「대학문」은 양명학의 주요 이론이 담긴 글이기에 위당이 양명학을 소개하면서 「대학문」을 뽑은 것은 지극히 당연하다.

양명학에 대한 위당 이해의 특징은 「발본색원론」을 해설한 데서 잘 드러난다. 위당은 「발본색원론」에서 쟁탈의 원인을 진단하고, 그것을 해결하는 방법을 발견한다. 바로 '간격(間隔)'과 '감통(感通)'이다. 천고 사태의 변화를 간단히 개괄해서 말하면 '감통'에서 다스림이 이루어지고, '간격'에서 혼란이 생긴다는 것이다. 양명은 「발본색원론」에서 쟁탈의 원인을 '자사(自私)'와 '물욕(物欲)'에서 찾는다. '자사'는 스스로를 사적 존재로 인식하는 사적 자아의식이며, '물욕'은 외부의 것을 내 것으로 만들고자 하는 욕구다. 양명은 '자사'로 말미암아 너와 나 사이에 거리가 생기고, '물욕'으로 인해 너와 나 사이가 가로막힌다고 본다. '자사'와 '물욕'으로 인해 너와 나 사이에 '간격'이 생기면, 이로부터 대립과 갈등 및 투쟁이 발생한다. 그것이 격화되면 혈육을 나눈 사이임에도 서로 해치게 된다. '자사'와 '물욕'에서 온갖 쟁탈과 혼란이 발생한다고 보는 것이다. 따라서 쟁탈을 해결하기 위해서는 '자사'와 '물욕'을 근원적으로 제거해야 한다. 그러면 본심 양지가 본래 지니고 있는 감통 기능이 발휘된다. 양명은 본심 양지는 다른 사람의 아픔과 괴로움을 자신의 아픔과 괴로움으로 여기는 감통 능력을 지닌 것으로 본다. 다른 사람이나 사물에 감통하여 그것을 애틋하게 여기는 데서 양지가 살아난다. 이 양지의 감통 기능을 발휘하면 만인이 자기 재능을 실현하고 서로 화락(和樂)하게 지내는 대동사회에 도달할 수 있다. '감통'과 '간격'은 위당이 인간 사회의 쟁탈 원인을 진단하고 그 해법으로 제시한 두 개의 핵심어다. 위당은 이것들을 양명의 「발본색원론」에서 간취해 낸 것이다.

제5장에서는 양명 후학들의 인물과 사상을 소개하고 있다. 여기에서 위당이 다루고 있는 인물들은 서애, 기원형, 전덕홍, 왕기, 왕간과 그를 이은 태주학파 학자들, 나홍선, 유종주, 손기봉, 황종희, 이옹 등이다. 이 글은 중국양명학사를 간략하게 기술한 것이지만, 중국양명학을 이해하는 위당의 관점을 뚜렷하게 드러내고 있다. 위당은 먼저 양명 후학들의 학문적 다양성에 주목한다. 양명 후학들은 비록 양명을 따라서 배웠지만 깨달음은 모두 자기 마음에서 구하였기 때문에 각기 홀로 얻은 것이 있다. 위당은 양명 후학들의 사상을 소개하면서 이 점을 밝히는 데 주력한다. 서애는 양명 문하의 안연이라고 일컫는 수제자로서, 양명의 초기 사상을 충실히 계승한 인물이다. 기원형의 경우는 학문적으로 두드러진 점이 없음에도 위당은 그를 특별히 소개하고 있다. 이것은 '속이지 않음[不欺]'을 자기 학문의 중심으로 삼는 기원형의 학문 종지가 그의 구체적 삶 가운데서 실현되고 있음을 드러내고자 한 것이다. 위당은 삶과 학문이 분리되지 않는 양명학의 정채(精彩)를 기원형을 통해 보여주고자 했다.

중국양명학에 대한 위당 이해의 특성이 잘 나타나고 있는 부분은 전덕홍과 왕기의 사구교 논쟁에 대한 평가다. 위당은 사구교에 대한 전덕홍의 이해가 일반 대중을 대상으로 하는 가르침으로 적합하다고 본다. 즉 일반 대중에게는 마음이 드러날 때 부정한 마음을 바로잡는 공부가 절실히 요구된다고 본 것이다. 위당은 또 '무선무악(無善無惡)'을 심지체

(心之體)'로 규정하는 왕기의 견해를 부정하지 않는다. 이 점은 유종주나 황종희가 왕기의 무선무악설을 비판한 것과 궤를 달리하는 것이다. 그들은 '무선무악을 심지체'로 규정한 것은 왕양명의 가르침이 아니라 왕기가 지어낸 것이라고 본다. 그러나 위당은 그것을 양명의 가르침으로 인정한다. 중국양명학에 대한 이해에서 위당은 많은 부분 황종희의 『명유학안』에 의존하고 있다. 그러나 무선무악에 대한 이해에 있어서는 황종희를 따르지 않고 독자적인 관점을 취하고 있다. 이런 점은 왕간과 태주학파에 대한 이해에서도 드러난다.

황종희는 왕간과 태주학파를 왕문학안(王門學案)이 아니라, 별도의 태주학안에서 다룬다. 그는 태주학파로 인해 양명학이 널리 유행했지만, 또 그로 인해 양명학이 쇠퇴하게 되었다고 본다. 그런데 위당은 태주학파 학인들이 민중에 감통하여 그들을 구제하고자 했던 적극적 구세 활동을 높이 평가한다. 위당은 그들과 같은 구세 활동이 당시 조선에도 절실히 요구된다고 본 것이다.

한편 위당은 나홍선이 양지현성파에서 천리와 인욕을 뒤섞어 제멋대로 행동하는 것을 막기 위하여 내면의 고요하고 적막한 데서 사욕을 낱낱이 찾아 제거하는 공부를 제시한 것과, 유종주가 자기 홀로 아는 그윽한 곳에서의 공부를 강조한 점을 긍정적으로 평가한다. 그러나 위당은 이들이 제시하는 공부법이 일반인이 따라 행하기에는 어려움이 있다는 점을 문제로 지적한다.

위당은 또 손기봉, 황종희, 이옹을 양명학자로 평가한다. 그러나 황종희 이외에 손기봉과 이옹까지 양명을 계승한 인물로 보는 이들은 드물다. 그럼에도 위당이 이들을 양명학을 계승한 인물로 본 데에는 까닭이 있다. 바로 명말 청초의 난세를 헤쳐나간 그들의 삶의 모습에서 양지가 생생하게 살아 움직이고 있음을 본 때문이다. 위당은 그들이 '그만두고자 해도 그만둘 수 없는 길'을 간 것으로 본다. 그들이 걸어간 삶의 구체적인 족적은 다를지라도 양지의 명령에 따른 것이라는 점에서는 동일하다는 것이다. 그래서 위당은 이 세 사상가의 학술을 상세히 소개하기보다는 양지에 따른 그들의 삶의 모습을 서술하는 데 관심을 기울인다.

제6장에서는 조선양명학파의 인물과 사상을 소개하고 있다. 이 글의 가장 큰 공적은 그동안 숨어 있던 조선의 양명학자들을 찾아내어 '조선양명학파'라는 하나의 학파로 묶어서 서술했다는 점이다. 양명학이 이단으로 배척되어 양명학자로 자처하기 어려웠던 조선의 학술 상황에서 양명학자를 발굴하기 위해서는 양명학자인지의 여부를 판별하는 기준이 있어야 한다. 위당이 지닌 판별 기준은 간명하다. 어떤 이가 드러내는 정신이나 삶의 자취가 실심에 의거한 것이 분명하다면 그를 양명학자로 간주한다는 것이다. 이것은 '일진무가(一眞無假)'를 양명학의 본질로 보았기 때문에 가능한 일이었다. 이러한 기준에 입각하여 위당은 조선양명학파를 발굴하고, 그들을 세 가지 부류로 분류한다. 하나는 뚜렷한 저서가 있다든지 분명히 증거할 만한 논설이 있어서 양명학파라고 하기에 의심이 없는 이들이요, 하나는 양명학을 비난한 말이 있는데 앞뒤를 종합해 보면 이는 교묘하게 속이는 말일 뿐이고 속으로는 양명학을 주장하던 것을 가릴 수 없는 이들이요, 하나는 양명학을 일언반구 언급한 적이 없지만 그 평생 주장의 핵심이 되는 정신을 보면 양명학임

을 알 수 있는 이들이다. 첫 번째 부류에 속하는 이들로는 최명길, 장유, 정제두, 이광신, 김택수, 이진병을 들고 있고, 두 번째 부류에 속하는 이들로는 이광사, 이영익, 이충익을 들고 있으며, 세 번째 부류에는 홍대용을 소속시키고 있다.

위당의 이 글은 그 내용상 몇 가지 특징을 지닌다. 첫째는 정제두의 사상을 깊이 있게 서술함으로써 그가 조선양명학파의 대종(大宗)일 뿐만 아니라 중국의 그 어떤 양명학자와 비교하더라도 손색이 없음을 밝혔다는 점이다. 둘째는 정제두의 문인 제자들과 그 후학들의 학문을 폭넓게 서술함으로써 그들을 장차 '강화학파'로 묶을 수 있는 단서를 제공했다는 점이다. 셋째는 최명길과 장유, 특히 최명길이 양명학자임을 최초로 밝혔다는 점이다. 최명길을 양명학자로 지목한 문헌 자료가 전무한 상황에서 그를 양명학자로 판별해 낸 것은 위당이 처음이다. 위당 이후로 최명길은 조선의 대표적인 양명학자로 평가되고 있다. 넷째는 홍대용을 양명학자로 간주한 점이다. 그런데 오늘날 연구가들 가운데 홍대용을 양명학자로 여기는 이들은 많지 않다. 여기에서 양명학자를 판별하는 위당의 기준이 어느 정도 타당한가의 문제가 제기될 수 있다.

제7장 「후기」에서는 『양명학연론』을 저술하게 된 내적 동기와 그 목적을 재차 언급하고 있다. 그 저술 동기에는 '위당의 마음속 깊이 쌓인 울분'이 자리하고 있다. 그 울분은 당대 조선의 현실에 대한 인식에서 온 것이다. 당시 조선의 현실은 이념이나 주의에 얽매이고, 사욕을 추구하느라 서로 간격이 생겨 다투고 있었다. 위당이 『양명학연론』을 저술한 목적은 바로 이러한 현실을 구제하기 위해서다. 그는 민중에 감통

하는 역량을 지닌 본심을 불러 깨움으로써 현실을 구제하고자 했다.

3. 『양명학연론』의 의의

『양명학연론』은 몇 가지 측면에서 의의를 지닌다.

첫째는 한국양명학에 대한 위당의 연구가 지니는 연구사적 의의다. 위당은 조선의 양명학자들을 발굴하고 그들을 조선양명학파라는 하나의 학파로 묶어냄으로써 한국사상사에서 양명학이 차지하는 자리를 확보하고 있다. 이 작업은 그동안 정제두와 그 문인 제자들을 중심으로 암암리에 전해지던 조선양명학을 한국사상사를 구성하는 주요 사상으로 등장시켰다는 점에서 의의가 있다. 위당 이후로 조선양명학파라는 말은 학계에서 자연스럽게 사용되기에 이른다. 이능화의 「조선유계지 양명학파」(《청구학총》 25, 1937)와 고교형의 「조선의 양명학파」(《조선학보》 제4집, 1953)라는 논문이 대표적이다. 현대의 연구가들도 대체로 조선양명학에 대한 위당의 연구를 따르고 있다.

둘째는 중국양명학에 대한 위당의 연구가 지니는 연구사적 의의다. 먼저 주자학과 구분되는 양명학의 종지를 분명히 밝혔으며, 양명이 사공 방면에서 거둔 공적에 주목함으로써 양명학이 경세학으로 기능할 수 있음을 보여주었다. 양명 후학에 관한 논술에서도 그들의 학문만이 아니라 그 구체적인 삶을 함께 조명함으로써 삶과 학문이 분리되지 않는 양명학의 정채를 드러내고 있다. 또 마음공부를 중시하는 이들의 학설을 부각시키고, 민중에 감통하는 마음을 적극적으로 실천했던 태주학파 학인들의 구세 활동을 망라하여 다룸으로써 공부와 실천을 중시하는 양명학의 특성을 드러내고 있다.

셋째는 양명학을 당시의 현실 문제를 해결할 수 있는 사상으로 제시하고 있다는 점이다. 위당은 당시 사람들 사이의 대립과 갈등 및 투쟁이 '자사'와 '물욕'으로 인한 간격에서 비롯되는 것으로 본다. 그리고 본심의 감통을 중시하는 양명학을 통하여 현실 문제가 해결될 수 있다고 주장한다. 양명학이 경세 방면에서 실질적인 효과를 발휘할 수 있다고 본 것이다. 이 점은 당시 한국의 대표적인 양명학자였던 난곡 이건방이나 백암 박은식과 인식을 같이한다. 그들도 양명학을 통해 당시 조선의 병폐를 치유할 수 있다고 본다.

넷째는 『양명학연론』이 지니는 현대적 의의가 적지 않다는 점이다. 오늘날 우리가 직면하고 있는 현실은 위당 당시보다 더 심각한 상황이다. 같은 민족이 남과 북으로 분열되어 있고, 정치이념상에서 보수와 진보로 분열되어 갈등과 혼란을 일으키고 있으며, 가진 자와 가지지 못한 자 사이의 양극화 현상이 심화되어 온 사회에 불만과 시기가 팽배해 있으며, 개인이나 집단이 자기의 이익을 추구하기 위하여 서로 다투고 배척하고 있으며, 인간의 이익을 위하여 그 삶의 터전인 자연을 파괴하고 있다. 개인과 개인, 개인과 집단, 집단과 집단, 인간과 자연과의 관계가 모두 '간격'과 '배척'으로 점철되어 있을 뿐이다. 상호 간의 공감과 소통이 그 언제보다 절실히 요구되는 시대를 우리는 살고 있다. 본심으로 감통하여 따뜻한 세상을 만들라는 위당의 외침이 오늘날에도 여전히 유효한 것이다.

1
이 글을
쓰게 된 까닭

01

양명학 논술의 동기

어떤 글이든지 글을 쓰는 사람으로서는 그 글을 볼 사람에게 마음 들여 보아주기를 바라는 것은 공통된 것이다. 그러나 그 바람도 종류에 따라서 심할 때도 있고 좀 덜할 때도 있는데, 내가 지금 이 글을 쓰면서 바란다는 것만으로는 내 심정을 말하기에는 오히려 부족하다. 곧 간절히 빌고자 하며 기원하고자 한다.

오호라. 과거 수백 년 동안 조선의 역사는 실로 '허(虛: 빔)와 가(假: 거짓)'가 만들어낸 자취다. 최근 수십 년 동안 풍속이 점점 변함에 따라 삼척동자라도 이전 사람의 잘못을 지적할 줄 안다. 그러나 이전 사람을 공격하면서 여전히 그 자취를 다시 따르고 있지 않은가? 이 말에 대해서는 누구나 반대할 것이다.

첫째로 "수백 년 동안 조선의 역사가 오직 '허와 가'의 자취라니 그 럴 수가 있나?"고 할 것이다. 이러한 반대가 있기 전에 나도 지나친 말 인 줄 안다. 지나친 줄 알면서 왜 이런 말을 하는가? 내가 지나치다고 하는 것은 사실에 있어서 지나치다고 하는 것이 아니다. 말이 좀 예의 에서 벗어나 과격함에 가깝다는 것이다. 그러나 한 걸음 나아가 말하면 근거 없는 말로 거짓되게 꾸미지 않고 사실을 사실대로 밝히는 것이 오 히려 과거에 대한 예의가 아닐까? 앞에서 대략적으로 한 말을 차차 따 져서 설명하겠다.

수백 년 동안의 역사를 자세히 나열하지 않고 우선 큰 자취만 들어 보자. 조선 말기를 결말로 해서 말한다면 이른바 당쟁이요 살육이요 세 도(勢道)이니, 지는 쪽은 죽여 없애버리고, 죽이고 나면 세력이 한쪽으 로 모인다. 이렇게 엎치락뒤치락하는 동안에 만사 이미 끝장나 버렸다. 다른 나라라고 당쟁이 없지는 않지만 수백 년 계속되는 분파는 요샛말 로 신기록이요, 살육이 없지는 않지만 피차 서로 이런 궁리와 수단만을 찾느라고 유구한 세월을 지속해 내려온 것은 또한 고금에 없는 일이다. 이것은 다른 이야기가 아니냐? 이것이 '허가(虛假)'와 무슨 관계냐? 그 러나 '허'와 '가'가 만든 것이 아니고서는 이렇게 되는 법이 없다.

조선 수백 년 동안 학문으로는 오직 유학이요, 유학으로는 오직 정 주(程朱)를 신봉하였으되, 그 신봉의 폐단이 두 갈래로 나뉘었다. 하나 는 그 학설을 빌려 자신의 편의를 도모하려는 사영파(私營派)요, 다른 하나는 그 학설을 배워서 중화의 적통을 이 땅에 드리우려는 존화파(尊 華派)다. 그러므로 평생 몰두하여 심성을 강론하되 실심(實心)과는 얼러

볼 생각이 적었고, 한세상을 뒤흔들 도의를 표방하되 자신밖에는 아무것도 보이지 않았다.

그래서 세월이 흐르고 풍속이 쇠퇴해짐에 따라 그 학문은 '허학(虛學: 속빈 학문)'뿐이요, 그 행동은 '가행(假行: 거짓 행동)'뿐이었다. 실심(實心)의 입장에서 볼 때 그 학문이 비어 있기 때문에 사사로운 계산으로 보면 알찬 것[實]이요, 진학(眞學: 참된 학문)의 입장에서 볼 때 그 행동이 거짓이기 때문에 거짓된 풍속으로 보면 알찬 것[實]이다. 그러므로 수백 년간 조선인의 실심 실행(實行)은 학문 영역 이외에 구차스럽게 간간이 잔존했을 뿐이요, 온 세상에 가득 찬 것은 오직 '가행(假行)'이요 '허학(虛學)'이었다.

비어 있으면 비어 있는 대로 그저 있는 것이 아니라, 학문이 이미 비어 있는 바에는 이 비어 있는 것을 틈타서 가로세로 날뛰는 어떤 부산물이 있으니, 이는 다른 것이 아니다. 원래 인생의 수양이라는 것은 실심의 힘을 빌려 편협한 자사념(自私念: 자신의 이익만 도모하려는 생각)을 누르는 것이다. 그런데 학문이 이미 비어 있기 때문에 자사념이 세월을 만나 날로 융성해지고, 그동안 실심을 떠난 학문이 이 자사념을 돌보거나 꾸미는 데 교묘한 효능을 내어 자기만 위하는 생각[私念]이 드디어 거짓 행동[假行]으로 변하게 되었다. 그러므로 서로 살육을 저지르고도 경전에 나오는 성인의 말씀을 끌어들이고, 서로 치열하게 파벌 싸움을 하면서도 예로부터 내려오는 도덕적 교훈을 끌어대어 어떤 말과 어떤 일이건 거짓되게 의탁하지 않는 것이 없다. 또 살육과 파벌 싸움이 이러한 성인의 말씀과 도덕적 교훈에 기반을 두었을 뿐만 아니라, 경전상이나 도의상으로 어쩔 수 없이 파벌 싸움과 살육을 계속하게끔 서로 서로 떠들어대 왔다. 다른 까닭이 있어서가 아니다. 학문이 실심과 관계가 없기 때문에 자사념이 자연히 주인이 되었고, 이것이 주인이 되었으므로 학문이 이를 싸고돌게 된 것이다.

둘째로 "최근 수십 년 이래로도 여전히 그대로 옛 자취를 따른다니 이것이야 더욱 그럴 리가 있나"고 할 것이다. 이것이야말로 내가 이 글을 쓰게 된 커다란 동기다. 과거는 어떠했든지 그 과거가 지금 우리에게 나쁜 영향을 미치지 않는다면 과거를 검토할 필요가 없다. 그러나 과거는 항상 현재를 움직이는 숨은 힘을 가지고 있기 때문에 이를 등한시해서는 안 된다. 삼가 고하노니 우리 아저씨여, 형제여, 고모여, 친척 친구여! 지금 우리가 무엇을 옳다고 할 때 과연 실심으로서 옳게 행하는 것을 옳다고 하는 것인가? 혹 그럴듯하게 행세하는 것을 가지고 옳다고 하는 것은 아닌가? 무엇을 하려고 할 때 과연 실심으로서 무엇을 해야겠다는 것이 있어서 하는가? 혹 남을 따라서 겉모습만 그럴듯하게 보이는 것은 아닌가? 뭐라 뭐라 하면서 팔을 뽑고 기운을 내어 스스로 의기를 북돋아 자기를 높이는 그 속에 과연 악착스러운 내 노릇을 남모르게 도모함은 없는가? 어떻다 어떻다고 하면서 크고 공정함[大公]을 주장하되, 어떻다 어떻다고 하면서 전체를 논하되, 어떻다 어떻다고 하면서 사업과 학술을 설명하되, 그 가운데 과연 꺼내놓을 수 없는 어떤 자신을 위하는 마음[自爲心]은 없는가? 그 사람 '홀로 아는 곳'에서는 환하게 간파될 것이다. 내 감히 현 시대를 경시하는 것은 아니지만 아주 오랜 세월 동안 슬픈 눈물이 두 눈을 희미하게 한 채로 내 시력이 미치는 것을 바라보건대 '합한다' 하고 '단결한다'고 하더라마는 파벌 싸움은 더 격화하는 것 같더라. 새남터, 당고개의 사람 죽이던 곳에 비록 사형을 집행하던 회수(劊手)가 없어진 지 오래되었지만, 마음과 뜻을 칼날처럼 세워 서로서로 겨누는 것은 예전보다 더 심한 것 같더라.

학문에 대한 태도도 예전부터 이미 책 속에서만 힘을 얻으려 하던 것이 더한층 늘어나서 이른바 영국, 프랑스, 독일, 러시아라고 하는 것이 어지럽게 섞여 나온다. 그러나 대개는 교묘하다는 사람이 몇몇 학자의 언설만을 표준으로 삼아 이렇다 저렇다 주장하는 것이 대개는 저 '언설'을 그대로 옮긴 것이요, 실심에 비추어 합당한지의 여부를 헤아린 것이 아니다. 그렇다면 지금을 옛날에 비교하여 과연 어떻다고 할 수 있을까? 하고 하지 않고, 옳다고 여기고 그르다고 여기는 것은 떼어놓고 말하면 누구나 자기 마음이 드러난 것이라고 보겠지만, 그 사람에게 물어본다고 해도 저 "말"에 합당한가의 여부를 조사할지언정 자기 "마음"에 합당한가의 여부를 깊이 살펴본 적이 없음은 스스로 인정할 줄로 안다.

오늘날 학문의 꼼꼼함, 똑똑함이 놀랄 만큼 발전되었다고 하자. 그러나 우리의 실심은 여전히 외롭게 누구 하나 돌아보는 사람이 없음에 의복은 남루하고 얼굴은 새까만 채로 죄 없이 비실비실하면서 골목길 으슥한 데로 넋을 잃은 듯이 떠돌아다닌다. 그러면서도 차마 인간을 내어버리고 멀리 가지는 못하여 때때로 얼굴을 보인다. 얼굴을 보여도 눈을 크게 치켜뜨는 사람이 아무도 없건만 그래도 혹 치켜뜰까 하고 아주 가지는 못한다. 그러다가도 혹 치켜뜨게 될 때는 무슨 밝은 거울같이 휙 한 번 비치면 옳다던 것도 그른 것으로, 안 해야 한다던 것도 꼭 해야 할 것으로 숨길 수 없이 분별된다. 이것은 어디서 얻어온 것도 아니요, 무엇에 기인한 명리심(名利心)도 아니다.

그러나 영국의 모 학자, 프랑스의 모 대가, 독일의 모 박사, 러시아의 모 동무의 '언설'에 비추어서는 아니다. 꼭 이래야 옳고 꼭 하지 말아야겠다는 이 '마음'이야 그까짓 것 우스운 것이지만 저 '말씀'이야 세계적으로 위대한 학문이다. 그러므로 '실심'을 죽여서 '다른 사람의 학설'을 살린다. 사람이란 자신과 가정을 중심으로 삼는 자사념에게 예나 이제나 부림을 당하는 것이거늘, 실심의 시비분별로써 제지하거나 절제함이 없이 오직 '다른 사람의 학설'에만 의지한다면 '다른 사람의 학설'은 언제나 밖으로만 빙빙 떠돌아다니게 될 것이다. 실심을 만만히 보는 그 속에는 자사념이 쉽게 들어서게 되고, 그럴수록 실심을 더욱 경시하게 되며, 실심으로 비추어 살피지 않은 다른 사람의 학설이기 때문에 어느덧 자사념의 이용물로 변하기까지 한다. 오호라, 과거의 인과가 이미 명백하거늘 이제 또 지난 전철을 거듭 답습한다는 말인가? 나는 실심을 불러 깨울 것을 이야깃거리로 삼아온 지 오래되었다. 얼마 전 《동아일보》 사장 고하(古下) 송진우(宋鎭禹, 1887~1945)로부터 '양명학'에 관한 논문을 요구받고, 이것이 혹 '실심'을 불러 깨우는 하나의 기회가 아닐까 싶어서 요구의 범위를 넘어서는 이 긴 논의를 시작하는 것이다.

❉

이 장에서는 정인보가 양명학을 일반인에게 소개하게 된 동기를 밝히고 있다. 그것은 한마디로 양명학을 통하여 조선 민중의 '실심'을 불러 깨우려는 것이다. 그럼 정인보는 왜 조선 민중의 '실심'을 불러 깨우려고 한 것일까? 여기에는 조선의 역사와 당대의 현실에 대한 그의 인식과 구세 방안이 놓여 있다.

정인보의 현실과 역사 인식

정인보는 과거 조선의 수백 년간의 역사와 당대 수십 년간의 조선인의 삶의 자취가 모두 '허(虛)와 가(假)'의 전개라고 비판한다. 허(虛)와 가(假)는 각각 실(實)과 진(眞)에 상대되는 말이다. 실(實)이 실질적이고 구체적이며 내용이 알찬 것을 가리키는 반면, 허(虛)는 관념적이고 추상적이며 실질 내용이 없는 것을 가리킨다. 진(眞)이 거짓이 없는 참을 나타내는 반면, 가(假)는 거짓과 가식을 나타낸다. 실과 허, 진과 가를 대비시켜 실과 진의 입장에서 허와 가를 비판하는 논리는 이충익(李忠翊)이나 이건방(李建芳) 등의 하곡학파에 의해 일찍이 계발된 바 있다. 정인보는 허-실, 진-가의 이러한 대비 논리를 계승하여 과거 역사와 당대 현실을 비판한다.

그런데 당대 조선의 현실과 과거의 역사를 이렇게 신랄하게 비판한 것은 그 유래를 찾아보기 어렵다. 정인보는 과거 조선의 역사와 당대의 현실에 대해 왜 이렇게 비판적이었을까? 그리고 그 비판의 근거는 무엇인가?

정인보는 그 비판의 이유를 "과거의 인과가 이미 명백하거늘 이제 또 지난 전철을 거듭 답습"하고 있는 데서 찾는다. 과거의 인과란 수백 년간 허위와 가식으로 살아왔던 것이 원인이 되어 현재 국권을 상실한 결과를 낳았음을 지적한 것이다. 그런데도 지난 역사에 대한 반성이 없이 지금도 옛 자취를 그대로 답습하고 있는 조선의 현실이 안타까워 과격한 비판을 하지 않을 수 없었다. 이것은 정인보의 현실과 역사 비판에는 조선을 구제하고자 하는 구세 정신이 바탕에 있었음을 의미한다. 정인보의 비판에는 조선의 역사와 현실을 안타깝게 바라보고 그것을 구제하려는 마음은 있을지언정 의도적으로 조선을 비하하려는 의식은 자리하고 있지 않다.

정인보는 그 비판의 근거로 과거 역사에 대해서는 수백 년간 계속된 당쟁, 유구한 세월을 뻗치어 내려온 살육, 그리고 세도정치와 같은 몇 가지 큰 사례들을 제시하고, 당대의 풍토에 대해서는 '합한다 결합한다고 하면서도 파쟁은 더 격화되고 있는 현상'을 대표적인 사례로 제시한다. 그는 동인, 서인, 북인, 남인, 노론, 소론으로 붕당을 지어 수백 년 동안 서로 다투었던 조선의 붕당정치, 권력 다툼에서 비롯된 살육 행위, 순조 대 이후 외척이 정권을 장악한 세도정치가 모두 허와 가에서 비롯되었다고 본다. 뿐만 아니라 정인보는 당대에 벌어지고 있는 좌익과 우익의 다툼에도 주목한다. 1920년대에 좌익과 우익의 합작으로 신간회(新幹會)가 만들어진다. 그러나 좌익 계열과 우익 계열은 그 이념과 그것을 실현하는 구체적인 방법에서 차이를 드러내고 급기야 1931년 신간회는 해산되고 만다. 이후 사회주의자들이 민족주의 계열의 고적보존운동, 조선학운동 등을 비판하면서 다툼이 격화된다. 정인보는 당대의 이러한 진영을 나누어 다투는 현상도 모두 '허와 가'가 만들어낸 자취라고 본다.

그럼 '허와 가'는 어디에서 비롯되는가? 정인보는 '자사념(自私念)'에서 비롯되는 것으로 본다. '자사념'은 '자기의 이익만 도모하려는 생각'이다. 자사념이 주인 노릇을 하게 되면 일체의 학문과 행위가 자사념을 정당화하거나 꾸미는 데 기능하게 된다. 그런데 정인보는 자사념이 주인 노릇 하게 된 까닭을 학문이 '실심(實心)'과 무관하게 이루어진 데서 찾는다. 정인보는 학문이 사람들에게 끼치는 영향을 매우 중시한다. 그는 "학문이라는 것은 세상 사람이 알든 모르든 표준을 두는 곳", "학술이란 사람들에게 크나큰 것이니, 흥망이 이로 말미암기 때문이다"[1]고 말한다. 이것은 사회의 혼란과 국가 패망의 궁극적인 원인을 '학술'에서 찾은 것이다. 이렇게 되면 비판의 화살은 자연히 조선 학술의 주류였던 주자학을 겨냥하게 된다. 조선의 주자학자들이 실심과 무관하게 학문을 해왔다고 보는 것이다.

조선의 주자학에 대한 비판

정인보는 조선의 학자들이 주자학을 신봉하는 과정에서 두 갈래의 폐단이 나타났다고 지적한다. 하나는 주자학을 자신의 사사로운 이익을 추구하는 데 이용한 것이고, 다른 하나는 주자학을 통하여 중화주의를 표방한 것이다. 사람들에게 행위의 표준을 제시해야 할 학문이 개인의 이익을 추구하기 위한 수단으로 전락하거나, 주체성을 상실한 채 남의 문화를 자기 것으로 착각하는 허위의식만 조장할 뿐이었다. 도의를 표방하지만 실은 자신의 이익을 추구하기 위한 가행(假行)이었고, 심성의 이론에 대한 정밀한 탐구를 하지만 실은 자신의 실심(實心) 수양과는 무관한 허학(虛學)에 불과했다. 학문이 실심 수양과 무관하게 되자 자신의 이익을 추구하는 마음이 주인이 되고, 경전의 가르침들은 개인과 당파의 이익을 추구하기 위한 투쟁에 이론적 근거를 제공하는 역할만 하게 된 것이다.

정인보의 조선 주자학에 대한 비판의 핵심은 '그것이 실심과 무관하게 전개되어 왔다'는 점에 있다. 대부분의 주자학자들은 정인보의 이러한 비판을 수용하기 어려울 것이다. 주자학을 통하여 마음공부를 착실하게 해온 이들이라면 자신의 공부 체험을 토대로 정인보의 이러한 비판이 사실에 어긋난 것임을 어렵지 않게 지적할 수 있을 것이기 때문이다. 주자학도 심성 수양을 통하여 성인이 되기를 구하는 학문이며, 실제로 조선의 많은 성리학자들이 주자학을 자신의 심성을 닦는 수양의 학문으로 받아들이고 있음을 볼 때, 정인보의 비판이 지나치게 거칠고 과격하다고 하지 않을 수 없다.[2] 그렇다면 주자학에 대한 정인보의 비판을 어떻게 이해해야 할까? 그 비판의 정당성을 어디에서 찾을 수 있을까?

우리는 조선의 주자학에 대한 정인보의 비판이 조선의 모든 주자학자들을 대상으로 삼은 것이 아니라, 그들 가운데 실심과 무관하게 학문을 해온 사영파와 존화파들을 겨냥한 것이라고 이해해 줄 수 있다. 그리고 정인보가 언급한 당쟁, 살육, 세도정치를 그 구체적인 증거 자료로 제시할 수 있다. 이렇게 이해한다면 주자학을 통하여 착실하게 공부를 해온 학자들은 정인보의 비판에서 제외될 수 있다. 그런데 문제는 정인보가 실심과 무관하게 학문을 해온 주자학자들만이 아니라 '주자학 그 자체'에 대해서도 비판하고 있다는 점이다. 정인보는 주자학 자체에 이미 실심과 무관한 학문을 하도록 이끌 수 있는 요소가 내재해 있다고 본다. 그것은 바로 주자가 『대학』의 '격물치지(格物致知)'를 내면의 마음공부로 이해하지 않고 외물의 이치를 탐구하는 것으로 풀이한 것이다. 이에 대해서는 다음 장에서 알아볼 것이다.

현실 진단과 구제책에 나타난 양명학적 사유의 틀

정인보는 국권 상실이라는 조선의 결말을 보고 수백 년 조선의 역사를 허위와 가식으로 전개된 역사로 규정한다. 그리고 그 원인을 실심과 무관하게 외물의 이치를 탐구하는 길을 연 주자학이 사람들의 '자사념'을 키워온 데서 찾는다. 국권 상실의 주범은 자사념이고, 그것을 조장한 것이 주자학이라고 본 것이다. 정인보는 '자사념', 즉 '자기의 이익만 도모하려는 일념'이 바로 조선이 역사적으로 지니고 있는 온갖 난치병의 뿌리요, 조선의 구원은 이 병근을 제거함으로써만 가능하다고 주장한다.[3] 그리고 이를 제거하려면 본심(本心)을 환기(喚起)해야 한다고 말한다.[4] 그리고 그 '본심', 혹은 '실심' 환기의 한 방법으로 양명학을 일반 민중에게 널리 소개하는 작업을 한다.

그런데 정인보의 현실 진단법과 그 구제책에는 양명학적 사유의 틀이 깊이 작용하고 있다. 정인보의 현실 진단법과 구제책은 '자사념에서 비롯된 화란(禍亂)을 실심을 환기시켜 자사념을 제거함으로써 구제한다'는 것으로 단순화시킬 수 있다. 이것은 현실의 문제에 대한 진단과 구세의 방법을 모두 인간 주체의 내면에서 찾은 것이다. 이러한 진단과 처방의 방법은 매우 특이하다. 정인보는 그 방법을 왕양명에게서 얻은 것으로 보인다. 왕양명은 일찍이 당시 사회 혼란의 원인을 '유아지사(有我之私)'와 '물욕지폐(物欲之蔽)'에서 찾고, 이 '자사'와 '물욕'을 발본색원하여 본심 양지를 회복함으로써 세상을 구제하고자 한 바 있다.[5] 양명의 이러한 현실 진단법과 처방은 '자사와 물욕의 제거를 통한 본심 양지의 기능 회복'으로 요약할 수 있다. 이것은 '실심 환기를 통한 자사념 제거'라는 정인보의 구세 방법과 일치한다. 정인보는 양명학을 통하여 세상을 진단하고 처방하는 방법을 익혔던 것이다.

　그럼 현실 구제의 핵심인 '실심'이란 무엇인가? 정인보는 실심을 사람에 비유하여 구체적으로 묘사한다. 우리의 실심은 외롭고 초라하고 기력이 없는 모습으로 그려진다. 이것은 우리가 실심을 천대하여 제대로 보살피지 못하고 있음을 형용한 것이다. 우리는 저를 버렸지만, 그래서 저렇게 힘없이 비실비실거리고 있지만, 저는 우리 인간을 차마 내버리고 멀리 가지는 못한다. 이것은 실심의 '항존성(恒存性)'을 말한 것이다. 우리가 실심을 잠시 잃는다고 해서 실심이 완전히 없어지는 것은 아니다. 우리가 의식하지 못할 뿐 그것은 늘 우리와 함께 있다. '명경 같이 비친다'는 것은 실심의 '명각성(明覺性)'을 말한 것이다. 실심은 항상 밝은 빛을 환하게 드러낸다. 이 빛에 의해서 시비를 밝게 변별하고, 해야 할 것과 해서는 안 될 것을 분명히 판단한다. '어디서 얻어온 것도 아니다'는 것은 실심의 '선천성'을 말한 것이다. 실심은 후천적으로 인위적인 노력을 통하여 소유하게 된 것이 아니라, 우리가 태어나면서부터 본래적으로 지니고 있다는 것이다. 우리가 선천적으로 이 실심을 지니게 된 것은 본래적으로 이루어진 자연적인 질서(秩序)다. '무엇에 인한 명리심도 아니다'는 것은 실심의 '자발성(自發性)'을 말한 것이다. 실심은 어떤 외적 동인에 의해 움직이는 것이 아니라 자기 자체 내의 내재적인 원인에 의해 자율적으로 움직인다. 이처럼 정인보는 실심을 우리가 '태어나면서부터 항상 지니고 있는 것'으로, 또 '자율적으로 자신을 항상 밝게 비추는 성질을 지닌 것'으로 이해한다. 우리의 실심은 항상 자신의 환한 빛을 드러냄으로써 온갖 생각들의 시비선악을 밝게 지각한다. 이 때문에 우리는 다른 사람은 속일 수 있어도 이 밝게 지각하는 기능을 가진 실심은 속일 수 없다. 이 실심은 우리가 마음만 먹으면 언제든지 불러 깨울 수 있다.

정인보는 『양명학연론』을 저술하여 조선 민중에게 양명학을 소개하여 사람이라면 누구나 다 가지고 있는 이 실심을 불러 깨움으로써 민중의 복리를 도모하고 궁극적으로는 국권 회복이라는 당대의 시대적 과제를 해결하고자 했던 것이다. 그럼 도대체 양명학이 무엇이기에 실심을 불러 깨우는 일과 관련이 있는 것인가?

————

어느 글이든지 쓰는 사람으로서 볼 사람에게 向하야 마음 드려 보아주기를 바라는 것은 共通되는 바이라. 그러나 그 바람도 種類를 따라 더 심할 때도 잇고 좀 덜 할 때도 잇는 것인대 내가 지금 이 글을 씀에 當하야는 바란다는 것만으로는 내 情懷를 말하기에 오히려 不足하다. 곧 懇乞코자 하며 곧 祈

祝하랴 한다.

嗚呼라. 過去 數百年間 朝鮮의 歷史는 실로 "虛와 假"로서의 演出한 자최이라. 最近 數十年來로 風氣 점점 變하게 되매 三尺童子라도 前人의 잘못한 것을 指摘할 줄 안다. 그러나 前人을 攻駁하면서 依然히 도로 그 자최를 따르지 아니하는가. 이 말을 누구나 反對하리다.

첫재로 "數百年間 朝鮮의 歷史가 오즉 虛假의 자최라니 그럴 수가 잇나" 하리라. 이 反對前에 나도 過한 말인 줄 안다. 過한 줄 알면 어찌 이 말을 하는가. 내가 過하다 함은 事實에 잇어 過하다 함이 아니다. 말이 좀 禮敬을 버서나 過激함에 가깝다는 것이다. 그러나 한 거름 나아가 말하면 뜬말로 僞飾하지 아니하고 實을 實로써 表明하는 것이 오히려 過去에 向한 禮敬이 아닐가. 總括한 앗가 말을 차차 따지어 說明하리라.

數百年間 歷史를 細列하지 말고 우선 큰 자최만 드러보자. 末期를 結로 하여가지고 가론 黨爭이오 가론 殺戮이오 가론 勢道이니 지는 패는 죽이어 업새게 되고 죽이고 나면 勢力이 한편으로 모인다. 이러케 업치락뒤치락하는 동안에 萬事ㅣ임의 大去하엿다. 다른 나라라고 黨爭이 없음이 아니로되 數百年 繼續되는 分派는 요새말로 破記錄이오, 殺戮이 업음이 아니로되 彼此 서로 이 궁리와 이 수단만으로 悠久한 歲月을 뻗히어 나려온 것은 또한 古今에 없는 일이다. 이것은 딴 이야기가 아니냐. 이것과 虛假와 무슨 關係이냐. 아니 虛와 假의 演出이 아니고는 이러케 되는 법이 없다.

朝鮮 數百年間 學問으로는 오즉 儒學이오, 儒學으로도 오즉 程朱를 信奉하엿스되, 信奉의 弊 대개 두 갈래로 나누엿으니, 一은 그 學說을 비러 身家便宜를 圖하랴는 私營派이오. 一은 그 學說을 배워 中華嫡傳을 이 땅에 드

리우자는 尊華派이다. 그러므로 半生을 沒頭하야 心性을 講論하되 實心과 는 얼러볼 생각이 적엇고 一世를 揮動하게 道義를 標榜하되 自身밖에는 보이는 무엇이 없엇다.

그런즉 世降 俗衰함을 따라 그 學은 虛學뿐이오 그 行은 假行뿐이니, 實心 으로 보아 그 學이 虛인지라 私計로 보아 實이오, 眞學으로 보아 그 行이 假 인지라 僞俗으로 보아 實이다. 그러므로 數百年間 朝鮮人의 實心 實行은 學問領域以外에 구차스럽게 間間 殘存하엿슬 뿐이오, 온 세상에 가득 찬 것은 오즉 假行이오 虛學이라.

虛면 虛인 대로만 그저 잇는 것이 아니라 學이 임의 虛인 바에는 이 虛를 타 가지고 가루 뛰고 세루 뛰는 一種의 産物이 잇으니, 이는 다른 것이 아니라 原來 人生의 修養이라는 것은 實心의 힘을 비러가지고 偏狹한 自私念을 누 르는 것이어늘 學이 이미 虛인지라 自私念만이 歲月을 만나 날로 隆盛하는 대 그동안 實心을 떠난 學問이 이 自私念을 顧護 또는 修飾하는 데 잇어서 巧妙한 效能을 내어 私念이 드디어 假行으로 變하게 되엇다. 그러므로 殺戮 을 互行하고도 經傳의 聖言을 끌고 派爭이 交騰하지만 道義의 古訓에 대어 一言 一事ㅣ 假托 아님이 없고 또 殺戮 派爭을 이로써 資할 뿐 아니라 經傳 上 道義上 不得不 派爭과 殺戮을 繼續하도록 서로서로 떠들어왓다. 다른 까 닭이냐. 學問이 實心과 關係 없으매 自私念이 自然히 主되게 되고 이것이 主가 된즉 學問이 이를 싸고돌게 된 것이다.

둘재로 "最近 數十年來로도 依然히 도로 옛 자최를 따른다니 이것이야 더 욱 그럴 니가 잇나" 하리라. 이것이야말로 내가 이 글을 草하게 되는 大動機 이니 過去는 엇더하얏던지 그 過去가 지금 우리에게 잇서 何等의 惡影響이

미치지 아니할진대 過去를 檢討할 必要가 없다. 그러나 過去는 恒常 當今을 斡運하는 隱勢力을 가지게 됨으로 이를 閑視하지 못하는 것이다. 삼가 告하노니 우리 伯叔이여 昆弟여 姑姉여 戚友여, 지금 우리 무엇을 올타 할 때 과연 實心으로서 올케 하는 것을 올타는 것인가, 或 행세로서가 아닌가. 무엇을 하리고 할 때 과연 實心으로서 해야 하겟다는 것이 잇서서 함인가, 或 남따라서 외양 보이는 것이 아닌가. 무에라 무에라 하야 팔을 뽑고 기운을 내어 스사로 慷慨自高하는 그 속에 과연 악착스러운 내 노릇을 남모르게 圖謀함이 없는가. 어떠니 어떠니 大公을 主하되, 어떠니 어떠니 全體를 論하되, 어떠니 어떠니 事業 學術을 設하되, 그 가운데 과연 내어놀 수 없는 어떠한 自爲心이 없는가. 그 사람 홀로 아는 속에서는 照破되리라. 내 敢히 當世를 輕視함이 아니로되 浩괏哀淚가 두 눈을 히미하게 한 채로 내 視力의 미치는 것을 바라보건대 合한다 團結한다 하드라마는 派爭은 더 激化하는 것 갓더라. 새남터, 당고개의 사람 죽이든 곳에 비록 劊手가 없어진 지 오래다마는 心鋒 意刄으로 서로서로 겨우는 것은 前보다도 몃칭 더 甚한 것 갓더라.

學問에 對한 態度ㅣ 前부터 임의 冊張에서만 힘을 어드랴 하든 것이 더한칭 느러서, 가론 英吉利 가론 佛蘭西 가론 獨逸 가론 露西亞ㅣ 紛然並進하지만 대개는 工巧하다는 者ㅣ 幾多學者의 言說만에다가 表準을 세워 어떠타 무에라 함이 대개는 저 "言說"로부터의 그대로 옴겨짐이오, 實心에 비추어 何等의 合否를 商量한 것이 아니니, 今으로써 古에 比하매 과연 엇덧타 할가. 하고 아니하고, 올타고 그르다 함이 띠어노코 말하면 누구나 自心의 發表로 볼 것이나 그 사람더러 무러본대도 저 "말"로서의 合否를 調査할지언정 제 "마음"으로서의 合否를 그윽히 살피어 본 적이 업슴을 自認할 줄 안다.

그런즉 今日 學問의 꼼꼼함 똑똑함이 놀랠 만큼 發展되얏다 하자. 우리의 實心은 依然히 孑孑하야 누구나 도라보는 사람이 업스매 衣服은 襤褸하고 面目은 黧黑하야 罪 없이 빗슬빗슬하면서 골목길 으슥한 대로 넉일흔 드시 떠도라다닌다. 그러면서도 차마 人間을 내어바리고 멀리 가지는 못하야 때때로 얼굴을 보인다. 보이어도 누가 눈도 거듭 뜨는 사람이 업것만 그래도 或 떠볼가 하고 아조 가지는 못한다. 그리다가도 或 떠보게 될 때는 엇더한 明鏡가치 획 한 번 비치며 올타던 것도 그른 것으로, 안 해야 한다든 것도 꼭 해야 할 것으로 가릴 수 없이 分別된다. 이것은 어대서 어더온 것도 아니오 무엇에 因한 名利心도 아니다.

그러나 英吉利 某學者, 佛蘭西 某大家, 獨逸 某博士, 露西亞 某동무의 "言說"에 비추어는 아니다. 꼭 이래야 올코 꼭 아니 하여야겟다, 이 "마음"이야 그까짓 것 우수운 것이지만 저 "말슴"이야 世界的 大學問이다. 그럼으로 "實心"을 죽이어 "他說"을 살린다. 사람이란 身家를 主로 삼는 自私念에게 古今 없이 부려먹히는 것이어늘 實心의 是非分別로써 制止 또는 裁節함이 없이 오즉 "他說"에만 倚支할진대 "他說"은 언제던지 밧그로만 回翔하는 것이라. 實心을 만만히 보는 그 속에는 自私念이 쉽사리 드러서 잇게 되고 그럴수록 "實心"에 對한 輕視 더하야지며, 實心으로서 照察하지 아니한 他說인지라 어느듯 自私念에 對한 利用物로 變하게까지도 된다. 嗚呼라, 過去의 因果ㅣ 임의 明白하거늘 이제 또 往轍을 重踏한단 말가. 나는 "實心"에 對한 喚醒을 話題 삼아온 지 오래다. 間者 東亞社長 宋古下로부터 "陽明學"에 關한 論文을 要求하는 것을 밧고 이것이 或 "實心" 喚醒의 한 機會가 아닐가 하야 要求의 範圍에 지나도록 이 長論을 始作하는 것이다.[6]

2
양명학이란
무엇인가?

02

양명학의 학문 종지

양명(陽明)은 명나라 중기의 위대한 유학자 왕문성공(王文成公, 王守仁, 1472~1528)의 호다. 그의 학설로는 「대학문(大學問)」, 「학문을 논한 여러 편지」, 『전습록(傳習錄)』 등이 있다. 양명학을 말하려면 먼저 양명이 힘써 주장하는 것과 통렬히 배척하는 것을 알아야 한다. 그가 힘써 주장하는 것이 무엇인지 알면 저절로 통렬히 배척하는 것을 알 수 있으며, 그가 통렬히 배척하는 것이 무엇인지 알면 저절로 힘써 주장하는 바를 알 수 있다. 그는 무엇을 역설하였는가? '치양지(致良知)'라는 것이다. 그는 무엇을 통렬히 배척하였는가? "천하의 온갖 사물에 나아가 그 이치를 궁구하고, 하루아침에 환하게 꿰뚫어 통한다"[1]고 한 말이다.

'치양지'라는 것에서 '치(致)'는 '이룬다'는 뜻이니 무엇이든지 이루었다고 하면 그 한도를 다한 것이요, '양지(良知)'라 함은 '타고나면서부터 가진 앎'이라는 뜻이니 사람으로서는 잘난 사람이든 못난 사람이든 심지어 매우 고약한 무리일지라도 타고나면서부터 가진 이 '앎'은 누구나 다 같은 것이다. 이 '앎'은 다 같지만 저버리기도 하며 가리기도 하며 심하면 아주 분탕질하여 없애버리기도 하므로 이 '앎'이 '앎'답게 이루어지지 못하는 것이다. 그러므로 이를 이루어놓자고 하는 것이다. 아직 이 정도까지만 말해두자.

"천하의 온갖 사물에 나아가 그 이치를 궁구한다"는 것은 온 세상 갖가지의 사물에 나아가 그 '이치'를 궁구한다는 뜻이요, '하루아침에 환하게 꿰뚫어 통한다'는 것은 하루아침에 시원하게 꿰어 뚫린다는 뜻이니, 온 세상 갖가지 사물에 나아가 그 '이치'를 궁구하면 각각의 진리가 모인 데서 하루아침에 시원하게 꿰어 뚫리는 것을 얻을 것이라는 뜻이니 남송의 위대한 유학자 주회암(朱晦菴, 1130~1200)이 주장한 것이다. 이렇게만 말하면 독자들은 어리둥절할 것이다. 나도 이 말만 해가지고 분명히 이해될 것이라고 생각하지는 않는다.

대개 공자(孔子, BC 551~BC 479)의 정파(正派)로서 스승 문하의 종지(宗旨)를 전한 사람이 곧 증자(曾子, BC 506~BC 436)다. 공자가 증자를 불러서 말하기를 "삼(參, 증자의 이름)아, 나의 도는 하나의 원리로 꿰고 있다"고 하자, 증자가 곧 "네"[2] 하고 대답하였다고 하니, 공자와 증자의 사제 사이에 주고받음에 어떤 간이(簡易)한 유일무이(唯一無二)의 법문[不二門]이 있음을 대개 짐작할 수 있다. 증자는 『대학』에서 다음과 같이 서술하고 있다.

"대학의 도는 밝은 덕을 밝힘에 있고, 백성을 친함에 있고, 지극한 선에 그침에 있다. 옛날에 천하를 평안히 다스리고자 하는 자는 먼저 그 나라를 다스리고, 그 나라를 다스리고자 하는 자는 먼저 그 집을 가지런히 하였으며, 그 집을 가지런히 하고자 하는 자는 먼저 그 몸을 닦았다."[3]

천하로부터 몸까지 이르기에 바싹바싹 넓은 데로부터 좁은 데로, 먼 데로부터 가까운 데로 한 걸음 한 걸음씩 조여들어 하나의 근원이 나올 때까지 동일한 예에 따라 좇아 들어가려 한 것이다.

"그 몸을 닦고자 하는 자는 먼저 그 마음을 바르게 하였으며, 그 마음을 바르게 하고자 하는 자는 먼저 그 의(意: 하려는, 말려는 등의 생각)를 정성스럽게 하였으며, 그 의를 정성스럽게 하고자 하는 자는 먼저 앎[知]을 이루었다."[4]

마음을 바르게 하는 것이 근원일 듯하지만 어떻게 바르게 할까 하는 데서 "그 의를 정성스럽게 한다"는 것을 지시하고, 의를 어떻게 정성스럽게 할까 하는 데서 "앎을 이룬다"는 것을 지시하였는데, 대나무 끝에서 한 걸음 더 나아가 그러면 앎은 어떻게 이룰까 함이 없을 수 없으니, "앎을 이룸은 물(物)을 격(格)하는 데 있다"는 한 구절이 바로 끝을 맺는 구절이다. 그러나 '물을 격한다'고 하는 문구가 자못 이상하니, 이것이 천만 가지 문호를 열어놓을 하나의 열쇠인 채로 수천 년 동안 학자들의 논쟁점이 되어왔다. 회암이 이를 해석하되 격(格)은 다 궁구하는 것이요, 물(物)은 사물이다.[5] 천하의 온갖 사물에는 각각 그 원리가 있으니 이 원리에 대한 탐구가 축적되면 각 사물의 원리가 모이는 곳에서 하나의 회통하는 원리를 투철하게 깨우치는 것을 '치지'라고 하였다.[6] 회암은 아주 주도면밀하고 상세하기 때문에 분석적으로 궁구하고 종합적으로 깨우칠 수 있는『대학』에 대한 이 학설은 참으로 예전 학자들이 미치지 못할 탁월한 견해다. 탁월한 견해인데도 양명은 어째서 이것을 통렬하게 배척하였는가?

그 문장의 흐름으로 보아 몸의 바깥인 (가·국·천하는) 모두 외부의 것이요, 이미 '마음'으로 더듬어 들어온 뒤에는 '의(意)'와 '지(知)'가 모두 으슥한 마음속의 일이기 때문에 새삼스럽게 외물의 물이 들어올 차례가 아니라고 한 것은 틀린 말이 아니다. 그러나 문장 흐름상의 해석만을 문제 삼는 것이 양명의 본래 의도는 아니다. 우선 '물'은 왜 '격'하고자 하는가? '지'를 이루기 위해서다. '지'는 이루어서 무엇을 하려는 것인가? '의'를 정성스럽게 하려는 것이다. '의'는 정성스럽게 해서 무엇을 하려는 것인가? '마음'을 바르게 하기 위해서다. 그렇다면 중심은 마음을 바르게 하는 것이 아닌가? 옳지 않고서는 못 견딜 만한 의(意)의 정성이 있어야 마음을 바르게 할 수 있다. 옳지 않고서는 못 견디는 것은 '지(知)'를 '치(致)'함에 있고, '지'를 '치'함은 '물(物)'을 '격(格)'함에 있다고 하였으니, 옳지 않고는 못 견딜 '의(意)'가 이 '지(知)'에서 바로 생겨야 할 것이며, 이 물을 격함에서 곧 지가 이루어져야 할 것이니 실제로 증험하여 그렇게 되지 않는다면 의심스러운 해석이다.

각각의 개별 사물을 궁구 또는 종합적으로 고찰하였다고 해보자. 분별을 통하여 홀로 도달한 관찰은 있을지언정 각 원리를 종합하는 범위를 어디까지 제한해야 할지도 모호하지만, 이것은 어디까지나 고찰하여 궁구하는 것으로서 박학(博學)의 부류인 것이지, 옳지 않고는 못 견딜 그 의(意)를 만드는 심경 속의 생활이 아니다.

우주의 대체(大體)로 말하면 각각의 분수(分殊)가 곧 하나의 전체이니 풀 한 포기 돌 하나가 가지고 있는 원리가 바로 대우주의 원리다.[7] 대우주의 원리가 흩어져 각각 나누어진 것이기에 갈래를 따라 연구하여 대본(大本)에 통할 수 있다. 회암의 탁월한 견해는 이것을 홀로 비추어낸 것이다. 그러나 학자로서 우주의 생성을 연구하는 학구적 방법과 수행하는 사람으로서 심경 속 절박하고 가까운 생활을 홀로 지어내는 요체는 서로 다르다.

양명은 처음에 회암의 가르침에 따라 뜰 앞의 대나무부터 좀 격(格)하여 보자고 하다가 외물에 대한 탐구가 내심을 밝게 깨닫는 데 어떤 도움도 되지 못함을 스스로 탄식하였다. 그러다가 권세가 있는 환관인 유근(劉瑾)이 정치를 어지럽히는 것을 탄핵한 이유로 귀주(貴州) 용장역(龍場驛)에 좌천되어 있을 때 '격물치지'의 큰 뜻을 깨닫고 다음과 같이 말했다.

"성인의 도는 자기 본성[自性] 그 자체로 충분하다. 바깥 사물에서 구할 것이 아니다."[8]

이에 '격물'을 풀이하되 '격'은 바르게 한다는 뜻이요, '물'은 사물의 물이 아니라 조금이라도 뜻이 있는 것은 다 물이다(이것은 마음 가운데의 물이다).[9] '지'는 이른바 '양지'이니 본연으로 고유한 '앎'을 말하는 것이요, '치'는 이 고유한 '앎'을 완성하는 것이라고 하였다. 이 '앎'이 곧 마음으로서의 '앎'이로되 마음이 그 바름을 잃으면 이 '앎'을 가리게 되고, 이 '앎'이 가리게 되면 마음이 자기의 바른 모습을 잃게 된다.

간혹 이 '앎'이 삐죽이 나타나더라도 잠깐 만에 다시 가려져서 비록 나타날 때 그름에 대한 가책과 옳음에 대한 흠모가 없지 않았으나, 잠깐 보이다가 도로 없어진지라 흠모한 것을 하려고 하는 뜻이나 가책한 것을 하지 않으려는 뜻이나 다 순일하지 못하여, 하려다가 그만두어 버리고 그만두려다가 다시 하는 것이다. 오직 '앎'이 완전히 이루어진 뒤에라야 시비와 가부가 극도로 밝아지면 감각도 최고도로 민감하여 옳은 일을 하려고 할 때 뒤따르게 될 죽음과 멸망도 이것을 저지하지 못하고, 옳지 않은 일을 그만두려고 할 때 앞에 다가올 부귀와 영화가 이것을 끌어당기지 못할 뿐만 아니라, 전류가 전선을 통하듯이 아니 통하지는 못하고, 고양이가 쥐를 채듯이 아니 채지는 못할 것이니, 이것이 만일 타고난 것이 아니라면 이러한 스스로 그만두지 못하는 경계가 없을 것이다.

그러나 이 '앎'을 완전히 이루려고 한다면 이 '앎'이 비판한 대로 뜻이 가는 곳마다 그 부정함을 바르게 해야 한다. 다시 말하면 이 '앎'이 용납되지 않는 뜻을 이 '앎'에 의하여 교정하여 한 번 두 번 자꾸 쌓일수록 '양지'는 더욱 밝아지게 되고 밝아질수록 점점 더 예민하게 되어 나중에는 '양지'의 완성을 보게 되는 것이다. 이것이 양명의 주장인 동시에 회암설을 배척하는 이유다. 그러나 『대학』이야 잘 해석하였든지 잘못 해석하였든지, 해석으로 인한 양자의 실제상 내적 생활의 차이와 그것이 세상에 끼치는 영향을 이어서 검토해 보자.

❃

양명학이란 무엇인가? 이 주제에 대해 정인보는 양명학의 학문 종지를 먼저 밝히고, 이어서 양명학의 주요 이론을 설명한다.

양명학의 학문 종지는 '치양지(致良知)'다. 양명은 "양지의 밖에 다시 앎[知]이란 없으며, 치지(致知)의 밖에 다시 학문이란 없다"[10]고 말하고, 자신의 평생 강학을 '치양지' 세 글자로 개괄한다.[11] 양지는 마음의 본모습[本體]으로서 사람이라면 누구나 선천적으로 지니는 밝은 지각 능력, 즉 천성명각(天性明覺)이다. 그것은 시비선악을 분별하고, 만나는 것들 일체를 애틋하게 여겨서 살려내고자 한다. 이 양지를 실제로 행하여 그 지극한 데까지 확충하는 것이 바로 '치양지'다. 이 '치양지'라는 세 글자 속에는 마음의 본체와 공부가 모두 포괄되어 있다. 즉 '양지'는 모든 사람들이 선천적으로 지니고 있는 마음의 본체이며, '치양지'는 선천 양지를 실현하는 후천공부다.

양명의 '치양지'설은 「대학」의 '치지재격물(致知在格物)'에 대한 주자의 해석을 비판적으로 성찰하는 과정을 거쳐서 제시된 것이다. 「대학」은 본래 『예기』의 제42번째 편이었다. 그런데 주자는 『예기』 속의 「대학」에 착간과 궐문이 있다고 보고 순서를 바로잡고 빠진 글을 보충하여 경일장과 전십장 체제로 새로 편집한다. 그것이 바로 주자의 『대학장구』다. 원대 이후 주자의 『대학장구』본이 과거 과목에 채택되어 권위를 지니게 되면서 『예기』 속의 「대학」을 「고본대학」으로 지칭하게 된다.

주자가 편집한 『대학장구』 가운데 가장 특이한 점은 '치지재격물'에 대한 풀이가 빠졌다고 보고, 주자 자신이 직접 그에 대한 해설을 보완해 넣은 것이다. '치지재격물'에 대한 주자의 풀이 전체 내용은 다음과 같다.

"이른바 '지를 지극히 함이 물을 격함에 있다'는 것은, 나의 지식을 지극히 하고자 한다면 사물에 나아가 그 이치를 궁구함에 있음을 말한 것이다. 인심(人心)의 영특함은 앎이 있지 않음이 없고, 천하의 사물은 이치가 있지 않음이 없건마는, 다만 이치에 대하여 궁구하지 않음이 있기 때문에 그 앎이 다하지 못함이 있는 것이다. 이 때문에 대학(大學)에서 처음 가르칠 때에 반드시 배우는 자들로 하여금 모든 천하의 사물에 나아가서 그 이미 알고 있는 이치를 인하여 더욱 궁구해서 그 극(極)에 이름을 구하지 않음이 없게 한 것이다. 그리하여 힘쓰기를 오래 해서 하루아침에 활연히 관통함에 이르면, 모든 사물의 표리(表裏)와 정조(精粗)가 이르지 않음이 없을 것이요, 내 마음의 전체(全體)와 대용(大用)이 밝지 않음이 없을 것이니, 이것을 물격(物格)이라 이르며, 이것을 지지지(知之至)라 이른다."[12]

여기에는 주자의 세계관과 인식론이 반영되어 있다. 주자는 세계를 구성하는 근원적 존재, 즉 태극을 리로 간주한다. 이 우주 전체가 하나의 태극이요, 하나의 리[理一]다. 그런데 이 하나의 리가 천하의 사물 가운데 내재해 있다. 천하의 사물 가운데 내재해 있는 리가 바로 분수리(分殊理)다. 이처럼 주자는 이 세계를 '이일'이 만물 가운데 내재해 있는 것으로 본다. 그것이 바로 주자의 '이일분수'의 세계관이다.

그럼 '이일분수'의 구조로 이루어져 있는 이 세계를 어떻게 인식할 수 있을까? 주자는 『대학』의 '치지재격물'에 대한 해석에 이 세계를 인식할 수 있는 방법을 담아낸다. 그는 우선 사람의 마음은 리를 인식할 수 있는 영명한 지각 능력을 갖추고 있는 것으로 본다. 따라서 사물에 나가서 그 속에 내재된 리[분수리]를 궁구할 수 있다. 그것이 바로 '즉물궁리(卽物窮理)'다. 여기에서 중요한 것이 '즉물'의 의미다. '즉물'은 '구체적인 사물에 나아간다'는 뜻이다. 이것은 구체적인 사물을 떠난 어떤 추상적인 탐구 행위도 허용하지 않음을 의미한다. 천하의 모든 구체적인 사물이 탐구 대상이 된다. 그리고 천하의 모든 구체적인 사물에 나가서, 그이미 알고 있는 이치를 인하여 더욱 궁구해서 그 극(極)에 이르기를 구한다. 여기에서 '그 이미 알고 있는 이치를 인하여 더욱 궁구해서 그 극(極)에 이르기를 구한다'는 것은 기지(旣知)를 기점으로 해서 연역추리나 귀납추리를 통해 미지의 보편 원리를 탐구하는 것이 아니다. 그것은 이미 알고 있는 구체적인 사물의 리[분수리]를 기점으로 아직 모르는 다른 사물의 리[분수리]를 궁구해서 그 분수리들의 통체인 '극(極)', 즉 이일(理一)에 이르기를 구한다는 것이다. 이 이일에 대한 인식이 바로 활연관통(豁然貫通)이다. 그러면 모든 사물의 표리(表裏)와 정조(精粗)가 이르지 않음이 없다. 그것이 바로 물격(物格)이다. 동시에 내 마음의 전체(全體)

와 대용(大用)이 밝지 않음이 없다. 그것이 바로 지지지(知之至)다. 이처럼 '치지재격물'에 대한 주자의 풀이에는 세계를 '이일분수'로 파악하는 그의 세계관이 놓여 있다.

그리고 주자학에서 리는 두 가지 의미를 지닌다. 하나는 일체 존재의 생성과 변화를 주재하는 원리라는 의미이고, 다른 하나는 사물이 마땅히 따라야 할 바의 도리라는 뜻이다. 따라서 사람이 사물의 변화에 제대로 대응하기 위해서는 그 사물의 리를 궁구하지 않을 수 없다. 각 개별 사물들의 리를 궁구하여 이일에 대한 체득이 이루어질 때 천하의 온갖 사물에 어떻게 대응해야 하는지를 알 수 있다. 이 이일에 대한 체득은 심과 리가 합일되는 것이요, 그것은 곧 성인경지에 이르렀음을 의미한다.

양명은 주자가 제시한 방법, 즉 '즉물궁리'를 성인이 되는 방법으로 받아들여 실습을 한 바 있다. 바로 '격죽(格竹)'의 사건이다. 양명은 21세에 주자의 글을 두루 구해 읽다가 '모든 사물에는 반드시 겉과 속, 정밀함과 거침이 있으며, 풀 한 포기 나무 한 그루에도 지극한 이치가 있다'는 말을 발견하고 대나무를 대상으로 주자의 격물 공부를 직접 실험해 보기에 이른다. 그러나 그 결과는 사물의 이치를 얻기는커녕 7일 만에 병에 걸리고 마는 참담한 실패로 끝난다.[13] 성인이 되고자 하는 의욕이 강했던 양명은 그 실패로 인한 좌절감 때문에, 성현에는 정해진 분수가 있기에 자신은 성현이 될 수 없다는 자포자기의 심정으로 흐르게 되었으며, 사장학에 빠지고 노불(老佛)의 가르침을 탐색하는 과정을 겪게 된다.[14]

이 '격죽'의 사건은 하나의 해프닝일 수 있다. 주자의 격물이 결코 양명이 시도했던 것과 같이 그렇게 단순한 것이 아니기 때문이다. 그러나 이 사건은 양명의 문제의식을 단적으로 보여준다는 점에서 결코 하나의 해프닝으로만 간주될 수는 없다. 비록 양명의 대나무 연구가 주자의 격물의 의미는 아니라고 할지라도 그가 대나무 연구에 착수했을 때는 이미 성인이 되기 위한 하나의 방법적 실험으로서의 정신적 탐색에 관여한 것이다. 즉 어떻게 인간이 구체적인 자연현상의 객관적 이해를 자기실현을 위한 내적 관심에 관련시킬 것인가? 그는 자기 인식과 외적 학습 사이의 긴장을 풀려는 철학적 난제에 사로잡힌 것이다. 이 난제에 대한 새로운 해법은 양명의 '용장오도'라는 깨침을 통해 마련된다.

양명은 용장오도의 내용을 다음과 같이 서술한다. "홀연히 한밤중에 격물치지(格物致知)의 취지를 크게 깨달았다. … 비로소 성인의 도는 내 본성으로 충분하며, 예전에 사물에서 이치를 구했던 것이 잘못되었음을 알게 되었다." 예전에 사물에서 이치를 구했던 것이 잘못되었다는 것은 격물치지를 사물에 나아가 그 이치를 궁구하여 알아내는 것으로 풀이한 주자의 해석이 잘못되었다는 것이다. 격물치지의 뜻을 새롭게 깨달은 것이다. 그럼 그가 실제로 체득한 것은 무엇이었기에 격물치지를 새롭게 풀이할 수 있었을까?

양명이 용장에서 체인해 낸 것은 '타인과 나, 나와 물(物)의 한계를 철저하게 관통하여 인생과 우주의 대본(大本)이 되는' 인심(仁心)이다. 인심은 타인이나 타 존재물이 죽어가는 것을 보고 그것을 살려내고자 하는 도덕적 자각심으로 타자에 감통하여 그와 하나가 되는 감통성을 지닌다. 그런데 도덕적 자각이나 감통도 일종의 지각 기능이다. 양명은 인심이 본래 지니고 있는 이러한 지각[명각] 능력을 양지로 파악한다. 이것이 바로 '격물치지'를 새롭게 해석할 수 있는 단초다. 즉 '치지(致知)'의 '지(知)'가 주자학에서와 같은 대상에 대한 앎[知識]이 아니라, 인심(仁心)의 지각 능력인 양지라고 보는 것이다. 이 양지는 사람이 태어나면서부터 지니는 밝은 덕성[明德]으로 마음의 본체다. 이렇게 해서 성인에 이르는 길은 더 이상 외부 사물에 나가 그 이치를 궁구할 필요가 없이 자신의 본성을 실현하는 것만으로 충분하게 되었다. 용장오도를 통하여 양명은 성인이 될 수 있는 내적 근거[본체]와 그 방법[공부]을 발견함으로써 새로운 마음의 철학을 제출할 수 있게 된 것이다.

──────────

陽明은 明나라 中世 大儒 王文成公(守仁)의 號이니 그 學說로는 "大學問, 論學諸書, 傳習錄" 等이 잇다. 陽明學을 말하랴면 먼저 陽明의 力主하는 것과 밋 痛斥하는 것을 알어야 하나니, 그의 力主함이 무엇임을 알면 저절로 痛斥할 바를 알 수 잇스며, 그의 痛斥함이 무엇임을 알면 저절로 力主한 바를 알 수 잇다. 그는 무엇을 力說하얏는가, "致良知"라 함이오, 그는 무엇을 痛斥하얏는가, "卽凡天下之物而窮其理, 一朝豁然貫通"이라 한 말이다.

"致良知"라 함은 "致"는 "이룬다"는 뜻이니 무엇이던지 이루엇다 하면 그 限度를 다한 것이오, "良知"라 함은 "천생으로 가진 아름"이라는 뜻이니 사람으로서는 잘난 사람이던지 못난 사람이던지 심지어 극히 고약한 무리일지라도 천생으로 가진 이 "아름"은 누구나 다 갓흔 것이다. 이 "아름"

은 다 갓지마는 저바리기도 하며 가리기도 하며 심하면 아조 분탕하야 없어지도록 하기도 하므로 이 "아름"이 "아름"다웁게 다 이루어지지 못하는 것이라. 그러므로 이를 이루어노차 하는 것이니라. 아즉 이것쯤만 말하야두고.

"卽凡天下之物而窮其理"라 함은 왼 세상 갓가지의 事物에 向하야 그 "이치"를 궁구한다는 뜻이오 "一朝豁然貫通"이라 함은 하로 아츰에 시원하게 꿰어 뚤린다는 뜻이니 왼 세상 갓가지 事物에 向하야 그 이치를 궁구한즉 各個의 眞理가 모드인 데서 하로 아츰에 시원하게 꿰어 뚤리는 것을 어드리라는 것이니 이는 南宋 大儒 朱晦菴의 主張한 바이다. 이러케만 말하면 讀者는 어리둥절하리라. 나도 이 말만을 내어놓아 가지고 分明하려니 하고 생각하지 못한다.

대개 孔氏의 正派로서 師門의 宗旨를 傳한 이 곳 曾子이라. 孔子ㅣ 曾子를 불러 이르되 "參(曾子 이름)아 우리 道는 하나로써 꿰이느니라." 曾子ㅣ 곳 "녜"라고 대답하얏다 하는 것이니 孔氏 曾氏의 師弟間 주고 바듬이 어떠한 簡易한 不二門이 잇음을 대개 짐작할 수 잇다. 曾子ㅣ "大學"을 述하되

"大學의 道는 明德을 밝힘에 잇고 民을 親함에 잇고 至善에 그침에 잇나니라. 옛 天下를 平治코자 하는 者는 먼저 그 나라를 다스리느니, 그 나라를 다스리랴 하는 者는 먼저 그 집을 整齊하느니, 그 집을 整齊하랴는 者는 먼저 그 몸을 닦느니."

天下로부터 몸까지 이르기에 밧삭밧삭 넓은 데로부터 좁은 데로 먼 데로부터 갓가운 데로 한 거름 한 거름씩 조어들어 한 源頭가 나올 때까지 이 例로 쪼차 들어가랴 하는 것이라.

"그 몸을 닦그랴 하는 者는 먼저 그 마음을 바르게 하느니 그 마음을 바르

게 하랴 하는 者는 먼저 그 意(하랴는, 말라는 等의 念)를 정성스럽게 하느니 그 意를 정성스럽게 하랴 하는 者는 먼저 "知"를 致하나니."

마음을 바르게 함이 源頭일 듯하지만 엇더케 하야 바르게 할가 여기에서 "誠其意"라는 것을 指示하고, 意는 엇더케 하야 誠할가 여기에서 "致知"라는 것을 指示하얏는데, 竿頭一步를 더 나가 그러면 知는 엇더케 하야 致할가 함이 없을 수 없나니, "知를 致함은 物을 格하는 대 잇느니라" 하는 一節이 곳 結句이다. 그러나 物을 格한다 함이 文句 자못 異常한지라. 이것이 千門 萬戶를 열어노흘 一介 열쇠인 채로 千年 百世를 두고 學者의 聚爭點이 되얏더니, 晦菴이 이를 解釋호대 格은 窮盡이오 物은 事物이다. 天下諸般事物에 다 각각 그 原理가 잇나니 여기 對하야 窮究함을 싸흐면 各物各理의 모드이는 곳에 한 개의 會通되는 原理가 透悟될지라. 各理에 對한 窮究를 格物이라 하고 한 개의 會通되는 原理를 透悟함을 致知라 하얏다. 晦菴은 가장 綿密하고 周詳한지라 이 分究, 合悟할 수 잇는 大學說이 실로 前古學者에 미치지 못할 卓見이니라. 卓見일진대 陽明은 엇지하야 이를 痛斥하얏던가.

그 文勢로 보아 身以外는 모다 外部이오, 이미 "마음"에로 더듬어 든 뒤에는 "意" "知" 모다 으슥한 마음속 일이라 새삼스럽게 外物의 物이 드러올 次例가 아니라 함은 그러치 아니함이 아니로되 文勢上 解釋만은 陽明의 本懷 아니다. 우선 "物"은 엇지하야 "格"하려느냐. 知를 致하랴고. 知는 致하면 무엇을 하느냐. 意를 誠하랴고. 意는 誠하야 무엇을 하느냐. 마음을 발리우랴고. 그러면 中心은 마음 발리는 것이 아니냐. 올치 아니하고는 못 견댈 만한 意의 誠이 잇서야 마음의 바름을 이루리라. 올치 아니하고는 못 견대는 것은 "知"를 "致"함에 잇고, "知"를 "致"함은 "物"을 "格"함에 잇다 하얏나니,

올치 아니하고는 못 견댈 意가 이 "知"에서 바로 생겨야 할지며, 이 物을 格함에서 곳 이 知가 이루어져야 할 것이니, 實驗하야 되지 아니할 것 가트면 의심스러운 解釋이다.

各個事物을 窮究 또한 綜察하얏다 하자. 分別로조차 獨到한 觀察이 잇게는 될지언정 各理의 總合을 어데까지로 限度 삼을 것도 糢糊하려니와 이는 考究이라 博學의 類요, 올치 아니하고는 못 견댈 그 意를 만드는 心境 속 生活이 아니다.

宇宙의 大體로 말하면 各分이 곳 一合이니 一草 一石의 가지고 잇는 原理 곳 大宇宙의 原理라. 허터저 各分한 것이매 갈래로조차 硏究하야 大本으로 通할 수 잇다. 晦菴의 卓見은 이를 獨照함이다. 그러나 學者로서 宇宙의 生成을 討究하는 學究的 方法과 修行하는 사람으로서 心境 쪽 切近한 生活을 獨做하는 要諦와 다르니라.

陽明은 처음에 晦菴의 敎訓에 依하야 뜰 압 대나무부터 좀 格하야 보자 하다가 外物에 對한 考究가 內心을 悟徹케 함에 何等의 效益을 엇지 못할 것을 自歎하엿다. 그리다가 權奄 劉瑾의 亂政함을 劾論한 까닭으로 貴州 龍場 驛에 謫補하야 잇슬 때 "格物致知"의 大旨를 깨다라

"聖人의 道가 自性에서 自足한 것이라 밧갓 事物에 求할 것이 아니라"

하얏다. 이에 "格物"을 解호대 "格"은 발르게 한다는 뜻이오 "物"은 事物의 物이 아니라 조곰이라도 뜻 가 잇는 것은 다 物이다(이는 心中의 物이다). "知"는 이른바 "良知"이니 本然으로 固有한 "아름"을 이름이오 "致"는 이 固有한 "아름"을 完成하는 것이라 하얏다. 이 "아름"이 곳 마음으로서의 아름 이로되 마음이 그 발름을 일흔즉 이 아름이 가리게 되고, 이 아름이 가리게

된즉 마음이 발른 自體를 일른 것이라.

間或 이 "아름"이 빗미주룩이 나타나드라도 잠간만에 도로 가리어 비록 나타날 때 그른대 對한 苛責과 오른대 對한 歆慕가 업섯슴이 아니나, 暫間 보이다가 도로 업서진지라 歆慕에 대하야 하랴 하는 뜻이나 苛責에 대하야 말랴 하는 뜻이나 다 純一하지 못하야, 하랴다가 고만두어 바리고 말랴다가 도로 하는 것이라. 오즉 "아름"이 完全히 이루어진 뒤라야 是非, 可否ㅣ 極度로 밝어지며 感度ㅣ 無上히 銳敏하야, 하랴 하매 뒤따를 死亡覆滅이 이를 沮止하지 못하고 말랴 하매 압헤올 富貴尊榮이 이를 牽引하지 못할 뿐 아니라 電流가 鐵線을 通하드시 아니 通하지는 못하고 고양이가 쥐를 차드시 아니 차지는 못하나니, 이 만일 천생이 아닐진대 이러한 스사로 마지 못하는 境界가 없슬 것이다.

그러나 이 "아름"을 完全히 이루랴 할진대 이 "아름"의 批判한 대로 뜻 가는 곳마다 그 不正함을 곳 발르게 하여야, 다시 말하면 卽 이 "아름"의 容受되지 아니할 뜻을 이 "아름"에 依하야 校正하야 한 번 두 번 작고 싸힐수록 "良知" 더욱 밝어지게 되고 밝어질수록 점점 더 銳敏하야 나종은 "良知"의 完成을 보게 되는 것이니 이것이 陽明의 主張인 同時 晦菴說을 排斥하게 되는 것이다. 그러나 大學이야 잘 解釋하얏던지 못 解釋하얏던지 解釋으로 因한 彼此의 實際上 內的 生活의 分岐와 밋 世間에 끼처주는 影響을 이어 檢論하리라.

03

명명덕과 친민

학문이라는 것은 세상 사람들이 알든 모르든 표준을 두는 곳이다. 회암설에 의하면 공부가 마음 밖으로 향하게 되고, 양명학에 의하면 마음을 벗어나서는 착수할 것이 없게 되었다. 그러므로 『대학』 제1장에서 말한 "명덕을 밝힘에 있고, 백성을 친함에 있다"(명덕은 마음을 예찬하여 말한 것이다)고 한 것이 우선 위에서 서술한 핵심 부분에 대한 해석에 의해 달라지게 된다. 회암은 "친(親) 자는 잘못되었다. 마땅히 신(新) 자로 고쳐서 보아야 한다(『전습록』에 의거함).[15] 백성을 가르쳐 새롭게 한다는 것이다"고 하였다. 반면에 양명은 "아니다. 고본이 옳다. 명덕을 밝히는 것과 민중을 친하는 것이 하나의 일이다. 만일 민중과 간격이 있어 그의 이해와 안위가 내 몸의 아픔이나 가려움처럼 감통되지 않는다면 명덕의 본체가 무엇이 밝혀졌다고 하겠는가? 그러므로 민중을 친하는 것을 제쳐버리고 명덕의 밝음이 없고, 명덕의 밝음이 없고는 민중을 친할 무엇이 없다. 민중을 친하는 것이 곧 내 마음을 밝힘이요. 내 마음을 밝히는 것이 곧 민중을 친하는 것이다"고 하였다.

두 학설이 이렇게 달랐다. 신(新)은 교훈에 대한 말이니 벌써 마음 밖의 바깥일에 속하는 것이지만, 친(親)은 곧 마음의 감통으로서 그대로 명덕의 본체이니 하나는 밖에서 구하는 것이요 하나는 안에서 찾는 것이다. 그러므로 백성을 새롭게 하는 데 있다는 것도 민중을 위하지 않는 것은 아니지만 마음을 밝히는 일 따로 있고 민중을 가르치는 일 따로 있으며, 저 가르치는 것이 벌써 한 걸음의 거리가 있기 때문에 가르치려고 하다가 가르치지 못했다고 하더라도 명덕을 밝힘에는 어떤 손실도 없다. 그러나 민중을 친하는 이것은 마음 안의 일이기 때문에 이 친함이 지극하지 못하고는 명덕의 존재까지 의심하게 되므로 민중과 나와의 관계가 조금의 간격도 용납할 수 없도록 감통하게 된다.

그러므로 회암은 예의(禮儀)를 세밀하게 풀이하고 전주(箋注)를 상세하게 서술하는 데 위대한 업적을 남겼지만 후학 가운데는 혹 "도를 걱정하지 나라를 걱정하지 않는다"[16]고 하여 민중 밖에 따로 걱정할 어떤 도가 있는 것 같은 말을 하기까지 했다. 그러나 양명은 늘 사람으로서 고유한 '앎' 즉 '양지'를 제창한 까닭에 책에서만 구하지 말라, 내 '양지'에서 구하라고 하여 마음 밖으로 한 걸음을 내딛지 못하게 함으로써 국가와 민중을 마음 안의 일로 절실히 느끼게 하여 명말에 이르러 분신쇄골을 단꿀같이 여기고 이곳저곳 다니면서 사람들을 각성시키기 위해 부르짖어 외치기를 그만두지 않았던 것이다. 좋도다! 황종희(黃宗羲, 1610~1695)가 「장황언묘문(張煌言墓文)」에서 장공(張公)[17]이 수많은 고초를 스스로 감내하던 그 의열(義烈)을 서술할 때, "이 무슨 별것이냐! 오직 그만두려고 해도 스스로 그만두지 못함을 이루었을 뿐이다"[18]고 한 말이여!

그만두려고 해도 스스로 그만두지 못하는 것이 이른바 의(意)가 정성스러운 것이다. 대개 동방의 옛 학문의 진수는 간단하면서도 쉬움[簡易]에 있고 번잡하고 넓은 데 있지 않다. 간이(簡易)라고 하는 것은 일체의 법을 오직 본심에 의거하여 그 알참[實]과 참됨[眞]을 구하는 것을 말한다. 회암의 학문이 치밀하고 주도함이 당, 오대, 송초 이후에 제멋대로 미쳐 날뛰는 선종에 물들었던 학풍을 정돈하는 데 병증을 치료하는 약이기는 했지만, 조여 들어가는 학문의 원두를 산만한 외물로 향하게 함으로써 자연히 널리 고찰하고 궁구하는 지적 범위만 넓히는 데 기울게 되며, 선두에서 가장 먼저 기댈 곳인 '지(知)'를 공허하고 고원한 데로 보낸 까닭에 중심[主腦]이 저절로 꼭 박히지 못하여 배우는 사람이 텅 비어 의거할 데가 없음을 느끼게 되었고, 이에 이미 기댈 곳이 없고 또 널리 고찰하고 궁구하는 법문이 되어서 학자의 평생 웅얼거림이 오직 예의와 전주 등에나 치우칠 뿐이지 내심에 있어 어떠한 실제적인 바른 길을 얻은 적이 없었다. 그래서 학문이라고는 예의, 전주며 조금도 자기 마음상의 치지가 없으므로 외물을 접함에 여전히 천박한 자사념이 이에 응하게 되고, 저 예의와 저 전주로는 조금도 힘을 얻을 것이 없었다. 양명이 이에 발분하여 '치양지'를 주장하고 민중과 내 마음이 둘이 아님을 고심하여 펼쳐 서술하였던 것이다.

회암의 '격치(格致)'의 대의가 만일 사물을 나누어 연구하는 분석적 정신으로 실제에 적용했더라면 물질에 대한 발명이 혹 멀리 서양과 병진했을지도 모를 것인데 이렇게 활용하지는 못하고 그 해석 그대로 심성을 수양하는 거기에다가 붙박이 요로를 삼고 보니, 배우는 이가 말로는 부연할 수 있으나 자기 마음상의 어떤 착수처가 없어서 학문은 실상 자기 마음과 멀어지고 말았다. 이 학문이 자기 마음과는 멀지만 그래도 학문이란 군중이 흠모하는 대상이라서 먼저 학문으로 자립할 생각이 없을 수 없고, 다음으로 학문으로 불러 모을 생각이 나지 않을 수 없다. 실제로 착수처가 없지만 있다고 할 수밖에 없고, 있다고 한 바에는 마음상의 일깨움을 제쳐두고 오직 문자상에서 들어 맞추는 데에만 노력을 한 까닭에 '명덕' '친민'의 용솟음치는 열렬함은 거기서 찾을 수 없었다. 이미 문자상만의 노력이 저러한 까닭에 자연히 사념의 싹이 그에 따라 점점 자라나고, 이로부터 자만과 배타가 날로 성하였으며, 이러면서도 경전문자에는 들어 맞춤이 점점 더 교묘해져서 여기서부터 화란이 비롯된 것이다. 알라! 속빔[虛]은 거짓[假]의 근본임을.

❀

정인보는 '치지격물'에 대한 주자와 양명의 해석 차이를 설명하고, 이어서 『대학』 제1장의 '명명덕'과 '친민'의 의미 및 그 관계에 대한 양자의 이해 차이를 설명한다. 그런데 명명덕과 친민에 대한 이해의 차이는 '격물'에 대한 해석 차이에서 비롯한다. 주자학에서는 '격물'의 '물'을 리(理)로 해석함으로써 격물 공부가 마음 밖으로 향하게 된 반면 양명학에서는 물은 마음이 닿아 있는 일로써 격물 공부가 마음을 벗어나지 않는다. 마음 밖에 물이 없는 것이다. 주자학에서는 심(心)과 물(物)을 대립적인 것으로 보는 반면, 양명학에서는 심과 물을 일체로 간주한다. 이러한 구도가 명명덕과 친민의 관계를 설명하는 데 그대로 적용된다.

주자는 명덕을 사람이 하늘에서 얻은 것으로 허령하고 어둡지 않아서 뭇 리를 갖추고 만사에 응하는 것[19]으로 풀이한다. 이것은 마음이 리를 지각할 수 있고, 내면에 갖출 수 있으며, 온갖 일에 대응할 수 있는 그 능력을 명덕으로 이해한 것이다. 그것은 마음의 덕을 예찬한 것이라고 보기는 어렵다. 그 마음의 능력을 밝힌다는 것은 사사물물에 나아가 그 리를 인식하고, 온갖 일에 알맞게 대응하는 것을 의미한다. 한편 주자는 '친민'을 '신민'으로 고쳐야 한다고 주장한다. 그 근거는 친민을 풀이한 전문(傳文)에 '작신민(作新民)'이라고 하여 '신민'을 언급한 대목은 있지만, '친민'을 언급한 글은 없다는 것이다. 그리고 '신민'을 "신(新)이란 옛것을 고치는 것을 의미한다. 이미 스스로 그 명덕을 밝혔으면, 또 마땅히 미루어 남에게까지 미쳐서, 그로 하여금 또한 옛날에 물든 더러움을 제거할 수 있게 한다는 말이다"[20]라고 해설한다. 주자학에서 명명덕은 자신의 명덕을 밝히는 것이고, 신민은 백성을 새롭게 하는 것으로서 명덕을 밝히는 일과 백성을 새롭게 하는 일은 두 가지의 일이 된다. 그 일의 선후 관계도 자신의 명덕을 먼저 밝힌 뒤에 다른 사람이 기품과 인욕에 가려진 것을 보고 측은히 여겨서 그를 새롭게 한다는 것으로, '명명덕 이후에 신민'이라는 선후 관계가 성립한다. 이것은 신민을 명명덕의 일로, 민중을 자기 마음 안의 일로 여기지는 않은 것이다. 심과 물이 대립 관계에 있듯이, 자기 마음과 민이 대립 관계에 있다. 이러한 구도에서는 자칫 국가와 민중을 자기 마음 밖의 일로 간주할 수 있다. 주자 후학 가운데 "도를 걱정하지 나라를 걱정하지 않는다"고 말하는 이들이 있다. 국가와 민중 밖에 따로 걱정해야 할 도가 있다고 여긴 것이다. 이러한 병폐는 주자학에서 자기 마음을 밝히는 명명덕과 백성을 가르쳐 새롭게 하는 신민을 분리한 것과 무관하지 않다.

양명에게서 명덕이란 마음의 덕으로서 천지만물을 한 몸으로 삼는 본체인 인(仁)이다. 그것은 사람이라면 누구나 태어나면서부터 지니는 것이요, 자연히 밝아 어둡지 않다. 명덕을 밝힌다는 것은 만물을 일체로 간주하는 그 어진 마음을 밝히는 것이다. 친민은 백성을 친하게 여겨서 그와 더불어 하나가 되는 것이며, 만물을 한 몸으로 여기는 인의 작용을 이루는 것이다. 명명덕은 뭇 사람과 존재물을 사랑하는 친민을 통해 이루어진다. 명명덕과 친민이 하나의 일인 것이다. 그것은 민중과 만물을 내 마음 안의 일로 여긴 것이다. 따라서 만약 하나의 사물이라도 그 마땅한 자리를 얻지 못한다면 아직 내 마음의 본체인 만물일체의 인(仁)이 실현되었다고 말할 수 없다. 이것은 국가와 민중에 대한 강한 도덕적 책임감과 실천 의식을 표현한 것이다. 정인보는 양명학의 이러한 정신이 발휘된 구체적인 사례들을 명말 청초에 반청항쟁을 했었던 의열지사들에게서 찾는다. 조선의 경우도 19세기 병인양요 당시에 무력을 앞세운 프랑스군의 침략에 죽음으로 항거했던 하곡학파 강화학인이었던 이시원과 이지원 형제의 절의정신이 그것을 잘 대변하고 있다. 그것은 모두 '그만두고자 해도 그만두지 못하는 양지의 울림'을 이룬 것일 뿐이다.

學問이라는 것은 세상 사람의 아든 모르든 表準을 두는 곳이라. 晦菴說에 依하면 공부가 心外에 向하게 되고 陽明學에 依하면 心 떼이고는 着手할 것이 없게 되얏다. 그러므로 "大學"의 第一章의 이른 "明德을 明함에 잇고 民을 親함에 잇다"(明德은 마음을 禮讚한 稱號) 함이 우선 上述한 頭腦的 解釋에 依하야 分岐되나니, 晦菴은 "親字는 誤이다. 맛당이 新字로 고치어 볼 것이다. 백성을 가르처 새롭게 한다 함이다" 하얏고 陽明은 "아니다 古本이 올타 明德을 밝히는 것과 民衆을 親하는 것이 한 일이라. 만일 民衆과 間隔이 잇서 그의 利害와 安危가 내 몸의 痛痒가치 感通되지 못하면 明德의 本體가 무엇이 밝엇다 하리오. 그럼으로 民衆을 親하는 것을 제처바리고 明德의 밝음이 업고 明德의 밝음이 업고는 民衆을 親할 무엇이 업다. 民衆을 親하는 것이 곳 내 마음을 밝힘이오 내 마음을 밝히는 것이 곳 民衆을 親함이다." 두 學說이 이러케 달럿다. 新은 敎訓에 對한 말이니 발서 心外로 外事에 屬하는 것이나 親은 곳 마음의 感通이라 그대로 明德本體이니 하나는 外求이오 하나는 內索이라. 그럼으로 民을 新함에 잇다 함도 民衆을 위하지 아니함이 아니로대 마음을 밝히는 일 따루 잇고 民衆을 가르치는 일 또 따루 잇으매, 저 가르치는 것이 발서 一步의 距離가 잇는지라 가르치랴다가 못 가르첫드라도 明德을 밝힘에는 何等의 損이 업스나, 民衆을 親하는 이것

은 心內의 일이라 이 親함이 至極하지 못하고는 明德의 存在까지를 의심하게 됨으로 民衆과 나와의 關係가 조고만한 間隔을 容納할 수 업도록 感通하게 된다.

그럼으로 晦菴은 禮儀의 密解, 箋注의 詳述에다가 偉蹟을 남기엇스나 後學으로는 或 "憂道, 不憂國"이라는 民衆 밧갓헤 따로 걱정할 엇더한 道가 잇는 것 같은 말을 함에 미치엇지만, 陽明은 늘 사람으로서 固有한 "아름" 卽 "良知"를 提唱한지라, 册에만 求하지 마라, 네 "良知"에 求하라 하야 心外一步를 내드듸지 못하게 함으로 國家 民衆을 心內事로 痛感하야 明末에 이르러 粉身碎骨을 단꿀가치 여기고 奔走號叫하야 마지아니한 것이니 올을서(善哉), 黃宗羲의 張煌言墓文에 張公의 九死自苦하든 義烈을 叙述할 때 "이 하상 別것이냐 오즉 말랴 해도 스사로 마지 못함을 이루엇슬 뿐이라" 한 말이여.

말랴 해도 스사로 마지 못하는 것이 이 이른바 意의 誠이다. 대개 東方古學의 眞髓는 簡易함에 잇고 繁博함에 잇지 아니하니, 簡易라 함은 一切의 法을 오즉 本心에 依하야 그 實과 眞을 求함을 이름이라. 晦菴의 學이 纖密 周到함이 唐, 五代, 宋初以後 禪宗의 猖狂自恣에 薰染되얏던 學風을 整頓함에 잇서 對證의 藥이 아님이 아니로되 조여 드러가는 學問의 源頭를 散漫한 外物로 向하게 하매 自然 博考 廣究의 智的 範圍만 恢拓하려 함에 기울게 되며 先頭의 最初 倚着할 곳인 "知"를 虛遠한 데로 보낸즉 主腦 저절로 꼭 박이지 못하야 學者 ㅣ 空蕩無依함을 感하게 되며, 이에 임의 依着이 업고 또 博考 廣究함이 法門이 된즉 學者의 終年 웅얼거림이 오즉 禮儀, 箋注等에나 치웃칠 뿐이지 內心에 잇서 엇더한 實際的 正路를 어든 적이 업섯다. 그런즉 學問이라고는 禮儀, 箋注이며 조곰도 自心上 致知 업슴으로 外物이 接하매 依然히 淺薄한 自私念이 이를 應하게 되고 저 禮儀와 저 箋注로는 小毫도 得力할 것이 업섯다. 陽明이 이에 發憤하야 "致良知"를 主張하고 民衆과 내 마음과 둘이 아님을 苦心으로 演述하니라.

晦菴의 "格致"의 大義 만일 事物을 나누어 考究하는 分治的 精神으로 實際에 應用하얏던들 物質에 對한 發明이 或遠西와 並驅하얏슬지도 모를 것을 이러케 活用치는 못하고 그 解釋 그대로 心性을 修養하는 거기에다가 붓백이 要路를 삼고 보니 學者 | 말로는 敷演할 수 잇스나 自心上 엇더한 着手處는 업고 그런즉 學問은 실상 自心과 멀어지고 말앗다. 이 學問이 自心과 멀지마는 그래도 學問이란 群衆의 向慕하는 對像이라 먼저 學問으로 自立할 생각이 없을 수 업고 다음 學問으로서 號召할 생각이 나지 아니할 수 업다. 事實로 着手處 | 업지마는 잇다고 할밧게 업고 잇다고 한 바에는 心頭上提醒을 제치고 오즉 文字上 드리 마추는 데에만 努力하게 된지라 "明德" "親民"의 용소숨치는 熱烈함은 거기 차질 것이 아니오. 이미 文字上만에 努力이 저러한즉 自然 私念의 萌芽가 따라 점점 자라며 이로부터 自用과 排他 | 날로 盛하얏스며 이러면서도 經傳文字에는 드리 마춤이 점점 더 巧妙한지라 여기서부터 禍亂이 비롯한 것이라. 알라 虛는 假의 本이니라.

04

실심 환성과 양명학

　이 글을 보는 사람 가운데 아직도 잘못된 습관에 물들어 도학의 문호를 생각하는 이는 내 말을 이단이라고 배척할 것이다. 그러나 마음을 자기에게로 되돌려 그 허(虛)와 실(實)을 살펴보라. 또 당대 신사조에 젖은 명사들은 웃을 것이다. "참 썩은 소리로군. 지금 우리에게 『대학』 해석이 바르건 틀렸건 털끝만큼이라도 무슨 관계가 있어야지. 우리는 『대학』이라는 것부터 그 이름조차도 모르는데." 이렇게 말할 것이다. 나도 이 말에 아주 반대하려고 하지는 않는다. 그러나 수백 년간 일부 학자가 학풍을 세움에 농촌의 빈궁한 백성들까지도 이것을 흠모하였고, 오래 두고 내려와 파벌 싸움과 살육까지 모두 "실심 이외의 탐구"를 뿌리 삼아 확대된 것이다. 그 근원은 보이지 않지만 유파는 아직도 우리 안에 남아 있음을 알라.

"무슨 관계가 있느냐?"고 하는 그 사람도 어째서 열정보다 냉정함이 많고, 어째서 자기 마음에서 실제로 느끼는 것보다 남의 흉내나 내는 것이 많으며, 그러면서도 열정이 있는 것처럼 실제로 얻은 것이 있는 것처럼 겉으로 나타내는 것이 있지 않은가? 당연히 느껴야 할 것이 어째서 마비되었으며, 당연히 나아가야 할 걸음이 어째서 멈췄는가? 심지어 우리의 정(情)에 비추어보아 차마 하지 못할 것, 우리의 마음에 비추어보아 어느 면으로나 옳다고 할 수 없는 것조차도 한번 멀리 저쪽에서부터 떠드는 것만 있으면 그 말이 분명히 자기 마음에 반대되는 것이지만 당연히 해야 할 것이라고 말하며, 당연히 옳다고 말하지 않을 수 없다고 하지 않는가? 마음속으로는 반대하면서 입으로는 찬성하여 따르고, 나중에는 자기 마음조차 자신의 입으로 부인하게 된다. 이렇게 해서 자기 마음은 완전히 없어져도 저 학설을 살려야 내 명예도 드러나고 내 편도 생길 것이기 때문에 자기 마음이 완전히 없어지는 것은 조금도 돌아보지 않는다. 그러면서도 이러함을 또 부인하지 않는가? 누구나 이 말에 반대하겠지만 만일 깊이 생각하고 조용히 반성한다면 얼마간 그러함이 있음을 자신도 살필 수 있을 것이라고 생각한다. 이것은 하루 아침이나 하루 저녁의 일이 아니다. 오랫동안 쌓여서 고질이 된 병을 맹렬하게 다스려 한번 깨끗하게 쓸어내지 않고서는 생명이 온전히 보존되기를 바랄 수 없다. 그리고 한번 깨끗하게 쓸어내려면 그 병의 뿌리를 깊이 조사하지 않을 수 없다.

병의 근본 원인은 모르는데 병의 증세는 날로 심해지니 그 병이 오래되었음을 이것만으로도 짐작할 수 있지 않은가? 멀리 서양의 학술이 수입된 뒤에도 그 가운데 몇 푼은 병이 그것을 받은 까닭에 벌써 고름으로 변한 것도 있고, 그 가운데 몇 푼은 이상하게도 "실심 밖에서의 탐구"와 같은 것이기에 이에 다시 또 병의 뿌리를 북돋아 점점 마음 밖으로 더 달아나게 되고 마는 것이 실로 슬프지 않은가? 한번이라도 마음 속 진실한 곳을 향하게 된다면 비로소 새것을 받아 우리 민중의 복리를 도모할 수 있을 것이고, 비로소 옛것을 정돈하여 또한 우리 민중의 복리를 도모할 수 있을 것이다. 우리 민중의 복리를 도모하는 데서 우리 실심의 참된 모습을 볼 수 있음을 알라! 이것을 도모하려고 할 때 자기 마음에서 자율적으로 드러나는 것이 어떻게 해야 순수할 수 있을까? 여기에서 양명의 학설을 한번 자세히 풀이하여 논하고자 하는 것이다. 앞에서 서술한 것은 대체로 양명이 분발한 이유를 말한 것이다. 지금부터는 차근차근 그 학설 전체를 번역하여 서술하거나 개괄적인 설명을 덧붙여 보고자 한다. 먼저 부탁할 것이 있다. 말로 따져보지 말라. 마음 밖에 있는 그 무엇을 가지고 검증하려고 하지 말라. 오직 자기 마음 은밀한 곳에서 스스로 체험하여 그 합당성 여부를 생각하라.

❋

정인보는 『대학』의 격물치지를 마음 밖에 있는 사물의 이치를 탐구하는 것으로 해석한 주자학이 '실심을 떠난 탐구'의 길을 열었고, 학문이 마음과 멀어짐으로 인해 일체의 화란이 일어나게 되었다고 말한다. 그런데 주자학의 그 병폐는 정인보 당시에도 여전히 남아 있었다. 시비와 가부를 판단하는 준거가 자기 마음과 무관하고, 자기 마음에서 실제로 느껴서 우러나는 열정이 부족하고, 서양에서 새로 수입된 학설도 자기 마음과 무관하게 권위를 부여하고자 한다. 이것들은 모두 '실심을 떠난 탐구'에서 비롯된 것이다.

실심은 자신과 민중, 자신과 국가를 분리시키지 않는다. 민중의 복리를 도모하고, 국권을 회복하는 데서 실심의 참모습을 볼 수 있다. 이를 위해서는 실심을 불러 깨워야 한다. 양명학은 마음 밖의 물을 인정하지 않는다. 일체의 일과 물 및 리가 마음과 연관되어 있다. 따라서 실심을 불러 깨우기 위해서는 양명학을 익힐 필요가 있다.

이 글을 보는 이 중에 아즉도 習染에 저저 道學의 門戶를 생각하는 이는 내 말을 곳 異端으로 排斥하리라. 그러나 心頭一步를 回進하야 自身에 向하야 그 虛, 實을 照考하야 보라. 또 當世 新思潮에 游泳한 名士네는 우수리라. "참 썩은 소리로군. 지금 우리에게 大學解釋이 바르건 틀렷건 털끗만치나 關係가 잇서야지. 우리는 大學이라는 것부터 名字도 모르는데." 이러케 말하리라. 나도 이 말에 아조 反對하고자 아니 한다. 그러나 數百年間 一部學者ㅣ 學風을 세우매 農村 窮民까지도 이를 欽慕하얏섯고 오래두고 나려와 派爭, 殺戮까지 모다 "實心以外의 考究"를 뿌리 삼아 擴大한 것이라. 그 源은 보이지 아니하되 流波는 아직도 우리의 속에 남아 잇슴을 알라.

"무슨 關係가 잇나" 하는 그 사람도 엇지하야 熱情보담 冷薄함이 만흐며 엇지하야 自心의 實感보담 남 흉내만이 盛하며 이러면서도 熱情이 잇는 것처럼 實得이 잇는 것처럼 外面으로 나타내이는 것이 잇는가 업는가. 당연히 늣거워야 할 것이 엇지하야 麻痺되얏스며 당연히 나아가야 할 거름이 엇지하야 停頓한가. 심지어 우리의 정으로 참아 못할 것, 우리의 마음으로 어느 모로나 可타 할 수 업는 것도 한번 먼 저기로부터 떠드는 것만 잇스면 그 말이 번연히 제 속에 反對되는 것이로되 당연히 해야 할 것이라 하며 당연히 올타고 아니 할 수 없다 하지 아니하는가. 心中의 反對, 口頭의 附隨, 나종은 自心조차 自口로서 否認하게 된즉 自心은 아조 滅絕하야도 저 學說을 살려야내 名譽도 나고 내 黨類도 생길 것이매 自心滅絕은 조곰도 顧念하지 아니하지 안는가. 이러면서도 이러함을 또 否認하지 아니하는가. 누구나 이 말을 反對하리라마는 萬一이라도 沈思, 默省하면 多少 그러함도 自照할 줄 안다. 이것이 一朝一夕의 故ㅣ 아니다. 積痼한 病을 猛治로 一掃치 아니하고는 生全함을 바랄 수 업고 一掃하랴면 그 病根을 深查하지 아니 할 수 업다.

根因은 모르는대 病證은 日劇하니 그 病의 오램을 이만으로도 짐작할 수 잇지 아니하냐. 遠西의 學術이 輸入된 뒤도 그중에 幾分은 病이 이를 바드매 발서 膿汁으로 化한 것도 잇고, 그중에 幾分은 이상하게도 "實心以外의 考究"ㅣ 가튼지라 이에 다시 또 病根을 북도다 점점 心外로 더 다라나게 되고 마는 것이 실로 可哀롭지 아니하냐. 한번 心頭一路에 眞實地를 向하게 될진대 비로소 새것을 바더 우리 民衆의 福利를 圖할 수 잇고 비로소 옛것을 整頓하야 또한 우리 民衆의 福利를 圖할 수 잇다. 우리 民衆의 福利를 圖하는데서 우리의 實心의 眞相을 볼 수 잇슴을 알라. 이를 圖하랴 하매 自心上 自

發이 엇더케 하여야 純一할가. 여기서 陽明의 學說을 한번 演論코자 함이니 前述함은 대개 陽明의 發憤함을 말함이라. 차차 그 學說의 大全을 或翻述하고 或槪陳도 하고자 한다. 먼저 부탁할 것이 잇다. 말로서 따저보지 말라. 外部에 무엇으로던지 參證코자 하지 말라. 오즉 自心 隱微한 속에 스사로 體驗하야 그 合否를 생각하라.

05

양명학은 심학이다

양명의 학문은 심학이다. 심학이라고 하면 마음을 대상으로 삼아 고찰하는 것이라고 여길 것이다. 그러나 이것은 근대 학술의 용어만을 아는 것이다. 양명의 심학은 그런 것이 아니다. 그것은 바로 우리의 마음이 타고난 그 본모습, 즉 본밑 그대로 조금의 속임도 없이 살아가려는 공부다. 그러므로 외물을 접하거나 홀로 생각하거나 선한 생각이나 악한 생각이나 다 마음에서 생각이 일어나지 않는 것이 없지만, 마음의 본밑을 말하자면 어떤 생각을 하면서도 스스로 옳지 않다고 여기는 것이 있음을 보면 곧바로 옳지 않다고 여기는 그 판단을 내리는 그곳이 본밑이지, 그 판단을 받는 그것이 본밑이 될 수는 없다. 가령 시골 농민이 낮에 논갈이 품을 팔 때 주인이 보지 않는다고 해보자. 잘못 갈아주어도 말할 사람이 없다고 해보자. 그 사람이 중간쯤 갈다가 생각하기를 '돈은 이미 받았고 누가 보지도 않으니, 일을 대충 하고 갈까' 하는데, 스스로 이 생각을 나무라면서 '아니다. 보는 사람이 없어도 나는 해서는 안 되는 일로 여기지 않느냐'고 말한다. 그러다가 결국 처음의 생각대로 대충 하고 말았다고 해보자. 그러면 집에 와서도 자기가 한 일을 옳지 않다고 여긴다.

어떤 것이 본밑 마음인가? 다른 사람은 속일 수 있어도 자기는 속일수 없으니, 속이려는 것을 사념(邪念)이라고 하고, 속일 수 없는 곳을 본심이라고 한다. 따라서 엄격하게 마음을 말한다면 본밑 마음이 이 마음이요, 그 밖의 것은 곧 마음의 적이다. 체계는 또 무슨 체계인가? 내가 하려는 것을 하지 내게 부끄러운 것은 하지 않으려는 단순한 법문이다. 실증은 또 무슨 실증인가? 누구나 학문은 없어도 '나'야 있지 않은가? 내가 내 속을 속이지 못하는 것은 누구나 다 스스로 증험하고 남음이 있지 않은가? 근세 서양의 학술만 복잡하고 번쇄한 것이 아니다. 송대 이후 중국 유학의 심성에 대한 탐구도 참으로 기가 막히게 꼼꼼하고 더할 나위 없이 똑똑하다. 그러나 천년을 두고 마음을 연구하여 한순간에 일어나는 생각의 내용을 수만 마디의 말로 분석을 하였다고 하자. 마음을 연구하는 그 학문과 내 마음공부와는 애당초 관계가 없다. 그러므로 한 생각 속의 부끄러워하는 마음을 가지고서 부끄러운 생각을 누르는 것이 천년을 두고 마음을 연구하는 것보다 실질적인 공부다. 마음이라는 명칭조차 모르는 사람일지라도 자기의 이로움을 버려가면서까지 부끄럽게 생각하는 일을 행하지 않을 수 있다면, 이 사람이 바로 심학에 있어서 높은 지위를 차지하였다고 할 수 있다.

양명의 학문이 바로 이 심학이다. 이 심은 곧 본심으로서, 쉽게 말하자면 본밑 마음이다. 양지가 바로 이것이니, 양명이 "양지는 곧 마음의 본체다"[21]라고 한 것은 이 때문이다. 그러므로 양명의 학은 간단하고 쉬우며 단순 명쾌하여, 양지의 한 점 곧은 피[直血]로써 거의 소멸하여 없어지게 된 마음의 혼[心魂]을 불러 회복하자는 것이다.

❋

양명학은 흔히 '심학'이라 불린다. 이것은 양명 자신이 '성인의 학문을 심학'[22]으로 규정하고 있을 뿐만 아니라, '심'을 자기 철학의 최고범주 개념으로 사용하고 있는 데서 비롯한다.[23]

주자학에서의 '심'은 의식 현상의 총체를 가리킨다. 반면 양명학에서의 '심'은 '본심'을 가리킨다. 정인보는 이 '본심'을 '본밑 마음'이라고 풀이한다. '본밑'이란 '본밑천'으로, 타고날 때부터 본래 지니고 있는 본연의 것을 의미한다. 그 본심이 바로 양지다. 이 본심인 양지는 '속이려고 해도 속일 수 없다'. 그 본심 자체가 순수하고, 진실하며, 밝기 때문이다. 양명 심학은 조금의 속임도 없이 이 본심인 양지대로 살아가려는 공부다. 이처럼 양명학은 간단하고 쉬우며 단순 명쾌하다. 따라서 양명학을 통하여 우리의 본심을 불러 깨울 수 있다.

陽明의 學은 心學이니 心學이라 하면 心을 對像하야 가지고 考察함이 아닌가 하리라. 이것은 近世學術上 術語만을 아는 말이다. 陽明의 心學은 그런 것이 아니니 곧 우리의 마음의 타고난 그 번밋대로 초고만 협사가 없이 살어가랴는 공부이다. 그런즉 外物을 接한다던지 홀로 思量함이 잇다던지 善念이나 惡念이나 다 마음에서 發하지 아니함이 없으되 마음의 번밋을 말할진대 그 생각을 내면서도 스사로 올타 하지 아니함이 잇음을 보면 올타 하지 아니하는 그 判斷을 나리는 그곳이 번밋이오 그 判斷을 받는 그게 번밋될 수가 없다. 그럼으로 시굴 農民이 낮에는 논가리 품을 팔 때 假令 主人이 보지 아니한다 하자. 잘못 가러주어도 말할 사람이 없다 하자. 그 사람이 中間쯤 갈다가 생각하기를 돈은 받엇고 누가 보는 것 아니니 얼음얼음 하고 갈가 하는대 스사로 이 생각을 남으래 갈오되 아니다 보는 사람 없대도 나는 못할 일로 여기지 아니하느냐. 그리다가 結局 처음 생각대로 얼음얼음 하고 말앗다 하자. 집에 와서도 저 한 일을 올치 아니하게 안다.

어떤 것이 번밋 마음인가. 다른 사람은 속힐 수 잇어도 저는 속힐 수 없나니 속히랴는 것을 邪念이라 하고 속힐 수 없는 곳을 本心이라 한다. 그런즉 嚴格하게 마음을 말할진대 번밋 마음이 이 마음이오 그 外 것은 곧 마음의 賊이다. 體系는 또 무슨 體系냐. 내가 하랴는 것을 하지 내게 붓그러운 것은 아니 하랴는 單純한 法門이오, 實證은 더 무슨 實證이냐. 누구나 學問은 없어도 "나"야 잇지 아니하냐. 내가 내 속을 誣罔하지 못할 것은 다 自證하고 남음이 잇지 아니하냐. 近世 西洋學術만이 複雜 纖瑣함이 아니다. 宋以

後 支那儒學의 心性에 對한 討究도 참으로 기 막히는 꼼꼼과 더할 수 없는 똑똑이 아님이 아니다. 그러나 千年을 두고 心을 究하야 一刹那에 이러나는 念質을 數萬言을 費하야 分析하얏다 하자. 心을 究하는 그 學問과 내 마음공부와는 당초에 關係가 없다. 그러므로 一念의 붓그러움을 붓드러 붓그러울 念을 눌르는 것이 千年 두고 心을 究하는 것보다 實工이오. 마음이라는 名稱조차 모르는 사람으로도 능히 붓그러워하는 바에는 제 利로움도 바리엇을진대 이 곳 心學에 잇어 높은 地位를 占하얏다 할지라도 陽明의 學이 이곳 心學이오. 心은 곧 本心이오, 쉽게 말하자면 번밋 마음이다. 良知가 곧 이것이니 陽明의 이른바 "良知는 곧 마음의 本體라" 함이 이를 因함이다. 그러므로 陽明의 學은 簡易하며 直截하야 良知의 一點直血로써 거의 滅絶하게 된 心魂을 喚回하자는 것이다.

06

마음이 바로 리다

양명이 말하는 '심'은 곧 '리(理)'다.[24] 리라는 것은 자연적으로 이루어지는 질서로서, 인위가 아닌 까닭에 천명(天命)이라고 한다. 리는 지선(至善)이니, 선하지 않음이 없다는 것이다. 양명은 또 다음과 같이 말한다.

"앎[知]이 곧 행(行)임을 알았다고 하자. 알기는 하였지만 행하지는 못하였다고 한다면 그 알았다는 것이 참된 앎은 아니다. 앎이 있다면 행이 곧 거기에 있는 것이다."[25]

'양지'로서 비춤만 있고 실제로 행하지 못한 것은 그 '앎[知]'이 아직 '앎'답지 못한 것임을 분명히 말하여 역대 학자들이 빈말로 정신만 가지고 놀던 버릇을 더 이상 설 자리가 없게 하였다. 양명의 『대학』 풀이[26]가 『대학』을 풀이하자는 것이 아니라, 그의 본심의 밝음에다가 『대학』을 비추어볼 때 '격물'과 '치지', '명명덕'과 '친민'의 본뜻이 가장 쉽게 풀린다는 것이다. 우리가 지금 양명의 학설을 연론함에 있어서도 양명의 학설을 표준으로 삼아 우리 민중에 호소하려는 것이 아니라, 우리 본심의 밝음에 이 학설을 비추어 그것의 옳고 그름을 스스로 깨닫도록 하자는 것이다. 양명의 학설을 표준으로 삼지 않기는 쉽지만 우리의 본심에 의거하여 일체를 비추어내야 한다는 것은 변할 수 없는 결정적 생각이 아니겠는가?[27]

양명의 '심즉리'설은 양지를 근본으로 삼는 그 학설에서 중대한 이론이다. 마음이 선하지 않음이 없는 까닭에 마음의 본밑 밝음은 불선을 가지고 속이지 못하는 것이니, 이 한 자리에서 정확하고 명백하고 진실하고 절실한 깨달음이 있지 않고서는 사람으로서 자기의 마음을 보지 못할 것이다. 양명은 이에 다음과 같이 말하였다.

"너의 마음은 지선이니 곧 리다. 자연적으로 이루어진 질서를 여기에서 찾으라."

그러나 밝음으로써 비추었다고 할지라도 곧 실행하지 않는다면 그 밝음이 밝음답지 못하게 된다. 알면 행하는 것이니 행의 명각 정찰한 곳이 곧 이 지요, 지의 진절하고 독실한 곳이 바로 이 행이다.[28] 이것이 '지행합일설'의 요지다. 양명의 제자 서애가 양명에게 물었다.

"선생의 말씀처럼 지극한 선을 다만 마음에서 구한다면 천하의 사리에 다하지 못함이 있을까 두렵습니다."

양명이 대답하였다.

"마음이 곧 리다. 세상에 어찌 마음 밖의 일이 있고, 마음 밖의 이치가 있겠는가?"[29]

서애가 말하였다.

"아버지를 섬기는 효도, 임금을 섬기는 충성, 벗과 사귀는 믿음, 백성을 다스리는 어짊 등 그 사이에는 수많은 도리가 있으니 살피지 않을 수 없을 듯합니다."

양명이 이에 탄식하며 말했다.

"저런 말이 진실을 가린 지 오래되었다. 어찌 한마디 말로써 깨닫게 할 수 있겠는가? 우선 질문한 것에 대하여 말해보겠다. 아버지를 섬기는 경우 아버지에게서 효도의 이치를 구하는 것이 아니고, 임금을 섬기는 경우 임금에게서 충성의 이치를 구하는 것이 아니며, 벗을 사귀고 백성을 다스리는 경우도 벗과 백성에게서 믿음과 어짊의 이치를 구하는 것이 아니다. 모두가 다만 이 마음에 있으니, 마음이 곧 리(理)다. 이 마음이 사욕(私欲)

에 가려짐이 없다면 그것이 바로 천리이니(천리라 함은 인위가 아니요 순수하게 자연적으로 이루어진 것을 말한다), 밖에서 조금이라도 보탤 필요가 없다. 이 순수한 천리의 마음이 아버지를 섬기는 데 드러나면 그것이 바로 효도이고, 임금을 섬기는 데 드러나면 그것이 바로 충성이며, 벗을 사귀고 백성을 다스리는 데 드러나면 그것이 바로 믿음과 어짊이다. 오직 이 마음의 인욕(人欲, 이기적인 욕구)을 없애고 천리를 보존하는 데서 공부를 하기만 하면 더할 것이 없다."[30]

서애가 말하였다.

"끝내 약간의 의심이 없지 않습니다. 아버지를 섬기는 한 가지 일만 예로 들더라도 그 속에 (겨울에는) 따뜻하게 해드리고 (여름에는) 서늘하게 해드리며, 저녁에는 잠자리를 살피고 아침에는 일찍 문안을 드리는 것과 같은 수많은 절목이 있으니, 이것은 강구해야 하지 않겠습니까?"

양명이 대답하였다.

"어찌 강구하지 않겠는가? 다만 요령이 있으니 이 마음의 '인욕을 없애고 천리를 보존함'에 대하여 강구할 뿐이다. 가령 겨울에 따뜻하게 해드릴 것을 강구한다고 해보자. 단지 이 마음의 효도를 다하고자 하여 털끝만큼이라도 인욕[私念]이 이에 섞일까 두려워한다. 여름에 서늘하게 해드릴 것을 강구한다고 치자. 다만 이 마음의 효도를 다하고자 하여 털끝만큼이라도 인욕이 이에 섞일까 하여 오직 이 마음에서 강구한다. 이 마음이 만일 인욕이 없고 순전히 이 천리라면 부모에게 효도하는 데 정성스러운 마음이 겨울이면 자연히 부모의 추위를 생각하여 저절로 따뜻하게 해드릴 도리를 구할 것이며, 여름이면 자연히 부모의 더위를 생각하여 저절로 서늘하게 해드릴 도리를 구할 것이다. 저것[溫淸定省]은 모두 효성스러운 마음이 발현하여 나온 조건이다. 저 효성스러운 마음이 있은 뒤에라야 저러한 조건이 발현하여 나올 수 있다. 나무에 비유하면 효성스러운 마음은 뿌리이고 수많은 조건들은 가지와 잎이다. 먼저 뿌리가 있은 뒤에 가지와 잎이 있는 것이지, 가지와 잎을 먼저 찾아낸 뒤에 뿌리를 심는 것이 아니다."[31]

이것을 보면 양명의 '심즉리'설에 대한 의심과 응답의 일단을 알 수 있을 것이다. 지금 우리의 사회와 민족이 마땅히 행해야 할 것을 연구하는 사람이 몇 명이나 되는가? 어떻게 해야 할까? 어떻게 해야 할까? 이론이 날마다 불어나지 않는가? 알지 못하겠다. 혹 부모에게 정성스럽게 효도를 하는 진심(眞心)에 대해서는 강구가 없고, 따뜻하게 해드린다느니 서늘하게 해드린다느니 하는 이것들에 대해서만 찧고 까부는 것이 아닐까?

❋

양명이 말하는 '심'은 곧 '리'다. '성즉리'가 주자학의 제1명제라면, '심즉리'는 양명학의 제1명제라고 할 수 있다. 그럼 '심즉리'의 의미는 무엇인가?

  양명이 말하는 본심은 '순수하다'. '순수하다'는 것은 인위의 때가 묻지 않은 '자연 그대로', 즉 '하늘이 부여한 자연 질서 그대로'임을 뜻한다. 하늘이 부여한 자연 질서 그대로가 바로 '리(理)'다. '자연 질서' 그대로인 '리'는 선하지 않음이 없다. 왜인가? 그 자연히 이루어지는 질서, 즉 하늘이 명한 자연 질서에 따라 생명체가 자기 목숨을 부여받고 자기 생명을 실현해 나가기 때문이다. 자연 질서, 즉 리가 생명을 부여하고 실현하는 원리이기에 선하지 않음이 없다고 본 것이다.[32] 선하지 않음이 없기 때문에, 그것을 '지선(至善)'하다고 할 수 있다. 이것은 본심 자체를 인위가 없는 순수한 자연 질서인 '리'요, '지선체'로 이해한 것이다. 이것이 바로 양명이 말한 '심즉리(心即理)'의 의미다. 이 본심은 순수 지선한 도덕원리이기에 일체의 도덕규범을 창출하는 가치의 근원이 된다. 아버지를 섬기는 효도, 임금을 섬기는 충성, 벗과 사귀는 믿음, 백성을 다스리는 어짊 등의 수많은 도리가 모두 이 마음이 드러난 것이다. 이 마음 밖에 별도의 리가 없다. 따라서 마음 밖에서 리를 궁구할 필요가 없다. 오직 자기 내면으로 돌이켜 인욕을 제거하여 마음이 순수한 천리가 되게 하는 것만으로 충분하다. 이것이 바로 근본을 가꾸는 공부다.

———————

  그런즉 陽明의 이른바 "心"은 곧 "理"니 理라는 것은 自然히 이루어지는 秩序라 人爲가 아니매 天命이라 하는 것이니, 理는 至善이니 善치 아니함이

없다 하는 것이오. 陽明은 또 이르되

"知는 곧 行이라 알엇다 하자. 알기는 하얏으되 行하지는 못하얏다 할진대 그 알앗음이 참앎이 아니니 알기 곧 잇슬진대 行이 곧 거기 잇을지라"

하야 良知로서 비춤만 잇고 실제로 行치 못한 것은 그 知 아즉 知다웁지 못한 것임을 明言하야 歷代學者의 空言으로써 精神만 簸弄하는 버릇으로 하야곰 설 땅이 없게 하얏다. 陽明의 大學解가 大學을 解하자는 것이 아니라 그의 本心의 밝음에다가 이를 비추매 格致 明親의 本義 가장 쉽웁게 解決됨이오, 우리 지금 陽明의 學說을 演論함에 잇어서도 陽明의 學說을 表準하야 우리 民衆에 號訴하랴 함이 아니라 우리 本心의 밝음에 이 學說을 비추어 그 그러코 그러치 아니함을 스사로 證得하도록 하자는 것이라. 陽明의 學說을 表準하지 아니기는 쉬우되 우리 本心에 依하야 一切를 照破하여야 할 것은 變할 수 없는 鐵案이 아니냐.

陽明의 "心卽理"說은 良知로써 根本을 삼는 그 學說에 잇어 重大한 議論이니 心이 不善됨이 없는지라 마음의 번밋 밝음에는 不善으로써 속히지 못하는 것이니 이 한 자리에서 確的, 明白, 眞實, 切至한 悟解 없고서는 사람으로 제 마음을 보지 못할지라. 陽明은 이에

"네 마음은 至善이니 곧 理다. 自然히 이루어지는 秩序를 이에서 차지라"

하얏다. 그러나 밝음으로써 비초엿다 할지라도 곧 實行치 아니할진대 그 밝음이 밝음답지 못함이라. 알면 行하는 것이니 行의 明覺 精察한 곳이 이 곧 知오 知의 眞切 篤實한 곳이 이 곧 行이라. 이것이 "知行合一說"의 大要이다. 陽明의 弟子 徐愛 陽明을 向하야 뭇되

"先生의 말슴가치 지극한 善을 다만 心에서 求할진대 天下事理에 다하지 못

함이 잇슬가 두렵습니다."

陽明이 갈오되

"心이 곳 理라. 세상에 마음 밖 일이 잇스며, 마음 밖 이치가 잇슬가."

愛 가로되

"事父의 孝와 事君의 忠과 交友의 信과 治民의 仁 이 사이에 許多한 道理 잇나니 살피지 아니할 수 없을까 합니다."

陽明이 이에 歎息하며 이르되

"저런 말이 가려온 지 오래다. 어찌 한 말로섯 깨닷게 할 수 잇으리오. 우선 뭇는 그것에 對하야 말하리라. 아비를 섬김에 잇어 아비에게 가 孝의 理致를 차처냄이 아니오, 인군을 섬김에 잇어 인군에게 가 忠의 理致를 차처냄이 아니오, 벗을 사괴거나 백성을 다스림에 잇어 벗에게 백성에게 가서 信과 仁의 理致를 차처냄이 아니라. 모두 이 마음에 잇나니 마음이 곳 理라. 이 마음이 私利的 欲求의 가리옴이 없을진대 이 곧 天理니(天理라 함은 人爲가 아니오 純然한 天成을 이름), 外面에서 一分을 添附할 것이 없다. 이 純然한 天理의 마음으로써 아비 섬김에 發하매 문득 이 孝이오, 인군 섬김에 發하매 문득 이 忠이오, 交友 治民에 發하면 문득 이 信이오 이 仁이니, 오즉 이 마음의 人欲(私利的 欲求) 없새고 天理를 둠에 잇어 공부할진대 곧 더 할 배 없을지니라."

愛 가로되

"종시 若干의 의심이 없지 못합니다. 아비 섬기는 한 일만 가지고라도 그 속에 溫, 淸, 定, 省(겨울에 더웁도록, 여름에 서늘하게, 저녁에 편토록 아침에 살핌이니 孝子의 事親하는 일을 이름) 가틈의 種類 許多한 節目이 잇으니 이것은 講求하겟습니까."

陽明이 가로되

"어찌 講求치 아니하리오. 다만 頭腦 잇나니 이 마음의 "人欲을 없애어 天理를 둠"에 對하야 講求할지라. 假令 冬溫을 講求한다 하자. 다만 이 마음의 孝를 다하랴 하야 털끝만치라도 人欲(私念)이 이에 석길가 두리고, 夏淸을 講求한다 하자. 다만 이 마음의 孝를 다하랴 하야 털끝만치라도 人欲(私念)이 이에 석길가 하야 오즉 이 마음에 잇어 講求함이라. 이 마음이 만일 人欲이 업고 純然히 이 天理일진대 이 孝親에 정성스러운 마음이 겨을이면 자연 부모의 치움을 생각하야 문득 스사로 더웁게 할 도리를 求할지며, 여름이면 자연 부모의 더워할 것을 생각하야 문득 스사로 서늘케 할 도리를 求할지니, 저는 다 誠孝의 마음으로서 나온 條件이라. 저 誠孝心이 잇은 뒤라야 저 條件이 나올지니 樹木에 比하면 誠孝의 마음은 根이오 許多한 條件은 枝葉이라. 먼저 根이 잇어 가지고 枝葉이 잇는 것이지 枝葉부터 먼저 차저낸 뒤에 根을 심는 것이 아니니라."(傳習錄)

이것을 보면 陽明의 "心卽理"說에 對한 疑難과 및 應答의 一端을 알지라. 지금 우리 社會民族에 向하야 當行할 것을 考究하느 니 몇치냐. 어떠케 하여야 할가. 어떠케 하여야 할가. 理論이 나날이 붓지 아니하느냐. 아지 못게라. 或 父母에 對한 誠孝의 眞心에는 講求가 없고 溫이니 淸이니 이것에 向하야 찟(舂)코 까부(簸)는 種類 아닐가.

앎과 행위는 본래 분리되지 않는다

'지행합일'설에 대하여 다시 「전습록」의 한 조목을 기록하고자 한다. 서애가 양명에게 '지행합일'에 대한 의문을 제기함에 양명이 말하기를 "어디 말해보아라"고 하자, 서애가 말하였다.

"지금 사람이 아버지에게는 마땅히 효도해야 하고 형에게는 마땅히 우애해야 한다는 것을 다 알면서도 효도하지 못하고 우애하지 못하는 것만 보아도 앎[知]과 행위[行]는 분명히 둘이 아니겠습니까?"

양명이 대답하였다.

"이것은 벌써 사욕에 의해 앎[知]과 실행[行] 사이에 간격이 생긴 것이지, 지행(知行)의 본체는 아니다. 알면서도 행하지 않는 사람은 없으니, 알면서도 행하지 않는다면 이것은 오직 아직 알지 못한 것이다. 성현이 사람들에게 앎과 행을 가르친 것은 바로 그 본체를 회복하게 한 것이지, 제멋대로 하게 그냥 둔 것이 아니다. 그러므로 『대학』에서 참된 지행을 가르쳐 보이면서 '아름다운 여색을 좋아하듯이 하고, 악취를 싫어하듯이 하라'고 하였다. 아름다운 여색을 보는 것은 앎에 속하는 것이고, 아름다운 여색을 좋아하는 것은 행에 속하는 것이다. 아름다운 여색을 볼 때 벌써 좋아한 것이지, 아름다운 여색을 본 뒤에 또 마음을 세워서 좋아하는 것이 아니다. 악취를 맡는 것은 앎에 속하는 것이고, 악취를 싫어하는 것은 행위에 속하는 것이다. 악취를 맡을 때에 벌써 싫어한 것이지, 악취를 맡은 뒤에 따로 마음을 세워서 싫어하는 것이 아니다. 코가 막힌 사람은 악취가 앞에 있을지라도 코로 맡지 못하기 때문에 그것을 몹시 싫어함도 없으니, 이것은 오직 냄새를 알지 못한 것이다. 아무개가 효도를 알고 아무개가 우애를 안다고 할 경우에도 반드시 그 사람이 일찍이 효도를 행하고 우애를 행하였으므로 비로소 그가 효도를 알고 우애를 안다고 말할 수 있는 것이지, 다만 효도와 우애에 대해 얼마간 이야기를 할 줄 안다고 해서 효도와 우애를 안다고 말할 수는 없다. 또 아픔을 안다고 한다면 반드시 벌써 스스로 아픔을 겪은 것이요, 추위를 안다고 한다면 반드시 벌써 스스로 추위를 겪은 것이요, 배고픔을 안다고 한다면 반드시 벌써 배고픔을 겪은 것이다. 지와 행을 어떻게 나눌 수 있겠는가? 이것이 바로 지행의 본체로서, 사사로운 뜻[私意]에 의해서 간격이 생기지 않은 것이다. 성인이 사람들을 가르치되 꼭 이래야만 비로소 그것을 안다고 말할 수 있고, 그렇지 않으면 애당초 안 것이 아니라고 한 것이 얼마나 긴요하고 절실하며 착실한 공부인가!"[33]

또 말하였다.

"요즘 사람은 앎과 행을 둘로 나누고는 먼저 알아야 그 뒤에 행할 수 있다고 말한다. 그래서 자신은 지금 먼저 강습과 토론을 통해 앎의 공부를 하고, 앎이 참되기를 기다려서야 비로소 행하는 공부를 한다고 하여 결국 평생토록 행하지도 못하고 또한 평생토록 알지도 못하니, 이것은 작은 병폐가 아니다. 그 유래도 이미 하루 이틀이 아니다. 이제 내가 '지행합일'을 말하는 것은 바로 병을 치료하기 위한 약이다. 이것은 또 내가 지어낸 것이 아니라, 지행의 본체가 원래 이런 것이다. 이제 이 근본 취지를 안다면 (지와 행을) 둘이라고 말해도 또 무엇이 해롭겠는가? 그러나 만일 이 근본 취지를 이해하지 못한 상태에서 (지와 행이) 하나라고 말한다고 한들 또한 무슨 쓸모가 있겠는가? 이것은 오직 한가롭게 떠들어대는 것일 뿐이다."[34]

오호라! 양명의 이 말을 가지고 본다면 우리가 아무리 본심에 대한 자기의 깨달음이 있다고 할지라도 실행이 없는 앎은 진실한 앎[實知]이 아님을 알 수 있다. 알았는가? 그러면 행하였는가? 혹시라도 알지만 행하지는 못했다고 말하지 말라. 애초에 알지 못한 것으로 알라. 하물며 평생토록 복잡하게 다투는 이론과 해를 넘겨 곡절하는 해석이 본심 공부와는 아무런 관계가 없고, 한 걸음 한 걸음씩 원래 본심과 멀리 떨어져 있던 거리를 더 멀리하는 데 몰두할 뿐이다. 어른이건 아이이건 맑은 사람이건 흐린 사람이건 누구를 막론하고 시대에 낙후되지 않은 것은 오직 본심을 버린 것으로써 증명한다고 하여도 아마 지나친 말이 아닐 것이다. 본심은 내버리기 쉽지만 사사로운 생각[私念]은 잘 없어지지 않는다. 그래서 자기 한 사람을 위해 어떤 일을 도모하는 데에는 기술이 점점 더 성장해 간다. 그런데 내버리기는 하되 본심은 여전히 본심인지라 스스로 자신의 허위를 자신도 인식할 것이니, 여기에서 진실한 무엇이 나오기를 어떻게 바랄 수나 있겠는가? 지금 이 시대를 양명이 살았던 때와 비교한다면 양명이 걱정하던 것들조차도 오늘날의 우리로서는 성대한 시절이었던 것처럼 생각될 수 있을 것이다.

✦

지와 행, 즉 앎과 실천, 혹은 앎과 행위의 관계에 대해 주자학에서는 선지후행(先知後行)을 말한다. 먼저 안 뒤에 그것을 실천한다는 것이다. 이에 대해 양명은 지행합일(知行合一)을 주장한다.

양명이 말하는 지행합일은 지[앎]와 행[행위]이 합일되어 있다는 뜻이다. 지와 행이 합일되어 있다는 것은 지가 곧 행이요, 행이 곧 지라고 말하는 것은 아니다. 지와 행은 엄연히 구분된다. 지는 지각하고 살피는 것이요, 행은 실제로 행위하는 것이다. 양명은 이 두 가지가 본래 서로 분리되지 않는다고 본다. 그것이 바로 지행합일의 의미다.

　서애와의 대화에서 양명은 지행의 본체가 본래 합일되어 있음을 말하고 있다. 「연보」 양명 39세의 기록에 따르면, 양명은 용장에서 도를 깨달은 뒤에 귀양서원(貴陽書院)에서 강의할 때부터 지행합일설을 주장했으나, 그것을 제대로 이해하는 사람이 없었다고 한다. 이것은 양명의 지행합일설이 주자학에 익숙해져 있는 사람들이 받아들이기 어려울 만큼 독특했기 때문이다. 서애와의 논의도 치지(致知)와 역행(力行)을 분리시키고 지선행후(知先行後)를 주장하는 주자의 관점과 지행의 본래적 합일을 주장하는 양명의 관점이 충돌하고 있다. 주자학에서는 사물마다 지니고 있는 소이연(所以然)과 소당연(所當然)을 인식하는 격물궁리(格物窮理)를 '치지'로 이해하고, 치지를 통해 이루어진 앎을 실천하는 것을 '역행'으로 이해한다. 그리고 학문사변(學問思辨)은 모두 '치지'에 소속되며, 독행(篤行)은 '역행'에 소속된다. 도덕 인식[知]이 도덕 실천[行]으로 이행되었을 때 지행합일을 말할 수 있으나, 그것은 어디까지나 결과적인 측면에서의 합일이다. 반면에 양명은 지행이 본래적으로 합일되어 있다고 말한다. 그에게 지행의 본체는 본심인 양지다. 양지에 의한 도덕적 자각은 곧 도덕 실천 행위를 유발한다. 자각과 실천 행위 사이에 틈이 있다면 그것은 본심 양지가 사욕에 가렸기 때문이다. 사욕에 가려서 앎이 제대로 이루어지지 않았기 때문에 행위로 이어지지 않는 것이지, 알면서도 행하지 않는 경우란 있을 수 없다. 앎과 행위는 근본적으로 분리될 수 없다. 따라서 양명학에서는 격물치지(格物致知)와 성의정심(誠意正心), 학문사변(學問思辨)과 독행(篤行)이 통일적 체계를 갖추게 된다.

그런데 양명이 지행합일을 말하는 근본 취지는 사람들로 하여금 한 생각이 발동한 것이 바로 행임을 알게 하고, 발동처에 불선이 있다면 그것을 극복하여 철저하게 불선한 생각이 가슴속에 잠복해 있지 않도록 하기 위함이었다.[35] 양명이 말하는 지행합일설의 주요 특징은 겉으로 드러나는 행위만이 아니라 의념의 발동 자체를 '행(行)'으로 규정한 다는 점이다. 마음을 바르게 하고 의념을 순화시켜야 겉으로 드러나는 행위도 올바를 수 있기 때문이다.

양명이 말하는 지행합일설의 요지이자 결정판은 "지의 진절하고 독실한 곳이 바로 행이요, 행의 명각하고 정찰한 곳이 바로 이 지다"[36]라는 말이다. 지와 행은 분리되지 않는다. 지를 참되고 절실하며 돈독하고 알차게 만드는 것이 바로 행위이고, 행을 밝게 지각하고 정밀히 살피는 것이 바로 지다. 이것은 "앎은 행위의 주된 의도이며, 행위란 앎의 공부다. 앎은 행위의 시작이고, 행위는 앎의 완성이다"[37]라는 말보다 더욱 친절하고 투철하다.

————————

"知行合一"說에 對하야 다시 "傳習錄"의 一條를 記錄하랴 한다. 徐愛 陽明을 向하야 "知行合一"에 對한 疑問을 베푸니 陽明이 가로되 어디 말해보아라. 愛 가로되

"지금 사람이 아비게 맛당이 孝할 것 兄에게 맛당이 우애할 것을 알되 孝하지 못하고 우애하지 못하는 것만 보아도 知와 行은 分明 둘이 아니오."

陽明이 가로되

"이는 발서 私欲의 隔斷한 배 됨이니 知行의 本體 아니라. 知코 行치 아니하는 者는 없나니 知하고 行치 아니할진대 이 오즉 知치 못함이라. 聖賢이 사람에게 知行을 가르침이 正히 제 本體를 回復케 함이니 저러코만 고만두는 것이 아니다. 그러므로 大學에 참 知行을 가르쳐 보이되 好色을 조하하듯 惡臭를 시려하듯 하라 하엿나니, 好色을 봄은 知에 屬하는 것이오 好色을 조하함은 行에 屬하는 것이라. 처 好色을 볼 때에 발서 조하하엿나니 본 뒤 또 마음을 세워 조하함이 아니오. 惡臭를 마틈은 知에 屬하는 것이오 惡臭를 시려함은 行에 屬하는 것이라. 처 惡臭를 마틀 때에 발서 시려하엿나니 마튼 뒤 따로 마음을 세워 시려함이 아니다. 鼻塞한 사람은 惡臭가 앞에 잇슬지라도 코로 맛지 못한즉 또한 심히 시려함도 없나니 오즉 냄새를 알치 못함이라. 아모가 孝를 안다, 아모가 우애를 안다 하자. 반드시 그 사람이 일즉이 孝를 行하고 우애를 行하엿으매 바야흐로 저를 일러 孝를 안다 우애를 안다 할지언정 다만 몃낫 孝友 이야기를 말한다고 곳 孝友를 안다 일컷지 못할지니라. 또 알픔을 알진대 반드시 발서 스사로 알퍼슴이오, 치움을 알진대 반드시 발서 스사로 치윗슴이오, 배곱흠을 알진대 반드시 발서 배곱하슴이라. 知와 行을 엇지 나눌 수 잇스랴. 이 곳 知行의 本體라. 私意로 隔斷함이 잇지 아니한 것이다. 聖人이 사람을 가르치되 꼭 이래야 바야흐로 知라 이를 수 잇고 이러치 아니하면 애초에 안 것이 아니다 함이 엇더만 한 緊切, 着實한 공부이냐."

또 말호대

"지금 사람은 知行을 둘로 만드러 이르되 먼저 알어야 그 뒤에 行할 수 잇다. 내 지금 講習하고 討論하야 知的 공부를 하고 안 것이 참됨을 기다려서야 바야흐로 行的 공부를 한다 하야 드디어 終身토록 行치 못하고 또한 終身토록 知치 못하나니 이 적은 병통이 아니라. 이래옴이 하로 날이 아니다. 이재 "知行合一"을 말함이 正히 對症의 藥이오, 또 내 做出함이 아니라 知行의 本體 原來 이러한 것이다. 이제 이 根本 뜻을 알진대 설사 "둘"이라 하기로서니 또 무엇이 해로우랴마는 만일 이 根本 뜻을 會得치 못하면 하나라고 말을 한다 한들 또한 무엇을 이룰 것이랴. 이 오즉 閑話일 뿐이니라."

嗚呼라. 陽明의 이 말을 가지고 볼진대 우리 아무리 本心에 대한 自證이 잇다 할지라도 行 업는 知 實知 아님을 알지라. 알엇는가, 그러면 行하얏는가. 항여 알지만 行하지 못하얏다 하지 말라. 애초에 알지 못한 것으로 알라. 하물며 終年 紛糾하는 理論과 閱歲 曲折하는 容解가 本心 공부와는 何等의 關係가 업고 한 거름 한 거름씩이로 원래 本心과 遼遠하던 距離를 더 멀리하기에 沒頭할 뿐이니, 大小 淸濁에 누구를 무를 것 업시 時代에 落后하지 아니한 것은 오즉 本心 捨棄로써 證明한다 하야도 아마 過言이 아닐지라. 本心은 捨棄하기 쉬우나 私念은 떨어지지 아니하는 것이매 一己를 圖하는 데에는 技術이 增長하야 가고 捨棄는 하되 本心은 依然히 本心이라 스사로 自身의 虛僞를 自身도 認識할지니 이에서 眞實한 무엇이 나오기를 엇지 想望이나 하랴. 이제로서 陽明 때에 比하매 陽明의 걱정하든 그것조차 오늘날 우리로서는 盛時가치도 생각할 수 잇지 아니한가.

08

본심의 애틋함과 천지만물일체설

육상산이 일찍이 말하기를 "우주 안의 일은 곧 내 분수 안의 일이다"[38] 라고 하였고, 양명은 이것을 더욱 종합하여 상세하게 말하였다.

"대학이란 무슨 말인가? 대인의 학이라는 말이다. 대인의 학이란 무엇을 말하는가? 대인은 천지만물을 한 몸[一體]으로 여긴다. 그러므로 그는 참된 정성으로 애틋[惻怛]하게 여기는 데 어떤 간격을 두지 않는다. 밝은 덕[明德]을 밝히는 것은 곧 천지만물을 일체로 여기는 본체를 세우는 것이요, 백성을 친하는 것은 천지만물을 일체로 여기는 작용을 달성하는 것이다."[39]

110

그러나 그 '애틋함'은 천지만물을 한 몸으로 여기지만, 그것이 드러나는 데에는 먼저 해야 할 것과 나중에 해야 할 것[先後], 가볍게 여길 것과 중요하게 여길 것[輕重], 후하게 대할 것과 박하게 대할 것[厚薄], 가까이해야 할 것과 거리를 두어야 할 것[疏近]의 자연적인 절도(節度)가 있으니 『대학』의 이른바 '지선에 머문다'고 한 것이 바로 이것이다. 애틋함을 제멋대로 보태거나 덜어낸다면 그것은 '애틋함'의 참된 핏줄이 아니다. 그러므로 양명은 『대학』 제1장을 풀이하면서 '밝은 덕을 밝히고 백성을 친애하여 지선에 머물지 않는다면 그 근본을 잃어버린 것'[40]이라고 하였다. 이미 천지만물이 한 몸임을 말하고 나서 또 후하게 대하기도 하고 박하게 대하기도 할 것[厚薄]을 말하는 것은 어째서인가? '애틋함'에 간격이 없기 때문에 한 몸이다. 그러나 똑같은 '애틋함'이지만 "내 부모에게서부터 시작하여 남의 부모에 미치고, 내 친족에게서부터 시작하여 멀리 다른 지역 사람들에게까지 미치는 것이다."[41] 내 부모 내 친족을 남의 부모나 온 세상 사람들과 똑같이 안다고 한다면 얼핏 생각하기에 매우 고상한 듯도 하지만 내 부모 내 친족을 남의 부모나 온 세상 사람들과 똑같이 여기는 것은 진심이 없는 것이다. 그러므로 남의 부모와 온 세상 사람들을 내 부모 내 친족과 똑같이 사랑한다는 것은 결국 내 부모 내 친족을 남의 부모나 다른 나라에 사는 사람처럼 소원하게 만드는 것밖에 되지 않는다. 그러므로 후박(厚薄)이 없고서는 '애틋함'의 참된 핏줄을 찾아낼 수 없는 것이다. 그러므로 천지만물을 한 몸으로 여기는 '애틋함'이 자연적인 후박을 따라서 그 참된 핏줄이 사무치고 사무치는 데 있어서 후박의 절도가 지극히 마땅할수록 천지만물을 한 몸으로 여기는 것도 더욱 간격이 없게 된다.

이에 나는 다음과 같은 느낌이 있다. 대개 본심이라야 참되고 절실하며, 본심이라야 돈독하고 알차며, 본심이라야 용감하고 굳세며, 본심이라야 삶과 죽음을 도외시하고 자신을 희생하는 의거가 있을 수 있으며, 본심이라야 어떤 어려움도 없이 오직 그것이 향하는 곳에서 '애틋한 마음'이 우러나는 것을 스스로도 어쩌지 못할 것이다. 본심의 '애틋함'이 아니라면 그것은 곧 '사사로운 뜻[私意]'이다. 자질구레한 추구와 천박한 과시가 그것을 좇아 허세를 부리니 하루아침에 이것으로써 얻을 명예가 없고 이것으로써 생길 이익이 없으면 조금 전까지 신주 모시듯 하던 것이 쉽사리 헌신짝처럼 버려지게 될 것이다. 학설이야 존속되건 폐지되건 상관없지만 그로 인하여 본심의 '애틋'한 참핏줄을 스스로 부인하고, 빈말의 헛된 지경만 좇다가 마침내 사람이라면 누구나 다 가지고 있고 언제나 다 가지고 있는 이 '애틋'의 뿌리조차 뽑혔으니 어찌 원통하고 한스럽지 아니한가?

예전 사람의 저서를 보면 '우리 대명[我大明]'[42]이라는 말이 있다. 허! 대명이 우리 대명이란 말인가? 을지문덕이 수나라 군사를 쳐 죽였다고 상국(上國)을 범한 죄를 말한 사람이 있었는데, 허! 그렇다면 그대로 두 번 절하고 죽었더라면 시원하였을 것이라는 말인가? 어린애가 아니라 천치에게 물어보아도 나와 남, 내 나라와 적을 구분하지 못할 리가 없다. 그러나 학문이 본심의 '애틋함'을 떠났기 때문에 본심에서 나오지 않은 말이나 일을 하고 나서 일시적으로 울리는 '비본심적인 망설'을 뒤따라 하거나 소리 높여 외치는 것을 도리어 광채로 여긴다. '우리 대명'이라고 한 그 사람도 그 마음은 대명을 곧 자기 나라로 안 것은 아닐 것이다. 을지문덕을 비난한 사람도 적을 대하게 되면 그의 말처럼 상국이라고 빌면서 항복했을 것이라고는 생각되지 않는다. 그러므로 더욱 허위다. 독자는 이 말씀을 함부로 여기지 말라.

지금 누구나 나의 이 말을 판단할 때 일부 특정한 사람들을 제쳐두고는 내 생각과 다름이 없을 것이다. 그러나 글자는 다를지언정 '본심과 상관없이 따름'에는 지금이라고 이러한 견해가 없을 것이라고는 말할 수 없다. 혹 더 심하여 그때는 대명을 우리라고만 하였지만 지금은 곧 '조국'이라고 아니 할지 누가 알겠는가? 양명은 철학자다. 만물을 한 몸으로 여기는 동체(同體)의 인(仁)을 말하고, 또 후박의 절도를 말하여 어디까지든지 일단 양지의 '애틋'함에다가 준칙을 세운 것이니, "우주 안의 일을 자기 안의 일"로 생각하려는 이들은 모름지기 천지만물을 하나의 몸으로 여기는 '애틋함'이 자연적인 후박을 따라서 사무치는 것을 깊이 생각할지어다.

❋

양명학의 주요 이론 가운데 하나가 천지만물을 하나의 몸으로 여긴다는 '천지만물일체설'이다. 무엇이 천지만물을 하나의 몸으로 여기는가? 본심의 어짊[仁]이다. 이것은 타인이나 다른 존재물에 감통하여 그들의 아픔을 자신의 아픔으로 느낀다. 정인보는 이 마음을 '애틋함[애틋함]'으로 표현한다. 이 애틋함에는 너와 나 사이를 가로막는 간격(間隔)

이 없다. 너와 나 사이에 간격이 있으면 너를 나와 다른 것으로 구별하게 된다. 그렇게 되면 타인의 아픔과 고통은 그의 것에 불과할 뿐, 나와는 무관하게 된다. 너와 나 사이를 구별하고, 상호의 소통을 가로막는 간격은 자신을 사적 존재로 간주하는 의식, 즉 자사념(自私念)에서 비롯된다. 반면에 본심은 육체의 제약을 넘어서서 타자에 감통하여 그와 하나가 되는 역량을 지닌다. 본심은 그 감통을 통하여 너와 나를 한 덩어리로 간주할 뿐만 아니라, 만물을 하나의 몸으로 여긴다.

그러나 본심의 애틋함은 만물을 한 몸으로 여기지만, 그 실천 과정에는 경중(輕重)과 후박(厚薄)이 있다. 남의 부모보다는 내 부모를, 다른 민족보다는 내 민족을, 다른 나라보다는 내 나라를 중하게 여겨서 먼저 두텁게 사랑하는 것이다. 따라서 그 본심의 애틋함은 내 부모로부터 시작하여 남의 부모에 미치고, 내 민족에게서부터 시작하여 다른 민족에게 미치고, 내 나라로부터 시작하여 멀리 다른 지역 사람들에게까지 미치는 것이다. 이 후박이 없고서는 애틋함의 참된 핏줄을 찾을 수 없다.

그럼 조선인이라면 어떻게 해야 하는가? 조선인이라면 무엇보다 먼저 조선인의 아픔과 가려움을 함께 느껴서 조선인의 복리를 도모해야 한다. 조선인이라면 내 나라와 적을 구분하여 잃어버린 국권을 먼저 회복해야 한다. 정인보가 양명의 천지만물일체설을 소개하면서 천지만물을 한 몸으로 여기는 '애틋함'에 경중후박이 있음을 특별히 강조한 것은 조선 민중의 복리를 도모하고 잃어버린 국권을 회복하고자 한 때문이다.

陸象山이 일즉이 말호대 "宇宙內事는 곧 己分內事라" 하고 陽明은 더 綜詳하게 말하야 가로되

"大學이란 무슨 말이냐. 大人의 學이란 말이다. 大人의 學이란 무엇을 이름이냐. 大人은 天地萬物로써 一體를 삼는다. 그러므로 그 참 정성으로 아릇(惻怛)함이 어떠한 間隔을 두지 아니하나니. 明德을 밝힘은 곧 一體의 體를 세움이오 民을 親함은 一體의 用을 達함이라" 하엿다. 그러나 그 "아릇"함이 天地萬物을 一體로 호되 그 發함에 잇어 先後와 輕重과 原薄과 疎近이 또한 天然한 節度ㅣ 잇나니 大學의 이른바 "至善"에 그친다 함이 곧 이것이라. 이를 增損하면 곧 "아릇"의 참핏줄이 아니다. 그러므로 陽明은 大學初章을 解호되 明德親民으로서 至善에 止치 아니하면 그 本을 亡失함이라 하엿나니, 이미 同體임을 말하고 또 厚薄을 말함이 어찌함인가. "아릇"의 間隔이 없은지라 이 곳 一體요. 같은 "아릇"이로대 "내 父母에 비롯하야 남의 父母에 미치고 내 族類에 비롯하야 멀리 遐域에까지 미치는 것이라. 내 父母 내 族類를 남의 父母나 온 世界와 똑가치 안다 할진대 얼른 생각하야 或 至高한 듯도 하지만 내 父母 내 族類와 남의 父母 온 世界 사람으로서는 똑같이 아는 眞心이 없는 것이라. 그럼으로 남의 父母, 온 世界를 내 父母, 내 族類와 똑같이 사랑한다는 것이 結局은 내 父母, 내 族類를 남의 父母같이 먼 域外같이 疎遠하게 만드는 것밖에 되지 아니한다. 그러므로 厚薄이 없고는 "아릇"의 참핏줄을 찾어낼 수 없는 것이다. 그런즉 同體의 "아릇"이 天然한 厚薄으로초차 그 참핏줄이 사못고 사모침에 잇어 厚薄의 節度ㅣ 至當할

수룩 同體에 對하야 더욱이 間隔이 없는 것이다.

나는 이에 느낌이 잇다. 대개 本心이라야 眞切하며 本心이라야 篤實하며 本心이라야 勇壯하며 本心이라야 能히 死生을 度外로 보아 犧牲的 義擧가 잇는 것이오. 本心이라야 萬難이 없고 百艱이 없이 오즉 그 向하는 곳에 "아틋"함을 스사로 어찌하지 못할지라. 本心의 "아틋"이 아닐진대 이는 "私意"이니 어떠한 卑瑣한 營求와 淺薄한 衒耀조차 虛張함이니 하로아침에 이로써 얻을 名譽가 없고 이로써 생길 私利가 없으면 아까까지 廟主 위하듯 하든 것이 쉽사리 헌신짝이 될 것이다. 學說이야 存廢가 어떠하얏든지 그로 因하야 本心의 "아틋"한 참팟줄을 스사로 否認하고 빈말의 虛境을 조차 마침내 사람으로서 누구나 다 잇고 언제나 다 가진 이 "아틋"의 뿌리조차 뽑히엇음이 어찌 痛恨치 아니하랴.

先輩 著書를 보면 "我大明"이라 한 것이 잇다. 허 大明이 우리 大明이란 말가. 乙支文德이 隋兵을 擊殲하얏다고 上國을 犯한 罪를 말한 이가 잇엇으니 허 그대로 再拜就死하엿드면 快하드란 말가. 어린애 말고 천치더러 물어보아도 나와 남과 내 나라와 敵과는 몰을 리가 없것만 學問이 本心의 "아틋"을 떠난지라 本心 아닌 말 本心 아닌 일을 하야도 한때의 울리는 "非本心的 妄說"을 附隨 或 唱起함을 도리어 光彩로 안 것이다. "我大明"이라 한 그도 그 마음은 大明을 곧 제 나라로 알엇음은 아니니라. 乙支文德을 非議한 이도 應敵할 때를 당하면 그 말같이 上國이라고 乞降하얏으리라고 생각되지 아니한다. 그러므로 더 虛僞다. 讀者는 이 말슴을 漫視하지 말라.

지금 누구나 내 이 말을 判斷할 때 特流의 一輩를 제치고는 내 意思와 다름이 없으리라. 그러나 글자는 다를망정 "非本心的 附隨"에는 지금이라고 이러한 見解 없으리라고 말할 수 없으며 或 더 심하야 그때는 大明을 我라고 만 하얏지만 지금은 곳 "祖國"이라고 아니할지 누가 알랴. 陽明은 哲人이라. 同體의 仁을 說하고 또 厚薄의 節度를 說하야 어디까지든지 一段良知의 "아 틋"함에다가 準則을 세운 것이니 "宇宙內事를 己分內事"로 생각하랴는 우리 賢象는 모름직이 同體의 "아틋"이 天然한 厚薄으로조차 사모침을 深念할지 어다.

09

일진무가(一眞無假)의 양지와 치양지

현대 조선에서 양명학을 말하는 것보다는 듣기가 어렵다. 왜 그런가? 학술의 기풍이 직절하고 간이한 자기 마음에서의 공부를 벗어나서 깊이 새긴 언어문자를 긁어모아 종합하거나 자잘한 감정을 다루거나 지식을 분석적으로 탐구하는 데 쏠려 있기 때문이다. 요즈음은 이것마저도 묵은 책장같이 되어버렸고 군중의 취향이 그나마 심(心)이니 철(哲)이니 하는 것을 버리게 되었으니, 양명의 단도직입적인 심학을 귀담아들을 까닭이 없다. 남들은 외풍을 받아도 자기의 주체적인 마음을 가지고 받기 때문에 혹 비교도 해볼 수 있지만 우리에게 있어서는 외풍이 외풍이 아니니 이는 외풍이 들어왔을 뿐이지 그 외풍을 받은 자기의 마음자리가 모호하기 때문이다. 어떤 자기 마음이 있어서 이것을 비교할 것이겠는가? 이것은 현대 조선의 과실이 아니다. 이것은 앞에서 서술한 바와 같이 '속빔[虛]'과 '거짓[假]'의 폐해로서, 그 유래가 오래되었음을 알아야 한다.

'순수하게 참되어 조금의 거짓도 없다'는 '일진무가(一眞無假)'의 네 글자가 양명학의 근본이다. 남은 모르고 나만 홀로 아는 이 한 곳이 바로 의로움[義]과 이익[利], 선과 악이 나뉘는 경계이니 여기에서 소스라치게 놀라는 마음이 일어난다면 비로소 참된 생활이 시작되는 것이다. 양명은 다음과 같이 말하였다.

> "오직 천하의 지극한 성인이라야 총명하고 예지로울 수 있다.[43] 예전에 보았을 때는 현묘했던 것이 지금 살펴보니 원래 사람마다 본래 가지고 있는 것이다. 귀는 원래 밝게 듣고, 눈은 원래 밝게 보며, 마음의 사유 능력은 원래 예지로운 것인데 성인은 다만 한 가지 그것을 잘 해낼 뿐이다. 잘 해내는 것이 바로 이 양지다. 일반인들이 잘 해내지 못하는 것은 다만 양지를 실현하지 못했기 때문이다. 이 얼마나 명백하고 간이한가!"[44]

그러나 이것은 사람이라면 누구나 태어나면서부터 똑같이 부여받은 영명(靈明)이다. 양명은 다음과 같이 말하였다.

> "동덕(同德)이란 무엇인가? 어리석은 지아비나 어리석은 지어미와 같은 것이 동덕이다. 이단(異端)이란 무엇인가? 어리석은 지아비나 어리석은 지어미와 다른 것이 이단이다."[45]

사람이라면 누구나 똑같이 타고난 영명이지만 그 영명함에 성실한가 성실하지 않은가에 따라서 성인과 어리석은 사람이 나뉘게 된다. 그래서 양명은 다음과 같이 말한다.

"사람이 다만 선을 좋아하기를 아름다운 여색을 좋아하듯이 하고, 악을 미워하기를 악취를 싫어하듯이 할 수 있다면 그가 바로 성인이다."[46]

대개 양명학이 크게 천지만물이 하나의 몸[同體]임을 말하거나 절실하게 두터이 하고 박하게 할 것을 말하거나, 밝은 덕을 밝히고 백성을 친애하고 지극한 선에 머묾을 말하거나 정신은 오직 '치양지'다. '치양지'가 실제로 착수하는 곳은 '격물'이니, 물(物)을 격(格)함이 없다면 지(知)를 치(致)할 길이 없고, 지가 없다면 물을 격할 근거가 없다. 그러므로 그 가운데 문제되는 것은 이 '지'다. 그럼 우리는 어떤 '지'가 본심의 양지인지를 어떻게 변별하여 밝힐 수 있을까? 뜻이 있는 사람은 의심할 것이다. 그러나 누구든 자기의 '본심'인지 아닌지 구별하기 모호하거든 아직 그냥 내버려두라. 자세하지 않은 것을 가리켜서 하는 말이 아니다. 오직 자기 스스로는 그렇게 하는 것이 옳지 않다고 여기면서도 그렇게 하지 않으면 자기의 명예를 얻고 재물과 이익을 얻는 데 해로우며, 자기 스스로는 그렇게 하지 않는 것이 옳다고 여기면서도 그렇게 하면 자기 명예를 얻고 재물과 이익을 얻는 데 이롭다고 해보자. 남은 모르지만 자기 홀로는 옳고 그름에 대한 명확한 판단이 있지 아니한가?

큰일이든 작은 행위이든 누군가는 이 판단을 어떻게 믿을 수 있느냐고 말한다. 아하! 사람이 진실을 버린 것이 이처럼 심하구나. 아무 조건 없이 자기 안에서 우러나오는 옳고 그름에 대한 판단을 버리고 또 어디에서 옳고 그름을 찾을 수 있겠는가? 혹 습관에 물든 데서 나오지 않았는지 의심할 수 있다. 그러나 습염(習染)에는 명예와 이익을 구하는 어두운 그림자가 은은히 한구석에 숨어 있다. 또 습염으로는 일체의 명리를 초월한 판단을 내리지 못한다. '양지의 판단', 이것은 사람마다 가끔씩 경험하는 것이다. 그러나 '양지의 판단'은 시비에 대한 자신의 판단이 불분명한 것을 말하는 것이 아니다. 그 가운데 분명한 것, 자기 홀로는 스스로 한편에 가책과 불안이 생기고 한편에 긍정과 복종이 생기는 것, 이것은 자기 스스로 본마음으로 아는 것이다. 이곳에서 먼저 옳다는 것을 반드시 하고, 그르다는 것은 당장 뽑아버려야 한다. 이렇게한 지 오래되면 점점 불안을 느끼는 정도가 민감해져서 터럭만큼이라도 얼렁뚱땅 지나치지 못하게 될 것이다. 하지 말아야 할 것을 하고는 견디지 못하고, 해야 할 것을 하지 않고는 견디지 못하여 나중에는 온갖 일의 고통이 한순간의 불안에 비하여 어려울 것이 없고, 백번 꺾이는 어려움도 내심의 자득으로써 즐거워할 수 있을 것이다.

그러므로 별다르게 양지를 연구할 생각을 하지 말고 자기 홀로 자기만 아는 가운데 스스로 속이지 못할 곳이 있거든, 그것이 분명하거든 그것이 바로 양지인 줄로 알라. 이것을 깨달았더라도 그대로 바로잡지 않는다면 점점 그 빛이 흐려질 것이니, 속이려는 그'것'이 근절될수록 속일 수 없는 그 자체는 점점 더 뚜렷해질 것이다. 속이려는 '것'을 뽑아서 속일 수 없는 그 자체를 완성하는 것을 '치지'라고 한다. 이 '지'는 학문상의 연구를 통해 고증하여 살필 수 있는 것이 아니라 자기 마음에서 실제로 체험해 낼 것이니, 글자를 한 자도 모를 만큼 무식한 사람이라도 이것을 모르는 것은 아니지만 흐지부지 가려버리고, 책을 읽어서 고금을 간파한 사람이라도 이 '지' 이외에 달리 의거할 바탕이 없을 것이지만 대개 책 속에서만 방황하고 만다.

❀

양명학에서 말하는 본심은 '진실하다'. '진실하다'는 것은 말 그대로 '참되고 알차서 거짓이 없음', 즉 '진실무망(眞實無妄)'함을 의미한다. 정인보는 이것을 '순수하게 참되고 조금의 거짓도 없음', 즉 '일진무가(一眞無假)'로 표현한다. '진실무망'이나 '일진무가'는 곧 '성(誠)' 이외 다름아니다. '순수하게 참되어 조금의 거짓도 없는' 성실한 마음이 바로 본심이자, '실심(實心)'이다.[47]

'순수지선'하고 '진실한' 본심은 또 '환하게 자신을 드러내는 밝은 덕성'을 지닌다. 그것이 바로 '본심의 밝음'이다. 이 본심은 그 자체로 밝아서 환한 빛을 낸다. 이 본심 자체의 밝은 덕성을 '명덕(明德)'이라고 하고, 그 영명한 밝은 지각 능력을 '양지(良知)'라고 한다. 이 본심 양지는 자신이 내는 밝은 빛에 의하여 수시로 떠오르는 생각들을 환하게 비추어낸다. 그리하여 그 생각들의 시비, 선악 등을 판단한다.

이 영명한 양지는 사람이라면 누구나 똑같이 부여받고 태어난다. 이

점에서는 성인과 어리석은 사람 사이에 차이가 없다. 다만 어리석은 사람은 이 본심 양지대로 살지 못하는 반면, 성인은 이 본심 양지대로 살 뿐이다. 이 본심 양지를 실천하면서 사는 것이 바로 치양지다. 그럼 어떻게 이 본심 양지를 실현하면서 살 수 있을까?

본심 양지대로 살기 위해서는 무엇보다 먼저 자기에게 이 양지가 있음을 확인해야 한다. 본심 양지가 아무리 순수지선하고, 진실하고, 밝다고 하더라도 우리가 자기 안에서 그 존재를 확인하지 못한다면 그것은 내 삶과 무관한 것이 되고 만다. 우리는 어떻게 본심이 자기 안에 있음을 몸으로 터득할 수 있을까? 이에 대해 정인보는 아주 명쾌한 답변을 제시한다. "자기 홀로 자기만 아는 가운데 스스로 속이지 못할 곳이 있거든, 그것이 분명하거든 그것이 바로 양지인 줄로 알라. … 이 '지'는 학문상의 연구를 통해 고증하여 살필 수 있는 것이 아니라 자기 마음에서 실제로 체험해 내야 한다." 자기 마음에 돌이켜보아 '스스로 속일 수 없는 곳'이 있거든 그것이 바로 본심인 양지라는 것이다. 우리는 일상생활에서 명리욕(名利欲)이나 습심(習心) 등을 뚫고 아무런 조건 없이 드러나는 시비판단이 있음을 경험한다. 저 홀로 아는 가운데 '옳다', '마땅히 해야 한다'고 내린 판단을 따르지 않았을 때 가책과 불안한 마음이 뒤따르거나, '수긍하고 싶지 않은데'도 저절로 수긍하는 마음이 생길 경우가 있다. 이처럼 저 홀로 아는 속에 드러나는 그 시비판단이 너무나도 분명하여 '스스로를 속일 수 없는 곳'이 있다면, 그것이 바로 양지라는 것이다. 정인보는 누구라도 쉽게 자기 안에서 체험적으로 본심 양지를 확인할 수 있는 방법을 제시함으로써 양명학에 접근할 수 있는 길을 열어놓고 있다.

그런데 '스스로를 속일 수 없는 것'이 양지임을 깨달았다고 해서 양지가 이루어진 것은 아니다. 자기에게 양지가 있음을 분명히 알았으면 이제 이 양지를 실현하는 공부를 해야 한다. 그것이 바로 치양지다. 그럼 어떻게 양지를 실현할 것인가?

치양지가 실제로 착수하는 곳은 '격물'이다. 물(物)을 격(格)함이 없다면 지(知)를 치(致)할 길이 없고, 지(知)가 없다면 물(物)을 격(格)할 근거가 없다. 양지를 실현하려면 구체적인 일에 나가서 거기에 실려 있는 의념을 바로잡는 데서 착수해야 한다. 그 외에 달리 양지를 실현할 수 있는 길이 없다. 양지를 실현하려면 뜻[意念]을 실제로 바로잡는 공부가 있어야 한다. 의념은 구체적인 어떤 일에 대한 반응으로 나타난다. 이때 양지는 그 의념의 선악과 정(正)·부정(不正)을 있는 그대로 환하게 드러낸다. 지선(至善)이 마음의 본체이고, 이 지선한 마음의 본체가 밝게 깨닫는 것이 바로 양지다. 따라서 양지가 비추어낸 의념의 선악 가운데 선은 마음의 본체가 그대로 드러난 것으로 바른 것이고, 악은 그 마음의 본체에 사의(私意)가 개입한 것으로 부정(不正)한 것이다. 양지는 선을 좋아하고 악을 미워한다. 따라서 양지는 사의가 개입된 부정한 의념을 용납하지 않는다. 양지를 완성하기 위해서는 양지가 알아낸 대로 이 부정한 의념을 바로잡아 바른 데로 돌이켜야 한다. 구체적인 일에서 양지에 비친 부정한 뜻을 바로잡는 이러한 공부가 차츰차츰 쌓일수록 양지가 점점 밝아지게 된다. 양지가 밝아질수록 그것은 더욱더 예민해져서 아주 작은 부정한 생각이라도 그냥 지나치지 않고 그것을 바로잡는다. 이렇게 하여 결국 양지의 완성을 보게 된다.

여기에서 우리는 정인보가 두 가지 점을 강조하고 있음을 알 수 있다. 하나는 치양지의 공부가 실제 착수하는 곳이 '격물'이라고 본 점과, 또 하나는 부정한 의념을 바로잡는 격물(格物) 공부가 쌓일수록 양지가 밝아지고 예민해진다고 본 점이다. 정인보는 실제로 우리의 의념이 드러나는 구체적인 일에서 그 부정한 의념을 바로잡는 점진적인 공부를 통해서 양지를 완성할 수 있다고 본다. 구체적인 일에 임하여 드러나는 부정한 의념을 바로잡는 점진적인 공부가 치양지의 방법으로 제시된 것이다. 이것은 '사상마련(事上磨鍊)'과 '발현처(發見處)에서의 용공(用功)'을 중시하는 왕양명의 가르침을 충실히 계승한 것이라고 할 수 있다.

그러나 정인보가 의념이 드러나는 곳에서의 공부를 중시한 것은 '치양지'의 방법을 둘러싸고 전개된 양명 후학들의 또 다른 주장들, 예컨대 격물 공부를 중시하지 않는 현성양지파(見成良知派)나 미발(未發) 공부를 중시하는 귀적파(歸寂派)의 주장에 비추어보면 정인보 양명학관의 특징으로도 이해할 수 있다. 실제로 정인보는 현성양지를 주장하는 왕용계와 미발 공부를 중시하는 귀적파에 대해 비판적인 입장을 취한다. 즉 정인보는 양명의 사구교(四句敎)를 둘러싸고 전개된 왕용계(王龍溪)와 전서산(錢緖山)의 논변에 대해 "양명의 입언종지를 가지고 두 사람의 의견을 검토할 것 같으면 서산(緖山)의 주장이 옳다"[48]고 평가한다. 이것은 의념상(意念上)에서의 격물 공부를 부정하는 왕용계의 입장을 비판하고, 의념상에서의 공부를 주장하는 전서산의 입장을 옹호한 것이다. 정인보는 또 미발 공부를 중시하는 귀적파에 대해서도 "미발(未發)

의 적체(寂體)를 찾아보는 것보다 의물(意物)을 격정(格正)함이 실학(實學)이니 이것을 바르게 하는 것이 급선무이지, 저것을 찾는 것이 급선무가 아니다"[49]고 비판한다. 이것도 역시 의념상에서 마음을 바르게 하는 공부를 중시한 것이다.

現代 朝鮮에 잇어 陽明學을 말하기보담 듣기가 어렵다. 어째 그러냐 하면 學術의 風氣 直截 簡易한 自心上 用工을 비켜버리고 刻深한 文字言語의 湊合, 纖瑣한 意情, 學識의 分究요, 요지음은 이것마저 묵은 책장같이 되고 群衆의 趨向이 그나마 心이니 哲이니 하는 곳을 버리게 되엇나니 陽明의 單刀直入的 心學을 귀담을 까닭이 없고, 남들은 外風을 받어도 自心을 가지고 받은 까닭에 或 比較도 하야볼 수 잇지만 우리에 잇어서는 外風이 外風이 아니니 이는 外風이 들어왓을 뿐이지 받은 自心 자리가 糊糊함일새라, 어떠한 自心이 잇어 이를 比較할 것이랴. 이 現代朝鮮의 過失이 아니다. 前述한 바와 같이 虛假의 害 그 나려옴이 멂을 알라.

一眞無假 네 글자가 陽明學의 本이라. 남 모르고 나 홀로 아는 이 한 곳이 義와 利와 善과 惡의 界頭니 여기서 소소로쳐 警發함이 잇으면 곳 眞生活이 비롭하는 것이라. 陽明이 이르되

"오직 天下의 至聖이라야 能히 聰코 明코 睿知하다" 함이 前에 보매 어떠한 玄妙드뇨, 이제 보매 原來 사람마다 固有함이라. 耳는 原是 聰한 것이오, 目은 原是 明한 것이오, 心思는 原是 睿知한 것인대 聖人은 다만 한 가지 "能"히 함이 잇을 뿐이라. 能히 하는 곳은 正히 이 良知요, 衆人의 能히 하지 못

함은 다만 한낱 知를 致치 못함이라. 이 얼마나 明白 簡易하냐.”

그러나 이는 곳 사람 사람의 同得한 靈明이라. 陽明이 이르되

“同德이 무엇이냐. 愚夫愚婦와 같은 것이 同德이오. 異端은 무엇이냐. 愚夫 愚婦와 다른 것이 異端이라”

하얏으며 同得한 靈明이로되 거기에 잇어 誠하고 不誠함이 잇어 聖 愚 ㅣ 나뉘는 것이니 陽明이 이르되

“사람이 다만 善을 好호대 好色을 좋아하듯 하고. 惡을 惡호대 惡臭를 싫여하듯 하면 문득 聖人이라”

하얏다. 대개 陽明의 學이 크게 同體를 말하거나 切實하게 厚薄을 말하거나 明德, 親民, 止至善을 말하거나 精神은 오직 “致良知”요, 致良知의 實着手하는 곳은 “格物”이니 物에 格함이 없을진대 知를 致할 要路가 없고, 知 없엇을진대 物을 格할 미천이 없다. 그런즉 그 중 問題되는 것이 이 “知”니 우리로서 어떠한 知가 本心의 良知인지 그 辨解를 어떠케 할가. 뜻잇는 이는 의심하리라. 그러나 누구든지 내 “번맘”인지 아닌지 區別하기 模糊한 것을랑 아직 그냥 두라. 자세치 아니한 것을 가르쳐 하는 말이 아니다. 오즉 스사로 그리함이 그르다 하는대 아니하면 내 名譽를 얻음에 내 財利를 얻음에 害롭고, 스사로 아니함이 옳다 하는대 하면 내 名譽를 얻음에 내 財利를 얻음에 利롭다 하자. 남은 모르되 저 홀로는 判斷이 잇지 아니한가.

大事에든지 小行에든지 或 말호대 이 判斷을 어찌 믿느냐 한다. 허 사람의 實을 버림이 이러틋 심하구나. 何等의 條件이 없이 제 속에서 울어나오는 옳다 그르다 하는 것을 버리고 또 어대서 옳음 그름을 찾으랴. 或 習染에서 나오지 아니하얏나 하리라. 習染에는 要名要利의 陰影이 隱隱히 한구석

에 잇다. 또 習染으로는 一切名利를 超越한 判斷을 하지 못한다. "良知의 判斷", 이러한 것은 사람마다 가끔 당하는 것이나 그러나 저 홀로 옳다는 것이 分明치 아니한 것은 또 말함이 아니요. 저 홀로 그르다 하는 것이 分明치 아니한 것은 또 말함이 아니다. 그중 分明한 것, 저 홀로는 스사로 한편에 苛責과 不安이 생기고 한편에 肯認과 推服이 생기는 것, 이는 저 스사로 번 맘으로 아는 것이니 이러한 곳에서 먼저 옳다는 것은 꼭 하고 그르다는 것은 당장 뽑아버리어, 이러케 오래 두고 하면 점점 不安의 度ㅣ 銳敏하야 一毫를 어름어름 지나치 못하게 될지라. 아니 할 것 하고는 견디지 못하고 할 것 아니 하고는 견디지 못하야 나종에는 萬死의 苦가 一刻의 不安에 比하야 어려울 것이 없고, 百折의 困을 內心의 自得으로써 질거워할 수 잇다.

그러므로 別달리 良知을 考究할 생각을 말고 저 홀로 저만 아는 속에 스사로 속이지 못할 곳이 잇거든, 分明하거든 良知로 알라. 이를 깨달엇자 그대로 바루잡지 아니하면 점점 照光이 흐려지나니 속이려는 그"것"이 根絶될수록 속할 수 없는 그 自體 점점 더 두렷일지라. 속히려는 "것"을 뽑아 속힐 수 없는 그 自體를 完成함을 "致知"라 한다. 이 知 學問上 考究로 證察할 것이 아니라 自心上 實際로 體出할지니 一字不識하는 사람이라고 이를 모름이 아니로되 흐지부지 가리어버리고, 讀破古今한 사람이라고 이 知 以外에 딴 本體 없을 것이로되 대개 書籍에서만 彷徨하고 만다.

3
왕양명의
전기

10

젊은 날의 학문 변천과 경세에 대한 관심

양명의 성은 왕(王) 씨요, 이름은 수인(守仁)이고, 자는 백안(伯安)이니. 중국 절강성(浙江省) 여요현(餘姚縣) 사람이다. 진(晉)나라 때의 명필이었던 왕희지(王羲之, 303~361)의 후손이다. 할아버지 천서(天敍)는 호를 죽헌(竹軒)이라고 하고, 아버지 화(華, 1446~1522)는 명나라 무종(武宗) 때 남경(南京) 이부상서(吏部尙書)를 지냈는데 효자요 또 정직한 신하였다. 양명의 어머니 정(鄭) 씨가 양명을 밴 지 열네 달 만에 낳으니, 이때는 명나라 헌종(憲宗) 성화(成化) 8년(1472년, 조선 성종 3년) 9월 30일이었다.

11세부터 아버지 상서가 중앙관직을 맡았기 때문에 북경에 와서 살았다. 천성이 호탕하고 뛰어났으며 의협을 좋아하였다. 왕용(王勇)의 난이 있고 진중(秦中)에 석화상(石和尙)과 유천근(劉千斤)의 난이 일어나자, 가만히 거용궐(居庸闕)을 나가 궐 밖의 사람들을 따라다니며 말도 타고 활도 쏘고 국경 수비에 대한 방책을 두루 다니며 자문을 받아 가지고 한 달이 넘어서 돌아와 장차 조정에 글을 올려 스스로 출정을 청하려고 하는 것을 상서가 힘써 말렸다.

17세에 장가를 들어 남창(南昌)에 갔었는데, 결혼 당일 날 놀러 나갔다가 철주궁(鐵柱宮)이라는 도관(道觀)에서 도사를 만나 양생의 비결을 듣고 밤새도록 떠날 줄을 몰랐다.[1]

그 이듬해 부인 제씨(諸氏)와 같이 고향인 여요(餘姚)로 돌아오는 길에 '광신(廣信)'에서 일재(一齋) 누량(婁諒, 1422~1491)[2]을 찾아갔다. 누량이 송유의 격물설(格物說)을 말하는 것을 듣고 매우 좋아하여 "성인은 꼭 배워서 이를 수 있다"고 하였다.[3]

약관에 이르러 절강(浙江) 향시(鄕試)에 뽑힐 만큼 학문이 이미 높았고,[4] 병법을 연구하여 이해함이 더욱 정통하더니,[5] 명효종(孝宗) 홍치(弘治) 12년(1499, 양명 28세)에 진사가 되어 흠차관(欽差官)으로 위령백(威寧伯) 왕월(王越, 1423~1498)의 분묘(墳墓) 공사를 감독하였는데 진법(陣法)을 사용하여 인부들을 부리자 식견이 있는 사람들은 그가 평범치 않은 인물임을 알아보았다. 이때 서북쪽 변방이 점점 더 혼란스러웠기 때문에 일을 완수하고 그 결과를 아뢸 때 '변방에서 힘써야 할 여덟 가지의 일[邊務八事]'에 관한 상소를 올렸는데, 말이 모두 명백하고 통절해서 천하 사람들이 칭찬하였으나 보문에 그치고 말았다.[6] 보문(報聞)은 임금께서 상소문을 들었다는 사실만을 알려주는 것으로 가부에 관한 임금의 답변조차 없는 것이다. 얼마 뒤에 형부주사(刑部主事)로 강북(江北)에 가서 옥에 갇힌 죄수들을 심문하여 판결하고, 드디어 구화산(九華山)의 여러 명승지를 둘러보고 무상사(無相寺)와 화성사(化城寺)를 들렀다가 이듬해 5월에 북경에 돌아와 임금께 일을 마쳤음을 보고했다.

양명은 처음에 송학을 정밀히 연구하여 주회암의 저서를 두루 읽었는데, 하루는 '격물'에 대하여 다음과 같이 생각했다.

> "선유가 말하기를 '어떤 사물이든지 반드시 안과 밖, 정밀함과 거침이 있다. 풀 한 포기 나무 한 그루에도 모두 지극한 이치가 담겨 있다'고 한 것이 반드시 헛된 말은 아닐 것이다."

아버지가 다스리고 있는 관서에 대나무가 많기에 곧 대나무를 가지고 그 이치를 궁구해 보았다. 고심하며 궁구할수록 더욱 막연하여 마침내 병을 얻게 되자 다시 생각하기를 "성현이 되는 데는 다 팔자가 있나보다"고 했다. 이때부터 한편으로는 세속에서 숭상하는 것을 좇아 문장을 짓는 데 노력하였으나[7] 지극한 도리에 통하지 못하는 것이 마음에 편치 않아 스승이나 벗을 구하려고 해도 또한 만나기가 어려워 어찌해야 할지를 몰랐다. 하루는 회암(晦菴)이 송광종(宋光宗)에게 올린 상소문에서 "공경하여 뜻을 붙잡음은 글을 읽는 근본이 되고, 차례를 좇아 정밀함을 다함은 글을 읽는 방법이 된다"[8]고 한 것을 보다가 다시 또 뉘우쳐 다음과 같이 말했다.

"내 잘못이다. 내가 예전에 찾기는 비록 널리 하였으나 일찍이 차례를 좇아 정밀함을 이루지는 못하였으니 아무것도 얻지 못한 것이 당연하다."

이때부터 용감하게 나아갈 생각을 그치고 순서대로 점점 들어가 나중에 얻음이 있기를 바랐으나 갈수록 물리(物理)와 내 마음이 판연히 둘이 되는 것 같았다. 답답해한 지 오래되자 옛날의 병이 다시 도졌다. 그래서 성현이 될 팔자는 따로 있다는 것을 더욱 옳다고 여겨서 관심이 양생으로 쏠렸으며, 드디어 세상을 버리고 산속으로 들어가고자 했다.[9]

그러다가 과거에 급제하고 벼슬살이에 붙잡혀 결행하지 못했다. 문장을 짓는 일 또한 우연히 좋아하는 일 가운데 하나였던 까닭에 태원(太原)의 교우(喬宇)와 광신(廣信)의 왕준(汪俊)과 하남(河南)의 이몽양(李夢陽) 및 하경명(何景明)과 고소(姑蘇)의 고린(顧璘) 및 서정경(徐禎卿)과 산동(山東)의 변공(邊貢) 등과 더불어 옛날 시문의 학문으로써 서로 경쟁하더니 강북(江北)으로부터 명을 수행하고 북경으로 돌아온 뒤에 또다시 탄식하였다.

"내 어찌 유한(有限)한 정신을 가지고 쓸데없는 허문(虛文)을 일삼는가?"

이에 병을 핑계로 여요로 돌아가 양명동에 정사를 짓고 살았으니, 양명이란 호는 이로 인하여 생긴 것이다. 양명동에서 구도 생활을 할 때 처음엔 도인술(導引術)을 닦았다. 수행한 지 오래되자 어떤 일이 생길지 미리 아는 영험함이 있었다. 하루는 친구 왕사여(王思輿) 등 네 사람이 찾아오는데 마침 현의 성곽인 오운문(五雲門)을 나오려 할 즈음에 벌써 종복을 보내어 마중하게 하였는데, 오기는 어떻게 오며 어떤 일이 생길 것이라고까지 미리 일러 보내니 그 종복이 도중에서 만나 마중 보낸 것과 일러준 말을 고하자 모두 크게 놀라 도를 얻었다고 하였다. 다시 얼마 지나더니 깨달아 말하기를 "부질없이 정신을 희롱하는 것이요, 도가 아니다"고 하였다. 이때부터 양명은 선학(仙學)을 버렸고, 그 뒤에는 또 마음을 맑게 하고 고요함을 닦기를 오래 하여 세상을 떠나 멀리 가고자 하였다. 이때 어머니 정씨가 돌아가신 지 오래요, 할머니 잠씨(岑氏)와 아버지가 생존하였으므로 다른 일은 일절 마음에 걸릴 것이 없었으나 오직 할머니와 아버지가 잊히지 아니하여 머뭇거려 결단하지 못하더니 또 홀연히 깨우쳐서 말하였다.

"아니다. 이 생각은 처음 태어났을 때부터 생긴 것이다. 이 생각을 버릴 수 있다면 이것은 인간의 본성을 끊어버리는 것이다."[10]

이때부터 양명은 참선을 통해서 얻는 기쁨[禪悅]을 버렸다. 이에 다시 세상에 쓰일 뜻이 있어서 병부주사로 기용되자 사퇴하지 않고 관직에 나아갔다.[11]

양명의 학문 변천은 '용장오도(龍場悟道)'를 기점으로 전후로 나뉜다.

양명의 용장오도 이전의 학문 변천 과정에 대하여 왕문 제자인 전덕홍 (錢德洪)과 왕기(王畿) 및 황종희(黃宗羲)의 학설은 자세하고 소략한 차이가 있으나 그 대체는 거의 비슷하다. 용장오도 이전 양명의 학문 변천 과정에 대해서 전덕홍은 '치빙어사장(馳騁於詞章) → 출입이씨(出入二 氏) → 활연유득우성현지지(豁然有得于聖賢之旨)'[12]로 기술하고, 왕기는 '범람우사장(泛濫于詞章)·치빙우손오(馳騁于孫吳)·위회옹격물궁리지학 (爲晦翁格物窮理之學) → 구심우노불지학(究心于老佛之學) → 황연신오(恍 然神悟)'[13]로 기술하며, 황종희는 '범람어사장(泛濫於詞章)·편독고정지서 (偏讀考亭之書)·순서격물(循序格物) → 출입불노(出入佛老) → 홀오격물 치지지지(忽悟格物致知之旨)'[14]로 기술하고 있다. 양명 자신도 자신의 학 문 변천 과정을 '사장(詞章)·주자격물설(朱子格物說) → 노불지학(老佛之 學) → 용장지오(龍場之悟)'로 전개된 것으로 술회한다.[15] 이것들은 모두 양명의 학문 변천 과정을 용장의 깨달음에 초점을 맞추어 서술하고 있 다는 특징을 보인다. 용장오도는 성인이 되는 새로운 방법을 발견한 것 이다. 그렇다면 그 이전의 학문 변천 과정은 성인이 되고자 하는 뜻을 세우고, 그 뜻을 이룰 수 있는 방법에 대한 탐색의 과정으로 요약할 수 있다.

　양명은 천하를 다스리고자 하는 경세에 관심을 지닌다. 양명의 경세 에 대한 관심은 유년 시절부터 형성된 것으로 보인다. 명대 당시 사대 부 집안의 일반 자제들과 마찬가지로 양명도 어려서부터 글방에 다니 면서 과거시험을 준비하고 있었다. 당시 관료가 된다는 것은 자신의 뜻 을 현실정치에 펼 수 있는 길이 열린다는 것을 의미했다.[16] 양명 역시 이 길로 들어섰고 생을 마감할 때까지 관료로서 충실한 삶을 살았다. 그런데 양명은 이 길로 들어설 때 심상치 않은 발언을 남긴다. 그것은 바로 양명이 12세(1483) 때 글방 선생에게 '세상에서 가장 중요한 일은 과거에 급제하는 것이 아니라 글을 읽어서 성현을 배우는 것'[17]이라고 말한 대목이다. 이는 "성인은 하늘이 되기를 바라고, 현인은 성인이 되기를 바라며, 선비는 현인이 되기를 바란다"[18]는 주렴계(周濂溪)의 말로 대변되는 송학의 지적 유산이 어린 시절 양명에게 영향을 끼치고 있음을 의미한다. 송학의 지적 전통에서 성현이 된다는 것은 단순히 심신의 내적 수양에 뜻을 두는 것으로만 제한되지 않는다. 그것은 천하를 다스리고자 한 이윤(伊尹)의 뜻[19]을 자기의 뜻으로 삼는 일까지 포함한다.[20] 양명은 어려서부터 송학의 이러한 지적 전통을 적극적으로 계승하려는 뜻을 지니고 있었던 것이다. 그리고 그 뜻은 양명의 전 생애를 관통해 흐른다.

경세에 대한 양명의 관심을 확인할 수 있는 또 하나의 자료로 양명이 15세 때에 거용삼관(居庸三關)에 노닐면서 사방을 경략하려는 뜻을 품었던 일을 들 수 있다. 거용삼관은 북경의 서북방 창평현에 있는 만리 장성의 군사적 요충지로서 이민족들이 거주하고 있었다. 양명은 이곳을 경략하려는 뜻을 품고 한 달이 넘도록 호족의 부락을 두루 둘러보면서 그 방어책을 알아내기까지 한다.[21] 이것은 경세에 대한 그의 관심이 변방의 이족을 만났을 때 변방을 경략하려는 뜻으로 표현된 것이다.

변방을 평정하여 다스리고자 한 양명의 뜻은 마복파(馬伏波) 장군의 사당을 참배하는 꿈을 꾸고 그에 대한 시를 쓸 만큼 매우 강렬했다.[22]

마복파는 후한 광무제 건무 19년에 교지(交趾: 북베트남)를 평정하고, 한의 경계선을 표시하는 구리 기둥을 세운 장군이다.[23] 꿈은 무의식의 원망(願望)이 드러난 것이라고 한다. 양명이 마복파 장군의 사당에 참배하는 꿈을 꾸었다는 것은 양명 역시 마복파 장군처럼 변방을 평정하여 다스리고자 하는 염원을 지니고 있었음을 의미한다. 그 뒤 40여 년이 지난 가정(嘉靖) 정해년(1527)에 양광(兩廣)의 총독(總督)으로 사전(思田)의 반란을 토벌할 때, 마복파의 사당을 지나다가 들어가서 참배를 하였는데, 완연히 꿈속에서 보던 광경과 똑같아서 이번 행차가 우연이 아니라고 생각하여 다음과 같은 시를 또 짓는다. "사십 년 전 꿈속의 시, 이번 행로는 하늘이 정한 것으로 인위가 아닐세. 정벌을 가면 감히 풍운의 진에 의지하고, 지나는 곳엔 모름지기 때맞춰 내리는 비와 같은 역할을 하는 군대일세. 더욱이 먼 곳의 사람들이 우러러보는 것이 기쁘지 아니한 것은 아니지만, 병을 구할 방술이 없음이 도리어 부끄럽네. 이제까지의 승리는 조정에 돌리겠네. 병과(兵戈)로 사방의 이민족을 평정했다고 말하는 게 부끄럽네."[24] 이 일이 있고 난 이듬해에 양명은 객지에서 죽었는데, 죽은 뒤에 그에게 쏟아진 비방도 마복파의 경우와 자못 흡사하였다. 이에 대해 조선의 유학자 장유(張維)는 "그러고 보면 꿈속의 그 시가 혹 예조(豫兆)를 보여준 것은 아니었던가. 아, 이 또한 기이한 일이라 하겠다"[25]고 감탄한 바 있다.

양명은 양명학이라는 새로운 학문을 세워서 명대의 주요 학술을 이끌었을 뿐만 아니라, 주신호의 반란 평정, 산속의 도적 토벌, 이민족의 정벌 등 수많은 업적을 쌓은 바 있다. 양명이 무인으로서 빛나는 업적을 쌓을 수 있었던 데에는 유년 시절부터 사방을 경략하고자 하는 뜻을 품고, 그 뜻을 실현하기 위하여 말 타고 활 쏘는 법을 익히고, 또 병법 연구에 심혈을 기울였기 때문이다.[26]

그런데 경세에 대한 이러한 뜻을 펼치기 위해서는 관료가 되는 것이 무엇보다 중요했다. 이 때문에 양명은 과거시험에 응시하여 홍치 12년(1499) 28세에 회시와 전시에 합격하고, 비로소 관료생활을 시작한다. 그가 관료의 길을 걷게 된 것은 경세의 뜻을 현실정치에 펼치기 위해서였다. 그런데 전제군주제하에서 천하를 안정시키는 데 가장 중요한 것은 임금을 도(道)로 인도하여 임금으로 하여금 왕도를 시행하게 하는 일이었다. 그러나 명대의 정치행태와 정치문화는 임금을 통하여 왕도를 시행하기에는 너무나도 척박했다.

전제군주제하에서 평천하의 이상을 지닌 사대부들에게 무엇보다 중요한 것은 자기 임금을 요순과 같은 성군(聖君)으로 만드는 일이었다. 이러한 방식은 적어도 군신 간의 의사소통이 제대로 이루어질 수 있는 정치문화를 전제로 해서야 실현 가능하다. 송대(宋代)나 조선조는 경연(經筵)과 언관 등이 제 기능을 함으로써 이러한 정치문화가 형성되어 있었다. 그러나 명대의 정치문화는 이와 너무 달랐다. 재상제도의 폐지와 더불어 황제권이 강화되고 환관 중심의 정치가 이루어졌으며, 사대부는 억지로 징소(徵召)되더라고 그 부름에 항거할 수 없었고, 이미 벼슬한 경우에도 잘못이 조금이라도 있으면 처형을 면하기 어려웠다. 이러한 정치 환경이 왕수인에게 끼친 영향은 지대하다.

양명은 홍치 12년(1499, 양명 28세)에 회시와 전시에 합격하고 마침내 관료생활을 시작한다. 당시 서북방에 도적떼가 창궐하여 민심이 흉흉하고 또 하늘에 혜성이 나타나자 홍치제는 자신이 경계하고 반성해야 할 것이 무엇인지를 기탄없이 말하라는 조칙을 내렸다. 이에 양명은 변방의 군사적 업무에 시급히 갖추어야 할 내용 여덟 가지를 갖추어 「진언변무소(陳言邊務疏)」를 올린다. 그 구체적인 내용은 다음과 같다. (1) 인재를 마련하여 응급사태에 대비할 것[蓄材以備急], (2) 인재의 단점을 버리고 장점을 쓸 것[舍短以用長], (3) 정예 군대를 선발하여 비용을 줄일 것[簡師以省費], (4) 둔전병을 두어 직접 식량을 충당하도록 할 것[屯兵以足食], (5) 법률을 엄중히 시행하여 군대의 위세를 진작시킬 것[行法以振威], (6) 은택을 베풀어 군대를 크게 분발시킬 것[敷恩以激怒], (7) 소사를 버리고 대사를 온전히 할 것[捐小以全大], (8) 아군 내부에서 일어나는 일이 바깥으로 드러나지 않게 숨기면서 적군의 폐단을 엿볼 것[嚴守以乘弊]이다. 양명은 이 여덟 가지의 목표를 달성할 수 있는 구체적인 방법까지 자세히 아뢴다. 그리고 자신이 아뢴 내용은 자기의 독특한 견해가 아니라 병가에서 항상 말해온 것이고, 지금의 장수들도 공유하는 견해임을 밝힌다. 다만 문제는 지금 변경을 지키는 장수들이 그것을 알고 있으면서도 타성에 젖어 시행하지 않는다는 데 있다.[27] 당시 시무에 대한 양명의 이러한 대책문은 그동안 그의 병법 연구가 발휘된 것이라고 하겠다. 뿐만 아니라 이것은 군사 전략가로서의 그의 식견을 군주를 통하여 실현해 보고자 한 '득군행도(得君行道)'의 정치활동 가운데 하나라고 할 수 있다.

한편 성인이 되는 방법에 대한 양명의 탐색 과정에서 주목할 만한 것은 18세에 누량(婁諒)으로부터 주자의 격물궁리의 방법이 성인이 되는 데 유효하다는 것을 듣고 그것에 깊이 계합한 사실이다. 누량은 오강재(吳康齋, 1391~1469; 이름 與弼, 자 子傅)의 제자로, 호경재(胡敬齋, 1434~1484; 이름 居仁, 자 叔心), 진백사(陳白沙, 1428~1500; 이름 憲章, 자 公甫)와 더불어 오문삼걸로 일컫는다. 이들은 경전 주석이나 형식적인 도학을 벗어나 자기 내면에 돌이켜 진실한 생명을 발견하려는 명대 초기의 학풍을 이끈 인물들이다. 양명은 21세에 주자의 글을 두루 구해 읽다가, 풀 한 포기 나무 한 그루에도 모두 지극한 이치가 있다는 말을 듣고 대나무를 대상으로 그 이치를 탐구하는 실습을 하게 된다. 그러나 대나무의 이치를 얻기는커녕 일주일 만에 병에 걸리고 만다. 27세에는 주자가 광종에게 올린 상소문에서 "공경한 상태에서 뜻을 붙잡음은 글을 읽는 근본이 되고, 순서에 따라 정밀함을 다함은 글을 읽는 방법이 된다"고 한 것을 보고, 순서에 따라 정밀하게 독서를 했으나 물리와 마음이 끝내 둘로 분리되고 만다. 송명리학에서 성인의 경지는 마음이 리와 하나가 되는 경지로 그려진다. 양명은 주자의 격물법을 통해 마음이 리와 하나가 되는 지점에 이르고자 했으나 실패하여 좌절하고 만다. 그러나 이것은 단순한 실패가 아니라, 주자가 말하는 격물법의 문제점을 느낀 것이라고 하겠다. 이러한 체험이 뒷날 주자의 격물법이 잘못되었음을 깨닫는 데 밑거름이 된다.

주자의 격물법에 대한 탐구가 실패로 돌아간 뒤로 양명은 도교의 도인술을 닦아서 어떤 일이 생길지 미리 아는 단계에까지 이르렀지만, 그것이 부질없이 정신을 희롱하는 것이요, 도가 아님을 자각하게 된다.

그리고 마음을 맑게 하고 고요하게 닦고자 출가하려고 했으나 할머니와 아버지가 잊히지 않아 결단하지 못한다. 이것을 계기로 출가는 인간의 본성을 끊어버리는 것임을 깨닫게 된다.

도교와 불교로부터 양명이 다시 유학으로 돌아오게 된 것은 34세에 담감천과의 만남이 하나의 계기가 되고 있다. 양명은 담감천과 함께 성학을 밝힐 것을 다짐하였으며, 양명의 문하에 들어오는 문인들에게 성인이 되는 데 뜻을 세울 것을 강조한다. 이때 그의 수양법은 도교적인 도인술로부터 유가적인 구인(求仁)의 수양법[28]으로 전환하게 된다. 덕을 기르는 일[養德]과 몸을 기르는 것[養身]이 두 가지 일이 아님을 자각한 것이다. 이 구인의 방법이 성인이 되는 데 유효함을 깨닫게 된 것은 용장에서의 일이다.

———

陽明의 姓은 王氏오 이름은 守仁이오 字는 伯安이니 中國 浙江餘姚縣 사람이라. 晉代 名筆 王羲之의 後裔오. 한아버니 天叙는 號를 竹軒이라 하고 아버니 華는 明武宗때 南京 吏部尙書로 잇엇으니 孝子오 또 直臣이다. 陽明 어머니 鄭氏 陽明을 배인지 十四朔 만에 낳으니 이때는 明憲宗 成化八年 壬辰 九月三十日 丁亥라. 우리 成宗 三年이오 西紀로는 千四百 七十二年이다. 十一歲부터 아버니 尙書의 京宦함을 因하야 北京에 와서 잇엇는대 天性이 豪邁하고 義俠을 좋아하야 王勇의 亂이 잇고 秦中에 石和尙과 劉千斤의 亂이 잇으며 가마니 居庸關을 나가 關外 사람들을 따라다니며 말도 타고 활도 쏘고 關防 備禦에 對한 方畧을 두루 咨訪하야 가지고 달이 넘어서 돌아와 장차 朝廷에 글을 올려 스사로 出征함을 請하랴 하는 것을 尙書ㅣ 힘써 말렷다.

十七歲에 장개 들려 南昌에 갓드니 結婚하든 날 놀러 나가 鐵柱宮이라는 道觀에서 道士를 만나 養生의 要訣을 듣고 밤들도록 떠날 줄을 몰랏다.

그 이듬해 夫人諸氏와 가치 故鄕인 餘姚로 돌아오는 길에 "廣信"에서 屢一齋 "諒"을 차저가 諒이 宋儒의 格物學을 말함을 듣고 심히 좋아하야 聖人을 꼭 배워 이룰 수 잇다 하엿다.

弱冠에 미처 淅江鄕試에 뽑히니 學問이 이미 높고 兵法을 究解함이 더욱 精明하드니 明孝宗 弘治十二年 己末에 進士하야 欽差官으로 威寧伯 王越의 墳墓工事를 監督하는데 陣法으로써 役夫를 어거하니 識者ㅣ 그 凡器 아님을 알더라. 이때 西北邊이 점점 더 擾亂한지라 復命할 때 邊務八事를 올리되 말이 다 明白痛切하야 天下ㅣ 일커럿으나 報聞하고 말엇다. 報聞은 上聞되엇다고 報함을 이름이니 可타 否타는 批答조차 업는 것이다. 얼마 뒤 刑部主事로 江北에 가 獄囚를 審決하고 드디어 九華山 諸勝을 보고 無相寺, 化城寺를 들러 이듬해 五月에 復命하엿다.

陽明이 처음에 宋學을 精究하야 朱晦菴의 著書를 徧讀하드니 하로는 "格物"에 對하야 생각호대

"先儒가 이르되 어느 物이든지 반드시 속과 거죽과 정함과 굴금이 잇다. 풀 하나 나무 하나에 모두 至理가 담기엇다 함이 반드시 妄言이 아니리라" 하고 尙書 잇는 官署에 대(竹)가 많음으로 곳 대를 가지고 그 理를 窮究하야 보앗다. 苦心으로 窮究할수록 더욱 漠然하매 마침내 病을 어드니 다시 생각오대 聖賢은 팔자가 잇나 부다 하고 이때부터 한편으로 俗尙을 조차 文詞에

致力하얏으나 至道를 通하지 못함이 마음에 快치 아니하야 師友를 求하려 호대 또한 만나기 어려워 어찌할 줄을 모르드니 하로는 晦菴의 宋光宗에게 올린 疏文에 "공경하야 뜻을 붓잡음은 글 읽는 근번이 되고 차례를 조차 精함을 이룸은 글 읽는 방법이 된다" 함을 보고 다시 또 뉘우처 가로되

"내 잘못이다. 내 前日에 찻기는 비록 널리 하얏으나 일즉이 차례를 조차 정함을 이루지는 못하얏으니 얻음 업슴이 맛당하다."

이로부터 勇進할 생각을 그치고 순서대로 점점 들어가 나종에 어듬 잇기를 바랏으나 갈수록 物理와 내 마음이 판연히 둘이 되는 것 같은지라 답답하야 함이 이미 오래매 옛 病이 다시 發하니 이때는 聖賢이 따로 팔자 잇음을 더욱이 그런가 부다 하야 意思ㅣ 養生으로 쏠리어 드디어 세상을 바리고 山中으로 들어가고 헤어하얏다.

그리자 科擧에 오르고 仕宦에 붓들려 決行치 못하고 文詞ㅣ 또한 寓好의 一事라 太原의 喬宇와 廣信의 汪俊과 河南의 李夢陽과 何景明과 姑蘇의 顧璘과 徐禎卿과 山東의 邊貢等으로 더부러 古詩文의 學으로써 서로 爭雄하드니 江北으로조차 復命한 뒤에 또다시 嘆息하야 가로되

"내 어찌 限 잇는 精神을 가지고 쓸데없는 虛文을 일삼는가."

이에 病을 일컷고 餘姚로 돌아가 陽明洞에다 精舍를 짓고 잇엇으니 陽明의 號 이를 말미암이다.

陽明洞에서 求道의 生活을 할 때 처음은 導引術을 行하얏다. 오래되매 앞서 아는 영검함이 잇서 하로는 친구 王思輿等 네 사람이 찾어오는대 바야흐로 縣城 五雲門을 나오랴 할 지음에 벌서 從僕을 보내여 마중하게 하고 오기는 어떠케 오며 어떠한 일이 잇으리라고까지 미리 일러 보내니 그 從僕이 中路

에서 만나 마중 보낸 것과 일르든 말을 告하니 모다 크게 놀라 道를 얻엇다고 하얏다. 다시 얼마 지나드니 깨달아 가로되 부즈럽시 精神을 簸弄함이오 道 아니라 하니 이로부터 陽明이 仙學을 버리엇고 그 뒤는 또 澄心靜修하기를 오래 하야 세상을 떠나 멀리 가고자 하얏다. 이때는 어머니 鄭氏 도라간 지 오래요 할머니 岑氏와 및 尙書ㅣ 生存하얏으매 다른 일은 一切로 繫念될 것이 없되 오즉 할머니와 아버니 잊히지 아니하야 머뭇거려 決斷치 못하드니 또 忽然히 깨우처 가로되

"아니다 이 念은 갓 날 때에 생긴 것이라. 이 念을 버릴 수 잇을진대 이는 種性을 斷滅함이라"

하니 이로부터 陽明이 禪悅을 버리엇다. 이에 다시 세상에 씨울 뜻이 잇어 兵部主事로 起用하매 미처 辭退하지 아니하고 나섯드니

용장오도

명나라 무종(武宗)이 즉위하면서부터 내시인 유근이 국가 권력을 전
횡하여 그 위세가 불붙듯 했다. 남경 급사중(給事中)[29]인 대선(戴銑)과
박언휘(薄彦徽) 등의 직간을 밉게 여겨서 그들을 잡아 옥에 가두자 양명
이 상소문을 올려 이들을 구제하고자 했다. 유근이 임금의 명령인 칙지
(勅旨)를 자의적으로 조작하여 양명에게 조정에서 곤장을 치는 형벌[廷
杖]을 내렸다. 양명이 기절하였다가 살아나자 다시 그를 귀주(貴州) 용
장역(龍場驛) 역승(驛丞)으로 좌천시켰다.[30]

좌천되어 임지로 떠나던 중에 전당(錢塘)에 이르렀는데 유근이 자기
사람을 시켜 양명의 뒤를 밟게 하였다. 양명이 마침내 뜻하지 않은 재
앙을 당할 줄 알고, 옷과 신발 및 필적을 강둑에 놓아두어 스스로 물에

빠진 듯이 보이게 하고는 몰래 상선을 타고 주산(舟山)까지 갔다. 마침 폭풍을 만나 하루 밤낮 만에 복건에 도착했다. 뭍에 닿자마자 곧바로 산으로 들어가 밤에 절을 찾아갔으나 들어오지 못하게 하므로 할 수 없이 방황하다가 오래된 사당에 들어가 향을 피우는 탁자에 의지하여 잠을 잤다. 그런데 그 사당은 범의 소굴인지라 밤이 깊어진 뒤에 범이 돌아다니며 크게 으르렁거렸다. 새벽녘에 절에 있는 중들이 말하기를 "어젯밤의 손님은 옛 사당에서 잤을 것이고, 거기서 잤다면 범에게 물려 죽었을 것이다"라고 하였다. 그리하여 행장을 뒤져 가려고 왔다가 양명이 마침 깊은 잠에서 깨어난 것을 보고 놀라서 말했다. "당신은 보통 사람이 아니로군요. 그렇지 않고서야 탈이 없을 수 있겠소." 중들이 초대하기에 절에 도착해 보니 뜻밖에 철주궁에서 만났던 도사가 그 절에 있었다. 양명이 그에게 좌천된 임지로 갈지 말지를 상의하면서 멀리 은둔할 뜻을 말하자 도사가 말했다.

"그것은 옳지 않다. 그대가 이대로 자취를 숨긴다면 유근이 노하여 그대 아버지를 잡아다 놓고, 그대가 남북 이역 땅으로 몰래 달아났다고 모함을 하면 어떻게 할 것인가?"

양명이 그 말을 옳다고 여겨서 드디어 무이산(武夷山)으로 들어가 광신(廣信)을 거쳐 팽려호(彭蠡湖)를 거슬러 올라 원상(沅湘)을 지나 용장(龍場)에 이르렀다.

험난하건 평탄하건 본디 마음에 담아두지 않나니,

뜬 구름이 허공을 지나는 것과 무엇이 다르리오.

고요한 밤에 파도는 삼만 리나 펼쳐져 있는데,

밝은 달 아래 석장(錫杖)을 날리며 바람 타고 내려오네.[31]

이 시는 무이산으로 떠날 때 절의 벽에 쓴 것이다.[32]

처음 용장에 도착했을 때는 거처할 곳이 없어서 덤불 속에다 초막을 짓고 살다가, 다시 바위굴로 들어가 거처했다. 당시 용장의 민가는 거의 다 오랑캐인 만족(蠻族)이었기에 한족(漢族)이 오면 반드시 여러 가지 방법으로 독벌레에 물려 죽게 했다. 이들은 양명도 해치려고 독을 관장하는 신[蠱神]에게 가서 신이 내리는 말을 들어보니, 양명을 해치는 것이 자기들에게 불길하다고 했다. 그들은 점점 양명을 뒤따르게 되었고, 또 양명의 충성스럽고 믿음직하며 어질고 사랑하는 마음에 감동하여 양명의 가르침이면 차마 어기지 못했다. 이때 양명의 나이 서른일곱이었다. 오지인 험지에서 고향이 이미 아득한 데다가 유근의 위협이 갈수록 심해져서 잠시도 자기 안전을 보장하지 못했다. 스스로 헤아려보니 득실과 영욕 같은 것은 다 벗어던진 지 오래되었지만 오직 생사에 관한 생각만은 끝내 사라지지 않았다. 그래서 돌로 관을 만들어놓고 그곳에서 방처럼 앉고 누우며 스스로 맹세했다. "내 이제 죽음을 기다릴 뿐이다." 밤낮으로 잠잠히 앉아 마음을 맑게 하고 생각을 가라앉혀 고요하고 전일한 가운데 단서를 찾아보려고 했다. 그러다 어느 날 밤중에 홀연히 '격물치지'의 본뜻을 크게 깨달았다. 얼마나 기뻤던지 소리치고 펄

펄 뛰어 잠을 자던 사람들이 모두 놀랐다. 비로소 알았다. 성인의 도는 내 안의 본성에서 이미 충분하니, 예전에 사물에서 리를 구함이 잘못된 것임을. 그러고는 다시 자신이 기억하고 있는 오경의 말뜻을 가지고 대조하여 증험해 보니 들어맞지 않는 것이 없었다.[33]

양명이 그날 느꼈던 기쁨은 그의 한평생 지속되었던 기쁨이었을 것이다. 양명의 다음 말을 통해서 그가 용장에서 어느 날 밤 깨달은 그 경지를 상상할 수 있다.

"선가(仙家)에서 '허(虛)'를 말하는데, 성인이 어떻게 '허(虛)' 위에 한 오라기의 '실(實)'을 보탤 수 있겠는가? 불가에서 '무(無)'를 말하는데, 성인이 어떻게 '무(無)' 위에 한 오라기의 '유(有)'를 보탤 수 있겠는가? 그러나 선가에서 '허'를 말하는 것은 '양생(養生)'을 위한 것이고, 불가에서 '무'를 말하는 것은 삶과 죽음의 고통에서 벗어나기 위한 것이다. 이것은 본체에 자기 생각을 약간 보탠 것이므로 '허'와 '무'의 본래 모습이 아니요, 본체에 장애가 된다. 반면에 성인은 오직 양지의 본색으로 되돌릴 뿐이요, 자기 생각을 조금도 덧보태지 않는다. 양지의 '허'는 곧 하늘의 '태허(太虛)'요, 양지의 '무'는 곧 태허의 무형이다. 태양과 달, 바람과 우레, 산과 강, 인간과 사물 등 무릇 모양과 형색을 가지고 있는 현상들은 모두 태허의 무형 속에서 작용을 드러내어 유행하되 하늘을 가로막은 적이 없는 것처럼, 성인은 오직 그 양지가 작용하는 대로 순응할 뿐이다. 그러므로 천지만물이 모두 내 양지가 작용을 드러내어 유행하는 가운데 있으니, 어느 무엇이 양지의 밖에 벗어나 있어서 양지를 가로막을 수 있겠는가?"[34]

용장의 원주민들이 양명에게 귀의함이 점점 더 정성스러워지고 양명의 가르침도 곧바로 그들의 본심을 불러 회복시키자 원주민들은 양명을 스승으로 섬겼고 양명은 원주민들을 한 식구처럼 여겼다. 나중에는 원주민들이 양명을 위하여 서원을 만들어 드렸으며, 상급 관부에서 보낸 사람이 용장에 왔다가 양명을 하대하는 것에 분개하여 그 사람을 욕하여 쫓아 보낸 적도 있다.

❋

양명이 용장역 역승으로 좌천되어 임지로 부임하는 길은 고난의 연속이었다. 환관 유근이 자객을 보내 양명을 해치려고 한 때문이다. 멀리 달아나 은둔할 생각도 했지만 그 피해가 아버지에게 미칠까 우려되어 그만두었다. 유근을 비난한 죄로 정장 40대를 맞고 좌천되어 용장으로 갈 당시의 양명의 심정을 「범해」라는 시가 잘 보여주고 있다. '험난하건 평탄하건 본디 마음에 담아두지 않는다'는 것이다. 세속의 성공과 실패, 영광과 치욕을 다 벗어던진 것이다. 큰일을 겪으면서 오히려 마음의 편안함과 자유로움을 얻었다고 할 수 있다.

용장은 귀주(貴州) 서북쪽의 수많은 산과 울창한 가시덤불 가운데 자리하고 있었으며, 독사와 독충이 들끓고 유행병이 발발하는 지역이었다. 그곳에는 언어와 풍습을 달리하는 이질적인 문화가 자리 잡고 있었다.[35] 양명이 익숙히 알고 있는 기존의 문화적 질서와 외재적 규범들은 무의미했다. 이것은 인륜 세계를 선험적 원리[理]에 의해 질서 지우는 주자학적 체계에 대한 근본적인 회의와 반성을 가지고 왔다. 양명은 용장에서의 생활을 통해 사사물물(事事物物)에 리가 있다는 선험적 전제하에 사물에서 리를 찾는 주자의 격물법의 한계를 체험적으로 자각한 것이다. 주자의 가르침은 더 이상 새롭게 변화된 환경에 대응할 수 있는 방법일 수 없었다. 문화적인 전통을 달리하는 삶의 환경에서도 변치 않고 살아남을 수 있는 성인의 가르침은 무엇인가? '성인이 이러한 상황에 처한다면 다시 무슨 방법이 있을까?' 성인의 가르침의 보편성은 어디에 있는가? 이것이 바로 양명이 용장에서 부딪힌 절실한 문제였다. 이 문제에 대한 해법은 깨달음의 형태로 주어진다.

용장에서의 양명의 깨달음은 "홀연히 한밤중에 격물치지의 취지를 크게 깨달았다. … 비로소 성인의 도는 내 본성으로 충분하며, 예전에 사물에서 이치를 구했던 것이 잘못되었음을 알게 되었다"[36]는 말로 표현된다. 이 말은 '돈오'의 형태를 띠고 있다. 그러나 우리는 이 깨달음을 성인이 되는 방법에 대한 양명의 오랜 탐색의 결과라는 맥락에서 읽어낼 필요가 있다. 어떤 깨달음이건 거기에는 깨치고자 하는 수행자의 의지와 노력이 밑거름이 되고 있기 때문이다. 양명의 깨달음도 성인이 되고자하는 열망과 그 방법에 대한 일련의 탐색 과정에서 이루어진 것이다.

성인이 되는 방법에 대한 양명의 탐구는 크게 두 가지 과정을 거친다. 하나는 주자의 격물법에 대한 학습과 좌절이다. 양명은 일찍이 주자의 격물법을 성인이 되는 방법으로 받아들이고 직접 실습까지 하였지만 좌절을 겪은 바 있다. 이것은 잘 알려져 있는 사실이기에 더 말할 필요가 없을 듯하다. 여기에서 주목하고자 하는 것은 두 번째 과정이다. 양명은 격물법에 대한 탐구가 실패로 끝난 뒤에 도교와 불교에 빠졌다가 다시 성인의 학문으로 돌아오는 변천 과정을 거친다. 그런데 이러한 전환에는 천지만물을 일체로 여기는 정호(程顥)의 '식인(識仁)'의 가르침이 성학(聖學)에 유의미하다는 나름대로의 자각이 있었다.[37] 양명은 정호의 '식인'의 가르침에 따라 성인지학을 구하고자 했던 것이다.[38]

양명은 위성(爲聖)의 방법으로 주자와 정호라는 두 현인이 제시한 상이한 가르침, 즉 향외적인 격물법(格物法)과 향내적인 식인법(識仁法) 사이에서 갈등을 겪었다.[39] 양명은 비록 주자의 격물법에 대한 탐구가 실패로 끝나고 정호의 가르침을 따라 성인이 되는 길을 구하면서도 주자의 격물법을 극복할 수 있는 방안을 찾고자 했다. 어떻게 하면 정호의 식인의 가르침을 토대로 격물치지를 새롭게 해석함으로써 주자의 격물법을 극복할 수 있을까? 용장오도는 바로 이 문제를 해결할 수 있는 방법의 발견이었다.

용장오도의 핵심은 '오성자족(吾性自足)'이다. 성인의 도는 내 본성으로 충족하기에 외부 사물에 나아가 그 이치를 궁구할 필요가 없다는 것이다. 그럼 내 본성이 무엇이기에 그 자체로 충족하다는 것인가? 양명이 용장에서 실제로 체인해 낸 그 본성은 무엇인가? 양명이 용장에서 체인해 낸 것은 '타인과 나, 나와 물(物)의 한계를 철저하게 관통하여 인생과 우주의 대본(大本)이 되는' 인심(仁心)이 마음의 참모습이라는 것이다. 인심은 사람이 태어나면서부터 부여받은 본성이다. 그것은 타인이나 타 존재물이 죽어가는 것을 보고 그것을 살려내고자 하는 도덕적 자각심으로 타자에 감통하여 그와 하나가 되는 감통성을 지닌다. 그런데 도덕적 자각이나 감통도 일종의 지각 기능이다. 양명은 인심이 본래 지니고 있는 이러한 밝은 지각[명각] 능력을 양지로 파악한다.[40] 이것이 바로 정호의 식인의 가르침의 토대 위에서 '격물치지'를 새롭게 해석할 수 있는 단초다. 즉 '치지(致知)'의 '지(知)'가 주자학에서와 같은 대상에 대한 앎[知識]이 아니라, 인심의 지각 능력인 양지(良知)라고 본 것이다.[41] 이 양지는 인간이 태어나면서부터 지니는 밝은 덕성[明德]으로 마음의 본체다. 이렇게 해서 성인에 이르는 길은 더 이상 외부 사물에 나가 그 이치를 궁구할 필요가 없이 자신의 본성[心之本體·仁心眞體·良知·明德]을 밝히는 것만으로 충분하게 되었다. 용장오도를 통하여 양명은 성인이 될 수 있는 내적 근거[본체]와 그 방법[공부]을 발견함으로써 새로운 마음의 철학을 제출할 수 있게 된 것이다.

武宗이 卽位하면서부터 內臣 劉瑾이 國柄을 專擅하야 威勢 불붙듯 하는데 南京給事中 戴銑, 薄彦徽等의 直諫함을 밉게 여기어 잡어 獄에 나리니 陽明이 이를 疏救하얏다. 瑾이 勅旨를 意造하야 陽明을 廷杖하야 질라엿다가 이나매 다시 貴州 龍場驛驛丞으로 謫降하얏다.

謫行을 떠나 錢塘까지 이르럿는데 瑾이 제 사람으로 하야금 뒤를 밟게 하니 陽明이 마침내 奇禍를 당할 줄 알고 衣履와 筆跡을 江岸에 놓아 스사로 물에 빠진 듯시 보이고 몰래 商船에 부치어 舟山에까지 갓드니 颶風을 만나 一日一夜에 福建에 到達한지라. 뭍헤 닷자 곧 山속으로 들어 밤에 절을 찾저 자고 가랴 하나 들이지 아니하므로 할 수 없어 彷徨하다가 古廟로 들어가 香案에 의지하야 자니 이는 곳 범의 집이라 밤 깊은 뒤 범이 도라다니며 크게 어흥거리엇다. 샐 녁에 절중들이 서로 이르되 "어젯 손은 古廟에서 잣을 것이오, 잣으면 범에게 죽엇을 것이라" 하야 行裝을 뒤저 가러 왓다가 陽明이 바야흐로 잠이 깊어 불러서 깨임을 보고 놀래 가로되 "당신은 예사 사람이 아니구려. 그러치 아니하고야 탈 없이 잇슬 수가 잇소." 請邀하야 절에 이르니 뜻밖에 鐵柱宮 道士가 그 절에 잇다. 陽明이 그로 더부러 行止를 商量할새 陽明이 머리 隱遯할 뜻을 말하니 道士ㅣ 갈오되

"可치 아니하다. 그대 이로조차 자최를 숨길진대 瑾히 怒하야 그대 아버니를 잡아다 놓고 그대 南北異域으로 潛逃하엿다 誣陷하면 어찌하려뇨."

陽明이 그 말을 옳이 여겨 드디어 武夷山으로 들어 廣信으로 彭蠡湖를 저어 올라 沅湘을 지나 龍場에 이르니

"險夷原不滯胸中, 何異浮雲過太空, 夜靜海濤三萬里, 月明飛錫下天風"

의 詩 武夷山으로 떠날 때 절 壁 우에 쓴 것이다.

처음 龍場에 이르매 사처할 곳이 없어 덤불 속에다 초막을 만들고 잇다가 다시 巖竇로 들어가 居處하얏다. 그때 龍場 民戶는 거의 다 蠻族이라 漢人이 오면 반드시 여러 가지 방법으로 蠱害를 더하야 죽이드니 陽明을 보고 또 害치랴고 蠱神에게 가 공수를 나려보고 害침이 저의에게 不吉타 하야 차차 陽明에게 붓좇게 되고 또 陽明의 忠信仁愛함에 感動하야 陽明의 指敎이면 참아 어기지 못하얏다. 이때 陽明의 春秋ㅣ 三十七이라. 絶域 險地에 잇서 家鄕이 이미 아득한 데다가 瑾의 挾憾함이 갈수록 심한즉 朝夕을 自保치 못할지라. 스사로 헤오매 得失과 榮辱 같은 것은 다 超脫하얏 지 오래엇만 오즉 生死에 關한 一念이 종시 가시지 못하는지라. 이에 돌棺을 만들어 방

처럼 안고 누으며 自誓하야 갈오되 내 이제 주검을 기다릴 뿐이 아니냐. 낮이나 밤이나 잠잠이 앉어 마음을 맑히고 생각을 정이하야 고요하고 專一한 가운데에서 端緖를 찾어보랴 하드니 하로 밤중에 忽然히 "格物致知"의 번뜻을 크게 깨달아 어찌 愉快하든지 소리치고 펄펄 뛰여 자든 사람이 모도 놀랏다. 비로소 알앗다. 聖人의 道는 내 속에서 自足한 것이니 저즘 事物에 가서 理를 찾음이 그릇된 것임을. 이에 다시 默記하는 五經의 言意로써 對證하야 보매 드러맞지 아니하는 것이 없엇다.

陽明의 當日愉快 곳 그의 生平 繼續되는 愉快엿을 것이니 陽明의 말한바

"仙家ㅣ "虛"를 말하엿다. 聖人이 어찌 "虛" 우에 一毫의 "實"을 얹을 수 잇으며, 佛氏 "無"를 말하얏다. 聖人이 어찌 "無" 우에 一毫의 "有"를 얹을 수 잇으랴마는 仙家의 "虛"를 말함은 "養生"으로부터 나옴이오, 佛氏의 "無"를 말함은 "生死苦"를 떠나랴 함으로부터 나옴이니 도리어 本體 우에다가 저 若干의 意思를 얹어놓앗으매 문득 "虛"와 "無"의 本色이 아니라 本體에 잇어 障礙가 되나, 聖人은 오즉 良知의 本色에로 돌려보낼 뿐이오 一點의 意思를 붙여두지 아니하얏다. 良知의 "虛"는 곳 하눌의 "太虛"요, 良知의 "無"는 곳 太虛의 無形이다. 日月과 風雷와 山川과 民物 무릇 貌象과 形色이 잇는 것은 모두 太虛 無形 속에 잇어 發用하며 流行하되 일즉이 "하눌의 障礙"되지 못하는 것같이 聖人이 오즉 그 良知의 發用대로로 順하매 天地萬物이 함께 내 良知의 發用 流行하는 속에 잇나니 어느 무엇이 잇어 良知 밖에 벗어저 良知의 障礙될 수 잇으랴"(傳習錄)

한 것을 보면 陽明의 龍場 一夜에 悟得한 境界를 想像함 즉하다. 龍場土人의 歸依함이 점점 더 정성스러워 가며 陽明의 敎導ㅣ 또한 곳 그들의 本心을

喚回하매 土人이 陽明을 師父로 알고 陽明은 土人을 眷屬으로 여겨 나종은
土人들이 위하야 書院을 만들어드리고 大府差人 龍場에 왓다가 陽明을 하
대함을 忿慨하야 그 差人을 毆辱하야 보낸 적도 잇엇다.

12

산중의 도적을 깨뜨림

　유근이 죄를 지어 죽은 뒤에 여릉(廬陵)의 지현(知縣)으로 옮겼다가[42] 남경의 형부주사로 옮기고,[43] 다시 이부험봉청리사주사(吏部驗封淸吏司主事)로 고쳤다가[44] 승진하여 문선원외랑(文選員外郞),[45] 고공사랑중(考功司郞中)을 역임하고[46] 남경태복시소경(南京太僕寺[47]少卿)에 올라[48] 남경홍려시경(南京鴻臚寺卿)에 이르렀다.[49] 병부상서 왕경(王瓊)이 양명의 탁월한 재능을 아는지라 드디어 좌첨도어사(左[50]僉都御史)로써 남감(南贛)을 순무하게 하였다.[51] 남감순무는 제대로 된 사람을 얻지 못한 지 오래되었기 때문에 남중(南中)의 도적(盜賊)이 여기저기서 일어나 사지산(謝志山)은 횡수(橫水)와 좌계(左溪)와 통강(桶岡)을, 지중용(池仲容)은 이두(浰頭)를 각각 점거하여 다 왕이라 일컫고, 대유(大庾)의 진왈능(陳日能), 낙창(樂昌)의 고쾌마(高快馬), 유주(柳州)의 습복전(襲福全) 등과 연결하여 부현(府縣)을 들이치는데 복건(福建)의 대모산적(大帽山賊) 첨사부(詹師富)의 무리가 또 일어나니, 예전의 순무(巡撫)였던 문삼(文森)이 병을 핑계로 피해 갔다. 사지산(謝志山)이 낙창의 도적들과 합하여 대유(大庾)를 털고 남강(南康)과 감주(贛州)를 치니 감현(贛縣) 주부(主簿) 오빈(吳玭)은 전사하였다. 양명이 남감(南贛)에 이르러 보니 전후좌우가 모두 적의 염탐꾼이었다. 그래서 스스로 일체를 헤아리지 못하게 하여 뜻이 저기에 있으면 여기를 보이고, 이렇게 하려면 저렇게 보여서 저 염탐꾼의 보고가 모두 거짓으로 전해지게 하였다. 한편으로는 군문(軍門)의 나이 든 노예 한 사람을 조용히 침실로 불러 문초하였는데, 이 사람이 실로 적의 염탐꾼 가운데 거두였다고 실토하자, 그 죄를 사하고 적의 실정을 살펴서 알아내게 하였다.[52]

복건(福建)과 광동(廣東)에 공문을 보내 군사를 모으고 먼저 대모적(大帽賊)을 토벌하기로 하고 이듬해 정월에 부사(副使) 양장(楊璋) 등에게 명하여 적을 장부촌(長富村)에서 깨뜨리고 상호(象湖)로 들이몰았다가 지위관 담환(覃桓)과 현승(縣丞) 기용(紀鏞)이 전사하자 양명이 친히 정예군을 거느리고 상항(上杭)에 진을 쳤다가 거짓으로 물러나 적이 생각하지도 못할 때 공격하여 성채 40여 개를 깨뜨렸다. 사로잡아 베어 죽인 사람이 칠천을 넘었으며 사부(師富)도 이 싸움에서 잡혔다. 그리고는 상소문을 올려서 말했다.

"권력을 행사할 수 있는 힘이 무겁지 않아서 장수와 병사들에게 군령이 서지 않으니 군령을 행사할 수 있는 징표인 깃발과 패를 주어서 군무를 지휘 감독하게 하고 편의대로 처분하게 하소서."[53]

상서(尚書) 왕경(王瓊)이 임금에게 아뢰어 양명이 청한 대로 이루어지게 하였다. 이렇게 해서 군사제도를 고쳤다. 25인이 오(伍)이니 오에는 소갑(小甲)을 두었다. 두 개의 오가 대(隊)이니 대에는 총갑(總甲)을 두었다. 네 개의 대가 초(哨)이니 초에는 장(長)을 두었는데 협초(協哨) 둘이 좌(佐)가 되었다. 두 개의 초가 영(營)이니 영에는 관(官)을 두었는데 참모 둘이 좌(佐)가 되었다. 세 개의 영이 진(陣)이니 진에는 편장(偏將)을 두었다. 두 개의 진이 군(軍)이니 군에는 부장(副將)을 두었다. 그리고 모두 다 편의대로 선임하고 조정의 명령으로 선임하지 않으며, 부장 이하는 차례대로 그 부하를 벌로 다스릴 수 있게 했다.[54]

9월에 대유(大庾)로 진군하자 사지산(謝志山)이 틈을 탈 만한 것으로 알고 급하게 남안(南安)을 치다가 지부(知府) 계효(季斅)에게 패했고, 부사(副使) 장(璋) 등이 또한 왈능(曰能)을 사로잡아 왔다.

계속하여 횡수(橫水)와 좌계(左溪)를 토벌하기로 하였는데 도지휘(都指揮) 허청(許淸)과 감주지부(贛州知府) 형순(邢珣)과 영도지현(寧都知縣) 왕천여(王天與)가 각각 일군을 거느리고 횡수(橫水)에, 계효(季斅)와 수비(守備) 겹문(郟文)과 지부(知府) 당순(唐淳)과 현승(縣丞) 서부(舒富)가 각각 일군을 거느려 좌계(左溪)에 각기 모이게 하고, 길안지부(吉安知府) 오문정(伍文定)은 적도들이 달아나는 것을 막기로 했다.[55] 양명은 남강(南康)에 주둔하고 있었는데 횡수까지 30리였다. 그래서 먼저 400명을 보내 적의 소굴 왼쪽과 오른쪽에 매복하게 하고 군사를 몰아 쳐들어갔다. 적이 이제 막 맞아 싸우려고 하는데 양쪽 산 위에서 깃발을 드니, 적이 뜻밖에 이것을 보고 여러 소굴이 다 관군에게 망한 줄로 알아서 드디어 무너지기 시작했다. 승리의 기세를 타고 마구 쳐나가자 횡수가 마침내 함락되고 사지산(謝志山)과 그 도당인 소귀모(蕭貴模) 등이 모두 통강(桶岡)으로 도망가고 좌계 또한 함락되었다. 양명은 "통강은 땅의 형세가 험하고 수비가 견고하여 들이칠 것 같으면 피차 모두 사상자가 많을 것이다"라고 생각하여 진영을 그 근처로 옮기고 협박과 회유로 타일렀다. 마침 적의 괴두인 남정봉(藍廷鳳)이 관군이 용맹스럽게 나아가는 것을 두려워하여 어쩔 줄 모르던 때라, 양명의 사자가 오는 것을 보고 반겨서 동짓달 초하루에 항복하기로 약속했다. 그런데 형순(邢珣)과 문정(文定)이 벌써 폭우를 무릅쓰고 천연적으로 험난한 지역을 앞서서 들어오니 적이 물을 앞에 두고 진을 쳐서 구차하게 보존하고자 했지만, 형순이 곧장 앞으로 나아가 육박하고 문정이 지현(知縣) 장집(張戢)과 함께 오른쪽으로부터 치니, 적이 황급히 달아나다가 당순(唐淳)의 군대를 만나 또 패하니 통강이 드디어 함락되고, 사지산(謝志山)과 소귀모(蕭貴模)와 남정봉(藍廷鳳)이 모두 항복했다. 이때 호광순무(湖廣巡撫) 진금(秦金)이 복전(福全)을 쳐부수자 그 도당 천여 명이 통강으로 덤비는 것을 여러 장수가 맞이하여 사로잡아 죽였다. 그리고는 횡수에 숭의현(崇義縣)을 만들어 여러 요족(猺族)을 통제하게 하고, 회군하여 감주(贛州)에 와서 다시 이두(浰頭)의 도적을 토벌할 일을 의논했다.

처음 양명이 사부(師富)를 토벌하여 평정할 때 용천(龍川)의 도적인 노가(盧珂)와 정지고(鄭志高)와 진영(陳英)이 모두 항복하기를 청했고, 횡수를 칠 때에 이르러 이두(泇頭)의 적장 황금소(黃金巢) 역시 부하 500명을 데리고 항복했으나 오직 지중용(池仲容)만이 항복하지 않았다. 횡수가 함락되자 지중용이 그제야 자기 아우 지중안(池仲安)을 보내어 귀화하게 하고 공격과 방어에 관한 준비를 부득부득 조르게 하니 양명이 쇠고기와 술을 보내 중용의 노고를 위문했다. 그러고는 "이미 투항하려고 하면서 전쟁 준비는 무엇 때문에 하는가?"고 물으니 중용이 "노가(盧珂)와 정지고(鄭志高)는 나의 원수다. 장자 나를 습격하려 하므로 이것을 방비하고자 한 것이다"라고 대답했다. 양명이 짐짓 노가 등을 때려서 가두고 속으로 노가의 아우로 하여금 군대를 모아 처분을 기다리게 하고 명령을 내려 토벌군을 해산시켰으며, 마침 새해 초인지라 등불과 풍악을 성대하게 마련하니 중용이 한편으로는 마음이 놓이기도 하고 한편으로는 또 의심도 없지 않았다. 양명이 새해 책력을 중용에게 주고 여러 가지로 달래어 성에 들어와 사례하도록 하니, 중용이 처음엔 의심하지 않다가 다시 돌이켜 생각하여 말하기를 "펴고자 하면 굽혀야 하니 왕양명이 특별한 수단이 많다고 할지라도 친히 가보아야 할 것이다"라고 하고, 부하 93명을 데리고 떠나니 이들은 모두 성질이 흉악하고 사나운 도적 두목들이었다. 와서는 교외의 교장(敎場)에 진영을 만들고 스스로 몇 사람을 데리고 알현하니 양명이 꾸짖어 말했다. "너희들 모두 우리의 새 백성이거늘 들어와 보지들 않고 교장에 머무는 것은 무슨 일인가? 나를 의심하는 것인가?" 중용이 황공해하면서 대답했다. "처분대로 하겠습니다." 그래서 모두 상부궁(祥符宮)이라는 곳으로 인도하여 보내니 이곳은 미리 정해둔 곳이었다. 거처와 음식이 어찌나 화려하던지 중용 이하 모든 사람이 도리어 자신들의 기대를 넘어서자 다시는 의심하지 않고 안심하였다. 흉악하고 사나운 도적의 두목들이 이미 모였으므로 이들을 한꺼번에 섬멸하면 이두(浰頭)의 난이 안정될 것이다. 그러나 양명은 이들을 교화할 수 없을까 고심하여 처음에 심복을 보내어 접대하게 하고 또 푸른 옷과 기름칠한 구두를 주고 예절을 익히게 하여 그들의 뜻을 살펴보았으나, 아무리 해도 탐욕스럽고 잔인한 버릇을 고치지 못했다. 그래서 백성들이 모두 길에서 "도적을 길러 해를 끼친다"고 떠들어댔다. 양명이 이에 뜻을 정하고 큰 잔치를 베풀고, 갑옷을 입은 병사를 문 옆에 숨게 하고는 도적의 두목들이 들어오는 대로 모두 잡아 죽이고 친히 군사를 데리고 적의 소굴에 들이닥쳐 상리(上浰)·중리(中浰)·하리(下浰)를 잇달아 쳐부수니 베어 죽인 사람이 이천이 넘었다.

남은 도적 떼가 구련산(九連山)으로 달아나니, 이 산은 수백 리를 뻗어 있는데 매우 험난하여 공격해 올라가기가 어려웠다. 그래서 힘센 병사 700명을 뽑아 적의 의복으로 가장하고 산 아래로 달아나니, 산 위의 도적이 이들을 보고 자기들의 무리로 여겨서 어떻게 해서든지 불러 올리려고 따라 내려왔다. 가장한 병사들은 적이 높은 지역을 떠난 것을 보고 곧바로 산 위로 치달아 그곳을 점령하고, 대군은 앞으로 진격해 들어가 안팎으로 합하여 쳐서 잔적을 소탕해 버리고 하리(下浰)에다 화평현(和平縣)을 만들고 수비병을 두고 돌아오니 남감(南贛)이 이에 크게 안정되었다. 처음 조정에서는 적이 너무 강하다고 생각하여 광동(廣東)과 호광(湖廣)의 군병을 일으켜 함께 토벌하게 하자 양명이 그렇게 하지 말라고 상소하였으나 이미 그렇게 하기로 결정되어 있었다. 통강(桶岡)이 멸한 뒤에야 호광의 병사들이 비로소 왔고, 이두(浰頭)를 평정하였을 때 광동에서는 미처 군사를 일으키라는 지휘조차 받지 못한 상태였다. 양명이 거느린 사람들이 서생이 아니면 부장급의 하급 무관인데도 수십 년이나 된 큰 도적을 평정하되 마치 마른 나뭇가지를 꺾듯이 하자 원근의 사람들이 모두 놀라 신(神)이라고 하였다.

✺

왕양명의 한평생을 평가할 때 '삼불후(三不朽)'를 이룬 것으로 언급한다. '삼불후'란 세 가지 썩지 않는 것으로서, 입덕(立德)·입언(立言)·입공(立功)이다. 입덕이란 덕행을 펼친 것이요, 입언이란 새로운 학설을 세운 것이요, 입공이란 사공의 업적을 거둔 것을 가리킨다. 양명은 자기 내면에서 양지라는 밝은 덕을 발견하였고, 평생토록 이 덕을 실천하며 산 사람이다. 그의 교육활동과 정치활동이 모두 이 덕을 밝히는 실천 과정이었다고 할 수 있다. 양명은 또 양명학이라는 자신의 독자적인 학문을 수립하였다. 그런데 양명의 남다른 면모는 사공 방면에서 거둔 빛나는 업적이다. 양명이 거둔 사공의 업적으로 대표적인 것이 산중의 도적을 소탕한 것과 신호의 반란을 진압한 것이다. 여기에서는 양명이 45~47세까지 도찰원좌첨도어사(都察院左僉都御史)로 남감(南贛)을 순무하면서 거둔 업적을 상세히 소개하고 있다.

당시 남중(南中)에는 도적들이 여기저기에서 일어났다. 사지산이 횡수와 통강을, 지중용이 이두를, 대모산적 첨사부가 복건 지역을 점거하고 있었다. 양명이 남감에 이르러 살펴보니 염탐꾼이 많고, 도적과 양민을 구별하기 어려웠다. 그래서 양명은 먼저 십가패법(十家牌法)을 시행하였다. 십가패법은 10가를 하나의 패로 묶고, 매일 한 집씩 돌아가며 각 호의 본적, 성명, 연령, 용모, 직업을 적은 패[명찰]를 지참하여 순찰을 돌고, 수상한 사람이 있으면 바로 관청에 알리게 하고, 수상한 사람이 있는데도 그를 숨겨주면 열 집이 함께 문책을 받게 한 것이다. 이것은 구성원이 서로를 감시한다는 문제점이 있다. 양명은 이 부정적인 문제점을 없애기 위해 연대의식을 기르기 위한 교육을 함께 시행하였다.

양명은 대모산적을 먼저 토벌하고 나서 군사제도를 새롭게 개편하였다. 흔히 양명학의 문제점을 말하는 이들은 양명학이 일체의 판단 준거를 마음에 두고 있기 때문에 그에 입각해서는 제도를 만들기 어렵다고 지적한다. 그러나 양명 심학은 직면한 구체적인 현실 상황을 고려하여 그에 적합한 제도를 마련할 수 있다. 양명이 남감순무로 재직하면서 만든 십가패법과 군사제도를 그 대표적인 사례로 들 수 있다. 구체적인 상황의 특수한 내용을 고려하여 그에 알맞은 제도를 만들 수 있는 것이다.

대모산적을 토벌한 뒤에 양명은 다시 횡수와 통강 지역의 도적을 토벌하고, 이어서 이두(浰頭) 지역의 도적 토벌에 나선다. 그런데 양명은 이두 지역의 도적을 토벌하기에 앞서서 그 도적의 우두머리에게 편지를 보낸다. 다음은 양명이 보낸 편지 내용 가운데 한 대목이다. "백성은 나의 동포다. 자네들은 나의 갓난아이인데, 나는 너희들을 구하지 못하고 죽이게 될 것인가? 슬프다. 이렇게까지 말을 하고 나니 저절로 눈물이 흐른다." 양명은 천지만물을 한 몸으로 여기는 사람이다. "백성은 나의 동포다"는 말은 장재가 일찍이 '서명'에서 한 말이다. 이것은 나와 백성이 핏줄로 얽힌 하나의 몸임을 말한 것이다. 양명은 백성, 나아가서는 천지만물을 한 몸으로 여기는 사람이다. 더욱이 백성의 삶을 살피는 관료로 재직하고 있는 양명으로서는 산속에 있는 도적들도 양육하고 구제해야 할 어린아이에 속한다. 그럼에도 그들이 무고한 백성들을 해치기에 죽이지 않을 수 없다. 천지만물을 일체로 여기면서도 도적을 죽여야 하는 상황에 놓인 양명은 눈물을 흘리면서 도적에게 간곡하게 항복을 권유하고 있다.

이두 지역의 도적을 토벌한 뒤에 양명은 삼리(三浰)의 도적들까지 완전히 소탕하고 남감 지역을 안정시킨다. 그리고 백성들을 교화시키기 위하여 남감향약을 만든다. 양명은 남감향약을 만든 까닭을 다음과 같이 말한다. "이전에 신민은 그 종족을 버리고 그 향리를 등지고 사방으로 나가서 포악한 짓을 하였다. 그러나 그것은 그 본성이 다른 것이 아니며, 그 사람의 죄가 아니다. 역시 우리들 관리의 정치에 도가 없었던 것, 교육에 방침이 없었기 때문이다." 농민들이 도적이 된 것은 정치와 교육에 문제가 있었기 때문이라고 진단하고 있는 것이다.

남감 지역의 도적을 토벌하고 나서 양명은 "산중의 적을 깨뜨리는 것은 쉽고, 마음속의 적을 깨뜨리는 것은 어렵다(破山中賊易, 破心中賊難)"[56]는 말을 한다. 마음속의 적은 사욕이다. 이것을 깨끗하게 씻어내어 마음이 순수한 천리가 되게 하는 것이 세상에 더할 나위 없는 대장부의 위업이라고 본 것이다.

瑾이 罪死한 뒤 廬陵知縣으로 量移되엇다가 南京刑部主事로 옮기고 다시 吏部驗封淸吏司主事로 고첫다가 陞差하야 文選員外郎, 考功司郎中을 歷任하고 南京太僕寺少卿을 擢授하야 南京鴻臚寺卿에 이르럿드니 兵部尙書 王瓊이 陽明의 偉才 잇음을 아는지라 드디어 左僉都御史로써 南贛을 巡撫케 하니 南贛巡撫ㅣ 그 감다운 사람을 얻지 못한 지 오래라 南中盜賊이 여기저기서 일어나 謝志山은 橫水와 左溪와 桶岡을 池仲容은 浰頭를 各各 占據하야 다 王이라 일컫고 大庾의 陳曰能 樂昌의 高快馬 柳州의 龔福全等과 聯結하야 府縣을 들이치는데 福建 大帽山賊 詹師富의 무리 또 일어나니 前巡撫 文森이 병을 핑게하고 避하야 갓다. 志山이 樂昌賊徒와 合하야 大庾를 떨(掠)고 南康, 贛州를 치니 贛縣主簿 吳玭 戰死하얏다. 陽明이 南贛에 이르러 보니 前後左右ㅣ 다 賊探이라. 이에 스사로 一切를 測量치 못하게 하야 뜻이 저기 잇으면 여기로써 보이고 이러케 하려면 저러케 보여 저 探報ㅣ 모두 虛傳되게 하며 한편으로 軍門 老隸 한 사람을 조용히 寢室로 불러 문초하니 이 실로 賊探의 巨頭라 吐實함을 받고는 그 罪를 赦하고 賊情을 偵察케 하엿다.

福建, 廣東에 移關하야 군사를 모아 먼저 大帽賊을 討伐하기로 하고 이듬해 正月에 副使 楊璋等을 命하야 賊을 長富村에서 깨트려 象湖로 들이몰앗다가 指覃揮桓과 縣丞紀鏞이 戰死하니 陽明이 親히 精卒을 거느리고 上杭에 陣 첫다가 거짓 물러 나가지고 뜻 아니할 때 뚜드려 四十餘寨을 깨트리고 俘斬이 七千이 남어 師富ㅣ 이 쌈에 잡히엇다. 上疏하야 말하되

"權柄이 무겁지 아니하매 將士에게 令이 서지 아니하니 旗牌를 주어 軍務를 提督케 하고 便宜로 處分하게 하소서."

尚書 瓊이 알외여 그 請대로 하얏다. 이에 兵制를 고치되 二十五人이 伍이니 伍에는 小甲이 잇고 二伍가 隊이니 隊에는 總甲이 잇고 四隊가 哨이니 哨에는 長이 잇는데 協哨 둘이 佐가 되고 二哨가 營이니 營에는 官이 잇는데 參謀 둘이 佐가 되고 三營이 陣이니 陣에는 偏將이 잇고 二陣이 軍이니 軍에는 副將이 잇으니 다 便宜로 選任하고 朝廷命勅으로 하지 아니하며 副將以下ㅣ 次例로 그 部下를 罰治하게 하얏다.

九月에 大庾로 進軍하니 志山이 틈을 탐 즉게 알고 急히 南安을 치다가 知府 季斅에게 敗하고 副使 璋等이 또한 日能을 사로잡아 왓다.

繼續하야 橫水와 左溪를 討伐하기로 할새 都指揮 許淸과 贛州知府 邢珣과 寧都知縣 王天與ㅣ 각각 一軍을 거느려 橫水에 季斅와 守備 郟文과 知府 唐淳과 縣丞 舒富ㅣ 각각 一軍을 거느려 左溪에 각기 모이게 하고 吉安知府 伍文定은 賊徒의 다라나는 것을 막기로 하얏다. 陽明은 南康에 駐屯하고 잇으니 橫水 가기가 三十里라. 먼저 四百人을 보내어 賊巢 左편 右편에 매복하게 하고 군사를 몰아 막들어갓다. 賊이 방장 맞어 싸우랴는데 두편 山 우에서 旗를 드니 賊이 不意에 이것을 보고 여러 巢窟이 다 官軍에게 亡한 줄 알아 드디어 崩潰하니 勝勢를 타가지고 짓쳐나가 橫水 마침내 陷落되고 志山과 그 徒黨 蕭貴模等이 다 桶岡으로 도망하고 左溪 또한 깨어지엇다. 陽明이 헤오되 "桶岡은 險固하니 드리칠 것 같으면 彼此死傷이 많으리라" 하야 營屯을 그 近處로 옮기고 禍福으로써 타이르니 賊魁 藍廷鳳이 官軍의 銳進함을 두려워하야 어찌할 줄 모르는 때이라 陽明의 使者 옴을 보고 반기어 동짓달 초생을 기약하야 항복하기로 하는대 邢珣과 文定이 벌서 大雨를 무릅쓰고 天險을 앗어 들어오니 賊이 물을 앞두고 陣 처 苟且히 依保코저 하거늘 珣이 곳 앞으로 나가 肉迫하고 文定이 知縣 張戬으로 더부러 右편으로부터 치니 賊이 慌急하야 다라나다가 淳의 軍隊를 만나 또 敗하니 桶岡이 드디어 陷落되매 志山과 貴模와 廷鳳이 다 항복하고 이때 湖廣巡撫 秦金이 福全을 처 깨트리어 그 徒黨千人이 이리로 덤비는 것을 諸將이 맞어 擒殺하니 이에 橫水에다가 崇義縣을 만들어 여러 猺族을 統制케 하고 回軍하야 贛州에 와서 다시 浰頭賊 討伐할 일을 의논하엿다.

처음 陽明이 師富를 討平할 때 龍川賊 盧珂와 鄭志高와 陳英이 모두 항복하기를 청하고 橫水를 칠 때 미처 浰頭賊將 黃金巢 또한 部下五百名을 더리고 항복하되 홀로 仲容이만이 항복하지 아니하드니 橫水가 陷落되매 仲容이 그제는 제 아오 仲安이를 보내어 歸化케 하고 戰守에 關한 準備를 물이 못나게 하니 陽明이 牛酒를 보내어 仲容을 勞問하고 "이미 向附하랴 할진대 戰備는 무엇 하러 하느냐" 물으니 仲容이 대답하되 "盧珂와 鄭志高는 나의 원수라. 장차 나를 襲擊하려 하므로 이를 防備함이라" 하니 陽明이 짐즛 珂 等을 때려(杖) 가두고 속으로 珂의 아우로 하야금 軍隊를 모아 處分을 기다리게 하고 令을 나리어 討伐兵을 解散하는 一面 마침 歲初라 燈火와 風樂을 盛大히 開設하니 仲容이 한편으로는 마음이 노이기도 하고 한편으로는 또 의심도 없지 아니하엿다. 陽明이 새해 책력으로써 仲容에게 주고 여러 가지로 달래어 省城에 들어와 사례하도록 하니 仲容이 처음은 의심치 아니하다가 다시 돌려 생각하야 가로되 "펴려면 굽혀야 하나니 王贛州 별 手段이 많다 할지라도 친히 가보아야 알 것이다" 하고 部下 九十三人을 데리고 떠나니 이 모두 凶悍한 賊酋라. 와서는 郊外敎場에 營處를 만들고 스사로 數人을 데리고 謁見하니 陽明이 꾸짖어 가로되 "너의 다 우리 새 백성이거늘 들어와 보지들 아니하고 敎場에 멈을믄 무슨 일인고. 나를 의심하는가." 仲容이 惶恐하야 가로되 "處分대로 하오리다." 이에 모다 祥符宮이라는 곳으로 引導하야 보내니 이곳 미리 定한 사처다. 居處와 飮食이 어찌 華麗하든지 仲容以下ㅣ 도리어 바람에 지나 다시는 의심하지 아니하고 안심하엿다. 凶悍한 賊酋ㅣ 이미 모엿으매 이를 一殲하면 浰頭의 亂이 安定될 것이다. 그러나 陽明은 이를 化導할 수가 없을가 苦心하야 처음에 心腹을 보내어 舘伴케 하고 또 靑衣와 油靴를 주고 禮節을 익히게 하야 그 志向을 살펴보매 암만하야도 貪殘한 버릇을 고치지 못할지라. 百姓들이 모두 길에서 떠드러 말하되 盜賊을 길러 害를 끼친다 하거늘 陽明이 이에 뜻을 定하고 大享을 베풀고 甲士를 門 옆에 묻어 賊酋의 들어오는 대로 잡어 모두 죽이고 친히 군사를 더리고 賊巢에 다다러 上中下 三浰를 연거퍼 깨치니 斬殺이 二千이 남앗다.

남은 賊徒가 九連山으로 다라나니 이 山은 數百里를 뻗히엇는대 險絶하야 上攻하기 어려운지라. 壯士 七百人을 뽑아 賊의 衣服을 假裝하고 山下로 다라나니 山上賊이 이를 보고 徒黨만 여기어 어떠케든지 불러올리랴고 따라 나려왔다. 假裝한 壯士ㅣ 賊이 高處를 떠남을 보고 곳 山上으로 치달아 그곳을 占據하고 大軍은 앞으로 나아가 안팎으로 合하야 처서 殘賊을 掃蕩하야 버리고 下浰에다 和平縣을 만들고 守備兵을 두고 돌아오니 南贛이 이에 大定하엿다. 처음에 朝廷에서들 賊이 너무 强하다 하야 廣東과 湖廣의 軍兵을 發하야 合討케 하니 陽明이 上疏하야 맙시사 하얏으나 이미 決定

된지라. 桶岡이 滅한 뒤 湖廣兵이 비로소 오고 刜頭를 平定할 때 廣東서는 미처 發兵指揮까지도 받지 못하엿다. 陽明의 거느린 배 書生 아니면 偏裨한 小校인대 數十年 巨寇를 平定하되 삭쟁이 꺾듯 하니 遠近이 모두 놀래어 神이라 하엿다.

13

신호(宸濠)의 반란 진압

　남감(南贛)의 난을 평정한 뒤에 우부도어사(右副都御史)로 승진하고
세습금의위(世襲錦衣衛) 백호(百戶)를 주고 다시 부천호(副千戶)로 올렸
다.[57] 명나라 무종(武宗) 정덕 14년(1519) 6월에 복건의 반란군을 조사하
여 처리하라[58]는 명을 받고 길을 떠나 풍성(豊城)에 이르렀을 때 신호(宸
濠)가 반란을 일으켰다는 소식을 들었다.[59]

　신호는 명나라 태조의 열일곱 번째 아들인 영헌왕(寧獻王) 권(權)의
현손이다. 권(權)으로부터 강서(江西) 남창(南昌)에 왕으로 봉해졌는데
대대로 반란을 일으키려는 뜻이 있었다. 신호는 더욱 간악하였고, 또
무종의 문란함이 도가 지나침을 기회로 삼아 지방에 있으면서 모든 일
을 제멋대로 행하였고, 그것이 점점 오래되자 그의 눈과 귀의 역할을

하는 사람들이 대궐과 관청에 가득하고 결탁한 사람들이 사방에 흩어져 있었다. 이에 강서순무 손수(孫遂)를 죽이고 군사를 일으켰다. 이때 남감은 강서(江西)·복건(福建)·광동(廣東)·호광(湖廣)의 각 일부분씩을 지대(地帶)가 접근하기 편리한 대로 분할하여 경계를 만들었으므로, 강서의 경우에도 남창 등 여러 주는 따로 하나의 성(省)이 되어 순무가 있었는데, 풍성은 남창(南昌)에 속한 현이었다. 양명은 임시로 파견된 관리이고, 또 객지인 작은 현에서 계책을 세워 대응할 도리가 없었으므로 급히 물길을 따라 길안부(吉安府)로 돌아갔다. 길안으로 돌아가던 중에 신호가 보낸 병사들이 급히 쫓아오는 것을 알고 참모인 뇌제(雷濟)와 소우(蕭禹) 두 사람만 데리고 어선으로 바꾸어 타고 빠져나갔다. 그는 이렇게 생각했다.

"신호가 만일 남경을 곧장 습격하고 마침내 북경을 침범한다면 사태가 중대해질 것이니, 내가 꾀를 써서 신호로 하여금 한 열흘 동안만 머뭇거리게 해야겠다."

그러고는 배 안에서 양광(兩廣) 도어사(都御史)가 화급하게 보내는 전령인 화패(火牌)를 거짓으로 작성하되, 병부와 도찰원(都察院)의 지휘에 의거하여 대군을 동원해서 강서로 향한다는 사실을 말하고, 대군이 지나가는 지역에서 접대할 절차를 엄히 명령하여 은연중에 조정에서 강서의 반란을 미리 예측하고 벌써 병력을 은밀하게 보내어 신호를 습격하여 잡으려는 듯이 보이게 했다. 이 화패를 비밀스럽게 초성(肖城)으로 보내어 신호의 염탐꾼에게 발각되게 했다.

길안에 도착한 뒤에는 또 군병을 영접하라는 문서를 거짓으로 작성하되 도독(都督) 허태(許泰)와 극영(郤永)은 변병(邊兵)으로, 도독 유휘(劉暉)와 계용(桂勇)은 경병(京兵)으로 각 4만씩 거느리고 당장 수륙으로 병진하며, 남감(南贛)의 왕수인과 호광(湖廣)의 진금(秦金)과 양광(兩廣)의 양조(楊朝)는 각각 부병(部兵)을 거느리고 떠난 것이 모두 16만이며, 곧 남창을 두드릴 것이니 이르는 곳에서 물자 공급을 잘못하는 유사(有司)는 군법으로 처단한다고 하여 또한 신호의 손에 들어가게 했다. 처음에 화패를 가지고 장차 은밀하게 떠나려고 할 때 뇌제가 양명에게 물었다. "영왕이 이것을 보고 꼭 믿을까요?" "그러면 의심은 할까?" "의심만은 안 할 수 없을 듯합니다." 양명이 웃으며 말하였다. "이 한 번의 의심으로 영왕의 일은 끝장나고 만다." 다시 탄식하며 말했다.

"신호가 본래 무도하여 백성을 잔혹하게 해쳤으니 이제 비록 부화하는 자가 많지만 이것은 그의 본심이 아닐 것이오. 오직 겁에 질리고 이익에 꾀어 한때 구차하게 부합하는 것이다. 설령 자기 병력을 분발시켜 곧바로 진격한다고 할지라도 내가 죄를 문책하는 의로운 군사를 이끌고 서서히 그 뒤를 밟는다면 하늘을 따르는 것과 하늘을 거스르는 것이 이미 뚜렷하니 누가 이길지는 미리 알 수 있을 것이다. 그러나 적병이 한 지방을 일찍 넘어서게 되면 그 지방 백성들의 목숨은 그만 잔인하게 빼앗기게 될 것이니 지금으로서는 무엇보다도 신호를 지체하게 하는 것이 제일 중요하다. 이 하루를 머뭇거리게 만들면 천하가 이 하루의 복을 받을 것이다."

또 밀랍으로 봉인된 문서를 만들어 신호의 군사(軍師)인 이사실(李士實)과 유양정(劉養正)에게 보내게 하였는데, 그들의 조정에 대한 정성을 낱낱이 서술한 뒤에 다시 그들로 하여금 영왕에게 속히 남경으로 출발하도록 권하라고 비밀리에 부탁하는 말을 덧붙여서 은연중에 영왕이 나오기를 기다리는 것처럼 보이게 했다. 신호가 거짓으로 작성한 문서와 화패를 발견하여 점점 의심하는 마음이 없지 않은 데다가 또 봉인된 문서를 겸하여 얻게 되자, 시험 삼아 이사실과 유양정을 불러서 앞으로 취할 방책을 물어보니 모두 남경으로 바로 향하라고 권하는 것이었다. 신호가 이에 이르러서 한편으로는 관군이 과연 저렇게 철저히 준비하고 있구나 하는 생각과, 한편으로는 심복이 과연 이렇게 자기를 속이는구나 하는 생각이 들어서 북쪽으로 진격할 용기가 얼마간 감소하였다. 이러는 동안 양명은 길안에서 지부(知府) 오문정(伍文定)을 데리고 군량을 마련하고 병기와 배를 정비했다. 또 멀고 가까운 지역에 격서(檄書)를 전하여 근왕병(勤王兵)을 모집하자 읍의 수령과 작은 고을의 선비들이 속속 의거에 동참하였다. 10여 일이 지난 뒤에야 신호가 비로소 속았음을 알았다.

7월 3일에 신호가 그 지친(至親)인 의춘왕(宜春王) 공조(拱梢)를 머물러 남창을 지키게 하고 부하 육만을 데리고 떠나 구강(九江) 남강(南康)을 함락하고 대강(大江)으로 들어가 안경(安慶)에 당도했다. 양명이 남창에 남겨둔 병사가 적음을 알고 급히 오문정(伍文定)을 데리고 장수진(障樹鎭)으로 진군하니, 지부(知府)로는 임강(臨江)의 대덕유(戴德孺), 원주(袁州)의 서련(徐璉), 감주(贛州)의 형순(邢珣)과 도지휘(都指揮) 여은(余

恩)과, 통판(通判)으로는 서주(瑞州)의 호요원(胡堯元)·동기(童琦)와 무주(撫州)의 추호(鄒琥)와 길안(吉安)의 담저(談儲)와 추관(推官) 왕위(王暐)·서문영(徐文英)과 지현(知縣)으로는 신금(新淦)의 이미(李美)와 태화(泰和)의 이즙(李楫)과 만안(萬安)의 왕면(王冕)과 영도(寧都)의 왕천여(王天與) 등이 각각 부병(部兵)을 거느리고 와서 모였다. 어떤 사람이 안경을 구원하자고 하니 양명이 말했다.

"그렇지 않다. 이제 구강과 남강은 모두 적이 지키고 있는 지역이다. 우리가 남창을 건너 그리로 가서 서로 대치한다면 구강과 남강 두 군의 군사가 우리의 뒤를 끊을 것이다. 이것은 앞뒤에서 적을 맞는 것이니 남창을 치는 것만 못하다. 지금 도적의 정예부대는 모두 나갔으니 남창의 수비가 허술할 것이고, 우리의 군사는 새로 모여 반드시 기세가 날카로우니 공격하면 곧 함락시킬 수 있을 것이다. 남창은 적의 본거지이니 남창이 함락되었다는 소식을 들으면 반드시 안경을 포위하고 있던 군사들을 거두고 돌아와 본지의 탈환을 도모할 것이다. 그때 호중(湖中)에서 맞아 싸우면 반드시 모조리 섬멸해 버릴 수 있을 것이다."

사람들은 모두 이 말이 옳다고 여겼다. 여기에서의 호(湖)는 파양호(鄱陽湖)를 말하는 것으로 남창과 남강 사이에 있는 큰 호수다. 18일에 풍성에 도착하여 곧바로 남창성을 공격하였는데, 선봉은 오문정이었다. 19일 밤에 오문정이 광윤문(廣潤門)에 들이닥치니 문을 지키던 병사들이 놀라서 달아났으며, 20일 새벽에 여러 군사가 사다리나 동아줄로 성벽을 타고 올라가서 공조(拱橏) 등 적장을 포박하였다. 양명은 이에 명령을 내려 병사 가운데 노략질한 자는 죽이고 위협에 못 이겨 따른 자는 사면하고 백성들을 안심시키는 한편, 또 명령을 내려 '죽음을 면할 수 있는 나무 패찰[免死木牌]' 수십만 개를 만들어 바치라고 하니 장졸들이 모두 이상하게 생각했다.

이틀 동안 군사를 그곳에 머물러 쉬게 하고 오문정과 형순·서련·대덕유 등에게 방책을 지시하고 각각 정예병을 거느리고 나누어서 진격하게 하였으며, 호요원 등에게는 사방에 허수아비 병사를 만들고 복병을 숨기게 했다. 신호가 남창의 패전 소식을 듣고 예상한 대로 안경에서 회군하니, 24일에 양쪽 군대가 황가도(黃家渡)에서 만났다. 오문정이 또 선봉에 섰는데, 적병이 곧장 앞으로 달려들자 오문정이 일부러 쫓겨가니 적병이 뒤를 다투어 쫓아왔다. 형순이 적의 뒤에서 쫓아 나와 적군의 한허리를 가로지르자 적이 다시 쫓겨 갔다. 이때에 억지로 끌려간 적도들이 남창성이 이미 관군의 손에 들어간 줄 알고 도망가려고 했으나 길이 없었는데, 강물을 따라서 난데없이 '죽음을 면할 수 있는 나무 패찰'이 끝없이 떠내려 오는 것을 보고 이를 건져 가지고 흩어져 달아난 무리가 그 수를 셀 수 없을 만큼 많았다.

적군이 쫓기는 것을 보고 오문정과 여은이 맹렬히 그 뒤를 쫓고, 서련과 대덕유가 좌우에서 협공했으며 이윽고 복병이 일어나자 적이 크게 패하여 물러나 '팔자뇌(八字腦)'라는 곳에 주둔하였다. 신호가 다시 용감한 사람들에게 후하게 상을 주고, 또 구강과 남강성을 지키던 병졸들을 전부 풀어서 군사를 증원하게 했다. 양명이 이에 무주지부(撫州知

府) 진괴(陳槐)와 요주지부(饒州知府) 임성(林城)을 보내어 구강을 점령하게 하고, 건창지부(建昌知府) 증여(曾璵)와 광신지부(廣信知府) 주조좌(周調佐)를 보내 남강을 점령하게 했다. 25일에 다시 싸울 때 관군이 퇴각하려고 하자 양명은 급히 명령을 내려 먼저 물러나는 자의 머리를 베라고 하였다. 오문정이 몸소 적의 예리한 포화를 무릅쓰고 나아가 수염에 불이 붙었는데도 그대로 자기를 따르라고 지휘하며 돌진하자 모든 군사가 죽음을 무릅쓰고 힘껏 싸웠다. 적의 기세가 꺾이게 될 즈음에 관군 앞에 "영왕이 이미 잡혔으니 우리 군사는 이제부터 마음대로 살육하지 말라"는 큰 패가 뚜렷하게 솟아오르자, 적군이 이를 보고 놀라 한순간에 흩어져서 또 크게 패하였다. 신호는 이에 '초사(樵舍)'로 진영을 옮기고, 배를 연결하여 네모 모양의 방진(方陣)을 친 뒤에 황금과 보석으로 부하 사졸들에게 상을 내리고 마지막으로 한 번 싸우고자 했다. 이튿날 새벽에 신호가 한창 조회를 받는데 관군이 갑자기 공격해 들어오면서 작은 배에 나무를 싣고 바람을 이용하여 불을 놓았다. 순식간에 불이 영왕의 부주(副舟: 왕이 탄 배의 다음가는 배)에 붙으니 신호의 왕비인 누씨(婁氏)가 물로 뛰어들어 자살하고 부하들이 다 흩어지자, 신호가 하릴없이 도주하려 했으나 타고 있던 배가 얕은 여울에 걸려서 창졸간에 벗어날 길이 없게 되었다. 그때 어선 한 척이 갈대밭 속에 있는 것을 보고 건네달라고 소리를 질러서 그 배에 타니, 이 배는 바로 양명의 밀령으로 미리 준비해 두었던 배였다. 쉽게 신호를 잡아서 중군(中軍)으로 데리고 왔는데 이때까지도 여러 장수들은 알지 못하고 있었다.

이사실과 유양정 및 적에 투항하여 귀순한 관리들을 다 사로잡고, 남강과 구강을 차례로 회복하니 군사를 부린 지 한 달이 채 되지 않아 강서 지역이 평정되었다. 양명은 전쟁 중에도 군영의 막사에서 두세 명의 제자들과 함께 학문을 강론하였다. 하루는 전방의 부대가 패했다는 소식이 전해지자 그 자리에 있던 사람들이 모두 당황하여 무서워했으나 양명은 막사 밖으로 나아가 전령을 만나보고 다시 들어와서는 태연하게 강론을 계속하였다. 얼마 뒤에 다시 적병이 크게 패하였다는 소식이 전해지자 그 자리에 있던 사람들이 모두 기뻐하며 다행스럽게 여겼으나 양명은 막사 밖으로 나아가 전령을 만나보고 다시 들어와서는 또 태연하게 강론을 계속하였는데, 얼굴색이 조금도 변함이 없었다.[60]

　신호의 반란 소식이 처음 명나라 조정에 전해졌을 때 여러 대신들이 모두 겁에 질렸으나, 왕경(王瓊)은 혼자 "왕백안이 상유[上游: 남감강(南贛江)이 남창강(南昌江)의 상류이므로 상유(上游)라 함]에 있으니 반드시 적을 잡을 것이다"라고 큰소리쳤는데, 얼마 지나지 않아 승전보가 왔다. 무종은 원래 방탕하고 문란한 임금이었고, 좌우에 총애를 받고 있는 강빈(江彬) · 허태(許泰) · 장충(張忠) 등이 모두 무뢰한 무리들이었다. 그 가운데에는 신호와 내통한 자도 많았다. 양명은 풍성에서 영왕의 반란 상황을 상소로 올리면서 "황제의 자리를 엿보는 자가 영왕 한 사람뿐이 아니니, 간사하게 아첨하는 무리들을 내쫓아서 천하 호걸들의 마음을 일신케 하소서"라고 하였다. 이 때문에 임금의 총애를 받는 무리들이 모두 양명을 좋아하지 않은 지 오래되었고, 신호의 난이 평정되자 양명이 공을 세운 것을 시기하였다. 이들은 또 양명은 훌륭한 신하이며, 새로 큰 공을 세운 독무(督撫)[61]이기 때문에 천자를 뵙고 자신들의 죄를 폭로하면 자신들이 정말로 쫓겨날 수도 있을 것이라고 생각했다. 그래서 우선 승전보가 공식적으로 들어오기 전에 무종을 꺼붙들어 직접 정벌에 나서게 했고, 양명에 대해 별의별 모함을 다하였으며, 또 양명에게 신호를 잠깐 놓아주어 황제가 직접 잡을 수 있도록 하라고까지 했다.

양명은 장충과 허태가 미처 남쪽으로 내려오기 전에 신호를 포로로 압송하여 남창을 떠났는데, 장충과 허태는 황제의 뜻이라고 하면서 길을 막고 신호를 달라고 했지만 주지 않았다. 양명은 샛길로 옥산(玉山)으로 가서 상소를 올려 포로를 바치기를 청하고 임금의 남방 정벌을 중지할 것을 간절히 빌었으나 윤허를 받지 못했다. 양명은 전당(錢塘)으로 가서 태감 장영(張永, 1465~1529)을 만났다. 장영은 제독으로서 기밀한 군무를 보좌하고 기획하는 중책을 맡아서 벼슬이 장충과 허태보다 높았으며, 예전에 양일청(楊一淸)과 뜻이 맞아 유근(劉瑾)을 제거한 일로 세상에서 유명한 내시였다. 양명이 몰래 장영을 만나 그 무던함을 칭송하고 나서, 현재 강서 지방이 극도로 피폐해진 상황에서 천자가 거느리는 군사까지 오게 되면 그 번거로움을 견딜 수 없을 것이라고 역설하였다. 그러자 장영이 옳게 여겨서 "내가 여기에 온 것도 임금을 보호하려는 것이다. 여러 소인배들의 일을 모르는 것은 아니지만 임금의 뜻을 거스르다가는 수습이 더 어려울지도 모르겠다"고 하였다. 양명은 이에 임금의 남행을 말릴 수 없음을 알고 신호를 장영에게 맡기고 경구(京口)로 가서 행재소(行在所)의 임금을 뵈려고 했는데, 마침 강서순무(江西巡撫)를 겸임하라는 명이 있어서 다시 남창으로 돌아왔다. 장충과 허태가 남창에 와서 보고 신호를 잃었음을 원망하여 경군(京軍)을 일부러 풀어서 양명을 온갖 방법으로 곤욕스럽게 했으나 양명은 한결같이 그들을 어루만져서 병든 자에게는 약을 주고 죽은 자에게는 관을 맞추어 주었다. 밖에 나갔다가 경군의 장례 행렬을 보면 반드시 수레를 멈추고 한동안 위문하고 가니, 얼마 지난 뒤에는 경군들이 모두 "왕 도당(都堂: 순무도어사의 존칭)이 우리를 아껴준다"고 하여 다시는 범하는 자가 없었다. 왕충과 허태가 양명에게 "영왕부(寧王府)는 천하에서 가장 부유한 곳이오. 그 저축해 놓은 것이 지금 어디에 있소?"라고 묻자, 양명이 말했다. "신호가 거사하기 전에 모두 조정의 요인들에게 주어 안에서 응할 것을 약속받았으니, 그 증거 자료가 있어서 조사할 수 있다." 왕충과 허태는 본래 신호의 뇌물을 먹은 자라 다시는 감히 말을 하지 못했다. 그러고도 양명이 문관임을 얕잡아 보아 억지로 활쏘기를 권했다. 양명은 처음엔 굳이 사양하다가 천천히 일어나 세 번 쏘아 세 번을 모두 한가운데를 맞히자 경군이 이것을 보고 모두 환호했다. 장충과 허태는 기세가 더욱 꺾였다. 마침 동지절이라 양명이 주민들을 시켜 골목마다 제사를 지내고 또 무덤에 올라가서 곡을 하게 했다. 이때 사람이 많이 죽은 난리를 겪은 지 얼마 되지 않아서 슬피 우는 소리가 사방에 가득하니, 경군이 모두 집을 떠난 지 오래되었기에 이 소리를 듣고 눈물을 흘리면서 집으로 돌아갈 생각을 하지 않는 사람이 없었다.

장충과 허태는 할 수 없이 회군하여 남경에 가서 무종을 뵙고 기공급사중(紀功給事中) 축속(祝續[62]) 및 어사(御史) 장륜(章綸, 1413~1483)과 함께 양명을 헐뜯었다. 또 강빈(江彬, ?~1521)은 무종이 특별히 대우하는 사람이라고 여겨서 강빈을 보고 "왕양명이 장차 나와 당신을 잘라버리려고 한다"고 말하고, 또 무종에게는 "왕양명은 반드시 반란을 일으킬 것입니다. 시험 삼아 불러보소서. 반드시 오지 않을 것입니다"고 말했다. 이전에 왕충과 허태가 여러 번 황제의 뜻을 거짓 조작하여 양명을 불렀으나 장영이 그 내용을 비밀리에 알려주었기 때문에 오지 않았었다. 하지만 이번에는 참으로 임금이 부른 것임을 알고 곧바로 남경으로 달려갔다. 왕충과 허태는 계략이 막히자 다시 여러 가지 방법으로 왕양명이 조정에 들어오는 것을 막았다. 이에 양명은 구화산(九華山)으로 들어가 초막 암자에서 매일 편안히 정좌(正坐) 수행을 하고 있었다. 무종이 사람을 보내어 사정을 알아보고 나서 말했다.

"왕수인은 도를 배운 사람이다. 부르면 바로 오는데, 어째서 반란을 일으킬 것이라고 말하는가?"

이에 강서로 다시 가라고 하고 다시 승전보를 올리라고 했다. 그래서 양명은 이전의 상소문을 고쳐서 위무대장군(威武大將軍: 무종이 자칭하는 관호)의 방책을 받들어 반란을 평정한 것처럼 하고 임금의 총애를 받는 여러 사람의 이름을 적어서 올리자, 강빈의 무리가 이 뒤로는 다시 말썽을 부리지 않았다.

✤

양명이 거둔 사공의 업적 가운데 가장 빛나는 것이 바로 신호의 반란을 진압한 일이다. 신호는 명나라 태조 열일곱 번째 아들인 영헌왕(寧獻王) 권(權)의 현손이다. 권(權)으로부터 강서(江西) 남창(南昌)에 왕으로 봉해져 있었다. 영왕(寧王) 주신호(朱宸濠)는 무종의 문란함이 도가 지나침을 기회로 삼아 1519년 월에서 반란을 일으켰다.

당시에 양명은 우부도어사로 승진하고 복건의 반란군을 처리하기 위하여 풍성에 도달했을 때 신호의 반란 소식을 들었다. 신호의 군사력이 막강하고, 또 그를 돕는 세력이 중앙에까지 미치고 있어서 조기에 진압하지 못하면 장차 명나라가 위태로워질 수 있었다. 이에 양명은 신묘한 기지를 발휘하여 35일 만에 주신호를 생포하고 반란을 진압한다.

양명이 신호의 반란을 진압하는 과정에서 발휘한 신묘한 기지들을 정인보는 비교적 상세하게 소개하고 있다. 남경을 치려고 한 신호를 꾀를 내어 10일간 지체하게 한 일, 신호가 남경을 공격하자 그 근거지인 남창을 쳐서 함락시킨 일, 황가도 전투에서 복병전을 펼치고 죽음을 면할 수 있는 나무 패찰을 사용한 일, 파양호 전투에서 화공으로 적군을 공격하고 신호를 생포한 일 등이 그 대표적인 사례들이다.

양명이 반란을 진압한 과정을 보면 그것은 한마디로 '응변지신(應變之神)'63이라 말할 수 있다. 급격하게 변화하는 사태에 그야말로 신묘하게 응하고 있기 때문이다. 그런데 양명이 변화에 신묘하게 대응할 수 있었던 것은 그 마음이 흔들리지 않았기 때문이다. 이것을 양명은 다음과 같이 말한다. "만약 사람이 참으로 양지에서 공부를 하여 늘 정밀하고 밝아 욕구에 가리지 아니하면 저절로 일에 임하여 흔들리지 않을 수 있다. 진체(眞體)가 흔들리지 아니하면 저절로 말없이 변화에 응할 수 있다."[64] '부동(不動)의 진체(眞體)'가 바로 '응변(應變)의 묘용(妙用)'을 낳은 것이다. 양명의 이러한 생각은 용병술(用兵術)을 묻는 제자의 물음에 대한 대답에서도 나타난다. 그는 "용병에 달리 무슨 기술이 있겠는가? 다만 학문이 순수하고 돈독하여 이 마음이 흔들리지 않는 것이 바로 기술이다. 보통 사람들의 지모와 능력은 큰 차이가 없기에 승부는 진을 치는 데 달려 있지 않고 다만 이 마음이 흔들리는가 흔들리지 않는가에 달려 있다"[65]고 말한다. 양명은 생사가 엇갈리는 위급한 상황에 임해서도 양지에 따라 행위를 함으로써 마음의 안정을 얻을 수 있었고, 그 안정된 마음의 바탕 위에서 급변하는 사태의 구체적인 특수성들을 그때그때 고려하여 묘책을 짜냄으로써 반란을 진압할 수 있었던 것이다. 신호의 반란을 진압하는 과정에서 양명은 양지의 현실적 가치를 충분히 확인한 것이다. 이러한 삶의 체험이 있었기에 양명은 그 이후 치양지설을 적극적으로 제출할 수 있었다.

양명은 "자신의 양지학설은 삶과 죽음을 넘나드는 숱한 어려움 속에서 얻어낸 것"[66]이라고 말한다. 여기서의 '삶과 죽음을 넘나드는 숱한 어려움'이란 구체적으로 1519년에 있었던 신호(宸濠)와 장충(張忠)·허태(許泰)의 변란을 가리킨다.[67] 양명은 이들 변란을 처리하는 과정에서 자신이 일찍이 제출한 바 있는 양지학설로써 충분히 환란을 잊고 생사를 초탈할 수 있음을 믿게 된 것이다.[68]

그런데 양지에 입각하여 사태의 변화에 대응할 때 무엇보다 중요한 것은 사태에 대한 시비판단이다. 양명이 신호의 반란을 대하는 기본적인 태도는 불의(不義)를 저지른 죄를 문책한다는 것이다. 이때 의(義)와 불의(不義)를 판별하는 것이 바로 양지다. 양지의 시비판단에 따라 불의를 제거하기 위하여 일으킨 의로운 행위는 그 도덕적 정당성을 확보하게 된다. 양명이 당시에 의병들을 모집할 수 있었던 것도 바로 그 때문이었다.

양명이 신호의 반란을 진압한 뒤로 그 공적을 시기하여 양명을 헐뜯는 이들이 많아졌다. 양명의 제자들이 그것을 탄식하자, 양명은 남들의 비방에 응하는 자신의 마음 상태를 다음과 같이 말한다. "나는 남경에 오기 이전에는 여전히 향원(鄕愿)[69]의 마음이 조금 있었다. 나는 이제 이 양지를 믿게 되었고, 참으로 옳은 것과 참으로 그른 것을 손길이 닿는 대로 실천하여 다시 조금이라도 덮어 감추지 않게 되었다. 나는 이제 겨우 광자(狂者)[70]의 심경을 지니게 되었으니, 설령 천하 사람이 모두나의 행위가 말과 일치하지 않는다고 하더라도 상관하지 않는다."[71] 신호의 반란을 진압한 뒤로 양지에 대한 자기 확신을 갖게 되었고, 이제는 양지가 옳게 여기는 대로 행동하기 때문에 남들의 평가에 흔들리지 않는 광자와 같은 심경을 지니게 되었다는 것이다.

南贛의 亂을 平定한 뒤 右副都御史로 陞進하고 世襲錦衣衛 百戶를 주고 다시 副千戶로 올렸다. 明武宗 正德十四年 六月에 福建叛軍勘處의 命을 받아 行하야 豊城에 미처 宸濠의 反함을 드렀다.

宸濠는 明大祖 第十七子 寧獻王 權의 玄孫이니 權부터 江西 南昌에 封王하얏엇는대 代代 反志가 잇드니 宸濠는 더욱 奸惡하고 또 武宗의 荒亂無度함

을 機會 삼아 地方에 잇어 一切를 恣行한 지 점점 오래매 耳目이 宮府에 遍滿하고 結托이 四方에 散在한지라. 이에 江西巡撫 孫燧를 죽이고 擧兵하니 이때 南贛은 江西, 福建, 廣東, 湖廣의 各一部씩 地帶의 接近한 便宜대로 轄境을 만드럿음으로 江西로도 南昌等諸州는 따로 一省이 되어 巡撫가 잇엇으니, 豐城은 南昌屬縣이라 陽明은 客官이오 또 逆旅小縣에서 策應할 도리 없으므로 急히 水路로조차 吉安府로 돌아갓다. 가다가 宸濠의 派兵이 急히 쫒임을 알고 幕士 雷濟 蕭禹 두 사람만 다리고 漁舟를 바꿔 타고 빠저낫는대 생각호대

"宸濠가 만일 南京을 直襲하야 가지고 드디어 北京을 犯하면 事態 重大할지니 내 게교로써 宸濠로 하야금 한 열흘 동안만 머뭇거리게 하리라"

하고 뱃속에서 兩廣都御史의 火牌(急한 傳令)를 假寫하되 兵部와 都察院의 指揮에 依하야 大軍을 調發하야 가지고 江西로 向함을 말하고 沿道의 接待할 節次를 嚴令하야 隱然히 朝廷으로부터 江西反狀을 預測하고 발서 軍馬를 密派하야 宸濠를 襲取하랴는 듯이 보이엇다. 이 火牌를 秘密히 肖城으로 보내어 宸濠의 密探에 發覺되도록 하얏다.

吉安에 到着한 뒤 또 軍兵迎接하라는 文書를 假寫하되 都督 許泰와 郤永은 邊兵으로 都督 劉暉와 桂勇은 京兵으로 各四萬씩 거느리고 방장 水陸으로 並進하며 南贛 王守仁과 湖廣 秦金과 兩廣 楊朝의 各各 部兵을 거느리고 떠난 것이 合十六萬이라 곳 南昌을 뚜드릴 터이니 이르는 곳에 有司가 供具를 잘못하는 者는 軍法으로 處斷한다 하야 또한 宸濠의 손에 들어가게 하얏다. 처음 火牌를 씨 장차 秘發하랴 할 때 濟가 陽明에게 묻되 "寧王이 이것을 보고 꼭 믿을가요." "그려면 의심은 할가." "의심만은 않할 수 없을 듯합니

다." 陽明이 우서 갈오되 "이 한 번 의심에 제일은 고만이지." 하드니 다시 歎息하며 "宸濠가 번래 無道하야 百姓을 殘害하얏나니 이제 비록 附和한 者가 많으나 이는 그 本心이 아날 것이오. 오즉 威刼 利誘로 一時 苟合함이라. 설사 제 兵力을 奮發하야 곧 前進한다 할지라도 내 問罪의 義師를 끌고 徐徐히 그 뒤를 밟으면 順逆이 이미 두렷하니 뉘 이길 것을 미리 알 수 잇는 것이다. 그러나 賊兵이 한 地方을 일즉 넘어서면 한 地方民命은 고만 殘破될지니 지금 잇어서는 무엇보다도 宸濠를 遲留케 하는 것이 첫재니 이 하로를 머뭇거리게 하면 天下가 이 하로의 福을 받을 것이다" 하얏다. 또 蠟書를 만들되 宸濠의 軍師 李士實 劉養正에게 보내는 것으로 하고 그들의 朝廷에 內向하는 정성을 歷叙한 뒤에 다시 그들로 하여금 寧王 을 力勸하야 早速히 南京으로 發向하도록 하라고 密託하는 말을 부치어 隱 然히 寧王의 나오기를 기다리는 드시 보이엇다. 宸濠가 假寫한 文書와 火牌 를 發見하고 점점 疑懼함이 없지 못한 데다가 또 蠟書를 兼得하고 시험 삼 아 士實과 養正을 불러 進取할 方畧을 무르니 모두 南京으로 直向함을 勸하 거늘 宸濠가 이에 이르러는 한편으로 官軍의 準備됨이 과연 저러하구나 한 편으로 腹心의 挾詐함이 과연 이러하구나 하야 北進할 勇氣 얼마쯤 減頓되 엇다. 이 동안 陽明은 吉安에서 知府 伍文定을 다리고 兵糧을 調定하고 器 械와 舟楫을 備飭하고 또 遠近에 檄書를 傳하야 勤王하게 하야 邑守, 鄕紳 이 연니어 義擧에 應하얏다. 十餘日이 지난 뒤에야 宸濠가 비로소 속음을 알앗다.

七月三日에 宸濠가 그 至親인 宜春王 拱樤를 멈을러 南昌에 居守케 하고 部 下 六萬을 다리고 떠나 九江 南康을 陷落하고 大江으로 드러 安慶에 當到하니, 陽明이 南昌의 留兵 적음을 알고 急히 伍文定을 다리고 樟樹鎭으로 進軍하니 知府론 臨江의 戴德孺, 袁州의 徐璉, 贛州의 邢珣과 都指揮 余恩과 通判으론 瑞州의 胡堯元 童琦와 撫州의 鄒琥와 吉安의 談儲와 推官 王暐 徐文英과 知縣으론 新淦의 李美와 泰和의 李楫과 萬安의 王冕과 寧都의 王天與等이 各各 部兵을 거느리고 來會하엿다. 或은 安慶을 救援하자 하니 陽明이 가로되

"그러치 아니하다. 이제 九江 南康이 다 賊의 守地라. 우리 南昌을 건너 저곳에 가 相持하면 九江 南康 二郡兵이 우리 뒤를 끈흘 것이니 이는 腹背受敵이라 곳 南昌을 뚜드리는 것만 못하다. 지금 賊의 精銳는 모다 나갓스니 南昌守備 허수할 것이오 우리 軍士는 새로 모여 정히 氣銳하니 치면 곧 깨칠 것이오. 南昌은 賊의 本地니 南昌 깨짐을 드르면 반드시 安慶의 圍師를 것고 도라와 本地奪還을 도모할지니 湖中에서 마저 씨호면 반드시 一殲하야 바리게 될 것이다"

하니 衆議 다 이를 옳다 하엿다. 湖는 鄱陽湖를 이름이니 南昌 南康 사이에 잇는 큰 湖水이다. 十八日에 豐城에 와 곧 省城으로 向할새 前鋒은 伍文定이라. 十九日 밤중에 文定이 廣潤門에 닥치니 守兵이 놀래여 허여지거늘 二十日 새벽에 諸軍이 或 사다리로 或 동아줄로 登城하야 拱椃等 賊首를 捕縛하니 陽明이 이에 令을 나리어 軍士中 搶掠을 行한 者를 죽이고 脅從을 赦하고 士民을 安慰하는 一面 또 令을 나리어 "免死木牌" 數十萬을 만드러 바치라 하니 將士들이 다 이상하게 생각하엿다.

이틀을 留軍하야 수이고 文定과 珣, 璉, 德孺等에게 方畧을 指示하야 각각 精兵을 거느려 分進케 하고 堯元等으로 하여금 四面에 疑師를 만들고 伏兵

을 감추게 하얏다. 宸濠가 南昌의 敗報를 듣고 果然 安慶으로부터 回軍하니 二十四日에 兩軍이 黃家渡에서 만낫다. 文定이 또 前鋒이라 賊兵 곧 앞으로 달려 드니 文定이 부러 쫓기매 賊이 뒤를 다투어 쫓더니 珣이 賊背로 쫓아 나와 賊軍의 한허리를 橫斷하니 賊이 다시 쫓기는지라. 이때에 억지로 껄여 간 賊徒들이 省城이 이미 官軍의 손에 들어간 줄 알고 逃亡하랴 하나 길이 없너니 江流로 조차 난데없는 "免死木牌"가 限없시 떠나려 오는 것을 보고 이를 건저 가지고 散走한 무리 그 數를 세일 수 없을 만치 만핫다.

賊軍이 쫓기는 것을 보고 文定과 恩이 猛烈히 뒤로 쫓고 璉과 德孺가 左右로 夾攻하더니 이윽고 伏兵이 이러나니 賊이 크게 敗하야 물러가 "八字腦"라는 곳에 駐屯하얏다. 宸濠가 다시 勇者를 厚賞하고 또 九江 南康의 守城한 兵卒을 全部 푸러 增援케 하얏다. 陽明이 이에 撫州知府 陳槐와 饒州知府 林城을 보내어 九江을 取하라 하고 建昌知府 曾璵와 廣信知府 周調佐를 보내여 南康을 取하라 하고 二十五日에 다시 싸흘 새 官軍이 退却하랴 하거늘 陽明이 急히 슈하야 先却者의 머리를 버히라 하니 文定이 몸소 賊의 銳砲를 무릅쓰고 나서 불이 鬚髥에 붓되 그대로 鏖進하매 諸軍이 限死하고 力戰하야 賊勢 꺽기게 될 지음에 官軍 앞에 큰 牌 두렷이 소앗스되 "寧王이 이미 잡히엇스니 우리 군사는 이제부터 맘대로 殺戮하지 말라" 하얏거늘 賊軍이 이를 보고 놀래어 一時에 潰散하야 또 크게 敗한지라. 宸濠가 이에 營處를 "樵舍"로 물리어놓고 배를 連結하야 方陣을 만들고 金寶를 내어 部下 士卒을 犒賞하야 마지막으로 一戰코자 하더니 이튼날 새벽에 宸濠가 방장 朝謁을 밧는대 官軍이 별안간 달려 들어오며 적은 배에 남글 실어가지고 風勢를 利用하야 불을 노하 瞬息間에 불이 寧王의 副舟(王 탄 배의 다음 되는 배)

에 붙으니 宸濠妃 婁氏 물로 뛰어들어 自殺하고 部下가 다 헤여지매 宸濠가 할 일 없서 逃走코자 하되 탄 배 유착하야 淺灘에 걸렷슴으로 倉卒에 버서 날 길 없다가 漁船 한 隻이 갈(蘆葦) 속에 잇는 것을 보고 소리 질러 건너달라 하야 그 배에 타니 이는 곳 陽明의 密令으로 미리 備置하얏든 배라. 쉽사리 宸濠를 잡아 中軍으로 드리니 諸將은 아즉까지도 알지 못하얏다.

士實과 養正과 밋 賊에 降附한 大吏를 다 捕獲하고 南康 九江을 次第로 回復하니 用兵한 지 한 달이 채 되지 아니하야 江西가 平定되얏다. 戰陣中에도 營幕에서 二三 門弟로 더부러 學問을 講論하얏싯는데 하로는 前軍이 失利하얏다는 諜報가 오니 坐中이 다 慌怯하야 하되 陽明은 幕外로 나가 諜者를 보고 다시 들어와 自若히 講說을 繼續하고 얼마 잇다 다시 賊兵이 大敗하얏다는 諜報가 오니 坐中이 다 喜幸하야 하되 陽明은 幕外로 나가 諜者를 보고 다시 드러와 또 自若히 講說을 繼續하야 조곰도 神色의 變함이 없엇다.

宸濠의 反報가 처음 明廷에 到達되엇을 때 여러 大臣들이 모두 怯을 내되 王瓊은 홀로 大言하며 "王伯安이 上游(南贛江이 南昌江 上流이므로 上游라 함)에 잇으니 반드시 賊을 잡으리라" 하드니 얼마 아니하야 捷報가 왓다. 武宗은 원래 荒亂한 임금이오 左右嬖倖인 江彬, 許泰, 張忠等이 다 無賴한 무리라. 그중에 宸濠와 交通한 者도 많은데 陽明이 豐城에서 寧王反狀을 疏聞할 때 "神器를 엿보는 者가 한 寧王뿐이 아니니 奸諛하는 무리를 黜斥하야 天下豪傑의 마음을 一變케 합시사" 하얏으므로 嬖倖一輩는 다 陽明을 좋아하지 아니함이 오래요 宸濠亂이 平定되매 미처는 陽明의 成功을 猜忌하고 또 陽明은 名臣이오 새로 大功을 세운 督撫라 天子를 뵙고 저의의 罪를 發露하면 참으로 黜斥할 수도 잇으리라 하야 우선 公式捷音이 들어오기 전 武宗을 껴

부뜰어 親征의 길을 떠나게 하고 陽明에 對하야 별별 誣陷을 다하고 또 陽明으로 하여금 宸濠를 잠간 놓아 皇帝 스사로 克獲하게 하도록 하라고까지 하얏다.

陽明이 忠과 泰의 미처 南下하기 前 宸濠를 俘解하야 가지고 南昌으로부터 떠나가다가 忠과 泰 帝旨로써 길을 막고 宸濠를 달라 하거늘 주지 아니하고 間道를 玉山으로 가 上疏하야 獻俘하기를 請하고 南征을 中止함을 懇乞하얏으나 允許되지 아니하는지라 錢塘에 와서 太監 張永을 만나니 永은 提督으로 機密軍務를 贊畫하는 重職을 가져 忠과 泰의 우이오, 이왕 楊一淸으로 더부러 좋아하야 劉瑾을 除해버리어 天下가 일컫는 內侍라. 陽明이 조용히 永을 보고 그 무던함을 稱頌하고 나서는 目下의 江西의 困弊 極하야 六師(天子의 거느린 군사)의 煩擾함을 견딜 수 없음을 力說하니 永이 옳케 여기어 갈오되 "永의 이번 길도 上躬을 保護하랴 함이라. 群小의 일을 모름이 아니로되 帝旨를 激하다가는 收拾이 더 어려울는지도 모르겟노라" 하니 陽明이 이에 南行을 말릴 수 없을 줄 알고 문득 宸濠로써 永에게 맡기고 京口로 가서 行在에 朝見하랴 하드니 마침 江西巡撫兼任의 命이 잇어 다시 南昌으로 돌아왓다. 忠, 泰 南昌에 와보고 宸濠 잃음을 恨하야 京軍을 故縱하야 陽明을 百端으로 困辱하되 陽明은 한결같이 그들을 撫摩하야 病든 者는 藥을 주고 죽은 者는 棺을 주고 밖에 나갓다가 京軍의 喪行을 보면 반드시 수레를 멈추고 한동안이나 慰問하고 가니 얼마 지난 뒤는 京軍들이 모두 이르되 王都堂(巡撫都御史의 尊稱)이 우리를 아껴준다 하야 다시는 犯하는 者가 없엇다. 忠, 泰 陽明을 向하야 "寧王府의 富함이 天下에 으뜸이라 그 貯蓄한 배 이제 어디 잇느뇨" 하니 陽明이 가로되 "宸濠가 擧事하기 전 모두 京師要人에게 주어 內應할 것을 約束하얏나니 그 證籍이 잇어 按査할 수 잇다" 하니 忠, 泰는 번래 宸濠의 賂物을 먹은 者라 다시는 감히 하지 못하얏다. 그리고도 陽明의 文士임을 넘보아 억지로 활쏘기를 勸하니 처음은 구지 사양하다가 천천히 일어나 세 번 쏘아 세 번을 다 正中하니 京軍이 이를 보고 모두 歡呼하는지라. 忠, 泰 더욱 기운이 줄드니 마침 冬至節이라 陽明이 居民을 시켜 골목마다 祭를 지내고 또 무덤에가 울라 하니 이때 새로 喪亂을 지낫으므로 悲號하는 소리 四方에 瀰漫하니 京軍이 다 집 떠난 지 오래라 이 소리를 듣고 눈물을 흘려 돌아가기를 생각하지 아니하는 者가 없었다.

忠, 泰 할 일 없어 回軍하야 南京에 가 武宗을 뵙고 紀功給事中 祝續과 御史 章綸으로 더부로 陽明을 讒毁하고 또 江彬은 武宗의 特待하는 사람이라 하야 江彬을 보고 王某가 장차 나와 당신을 剪除하랴 한다고 말하고 또 武宗에게 告하되 "王某는 반드시 反할 것입니다. 시험 삼마 불러보서소. 반드시 오지 아니하리이다." 이전에 忠, 泰 여러 번 帝旨를 의수(僞造)하야 陽明을 불럿으나 張永이 그 內容을 秘通하얏으므로 오지 아니하얏섯다. 이때는 참으로 御召임을 알아 곧 南京으로 馳向하니 忠, 泰가 計窮한지라 다시 여러 方法으로 入朝를 沮止하니 陽明이 이에 九華山으로 들어가 草菴 속에서 每日 宴坐하고 잇엇다. 武宗이 사람을 보내어 探知하고 갈오대

"王守仁은 學道한 사람이라 부르매 곧 오니 어찌 反한다 이르느냐."

이에 江西로 도로 가라 하고 다시 捷音을 올리라 하니 陽明이 이에 前奏를 고쳐 威武大將軍(武宗의 自稱하는 官號) 方畧을 바뜰어 叛亂을 討平한 양으로 하고 여러 嬖倖의 이름을 지어 넣어 올리니 江彬의 무리 이 뒤에는 다시 말성이 없엇다.

14

양광 지역의 변란 평정과 오심광명

　명세종(世宗)은 번왕으로 있을 때부터 양명의 공적을 알고 있어서 황제에 즉위한 뒤에 곧바로 조정에 들어와 봉작을 받으라고 재촉했다. 그러나 대신 양정화(楊廷和, 1459~1529) 등이 양명을 꺼려 이를 저지하여 남경병부상서(南京兵部尙書)에 임명했지만, 양명은 부임하지 않고 고향으로 돌아갈 것을 청했다. 얼마 지난 뒤에야 공훈을 기록하는 의식을 거행하여 특진광록대부(特進光祿大夫) 주국(柱國) 세습신건백(世襲新建伯)에 봉하고 해마다 녹봉 천 석을 주기로 결정하였으나, 공신 문서[鐵券]도 주지 않고 녹봉도 지급하지 않았으며, 같이 일을 한 여러 신하들도 오문정(伍文定) 한 사람 이외에는 모두 영진시키는 척하고 속으로는 억압하여 거의 다 쫓아냈다. 양명은 스스로 마음이 편치 않고 또 원통

하여 부친 상중에도 여러 번 상소를 올려 녹봉과 작위를 사양하고 여러
신하들의 공로를 호소했으나 그 청은 받아들여지지 않았다. 아버지의
삼년상을 마친 뒤에도 오랫동안 관직에 복귀되지 않았다.

1527년(세종 가정 6년)에 광서(廣西) 사은부(思恩府) 소속 전주(田州)의
토착 세력가인 노소(盧蘇)와 왕수(王受)가 반란을 일으켰는데, 총독 요
막(姚鏌)이 제대로 조처하지 못했다. 그래서 양명에게 원래의 관직에다
좌도어사(左都御史)를 겸하여 양광(兩廣)총독에 순무까지 겸하게 했다.[72]
이때에 양명의 옛 공로를 아뢴 사람이 있어서 공신 문서와 녹봉이 주어
졌고, 아울러 도적을 토벌한 여러 신하들의 공적도 인정을 받았다.

양명은 신호의 반란과 왕충 허태의 변고를 거친 뒤에 더더욱 양지의
구족(具足)함을 믿어서 문인 추수익(鄒守益,[73] 1491~1562)에게 보낸 편지
에서 말했다.

"근래에 치양지(致良知) 세 글자가 참으로 유학의 핵심적인 진리[正法眼
藏]임을 믿게 되었다. 지난날에는 오히려 미진함이 있지 않을까 의심했었
는데, 이제 수많은 일을 겪고 보니 오직 이 양지만이 구족하지 않음이 없
었다. 비유컨대 배를 부리는 데 키[舵]가 있으면 작은 파도나 얕은 여울에
도 뜻대로 하지 못할 것이 없고, 설사 거센 바람과 거친 파도를 만날지라
도 키 자루가 손에 있으면 물에 빠질 걱정이 없는 것과 같다."[74]

아버지의 삼년상을 마친 뒤에 양명정사(陽明精舍)에서 학문을 가르
치니, 제자들이 사방에서 모여들었다. 이에 양광(兩廣)으로 길을 떠나

게 되자 고제자인 용계(龍溪) 왕기(王畿, 1498~1583)와 서산(緖山) 전덕홍(錢德洪, 1496~1574)이 각자 자신의 소견을 가지고 질문을 했다. 용계는 매우 총명한 사람이었고, 서산은 돈독하고 성실한 사람이었다. 양명은 천천교(天泉橋) 위에 앉아서 다음 네 구절을 들어서 가르침의 종지를 전했다.

"선도 없고 악도 없는 것은 마음의 본체요, 선도 있고 악도 있는 것은 의(意)의 움직임이요, 선을 알고 악을 아는 것이 바로 양지요, 선을 실천하고 악을 제거하는 것이 바로 격물이다."[75]

이것이 이른바 '천천상증(天泉相證)'이다. 이에 대해서는 뒤에서 서산과 용계의 학설을 서술할 것이기 때문에 여기에서는 상세히 논하지 않는다.

양명이 양광에 부임하는 도중에 상소를 올려 양광에 군사를 보내는 것이 좋은 전략이 아님을 말하고 또 다음과 같이 말했다.

"사은(思恩)에 유관(流官: 조정에서 보내는 관리로 현지의 고정된 토관이 세습되는 것과 대칭되는 말이다)을 두지 않았을 때는 그 지방의 두목이 해마다 삼천 명의 병사를 내어 관청의 징집과 물자 조달에 대비했었는데, 이미 유관을 둔 뒤로는 우리가 도리어 해마다 군사 수천 명을 보내어 방어하니 이것만 가지고 보아도 유관이 무익함을 알 수 있습니다. 또 전주(田州)는 교지(交阯)와 가깝고 깊은 산골짜기는 모두 요족(猺族)의 근거지이니, 반드시 예전대로 토관(土官)을 두어야 그 병력에 의지하여 울타리로 삼을 수 있을 것입니다. 그런데 토관을 유관으로 바꾼다면 변방의 걱정을 우리가 떠맡게 될 것이니 나중에 반드시 후회하게 될 것입니다."[76]

임금이 상소문을 병부에 내려 검토하게 하자 상서 왕시중(王時中)이 그것이 합당하지 않은 이유 다섯 가지를 열거하였다. 그러자 세종은 양명에게 다시 의논하게 하였다. 12월에 양명이 심주(潯州)에 도착하여 순안어사(巡按御史) 석정(石定)과 만나 전주 지방의 반란군들을 불러서 어루만질 계획을 세우고 모든 군사를 해산시켜 보내니 며칠 동안에 돌아가는 자가 수만이 넘었고, 호병(湖兵) 수천 명은 갈 길이 멀어서 아직 남녕(南寧)과 빈주(賓州)에 머물러 있었기 때문에 무장을 풀고[解甲][77] 휴식을 취하게 했다. 노소와 왕수가 처음에 위무(慰撫)를 받고자 하였으나 이루어지지 않다가 양명이 양광(兩廣)에 부임한다는 소식을 듣고 더욱 두려워했었는데, 이렇게 되자 크게 기뻐하여 양명이 남녕에 오자 사자를 보내어 항복하기를 청했다. 양명이 군문으로 나오라고 하자, 두 사람이 서로 말했다.

"왕공은 본래 꾀가 아주 많으니 우리를 속일까 무섭다."

그러고는 호위병을 데리고 들어와 양명을 만났다. 이에 양명은 두 사람의 죄상을 하나하나 질책하여 각기 곤장 100대로 다스리라고 결정한 뒤에 죄를 사면했다. 그러고는 직접 그들의 병영에 들어가 사병 칠만을 위무하였다. 조정에 상황을 보고할 때 병력을 사용하여 무력으로 진압하는 것의 열 가지 해로움과 다독거려 평화적으로 해결하는 것의 열 가지 장점을 논했다. 이에 따라 전주(田州) 일부분을 분할하여 따로 하나의 주로 만들 것, 전주의 옛 토관(土官)인 잠씨(岑氏)의 자손을 토관의 지주(知州)로 삼을 것, 전주에 십구순검사(十九巡檢司)를 두어 노소와 왕수 등에게 임무를 나누어 담당하게 하되 모두 유관(流官) 지부(知府)의 통제를 받게 할 것을 조목별로 진달하니 세종이 다 받아들여 그대로 따랐다.

단등협(斷藤峽)의 요적(猺賊)은 위로는 팔채(八寨)와 연결되고 아래로는 선대(仙臺) · 화제(花諸) · 상동(相峒) 등의 만족(蠻族)과 통하여 300여 리나 면면히 이어져 있어서, 군읍(郡邑)이 수십 년 동안 그 해를 입어왔다. 양명이 이를 평정하고자 하여 짐짓 남녕에 머물면서 호광(湖廣)의 병력을 해산시켜서 다시 쓰지 않을 것처럼 보이게 했다가 적이 방비하지 않음을 알아내서 진격하여 우장(牛腸)과 육사(六寺) 등 10여 개의 성채를 깨뜨리니 협곡 일대의 도적들이 다 평정되었다. 마침내 횡석강(橫石江)을 따라 내려가면서 선대(仙臺) · 화동(花桐) · 백석(白石) · 고도(古陶) · 나봉(羅鳳)의 여러 도적을 쳐서 이겼다. 그리고 포정사(布政使) 임부(林富)와 부장(副將) 심희의(沈希儀)를 지휘하여, 임부는 노소와 왕수의 군대를 거느리고 곧바로 팔채(八寨)로 가서 석문(石門)을 부수게 하고, 심희의는 달아나는 도적의 무리를 치게 하니 팔채에는 더 이상 남은 병사가 없게 되었다.

양광(兩廣)은 습하고 더운 지역인데 협곡지대는 더욱 뜨거우니 양명이 여기에서 고치기 어려운 병을 얻었다. 양광에 도착한 이듬해 10월에 임부를 천거하여 자신을 대신하게 하고, 11월에 양광을 떠나 남안에 이르러서는 병이 부쩍 위중해졌다.

28일 저녁때 배가 닿는 것을 알고 이곳이 어느 땅이냐고 물으니, 모시고 있던 사람이 청룡포(靑龍鋪)라고 아뢰었다. 밤이 지난 뒤에 제자인 남안(南安)의 추관(推官) 주적(周積)을 불렀다. 주적이 들어온 지 한참 만에 눈을 떠서 보고는 말하였다.

"나는 가네."

주적이 울면서 유언하실 것을 묻자, 양명은 미소를 지으면서 말했다.

"이 마음이 환하게 밝거늘 다시 무슨 말을 하리오!"[78]

얼마 있다가 눈을 감으니, 향년 57세요, 명세종 가정 7년(1527, 무자) 11월 29일 진시(辰時)였다.(『명사(明史)』, 「고본전(藁本傳)」, 양관(楊綰)이 지은 「행장」, 전덕홍이 지은 「연보」 참조)

❀

양명의 사공 업적 가운데 또 한 가지 뛰어난 것은 광서 지역의 사은과 전주의 토착 세력을 안정시키고, 단등협 팔채의 도적들을 평정한 일이다.

양명은 양광으로 길을 떠나기 전날 천천교에서 그의 수제자들인 왕용계와 전서산에게 '사구교'의 종지를 가르친다. 사구교는 다음과 같다.

"선도 없고 악도 없는 것은 마음의 본체이고, 선도 있고 악도 있는 것은 의념의 발동이며, 선을 알고 악을 아는 것은 양지이고, 선을 행하고 악을 제거하는 것은 격물이다."[79]

양명은 왕용계와 전덕홍에게 이 사구교 종지에 근거하여 사람들을 가르칠 것을 다음과 같이 당부한다.

"오로지 나의 이 화두에 근거하여 사람에 따라 적절히 가르친다면 저절로 병통이 없을 것이다. 이것은 원래 위와 아래를 꿰뚫는 공부다. 근기가 영리한 사람은 세상에서 만나기 어렵다. 본체 공부는 단번에 깨달아 다 통하는 것으로, 이것은 안자(顏子)와 명도(明道)도 감당하지 못한 것이거늘, 어찌 경솔하게 다른 사람들에게 바랄 수 있겠는가? (일반) 사람에게는 습관화된 마음이 있어서 그에게 양지상에서 착실하게 선을 행하고 악을 제거하는 공부를 가르치지 않고 다만 허공에 매달려 본체를 생각하게 한다면, 일체의 행위가 모두 착실하지 않아서 공허하고 적막한 것만을 길러내는 데 불과할 것이다. 이러한 병통은 결코 작은 것이 아니므로 조기에 밝히지 않으면 안 된다."[80]

왕용계와 전덕홍은 양명의 '사구교'의 가르침을 두고 논쟁을 일으킨

바 있다. 이에 대해서는 양명 제자들의 학설을 소개할 때 자세히 다룰 것이다.

왕양명은 세상을 떠나면서 "내 마음이 환하게 밝은데 다시 무슨 말을 하겠는가?(吾心光明, 亦復何言)"라는 한마디를 남긴다. '오심광명(吾心光明)'이라는 한마디 말에는 그의 삶을 이끌어갔던 정신이 들어 있다. 그는 자기 내면에서 환하게 빛나는 마음을 발견했고, 그 마음의 빛을 항상 밝힘으로써 어지러운 세상을 바로잡고자 했다. 마음을 환하게 밝히는 것은 내적으로는 자기 수양이었고, 외적으로는 백성을 사랑하고 만물을 아껴서 세상을 구제하려는 구세 활동이었다. 내 마음이 환하게 밝은 것은 이미 성인의 경지에 이른 것이요, 삼불후(三不朽)를 겸비한 것으로 평가되는 양명의 삶의 자취는 바로 그의 광명한 마음이 빚어낸 것이다. 더 이상 무슨 말이 필요하겠는가!

———————

明世宗이 藩邸에 잇을 때 깊이 陽明의 功績을 알아 卽位한 뒤에 곧 入朝受封하라고 재촉하엿으나 大臣 楊廷和 等이 陽明을 끄리어 이를 沮止하야 南京兵部尙書를 시키니 陽明이 赴任치 아니하고 歸省하기를 請하얏다. 얼마 지난 뒤에야 錄勳의 典을 擧行하야 特進光祿大夫柱國世襲新建伯을 封하고 歲祿 千石을 定하얏으나 鐵券도 아니 주고 歲祿도 또한 支給하지 아니하얏으며 同事 諸臣으로도 伍文定한 사람밖에는 모두 遷用하는 체하고 속으로 壓抑하야 거의 다 廢斥함을 당하니 陽明이 스사로 편치 못하고 또 원통하야 父憂中에도 여러 번 上疏하야 封爵을 辭하고 諸臣의 功을 訴하얏으나 得

請치 못하고 解喪한 뒤도 오래 除召함이 없드니 世宗 嘉靖六年에 廣西 思恩府 所屬 田州의 土酋 盧蘇, 王受가 反하니 總督 姚鏌이 能히 措處하지 못하는지라. 이에 陽明으로써 原官에다 左都御史를 兼하야 兩廣을 總督하고 巡撫까지 兼行케 하니 이때에 陽明의 前功을 訟陣하는 이 잇어 鐵券과 歲祿을 주고 아울러 討賊諸臣까지 錄功하얏다.

陽明이 宸濠의 亂과 忠泰의 變을 지난 뒤 더욱이 良知의 具足함을 믿어 門人 鄒守益에게 글월을 보내어 갈오되

"近來 致良知 三字가 참으로 聖門의 正法眼藏임을 믿엇다. 徃年에는 오히려 未盡함이 없는가 의심하얏드니 이제 許多事變을 지나고 보니 오즉 이 良知만이 具足하지 아니함이 없드라. 비컨대 배를 부리되 키(舵)를 얻은즉 平瀾淺瀨에 如意치 아니함이 없고, 설사 狂風逆浪을 만날지라도 자루가 손에 잇으매 沒溺할 걱정이 없다"

하얏다. 解喪한 뒤에 陽明精舍에서 講學을 일삼아 門徒가 四方으로부터 모이드니 이에 兩廣 길을 떠나게 되매 高弟 王畿(龍溪) 錢德洪(緖山)이 각기 所見으로써 質正하니 龍溪는 通明한 이오 緖山은 篤實한 이라. 陽明이 天泉橋 上에 앉어

"無善無惡은 心의 體요, 有善有惡은 意의 動이오, 知善知惡은 이 良知요, 爲善去惡은 이 格物이라"

는 四句를 들어 宗旨를 傳하니 이른바 "天泉相證"이라. 뒤에 緖山, 龍溪學說을 叙述하겟으므로 詳論치 아니한다.

陽明이 道中에 上疏하야 兩廣 用兵이 得計 아님을 말하고 또 말하되

"思恩에서 流官(朝廷에서 보내는 官吏이니 固定된 土官世襲과 對稱함이라)을 두지

아니하얏을 때는 土酋가 해마다 三千兵을 내여 官府의 征調를 等待하드니 이미 流官을 둔 뒤는 우리가 도리어 해마다 軍士 數千을 보내어 防守하니 이로만 보아도 流官의 無益함을 알 수 잇고, 또 田州는 交阯와 接近하고 深山絶谷이 모두 猺族의 盤據한 곳이니 반드시 전대로 土官을 두어야 그 兵力을 依藉하야 울을 삼을 것이어늘 土官을 고쳐 流官을 만든즉 邊鄙의 걱정을 우리가 곧 當할지니 뒤에 반드시 뉘우침이 잇으리이다."

疏章이 兵部에 나리매 尙書 王時中이 그 合當치 못한 五條를 列擧하니 世宗이 陽明으로 하야금 다시 의논하게 하얏다. 十二月에 陽明이 潯州에 다달어 巡按御史 石定과 會合하야 招撫할 計劃을 定하고 諸軍을 모두 헤쳐 보내니 數日 동안에 돌아가는 者가 數萬이 넘고 湖兵 數千은 갈 길이 멀므로 아즉 南寧과 賓州에 머믈러 解甲休息케 하니 蘇와 受가 처음에 撫綏를 받고자 하되 엇지 못하다가 陽明이 兩廣에 臨함을 듣고 더욱 두려워하드니 이에 이르러는 크게 기뻐하야 陽明이 南寧에 오매 使者를 보내어 乞降하니 陽明이 軍門으로 나오라 이른대 二人이 서로 이르되

"王公이 본래 詐謀가 많으니 우리를 속일가 무섭다"

하고 兵衛를 데리고 들어와 謁見하니 이에 二人의 罪狀을 數責하야 각기 百杖을 決治한 뒤 赦하고 親히 그 營處에 들어가 土衆 七萬을 撫綏하고 朝廷에 奏聞할 새 用兵의 十害와 招撫의 十善을 論하고 因하야 田州一部를 分割하야 따로 一州를 만들어 田州 故土官 岑氏의 子孫으로써 土官 知州를 삼고 田州에 十九巡檢司를 두어 蘇, 受等으로써 分任하되 모두 流官知府의 節制를 받게 할 것을 條陳하니 世宗이 다 聽從하얏다.

斷藤峽 猺賊은 위로 八寨를 連하고 아래로 仙臺, 花諸, 相峒의 蠻族과 通하

야 盤亘이 三百餘里니 郡邑이 數十年 두고 그 害를 입어왓다. 陽明이 이를 討平코자 하야 짐짓 南寧에 머믈고 湖廣兵을 罷해 보내어 다시 쓰지 아니할 것을 보이엇다가 賊의 防備 아니함을 探伺하야 가지고 나아가 牛腸, 六寺 等 十餘寨을 깨트리니 峽賊이 다 平定된지라 드디어 橫石江으로 조차 나려 가 仙臺, 花桐, 白石, 古陶, 羅鳳의 諸賊을 쳐 이기고 布政 林富와 副將 沈希 儀를 指揮하야 富는 蘇受의 部兵을 거느리고 곧 八寨으로 다달어 石門을 깨 치고 希儀는 逃脫하는 賊徒를 邀擊하니 八寨에 다시 殘兵이 없게 되엿다.

兩廣이 瘴鄕인대 峽地 더욱 炎蒸하니 陽明이 여기서 末疾을 얻은지라, 到廣 한 이듬해 十月에 林富를 薦하야 自代하고 十一月에 兩廣을 떠나 南安에 미 처는 病이 버썩 重하얏다.

二十八日 저녁때 배가 닫는 것을 알고 이 어느 땅이냐 물으니 뫼신 者가 靑 龍鋪임을 告하얏다. 밤 지난 뒤 門人 南安 推宮 周積을 불러 들러온 지 한참 만에 눈을 떠보고 가로되

"나는 가(去)."

積이 울면서 遺言할 것을 물으니 陽明이 微笑하며 가로되

"이 마음이 光明하거니 다시 무슨 말을 할고."

얼마 잇다 눈을 감으니 年壽ㅣ 五十七이오 明世宗 嘉靖七年 戊子 十一月二 十九日 辰時이다.(明史藁本傳, 楊綰撰行狀, 錢德洪撰年譜 參照)

4
「대학문」과
발본색원론

대인지학과 명명덕 및 천지만물일체의 인(仁)

「대학문」[1]은『대학』제1장의 대의(大義)를 문답체로 풀어 설명한 것으로, 양명이 구술하고 서산(緒山) 전덕홍(錢德洪, 1496~1574)[2]이 기록한 것이다. 양명학의 핵심 주장이 치지(致知)에 있으므로『대학』제1장의 뜻을 풀이하는 것은 양명학에서 가장 중대한 일이다. 뿐만 아니라 이 한 편의 구술은 양명이 양광(兩廣)[3]으로 길을 떠날 때 했던 것으로 양명이 돌아가시기 일 년 전의 일이니, 양명으로서도 (『대학』제1장의 뜻을) 더욱 '환하게 비추어보던' 때다. 또 전덕홍은 왕양명 문하의 수제자로서 양명의 학통을 가장 조심스럽게 지키고 전한 철학자였으니, 그의 기록이 구차하지 않으리라는 것을 믿을 수 있다. 이제 이것을 옮겨 번역하고 간간이『전습록』과「학문을 논한 여러 편지」[4]에서 필요한 부분을 취하여 상호 검증하려고 한다.

『대학』 제1장 본문(『고본대학』[5])

"대학의 도는 밝은 덕을 밝힘에 있고, 백성을 친함에 있고, 지극한 선에 머무는 데 있다. 머물 데를 안 뒤에 정(定)함이 있고, 정함이 있은 뒤에 고요할 수 있고, 고요한 뒤에 편안할 수 있고, 편안한 뒤에 사려할 수 있고,[6] 사려한 뒤에 얻을 수 있다. 물건에는 근본과 말단이 있고, 일에는 마침과 시작이 있으니, 먼저 하고 뒤에 할 것을 알면 도에 가까울 것이다. 옛날에 천하에 밝은 덕을 밝히고자 한 사람은 먼저 그 나라를 다스리고, 그 나라를 다스리고자 한 사람은 먼저 그 집안을 가지런히 하고, 그 집안을 가지런히 하고자 한 사람은 먼저 그 몸을 닦고, 그 몸을 닦고자 한 사람은 먼저 그 마음을 바르게 하고, 그 마음을 바르게 하고자 한 사람은 먼저 그 뜻을 정성스럽게 하고, 그 뜻을 정성스럽게 하고자 한 사람은 먼저 그 앎을 이루었으니, 앎을 이룸은 물을 격함에 있다. 물이 격한 뒤에 앎이 이르고, 앎이 이른 뒤에 뜻이 정성스럽게 되고, 뜻이 정성스럽게 된 뒤에 마음이 바르게 되고, 마음이 바른 뒤에 몸이 닦여지고, 몸이 닦여진 뒤에 집안이 가지런해지고, 집안이 가지런해진 뒤에 나라가 다스려지고, 나라가 다스려진 뒤에 천하가 평안해진다."[7]

"대학은 옛 선비가 대인의 학문이라고 하였는데,[8] 대인의 학문이 어찌하여 '밝은 덕[明德]'을 밝히는 데 있는가?" 양명 선생께서 말씀하셨다. "대인은 천지만물을 한 몸[一體]으로 여기는 사람인지라, 천하를 한 집안같이 보며 나라 안의 사람들을 한사람같이 본다. 저 육체를 사이에 두고 너와 나를 나누는 자는 소인이다. 대인이 천지만물을 한 몸으로 여길 수 있는 것은 그렇게 하려고 해서가 아니라, 그 마음의 '인(仁)'함이 본래 이렇듯이 천지만물과 더불어 하나가 되는 것이다. 어찌 대인뿐이겠는가? 소인일지라도 마음은 그렇지 않음이 없지만 자기 스스로 작게 만들었을 뿐이다. 이 때문에 어린아이가 우물에 빠지는 것을 보면 반드시 짠하고 애틋한 마음이 생기는데, 이는 그의 '인'이 어린아이와 더불어 한 몸이 된 것이다. 어린아이는 오히려 같은 인간이라서 그렇다고 하자. 새나 짐승이 슬피 울고 벌벌 떠는 것을 보면 반드시 '참을 수 없는[不忍]' 마음이 생기는데, 이는 그의 '인'이 새나 짐승과 더불어 한 몸이 된 것이다. 새나 짐승은 오히려 지각이 있는 것이라서 그렇다고 하자. 풀이나 나무가 베이고 꺾이는 것을 보면 반드시 불쌍히 여기는 마음[9]이 생기는데, 이는 그의 '인'이 풀이나 나무와 더불어 한 몸이 된 것이다. 풀이나 나무는 오히려 생명의 의지가 있어서 그렇다고 하자. 기와나 돌이 무너진 것을 보면 반드시 애석해하는 마음이 생기는데, 이는 그의 '인'이 기와나 돌과 더불어 한 몸이 된 것이다. 이렇게 '(천지만물과) 한 몸이 되는 인(仁)'은 비록 소인의 마음일지라도 또한 반드시 있으니, 이는 실로 하늘이 명령한 본성으로부터 우러나 자연히 영명하고 밝아서 어둡지 않다[靈昭不昧]. 그러므로 그것을 '밝은 덕[明德]'이라고 한다.[10] 소인의 마음은 이미 분리되고 막히고 좁아터지고 인색하지만, 그 '한 몸이 되는 인(仁)'이 오히려 이와 같이 어둡지 않을 수 있는 것은 물욕에 움직이지 않고, 자기의 사사로움[己私]에 가리지 않았을 때다. 욕심에 움직이고 사사로움에 가려서 이익과 해로움을 가지고 서로 다투고 분노를 가지고 서로 부딪치게 되면, 사물을 해치고 인류를 결딴내는 데 하지 않는 짓이 없고, 심지어 골육(骨肉)끼리도 서로 으스러뜨리는 경우가 있으니, '한 몸이 되는 인'이 아주 없어지고 만다. 그러므로 진실로 사욕의 가림이 없다면 비록 소인의 마음일지라도 그 '한 몸이 되는 인'은 대인과 같으며, 한번 사욕에 가림이 있으면 비록 대인의 마음일지라도 그 분리되고 막히고 좁아터지고 인색한 것은 여전히 소인이다. 그러므로 대인의 학문을 하는 사람은 오직 그 사욕의 가림을 버려 스스로 그 밝은 덕을 밝혀서 천지만물과 한 몸인 본연을 회복할 뿐이지, 본체 이외에 더 보탤 것이 있는 것은 아니다.[11]

❋

『대학』과 '대인지학(大人之學)'에 대한 기본적인 이해

경전 해석상에서 주자학과 양명학의 차이가 분명하게 드러나는 것은 『대학』이다. 왕양명은 『대학』에 착간(錯簡)과 궐문(闕文)이 있다는 주자의 견해를 반대하고 『고본대학』을 정본으로 간주한다.[12] 『대학』에 대한 양명의 탐구는 젊은 시절부터 비롯된다. 그는 18세(1489)에 누일재로부터 격물설을 통해 성인이 될 수 있다는 가르침을 듣고 그에 깊이 공감한 바 있으며, 21세(1491)에는 주자의 격물지학을 실습하기 위해 대나무를 잘라 그 이치를 궁구한 바 있다. 그러나 심과 리가 안과 밖으로 분리될 뿐, 심과 리가 합일되는 경지에 이르지 못했다. 용장에 이르러서야 '격물치지'의 의미를 자각하게 된다. 그것이 바로 '용장오도'다. 이때부터 양명은 『대학』에 대한 자신의 새로운 이해를 적극적으로 설파하고 나선다. 1512년(양명 41세) 서애(徐愛, 1488~1518)와 『대학』의 종지를 논하였고, 1518년(양명 47세)에 「대학고본방석(大學古本傍釋)」을 저술하였으며, 「대학고본서」를 세 차례에 걸쳐 수정하였고,[13] 1527년(양명 56세)에는 「대학문(大學問)」을 통해 『대학』 제1장의 대의를 밝힌다.

왕양명은 『대학』을 주자와 마찬가지로 대인(大人)의 학문을 기술한 것으로 이해한다. 그러나 대인과 그에 이르는 방법에 대한 이해에는 주자와 양명 사이에 적지 않은 차이가 있다. 주자는 대인지학(大人之學)은 소자지학(小子之學)에 상대하는 말이며, 학문에 비록 대소(大小)의 차이가 있지만 그 도(道)는 하나일 뿐이라고 본다. 따라서 어려서는 소학에서 마음을 보존하고 본성을 함양하여 대학의 기본을 닦으며, 자라서는 대학에서 의리를 살피고 그것을 사업에 베풀어서 소학에서 이루어진 공부의 결실을 거둔다.[14] 이 구분은 일상생활에서의 함양 공부를 소학에서 먼저 이루고, 대학에서는 수사동찰(隨事動察)에 해당하는 격물치지(格物致知)의 공부를 통해 궁극에는 내 마음에 갖추어진 천리(天理) 전체를 체인하여 활연관통의 경지에 이르는 공부의 전체적인 과정을 염두에 둔 것이다.

왕양명의 '대인'에 대한 이해는 매우 독특하다. 양명에 따르면 대인이란 '천지만물을 일체로 여기는 사람'이다. 대인에 대한 이러한 규정은 정명도(程明道)로부터 영향을 받은 것이다. 명도는 일찍이 "인자(仁者)는 혼연히 물(物)과 더불어 몸을 같이한다"[15]고 말한 바 있다. 양명은 명도의 만물일체설을 수용하고, '만물일체의 인(仁)'을 '명덕(明德)'으로 규정함으로써 만물일체설을 실현할 수 있는 방법을 『대학』에서 찾았다. 뿐만 아니라 '천지만물을 일체로 삼는 인(仁)' 즉 '명덕'을 모든 사람이 갖추고 있는 것으로 파악함으로써 '대학'을 일반인들도 탐구할 수 있는 학문으로 만들었다.

명덕(明德)과 천지만물일체(天地萬物一體)의 인(仁)

주자는 '명덕'을 다음과 같이 규정한다. "명덕이란 사람이 하늘에서 얻은 것으로, 허령하고 어둡지 않아서 온갖 리를 갖추고 만사에 응하는 것이다. 다만 기품에 구애되고 인욕에 가려서 때로 어두워지는 적이 있다. 그러나 그 본체의 밝음은 쉰 적이 없다. 그러므로 배우는 자가 마땅히 그 발한 것으로 인하여 마침내 밝혀서 그 처음을 회복해야 한다."[16] 명덕에 대한 주자의 규정에는 세 가지 의미가 있다. 첫째는 선천성이다. 즉 사람이 태어나면서부터 선천적으로 부여받았다는 점이다. 둘째는 지각능력이다. 즉 허령하고 어둡지 않아서 리를 인식할 수 있는 역량을 지니고 있다는 것이다. 셋째는 온갖 리를 갖추고 만사에 응한다는 것이다. 이것은 온갖 리를 안에 함축하고 있고, 그에 입각하여 만사에 이치대로 대응할 수 있는 행위 주체임을 의미한다. 이로써 보면 주자에게서 명덕은 온갖 리를 내포하고, 그것을 지각함으로써 만사에 이치대로 대응할 수 있는 선천 능력으로 규정되고 있다. 주자는 사람이 리를 인식하고, 그에 따라 만사에 알맞게 대응할 수 있는 능력을 선천적으로 구비하고 있다고 본 것이다. 명덕에 대한 주자의 이러한 이해에는 명덕을 밝히는 주체인 제왕이나 사대부 계층의 지식인이 인간이 마땅히 따라야 할 바의 도리인 지선(至善)을 인식하고, 그것을 백성들에게 제시해 주어 익히게 함으로써 그들이 스스로 새로워질 수 있게 하려는 구도가 내재해 있다. 주자는 인간의 삶의 세계를 당연지리(當然之理)가 실현되는 세계로 만들고자 한 것이다. 이를 위해서는 리를 인식할 수 있는 능력을 갖추고 있어야 한다. 주자는 명덕 개념에 그 능력을 부여했던 것이다.

주자와 달리 왕양명은 '명덕'을 천지만물을 일체로 여기는 인(仁)으로 풀이한다. 그에게서 명덕은 천명지성에 뿌리를 내려서 자연히 영명하고 밝아 어둡지 않은 것이다. 이 명덕은 대인이건 소인이건 모든 사람이 보편적으로 지니고 있는 마음의 덕이다. 그런데 사욕으로 말미암아 이 밝은 덕이 어둡게 가려질 수 있다. 명명덕이란 사욕의 가림을 제거하여 천지만물을 일체로 여기는 그 본연을 회복하는 것이다. 그것은 바로 자신의 본성을 실현하는 것[盡性]이기도 하다. 명덕에 대한 양명의 이러한 이해에는 명덕을 밝히는 주체가 대인만이 아니라 일반 서민들까지 포함되어 있다. 그리고 이 만물일체의 인(仁)인 명덕을 백성들에게 밝히는 것을 친민으로 이해한다. 따라서 양명에게서 친민이라는 정치 행위는 백성들에게 어진 마음을 베푸는 인정(仁政)으로 이해된다. 정치가가 인정을 베풀기 위해서는 천지만물을 일체로 여기는 능력을 갖추고 있어야 한다. 양명은 인정(仁政)을 펼 수 있는 그 능력을 명덕 개념에 부여했던 것이다.

주자나 양명 모두 명덕을 선천지각(先天知覺), 혹은 선천명각(先天明覺)으로 이해한 점은 동일하다. 그러나 그 지각 능력에 대해 주자는 리를 지각할 수 있는 마음의 인식 능력에 비중을 두는 반면, 양명은 천지만물을 한 몸으로 느낄 수 있는 본심의 감통 능력에 비중을 두고 있다. 주자는 이 인간 세상을 당연지리가 실현되는 세계로 만들고자 한 반면, 양명은 어진 마음이 서로 감통하는 세계로 만들고자 했던 것이다. 이처럼 명덕 관념에 대한 이들의 상이한 이해에는 그들이 지향하는 사회상이 반영되어 있다.

"大學問은" 大學 首章의 大義를 가지고 問答體로 講述한 것이니 陽明의 口授오 錢緖山의 筆記이다. 陽明의 學問宗旨가 致知하는데 잇은즉 大學 首章의 解義 陽明學에 잇어 가장 重大할 뿐 아니라 이 一篇의 口授는 兩廣 길을 떠날 때 일이니 陽明 돌아가기 一年前이다. 陽明으로도 더욱이 "光明洞照" 하든 때오 또 緖山은 王門高弟로 陽明의 學統을 가장 謹守 愼傳한 哲人이니 그 筆記 苟且치 아니할 것임을 믿을 수 잇다. 이제 이를 移譯하고 間間 "傳習錄"과 "論學諸書"를 節取하야 交證하랴 한다.

「大學」首章本文(古本)
"大學之道, 在明明德, 在親民, 在止於至善. 知止而后, 有定, 定而后, 能靜, 靜而后, 能慮, 慮而后, 能得. 物有本末, 事有終始, 知所先後, 則近道矣. 古之欲明明德於天下者, 先治其國, 欲治其國者, 先齊其家, 欲齊其家者, 先修其

身, 欲修其身者, 先正其心, 欲正其心者, 先誠其意, 欲誠其意者, 先致其知,
致知在格物. 物格而后, 知至, 知至而后, 意誠, 意誠而后, 心正, 心正而后, 身
修, 身修而后, 家齊, 家齊而后, 國治, 國治而后, 天下平."

"大學은 옛 선비 大人의 學이라 하엿나니 大人의 學이 어찌하야 明德을 밝
히는 데 잇는가." 陽明子ㅣ 갈오대 "大人은 天地萬物로써 一體를 삼는 이
(者)라 天下를 한집같이 보며 中國을 한사람같이 보나니, 저 形骸로 사이 두
고 너 나를 나누는 者는 小人이니라. 大人의 能히 天地萬物로써 一體를 삼
음은 그리하랴 하야 함이 아니라 그 마음의 "仁"함이 원래 이러트시 天地萬
物로 더부러 하나가 되나니 어찌 大人만이리오. 小人일지라도 마음은 그러
하지 아니함이 없으되 제 스사로 적게 만들엇을 뿐이니라. 이러므로 어린아
이의 움물에 빠지는 것을 보고는 반드시 찌연하고 아틋한 마음이 잇나니 이
는 그 "仁"이 어린아이로 더부러 一體됨이오. 어린아이는 오이려 같은 人類
라 하자. 鳥獸의 슬피 울고 벌벌거림을 보고는 반드시 "不忍"한 마음이 잇
나니 이는 그 "仁"이 鳥獸로 더부러 一體됨이오. 鳥獸는 오이려 知覺이 잇는
것이라 하자. 草木의 催折함을 보고는 반드시 憫恤하는 마음이 잇나니 이
는 그 "仁"이 草木으로 더부러 一體됨이오. 草木은 오이려 生意가 잇는 것이
라 하자. 瓦石의 毀壞함을 보고는 반드시 顧惜하는 마음이 잇나니 이는 그
"仁"이 瓦石으로 더부러 一體됨이라. 이러한 그 "一體의 仁"은 비록 小人의
마음일지라도 또한 반드시 잇나니 이 실로 天命의 性으로 좃아 우러나 自然
히 靈昭不昧한 것이라. 그러므로 明德이라 이르나니라. 小人의 마음은 벌서
分隔 隘陋하되 그 "一體의 仁"이 오이려 能히 不昧함이 이 같은 것은 物欲에

움즉이지 아니하고 己私에 가리지 아니한 때일 새니 欲에 움즉이고 私에 가림에 밎어 利害로 서로 다토고 忿怒로 서로 닥드린즉 物을 해치고 類를 결단 냄에 아니할 배 없고 심하면 骨肉도 서로 으섯드림이 잇으매 "一體의 仁"이 아조 없어지고 만다. 그러므로 진실로 私欲의 가림이 없을진대 비록 小人의 마음일지라도 그 "一體의 仁"이 大人과 같으며, 한번 私欲의 가리옴이 잇은즉 비록 大人의 마음일지라도 그 分隔 隘陋함이 依然히 小人이라. 그러므로 大人의 學을 하는 이 오즉 그 私欲의 가림을 바려 스사로 그 明德을 밝히어 天地萬物 一體의 本然에 回復할 뿐이오, 能히 本體以外에 增益함이 잇음이 아니니라.

16

친민에 대한 새로운 해석

"그러면 (대인의 학문이) 어찌하여 백성을 친애함[親民]에 있는가?"[17]

   "밝은 덕을 밝힘[明明德]은 천지만물을 한 몸으로 여기는 본체를 세우는 것이며, 백성을 친애함[親民]은 천지만물을 한 몸으로 여기는 작용을 펼치는 것이다. 그러므로 밝은 덕을 밝힘은 반드시 백성을 친애함에 있고, 백성을 친애함은 곧 밝은 덕을 밝히는 것이다. 그러므로 내 아버지를 친애하여 남의 아버지에게 미치고, 나아가 온 천하 사람들의 아버지에게까지 미친 뒤에야 내 '인(仁)'이 실제로 내 아버지와 남의 아버지 그리고 천하 사람들의 아버지와 더불어 한 몸이 될 것이니, 실제로 한 몸이 된 뒤에야 효(孝)의 밝은 덕이 비로소 밝혀진다. 내 형을 친애하여 남의 형에게 미치고,

나아가 온 천하 사람들의 형에게까지 미친 뒤에야 내 '인'이 실제로 내 형과 남의 형 그리고 천하 사람의 형과 더불어 한 몸이 될 것이니, 참으로 한 몸이 된 뒤에야 제(弟: 우애)의 밝은 덕이 비로소 밝혀진다. 임금과 신하, 부부, 친구 사이에서 산천 · 귀신 · 초목 · 조수에 이르기까지 실제로 친애하지 않음이 없어 한 몸이 되는 인을 펼친 뒤에야 나의 밝은 덕이 밝혀지지 않음이 없어서, 참으로 천지만물을 한 몸으로 삼을 수 있을 것이다. 이것이 바로 '천하에 밝은 덕을 밝힌다'[18]고 하는 것이요, '집안이 가지런하게 되고, 나라가 다스려지며, 천하가 평안하게 된다'[19]고 하는 것이요, '본성을 다한다'[20]고 하는 것이다."[21]

❀

양명은 주자의 '신민(新民)설'을 반대하고 '친민(親民)설'을 취한다. 양명의 '친민설'은 그의 만물일체설을 토대로 맹자의 '친친(親親) · 인민(仁民) · 애물(愛物)'설을 전개해 낸 것이다. 양명은 맹자학의 도덕 주체의 실천 이념을 실현할 수 있는 방법을 『대학』에서 찾은 것이다.

양명에 의하면 '친민'이란 명덕을 천하에 밝히는 일이다. 명덕은 천지만물을 일체로 삼는 인(仁)이다. 따라서 친민은 명덕, 즉 '천지만물을 일체로 삼는 인'을 천하에 달성하는 것이다. 이러한 체계에서는 명명덕과 친민, 즉 수기(修己)와 치인(治人)이 분리되어 있지 않다. 명명덕은 곧 친민에 있으며, 친민이 바로 명명덕이다. 양명은 또 제가 · 치국 · 평천하의 일을 '천하에 밝은 덕을 밝히는 일'이요, 바로 '친민'의 일로 간주한다.

───────

"그런즉 어찌하야 民을 親함에 잇는가."

"明德을 밝힘은 天地萬物 一體의 體를 세움이오, 民을 親함은 天地萬物 一體의 用을 達함이라. 그러므로 明德을 밝힘은 반드시 民을 親함에 잇고, 民을 親함은 곧 그 明德을 밝힘이다. 그러므로 내 아버니를 親하야 남의 아버니에게 밎이어 온 天下人의 아버니에게까지 미친 뒤에야 내 "仁"이 실제로 내 아버니 남의 아버니 다못 天下人의 아버니로 더부러 一體될지니 실제로 一體된 뒤에야 孝의 明德이 비로소 밝을지며, 내 兄을 親하야 남의 兄에게 밎이어 온 天下人의 兄에게까지 미친 뒤에야 내 "仁"이 실제로 내 兄 남의 兄, 다못 온 天下人의 兄으로 더부러 一體될지니 참으로 一體된 뒤에야 弟(友愛)의 明德이 비로소 밝을 것이니, 君臣이나 夫婦나 朋友나 山川, 鬼神, 草木, 鳥獸에 이르러 실제로 親함이 잇지 아니함이 없어 一體의 仁을 達한 뒤에야 내 明德이 밝지 아니함이 없어 참으로 能히 天地萬物로써 一體를 삼을지니 이 이른바 天下에 明德을 밝힘이오, 이 이른바 家齊 國治 天下平이오, 이 이른바 性을 盡함이니라."

17

명덕과 친민의 최고 준칙으로서의 지선(至善)

"그러면 (대인의 학문이) 또 어떻게 '지선(至善)'에 '머무름[止]'에 있다고 하는가?"[22]

"'지선(至善)'은 '명덕(明德)'과 '친민(親民)'의 최고 준칙이다. 하늘이 부여한 본성은 순수하게 지선하니, 그 영명하고 밝아서 어둡지 않음[靈昭不昧]은 바로 지선이 발현한 것이다. 이것이 바로 '명덕'의 본체요, 곧 이른바 양지(良知)다. '지선'의 발현은 옳은 것은 옳다고 하고 그른 것은 그르다고 하며, 가벼움과 무거움이나 두터움과 엷음에 따라 느끼는 대로 응하여 변동함으로 해서 일정한 곳에 머물지 않지만, 또 스스로 자연적인 중(中)을 지니지 않은 적이 없다. 이것은 곧 최고의 도덕 원칙[民彝]이자 사물 법칙

[物則]이라서 그 사이에 조금이라도 이리저리 헤아려 의논하거나 가감하는 것을 허용하지 않는다. 그 사이에 조금이라도 이리저리 헤아려 의논하거나 가감하는 것이 있다면, 이것은 사사로운 뜻[私意]과 작은 지혜[小智]이지 지선이 아니다."[23]

양명이 말하기를 "그대의 저 한 점 양지가 곧 그대 자신의 준칙이다"[24]라고 하였으니, 이 말을 자세히 궁구해 보면 지선에 대한 문답의 의미를 깨달을 수 있다. '중'이라는 것은 옛 경전에 자주 보일 뿐만 아니라, 이것은 곧 '명덕과 친민'에서 핵심이 되는 것이다. 언뜻 생각하면 모호한 듯도 하고, 또 미묘한 듯도 하지만 실로 기이할 것 없이 지극히 평범한 말이다.

'중'은 곧 치우침도 없고 기욺도 없음을 말하는 것이니, '양지' 자체가 본래 이러하다. 그러므로 어떠한 가감도 없이 '양지'의 발현에만 의거한다면 자연적인 '중'이 바로 여기에 있다. 쉽게 말하면 어떤 일에 임할 때 의념(意念)이 치우치거나 기운 것이 있는지 없는지를 스스로 아니, 치우침을 치우침으로 알고 기욺을 기욺으로 아는 그 '앎'이야말로 곧 더할 수 없는 평형이니, 이것이 이른바 자연적인 '중'이다. 그러므로 같은 '양지'지만 이를 지칭함에 있어서 그 '앎'을 '양지'라고 하고, 그 밝음을 '명덕'이라고 하고, 그 신체의 자연적인 평형을 '중'이라고 하고, 이것은 곧 지극한 것이라 여기에 대해 가감할 수 없음을 '지선'이라고 하는 것이다.

앞에서도 간략하게 논한 바 있지만 '천지만물을 한 몸으로 여기는 인(仁)'은 순전히 감통(感通)에 간격이 없음을 말하는 것이다. 그러나 감통에 있어서 가벼움과 무거움이나 두터움과 엷음에 따라 그 응하는 것이 각각 저마다라서 또 서로 섞이지 않으니, 이는 곧 한 몸이 되는 감통이 어느 곳에서든지 그 참스럽고 실다움[25]에 이르게 하는 것이다. 그러나 문자나 말로 이를 끌어 모아 합치거나 또는 안배해 보라는 것이 아니다. 누구나 자기 홀로 스스로 비추어보고 스스로 깨닫는 그곳에서 이렇게 하는 것이 알찬지[實] 아니면 빈껍데기[虛]인지, 저렇게 하는 것이 참[眞]인지 아니면 거짓[假]인지를 스스로 분명하게 판별하는 것을 행여 스스로 속이거나[26] 스스로 숨기지 말라는 것이다. 조금이라도 이렇게 치우치면 빈껍데기가 아닐까? 조금이라도 이렇게 기울면 거짓이 아닐까? 만사가 비록 어지럽고 복잡할지라도 스스로 판별하는 이 한 곳만은 그 비추는 것이 가려진 때를 제외하고는 도저히 속이지 못할 것이니, 이것이 바로 영명하고 밝아서 어둡지 않은 본체다. 치우치면 곧 치우친 줄 알고 기울면 곧 기운 줄 아는 이 한 곳에서 준칙을 얻지 않고는 진실로 텅 비어 의지할 데가 없을 것이다. 그래서 양명은 다음과 같이 말한다.

"내가 '양지' 한 단락을 제시한 것이 나로서는 온갖 죽을 고생을 겪은 뒤에 비로소 발견한 것이지만, 다른 사람에게 말하면 쉽게 들어 넘기고 마니 참으로 남이 고생하여 얻은 것을 저버리더라."[27]

뜻이 있는 사람이라면 이 말에 천추만대에 이르기까지 나와 같은 감개를 일으키지 않을 수 없을 것이다.

"진실로 홀로 있을 때 삼감[愼獨]이 지극하여 '순수하고[精]' '한결같은 [一]' 사람이 아니라면, 누가 여기에 미칠 수 있겠는가? 후대 사람들은 '지선'이 내 마음에 있음을 알지 못하고, 자신의 사사로운 지혜[私智]를 가지고 마음 밖에서 짐작하고[28] 헤아려 모든 일과 모든 물건에 각각 정해진 이치[定理]가 있다고 생각하였다. 그러므로 '옳고 그름을 판단하는 (마음의) 준칙'에 대해서는 어두워 지리멸렬해짐에 인욕[자기의 사사로운 의욕]은 날뛰고 천리(天理)는 없어져서 '명덕과 친민'의 학문이 마침내 크게 어지러워졌다."[29]

'홀로 있을 때 삼간다'는 것은 『중용』 제1장의 "어두운 곳보다 더 잘 드러나는 것이 없고, 작은 일보다 더 잘 나타나는 것은 없다. 그러므로 군자는 그 홀로 있을 때를 삼간다"[30]고 한 데서부터 서로 이어가는 중요한 가르침[要諦]으로 『대학』의 '격물'과 서로 어울려 비추는 것이다. 양명은 다음과 같이 말했다.

"자기 홀로 아는 곳에서 힘쓸 줄 모르고 오직 남들이 다 아는 곳에서만 힘쓴다면 이는 곧 거짓을 지어내는 것이요, 바로 구차하게 앞가림만 하는 것[31]이다. 이 자기 홀로 아는 곳이 바로 '정성스러움[誠]'의 싹이다. 이곳에서는 선한 생각이든 악한 생각이든 더 이상 빈껍데기[虛]와 거짓[假]이 없으니, 이 하나가 옳으면 백 가지가 옳고 이 하나가 잘못되면 백 가지가 잘못된다. 이곳이 바로 왕도(王道)와 패도(覇道), 의리[義]와 이익[利], 정성과 허위, 선과 악이 나누어지는 지점이다. 이곳에 한번 서서[一立] 그 선 것이 확고하면, 이것이 바로 '근본을 바르게 하고 근원을 맑게 하는[端本澄源]' 것이요, 이것이 바로 '정성을 세우는 것[立誠]'이다. 옛사람들의 여러 가지 '몸을 정성스럽게 하는 공부'의 정신 명맥이 전부 이 한 곳에 있을 뿐이다."[32]

이 '홀로 아는' 곳은 일체의 빈껍데기[虛]와 거짓[假]이 접근하지 못하므로 여기에서 삼감이 곧 실학의 핵심이다.[33]

"옛사람 가운데 '명덕'을 밝히려고 한 사람들이 있었다. 그러나 '지선'에 '머물[止]' 줄을 알지 못해 그 사사로운 마음이 지나치게 높은 데로 치달려 허망(虛罔)하고 공적(空寂)한 데 빠져서 가정과 국가와 천하에 베푸는 것이 없었으니, 불교와 도가의 부류가 그들이다. 또 '백성'을 '친애'하고자 한 사람들이 있었다. 그러나 '지선'에 '머물' 줄을 알지 못하여 그 사사로운 마음이 자잘한 데 빠져서 권모 · 술수나 부리고 사랑하고 불쌍히 여기는 데 진정성이 없었으니, 공리를 추구하는 오패(五伯)의 무리가 이들이다. 그것은 모두 '지선'에 '머물' 줄을 알지 못한 탓이다. 그러므로 '지선'에 '머무는' 것과 '명덕 · 친민'의 관계는 그림쇠[規矩]와 방원(方圓: 네모와 원), 자와 길이, 저울과 무게의 관계와 같다. 그러므로 방원이 그림쇠에 머물지 않으면 본뜨는 데 차질이 생길 것이고, 길이가 자에 머물지 않으면 잘못 자르게 될 것이며, 무게가 저울에 머물지 않으면 그 기준을 잃을 것이며, '명덕과 친민'이 '지선'에 '머물지' 않으면 그 근본을 잃을 것이다. 그러므로 '지선'에 '머무름'으로써 '백성'을 '친애'하고 '명덕'을 밝히는 것을 '대인의 학문'이라고 한다."[34]

"'머물' 줄을 안 뒤에야 '정(定)'함이 있고, '정'한 뒤에야 '고요할[靜]' 수 있고, '고요한' 뒤에야 '편안할[安]' 수 있으며, '편안한' 뒤에야 '사려할' 수 있고, '사려한' 뒤에야 '얻을[得]' 수 있다는 것은 무슨 말인가?"[35]

"사람들은 내 마음에 지선이 있음을 모르고 마음 밖에서 구하되, 각각의 일과 물건에 모두 정해진 이치[定理]가 있다고 생각하여 각각의 일과 물건에서 지선을 구하니, 이 때문에 지리멸렬하고 복잡하게 뒤엉켜 일정한 방향이 없었다. 이제 '지선'이 내 마음에 있어 밖에서 구할 것이 없음을 안다면 뜻에 일정한 방향이 있어서 지리멸렬하고 복잡하게 뒤엉킬 걱정이 없게 된다. 그러면 마음이 제멋대로 움직이지 않아서 고요할 수 있다. 마음이 제멋대로 움직이지 않고 고요할 수 있으면 일상생활에서 조용하고 한가하여 편안할 수 있다. 편안할 수 있으면 무릇 떠오르는 어떤 생각과 일에 대한 어떤 느낌이 '지선'이 되겠는가, '지선'이 되지 않겠는가? 내 마음의 '양지'는 스스로 상세하고 정밀하게 살필 수 있기 때문에 '사려'할 수 있으며, '사려'할 수 있으면 선택하는 것이 정밀하지 않음이 없고 처리하는 것이 마땅하지 않음이 없을 것이니, '지선'을 비로소 얻을 수 있는 것이다."[36]

❀

양명은 객관사물에 치중하여 '지선(至善)'을 추구하는 주자와는 달리 지선의 소재를 마음에서 찾는다. 그에 의하면 '지선'이란 '마음의 본체'인 '천명지성'이다. 이 순수지선한 천명지성은 영명하고 밝아 어둡지 않다. 천명지성이 자신의 지극히 선한 밝은 빛을 드러내는 것, 그것이 바로 명덕의 본체이자, 양지다. 이 지선의 발현, 즉 양지의 작용은 시비선악을 판단하고, 만나는 일의 경중후박에 따라 그에 적합하게 응할 수 있도록 하는 준칙으로 기능한다.

양명은 '지선'을 '명덕'과 '친민'의 최고 준칙으로 간주한다. 명덕을 밝히려고 하면서 지선에 머물 줄 모른다면 자칫 허망과 공적에 빠져서 가정과 국가 및 천하를 도외시할 우려가 있으며, 백성을 친하려고 하면서 지선에 머물 줄 모른다면 자칫 권모와 술수로 흐르고 공리를 추구하게 될 우려가 있다. 천성명각(天性明覺)의 지선체인 양지를 준칙으로 삼아야만 명명덕과 친민의 행위가 그 근본을 가질 수 있게 된다.

"그렇면 또 어찌하야 "至善"에 "止"함에 잇다 하는가."

"至善"은 "明德, 親民"의 極則이라. 天命의 性이 粹然히 "至善"하니 그 靈昭不昧함이 이 곳 "至善"의 發現이라. 이 곧 "明德"의 本體로 곧 이른바 "良知"이니 "至善"의 發現으로 是는 是로 非는 非로 輕重 厚薄에 感하는 대로 應하야 變動함일새 住定된 것이 아니로되 또한 스사로 天然한 "中"이 잇지 아니할 적이 없나니라. 이는 곧 民彝, 物則의 極이라 이 사이에는 조곰이라도 議擬함과 增損함이 잇음을 容許하지 아니하나니 이 사이에 議擬함과 增損함이 잇으면 이는 私意 小智라 至善이 아니니라."

陽明이 이르되 "저 一點 良知 이 곳 너의 自家的 準則이라"(傳習錄) 하엿나니 이 말을 細究하야 보면 至善에 對한 答問을 領悟할 수 잇다. "中"이라 함이

古經傳에 자조 보이엇을 뿐 아니라 이 곳 "明德, 親民"에 核心되는 것이라. 얼른 생각하면 模糊한 듯도 하고 또 微妙한 듯도 하나 실로 至極히 平常無奇한 말이다. "中"은 곳 치웃침도 없고 기움도 없음을 이름이나 "良知"의 自體 本來 이러한 것이라. 그럼으로 어떠한 增損이 없이 "良知"의 發見만에 依準할진대 天然한 "中"이 곳 여기 잇는 것이다. 쉽게 말하면 어떠한 일을 臨할 때 意念의 치웃침과 기움이 잇고 없음을 스사로 아나니 치우침을 치우침으로 알고 기움을 기움으로 아는 그 알음이야말로 곳 더할 수 없는 平衡이니 이 이른바 天然한 "中"이다. 그러므로 한 "良知"로되 이를 指稱함에 잇어 그 알음을 "良知"라 하고 그 밝음을 "明德"이라 하고 그 身體의 天然한 平衡을 "中"이라 하고 이 곳 極至함이라 여기에 對하야 增損할 수 없음을 "至善"이라 하는 것이다.

前에도 畧論한 바 잇거니와 天地萬物 一體의 仁은 純然히 感通의 間隔 없음을 이름이라. 그러나 感通에 잇어 輕重과 厚薄에 그 應함이 각기 또 서로 섞기지 못할 것이니 이 곳 一體의 感通으로 하여금 어느 곳에든지 그 참스럽고 실다움을 이르게 하는 것이라. 그러나 文字上 言說上 이를 湊合 또는 安排해 보라는 것이 아니다. 누구나 저 홀로 自照 自覺하는 그 곳에 잇어 이리하는 것이 實인가 虛인가, 저리하는 것이 眞인가 假인가, 스사로 了然히 判別하는 것을 행여 自欺하거나 自掩하지 말라는 것이다. 조곰이라도 이렇게 치우치면 虛가 아닐가, 조곰이라도 이렇게 기울면 假가 아닐가, 萬事ㅣ 비록 紛紜 錯雜할지라도 스사로 判別하는 이 한 곳만은 그 비초임이 掩蔽된 때를 除하고는 到底히 속이지 못할 것이니 이 곳 靈昭不昧한 本體라 치웃치면 곳 치웃침을, 기울면 곳 기움을 아는 이 한 곳에서 準則을 어찌 아

니하고는 진실로 空蕩無依하고 말지니, 陽明이 이르되

"내 "良知" 一段을 揭示함이 나로서는 萬死의 고생을 겪거가지고 비로소 發見한 것이어늘 다른 사람을 向하야 말하매 쉽사리 聽過하고 마니 참으로 남의 고생하야 어듬을 孤負하드라"(傳習錄)

함이 뜻잇는 사람으로서는 千秋 萬代에 나 같은 感慨를 이르키지 아니할 수 없는 것이다.

"진실로 외오서(獨)에 삼감(愼)이 지극하야 "精"하고 "一"한 者 아니면 뉘 능히 이에 미칠 것이랴. 뒷사람은 "至善"이 내 마음에 잇음을 알지 못하고 그 私智를 가지고 밖갓에서 揣摸하며 測度하야 事事物物에 각각 定理가 잇다 하엿나니 그럼으로 이 "是非의 準則"에 어두어 支離 決裂하매 人欲 (己私的 意欲)은 남뛰고 天理 없어저 "明德, 親民"의 學이 고만 크게 어지러워젓나니라."

"외오서의 삼감"은 中庸 首章의 "莫見乎隱, 莫顯乎微, 故君子愼其獨也"라 함으로부터 相承하는 要諦로 大學의 "格物"과 서로 映發하는 것이라. 陽明이 이르되

"이 외오하는 땅에서 힘쓸 줄 알지 못하고 오즉 남 다 아는 곳에서만 用功할 것 같으면 이 곳 거짓을 지음이오, 이 곳 구차로이 앞가림만 함이라. 이 "외오 아는 곳은 이곳 "誠"의 萌芽라. 이곳에는 善念 惡念할 것 없이 다시 虛假ㅣ 없나니 一是하면 곳 百是오 一錯하면 곳 百錯이라. 정히 王과 霸, 義와 利, 誠과 僞, 善과 惡의 分界點으로 이곳에 한번 서서(一立) 그 섬이 定하면 이 곳 "端本澄源"이오, 이 곳 "立誠"이라. 古人의 許多한 "誠身的 工夫"의 精神命脉이 전통으로 이 한 곳에 잇을 뿐이라"(傳習錄)

하엿나니 이 "외오서"의 곳은 一切 虛假ㅣ 붓접하지 못하므로 이에서 삼감이 곳 實學의 核心이다.

"대개 옛사람이 그 "明德"을 밝히랴 한이 잇섯나니라. 그러나 "至善"에 "止"할 줄을 알지 못하매 그 私心이 過高함에 달리엇으므로 그 失함이 虛罔 空寂하야 家國 天下에 미칠 것이 없으니 二氏(佛, 道)의 流ㅣ 이것이오, 그 "民"을 親하랴 한 이 잇엇나니라, 그러나 "至善"에 "止"할 줄을 알지 못하고 그 私心이 卑瑣한데 빠지엇으므로 그 失함이 權謀 智術이라 仁愛 惻怛의 정성스러움이 없으니 五伯功利의 徒ㅣ 이것이라. 그것은 다 "至善"에 "止"함을 알지 못한 탓이니라. 그러므로 "至善"에 止하는 것이 "明德, 親民"에 잇어 마치 規矩가 方圓에, 尺度가 長短에, 權衡이 輕重에와 같으니 方圓이 規矩에 止치 아니하면 그 則을 爽할지며 長短이 尺度에 止치 아니하면 그 劑에 乖할지며 輕重이 權衡에 止치 아니하면 그 準을 잃을지며 "明德, 親民"이 "至善"에 "止"치 아니하면 그 本을 亡할지라. 그러므로 "至善"에 "止"함으로써 "民"을 "親"하야 "明德"을 밝힘을 大人의 學이라 이르나니라."

""止"할 줄을 안 뒤에야 "定"함이 잇을지며, "定"한 뒤에야 能히 "靜"할지며, "靜"한 뒤에야 能히 "安"할지며, "安"한 뒤에야 能히 "慮"할지며, "慮"한 뒤에야 能히 "得"할지라 함은 무슨 말인가."

"사람이 내 마음에 至善이 잇음을 모르고 그 밖에 가 求하되 事事 物物에 다 定理 잇다고 하야 至善을 事事 物物 속에서 求하니 이로써 支離 決裂하고 錯雜 紛紜하야 一定한 方向이 없엇지, 이제 이미 "至善"이 내 마음에 잇어 밖에 求할 것이 없음을 알고 본즉 뜻이 定向이 잇어 支離 決裂, 錯雜 紛紜의 걱정이 없을지며, 支離 決裂, 錯雜 紛紜의 걱정이 없은즉 마음이 妄動치 아

니하야 能히 "靜"할지며, 마음이 妄動치 아니하야 能히 "靜"한즉 그 日用事
爲間에 잇어 從容閑暇하야 能히 "安"할지며, 能히 "安"한즉 무릇 一念의 發
함과 一事의 感이 그ㅣ "至善"이 되는가, 그ㅣ "至善"이 되지 아니하는가. 내
마음의 "良知" 스사로 詳審精察함이 잇어 能히 慮할지며, 能히 "慮"한즉 선
택함이 精치 아니함이 없고 처리함이 當치 아니함이 없을지니 "至善"을 바
야흐로 얻을 수 잇는 것이니라."

18

'물유본말(物有本末)'에 대한 해석

　"'물건[物]'에 '근본[本]'과 '말단[末]'이 있다고 한 것에 대해 옛 선비들은 '명덕'을 '근본'이라고 하고, '신민(新民)'을 '말단'[37]이라고 하여 두 가지 물건이 안과 밖에서 상대하고 있는 것으로 여겼다. '일'에 '마침[終]'과 '시작[始]'이 있다고 한 것에 대해 옛 선비들은 '머무름[止]'을 아는 것이 '시작'이고, 능히 '얻음[得]'을 '마침'[38]이라고 하여 한 가지의 일에서 머리와 꼬리가 서로 이어지는 것으로 보았는데,[39] 당신이 말씀하신 것으로 보면 '신민(新民)'을 '친민(親民)'이라고 하니, 그러면 '본말(本末)'에 대한 해설도 또한 틀림이 있는 것인가?"[40]

　"'마침[終]과 시작[始]'에 대한 해설은 대략 옳다. '근본[本]과 말단[末]'에 대해서도 '신민'을 '친민'으로 바꾸더라도 명덕이 '근본'이고 친민이 '말단'이라고 한다면 그 해설이 또한 불가능한 것은 아니다. 다만 '근본'과 '말단'을 두 가지 물건으로 나누는 것은 옳지 않다. 나무의 줄기를 '본(本)'이라고 하고 그 끄트머리를 '말(末)'이라고 하는데, 오직 하나의 물건이기 때문에 '본말'이라고 하는 것이다. 만일 두 가지 물건이라고 한다면 이미 두 가지 물건이 되었는데 또 어찌 '본말'로 말할 수 있겠는가?

'신민'의 의미가 이미 '친민'과 다르니 '명덕' 공부가 자연히 '신민'과 둘이 되지 않을 수 없다. 그러나 '명덕'을 '밝혀서' 그 '백성'을 '친애'하고, '백성'을 '친애'하여 그 '명덕'을 '밝힌다'는 것을 안다면, '명덕'과 '친민'을 어떻게 둘로 가를 수 있겠는가? 옛 선비의 주장은 대개 명덕과 친민이 본래 하나의 일임을 알지 못하고 두 가지의 일로 생각한 것이니, 그러므로 비록 본과 말이 당연히 하나의 물건임을 알면서도 어쩔 수 없이 두 가지 물건으로 갈라놓게 된 것이다."[41]

✾

주자는 '물유본말'의 본과 말을 각각 명덕과 신민으로 이해한다.[42] 그리고 명덕과 신민 두 가지 물건이 안과 밖에서 서로 상대하고 있기 때문에 본말이라고 한다고 말한다.[43] 명명덕과 신민을 두 가지 물건으로 본 것이다.

양명은 명명덕과 친민을 본과 말의 관계에 있는 것으로 보지만, 그것을 두 가지 물건으로 여기지는 않는다. '본말'이라는 말 자체가 하나의 물건의 근본과 말단을 의미하기 때문이다. 명명덕과 친민은 하나의 사물이며, 단지 하나의 공부다.[44] 밝은 덕을 밝히는 것은 반드시 백성을 친하는 데 있으며, 백성을 친하는 것은 곧 밝은 덕을 밝히는 것이다.

───────

""物"이 "本末"이 잇다 함에 對하야 옛 선비들이 "明德"으로써 "本"이라 하고 "新民"으로써 "末"이라 하야 兩件으로 內外相對 함이라 하고, "일"이 "終始" 잇다 함에 對하야 옛 선비들이 "止"할 줄을 앎으로써 "始"라 하고 能히 "得" 함으로써 "終"이라 하야 一事로서 首尾相因함이라 하얏는데 당신 말슴한 것으로 보면 "新民"으로써 "親民"이라 하니 그러면 "本末"에 對한 解說도 혹 틀림이 잇는 것인가."

""終始"에 對한 解說은 大畧 옳고 "本末"에 잇어서도 "新民"을 "親民"이라 할지라도 明德을 本이라 親民을 末이라 하면 그 解說이 또한 可치 아니함이 아니로되 다만 "本과 末"을 나누어 兩物을 만듦이 不當하니라. 나무의 대궁은 "本"이라 하는 것이오 나무의 추리는 "末"이라 하는 것이니 오즉 一物인 까닭으로 "本末"이라 함이라. 만일 兩物이라 할진대 벌서 兩物이 되엿거니 또 어찌 "本末"로써 이를 것으랴.

"新民"과 "親民"이 그 뜻이 이미 같지 아니한즉 "明德" 공부가 自然 "新民"과는 둘이 되지 아니할 수 없으나 明德을 "밝히어"서 그 "民"을 "親"하고, "民"을 "親"하야서 그 "明德"을 "밝힘"을 알 것 같으면 "明德"과 "親民"을 어찌 둘로 갈을 수 잇으랴. 옛 선비의 말함은 대개 明德과 親民이 번대 한 일임을 알지 못하고 두 일로 생각하엿나니, 그러므로 비록 本과 末의 當然히 一物될 것을 모름이 아니로되 어찌할 수 없이 兩物로 갈러놓게 된 것이니라."

19

'격물·치지·성의·정심·수신'에 대한
새로운 해석

"'옛날에 명덕을 천하에 밝히려는 사람'에서부터 '먼저 그 몸을 닦는다'
는 데까지는 명덕·친민에 대한 당신의 말을 가지고 풀어보고 (그 의미를)
이미 잘 알 수 있었다. 그런데 '그 몸을 닦고자 한다'에서부터 '앎을 이룸
이 물(物)을 격(格)함에 있다'에 이르기까지 그 공부의 순서는 어떻게 힘을
써야 하는가?"[45]

"이것은 바로 '명덕'·'친민'·'지선에 머무는[止至善]' 실질적인 공부를
자세히 말한 것이다. 대개 몸[身]·마음[心]·뜻[意]·앎[知]·물(物)은 곧 공
부를 하는 바의 조리이므로 비록 각각 자기 영역이 있지만 실상은 오직
하나의 사물이다. 격(格)·치(致)·성(誠)·정(正)·수(修)는 곧 그 조리에 대

한 공부이므로 비록 각각 자기 이름이 있지만 실상은 오직 하나의 일이다. 무엇을 '몸[身]'이라고 하는가? '마음[心]'을 형체로 운용하는 것을 말한다. 무엇을 '마음'이라고 하는가? '몸'을 영명하게 주재하는 것을 말한다. 무엇을 '수신(修身)'이라 하는가? 선을 행하고 악을 버리는 것을 말한다. 내 몸이 스스로 선을 행하고 악을 버릴 수 있는가? 반드시 그 영명한 주재자가 선을 행하고 악을 버리려고 한 뒤에야 그 형체를 운용을 하는 것이 비로소 선을 행하고 악을 버릴 수 있다. 그러므로 그 '몸'을 '닦고자' 하는 자는 반드시 먼저 그 '마음'을 '바르게 하는' 데 있다. 그러나 마음의 본체는 곧 성(性)이다. 성은 선하지 않음이 없으니, 마음의 본체는 본래 바르지 않음이 없다. 어디서부터 마음을 바르게 하는 공부를 할 것인가? 마음의 본체는 본래 바르지 않음이 없는데, 그 의념이 발동한 뒤에 바르지 않음이 있다. 그러므로 그 마음을 바르게 하려는 자는 반드시 그 의념이 발하는 데서 바로잡아야 한다. 무릇 하나의 생각이 발동하여 선하다면 그것을 좋아하기를 참으로 아름다운 여색을 좋아하듯이 하며, 하나의 생각이 발동하여 악하다면 그것을 미워하기를 참으로 악취를 미워하듯이 한다면 뜻[意]이 정성스럽지 않음이 없어서 마음이 바르게 될 수 있다. 그러나 뜻[意]이 발동하는 데 선이 있고 악이 있으니, 그 선과 악의 경계를 밝히지 않으면 또 참과 거짓이 뒤섞일 것이니, 비록 정성스럽고자 하더라도 정성스러울 수 없을 것이다. 그러므로 그 뜻을 정성스럽게 하려는 공부는 반드시 '앎[知]'을 이룸[致]에 있다. '치(致)'란 '이름[至]'이니, '상을 당해서 슬퍼하는 마음을 다한다[喪致乎哀]'[46]고 할 때의 '치(致)'와 같다. 『역경(易經)』에서 "이를 데를 알아 이른다(知至至之)"[47]고 하였으니, '이를 데를 안다[知

至]'는 것은 '앎[知]'이며, '이른다[至之]'는 것은 '이루는[致]' 것이다. '치지(致知)'라는 것은 후세의 선비들이 말하는 '그 지식을 넓히고 채운다'는 것과 같은 것이 아니라, 내 마음의 '양지(良知)'를 '이룰[致]' 뿐이다. '양지'라는 것은 맹자가 "옳고 그름을 분별하는 마음은 사람마다 모두 지니고 있다"[48]고 말한 바로 그것이다. 옳고 그름을 분별하는 마음은 생각해야 아는 것이 아니며, 배워야 할 수 있는 것이 아니므로 '양지'라고 한다. 이것이 바로 하늘이 명한 본성이고, 내 마음의 본체로서 자연히 영명하고 밝아서 환하게 깨닫는 것이다. 무릇 의념이 발동할 때 내 마음의 양지는 스스로 알지 못함이 없다. 그것이 선일진대 오직 내 마음의 양지가 스스로 알고, 불선일진대 오직 내 마음의 양지가 스스로 아니, 이것은 모두 다른 사람과는 관계가 없는 것이다. 그러므로 소인이 선하지 않은 일을 하여 비록 하지 않는 짓이 없더라도 좀 점잖은 사람만 보면 반드시 그 선하지 않은 것은 감추고 선한 것처럼 행동하니, 이것으로 보아도 '양지'는 스스로를 흐리게 하지 못한다는 것을 알 수 있다. 이제 선과 악을 분별하여 그 뜻을 정성스럽게 하려고 한다면 오직 그 양지가 안 것을 이루어놓을 따름이다. 왜 그런가? 의념이 발동할 때 내 마음의 양지가 이미 그것이 선한 것임을 알았으나, 참된 정성으로 그것을 좋아하지 못하여 다시 등져버린다면, 이는 선을 악으로 생각하여 스스로 선을 알았던 양지를 흐리게 한 것이다. 의념이 발동할 때 나의 양지[49]가 이미 그것이 선하지 않다는 것을 알았으나, 참된 정성으로 그것을 미워하지 못하여 다시 그것을 따라 행한다면, 이는 악을 선으로 생각하여 스스로 악을 안 양지를 흐리게 한 것이다. 이렇게 본다면 비록 알았다고 할지라도 알지 못한 것과 같으니, 뜻이

어떻게 정성스럽게 될 수 있겠는가!"⁵⁰

　양명의 「대학문」을 읽으려면 반드시 선악의 표준에 대한 양명의 주
장을 알아야 한다. 양명은 '지선'을 마음의 본체로 보아서 본체를 조금
만 넘어도 곧 악이라고 하였고, 선이 있고 또 악이 있어서 서로 대립하
는 것이 아니라고 하였다. 마음이 '그대로' 발현한 데는 악이 없다. (마
음의 발현에) 치우침과 기욺이 있어야 비로소 '양지'의 지선한 것을 가로
막아서 악으로 나타나게 된다고 했다. 그러나 '양지'는 언제든지 평형이
므로 (마음의 발현이) 치우치고 기우는 것을 스스로 비출 수 있으니, 비
출 수 있는 그 자체가 곧 지선이요, 이것을 통과하지 못하는 것이 바로
악이다.

　그러면 이 또한 한가한 말이다. 가령 사람을 살리는 것이 선이라든지
사람을 죽이는 것이 악이라든지, 현실에서 분명하게 검증되는 것이 있
어야 할 것 아닌가? 가령 선과 악은 시대에 따라 변한다든지 처지에 따
라 바뀐다든지, 진상에 대한 적확(的確)한 근거가 있어야 할 것 아닌가?
아니다. 시대에 따라 변하고, 처지에 따라 바뀌는 것은 근본 생명이 아
니다. 살리고 죽이는 그것도 또한 주요 준칙이 아니다. 우선 선이나 악
이라는 것이 스스로 생겨난 글자가 아니라 사람이 설정한 것이요, 그래
서 선이면 어쨌든지 좋다고 하고 악이면 어쨌든지 밉다고 하는 것이니,
좋다거나 밉다고 하는 것은 누가 하는 것인가? 좋다고 하는 생각이 드
는데 이를 부인하여 미운 것인 줄 알고, 밉다고 하는 생각이 드는데 이
를 부인하여 좋은 것인 줄 알 때, 이렇게 아는 그 앎이 곧 나의 '양지'이

니, '양지'로써 좋아하는 그것이 곧 선이요, 미워하는 그것이 곧 악이다.

살려서 선일 때가 있지만 또 악일 때도 있고, 죽여서 악일 때가 있지만 또 선일 때도 있어서 얼핏 보아 일정하지 않은 듯하지만, 내 본밑 마음이 옳다 그르다고 하는 것을 표준으로 삼아 선·악의 분계(分界)를 정하는 것은 언제나 바뀌지 않는 것이다. 그러므로 시대에 따라 변하고, 처지에 따라 바뀌었다고 하더라도, 내 본밑 마음에 비추어 옳다 그르다고 하는 이 두 가지를 가지고 선·악의 분계를 정하는 것도 혹 변하고 바뀐 적이 있을까? 표준을 내 마음의 시비에 세워 선과 악을 정하는 것이 양명의 참된 정신이요, 동시에 선과 악이 대등한 것이 아니라 본체에 조금이라도 지나치거나 미치지 못함이 있으면 이를 악이라고 한다는 것이 또한 양명학의 가장 중요한 핵심이다.

'머물' 줄을 안 뒤에야 '고요하다'는 것이 '쓸쓸하게 적막한' '고요함'이 아니다. 본심 그대로면 언제든지 고요하니, 비록 미친 듯이 날뛰며 소리소리 지르더라도 본심 그대로의 발현이요 끼어들어 섞인 것이 아무것도 없다면 이것이 곧 고요함이다. 그러므로 양명은 본심에 있어서 이리저리 헤아려 의논하거나 가감하는 것을 허용하지 않았다. 양명의 다음과 같은 말이 바로 그런 의미다.

"눈이 보는 대로 보면 곱고 추함이 저절로 구별될 것이니, 하나의 생각도 조작하지 않는 것을 눈 밝음[明]이라고 한다. 귀가 듣는 대로 들으면 맑은 소리와 탁한 소리가 저절로 구별될 것이니, 하나의 생각도 조작하지 않는 것을 귀 밝음[聰]이라고 한다. 마음이 생각하는 대로 생각하면 옳고 그름이 저절로 구별될 것이니, 하나의 생각도 조작하지 않는 것을 슬기로움[睿]이라고 한다."[51]

그러므로 '먼저 그 마음을 바르게 한다[先正其心]'의 '바르게 함[正]'도 그 마음을 '그대로'이게 하는 것이니, 그대로이기 때문에 치우침과 기욺이 없이 지선의 본체가 되는 것이다. 내 마음 그대로의 진실함이 곧 천리(天理)요, 여기에 치우침과 기욺이 있다면 이는 그대로가 아니니 이를 인욕(人欲)이라고 한다. 양명이 말하였다.

"공부가 이 하나의 고동을 터득하지 못하면 충실하고 아름답게 빛나는 효과를 어떻게 얻을 수 있겠는가? 이를 터득하려고 한다면 그대의 총명과 지해(知解)로는 될 것이 아니니, 모름지기 가슴속의 잡티가 다 없어져 터럭만큼이라도 거치적거릴 것이 없는 뒤에야 이것을 이룰 것이다."[52]

누구나 양명학을 알려면 총명과 지해를 가지고는 고찰하지 못할 것이니, 총명과 지해를 가지고 고찰할 수 없다면 한 생각의 악이 싹틀 때 스스로 비추어 아는 그 자리는 총명을 필요로 하지도 않고 지해를 구할 것도 없다.

"그러나 그 '양지'를 '이루려고[致]' 함이 또 어떻게 근거 없이 황홀하고 공상에 사로잡혀서 실질이 없음을 말하는 것이겠는가? 실제로 그 일이 있을 것이다. 그러므로 '앎[知]'을 '이룸[致]'은 반드시 '물(物)'을 '격(格)'함에 있으니, '물(物)'은 곧 '일[事]'이다. 무릇 뜻[意]이 발동하는 데에는 반드시 그 일이 있을 것이니, '뜻'이 있는 곳의 '일[事]'을 '물(物)'이라고 한다. '격(格)'은 바로잡는다는 뜻이다. 그 바르지 않음을 바로잡아 바른 데로 돌아가게 함을 말하니, 그 바르지 않음을 바로잡는다는 것은 악을 버림을 말하는 것이요, 바른 데에 돌아가게 한다는 것은 선을 행함을 말하는 것이다. 이것을 '격(格)'이라고 하니, 『서경』에서 "위아래에 이르셨다[格于上下]",[53] "문조(文祖)의 사당에 나아가셨다[格于文祖]",[54] "그 그릇된 마음을 바로잡는다"[55]고 했는데, '격물(格物)'의 '격(格)'이 실제로 그 뜻을 겸하고 있다."[56]

"양지가 아는 바의 선을 진실로 좋아하려고 할지라도 그 '뜻[意]'의 소재인 '물(物)'에 대하여 실제로 행하지 않는다면, 이는 '물'이 '격(格)'해지지 못함이 있어서 선을 좋아하는 그 '뜻'이 오히려 정성스럽지 못한 것이다. 양지가 아는 바의 악을 진실로 미워하려고 할지라도 그 '뜻'의 소재인 '물'에 대하여 실제로 버리지 않는다면, 이는 '물'이 '격'해지지 못함이 있어서 악을 미워하는 그 '뜻'이 오히려 정성스럽지 못한 것이다. 이제 '양지'가 아는 바의 선에는 그 '뜻'의 소재인 '물'에 대하여 실제로 행하되 다하지 않음이 없으며, 양지가 아는 바의 악에는 그 '뜻'의 소재인 '물'에 대하여 실제로 버리되 다하지 않음이 없은 뒤에야 '물'이 '격'해지지 않음이 없어서, 내 '양지'가 아는 것이 이지러지거나 가리는 것 없어 그 한도를 다할 것이다. 그런 뒤에야 내 마음이 아무런 유감 없이 스스로 유쾌할 것이며, 그런 뒤에야 '뜻'이 발동한 것이 스스로 속임이 없어 '정성스럽다'고 말할 수 있다."[57]

양명의 일생 정력이 「대학문」 한 편에 응집되었다고 해도 지나친 말이 아니다. 그러나 '격물치지'의 의미에 대한 풀이를 『전습록』과 「학문을 논한 여러 편지」에서 찾아보면 더욱 분명하게 알 수 있다. 『전습록』에서 양명은 다음과 같이 말했다.

"선대의 유학자가 격물을 해석하기를 '천하의 사물을 궁구한다[格]'고 했는데, 천하의 사물을 어떻게 궁구할 수 있겠는가? 또 '풀 한 포기 나무 한 그루에도 모두 이치가 있다'고 했는데, 이제 어떻게 궁구할 수 있겠는가? 설령 풀과 나무를 궁구했다고 하더라도 여기서 어떻게 자신의 '뜻[意]'을 정성스럽게 할 수 있을까? 나는 '격(格)'을 (바로잡는다는) '정(正)' 자의 의미로 해석하고, '물(物)'을 '사(事)' 자의 의미로 해석한다."[58]

"『대학』에서 말하는 바의 몸[身]은 곧 귀·눈·입·코와 사지다. 몸을 닦으려고 한다는 것은 바로 눈은 예가 아니면 보지 말고, 귀는 예가 아니면 듣지 말고, 입은 예가 아니면 말하지 말고, 사지는 예가 아니면 움직이지 말아야 한다는 것이다. (예는 곧 자연적인 중이니, 양지의 본체가 발현한 것을 가리켜 예라고 한다. 자기를 이겨서 예로 돌아간다고 함은 곧 본체를 회복한다는 말이다.) 저렇게 '몸'을 '닦으려고' 한다면 '몸'에서 어떻게 공부할 것인가? '마음'이란 '몸'을 주재하는 것이라서 눈이 비록 본다고 할지라도 실제로는 '마음'으로 보는 것이요, 귀가 비록 듣는다고 할지라도 실제로는 '마음'으로 듣는 것이요, 입과 사지가 비록 말하고 움직인다고 할지라도 실제로는 '마음'으로 말하고 움직이는 것이다. 그러므로 몸을 닦으려고 한다면 자신의 심체를 스스로 깨달아 언제나 탁 트이고 크게 공정하여 조금이라도 바르지 않은 곳이 없도록 해야 한다. 주재하는 것이 일단 바르면, 그것이 눈으로 드러남에 스스로 예가 아닌 것을 보지 않을 것이며, 귀로 드러남에 스스로 예가 아닌 것을 듣지 않을 것이며, 입과 사지로 드러남에 스스로 예가 아닌 것을 말하고 행동하지 않을 것이니, '몸을 닦는 것은 그 마음을 바르게 하는 데 있다'는 것이 바로 이것이다."[59]

"그러나 '지선(至善)'은 '마음'의 본체다. 마음의 본체 어디에 선하지 않음이 있겠는가? 이제 '마음'을 바르게 하고자 한다면 본체에서는 착수할 곳이 없고 오직 마음이 발동한 곳에서라야 비로소 힘을 쓸 수 있다. 마음이 발동하면 선하지 않음이 없을 수 없으므로 이곳에서 힘을 써야 할 것이니, '(마음을 바르게 함은) 뜻[意]을 정성스럽게 함에 있다'는 것이 바로 이것을 말한 것이다. 가령 하나의 의념이 선을 좋아하는 데 발동했다면 착실하게 선을 좋아하고, 하나의 의념이 악을 미워하는 데 발동했다면 착실하게 악을 미워하여 의념이 발동하는 데 이미 정성스럽지 않음이 없다면, 그 본체에 어떻게 바르지 않음이 있겠는가? 그러므로 마음을 바르게 하려는 공부는 '뜻[意]'을 정성스럽게 함에 있다고 한 것이니, 공부가 '뜻을 정성스럽게 함[誠意]'에 이르러야 비로소 분명하게 착수할 곳이 있게 된다."[60]

"그러나 '뜻을 정성스럽게 하는[誠意]' 근본은 또 '앎을 이룸[致知]'에 있다. 이른바 '남은 비록 알지 못할지라도 나는 홀로 안다'는 그것이 바로 내 마음의 양지다. 그러나 선함을 알고도 그 양지에 의거하여 행하지 않고, 선하지 않음을 알고도 그 양지에 의거하여 버리지 않는다면 그 양지가 그만 가려지고 말 것이니, 이것은 그 앎[知]을 이루지 못하는 것이다. 내 마음의 양지가 이미 속속들이 확충되지 못했으므로 비록 선을 좋아할 줄 알더라도 착실하게 좋아하지 못하고, 악을 미워할 줄 알더라도 착실하게 미워하지 못하니, 뜻이 어떻게 정성스럽게 될 수 있겠는가? 그러므로 '앎[知]'을 '이룸[致]'은 '뜻[意]'이 정성스럽게 되는[誠] 근본이다."[61]

"그러나 이 또한 허공에 뜬 채로 앎을 이루는 것이 아니다. 앎을 이룸은 실제 일에서 바로잡는[格] 것이니, 의념이 선을 행하는 데 있으면 바로 그 일에서 (선을) 행하고, 의념이 악을 버리는 데 있으면 바로 그 일에서 (악을) 행하지 않아야 한다. 악을 버리는 것은 실로 바르지 않음을 바로잡아 바른 데로 돌아가게 하는 것이요, 선을 행하면 선하지 않은 것이 바르게 될 것이니 이 또한 '바르지 않음'을 바로잡아 바른 데로 돌아가게 하는 것이다. 이와 같이 한다면 내 마음의 양지가 사욕에 가려지지 않아서 그 지극함을 이룰 수 있으며, 의념이 발동하는 것도 선을 좋아하고 악을 버림이 정성스럽지 않음이 없을 것이다. 성의(誠意) 공부가 실제로 착수할 곳은 물(物)을 격(格)하는 데 있다. 이렇게 물을 격한다면 누구나 다 할 수 있으니, '사람마다 요순이 될 수 있다'고 한 것은 바로 이것을 말한 것이다."[62]

양명은 「고동교에게 답한 편지」에서 다음과 같이 말했다.

"마음은 몸의 주인이고, 마음이 허령(虛靈)하여 밝게 지각하는 것[明覺]은 곧 이른바 본연의 양지다. 허령하여 밝게 지각하는 양지가 느끼는 대로 움직이는 것을 뜻[意]이라고 한다. 앎[知]이 있은 뒤에 뜻이 있고, 앎이 없으면 뜻이 없으니, 앎은 뜻[意]의 본체가 아니겠는가? 뜻이 쓰이는 데는 반드시 그 물(物)이 있으니, 물은 곧 일[事]이다. 가령 뜻을 부모를 섬기는 데 쓴다면 부모를 섬기는 것이 하나의 물(物)이 되고, 뜻을 백성을 다스리는 데 쓴다면 백성을 다스리는 것이 하나의 물이 되고, 뜻을 글을 읽는 데 쓴다면 글을 읽는 것이 하나의 물이 되고, 뜻을 송사(訟事)를 듣는 데 쓴다면 송사를 듣는 것이 하나의 물이 된다. 무릇 뜻을 쓰는 데 물이 없는 것은 없으니, 이 뜻이 있으면 곧 이 물이 있고, 이 뜻이 없으면 곧 이 물이 없을 것이니, 물은 뜻의 작용이 아니겠는가? '격(格)' 자의 뜻을 (이른다는 의미의) '지(至)'로 해석하는 경우가 있으니, "문조의 사당에 이르렀다[格于文祖]", [63] "묘족이 이르렀다[有苗來格]"[64]와 같은 것은 '지(至)'로 해석한 것이다.[65] 그러나 "문조의 사당에 이르렀다"고 하면 반드시 순수한 효심으로 정성과 공경을 다하여 사람과 귀신 사이에 그 이치를 하나라도 얻지 못함이 없는 뒤에야 '격(格)'이라고 하는 것이고, 묘족의 완악함을 실제로 문덕(文德)[66]을 크게 펼친 뒤에야 '격(格)'하게 된 것이다. 그렇다면 거기에는 또한 (바르게 한다는) '정(正)' 자의 의미가 함께 들어 있으니 오직 (이른다는 의미의) '지(至)' 자로 다 풀이할 수는 없다. "그 잘못된 마음을 바로잡는다[格其非心]", [67] "대신은 임금의 잘못된 마음을 바로잡는다[大臣格君心之非]"[68]와 같은 것들은 모두 '바르지 않음[不正]'을 바로잡아 '바름[正]'으로 돌아가게 한다는 의미이니, '지(至)' 자로 해석할 수 없다. 그런데 『대학』의 '격물'에 대한 해석에서는 '정(正)' 자의 뜻이 아닌지 어떻게 알아서 반드시 '지(至)' 자의 뜻으로 여기는가? '지(至)' 자의 뜻으로 여긴다면 반드시 "사물의 이치를 궁구하여 이른다[窮至事物之理]"[69]고 말한 뒤에야 그 해설이 비로소 통하게 된다. 그러면 공부를 하는 요체는 전부 하나의 (궁구한다는 의미의) '궁(窮)' 자에 있고, 공부를 하는 곳은 전부 하나의 '리(理)'[70] 자에 있게 된다. 만약 위에서 '궁(窮)' 자 하나를 빼고 아래에서 '리(理)' 자를 빼내어, 다만 '치지는 사물에 이르는 데 달려 있다[致知在至物]'고 한다면 무슨 말인지 알 수 있겠는가?"[71]

양명은 또 고동교의 물음[72]에 다음과 같이 대답했다.

"이것은 그대 스스로 자신의 생각을 가지고 내 견해를 헤아려서 한 말이지, 내가 그대에게 말해준 것이 아니다. 과연 그대의 말대로라면 무슨 말인지 알 수 있겠는가? 대개 내 견해로는 가령 뜻[意]이 (부모님을) 따뜻하고 시원하게 보살피려 하고, 뜻이 봉양하려 하는 것이 이른바 의(意)이지만, 그것을 아직 성의(誠意)라고 할 수는 없다. 반드시 따뜻하고 시원하게 보살피고 봉양하고자 하는 뜻을 실제로 행하여 스스로 유쾌하기를 힘써 스스로를 속임이 없은 뒤에야 성의라고 이르는 것이다. 어떻게 해야 따뜻하고 시원하게 보살피는 절목(節目)이 되고, 어떻게 해야 봉양의 마땅함이 되는지를 아는 것은 이른바 앎[知]이지만, 그것을 아직 치지(致知)라고 할 수는 없다. 반드시 어떻게 해야 따뜻하고 시원하게 보살피는 절목이 되는지를 안 그 앎[知]을 이루어 실제로 그대로 따뜻하고 시원하게 보살피며, 어떻게 해야 봉양의 마땅함이 되는지를 안 그 앎[知]을 이루어 실제로 그대로 봉양한 뒤에야 그것을 치지(致知)라고 하는 것이다. 따뜻하고 시원하게 보살피는 일과 봉양하는 일은 이른바 물(物)이지만, 그것을 아직 격물(格物)이라고 할 수는 없다. 반드시 따뜻하고 시원하게 보살피는 일에 대해 어떻게 해야 따뜻하고 시원하게 보살피는 절목이 되는지를 양지가 아는 바대로 한결같이 행하여 조금의 미진함도 없고, 봉양하는 일에 대해 어떻게 해야 봉양의 마땅함이 되는지를 양지가 아는 바대로 한결같이 행하여 조금의 미진함도 없은 뒤에야 격물(格物)이라고 할 수 있다. 따뜻하고 시원하게 보살피는 일[物]이 바르게 된[格] 뒤에야 따뜻하고 시원하게 보살필 줄 안 양지가 비로소 이루어질 것이며, 봉양하는 일[物]이 바르게 된[格] 뒤에야 봉양할 줄 안 양지가 비로소 이루어질 것이다. 그러므로 "물(物)이 바르게[格] 된 뒤에야 지(知)가 이루어진다"[73]고 하였다. 따뜻하고 시원하게 보살필 줄 안 그 양지를 이룬 뒤에야 따뜻하고 시원하게 보살피고자 하는 뜻[意]이 비로소 정성스러워질 것이며, 봉양할 줄 안 그 양지를 이룬 뒤에야 봉양하고자 하는 뜻이 비로소 정성스러워질 것이다. 그러므로 "지(知)가 실현된 뒤에 뜻이 정성스러워진다"[74]고 하였다. 성의 · 치지 · 격물에 대한 나의 해설은 대개 이와 같다."[75]

또 '치지'에 대하여 양명은 '지행합일'을 제창하였다. 앎[知]과 실천[行]을 나누어 보지 않은 뒤에야 그 앎이 비로소 참으로 절실하고 돈독하게 알찬 앎이 되고, 그 실천이 비로소 밝게 지각하고 정밀하게 살피는 실천이 된다는 것이다. 그래서 양명은 "앎은 실천의 시작이요, 실천은 앎의 완성이다. 성인의 학문은 오직 하나의 공부이니, 앎과 실천을 두 가지 일로 나눌 수 없다"[76]고 말했다.

「고동교에게 답한 편지」에서 다음과 같이 말했다.

"앎[知]이 참으로 절실하고 돈독하게 알찬 곳은 곧 실천[行]이요, 실천이 밝게 지각하고 정밀하게 살피는 곳은 곧 앎이다. 앎과 실천의 공부는 본래 떨어질 수 없다. 다만 후세의 학자가 이것을 나누어 두 가지의 공부로 만들었기 때문에 앎과 실천의 본모습을 잃어버렸다. 그러므로 합일이라거나 병진이라는 말이 있게 되었다. 참된 앎[眞知]은 곧 실천하는 것이니, 실천하지 않으면 앎이라고 하기에는 부족하다. 이는 보내온 편지에서 말한 '밥인 줄 알고서야 먹는다'는 등의 이야기에서 볼 수 있으니, 앞에서도 대략 말한 바 있다. 이것은 비록 폐단을 바로잡는 데 매우 급하여 한 말이지만, 앎과 실천의 본모습이 본래 이러한 것이지, 내 생각으로 거기에 억누르거나 드높여 구차하게 이 말을 만들어 가지고 한때의 효과를 도모하려 한 것이 아니다.

'오직 본심만을 구하려다가 사물의 이치[物理]를 내버렸다'고 했는데, 이것은 대개 그 본심을 잃어버린 것이다.[77] 무릇 사물의 이치는 내 마음에서 벗어나지 않으니[78] 내 마음을 벗어나 사물의 이치를 구한다면 사물의 이치가 없을 것이요, 사물의 이치를 내놓고 내 마음을 구한다면 내 마음은 또 어떤 것이겠는가?[79] 마음의 본체는 성(性)이니, 성은 곧 리(理)다. 그러므로 부모에게 효도하는 마음이 있으면 곧 효도의 이치가 있고 부모에게 효도하는 마음이 없으면 곧 효도의 이치가 없으며, 임금에게 충성하는 마음이 있으면 곧 충성의 이치가 있고 임금에게 충성하는 마음이 없으면 곧 충성의 이치가 없으니, 이치가 어찌 내 마음에서 벗어나겠는가?

주자는 사람이 가지고 공부하는 것은 마음과 리(理)뿐이다. 마음은 비록 한 몸을 주재하지만 실제로 천하의 이치를 거느리고, 이치는 비록 만사에 흩어져 있지만 실제로 한 사람의 마음에서 벗어나지 않는다[80]고 하였다. 이 말은 한 번 나누고 한 번 합하는 사이에 벌써 배우는 사람들에게[81] 마음과 리가 둘이 되는 폐단을 열게 됨을 면하지 못했다. 이것이 후세에 이르러 '오직 본심만 구하고 사물의 이치를 내버리는' 걱정이 생기게 된 까닭이니, 바로 '마음이 곧 리'임을 알지 못한 때문이다. 무릇 마음에서 벗어나 사물의 이치를 구하게 되면 이 때문에 어두워서 사무치지 못하는 곳이 있게 되니, 고자가 의로움을 밖에 있다고 주장한 것을 맹자가 의로움을 알지 못한다고 비판한 것은 이 때문이다.[82] 마음은 하나일 뿐이지만, 그 전체의 애틋하게 여기는 것을 가지고 말하여 인(仁)이라 하고, 그 마땅함을 얻은 것을 가지고 말하여 의(義)라 하고, 그 조리를 가지고 말하여 리(理)라고 한다. 마음에서 벗어나 인을 구할 수 없고 마음에서 벗어나 의를 구할 수 없거늘, 유독 리만은 마음에서 벗어나 구할 수 있겠는가? 마음에서 벗어나 리를 구하는 것은 앎과 실천이 갈라진 까닭이다. 리를 내 마음에서 구하는 것이 성인 문하의 지행합일의 가르침이니, 그대는 또 무엇을 의심하는가?"[83]

또 다음과 같이 말하였다.

"무릇 배우고[學] 묻고[問] 생각하고[思] 변별하고[辨] 행하는[行] 것이 모두 학문을 하는 것이니, 배우고도 행하지 않는 것은 없다. 가령 효에 대해 배웠다면 반드시 힘써 봉양하여 몸소 효도를 행한 뒤에야 배웠다고 할 것이니, 어찌 한갓 공허하게 듣고 전하는 것을 가지고 드디어 효를 배웠다고 할 수 있겠는가? 활쏘기를 배웠다면 반드시 활시위를 얹고 화살을 먹이어 팽팽히 당긴 뒤에 적중시켜야 하며, 글쓰기를 배웠다면 반드시 종이를 펴고 붓을 잡아 먹물을 묻혀서 글씨를 써야 한다.[84] 세상의 모든 배움이 행하지 않고 배웠다고 말할 수 있는 것은 없으니, 배움의 시작이 벌써 이 행(行)이다. [독행(篤行)의] '독(篤)'은 성실하고 두텁다는 뜻으로, 이미 행한 상태에서 그 행위를 돈독하게 하여 그 공부를 쉬지 않음을 말한 것이다. 대개 배움에는 의심이 없을 수 없기 때문에 물음이 생기게 되니, 물음이 곧 배움이자 행(行)이다. 그래도 의심이 없을 수 없으므로 생각을 하게 되니, 생각이 곧 배움이자 행이다. 그래도 의심이 없을 수 없으므로 변별하게 되니, 변별이 곧 배움이자 행이다. 변별이 이미 분명해지고 생각이 이미 신중해지고 물음이 이미 세밀해지고 배움이 이미 능숙해지고 게다가 또 그 공부를 쉬지 아니하니 이것을 독행(篤行)이라고 하는 것이요, 배우고 묻고 생각하고 변별한 뒤에 비로소 행하는 것이 아니다. 그러므로 일에 능숙해지기를 구하는 것으로 말하면 배움이라고 하고, 의심이 해결되기를 구하는 것으로 말하면 물음이라 하며, 학설에 통하기를 구하는 것으로 말하면 생각이라 하고, 정밀하게 살피기를 구하는 것으로 말하면 변별이라 하며, 실제로 이행하기를 구하는 것으로 말하면 행이라고 한다. 대개 그 공부를 나누어 말하면 다섯 가지지만, 그 일을 합해서 말하면 하나일 뿐이다.[85] 마음과 리가 합일하는 본체, 앎과 행이 함께 진행하는 공부에 대한 나의 구구한 설명이 후세의 말과 다른 까닭이 바로 여기에 있다.[86] 그대가 이제 오직 배우고 묻고 생각하고 변별하여 천하의 이치를 궁구하는 것만 말하고 독실하게 행하는[篤行] 것에는 미치지 않았으니, 이것은 다만 배우고 묻고 생각하고 변별하는 것을 앎[知]이라고 하고 이치를 궁구하는 데 행(行)은 없다고 하는 것이다. 세상에 어찌 행하지 아니하고 배우는 것이 있겠는가? 어찌 행하지 아니하고서 드디어 이치를 궁구하였다고 말할 수 있겠는가? 명도[明道: 송나라의 대유학자 정호(程顥)의 호] 선생께서는 "이치만 궁구했어도 곧 본성을 실현하고 천명에 이른 것이다"[87]고 하였다. 그러므로 반드시 어질되[仁] 어짊의 극치에까지 이른 뒤라야 어짊[仁]의 이치를 궁구했다고 할 수 있고, 의롭되[義] 의로움의 극치에까지 이른 뒤라야 의로움의 이치를 궁구했다고 할 수 있다. 어질되 어짊의 극치에까지 이르렀다면 어짊의 본성을 다 실현한 것이요, 의롭되 의로움의 극치에까지 이르렀다면 의로움의 본성을 다 실현한 것이다. 배움이 '이치를 궁구'하는 데 이르면 지극하다고 할 수 있거늘, 이러하고도 아직도 행함에 미치지 않았다고 한다면 세상에 어찌 이런 일이 있겠는가? 그러므로 행하지 않고서 배움이 되지 못한다는 것을 안다면 행하지 않고서 '이치를 궁구함'이 되지 못한다는 것을 알 것이며, 행하지 않고서 이치를 궁구함이 되지 못한다는 것을 안다면 '앎과 행이 합일'하고 '함께 나아가는[竝進]' 것이라서 나누어 두 가지 일로 만들 수 없음을 알 것이다. 무릇 만사 만물의 이치는 내 마음에서 벗어나지 않는다. 그런데도 반드시 천하의 이치를 궁구하라고 하니, 이것은 대개 내 마음의 양지를 충분하지 못하다고 여겨서 반드시 밖으로 드넓은 천하에서 찾음으로써 양지를 보조하고 증익하려는 것이니, 이는 암만해도 '마음'과 '리'를 쪼개어 둘로 만드는 것이다.[88] 무릇 배우고 묻고 생각하고 변별하고 돈독히 행하는 공부는 비록 애쓰고 힘들임이 남이 한 번에 할 것을 나는 백 번을 해야 확충이 지극해져서 본성을 다 실현하고 하늘을 아는 데 이를지라도 내 마음의 양지를 이루는 것에 지나지 않으니, 양지 밖에 어찌 터럭만큼이라도 보탤 것이 있겠는가? 이제 반드시 천하의 이치를 궁구할 것만 말하고, 돌이켜 그 마음에서 찾을 줄을 모른다. 그렇다면 모든 선악의 기미니 진망(眞妄)의 분별이니 하는 것을 내 마음의 양지를 버리고 장차 어디에서 체험적으로 성찰하겠는가? 그대가 말한 '기질에 구속되고 물욕에 가린다'[89]는 것도 이 양지를 구속하고 이 양지를 가렸을 뿐이다. 이제 이 가린 것을 걷어버리려고 하면서 여기에 힘을 들이지 않고 밖에서 더듬으려고 하니, 이는 마치 눈이 어두운 사람이 약을 먹고 조리하여 그 눈을 치료할 생각은 아니하고 한갓 갈팡질팡하며 눈이 밝아지기를 밖에서 구하는 것과 같다. 눈 밝아짐이 어찌 밖으로부터 얻어질 수 있겠는가?"[90]

이런 것은 모두 양명의 고심으로부터 나온 말이니 「대학문」과 서로 표리가 된다. 「대학문」에서 다음과 같이 말했다.

"그러므로 "'물(物)'이 격(格)한 뒤에 '지(知)'가 이르고, '지'가 이른 뒤에 '의(意)'가 성실해지고, '의'가 성실해진 뒤에 '마음[心]'이 바르게 되고, '마음'이 바르게 된 뒤에 '몸[身]'이 닦여진다"고 했다. 대개 그 공부의 조리는 비록 선후의 순서를 말할 수 있지만 그 본체는 오직 하나이기 때문에 실제로 선후의 순서로 나눌 것이 없고, 그 조리의 공부는 비록 선후의 순서로 나눌 것이 없지만 그 공부를 해나가는 정밀함은 진실로 조금이라도 빠뜨릴 수 없는 것이 있다. 이리하여 격(格)·치(致)·성(誠)·정(正)의 설이 요순의 바른 전통을 밝힌 것이요, 공자가 마음으로 인가[心印]한 것이다."[91]

양명이 「대학문」을 강의한 것이 무슨 경학 선생 노릇을 하자는 것이 아니요, 인간에게 이만큼 커다란 원리가 있으니 이를 밝혀서 후학으로 하여금 자기 마음에서 실제로 얻음이 있도록 하려는 것이다. 내 이제 양명의 이 강의를 풀어서 번역하는 것도 또 구구하게 문자를 따져보자는 것이 아니라 현재 우리가 이 글을 깊이 검토함으로 해서 무엇인가 실제로 얻음이 있기를 바라는 것이다. 또 양명의 「대학문」의 본래 취지는 고원하고 미묘함을 자랑하자는 것이 아니라, 가장 절실하고 긴요한 것을 비근하게 설파하여 누구라도 곧바로 깨달아 행할 수 있게 하려는 것이니, 이 글을 보는 이가 조금이라도 어리둥절하다면 이는 번역하여 서술한 나의 죄다. 그러나 불가에서 설법한 뒤에 다시 게송으로 그 개괄적인 의미를 거듭 밝히는 방법을 빌려 한두 가지 요체를 한 번 더 구명(究明)해 보려고 한다.

「대학문」에서 공부가 시작되는 가장 중요한 지점은 '격치(格致)'다. '격'은 바르게 한다는 것이니, 무엇을 바르게 하는가? '물(物)'이다. '치'는 이룬다는 것이니, 무엇을 이루는가? '지(知)'다. 이에 대한 말은 그동안 「대학문」 본편과 『전습록』에서 인용한 것을 통해 누구나 어느 정도 이해했을 것으로 믿는다. 또 '물'을 어떻게 '격'하는가? '양지'의 환하게 비추어 지각하는[照覺] 작용을 따라서다. 이것도 이미 누차 반복하여 진술하였다. 그러나 누구나 이에 대하여 모호하다는 생각을 가졌을 줄로 안다. 왜 그런가? 세상의 사물은 매우 복잡하고 단서가 많다. 수많은 장인의 기예, 온갖 학문의 도에 대한 탐구,[92] 구름과 파도의 변화, 비가 내리고 바람이 몰아치는 등의 한없이 굽고 모난 갖가지 것들이 아주 커서 끝이 없고, 아주 미세하여 헤아릴 수 없다. 이런 것을 이제 그저 '양지' 두 글자만 가지고 여기에 의거하여 그것이 밝게 살피는 대로 하라고 한다면 아무래도 모호하다고 할 것이다. 이렇게 생각하는 사람이라면 누구든지 한번 깊이 생각해 보라. 사람이라면 사물을 떠나지 못할 것이 아닌가? 떠나지 못한다면 이를 접하지 않을 수 없고, 이에 응하지 않을 수 없는 것이 아닌가? 사물이 이미 복잡다단할수록 점점 어찌할 줄 모를 것이 아닌가? 그러나 누구든지 이에 대해 '잘'해야겠다는 생각은 모두 가지고 있다. '잘'하지는 못할지라도 '잘'할 생각은 있다. '잘'할 생각까지는 없는 사람이라도 '잘'하는 것이 좋다고는 모두 생각할 줄 안다.

'잘'이란 무엇인가? 그 일을 처리하는 데 가장 적당하고 극진한 것을 말하는 것이 아닌가? 그러면 '양지'대로 하면 다 '잘'된다고 해보자. 그러면 양지대로만 하면 글씨도 잘 써지고 그림도 잘 그려지고 밥도 잘 지어지고 옷도 잘 만들어지고 심지어 과학자의 제반 발명과 정치가의 일체 방책이 다 잘되리라고 할 수 있을까? 내가 아는 선배 한 분은 풍수지리를 어찌나 굳게 믿든지 "아이들 공부시키지 말게. 묘만 잘 쓰면 다 되네"라고 말한 바 있다. 이런 주장처럼 '양지'대로만 하면 저 노릇이 하나도 잘되지 않을 것이 없다고 하는 것은 참으로 들뜬 말인 듯하다.

그렇다. 양지가 곧바로 글씨 쓸 줄 알고 그림 그릴 줄 알고 밥 지을 줄 알고 옷 만들 줄 알고 과학자의 발명을 내고 정치가의 방책을 낸다는 것이 아니다. 해야 할 것이라면 배우는 것이 바로 양지요, 고심참담하게 해야 할 것이라면 고심참담하게 하는 것이 바로 양지다. 이것만으로는 별수 없을 것 같다고 생각할 수 있다. 그러나 쓸 줄 모르는 글씨를 가장 잘 쓰는 체하여 분명히 배워야 될 줄을 알지만 창피하게 생각하여 그대로 나간다고 하자. 이는 배워야 될 줄을 안 그 양지를 저버린 것이 아닌가? 배워야 될 줄을 알지만 교만과 나태함에 익숙하여 '귀찮아 배울 수가 있나?'고 한다면 글씨 잘 쓸 날이 없다. 이 또한 배워야 될 줄을 안 그 양지를 저버린 것이 아닌가? 글씨는 오히려 평범한 기예인지라 그 해가 적겠지만, 과학자의 발명을 가지고 생각해 보자. 한 점의 허위가 여기에 섞이지 않은 것이 바로 양지의 광명이 비춘 것이니, 빠른 명예를 추구하여 경솔하거나 뜻밖의 이익을 탐하여 교묘하게 속이는 것은 모두 그 학문을 망치는 것이다. 경솔함도 나는 알지만 남은 모른다고 하자. 교묘하게 속이는 것도 나는 알지만 남은 모른다고 하자. 빠른 명예는 한창 앞에서 밝게 빛나고 뜻밖의 이익은 곧장 뒤를 따른다. 남은 다 모르는 이것을 나 홀로만 안다면 결국 스스로 속이고 말지 않을까? 과학이 이에 결판날 것이 아닌가?

그러므로 남은 모르고 나만 홀로 아는 이 한 곳에서 스스로를 속이려고 하는 그 버릇이 없어진 뒤에야 비로소 사물에 접하여 대응하는 데 그 '잘'을 이룰 수 있다. 양지가 곧바로 '잘'을 만드는 것이 아니라, 양지의 비추는 힘을 가지고서야 '잘'할 수 있는 길로 알맞게 들어갈 수 있을 것이다. 그러므로 복잡하고 또 복잡할수록, 다단하고 또 다단할수록 일단 스스로를 속이지 않는 그 자체를 가리지 않는다면 세밀한 맥락과 섬세한 노선까지 비추지 않는 곳이 없을 것이다. 그래서 혹은 곧바로 뚫기도 하고 혹은 돌아서 뚫기도 하며, 혹은 곧바로 깨뜨리기도 하고 혹은 돌아서 깨뜨리기도 하며, 깨닫지 못하면 깨닫게 하고, 이해하지 못하면 이해시키며, 옳다면 곧바로 행하게 하고, 그르다면 곧바로 버리게 하며, 옳은 듯도 하고 그른 듯도 하다면 더욱 천천히 살피고 깊이 생각하게 한다. 이 모든 것이 '태어나면서부터 가진 앎', 즉 양지의 한 점이 밝고 환하게 비춘 것이다. 여기에 바탕을 두지 않는다면 이를 거짓[假]이라고 하고 속 빔[虛]이라고 한다.

오호라! 내 마음과 사물을 떼어놓고 학문을 말한 지 오래되었다. 이에 양지의 학문을 들을 때 '양지만으로 어떻게 온갖 사물을 판단하여 결정할 수 있는가'라고 의심하는 것은 그 뿌리가 오래된 것인 줄 알아야 한다. 속빈 것[虛]을 들은 지 오래된 까닭에 알찬[實] 것에도 그런 생각을 가지게 되고, 거짓을 익힌 지 오래된 까닭에 참된 것에도 그런 생각을 가지게 되는 것이다. 양지는 사물을 떠나서 그 본체가 없으니, 사물과의 감응만 있고 그에 대해 보탬과 덜어냄이 전혀 없는 까닭에 지극히 비어 있는지라 곧 지극히 알차다[實]. 이렇게 느끼면[感] 곧 이렇게 대응하는 이 밝음이 심심하기도 지극히 심심한 노릇이라서 별반 신기함이 없지만, 이렇게 느끼면 곧 이렇게 대응하는지라 눈에 보이는 듯 또 귀에 들리는 듯 그대로이기 때문에 곧 지극한 올바름이요 곧 지극한 선이다. 이제 이 양지를 가지고 사물의 복잡다단함에 어떻게 대응할까 하는 것이 어찌 양지 자체를 모르는 것이 아니겠는가?

아들을 위하는 어머니의 그 마음에 보육의 모든 방법이 미리부터 샅샅이 들어 있다가 나오는 것이 아니다. 사랑하는 어머니가 아들을 위하는 데 온 마음으로 전일하다면 이 마음이 한순간도 쉼이 없을 것이다. 그래서 포대기에 지푸라기 하나라고 혹 껄끄럽지 않을까, 자다가 굴러서 맨바닥에 몸이 닿지 않을까 염려하며, 우는 소리만 들어도 저절로 걸음이 빨라지고, 병이 나려는 기미도 어머니가 가장 잘 아는 때가 많다. 여기에서 우유를 끓이는 온도와 우유를 먹이는 횟수의 마땅함, 옷 입히는 두터움의 정도가 모두 질서 정연하게 이 한 마음을 따라 이어지는 것이 아니겠는가?[93]

그러면 또다시 물을 수 있다. 우유도 잘 못 끓이고 옷도 잘 못 입히고 모두 잘 못하는 어머니는 어째서 그런가? 이는 아들을 위하는 그 마음이 전일하지 못한 탓이다. 배워야 할 줄 알지만 귀찮고, 주의해야 할 줄 알지만 귀찮아 그렁저렁하다가 어린아이들에게 해로움이 미침을 보고서야 후회한다. 이 일은 가장 비근한 것이지만, 양지의 밝은 지각[照覺]을 통해 만사만물이 일시에 스스로 이루어지고 스스로 합당해지고 스스로 질서 지워지고 스스로 정돈되는 것이 아니라, 이 밝은 지각에 의하지 않고는 이룸·합당함·질서·정돈으로 이끌 지침이 없음은 이 한 가지 일만으로도 미루어 살필 수 있다.

양명의 양지설을 들은 어떤 하급 관리 한 사람이 양명에게 말했다.

"이 학문은 참으로 좋습니다만 장부를 정리하고 소송을 처리하는 일이 너무 번잡하여 할 겨를이 없습니다."[94]

양명이 말했다.

"내가 언제 너에게 장부를 관리하고 소송을 처리하는 이런 일을 떠나서 오로지 학문만 하라고 하더냐? 너에게 이미 관청에서 맡은 일이 있으니, 곧 관청에서 맡은 일에서 학문을 해야만 그것이 곧 참된 학문이다. 가령 한 건의 소송을 신문(訊問)할 경우에 상대방의 응답이 형편없다고 해서 화를 낼 수는 없는 것이요, 그의 말이 매끄럽다고 해서 기뻐할 수도 없는 것이요, 어떤 촉탁이 있음을 미워하여 자기 뜻을 덧붙여 다스릴 수 없는 것이요, 어떤 간청으로 인해 자기 생각을 굽혀서 그대로 따를 수 없는 것이요, 자기 사무가 번잡하다고 하여 한때의 의사대로 구차하게 결단할 수 없는 것이요, 주변 사람이 비방하고 모해한다고 하여 그들의 의견에 따라 조처할 수 없는 것이다. 저 수많은 생각들은 모두 사사로운 것[私]이다. 이것은 네 스스로만이 아는 것이니, 모름지기 정밀하고 세심하게 성찰하며, 극치하여 오직 이 마음에 털끝만큼이라도 치우치거나 기울어짐이 있어서 남의 시비를 왜곡시킬까 두려워해야 한다. 이것이 바로 '물을 바로 잡아 앎을 이루는 것[格物致知]'이다. 장부 정리와 소송을 처리하는 일들이 모두 실학(實學)이니, 만약 사물을 떠나서 학문을 하려고 한다면 이것은 곧 공허할 뿐이다."[95]

이것을 보면 양명의 종지를 분명히 알 수 있지 아니한가!

양명은 수신·제가·치국·평천하를 자신의 '명덕친민'의 설로 설명할 수 있다고 본다. 수신은 명덕을 밝히는 일이며, 제가·치국·평천하는 친민의 일에 속하기 때문이다.

양명은 격물에서 수신에 이르기까지를 명덕·친민·지지선의 공부를 상세하게 설명한 것으로 본다. 그에 의하면 수신·정심·성의·치지·격물에서 신·심·의·지·물은 공부가 펼쳐지는 조리(條理)로서 각각 자기 자리가 있지만 실제로는 하나의 물(物)이며, 격·치·성·정·수는 조리가 쓰이는 공부로서 모두 그 이름이 있지만 실제로는 하나의 일(事)이다. 수신 이하 몇 가지 조목들은 모두 주체가 자신을 완성시켜 나가는 하나의 통일적 과정을 서술한 것으로 이해한 것이다.

수신과 정심의 관계

양명에 따르면 『대학』에서 말하는 몸[身]이란 이목구비사지(耳目口鼻四肢)다. 이것들은 각기 시청언동(視聽言動) 등의 활동을 한다. 그런데 양명은 이러한 활동은 이목구비사지 자체의 기능이 아니라 마음의 기능이라고 본다. 마음이 눈을 통해서 보고, 귀를 통해서 들으며, 입을 통해서 말하고, 사지를 통해서 움직인다는 것이다. 마음이 바로 시청언동하는 주체이며, 몸은 마음을 표현해 내는 매체[竅]인 것이다. 따라서 마음이 아니라면 시청언동할 수 없고, 마음이 시청언동하고자 하되 이목구비사지가 없다면 역시 불가능하다. 그래서 양명은 "마음이 없다면 몸이 없고, 몸이 없다면 마음도 없다"[96]고 말한다. 몸과 마음의 이러한 관계를 양명은 '몸은 마음의 형체 운용자이며, 마음은 몸의 영명 주재자'[97]라고 표현한다. 즉 몸은 형체로서 마음을 운용하는 것이며, 마음은 영명으로서 몸을 주재한다는 것이다. 따라서 시청언동 등의 몸의 일체 운용이 예(禮)에 맞기 위해서는 그것을 운용하는 주재자인 마음이 자신의 영명한 주재 기능을 제대로 발휘해야 한다. 몸의 일체 운용이 예(禮)에 맞게 하는 공부가 바로 수신이며, 그것은 다름 아닌 '선을 실천하고 악을 제거하는 것'이다. 그런데 몸은 스스로를 주재할 수 없다. 따라서 수신 공부가 가능하기 위해서는 몸의 주재인 마음이 항상 확연대공(廓然大公)하여 조금이라도 바르지 않음이 없어야 한다. 이것이 바로 '수신은 그 마음을 바르게 하는 데 있다'는 것이다.

정심과 성의의 관계

마음의 본체는 지선한 천명지성이다. 이 마음의 본체는 본래 바르지 않음이 없다. 따라서 마음의 본체상에서는 마음을 바르게 하는 공부를 말할 수 없다. 마음을 바르게 하는 공부는 마음의 발동처에서야 착수할 수 있다. 이 마음의 발동처를 가리켜 말한 것이 바로 의(意)다. 마음의 본체는 지선이지만 마음의 발동인 의념에는 선악이 있다. 심체가 발하여 드러나는 과정에 사욕이 가림으로써 그 표현상에 선악이 있게 된다. 마치 태양 자체는 항상 자신을 밝게 비추지만 구름이 가림으로써 그 빛이 드러난 곳에 명암이 있는 것과 같다. 태양의 빛을 환하게 드러나게 하기 위해서는 구름이 제거되어야 하듯이 심체를 환하게 드러나게 하기 위해서는 사욕이 제거되어야 한다. 이것이 바로 심체의 발동처인 의념상에서의 공부다. 마음의 발동처인 의념상에서 성실하게 호선오악(好善惡惡)하는 것이 바로 성의 공부다. 선한 의념은 착실하게 좋아하고, 악한 의념은 착실하게 싫어하여 의념이 정성스럽지 않음이 없으면 마음이 바르게 될 수 있다. 이것이 바로 '정심은 성의에 달려 있다'는 것이다.

성의와 치지의 관계

성실하게 호선오악하기 위해서는 의념의 선악을 구분하고, 호선오악하는 의지 활동을 주재할 수 있어야 한다. 양명은 마음의 발동인 의념 자체가 스스로의 시비선악을 구분할 수 있다고 보지는 않는다. 의념의 시비선악을 구분할 수 있는 것은 오직 양지에 의해서만 가능하다. 이 의념의 영명처를 가리켜서 말한 것이 바로 양지다. 마음의 본체인 양지는 마음의 발용유행 과정에서도 상존(常存)하여 자기의 밝은 빛을 비춘다. 양지의 빛은 천리가 드러나는 것이기에 의념의 시비선악을 저절로 알 수 있다. 호선오악하는 성의 공부가 참될 수 있기 위해서는 시비선악을 구분하는 양지의 능력에 의지해야 한다. 그렇지 않다면 참된 것[善]과 거짓된 것[惡]이 뒤섞여 정성스럽게 호선오악하고자 해도 정성스러워질 수가 없다. 이것이 바로 양지에 의뢰하지 않는 성의 중심의 공부가 지니는 문제다. 선악을 구별하여 그 뜻을 정성스럽게 하고자 한다면 오직 양지가 알아낸 것을 다하는 데 달려 있다. 이것은 호선오악하는 성의 공부를 완전히 치양지의 공부로 통일시킨 것이다. 이것이 바로

'성의는 치지에 있다'는 뜻이다.

치지와 격물의 관계

양지의 시비판단과 호선오악의 의지활동은 관념적이고 추상적으로 진행되는 것이 아니라 실제적이고 구체적인 일에 직면하여 이루어져야 한다. 마음이 발한 의념에는 반드시 그 구체적인 대상[物]이 있다. 이때의 물(物)은 의념의 작용으로서 '의념이 관계하여 붙어 있는 곳', '의념이 있는 곳의 일'을 의미한다. 이러한 의미의 물(物)은 주체의식과 무관한 객관사물이 아니라 이미 주체의식과 연관된 주체의식 내부의 일이다. 그래서 양명은 '물(物)은 곧 사(事)'라고 말한다. 물(物)은 의념이 실려 있는 구체적인 일인 것이다. 따라서 물(物)에는 선악과 정(正)·부정(不正)이 있다. 양지가 알아낸 바의 선악을 정성스럽게 좋아하고 싫어하기 위해서는 그 의념의 소재인 물(物)에 직면해서 바르지 못한 것을 바로잡아 바른 데로 되돌려야 한다. '바르지 못한 것을 바로잡는다'는 것은 악을 제거하는 것이며, '바른 데로 되돌린다'는 것은 선을 행하는 것이다. 이것이 바로 격물(格物)의 의미다. 이때의 격물의 '격(格)'은 바로잡는다는 뜻이다. 이제 양지가 알아낸 선악을 그 의념의 소재인 물(物)에 직면하여 착실하게 악을 제거하고 선을 실천하여 미진함이 없는 연후에야 물(物)이 바르게 되지 아니함이 없고, 내 양지가 알아낸 것이 부족함이나 막혀 가림이 없이 그 지극함을 다할 수 있게 된다. 이로써 보면 격물이란 바로 의념의 소재인 구체적인 일에 직면하여 내 마음의 양지를 다하는 것이다. 이것이 바로 '치지는 격물에 있다'는 의미다.

왕양명 『대학』관의 특성 및 철학사적 의의

왕양명은 수기치인, 즉 내성외왕의 방법을 『대학』에서 찾는다. 그가 지향한 성인의 경지는 맹자가 제시한 '친친·인민·애물'설을 이어받아 정명도가 명료하게 제시한 바의 '천지만물을 일체로 파악하는' 경지다. 양명은 이 성인의 경지에 이를 수 있는 방법을 『대학』에 대한 새로운 해석을 통하여 마련한다. 여기에는 주자학의 성인관과 그에 이르는 방법론에 대한 양명의 불만이 전제되어 있다.

주자 역시 수기치인의 방법을 『대학』에서 찾는다. 그런데 그에게서 성인의 경지는 심(心)과 리(理)가 하나가 된 경지이며, 성인이 되기 위해서는 존심(存心)과 궁리(窮理) 공부를 해야 한다. 주자는 성의(誠意)를 존심 공부의 핵심으로, 격물을 궁리 공부로 풀이한다. 주자의 이러한 해석은 심(心)과 리(理), 심(心)과 물(物)을 안과 밖으로 이분시키는 혐의가 있으며, 따라서 공부도 마음공부와 사물상에서 이루어지는 궁리 공부로 분리된다. 주자학의 문제점은 그 공부가 지리(支離)하다는 점, 앎과 실천이 분리된다는 점에 있다.

양명은 용장오도를 통하여 성인에 이를 수 있는 토대, 즉 천지만물을 일체로 파악할 수 있는 인(仁)이 자기에게 갖추어져 있음을 깨닫는다. 양명은 그 마음을 일체 도덕원리의 근원으로 파악함으로써 '심즉리(心即理)'를 말하고, 또 존재[物]를 주체의식과의 연관 속에서 고찰함으로써 '심외무물(心外無物)'을 말한다. 이제 더 이상 사물에 나가서 이치를 궁구할 필요 없이 자기 마음에 돌이켜 사욕을 제거하고 천리를 보존하는 마음공부만으로 『대학』의 궁극적인 목적인 '지어지선(止於至善)'을 실현할 수 있게 된 것이다.

그런데 양명은 '심즉리'와 '심외무물'을 말함으로써 주자 격물법의 향외 탐구를 부정하고 마음상의 공부로 방향을 전환할 수 있었지만 『대학』의 '격물치지'에 대한 해석에서 아직 해결해야 할 문제가 남아 있었다. '격물치지'를 완전히 마음상의 공부로 해석할 수 있기 위해서는 '격물'의 '물'뿐만 아니라 '치지'의 '지'도 '마음'과 연관 지어 풀이해야 했다. 양명은 『대학』의 '치지'의 '지(知)'를 『맹자』의 이른바 '양지'로 해석하고 그것을 마음의 본체로 파악함으로써 '격물치지'에 대한 새로운 해석체계를 갖추게 된다. 왕양명의 이러한 『대학』관의 주요한 특성은 삼강령과 팔조목을 모두 마음의 명덕을 밝히는 하나의 일로 통합시켰다는 점에서 찾을 수 있다. 그에게서 명명덕은 치양지이며, 곧 진성(盡性)을 의미한다.

양명의 『대학』관에는 세계와 인간에 대한 그의 주요 이론들이 모두 반영되어 있다. 먼저 명덕을 천지만물을 일체로 파악하는 인(仁)으로 풀이한 데에는 만물일체설이, 명덕이 친민이라는 구체적인 실천을 통하여 밝혀진다고 본 데에는 사상마련설(事上磨鍊說)이, 명덕과 친민이 모두 지선을 준칙으로 삼아야 한다고 본 데에는 심즉리설(心卽理說)과 양지설(良知說)이 반영되어 있다. 수신과 정심의 관계에는 그의 심신일체설이, 정심과 성의의 관계에는 마음의 발현상에서의 공부인 성의 공부를 중시한 양명학의 특성이, 성의와 치지의 관계에는 치지를 성의 공부의 가능 근거로 설정한 치양지설이, 치지와 격물의 관계에는 치지의 공부는 사물과 관계하는 구체적인 삶의 장에서 이루어진다는 것과 앎과 행위는 본래적으로 분리되어 있지 않은 하나라는 지행합일설이 반영되어 있다.

왕양명『대학』관의 철학사적 의의는 내성외왕의 심학적 방법론을 확립함으로 말미암아 주자학의 문제점들을 극복할 수 있었다는 점에서 찾을 수 있다. 양명의『대학』해석은 마음상의 공부만으로도 성인에 이르고, 세상을 평안하게 만들 수 있는 길을 개척한 것이다. 이제 성인에 이르는 길은 일반인들에게도 활짝 열리게 되었다.

""옛 明德"을 天下에 밝히려는 이로 "먼저 그 몸을 닦는다"는 것까지는 당신의 "明德, 親民"을 말한 것으로써 풀면 이미 알 수 잇으나 "그 몸을 닦으라"로 "知를 致함이 物을 格함에 잇다" 함에 이르기 그 공부의 次第 어떻게 用力할 것인가."

"이것은 정히 "明德" "親民" "止至善"의 實功을 자세히 말함이라. 대개 "身"과 "心"과 "意"와 "知"와 "物"은 곧 그 공부에 對한 바의 條理니 비록 각각 그 "바"(所)이 잇으되 실상은 오직 한 것이오. "格"과 "致"와 "誠"과 "正"과 "修"는 곧 그 條理에 對한 바의 공부니 비록 그 이름이 또한 각기 잇으되 실상은 오직 한 일이니, 무엇을 "身"이라 하는가. "心"의 形體 運用을 이름이오. 무엇을 "心"이라 하는가. "身"의 靈明 主宰를 이름이오. "身"을 "修"함은 무엇을 이름인가. 善을 하고 惡을 바림을 이름이다. 내 몸 스사로가 能히 善을 하고 惡을 바리는가. 반드시 그 靈明 主宰인 것이 善을 하고 惡을 바리랴 한 뒤에야 그 "形體 運用"인 것이 비로소 能히 "善"을 하고 "惡"을 바릴지라.

그러므로 그 "몸"을 "닦그"랴는 者ㅣ 반드시 먼저 그 "마음"을 "발리우"는 데 잇다. 그렇나 마음의 本體 곧 性이라. 性이 不善함이 없은즉 마음의 本體 번대 바르지 아니함이 없거니 어대로조차 발리우는 공부를 드리는가. 대개 마음의 本體 번대 바르지 아니함이 없는대 그 意念의 發動함으로부터서야 바르지 아니함이 잇음으로 그 마음을 발리랴는 者는 반드시 그 意念의 發하는 데에서 발리할지니, 무릇 一念을 發하매 善이면 좋아하기 참으로 好色을 좋아하듯 하며, 一念을 發하매 惡이면 미여하기 참으로 惡臭를 미여하듯 한즉 "意" 誠치 아니함이 없어 마음이 발를 수 잇나니라. 그러나 "意"의 發하는 배 善이 잇고 惡이 잇으니 그 善惡의 分界를 밝키옴이 잇지 아니할진대 또한 眞妄이 錯雜할 것이니 비록 誠코저 하되 誠할 수 없을지라. 그러므로 그 意를 誠하랴 하는 공부는 반드시 "知"를 致함에 잇을지니, "致"는 "至"라 "喪致乎哀"라 함의 "致"와 갓다. "易"에 이르되 "知至至之"라 하얏나니 至를 知하는 것은 "知"오 至케 하는 것은 "致"라. "致知"라 함이 뒷 선비들의 이른바 "그 知識을 채우고 넓힌다" 함과 같은 것이 아니오 내 마음의 "良知"를 "致"할 뿐이니, 良知라는 것은 孟子의 말슴한 바 "是타 非타 하는 마음은 사람마다 잇다" 한 그것이니, 是타 非타 하는 마음은 생각함을 기다려 앎이 아니오 배옴을 기다려 能함이 아닐새 "良知"라 하나니, 이 곧 天命의 性, 내 마음의 本體로 自然히 靈昭明覺하는 것이라. 무릇 意念이 發할 때 내 마음의 良知 스사로 알지 아니함이 없어 善일진대 오즉 내 마음의 良知 스사로 알고 不善일진대 또한 오즉 내 마음의 良知 스사로 아나니, 이 모두 他人에게는 干預되지 아니하는 배라. 그럼으로 小人이 그른 노릇을 하야 비록 안 한 것 없이 다 햇드라도 좀 접차는 이만 보면 반드시 그 그른 것은 가리고 올흔 양으로 나타내나니, 이것으로 보아도 良知는 스사로 흐리우치 못하는 것이니라. 이제 善과 惡을 區別하야 그 意를 誠하게 하랴 하면 오즉 그 良知의 안 바를 이루어놀 따름이라. 어찌하야 그런가. 意念의 發할 때 내 마음의 良知이미 그 善됨을 알앗다 하자. 能히 참정성으로 이를 좋아하게 되지 못하야 다시 등저바릴 것 같으면 이는 善을 갓다 惡같치 다루어 스사로 善을 안 良知를 흐리움이오, 意念의 發할 때 내 마음의 良知 이미 그 不善됨을 알앗다 하자 能히 참정성으로 이를 미여하게 되지 못하야 다시 밟아 行할 것 같으면 이는 惡을 갓다 善같이 다루어 스사로 惡을 안 良知를 흐리움이니, 이러고 보면 비록 알앗다 할지라도 알지 못한 것과 갓다. "意" 어찌 誠할 수 잇으랴."

陽明의 大學問을 읽으랴면 반드시 陽明의 善惡에 對한 表準說을 알아야 한다. 陽明은 "至善"을 마음의 本體로 보아 本體 우에 조곰만 넘음이 잇스면 곳 惡이라 하야 善 잇고 또 惡이 잇서 相對한 것 아니라 하얏다. 마음 "그대로"의 發現에는 惡이 없다. 여기에 치우침과 기움이 잇서 비로소 "良知"로 至善한 것을 牽碍하야 惡으로 나타나게 한다 하얏다. 그러나 "良知"는 언제던지 平衡임으로 치우침 기움을 스사로 照得하나니 照得는 그 自體 곳 至善이오, 여기 通過되지 못하는 것이 곳 惡이다.

그러면 이 또한 閑漫한 말이라. 假令 사람을 살리는 것이 善이라던지 사람을 죽이는 것이 惡이라던지 現實에 明證함이 잇어야 할 것 아닌가. 假令 善과 惡은 時代를 따라 變移한다던지 處地를 따라 換易된다던지 眞狀에 對한 的據가 잇어야 할 것 아닌가. 아니다. 時代로 變移, 處地로 換易 이러한 것은 根本 되는 生命이 아니다. 살리고 죽이는 그것도 또한 主要되는 典則이 아니다. 우선 善이라 惡이라 함이 自生한 字語가 아니오 사람의 設定한 것이오, 善이면 어쨋던지 좋다고 하는 것이오 惡이라면 어쨋던지 밉다고 하는 것이니, 좋다 밉다 하기는 누가 하는 것인가. 좋다 하는 생각이 나는데 이를 否認하야 미운 것인 줄 알고, 밉다 하는 생각이 나는대 이를 否認하야 좋은 것인 줄 알 때 이러케 아는 그 아름은 곧 나의 "良知"니, 良知로서 좋아하는 그것이 곧 善이오 미워하는 그것이 곧 惡이다.

살리어 善일 때 잇으되 또 惡일 때 잇고, 죽이어 惡일 때 잇으되 또 善일 때 잇나니 얼는 보아 不定한 듯하되 내 번밑 마음의 是타 非타 함을 表準하야 善惡의 分界를 定함은 언제나 變易되지 아니하는 것이라. 그러므로 時代로 變移하얏다, 處地로 換易하얏다 하라. 내 번밑 마음에 비최여 是타 非타 하는 이 둘로써 善惡의 分界를 定하는 것도 或 變移하고 換易된 적이 잇을가. 表準을 내 마음의 是非에 세워 善과 惡을 定함이 陽明의 眞精神인 同時 善惡이 對等이 아니라 本體에 조고만치라도 過不及이 잇으면 이를 惡이라 한다 함이 또한 陽明學의 큰 頭腦이다.

"止"할 줄을 안 뒤에야 "靜"하다 함이 이 "괴괴"한 靜이 아니다. 本心 그대로면 언제던지 靜이니 비록 狂奔 疾呼함이 잇을지라도 本心 그대로의 發現이오 何等의 間雜함이 없을진대 이 곧 靜이다. 그러므로 陽明은 本心에 잇서 擬議, 增損함을 容許하지 아니하얏다. 陽明은 이르되

"눈 보는 대로이면 姸醜가 自別할지니 一念을 造作지 아니함을 明이라 하고, 귀 듯는 대로이면 淸濁이 自別할지니 一念을 造作하지 아니함을 聰이라 하고, 마음이 생각하는 대로이면 是非 自別할지니 一念을 造作하지 아니함을 睿라 한다"(傳習錄)

함이 곧 이를 이름이다. 그러므로 "先正其心"의 正도 그 마음을 "그대로"이게 함이니 그대로인지라 치우침과 기욺이 없이 至善의 本體되는 것이다. 내 마음 그대로로서의 眞切함이 곧 天理오, 이에 치우침과 기욺이 잇을진대 이는 그대로가 아니라 이를 人欲이라 한다. 陽明이 이르되

"공부가 이 한 고동을 투득하지 못하면 充實 光輝함을 어찌 어들 것이랴. 이를 투득하랴 할진대 네 聰明과 知解로서 될 것이 아니니 모름직이 가슴속 잡틱 다 없어저 毫髮이라도 거치적어릴 게 없은 뒤에야 이를 이룰 것이라 하얏다."

누구나 陽明學을 알랴면 聰明과 知解를 가지고 證察하지 못할 것이니 聰明과 知解를 가지고 證察할 수 없을새 一念의 惡이 萌芽될 때 스사로 照得하는 그 자리는 聰明을 要할 것도 없고 知解를 求할 것도 없다.

그러나 그 "良知"를 "致"하랴 함이 또 어찌 影響 恍惚만으로서 懸空無實함을 이름이랴. 실제로 그 일이 잇을 것이라. 그러므로 "知"를 "致"함은 반드시 "物"을 "格"함에 잇나니 "物"은 곧 "事"라. 무릇 "意"의 發하는 배 반드시 그 事ㅣ 잇을 것이나 "意"의 所在인 "事"를 物이라 하나니라. "格"은 발린다는 뜻이라. 그 正치 아니함을 발리워서 "正"에로 돌아가게 함을 이름이니 그 "正"치 아니함을 발린다 함은 惡를 버림을 이름이오 正에 돌아가게 한다 함은 善을 함을 이름이라. 이를 일러 "格"이라 하나니 尙書의 이른바 "格于上下"와 "格于文祖"와 "格其非心"과를 "格物"의 "格"이 실로 그 義를 얼러 가젓나니라.

"良知"의 아는 바의 善을 진실로 좋아하랴 할지라도 그 "意"의 "所在"인 그 "物"에 對하야 실제로 함이 잇지 아니한즉 이는 "物"이 "格"치 못함이 잇는

것이라 좋아하는 그 "意" 오히려 정성스럽지 못함이오, "良知"의 아는 바의
惡을 진실로 미여하랴 할지라도 그 "意"의 "所在"인 그 "物"에 對하야 실제
로 버림이 잇지 아니한즉 이는 "物"이 "格"치 못함이 잇어 미여하는 그 "意"
오히려 정성스럽지 못함이라. 이제 그 "良知"의 안 바의 善에는 그 "意"의
"所在"인 그 "物"에 對하야 실제로 하되 다하지 아니함이 없으며, 그 "良知"
의 안 바의 惡에는 그 "意"의 "所在"인 그 "物"에 對하야 실제로 버리되 다하
지 아니함이 없은 뒤에야 "物"이 "格"지 아니함이 없어 내 "良知"의 아는 배
이지러짐과 가림이 없어 그 限度를 다할 것이니 그러한 뒤에야 내 마음이 何
等의 餘憾이 없어 스사로 愉快할지며 그러한 뒤에야 "意"의 發하는 배 스사
로 속임이 없어 "誠"이라 이를 수 잇나니라.

陽明의 一生精力이 大學問 一篇에 凝聚되엇다 하야도 過言이 아니다. 그러
나 "格物致知"의 解義 傳習錄, 論學諸書를 旁引하야 보면 더욱 밝게 알 수
잇다. 傳習錄에 이르되

"先生이 갈오되 先儒 l "格物을 解하야 天下의 物을 格한다 하얏으니 天下
의 物을 어떻게 格할 수 잇으며, 또 一草 一木이 다 "이치" 잇다 하얏으니 이
제 어떻게 格할 수 잇을가. 설사 草木을 格하얏다 하기로서니 여기서 어떻
게 自家의 "意"를 誠하게 할 수 잇을가. 나는 "格"을 解하되 "正" 字의 義라
하고 "物"을 解하되 "事" 字의 義라 하노니, 大學의 이른바 "身"은 곧 耳目口
鼻 四肢와 "身"을 "修"하랴 한다 함은, 눈이 禮 아니면 보지 아니함을, 귀가
禮 아니면 듣지 아니함을, 입이 禮 아니면 말하지 아니함을, 四肢 禮 아니면
움즉이지 아니함을 要함이라. (禮는 곧 天然한 中이니 良知의 本體, 發現을 가르쳐
禮라 이르는 것이다. 克己復禮라 함이 곧 本體에 回復한다는 말이다.) 저러트시 "身"을

"修"하랴 할진대 "身"에 잇어 어떻게 用功할 것인가. "心"이라는 것은 "身"의 主宰라 눈이 비록 본다 할지라도 무엇으로 보느냐 하면 "心"이오, 귀가 비록 듣는다 할지라도 무엇으로 듣느냐 하면 "心"이오, 입과 四肢 비록 말하고 움즉인다 할지라도 무엇으로 말하고 움즉이느냐 하면 "心"이라. 그러므로 "身"을 "修"하랴 할진대 自家心體에 잇어 스사로 깨다라 언제나 廓然히 大公게 하야 조고만한 "不正"한 곳이 없게 할지니 主宰 한번 "正"한즉 눈에서 트(發)이매 스사로 非禮의 봄이 없을 것이며, 귀에서 트이매 스사로 非禮의 드름이 없을 것이며, 입 四肢에서 트이매 스사로 非禮의 말함과 움즉임이 없을지니 "身"을 "修"함은 그 "心"을 "正"함에 잇다 함이 곧 이것이니라. 그러나 "至善"은 "心"의 本體라. "心"의 本體에 어더냐 不善함이 잇을 리 없나니 이제 "心"을 "正"함을 要할진대 本體上에 잇어서는 着手할 곳이 없고 오즉 心의 發動하는 곳에라야 비로소 힘써볼 수 잇는 것이라. 心의 發動함은 不善함이 없지 못함으로 이곳에서 힘을 써야 할지니 "意를 誠함에 잇다" 함이 곧 이를 이름이다. 假令 一念의 發함이 善을 좋아함에 잇거든 곧 實實落落하게 善을 좋아하고, 一念의 發함이 惡을 미여함에 잇거든 곧 實實落落하게 惡을 미여하야 意念의 發하는 배 이미 誠치 아니함이 없으면 그 本體 어찌 "不正"함이 잇을 것이랴. 그러므로 그 "心"을 "正"하랴 하는 공부는 "意"를 "誠"케 함에 잇다 함이니 공부가 "誠意"에 밎어야 비로소 明白한 入手處가 잇다."

"그렇나 意를 誠케 하는 根本은 또 知를 致함에 잇나니 남은 비록 알지 못할지라도 나는 홀로 안다는 그것이 이 정히 내 마음의 良知處이라. 그렇나 善함을 알고도 그 良知에 依하야 하지 아니하고 不善함을 알고도 그 良知

에 依하야 바리지 아니하면 그 良知 고만 가리어바릴지니 이는 그 앎을 이루어놓지 못함이라. 내 마음의 良知 이미 속속드리 擴充되지 못하얏은즉 비록 善을 좋아할 줄 알되 着實히는 좋아하지 못하고 비록 惡을 미워할 줄 알되 着實히는 미워하지 못하니 意 어찌 誠할 수 잇으랴. 그러므로 知를 致함은 意가 誠하게 되는 根本이다. 그러나 이 또한 어영청으로 知를 致함이 아니라. 知를 致함은 實事上에 잇어 格함이니 意念이 善을 함에 잇으면 곧 그 일에 對하야 하고 意念이 惡을 바림에 잇으면 곧 그 일에 對하야 하지 아니할지니 惡을 바림은 실로 '不正'함을 格하야 正에로 돌아가게 하는 것이오. 善을 한즉 不善함이 발러질지니 이 또한 '不正'함을 格하야 '正'함에로 돌아가게 함이라. 이와 같이 한즉 내 마음의 良知 私欲의 가림이 없어 그 極함을 이룰 수 잇으매 意念의 發하는 바로 善을 좋아하고 惡을 바림이 誠치 아니함이 없을 것이니 誠意 공부의 실제로 着手할 곳은 物을 格함에 잇는 것이다. 이렇게 物을 格할진대 누구나 다 할 수 잇나니 '사람마다 堯舜 될 수 잇다' 함이 곧 이를 이름이니라"

하얏고 答顧東橋書에 이르되

"心은 身의 主라 心의 虛靈明覺은 곧 이른바 本然한 良知니 그 虛靈明覺의 良知 感하는 대로 動하는 것을 意라 이른다. 知 잇은 뒤에 意 잇을지니 知 없으면 意 없을지라. 知 意의 體 아닌가. 意를 쓰는 배 반드시 그 物이 잇을지니 物은 곧 事라. 假令 意를 事親함에 쓸 것 같으면 事親이 곧 한 物이오, 意를 治民함에 쓸 것 같으면 治民이 곧 한 物이오, 意를 書함에 쓸 것 같으면 讀書가 곧 한 物이오, 意를 聽訟함에 쓸 것 같으면 聽訟이 곧 한 物이라. 무릇 意를 쓰는 배 物 없는 것은 업나니, 이 意 잇으면 곧 이 物이 잇을지니

라. 이 意 없으면 곧 이 物이 없을지니 物이 意의 用이 아닌가. 格字의 義를 至字로써 訓釋함이 잇나니 '格于文祖, 有苗來格' 같은 것은 이는 至誠으로써 함이라. 그렇나 文祖에 格한다 할진대 반드시 純孝, 誠敬하야 幽明 사이에 하나이라도 그 理를 얻지 아니함이 없은 뒤에야 格이라 이르는 것이오, 有苗의 頑함을 文德으로써 크게 편 뒤에야 格함인즉 이 또한 '正' 字의 義를 兼하얏나니 오즉 至字로서만 다할 수 없는 것이오, '格其非心' '大臣格君心' 같은 類는 다 '不正'함을 발리여 '正'에 돌아가게 하는 義라 至字로써 訓釋할 수 없나니 大學 格物의 訓을 正字의 義 아닌지 어찌 알아 반드시 至字로써 그 義를 삼는가. 至字로써 義를 삼을진대 반드시 事物의 理를 窮至함이라 한 뒤에야 그 解說이 비로소 通할지니 이것으로 말하면 用功의 要 전혀 한 窮字에 잇고 用力의 地 전혀 한 理字에 잇는 것이라. 만일 우로는 窮字를 빼고 아래로는 理字를 빼고 다만 '致知在至物'이라 하면 무슨 말인지 알 수 잇을가"

하얏고 또 顧東橋의 問難을 對하되

"이는 그대 스사로 己意를 가지고 鄙見을 揣度하야 한 말이오 鄙人의 그대에게 告한 바가 아니다. 과연 그대의 말한 것 같을진대 무슨 말인지 알 수 잇을 것이랴. 대개 鄙人의 意見으로는 假令 '意' 溫凊을 하랴 하고 '意' 奉養을 하랴 함이 이른바 '意'이나 이를 誠意라 할 수는 없다. 반드시 그 溫凊, 奉養의 意를 實行하야 스사로 愉快함을 힘써 스사로 속이임이 없은 뒤에야 誠意라 이르는 것이오. 어떠케 하여야 溫凊의 節이 됨을 알고 어떠케 하여야 奉養의 宜가 됨을 아는 것은 이른바 '知'이나 이를 致知라 할 수는 없다. 반드시 그 어떠케 하여야 溫凊의 節이 됨을 안 그 知를 致하야 실다웁게 그대로 溫하고 淸하며, 그 어떠케 하여야 奉養의 宜가 됨을 안 그 知를 致하야 실다웁게 그대로 奉하고 養한 뒤에야 致知라 이르는 것이다. 溫淸하는 일 과 奉養하는 일은 이른바 物이다. 그렇나 이를 格物이라 할 수는 없다. 반드 시 溫淸의 일에 對하야 한결같이 그 良知의 안 바 '맛당이 어떠케 하여야 溫 淸의 節이 되겠다' 한 것과 같이 하야 一毫도 다하지 아니함이 없으며, 奉養 의 일에 對하야 한결같이 그 良知의 안 바 '맛당이 어떠케 하여야 奉養의 宜 가 되겠다' 한 것과 같이 하야 一毫도 다하지 아니함이 없은 뒤에야 格物이 라 이르나니, 溫淸의 '物'이 格된 뒤에야 溫淸을 안 良知 비로소 致할 것이 며, 奉養의 物이 格된 뒤에야 奉養을 안 良知 비로소 致할 것이니, 그럼으로 '物格而後, 知至'라 하는 것이오 溫淸을 안 그 良知를 致한 뒤에 溫淸의 意 비로소 誠할지며 奉養을 안 그 良知를 致한 뒤에 奉養의 意 비로소 誠할지 니 그러므로 '知至而後, 意誠'이라 하는 것이니 내 생각하는 바의 '誠意, 致 知, 格物'의 解說은 대개 이 같은 것이로라"

하얏다.

"致知"에 對하야 陽明은 "知行合一"을 提唱하얏나니 知行을 分視하지 아니 한 뒤에야 그 知 비로소 眞切篤實한 知오 그 行이 비로소 明覺精察한 行이 라. 陽明 이르되 "知는 行의 始오 行은 知의 成이니, 聖學은 오즉 一個의 공부라 知行을 두 일로 나눌 수 없는 것이라"(傳習錄) 하얏다.

答顧東橋書에

"知의 眞切篤實한 곳은 곧 行이오 行의 明覺精察인 곳은 곧 知니 知行 공 부ㅣ 번대 때일 수 없는 것인대 後世學者ㅣ 이를 나누어 兩截 공부를 만드럿 음으로 知行의 本體를 일어바렷다. 그러므로 合一이라 併進이라 하는 말이 잇엇노라. 眞知는 곧 行하는 배라, 行치 아니할진대 足히 知라 할 것이 없다. 來書의 말한 "知食乃食"이라 한 것 같은 것만으로도 볼 수 잇는 것이니 前에도 大畧 말한 것이라. 이 비록 救弊하기에 切急하야 한 말이나 知行의 體 번래 이러한 것이오 내 생각으로써 거기다 抑揚함을 부처 苟且로히 이 말을 만드러 가지고 한때의 功效를 圖함이 아니로라.

오즉 本心에만 求하고 物理는 내버릴진대 이는 대개 그 本心을 않은 者라. 무릇 事物의 條理 本心에 버서나지 아니하나니 내 마음에 벗어나 物理를 求하면 物理 없을 것이오, 物理를 내놓고 내 마음을 求하면 내 마음은 어떤 것이냐. 마음의 體는 性이니, 性은 곧 理라. 그러므로 親에 孝하는 마음이 잇으매 곧 孝의 理 잇을지니 親에 孝하는 마음이 없으면 곧 孝의 理 없을 것이며, 君에 忠하는 마음이 잇으매 곧 忠의 理 잇을지니 君에 忠하는 마음이 없으면 곧 忠의 理 없을 것이라. 理가 어찌 내 마음에 벗어날 것이랴. 晦菴이 이르되 사람의 가지고 공부하는 배 마음과 理뿐이라. 마음이 비록 一身에 主하되 실로 天下의 理를 거느리고, 理는 비록 萬事에 散在하되 실로 一人의 마음에 벗어나지 아니한다 함이 그 一分 一合하는 어름에 발서 心과 理의 둘 되는 弊를 열게 됨을 免치 못하얏나니 後世에 밀어 오즉 本心만 求하고 物理를 내여놓은 탈이 생겨나게 됨이 이를 因함이니 정히 "心卽理"임을 알지 못함으로써다. 무릇 心에 벗어나서 物理를 求할새 이로써 어두어 사못지 못하는 곳이 잇나니 告子의 義를 外라 함을 일러 孟子ㅣ義를 알지 못한다 함이 이로써이다.

마음은 하나일 뿐이라 그 全體의 惻怛함으로써 말하야 仁이라 이르고, 그 宜를 得함으로써 말하야 義라 이르고, 그 條理로써 말하야 理라 이르나니 마음에 벗어나 仁을 求할 수 없고, 마음에 벗어나 義를 求할 수 없거니 理만은 마음에 벗어나 求할 수 잇으랴. 마음에 벗어나서 理를 求함은 知行의 갈러진 所以라. 理를 내 마음에 求함이 이 聖門 知行合一의 敎이니 그대 또 무엇을 의심하는가 하얏고 또

"무릇 學, 問, 思, 辨, 行이 다 學을 하는 바이니 學이고 行치 아니한 것이 없다. 假令 孝를 學하얏을진대 반드시 힘써 奉養하야 몸소 孝道를 行한 뒤에 學하얏다 이를지니 어찌 한갓 허영청 듯고 傳함으로서 드디어 孝를 學하얏다 할 수 잇을가. 射를 學하얏을진대 반드시 張弓, 挾矢, 引滿, 中的하여야 할 것이며, 書를 學하얏을진대 반드시 伸紙, 執筆, 操觚, 染翰하여야 할 것이니 온 天下의 學이 行치 아니하고 學이라 말할 것이 없은즉 學의 始 발서 이 行이라. 篤이라 함은 敦實篤厚의 意니 발서 行하얏는대 그 行함을 敦篤하게 하야 그 用功함을 쉬지 아니함을 이름이라. 대개 學함에 의심함이 없지 못한즉 問함이 잇나니 問이 곧 學이라 곧 行이오. 그래도 의심함이 없지 못한즉 思함 잇나니 思ㅣ 곧 學이라 곧 行이오. 그래도 의심함이 없지 못한즉 辨함이 잇나니 辨이 곧 學이라 곧 行이다. 辨하기 이미 밝키 하고 思하기 이미 삼가하고 問하기 이미 명심히 하고 學하기 이미 能히 하얏는대 게다가 또 그 用功함을 쉬지 아니할새 이를 篤行이라 이르는 것이오. 學, 問, 思, 辨한 뒤에 비로소 行하는 것이 아니다.

그러므로 그 事에 能함을 求하므로써 學이라 하고 그 惑에 解을 求하므로써 問이라 하고 그 說에 通함을 求하므로써 思라 하고 그 察을 精히 함을 求하므로써 辨이라 하고 그 實을 履함을 求하므로써 行이라 하나니 대개 그 공부를 갈러 말하면 다섯이로되 合해 말하면 하나일 뿐이니 변변치 아니한

心理合一의 體, 知行並進의 功에 對한 說明이 後世의 말과 달름은 전혀 이에 잇는 것이라. 그대 이제 오즉 學問思辨으로써 天下의 理를 窮함을 말하고 篤行에는 미치지 아니하얏으니 이는 다만 學問思辨으로써 知라고 하고 理를 窮함에는 行은 없다고 함이다. 天下에 어찌 行하지 아니하고 學하는 것이 잇으랴. 어찌 行하지 아니하고서 드디어 理를 窮하얏다 이를 수 잇으랴. 明道(宋大儒 程顥의 號)가 이르되 理만 窮하얏을진대 문득 性을 盡하고 命에 至한 것이라 하얏다. 그럼으로 仁호대 仁에 極한 뒤라야 能히 仁의 理를 窮하얏다 이를 수 잇고, 義호대 義에 極한 뒤라야 能히 義의 理를 窮하얏다 이를 수 잇나니 仁호대 仁에 極한즉 仁의 性을 盡함이오, 義호대 義에 極한즉 義의 性을 盡함이라. 學問이 "窮理"에 이르매 지극하다 할지어늘 이러하고도 아즉도 行함에 미치지 아니하얏다 할진대 세상에 어찌 이런 일이 잇으랴. 그러므로 行치 아니하고서 學이 되지 못할 것을 알진대 行치 아니하고서 "窮理"되지 못할 것을 알 것이며, 行치 아니하고서 窮理되지 못할 것을 알진대 知行이 合一이오 並進이라 나누어 兩節을 만들 수 없음을 알 것이니라. 무릇 萬事 萬物의 "이치" 내 마음에 벗어남이 아니어늘 반드시 天下의 理를 窮하라 하니 이는 대개 내 마음의 良知로써 不足히 알아 반드시 밖으로 天下의 넓음에 차저 이로써 補助하고 增益하랴 함이니 이는 암만 하야도 "心"과 "理"를 쪼개여 둘을 만드는 것이니라.

무릇 學, 問, 思, 辨, 篤行의 공부란 비록 애쓰고 힘드림이 남이 한 번에 할 것을 나는 百 번함에 이르리나, 擴充함의 한껏으로 "性을 盡하고 天을 知함"에 이르리나 내 마음의 良知를 이루어 노음에 지나지 아니하나니 良知 밖에 어찌 毫末의 增加함이 잇을 것이랴. 이제 반드시 天下의 理를 窮함만 말하고 도리켜 그 마음에 차질 줄을 알지 못하는도다. 그런즉 모든 善惡의 機니 眞妄의 辨이니 하는 것을 내 마음의 良知를 내여놓고 장차 어데서 그 體察함을 이룰고. 그대의 말한 氣가 拘하엿다 物이 蔽하엿다 함도 이(良知)를 拘하고 이(良知)를 蔽하엿을 뿐이라. 이제 이의 가린 것을 거더버리랴 하면서 여기에 힘을 드리지 아니하고 밖으로 더듬으랴 하니 비유하야 말하면 눈 어둔 사람이 藥 먹고 調理하야 그 눈을 치료할 생각은 아니 하고 한갓 으슬거리며 다녀 발거짐을 밖에서 求함 같으니 발거짐이 어찌 밖으로부터 얼어질 것이랴" 한 것이다."

陽明의 苦心으로부터 나온 말이니 大學問과 서로 表裏되는 것이다. 그러므로 가로되

"物"이 格한 뒤에 "知" 至하고 "知" 至한 뒤에 "意" 誠하고 "意" 誠한 뒤에 "心"이 正하고 "心"이 正한 뒤에 "身"이 修한다 함이니, 대개 그 공부의 條理 비록 先後次序를 말할 수 잇으나 그 本體 오즉 하나이라 실로 先後次序의 나눌 것이 없고, 그 條理의 공부ㅣ 비록 先後次序의 나눌 것이 없으나 그 해나감의 精함으로는 진실로 纖毫도 빠디릴 수 없는 것이 잇나니, 이러함일새 格致誠正의 說이 堯舜의 正傳을 發明하야 孔氏의 心印이 되는 것이니라.

陽明의 大學問을 講함이 하상 經學先生의 事業을 하자는 것이 아니오 人間에 이만한 大原理 잇으매 이를 發明하야 後學으로 하야금 自心上 實得이 잇도록 함이니, 내 이제 陽明의 이 講義를 演譯함도 또한 區區히 文字上으로 따저보자는 것이 아니라 現下 우리로서 이 글을 尋討함으로조차 어떠한 實得이 잇기를 바라는 것이다. 또 陽明 大學問의 本旨 高遠 微妙함으로써 자

랑하자는 것이 아니라 가장 切要한 것을 淺近하게 道破하야 아무라도 곳 悟得 行得케함이니 이 글을 보는 이 조곰이라도 어리둥절할진대 이는 譯述한 나의 罪이다. 그렇나 佛家 重宣의 義를 비러 一二의 要諦를 더 한번 究明하야 보랴 한다.

大學問의 가장 主腦되는 着手處는 "格致"오, "格"은 발리운다 함이니, 무엇을 발리워. "物"을. "致"는 이룬다 함이니, 무엇을 이루워. "知"를. 여기 對한 말은 그동안 本篇과 및 旁引한 것으로조차 누구나 얼마쯤 了解되엿을 것으로 믿는다. 또 物을 어떠케 "格"해. "良知"의 照覺함을 따라. 이것도 발서 反覆陳說한 것이 많다. 그러나 누구나 이에 對하야 模糊念을 가지엇을 줄 안다. 어찌하야 그런가. 世間事物이란 複雜 又複雜 多端 又多端한 것이라. 百工의 技藝, 萬學의 究造, 雲變, 波詭, 雨灑, 風馳하는 限없는 曲曲方方의 각가지가 大로도 끝이 없다. 細로도 헤일 수 없다. 이러한 것을 이제 泛然히 "良知" 二字만 가지고 여기 依하야 그 照察대로 하라 할진대 암만하야도 模糊하다 하리라. 누구든지 이러케 생각하는 이 한번 深思하야 보라. 사람으로서 事物을 떼지는 못할 것 아닌가. 떼이지 못할 것 같으면 이를 接하지 아니할 수 없고 이에 應하지 아니할 수 없는 것 아닌가. 事物이 이미 複雜 多端할스록 점점 어찌할 줄을 모를 것 아닌가. 그러나 누구든지 이에 對하야 "잘"해야 하겟다는 생각은 다 가지고 잇다. "잘"하지는 못할지라도 "잘"할 생각은 잇다. "잘"할 생각까지 墮落된 사람이라도 "잘"하는 것이 좋커니는 다 생각할 줄 안다.

"잘"이란 무엇인가. 그 일을 措處하매 가장 適當하고 克盡함을 이름이 아닌가. 그러면 "良知"대로 하면 다 "잘"된다 하야보자. 그러면 良知대로만 하면 글씨도 잘 써지고 그림도 잘 그려지고 밥도 잘 지어지고 옷도 잘하여지고 심지어 科學者의 諸般 發明 政治家의 一切 方畧이 다 잘되리라 할 수 잇을가. 나 아는 어떤 先輩 한 분이 "地術을 어찌 篤信하든지 아이들 공부 시키지 말게 뫼만 쓰면 다 되네" 이런 議論과 같이 "良知"대로만 하면 저 노릇이 하나도 잘되지 아니할 것이 없다고 하는 것이 참 泛論인 듯하다.

그렇다. 良知 곧 글씨 쓸 줄 알고 곧 그림 그릴 줄 알고 곧 밥 질 줄 알고 곧 옷 할 줄 알고 곧 科學者의 發明을 내고 곧 政治家의 方畧을 낸다는 것이 아니다. 해야 할 것일진대 배오는 것이 곧 良知오, 苦心慘淡하게 하여야 할 것일진대 苦心慘淡하게 하는 것이 곧 良知다. 이것만으로는 별수 없을 것 갓지. 그러나 쓸 줄 모르는 글씨를 가장 잘 쓰는 체하야 分明히 배워야 될 줄 알지만 창피하게 생각하야 그대로 나간다 하자. 배워야 될 줄 안 그 良知를 저바림이 아닌가. 배워야 될 줄을 알지만 驕惰에 익는지라 귀찬어 배울 수가 잇나 이렇고 보면 글씨 잘 쓸 날이 없다. 이 또한 배워야 될 줄 안 그 良知를 저바림이 아닌가. 글시는 오히려 尋常한 藝事라 그 害 적으려니와 科學者의 發明을 가지고 보자. 一點의 虛僞 이에 석기지 아니함이 이 곧 良知의 光明의 비초인 것이니 速譽를 求하야 草率하거나 奇利를 貪하야 詐巧하거나 이것은 다 그 學을 破亡케 하는 것이오. 草率도 나는 알되 남은 모른다 하자. 詐巧도 나는 알되 남은 모른다 하자. 速譽는 방장 앞에 爛然하고 奇利는 곧 뒤를 따른다. 남 다 모르는 이것을 나 홀로만 아는 바에는 結局 스사로 속히고 말지 아니할가. 科學이 이에 결단날 것이 아닌가.

그러므로 남 모르고 나 홀로 아는 이 한 곳에서 스사로 속히랴 하는 그 버릇이 없은 뒤에 비로소 事物에 接應함에 잇어 그 "잘"을 이룰 수 잇다. 良知 곧

잘을 만드는 것이 아니라 良知의 照力을 가지고서야 "잘"의 要路로 曲曲 折折히 導入할 수 잇슬 것이다. 그러므로 複雜 又複雜할수록 多端 又多端할수록 一段不欺의 自體 가리지 아니할진대 細絡 纖線에 비초이지 아니하는 곳이 없어 或은 直透, 或은 轉透, 或은 直破, 或은 轉破로 不了일진대 了케 不解일진대 解케 是일진대 直行케 非일진대 直捨케 是인 듯도 하고 非인 듯도 할진대 더욱이 徐察 熟考케. 이 모다 "천생으로 가진 아름" 卽 良知의 一點 光明이라. 이에서 本함이 아니면 이를 假라 하고 이를 虛라 하는 것이다.

嗚呼라. 내 마음과 事物과를 떼어놓고서 學問을 말한 지 오래다. 이제 良知의 學問을 드를 때 良知만으로 어찌 萬般事物을 處當하는가 하는 이 의심이 그 根底 오랜 것인 줄 알라. 虛를 드른 지 오래매 實에도 그 想을 가지고, 假를 이킨 지 오래매 眞에도 그 想을 가지게 되는 것이다. 良知는 事物을 떼이고 그 體 없나니 事物의 感應만이 잇고 거기 對한 何等의 버램과 더름이 없는 까닭에 지극히 비인지라 곧 지극히 實하니, 이러케 感하면 곧 이러케 應하는 이 밝음이 심심하기도 지극히 심심한 노릇이라 別段神奇함이 없으나 이러케 感하면 곧 이러케 應하는지라, 눈에 보이드시 귀에 들리드시 그대로인지라 곧 至正이오 곧 至善이어늘, 이제 이 良知로써 事物의 複雜 多端함을 어찌 應할가 하는 것이 이 어찌 良知의 自體를 모름이 아니랴.

어머니의 아들을 위하는 그 마음에 원갓 撫育의 方法이 삿삿이 미리부터 들어 잇다가 나오는 것이 아니다. 사랑하는 어머니가 아들 위함에 잇서서 一心專一할진대 이 마음으로써 一息의 間歇이 없으매 포대기의 집푸래기 하나라도 혹 가시 들지 아니할가, 자다가 굴러가 날바닥에 몸이 닷지 아니할가, 우는 소리만 드르면 저절로 거름이 빠르고, 병 나라는 그 기미도 어머니가 가장 잘 알 때가 많다. 여기서 牛乳 끄리는 溫熱, 疏數의 宜와 옷 잎히는 厚情의 度가 모두 秩然 整然하게 이 한 마음을 따라 連續되는 것이 아닌가. 그러면 또 다시 무를 수 잇다. 牛乳도 잘 못 끄리고 옷도 잘 못 잎히고 모두 잘 못하는 어머니는 어찌하야 그런가. 이는 위하는 그 마음이 專一치 아니한 탓이다. 배워야 할 줄 알지만 귀찮고, 注意하여야 할 줄 알지만 귀찮어 그렇저렁하다가 어린아이에게 害로움이 밑침을 보고서야 後悔한다. 이 가장 淺近한 것이로되 良知의 照覺으로조차 萬事萬物이 곧 一時 自成 自當 自秩 自整하는 것이 아니라 이 照覺에 依치 아니하고는 成, 當, 秩, 整으로 引向할 指針이 없음은 이 한 일로도 類察할 수 잇다. 陽明의 良知說을 드른 어떤 屬官 한 사람이 陽明에게 말하되

"이 學問은 참으로 좋읍니다마는 薄書, 獄訟이 하도 繁多하니까 어느 겨를에 할 수가 없습니다."

陽明이 가로되

"내 언제 너더러 簿書, 訟獄 이런한 일을 떠나서 맨이로 學問을 하라드냐. 네 이미 官司의 일이 잇으니 곧 官司의 일에서 學問을 하여야만이 참學問이다. 假令 一件의 訴訟을 訊問할 때 그 應對의 無狀함을 因하야 怒心을 이르킬 수 없는 것이오, 저 言語의 圓轉함을 因하야 喜心을 내일 수 없는 것이오, 어떠한 囑托이 잇음을 미여하야 내 뜻을 덥불어 다스릴 수 없는 것이오, 어떠한 請求를 因하야 생각함을 굽혀 그대로 조칠 수 없는 것이오, 자기 事務의 煩冗함을 因하야 한때 意思대로 苟且히 決斷할 수 없는 것이오, 旁人의 讒毁 羅織함을 因하야 그네의 意思에 따라 措處할 수 없는 것이니 저 許

多한 意思 | 모다 私이라. 이는 네 스사로만이 아는 것이니 모름직이 精하고 가늘게 省察하며 克治하야 오즉 이 마음이 一毫라도 偏倚함이 잇어 남의 是非를 틀리게 할가 두릴질대 이 곧 "物을 格하야 知를 致함이라" 簿書訟獄의 이름이 모두 實學이니 만일 事物을 떠나서 學問을 하랴 할진대 이 곧 虛일 뿐이니라"(傳習錄)

한 것을 보라. 陽明의 宗旨을 明知할 수 잇지 아니한가.

20

발본색원론

'발본색원론'은 양명이 동교(東橋) 고린(高璘)의 물음에 답한 편지 속에 들어 있는 것이다. 대개 「대학문」은 배우는 사람들로 하여금 공부에 착수할 곳을 얻도록 한 글이다. 그러므로 '격물' '치지'에 관하여 가장 상세하게 말하였으므로 내가 양명의 「학문을 논한 여러 편지」와 『전습록』을 두루 인용하여 교차 증명함에도 또한 이것을 위주로 하였다. 그러나 '발본색원론'은 양지의 참된 피와 참된 혼이 어떤 것인지, 이 피와 혼을 그대로 가지지 못한 그 해독이 어떻게 뭉치고 얽히는지를 통렬하게 논한 것이다. 간단히 말하면 '친민(親民)'에 대한 설명이요, 좀 더 자세히 말하면 '같은 몸으로 여기는 인(仁)'을 여기에서 느껴서 발동케 하도록 한 것이다. 무릇 '백성[民]'이란 '자기[己]'와 대칭되는 것이니, 백성을 친애하는 '친(親)'이 명덕을 밝히는 '명(明)'과 곧 하나다. 쉽게 말하면 내 마음이 타고나면서부터 가진 '밝음'을 밝히는 것과, 집안·나라·천하에 대한 '애틋함'이 둘이 아니라는 것이다. 이 밝음이 아니면 이 애틋함이 없고, 이 애틋함이 없으면 이 밝음이 아니다. 학문의 골자(骨子)가 이 한 곳에 있으니, 한순간이라도 백성·사물과 내가 한 몸이 되는 감통이 없다면 내 마음의 본체가 없어진 것이다.

상대방은 어찌 되었든지 내 마음은 나대로 가지고 있다든가, 내 학문은 나대로 닦을 수 있다고 한다면, 이는 다 목숨이 이미 끊어진 시체를 살아 있는 것으로 여기는 것과 같다. 한두 학자가 문을 걸어 잠그고 홀로 엮어낸 학설이 대단할 것 없을 듯하지만, 한번 자기 마음에서 홀로 아는 곳을 제치고 일체를 밖에서 방황한 뒤에 이 세상과 내 마음을 판연히 둘로 만들어 심지어 "도가 행해지지 않을까 걱정할 뿐 나라를 걱정하지 않는다"[98]는 소리를 거침없이 떠들게 되었다. 오호라! 나라야 걱정하지 않아도 좋다. 그러나 이 걱정을 떼놓고 따로 걱정할 도가 없으니, 그 도가 실질적인 도[實道]나 참된 도[眞道]가 아님은 물을 것도 없다. 그러나 도란 무엇이냐? 그것까지 없어도 좋다. 그러나 이른바 도라는 것이 미묘하고 황량한 어떤 원대한 생각에 속한 것이 아니라, 내 마음이 태어나면서부터 가진 그 앎대로가 옛사람이 말하는 이 도다. 도는 없어도 좋다고 하자. 이 앎이 한번 폐지되어 끊어진다면 인생의 본래 생명이 그만 끊어져 떨어지게 되니, 그런 말이 거침없이 나오게 된 그 근본 원인을 한번 거슬러 살펴봄에 어찌 눈물을 흘리며 크게 탄식하지 않을 수 있겠는가!

천지만물을 한 몸이라고 함이 억지로 만들고 거짓으로 꾸며낸 말이 아니다. 이는 본심과 감통되는 그 한 곳으로부터 본심에는 피차의 간격이 없음을 실제로 비추어보고 한 말이다. 하물며 인류로부터 민족에게로 한 걸음 한 걸음 더욱더 자기에게 절실해지는 경우임에랴? 그러므로 백성의 아픔이 곧 나의 아픔으로, 백성의 괴로움이 곧 나의 괴로움으로 감통됨에 있어 피차의 간격이 없는 것이 바로 본심의 모습이다. 이렇게 말하면 이것을 반대하는 사람은 "이런 사람도 있을까? 혹 있다면 이는 특수한 일이다"라고 할 것이다. 그러나 이렇게 말하는 사람도 자기의 사사로운 계산이 본심을 단단히 막지 않은 곳으로부터 갑자기 외부의 사물을 접할 때 상관도 없는 남의 일에 찡한 것이 곧 자기가 당한 것 같은 때가 있을 것이다.

　간격만 없으면 감통이 있다. 그러나 간격 때문에 감통이 다 막힌 듯하지만 스스로 옳고 그름을 홀로 변별함에 있어서 언제든지 그르다고 하는 것에는 간격으로부터 생긴 무엇을 볼 수 있고, 옳다고 하는 것에는 감통으로부터 나타난 무엇을 볼 수 있다. 이는 체험해 보면 곧 알 수 있다. 그러므로 옳다 그르다고 하는 그 자체가 곧 백성·사물과 한통속이니 이로부터 비추는 것이 아니라면 이는 양지가 아니다. 그러므로 백성·사물과 나와의 감통에 간격이 있으면서 내 생명이 있다는 것은 우스운 말이다. 백성·사물과 나와의 감통에 간격이 없어야 비로소 양지의 참된 본체[眞體]가 밝아진다.

　그러므로 『대학』에서 명덕보다도 친민이 더 중요하니 명덕을 모르더라도 백성만 친애한다면 명덕은 여전히 저절로 있어서 없어지지 않는다. 그러나 '친민'을 한번 바꾸어 '신민'을 만든 뒤에는 명덕을 밝히는 그 일이 닿을 데가 없어 마침내 방황하고 빙빙 돌게 되고 만 것이다. "도가 행해지지 않을까 걱정할 뿐 나라를 걱정하지 않는다"는 말이 '명덕·친민'과 정반대이니, 이 둘이 상반되는 것만 알면 양명학의 핵심 주장을 열이면 열 모두 통찰하여 알았다고 할 수도 있다.

본심이란 감통에서 살고 간격에서 죽는다. 만일 백성의 아픔을 곧 내 아픔으로, 백성의 괴로움을 곧 나의 괴로움으로 느끼는 그 감통이 내 몸에 있는 것과 같다면 스스로 분주하게 돕고 구제하지 않을 수 없을 것이니, 그 몸은 거꾸러졌을지라도 본심은 살아 있는 것이다. 이것은 한두 사람만 특수하게 타고난 것이 아니요, 사람이면 다 같이 감통되는 것이지만, 옹졸한 한 개인의 사사로운 계산이 제석망(帝釋網)처럼 골고루 돌아 얽히어 이 감통이 그만 중단된 것이다. 이 감통의 중단은 곧 양지가 가리고 막힌 것이요, 양지의 가리고 막힘은 곧 생명이 끊어진 것이니, 어느 때든지 한 점 양지가 잠깐 반짝하는 곳에는 여전히 백성과 사물을 한 몸으로 여기는 감통이 있는 것이다.

보통 사람들도 옳고 그름에 대한 앎은 있다. 그러나 감통은 갑자기 얻을 수 없다. 그러나 옳고 그름은 감통에 의하여 변별할 수 있는 것이니 누구나 자기 마음에서 세밀히 체험해 보면 대번에 확 밝아지는 깨침이 있을 것이다. 뜻있는 이는 알라. 감통은 언제든지 하나지만, 간격은 수만 가지로 구별된다. 감통을 따른다면 기쁨·성냄·슬픔·즐거움이 다른 사람들과 서로 합치하게 된다. 비록 닥쳐오는 일에 가볍고 무겁고 두텁고 엷음이 각각 다르다고 할지라도 자연준칙[天則]이 서로 인증하기 때문에 피차 서로 꼭 들어맞게 된다. 그러나 간격이 있다면 부자(父子)나 형제 사이라도 금성철벽이 가리고 말 것이다. 감통이여, 이 한 구멍이 곧 천지만물을 한 몸으로 여기는 인(仁)의 원천인 동시에, '우주'와 '내'가 하나요 둘이 아니라는 대원리가 이로부터 증명되는 것이다. 상산(象山) 육구연(陸九淵, 1139~1193)[99]이 "우주가 언제 사람과 경계를 두었던가! 사람이 스스로 우주와 경계를 둔 것이다"[100]고 한 것이 참으로 이 한 곳을 보고 한 말이다. 그러므로 백성을 친애하는 것이 없다면 양지가 어디에서 나타나며, 양지의 발현이 아니라면 무엇으로 백성을 친애하겠는가! 백성의 아픔과 괴로움이 간격이 없이 감통된다면 잠시라도 이들을 분주하게 돕고 구제하지 않고는 스스로 편안하지 못할 것이요, 이렇게 스스로 편안하지 못하다면 이를 달성하고야 말 것이다. 이것은 물이 낮은 데로 흐르고 불이 위로 오르듯이 지극한 정성이기 때문에 신묘함이 여기에서 생기는 것이다. 이 앞에는 명예욕이나 이기심이 끼어들지 못할 것이니, 이 하나의 중요한 지점에서 참핏줄이 터져 나온 뒤에야 학문과 인생이 비로소 따로 돌지 않을 것이다. 감통을 따로 말하랴? 양지가 곧 감통이다. 간격을 따로 말하랴? 자기의 사사로움[己私]이 곧 간격이다.

양명이 이 논문을 쓰게 된 까닭은 물론 아주 오랜 세월을 두루 살펴보아 수많은 사람들의 옹졸한 이기심에 대해 슬픈 눈물을 빚어둔 지 오래되었기 때문이다. 그러나 가깝게는 그 당시 양명에게 질문하는 사람들이 대개 양명의 양지설을 너무 간소한 줄로 알아 이것으로 어찌 고금의 득실을 알며 무궁한 사태의 변화에 대응할 수 있을까 의심했기 때문이다. 또 명물과 제도를 궁구하여 밝히는 것은 이 양지만으로 해결할 수 있는 것이 아니라고 생각하는데, 고동교 역시 이것을 가지고 질문을 하므로 양명이 그 물음에 따라 대답하고 나서 스스로 한없는 감동이 일어나는 것을 참지 못했기 때문이다.

천고 사태의 변화를 간단히 개괄해서 말하면 감통에서 다스림이 이루어지고, 간격에서 혼란이 생긴다는 것이다. 이 한 곳을 제외하고 무엇이 어떠니 무엇이 어떠니 하는 것은 모두 한가한 말이다. 또 간격으로 인한 해독이 무릇 얼마의 세월을 뻗어왔던가? 역대의 정치가 이 하나를 뿌리박게 했고, 여러 학문이 이 하나를 달성하고 말았다. 지금도 자꾸 이것을 더욱더욱 무성하고 또 깊게 할 뿐이다. 공(公)을 말하지만 그 속은 자기의 사사로움[己私]이요, 의(義)를 말하지만 그 속은 자기의 사사로움이다. 무어니 무어니 말은 좋다. 좋을수록 자기의 사사로움을 싸고도는 것은 더 심하다. 그러므로 이 뿌리를 뽑고 이 근원을 틀어막지 않고는 인생의 참된 생명을 찾아낼 수가 없다. 그러므로 양명은 이 논문에 들어가기 전에 다음과 같이 말했다.

"지금 내가 말한 것들은 모두 그대의 물음에 대해 대강 설명한 것이요, 아직 뿌리를 뽑고 근원을 막는 이론[拔本塞源論]에는 미치지 않았다. 발본 색원론이 세상에 밝혀지지 않는다면 학문[101]이 장차 날로 늘고 날로 어려워져서 사람이 사람 노릇을 하지 못하는 지경에 빠지더라도 스스로 성인의 학문이라고 할 것이다. 내 말이 비록 한동안 잠깐 밝아졌다 할지라도 마침내 서쪽에서 언 것이 풀리면 동쪽에서 얼음이 얼고, 앞에서 안개가 걷히면 뒤에서 구름이 일어나듯이, 암만 떠들어대며 짓고생을 하여 죽기까지 한대도 세상에는 조금도 유익함이 없을 것이다."[102]

양명의 발본색원론은 다음과 같다.

"성인의 마음은 천지만물을 한 몸으로 삼기에 온 세상 사람들을 대하는 데 안과 밖이나 멀고 가까움의 구별이 없이 무릇 피와 기(氣)가 있는 것은 다 자기의 친형제나 자식으로 보아, 아무쪼록 그들을 안전하게 보호하고 가르치고 길러서 만물을 한 몸으로 삼는 생각을 이루려고 한다. 세상 사람의 마음도 그 처음에는 성인과 다르지 않았다. 다만 '내가 있다[有我]'는 사사로움으로 틈이 생기고, '물욕(物欲)'의 가림으로 사이가 벌어져서, 큰 것이 작아지고 통한 것이 막힘에 사람마다 마음이 다르게 되었고, 나중에는 자신의 아비와 자식, 형과 아우를 원수같이 보는 자까지 있게 되었다. 성인이 이를 걱정하여 천지만물을 한 몸으로 삼는 그의 인(仁)을 미루어 온 세상 사람들을 가르치되 그 사사로움을 극복하고 그 가림을 제거하여 그 똑같은 마음의 본체를 회복하게 하였다.[103]

그 가르침의 핵심은 요(堯)와 순(舜)과 우(禹)가 서로 주고받으면서 "도심은 은미하니, 오직 순수하고 전일해야 그 중(中)을 잡을 것이다"라고 한 것이며, 그 세부 항목은 순이 설(契)에게 명하면서 "부모와 자식에게 친함이 있고, 임금과 신하에게 의로움이 있고, 지아비와 지어미에게 구별이 있고, 어른과 아이에게 차례가 있고, 친구 사이에 믿음이 있다"고 한 다섯 가지다. 요순시대와 하·은·주 삼대에는 가르치는 사람은 오직 이것을 가르쳤고, 배우는 사람은 오직 이것을 배웠을 뿐이다. 이때에는 어떤 사람이건 이견(異見)이 없었고, 어떤 집이건 다른 풍습이 없었다. 이것을 편안히 행하는 사람을 성인이라 하고, 이것에 힘쓰는 사람을 현인이라 하고, 이것을 어기는 사람은 비록 단주(丹朱)와 같이 총명할지라도 불초(不肖)라고 일컬었다. 아래로는 작은 마을이나 시골의 농사꾼·공인(工人)·장사꾼의 천한 신분에 이르기까지 누구나 이 학문이 없는 사람이 없었으니, 오직 덕행을 이루는 것만을 '힘써 해야 할 것'으로 알았다. 왜 그랬을까? 견문의 잡다함, 암송의 번거로움, 사장(辭章)의 범람, 공리의 추구가 없이 오직 부모에게 효도하고 윗사람을 공경하며 친구와의 신의를 지켜서 그 똑같은 마음의 본체를 회복하게 했기 때문이다. 이것은 천성 가운데 본래 지니고 있는 것이요 밖에서 빌릴 것이 없으니, 누군들 이것을 하지 못하겠는가?[104]

학교에서는 오직 '덕을 이루는 것[成德]'만 일삼았다. 그런데 재능이 달라서 어떤 사람은 예악에 뛰어나고, 어떤 사람은 정치와 교육에 뛰어나고, 어떤 사람은 농사에 뛰어나기 때문에 그 덕행을 이루어놓고는 이내 학교에서 그 재능을 더욱 정련하게 했다. 그리고 덕행이 있어서 발탁하여 임용한 뒤에는 종신토록 그 직책에 머물게 하고 다시 바꾸지 않았다. 임용하는 사람도 오직 '한마음 한 덕'으로 천하의 민중을 모두 편안하게 보호할 것만 알아서 그 재능이 적합한지의 여부만 보았을 뿐이지, (직책의) 높고 낮음으로써 경중을 나누거나 (직무의) 수고로움과 편안함으로써 좋고 나쁨을 구별하지 않았다. 임용된 사람도 '한마음 한 덕'으로 천하의 민중을 편안히 보호할 것만 알아서 진실로 자기 재능에 맞기만 하다면 종신토록 번거로운 일을 하더라도 힘들다고 여기지 않았고, 비천하고 자질구레한 일에도 스스로 편안해하여 천하다고 여기지 않았다.[105]

당시에는 천하 사람들이 화락하고 너그러워[106] 모두 서로를 일가의 친척처럼 보았다. 재질[107]이 낮은 자는 농업이나 공업이나 상업이나 제 분수대로 거기서 자리를 잡아 각자 자기 일을 부지런히 하여 서로 살리고 서로 기를 뿐이지, 자기 일보다 높은 것을 바라고 제 분수 이외의 것을 사모하는 마음이 없었다. 재능이 남다른 고(皐)나 기(夔)나 직(稷)이나 설(契) 같은 사람은 벼슬길에 나아가 그 재능을 발휘하되 마치 한집안 살림같이 하였으니, 누구는 의식(衣食)을 경영하고, 누구는 물자를 유통하고, 누구는 기용(器用)을 갖추되, 지혜를 모으고 힘을 합하여 위로는 부모를 섬기고 아래로는 처자를 양육하는 소원을 이루고자 하였으며, 오직 저 일을 맡은 사람이 어쩌다 게을리할까 두려워하였으니, 저의 게으름을 곧 나의 허물과 같이 알았기 때문이다. 그러므로 직(稷)은 농사일을 부지런히 하되 자신이 교육에 대해 잘 알지 못하는 것을 부끄럽게 여기지 않았으며, 설(契)이 교육을 잘하는 것을 곧 자기가 교육을 잘하는 것으로 여겼다. 기(夔)는 음악을 담당하되 자신이 예에 밝지 못한 것을 부끄럽게 여기지 않았으며, 이(夷)가 예에 통달한 것을 곧 자기가 예에 통달한 것으로 여겼다.[108]

대개 심학이 순수하고 밝아서 천지만물을 한 몸으로 여기는 인(仁)을 온전히 이루었으므로 정신이 흘러 관통하고 지기(志氣)가 통달하여 자기와 타인의 구분이나 사물과 나의 간격이 없었다. 한 사람의 몸에 비유하자면 눈은 보고 귀는 듣고 손은 붙잡고 발은 걸어 다녀 한 몸의 살림을 이루는데, 눈은 듣지 못하는 것을 부끄럽게 여기지 않고 귀에 닿는 데는 눈이 꼭 살피고, 발은 붙잡지 못하는 것을 부끄럽게 여기지 않고 손이 더듬는 데는 발이 꼭 나아가는 것과 같다. 대개 그 원기(元氣)가 두루 충만하고 그 혈맥이 뻗어나가 통함으로써, 가렵든지 아프든지 내불든지 들이쉬든지 감촉하는 대로 귀신같이 응하여 말하지 않아도 아는 신묘함이 있다. 이것이 바로 성인의 학문이 지극히 쉽고 지극히 간단하여 알기 쉽고 따르기 쉬운 까닭이다. 학문은 하기 쉽고 재능은 이루기 쉬운 것은 바로 그 핵심이 오직 똑같은 마음의 본체를 회복하는 데 있기 때문이니, 지식과 기능은 함께 말할 것이 아니다.[109]

(하·은·주) 삼대가 쇠퇴하자 왕도(王道)[110]가 꺼지고 패술(覇術)이 일어났다. 공자와 맹자가 이미 돌아가시자 성인의 학문이 어두워지고 그릇된 학설이 횡행하여, 가르치는 사람은 다시 그것을 가르치지 않았고, 배우는 사람은 다시 그것을 배우지 않았다. 패자의 무리들은 선왕의 일의 근사한 것을 몰래 취하여 그럴듯하게 외면을 가장하고 속으로는 자기의 사욕을 채웠다. 온 세상이 바람에 쏠리듯 그것을 높이니 성인의 도는 그만 무성한 잡초에 막혀버렸다. 이 때문에 서로 모방하고 서로 본받아 날로 찾는 것은 부국강병의 설이요, 간교하게 속이는 모략, 공격하고 정벌하는 계책이었다. 이것이나 저것이나 모두 하늘을 속이고 사람을 꾀어 무슨 짓으로든지 한때의 이득을 탐하고 명성과 이익을 갈취하는 기술이었다. 그래서 관중(管仲)·상앙(商鞅)·소진(蘇秦)·장의(張儀)와 같은 사람들이 이루 헤아릴 수 없을 만큼 되었다. 그런 상태가 오래 지속되어 투쟁과 겁탈로 그 재앙을 헤아릴 수 없게 되자 사람이 사람 노릇함을 완전히 잃어버려서 패술조차도 행할 수 없게 되었다.[111]

후세의 학자들이 이를 애통하게 여겨 옛 성왕의 전장(典章)과 법제를 여기저기서 모아, 잿더미 속에서 남아 있는 것을 줍고 깁고 하였으니, 그 마음이야 참으로 선왕의 도를 만회하려는 것이었다. 그러나 성인의 학문은 이미 아득하고, 전해오는 패술은 이미 깊게 쌓이고 배어들어 비록 현명하고 지혜로운 사람이라도 모두 물들지 않을 수 없었다. 그 때문에 그들이 강론하여 밝히고 다듬고 꾸며서 이 세상에 막혔던 것을 펴고 잃었던 것을 회복하려 한 것이 겨우 패자의 울타리나 넓혔을 뿐이지, 성인의 학문에 들어가는 문은 다시 볼 수 없었다.[112]

이에 훈고학(訓詁學)이 있어 이를 전하는 것을 명예롭다고 하고, 기송학(記誦學)이 있어 이를 말하는 것을 박학하다고 하며, 사장학(詞章學)이 있어 이를 늘어놓는 것을 아름답다고 하였다. 이러한 것들이 어지럽고 떠들썩하게 세상에 떼 지어 일어나 우뚝우뚝 서 있는 것이 또 몇 파인지 모른다. 지름길만으로도 만 갈래가 되고, 자취가 있는 길만으로도 천 갈래가 되니 들어가려고 한들 어디로 가야 할지 몰랐다.

세상의 학자들은 마치 산대놀음판에 들어간 것 같다. 왁자지껄 떠들고 껑충껑충 뛰며, 기이함을 뽐내고 교묘함을 다투며, 미소를 띠고 아름다움을 다투는 자들이 사방에서 앞 다투어 나오기에 앞을 바라보고 뒤를 돌아보느라 다 응접할 수 없어 귀와 눈이 현란하고 정신이 혼미한지라 그 속에서 밤낮으로 놀고 머무니, 마치 미친병에 걸려 마음을 잃어버린 사람처럼 그 가업(家業)이 어떻게 돼가는지를 스스로 알지 못했다. 당시의 군주들도 모두 그 학설에 정신없이 뒹굴어 평생 쓸데없는 공허한 문장[虛文]에 종사하여 무슨 말을 해야 할지 자기 자신도 알지 못했다. 간혹 그 학설이 공소하고 도리에 맞지 않으며, 지리하고 막혀 있다는 것을 깨달아서 우뚝 스스로 일어나 실제 사업을 해보려고 하는 사람이 있더라도 기껏해야 부국강병과 공리(功利)를 추구하는 오패(五覇)의 사업이 되고 말았다.[113]

성인의 학문은 날로 멀어지고 날로 어두워졌으며, 공리(功利)의 습성은 갈수록 점점 더 나빠졌다. 그 사이에 불가와 도가에 눈이 멀어 미혹된 적도 있었지만, 불가와 도가의 학설도 마침내 그 공리를 탐하는 사사로운 마음을 이길 수는 없었다. 또 여러 유학자들에게서 절충한 적이 있었지만, 여러 유학자들의 이론도 마침내 그 공리를 탐하는 사사로운 견해를 깨뜨릴 수는 없었다.[114]

대개 지금에 이르기까지 공리를 탐하는 마음의 독성이 사람의 골수에까지 배어들어 습관이 본성처럼 된 지 수천 년이 되었다. 지혜를 가지고 서로 맞서고, 세력을 가지고 서로 밀어붙이고, 이익을 가지고 서로 다투고, 기능을 가지고 서로 자기가 낫다고 우기고, 명성을 가지고 서로 취하려고 한다. 세상에 나아가 벼슬을 하는데, 재정을 다루는 사람이면 군사와 형법까지 겸하려고 하고, 예악을 담당한 사람이면 또 인사에까지 간여하려고 한다. 군수와 현령은 포정사(布政使)나 안찰사(按察使)의 높은 관직을 생각하고, 대간의 자리에 있으면 재상의 요직을 바란다. 그러므로 그 관직을 겸하려고 함에 그 일을 잘하지 않고는 겸할 수 없고, 그 명예를 구하려고 함에 그 설에 통달하지 않고는 구할 수 없었다. 따라서 기억하고 암송하는 것이 넓은 것은 그 오만함을 기르게 하였고, 지식이 많은 것은 그 악을 행하게 하였고, 견문이 넓은 것은 그 변론을 제멋대로 하게 하였고, 시가와 문장이 풍부한 것은 그 거짓을 꾸미게 하였다. 그래서 고(皐)

와 기(夔), 직(稷)과 설(契)조차도 겸해서 할 수 없었던 일을 이제 처음 배우는 어린 학생들이 모두 그 설에 통하고 그 기술을 궁구하려고 한다. 이름을 제멋대로 붙이는 것[115]으로야 언제나 '천하의 일을 한 가지 이루려고 한다'고 하지만, 그 진심과 실제 의도를 있는 대로 말하면, 이렇지 않고는 내 이익을 다 챙길 수 없고 내 욕구를 채울 수 없기 때문이다.[116]

오호라! 이와 같이 몸에 밴 나쁜 습관과 이와 같은 뜻을 가지고 또 이와 같은 학술을 강론하니, 그들이 내가 말하는 성인의 가르침을 듣고 그것을 맞지 않는다거나 군더더기라고 하는 것이 마땅하며, 양지를 충분하지 못하다고 여기고, 성인의 학문을 쓸데없는 것이라고 말하는 것도 일의 추세가 그렇게 되는 것이 필연적이다.[117]

오호라! 선비가 이 세상에 태어나 어떻게 성인의 학문을 추구하겠는가? 어떻게 성인의 학문을 논하겠는가? 선비로 세상에 태어나 학문을 하고자 하는 사람은 힘들고 어렵지 않겠는가? 막히고 험난하지 않겠는가? 오호라! 서러워할 만하도다. 그래도 다행한 것은 천리가 사람의 마음에 있어서 끝내 없앨 수 없으므로 양지의 밝음이 만년이 하루와 같기에, 나의 발본색원론을 들으면 반드시 측은히 여겨서 서러워하고, 척연히 아파하고, 분연히 일어나는 사람이 있을 것이니, 패연히 장강과 황하를 터놓은 듯하여 막을 수 없는 것이 있을 것이다. 어디에도 의지함이 없이 일어나는 저 호걸스러운 선비가 아니면, 내가 누구에게 바라겠는가?"[118]

이 한 편의 논문이 이른바 '발본색원론'이니, 대충 읽어보면 뽑을 뿌리와 막을 샘이 분명하지 않을 것이다. 그러나 천여 년간 세상의 변화가 무궁하여 여러 밝은 임금이 정치와 교화에 마음을 식히기도 하였고, 여러 현명한 철인이 학문에 정신을 모으기도 하였으나 어떤 정교(政教)나 어떤 학문이건 이 세상에 없었으면 모르지만, 있기만 하면 마침내 각자 사사로운 계산이 성장하는 것을 도울 뿐이요, 정교면 정교답게, 학문이면 학문답게 되어본 적이 없다. 커다란 종기를 앓는 사람이 보약을 먹으면 보약이 결국 농혈만 돕는다는 것처럼 세상에 나오는 것 쳐놓고 옳건 그르건 모두 사사로운 계산을 조장하는 것이니, 어떤 뿌리가 있다면 그 뿌리가 반석과 같을 것이요, 어떤 샘이 있다면 그 샘이 강하(江河)와 같을 것이다. 그렇듯 뿌리가 깊고 샘이 크지 않고서야 어찌 저렇게 천고의 세월을 집어삼킬 수 있었겠는가? 그러므로 이 뿌리를 뽑지 않고 이 샘을 막지 않고서는 이른바 정교가 없을 것이며 이른바 학문이 없을 것이다.

앞에서도 여러 번 말했지만 학문이 자기 마음을 떠난 지 오래되었기에 본체의 밝음을 잃고 자기 개인의 사사로운 계산만 기승을 부리니, '감통'은 물을 곳이 없고 실재로는 '간격'뿐이다. 그러므로 오랜 세월 동안의 득실은 차치하고 그 은미한 속을 한번 훑어본다면 이겼는지 졌는지, 재주가 있는지 어리석은지, 준수한지 용렬한지, 세상에 드러났는지 드러나지 않았는지를 물을 것 없이, 자기의 사사로움[己私]이라는 독소의 뿌리와 요망스러운 근원을 싹 쓸어버린 사람이 무릇 몇이나 될까? 개인적으로 그런 사람이 있다고 할지라도 세상은 여전히 저 뿌리가 뻗어 있고, 저 샘이 흐르고 있다. 오랜 세월 동안 누적되어 물든 것일지라도 못 씻을 것이 아니다. '감통'의 본체를 따라 스스로 우뚝 선다면 간격이 붕괴되어 자기의 사사로움이 거꾸로 떨어질 것이니, 한순간 그릇된 생각[邪念]의 독해(毒害)가 천고에 뻗힐 수 있는 동시에, 천고의 독해가 손가락 한 번 퉁기는 순간에 다 없어질 수도 있다.

그러므로 양명이 이 논문을 쓸 때 '한집안의 살림을 함께하는데 잘되기만 바라고 너와 나를 견주어 살핌이 없다'는 가상의 경지를 그려내어 한 몸으로 여기는 인(仁)이 간격 없이 감통하는 진상(眞狀)을 보인 것이니, 이것을 아는 날이 바로 저 뿌리를 뽑는 날이다. 감통에서 살고 간격에서 죽고, 감통에서 본체요 간격에서 기사(己私)임을 한번 깨닫고 나면 곧 뿌리가 뽑히고 샘이 막혀 시야가 확 트이는 모습을 보게 될 것이다. 이제 비근한 예를 들어보면 친구가 잘한 것을 들었을 때 겉으로는 좋은 체하되 한 점의 질투심이 은은하게 일어나는 것이 보통이다. 혹 이것을 솔직하게 토로하며, '내가 이렇게 못났다'고 하는 사람도 있다. 그러나 못났음을 스스로 말하는 속에는 이렇게 말하는 것으로 좀 우월하려고 하는 은근한 생각이 있다. 혹 이것까지 다 말하여 조금도 숨김이 없는 듯한 사람도 있다. 그러나 이것까지 말하는 것으로 더 우월하자는 은근한 생각이 또 있다. 백 번 천 번 방향을 바꾸고 만 번 억만 번 이리저리 굽어 꺾여도 자기의 사사로움[己私]을 옹호하는 데 중심을 두지 않는 것이 없다. 한 사람이 그렇고 백 사람 천 사람이 그렇고 만, 십만 세상 사람이 모두 그러니, 이 뿌리 이 샘을 그냥 두고도 온전히 보존할 그 무엇이 있을까? 그러므로 세상을 움직이는 것은 사람의 마음으로 하는 것이지만, 마음에서도 선이건 악이건 가장 은미한 그 한 곳이 가장 맹렬하니 은미하다고 말하지 말라. 은미하지만, 이것이 가장 참된 것이다.

이것이 곧 깊은 뿌리요 커다란 샘이다.

✻

'유아지사(有我之私)'와 '물욕지폐(物欲之蔽)'의 뿌리를 뽑고 그 근원을 막는다는 발본색원론(拔本塞源論)은 양명의 철학적 문제의식을 극명하게 보여준다. 그는 사람이 사람답게 살지 못하고 금수와 다를 바 없는 지경에 떨어지게 되는 가장 근원적인 이유는 '자사(自私)'와 '물욕'을 제대로 처리하지 못했기 때문이라고 본다. 이 자사로 말미암아 너와 나 사이에 거리가 생기고, 물욕으로 말미암아 사이가 가로막힌다. 자사와 물욕으로 인해 너와 나 사이에 간격이 생기면, 이로부터 대립과 갈등 및 투쟁이 발생한다. 그것이 격화되면 혈육을 나눈 사이임에도 서로 해친다. 온갖 쟁탈이 발생하는 근원이 바로 자사와 물욕인 것이다. 따라서 사람답게 살 수 있기 위해서는 그 근원처인 '자사'와 '물욕'를 이기고 제거해야 한다. 그럼 어떻게 하면 이 자사와 물욕을 제거할 수 있을까?

자사를 이기고 물욕의 가림을 제거할 수 있는 인간의 내적 근거는 본심 양지다. 이 본심 양지는 감통능력을 지닌다. 그것은 다른 사람의 아픔과 괴로움을 자신의 아픔과 괴로움으로 여긴다. 다른 사람이나 사물에 감통하여 그것을 애틋하게 여기는 데서 양지가 살아난다. 이 양지의 역량을 발휘하면 만물일체의 대동사회에 도달할 수 있다. 그럼 양명이 지향하는 만물일체의 대동사회는 어떤 모습인가?

양명은 양지의 실현을 통하여 도달하게 되는 이상사회의 모습을 왕도(王道)가 시행되던 요순과 하은주 삼대 사회를 빌려서 표현한다. 당시에는 성인이 천지만물을 한 몸으로 삼는 그의 인(仁)을 미루어 사람들을 가르침으로써 그들로 하여금 자기와 똑같은 마음의 본체를 회복하게 했다. 그 가르침의 핵심이 요-순-우 임금을 통해서 내려오는 도심은 은미하니 오직 순수하고 전일하여 그 중을 잡으라는 것이요, 그 가르침의 세부 항목은 순이 설에게 명한 오륜이다. 당시에 학교에서 가르친 교육의 중심 내용도 사람이라면 누구나 똑같이 지니고 있는 마음의 본체를 회복하여 덕을 이루게 하는 것이었다. 이와 더불어 사람마다 각기 다른 재능을 정련하게 가꾸게 했다. 양명은 이처럼 학교교육이 담당해야 할 임무를 두 가지로 말한다. 하나는 '덕(德)의 완성'이고, 다른 하나는 '재능(才能)의 숙련'이다. '덕'은 만인이 동일하게 지니고 있는 마음의 본래 모습[本心]이며, '재능'은 사람마다 달리 지니고 있는 재질과 능력이다.[119] 사람들은 재능이 서로 다를지라도 그 덕[본심]은 동일하다. 따라서 사람들 전체를 하나로 묶기 위해서는 만인에게 동일한 덕을 매개로 할 때라야 가능하다. 이 덕을 매개로 인간관계가 형성되는 사회가 바로 '대동'사회다. 그래서 양명은 학교교육의 두 가지 기능 가운데 '덕의 완성'에 우선성을 부여하며, '성인지학의 주요 근본은 오직 만인에게 동일한 마음의 본모습을 회복하는 데 있는 것이지 지식과 기능은 더불어 논할 바 아니다'라고 말한다. 그럼 '덕'을 매개로 인간관계가 형성된 사회를 어떻게 대동사회라고 부를 수 있는가? 이것은 '덕'을 매개로 한 관계맺음의 방식이 지니는 특성에서 기인한다.

양명은 '덕'으로 맺어지는 관계방식의 주요 특성을 '자타의 구분이나 물아(物我)의 간격이 없음'에서 찾는다. 즉 만인이 공유하는 '밝은 덕[明德]'인 '만물일체의 인[본심]'은 자기를 드러내 신묘하게 만물에 감통하는 작용이 있다. 이 인심(仁心)의 감통작용을 양명은 '그 정신은 흘러 관통하고 지기(志氣)가 통달한다'든가, '원기가 두루 충만하고 혈맥이 뻗어나가 통하니, 이 때문에 가렵든지 아프든지 내불든지 들이쉬든지 감촉하고 신묘하게 응하여 말하지 않아도 깨닫는 묘함이 있다'는 등으로 표현한다.[120] 이러한 인심의 감통성으로 해서 '덕'으로 맺어진 인간관계에는 자타와 물아의 간격이 없다. 사회 전체의 구성원들이 '덕'을 매개로 인간관계를 형성하게 되면 '화락하고 광대하여 모두들 상대방을 일가친척처럼 보게 된다'. 이것이 바로 '사람들에게 서로 다른 견해가 없고, 가정에서도 서로 다른 습관이 없이' 오직 '동심일덕(同心一德)'만을 실현하고자 하는 '대동'사회다.

대동사회에서 '덕'이 사회 구성원들을 하나로 묶어주는 기능을 한다면 사람마다 서로 달리 지니고 있는 '재능'은 어떤 기능을 하는가? 또 '덕'과 '재능'은 어떤 관계에 있는가?

양명에게서 '재능'은 사회 구성원들을 나누는 기능을 한다. 사람들마다 현실적으로 지니고 있는 재능에는 차이가 있다. 양명은 사람들마다 서로 달리 지닌 재능에 따라 그들의 직분이 나뉘는 사회를 그린다. 자신의 재질과 능력에 맞는 직업이 보장되는 사회, 그리고 각자 자신이 맡은 직분에 충실을 기함으로써 서로가 서로를 살리고 길러주는 사회, 이것이 바로 양명이 지향하는 이상사회의 모습이다.

재능에 따른 직분의 구분에는 상하·귀천 등의 계급적 차별이 중시되지 않는다. 그렇다고 해서 양명이 상하·귀천의 계급이나 계층이 없는 무차별적인 평등사회를 지향하는 것은 아니다. 그는 분명 (계급의) 고하가 있고, (직종의) 수고로움과 편안함이 있으며, 정치에 종사하는 재질이 높은 자[貴]와 농공상고(農工商賈)에 종사하는 재질이 낮은 자[賤]가 있음을 인정한다. 양명은 결코 상하·귀천의 계급이나 계층을 타파할 것을 주장하지 않는다. 그는 계급이나 계층이 있으면서도 서로가 대립과 갈등을 일으키지 않고 전체적으로 '대동'의 조화를 이룰 수 있는 사회를 지향한다. 이에 대한 하나의 방안으로 제출된 것이 바로 '자기 직분에 만족하는 것'[121]이다. 대부분의 사회갈등은 구성원들이 자기 직분에 만족하지 못하는 데서 온다. 그럼 양명은 어떻게 하면 자기 직분에 만족할 수 있다고 말하는가?

양명은 재능에 따라 직분을 부여함으로써 구성원들이 자기 직분에 만족할 수 있는 어떤 제도적 장치를 고안하는 데는 별로 관심이 없다. 그는 다만 개개인의 도덕적 자각에 호소한다. 그것은 바로 자타·물아 사이에 간격이 없음을 깨닫는 것이다. 이것은 마치 눈·코·귀·입·손·발이 각기 기능을 달리하면서 동일한 신체를 구성하는 것처럼 사회의 각 구성원들이 제각기 자기 재능에 따라 직분을 달리하면서도 유기적으로 얽혀 하나의 공동체를 형성하고 있음을 자각하라는 것이다. 사회의 각 개개인들이 유기적으로 얽혀 있는 공동체임을 자각하고 자타·물아 사이에 간격이 없게 되면 다른 사람의 직분을 넘보지 않고 자기 직분에 충실할 수 있게 된다. 따라서 각자가 자기 직분에 만족하여 자기의 재능을 충실히 발휘하는 문제는 만인에게 동일한 마음의 본모

습을 회복하는 데 달려 있게 된다. 말하자면 '덕(본심)'은 사람들로 하여
금 각자의 재능에 따른 직분에 편안하게 함으로써 사회 전체의 질서와
조화를 가져오는 역할을 하는 것이다. 그래서 양명은 '학교교육은 덕
의 완성을 일삼는다', '바로 가장 중요한 것은 오직 만인에게 동일한 마
음의 본모습을 회복하는 데 있는 것이지 지식과 기능은 더불어 논할 바
아니다'라고 말하는 것이다.

'재능의 차이에 따른 직분 분류'와 어떤 직종에 종사하더라도 '본심'
을 회복하는 것을 학문의 궁극적인 내용으로 삼는 이러한 체계는 곧
'사민이업동도(四民異業同道)'설로 이어진다.

> "옛날에는 사민이 직업을 달리하더라도 도(道)는 같이하였다. 그 마음
> 을 다하는 것은 한가지인 것이다. 선비는 정치를 연마하고, 농부는 기르
> 는 데 이바지하고, 공인은 도구를 이롭게 하고, 상인은 재물을 유통시킨
> 다. 각기 자질이 가깝고 힘이 미치는 것에 따라 그것을 직업으로 하여 그
> 마음을 다하기를 구하였으니, 그 귀결이 사람을 살리는 길에 보탬이 되고
> 자 한 것은 한가지였다. … 그러므로 사민은 직업을 달리해도 도(道)는 같
> 이하였다."[122]

사농공상(士農工商) 사민(四民)의 구분은 그 '자질'과 '능력'에 따라 정
해진다. 그러나 그 '분(分)'은 사람을 살리기 위하여 각각 분업에 의한
일체적 대동을 이룬다는 점에서는 같기 때문에 그것은 상하 계층이 아
니라 기능적 차이에 지나지 않는다. 사민은 그 자질과 능력에 따라 직

업을 달리하지만 사람을 살리기 위하여 그 마음을 다해야 한다는 점에서는 동일하다. 이것이 바로 양명의 이른바 '사민이업동도'설이다.

양명의 '사민이업동도'의 주장은 두 가지 측면에서 시대적으로 혁명적인 의의가 있다. 하나는 사민이 모두 사람을 살리는 도(道)를 실현하고 있다는 점에서 동일하다고 봄으로써 장차 만인평등론으로 전개될 수 있는 인간에 대한 새로운 이해의 길을 열어놓고 있다는 점이다. 또 하나는 사민이 직업을 달리하더라도 만인에게 동일한 본심을 실현하는 것을 학문의 주된 내용으로 설정함으로써 기존에 과거와 밀착한 주자학이 사대부들의 전유물이었던 데 반해 학문을 사회 구성원 모두가 공유할 수 있는 지평으로 끌어내렸다는 점이다.[123] 양명은 학문을 사민에게 공개함으로써 사민동도(四民同道), 사민공학(四民共學)에 의한 대동사회를 이루고자 한 것이다.

그런데 만인이 똑같이 지니고 있는 밝은 덕인 양지의 감통역량을 발휘하여 인간 사회를 따뜻한 정감이 오가는 사회로 만들기 위해서는 많은 사람들의 연대와 동참이 요구된다. 그 일은 쉽지 않다. 양지의 감통을 가리는 자사와 물욕이 사람들의 마음 가운데 오랜 세월 동안 뿌리를 내려 이미 고질병이 되어버렸기 때문이다. 양명은 자사와 물욕이 인간을 지배해 온 역사를 낱낱이 폭로한다.

양명은 하·은·주 삼대로부터 공자에 이르기까지의 사상사적 흐름을 삼대 이래로 성인의 도가 날로 꺼져가고 패술이 번창하다가, 공자가 죽은 뒤로는 성학이 희미해지고 사설이 횡횡하게 되었다고 정리한다. 한(漢)나라에 이르러 성인의 도를 만회하고자 선왕의 전장 제도 등을 수집하고 경서를 복원하는 작업을 시도했으나, 그들 역시 패술에 깊이 젖어 있었기 때문에 성인의 문하에 들어가기는 어려웠다. 당대(唐代)에는 훈고학·기송학·사장학 등이 일어났지만, 그것들은 쓸모없는 헛된 문장에만 종사한 것으로 성학과는 근본적으로 무관하다. 그 사이에 불교와 노자의 사상에 대한 탐구가 일어나지만 그것도 공리의 마음을 이길 수는 없었으며, 송대(宋代)에는 뭇 유학자들의 학설을 절충했지만 그것도 역시 공리의 견해를 깨뜨릴 수 없었다. 그럼에도 사람의 마음속의 천리는 없어지지 않았으니, 양지학을 통해 그것을 일깨워서 자사(自私)와 물욕(物欲)을 극복한다면 성인의 학문을 다시 회복할 수 있다. 이 세상의 혼란은 무엇에도 의지하지 않고 오직 자신의 한 점 양지를 일체 행위의 준칙으로 삼는 호걸지사(豪傑之士)에 의해서만 구제될 수 있다. 여기에서 우리는 양지학을 하나의 계몽 운동으로 전개시켜서 세상을 구제하려 했던 양명의 의도를 엿볼 수 있다.

拔本塞源論은 陽明이 顧東橋(璘)에게 答問한 글월 속에 든 것이다. 대개 大學問은 學者로 하여금 着手處를 엇도록 한 글이라. 그러므로 "格物", "致和"에 關하야 가장 詳密하게 말하얏음으로 내 陽明 論學書와 傳習錄을 旁採하야 交證함에도 또한 이를 主하얏으나 "拔本塞源論"은 良知의 眞血 眞魂이 어떠한 것임과 이 血 魂을 그대로 가지지 못한 그 害毒이 어떠케 凝聚 盤結함을 痛論한 것이니 簡單히 말하면 "親民"에 對한 說明이오, 좀 더 자세히 말하면 "同體의 仁"을 이에서 感發케 하도록 한 것이다. 무릇 "民"이란 "己"

와 對稱함이니 民을 親하는 親이 明德을 明하는 明과 곧 一個이라. 쉽게 말하면 내 마음의 천생으로 가진 "밝음"을 밝키는 것과 家, 國, 天下에 對한 "아틋"과ㅣ 둘이 아니라 함이다. 이 밝음이 아니면 이 아틋이 없고, 아틋이 없으면 이 밝음이 아니다. 學問의 骨子가 이 한 곳에 잇는 것이니 一刹那 동안이라도 民物과 나와의 一體的 感通이 없을진대 내 마음의 本體 없어짐이라. 저는 어찌 되엇든지 내 마음은 내대로 가지고 잇거니 내 學問은 내대로 닥글 수 잇거니 이는 다 목숨이 이미 끊어진 屍體를 산 줄로 안 것과 같다. 一二 學者의 閉戶獨搆한 學說이 대단할 것 없을 듯하것만 한번 自心上 獨知하는 곳을 제치고 一切를 밖게서 彷徨한 뒤 이 세상과 내 마음과를 判然히 둘을 만드러 심지어 "憂道不憂國"이라는 소리를 거침없이 떠들게 되엇다. 嗚呼라. 國이야 憂하지 아니하야도 좋다. 그러나 이 憂를 떼이고 따로 道憂가 없나니 그 道가 實道, 眞道가 아님은 무를 것도 없다. 그러나 道란 무엇이냐. 그것까지 없어도 좋다. 그러나 이른바 道라는 것이 하상 微妙, 荒凉한 遠想에 屬한 것이 아니라 내 마음의 천생으로 가진 그 아름"대로"가 이 古人의 이르는 道이니 道는 없어 좋다 하자. 이 아름이 한번 廢絶될진대 人生의 本命이 고만 斷落함이니 그런 말이 거침없이 나오게 된 그 根因을 한번 溯考하야 보매 어찌 流涕 太息하지 아니할 수 잇으랴.

天地萬物을 一體라 함이 臆造 虛構한 말이 아니다. 이는 本心과에 感通되는 그 한 곳으로조차 本心에는 彼此의 間隔이 없음을 實照하고 하는 말이다. 함을며 人類로부터 族類에 한 거름 한 거름 더욱더욱 切근함이랴. 그러므로 生民의 疾痛이 곧 내 疾痛으로 生民의 困苦ㅣ 곧 내 困苦로 그 感通됨에 잇어 彼我에 間隔이 없는 것이 이 곧 本心의 體이니 이러케 말하면 이를 反對

하는 이 "이런 사람도 잇을가. 或 잇다면 이는 特殊한 일이라" 하리라. 그러나 이러케 말하는 이 사람도 自己의 私計가 牢封하지 아니한 어느 곳으로조차 突然히 外部의 事物을 接할 때 상관도 없는 남의 일에 찌연함이 곳 自當한 것 같은 때가 잇을 것이다.

間隔만 없으면 感通이 잇다. 그러나 間隔 때문에 感通이 다 막힌 듯하되 스사로 是非를 獨辨함에 잇어서는 언제든지 非타는 바에는 間隔으로부터 생긴 무엇을 볼 수 잇고, 是타는 바에는 感通으로조차 나타난 무엇을 볼 수 잇다. 이는 體驗하야 보면 곳 알 수 잇다. 그런즉 是타 非타 하는 그 自體 곧 民物과 한통이니 이로조차 비초임이 아닐진대 이는 良知가 아니다. 그러므로 民物과 나와의 感通됨이 間隔되고서 내 生命이 잇다는 것이 우수운 말이다. 民物과 나와의 感通됨이 間隔이 없어야 비로소 良知의 眞體 밝은 것이다.

그러므로 大學으로서 明德보다도 親民이 더 重하니 明德을 모르드라도 民만를 親할진대 明德은 依然히 自在하야 없어질 것이 아니다. 그러나 "親民"을 한번 改做하야 "新民"을 만든 뒤는 明德을 밝히는 그 일이 대일 데가 없어 마침내 彷徨, 回翔하고 말게 된 것이다. "憂道不憂國"이라는 말이 "明德親民"의 正反對이니 이 둘의 相反됨만 알면 陽明學의 宗旨를 十의 十을 洞知하얏다 할 수도 잇는 것이다.

本心이란 感通에서 살고 間隔에서 죽는다. 만일 生民의 疾痛이 곧 내 疾痛으로 生民의 困苦ㅣ 곧 내 困苦로 그 感通됨이 내 몸에 잇음 같을진대 스사로 奔走 扶濟함을 마지못할 것이니 그 몸이 걱구러젓을지라도 本心은 살엇다. 이 하상 一二人의 特殊한 天賦가 아니오 사람이면 다 같이 感通되는 것이로되 醺醺한 一己의 私計 帝釋網같이 골고로 도라 얼키어 이 感通이 고만

中斷된 것이다. 이 感通의 中斷은 곧 良知의 蔽塞이오, 良知의 蔽塞은 곧 生命의 殞絶이니 어느 때든지 一點良知 잠깐 반짝하는 곳에는 依然히 民物一體의 感通이 잇는 것이다.

普通 사람들도 是非의 知는 잇다. 그러나 感通에 이르러는 遽得치 못한다. 그러나 是非는 感通에 依하야 辨得하는 것이니 누구나 自心에 잇어 細驗하야 보면 대변에 悅朗한 터짐이 잇을 줄 안다. 뜻잇는 이 알라. 感通은 언제던지 하나이나 間隔은 萬別하다. 感通으로 조차일진대 喜, 怒, 哀, 樂이 人群과 서로 合致하게 된다. 비록 輕重 厚薄의 各至함이 잇다 할지라도 天則이 相印함이 잇을새 彼此 서로 相契하게 된다. 그러나 間隔으로부터일진대 父子兄弟 서로 金城 鐵壁이 가리고 말지니, 感通이여 感通이여 이 한 竅穴이 곧 天地萬物 一體의 仁의 泉源인 同時 "宇宙"와 "己分"이 하나이오 둘이 아닌 大原理 이로조차 證明되는 것이다. 象山이 이르되 "宇宙가 언제 사람과 限隔을 베푸럿으랴. 사람이 스사로 宇宙와 限隔하얏다" 함이 실로 이 한 곳을 보고 한 말이다. 그러므로 民을 親하는 것이 없을진대 良知 어대조차 나타나며, 良知의 發現이 아닐진대 무엇으로 民을 親하랴. 生民의 疾痛 困苦가 間隔이 없이 感通될진대 잠시라도 이를 奔走 扶濟하지 아니하고는 自安치 못할 것이오, 이러틋 自安치 못할진대 이를 達成하고야 말지니 물이 나진 데로 흐르고 불이 우으로 오르드시 至誠인지라, 神巧함이 이에서 생기는 것이라. 이러한 앞에는 名心 利念이 間雜지 못할 것이니 이 한 關頭에 참 핏줄이 터저 나온 뒤라야 學問과 人生ㅣ 비로소 따로 돌지 아니할 것이다. 感通을 따로 말하랴. 良知는 곧 感通이오. 間隔을 따로 말하랴. 己私는 곧 間隔이다.

陽明이 이 論文을 쓰게 된 原因은 물론 千古를 曠觀하야 林林人群의 齷齪한 一己念에 向하야 愴淚 慨涕를 비저둔 지 오램이로되 가깝게로는 그 當時 陽明을 向하야 問難하는 이 대개 陽明의 良知說을 넘우 簡疎한 줄로 알아 이것으로 어찌 古今得失을 알며 無窮한 事變에 應할가 의심하고 또 名物制度의 究明 같은 것이 이 良知만의 能解할 것이 아니라고 생각하는대 顧東橋ㅣ 또 이를 가지고 問疑함으로 陽明이 그 무름에 따라 대답하고 나서 스사로 無量한 感慨의 觸發됨을 禁치 못하야 千古事變을 簡括하야 말하면 感通에서 治오 間隔에서 亂이라 이 한 곳을 除外하고 무엇이 엇더니 무엇이 엇더니 이 모두 閑話오. 또 間隔의 害毒이 무릇 얼마의 歲月을 뻗이엇는가. 歷代의 政治 이 하나를 扶植함이오, 幾多의 學問이 이 하나를 達成하고 말엇다. 지금도 작고 더욱더욱 이것을 又盛 又深하게 할 뿐이라. 公을 말하나 그 속은 己私오, 義를 말하나 그 속은 己私다. 무에니 무에니 말은 좋다. 좋을스록 己私를 싸고돌음은 더 심하다. 그러므로 이 뿌히를 뽑고 이 근원을 트러막지 아니하고는 人生의 眞生命을 찾아낼 수가 없다. 그러므로 陽明은 이 論文에 미치기 전 이런 말을 하얏다.

"지금 내 말한 것들은 다 그대의 뭇는 것에 對하야 대강 說明한 것이오 아즉 拔本塞源의 論에는 밓이지 아니하얏나니 拔本塞源의 論이 이 세상에 밝어지지 아니할진대 學問이 장차 날로 늘고 날로 어려워 사람이 사람 노릇을 하지 못함에 이를지며 그래도 스사로 聖人의 學이라 할 것이라. 내 말이 비록 한동안 잠간 밝어짗다 할지라도 마침내 西에서 언 것이 풀리면 東에서 어름이 굳고 앞에서 안개 거치면 뒤에서 구름이 이러나 암만 떠드러 짓고생을 하야 죽기까지 한대도 세상에는 分毫에 有益함이 없을 것이라"고.

聖人의 마음이란 天地萬物로써 一體를 삼는 것이라 온 天下 사람의 遠近, 內外가 없이 무릇 血, 氣 잇는 類는 다 昆弟로 보고 赤子로 보아 아못조록 이를 安全, 敎養하야서 그 萬物一體의 念을 達成하랴 하나니 세상 사람들의 마음인들 그 처음에야 저와 다르랴마는 "有我"의 私와 "物欲"의 蔽에 間하며 隔하야 큰 것이 적어지고 通한 것이 막히매 사람마다 딴마음이라. 나중은 제 아비 제 자식 제 형 제 아우를 원수같이 보는 者까지 잇게 되니, 聖人이 이를 걱정하야 그의 天地萬物一體의 仁을 미루어서 온 세상을 가르치되 그 私를 克服하고 그 蔽를 撤去하야 그 心體의 同然함에로 回復하게 하니라. 그 가르침의 大頭腦인즉 堯와 舜과 禹의 서로 주고받은 "道心惟微, 惟精惟一, 允執厥中"이라 한 것이오, 그 節目인즉 舜이 契에게 命한 "父子有親, 君臣有義, 夫婦有別, 長幼有序, 朋友有信"이라 한 다섯 가지 것이라. 唐, 虞, 三代 때에는 가르치는 이 오즉 이로써 가르치고 배오는 이 오즉 이로써 배왓을 뿐이라. 이때로 말하면 어느 사람이고 異見이 없고 어느 집이고 異習이 없어 이를 自在히 함을 聖이라 하고 이를 힘드려 함을 賢이라 하고, 만일 이에 違背할진내 비록 슬기롭고 똑똑함이 丹朱(堯의 子) 같을지라도 이는 不肖라 일커러 밑으로 閭巷 田野의 農, 工, 商, 賈의 賤함에 이르기 누구나 이 學問이 없는 이 없을새 그 德行을 이루는 것만으로써 "힘써 할 노릇"으로 알앗더니라. 어찌하야 그런가. 聞見의 雜과 記誦의 煩과 辭章의 麋濫과 功利의 馳逐이 없고 다만 그로 하야금 "孝"하고 그 長에 "弟"하고 그 朋友에 "信"하야 그 心體의 同然함에로 回復하게 할손 이는 性分의 固有한 바오 밖에서 빌 것이 없는 것이니 뉘 이를 能히 하지 못할 것이리오.

學校 속에서 일삼는 배 오즉 "成德"에 잇으되 才能이란 다른 것이라 어떤

이 禮樂에 特長이 잇고 어떤 이 政敎에 特長이 잇고 어떤 이 水土 播植에 特長이 잇으매 그 德行을 이루어놓고는 이내 거기서 그 才能을 더욱 精하게 하도록 하얏다가 및 德行으로써 拔擧하야 씀에는 그 才能의 適宜한 구실에 終身하게 하고 다시 박구지 아니하얏나니 쓰는 이도 오즉 "同心一德"하야 가치 天下民衆을 安保할 것만 알아 才의 맞고 안 맞음만 보아 할 뿐이오 崇과 卑로써 輕이니 重이니 하거나 勞와 逸로써 美니 惡이니 하는 생각이 없고, 씨우는 이도 또한 "同心一德"하야 가치 天下民衆을 安保할 것만 알아 진실로 그 才能에 마질 것 같으면 終身토록 煩劇한 노릇을 하드라도 수고롭거니 하지 아니하고 나진 일 자즐구러한 일에도 스사로 편안하야 賤커니 하지 아니하얏드니라.

이때에 잇어서는 天下 사람이 서로 보기를 一家의 親屬같이 하야 才質이 低劣한 이는 農이나 工이나 商이나 賈나 저 할 분수대로 거기서 자리를 잡아 각각 그 노릇을 부즈러니 하야 서로 살리고 서로 기를 뿐이오 제 일보다 높은 것을 바라고 제 분수 밖갓을 사모하는 마음이 없으며, 才能이 特異하기 皐나 夔나 稷이나 契이 같은 이인즉 나가서 그 能함을 받치되 한 집안 살림 같이 衣食을 營하긴 누구 有無를 通하긴 누구 器用을 備하긴 누구 생각을 모으고 힘을 아울러 어떠케든지 仰事 俯育의 願을 이루기만 求할새 한갓 저 일 맡은 이 엇저다 게울리 할가 두리나니 저의 게우름을 곧 나의 累와 같이 앎일새라. 그러므로 稷이 그 農稼를 부즈러니 하고 敎育에 能通치 못함을 붓그러워 아니하야 契의 잘함을 곧 자기의 잘하므로 보며, 夔 그 樂만을 말고 禮에 밝지 못함을 붓그러워 아니하야 夷(舜臣으로 禮를 맡은 이)의 通함을 곧 자기의 通함으로 보앗나니 대개 心學이 純明한지라 天地萬物一

體의 仁을 온전히 이루엇음으로 精神이 流貫하며 志氣通達하매 人, 己의 分과 物, 我의 間이 없어 마치 한 사람의 몸에 눈은 보고 귀는 듣고 손은 붓잡고 발은 다니여 이리하야 한 몸의 살림을 이룰새 눈이 드를 재조 없음을 붓그러워 아니하야 귀에 닷는 데는 눈이 꼭 살피고 발이 붓잡을 재조 없음을 붓그러워 아니하야 손의 더듬는 데 발이 꼭 나아가는 것 같을진저. 대개 그 元氣 차고 두루 하며 그 血脈이 벋고 통함으로써 가렵든지 아푸든지 내불든지 드리쉬든지 感觸 神應하야 시길 것 없이 아는 妙함이 잇나니 이 곧 聖人의 學問의 至易하고 至簡하야 알기 쉽고 좃기 쉬워, 學은 하기 쉽고 才는 이루기 쉬운 所以라. 그 大頭腦 오즉 心體의 同然함에로 回復함에 잇나니 知識과 技能은 얼러 말할 바이 아니니라.

三代 衰하매 王道ㅣ 꺼지고 覇術이 이러나며, 孔孟이 이미 沒하매 聖學이 어둡고 邪說이 橫行하야 이제부터는 가르치는 者는 이것으로써 가르침을 삼지 아니하고 배호는 者는 이것으로써 배홈을 삼지 아니하는대 覇者의 무리 先王의 일의 近似한 것을 竊取하야 그럴드시 外面을 假裝하야 가지고 속으론 一己의 私慾을 達成한즉 온 天下ㅣ 쏠리어 이를 높이니 聖人의 道는 고만 蕪塞하게 된지라. 서로 模倣하고 서로 效則하야 날로 찻느니 富强의 說이오 傾詐의 謀오 攻伐의 計라. 이것이나 저것이나 모두 하눌을 기이고 사람을 꾀여 무슨 짓으로나 한때의 해먹을 것만 도모하야 聲利를 獵取하기에 길이 난 管, 商, 蘇, 張 같은 따위 누구누구를 이로 세일 수 없을 만치 되엇드니 더 오래어 鬪爭과 刼奪과로 禍亂이 限量할 수 없게 되매 사람이 사람노릇 함을 아조 일어 覇術조차도 行할 수 없게 되엇도다.

後世學者ㅣ 이를 傷痛하게 알아 옛 聖王의 典章, 法制를 여기저기서 모아

다 없어진 남아지에 줍(撥)고 깁(補)고 하야 본 그 마음이야 참으로 先王의 道를 挽回하랴 함이로되 聖學은 발서 아득하고 覇術의 傳해온 것은 싸이고 배임이 이미 깊어 비록 賢知한 이라도 모두 習染함을 免치 못하매 그의 講明하고 修飭하야 이 세상에서 막혓든 것을 펴고 일헛든 것을 회복하랴 한 것이 겨오 覇者의 울섭이나 느리엿슬 뿐이오, 聖學의 門墻은 다시 볼 수 없엇도다.

이에 訓詁의 學이 잇어 이를 傳하야 名이오, 記誦의 學이 잇어 이를 말하야 博이오, 詞章의 學이 잇어 이를 느러노아 麗이라. 이러케 어질더북하니 떼 지어 이러나 웃둑웃둑 서 잇음이 또 몇 파인지 알리오. 지렁길만으로도 萬은 되고 자욱길만으로도 千은 되니 들어가랴 한들 어대로 갈지 알리오.

공부하는 이 마치 山臺都監판에 들어간 것 같다. 譁讙, 跳踉, 騁奇, 鬪巧, 獻笑, 爭姸하는 者ㅣ 四面에서 다투어 나오매 前瞻 後盼에 應接을 이루 할 수 없어 耳目은 眩瞀하고 精神은 恍惑한지라 그 속에서 밤낮 두고 놀고 멈우매 病狂喪心한 사람같이 그 家業의 어떠케 될 것을 스사로 알지 못하며 時君, 世主도 모다 그 學說에 정신없이 딩딩구러 終身토록 쓸데없는 虛文에 從事하야 무에라 할 것인지 자기도 모르며 가다가 그 空疏, 謬妄, 支離, 牽滯함을 깨다라 가지고 동안뜨게 스사로 이러나 實事業을 하야보랴 하는 이라도 기껏해야 富强, 功利로 五覇의 事業이나 되고 말앗나니라.

聖人의 學은 날로 멀고 날로 어웁고 功利의 習은 그나마 갈스록 점점 떨어저 그 사이에 일측이 佛老에 고혹한 적도 잇엇으나 佛老의 說 마침내 그 功利의 私心을 이기지 못하고 또 일측이 群儒에 折衷한 적이 잇엇으나 群儒의 論이 마침내 그 功利의 私見을 깨트리지 못하엿나니, 대개 지금까지에 功利念의 害毒이 사람의 心髓에 배이어 習으로써 性을 이룬 지 몇 千年이라. 知로써 서로 버티고 勢로써 서로 드디고 利로써 서로 다토고 技能으로써 서로 내라 하고 聲譽로써 서로 取하며 나아가 벼슬하매 錢穀을 다스리는 者이면 兵刑을 兼하랴 하고 禮樂을 맡은 者이면 銓軸에 預하랴 하고 郡縣에 處한즉 藩臬의 高를 생각하고 臺諫에 居한즉 宰執의 要를 바라게 되니 그러므로 그 官을 兼하랴 하매 그 事에 能치 아니하고는 兼할 수 없고 그 譽를 要하랴 하매 그 說에 通치 아니하고는 要할 수 없는지라. 記誦의 넓음은 마치 그 傲를 기르게 하고 智識의 많음은 마치 그 惡을 行하게 하고 聞見의 博함은 마치 그 辯을 肆케 하고 辭意의 富함은 마치 그 僞를 飾케 하얏도다.

그러므로 皐와 夔와 稷과 契의 兼해 하지 못할 일을 지금의 初學小生은 그 說을 모두 通하랴 하고 그 術을 모두 究하랴 하니 名號를 僭稱하는 것으로야 언제나 天下 일을 한가지 이루어노랴 한다 하되 誠心 實意의 잇는 데로 말하면 이러치 아니하고는 내 利를 다할 수 없고 내 欲을 채울 수 없는 所以라. 嗚呼라. 이 같은 積染을 가지고 이 같은 心志를 가지고 게다가 이 같은 學術로써 講하니 내 聖人의 가르침을 말함을 듣고 맞지 안는다 군더덕이다 함이 맛당하며, 良知로써 不足하다 하야 聖人의 學을 일러 쓸데없는 것이라 함도 또한 사세 그러케 될씨 반듯하도다.

嗚呼라. 선비 이 세상에 나 어떠케 聖人의 學을 求하리오. 어떠케 聖人의 學을 論하리오. 선비 이 세상에 나 學問을 하고자 하는 者ㅣ 勞苦코 繁難치 아니한가. 拘滯코 險艱치 아니한가. 嗚呼라. 설워할 만하도다. 그래도 다행한 것은 天理 사람의 마음에 잇어 언제나 업샐 수 없으매 良知의 밝음이 萬古ㅣ

하루라, 나의 拔本塞源의 論을 드르면 반드시 惻然히 설워하고 戚然히 아퍼 하고 憤然히 이러나는 이 잇으려니, 沛然히 江河를 터논 듯하야 막을 수 없 는 배 잇을지로다. 豪傑한 선비의 언턱 없이 이러나는 者ㅣ 아니면 내 뉘게 바라리오.

이 一篇 論文이 이른바 "拔本塞源論"이니 범연하게 읽어보면 뽑을 뿌리와 막을 샘이 分明치 아니할 것이다. 그러나 千餘年間 世變이 無窮하야 幾多의 明君이 政敎에 마음을 식이기도 하얏고 幾多의 賢哲이 學問에 精神을 모드 기도 하얏으되 어떠한 政敎나 어떠한 學問이나 이 세상에 없엇으면 모르지 만 잇고만 보면 마침내 各個私計의 成長을 도을 뿐이오 政敎면 政敎다웁게 學問이면 學問다웁게 되어본 적이 없다. 大腫을 알는 이 補藥을 먹으면 補 藥이 決局 膿血만 돕는다는 것처럼 세상에 나오는 것 처놓고는 옳고 글고 모두 私計에 對한 助長이니, 어떠한 뿌리 잇다면 그 뿌리 盤石 같을 것이오 어떠한 샘이 잇다면 그 샘이 江河 같을 것이라. 그렇듯 根深源大하지 아니 하고서야 엇찌 저러트시 千古를 沒呑할 수 잇을 것이랴. 그런즉 이 本을 拔 하지 아니하고 이 源을 塞하지 아니하고는 이른바 政敎ㅣ 없을 것이며 이른 바 學問이 없을 것이다.

前에도 여러 번 말하얏거니와 學問이 自心을 떠난 지 오래라. 本體의 밝음 을 잃고 一己의 私計 獨勝하매 "感通"은 무를 곳이 없고 實在론 "間隔"뿐이 라. 그러므로 千古得失을 且置하고 그 隱微한 속을 한번 上下하야 본다 할 진대 或勝 或敗, 或才 或愚, 或俊 或劣, 或題 或晦를 무를 것 없이 己私의 毒 根, 妖源을 一掃한 이 무릇 몇이나 되는가. 個人으로는 그러한 이 잇다 할지 라도 세상은 依然히 저 뿌리의 버듬이오 저 샘의 흐름이얏다. 千古의 積染

이라고 못 씻을 배 아니다. "感通"의 本體로조차 스사로 特立함이 잇을진대 間隔이 崩壞되자 己私ㅣ 倒落할지니 一刹那의 邪念의 毒害 千古에 뻐칠 수 잇는 同時 千古의 毒害 一彈指頃에 滅盡할 수도 잇다.

그럼으로 陽明이 이 論文을 쓸 때 "一家의 살림을 함께 하는대 잘되기만 바라고 너 나의 較計가 없다"는 設想境을 寫出하야 一體의 仁이 間隔 없이 感通되는 眞狀을 보인 것이니 이를 아는 날은 곧 저를 뽑는 날이라. 感通에서 살고 間隔에서 죽고, 感通에서 本體오 間隔에서 己私임을 한번 洞悟하고 낫다면 곳 本拔源塞의 豁然함을 볼 것이다. 이제 淺近한 例를 들어보면 知友의 잘한 것을 들을 때 거죽으로 좋은 체하되 一點嫉妬 隱隱히 이러나는 것이 普通이다. 或 이를 率直하게 發露하며 내가 이러케 淺劣하다 하는 사람도 잇다. 그러나 淺劣을 自言하는 속에는 이러케 말하는 것으로 좀 優越하랴 하는 隱念이 잇다. 或 이것까지 다 말하야 조금도 隱諱 없는 듯한 사람도 잇다. 그러나 이것까지 말하는 것으로 더 優越하자는 隱念이 또 잇다. 百轉 千回 萬屈 億曲에 己私에 對한 擁護를 中心 삼지 아니하는 것이 없다. 一人이 그렇고 百人千人이 그렇고 萬十萬 세상이 모다 그런즉 이 뿌리 이 샘을 그냥 두고도 保全할 무엇이 잇을가. 그러므로 세상의 運轉은 사람의 마음으로서이되 마음으로도 善이건 惡이건 가장 隱微한 그 한 곳이 가장 猛烈하니 隱微라 이르지 말라. 隱微함일세 이 가장 참된 것이다. 이곳 深根이오 大源이다.

5
양명의 제자들과
양명학을 계승한 여러 현인들

21

양명 후학의 학파 분류와 서애 및 기원형의 사상

양명의 제자들로 말하면 절중(浙中)에서부터 강우(江右), 남중(南中), 초중(楚中), 북방(北方), 태주(泰州)에까지 퍼져 있어서[1] 『명사』에서 "제자들이 천하에 가득하다"[2]고 말한 것이 참으로 지나친 말이 아니다. 그 가운데 양명의 학문을 가장 먼저 믿어서 받아들이고 그를 가장 먼저 스승으로 섬겼으며, 또 덕성이 순수하여 양명으로 하여금 평생 잊지 못하게 한 사람은 서애(徐愛, 1487~1517)다.

서애의 자는 '왈인(曰仁)'이고, 호는 '횡산(橫山)'이며, 여요(餘姚) 사람으로서 양명의 매제다. 그는 양명이 감옥에서 나왔을 때부터 스승으로 섬겼으며,[3] 양명이 남경(南京)에서 벼슬을 할 때 그 역시 남경낭서(南京

郎署)로 있으면서 아침저녁으로 양명을 떠나지 않았다.[4] 양명에게서 학문을 배우는 사람들 가운데 혹 반신반의하는 사람이 있으면 그가 설명해 주어 그들의 의심을 풀어주었다. 양명은 항상 "왈인은 나의 안연(顔淵)이다"[5]라고 말했는데, 1517년(명나라 무종, 정덕 12년)에 31세의 젊은 나이로 일찍 세상을 떠났다.

양명이 영왕(寧王) 신호(宸濠)의 변란을 거친 뒤로는 오로지 '치양지' 세 글자를 제시하여[6] 자신의 학설을 간명하고 철저하게 드러낸 것이 용장이나 남경에 있을 때보다 더했다.[7] 서애는 그 이전에 세상을 떠나서 이것을 보지 못했으므로 양명어록 가운데 『전습록』 제1권의 서애가 기록한 내용은 그 뒤의 기록에 비하여 오히려 양명의 투철한 깨달음을 유감없이 다 발휘하지 못한 점이 있지만, 양명이 성인의 학문을 처음 시작하던 때의 것이기 때문에 그대로 참되고 간절하며 순수한 점이 있다. 따라서 그것은 석가모니의 『아함경(阿含經)』과 같이 귀중한 것이다.[8] 서애의 학설을 보면 성찰(省察)과 극치(克治)[9]의 부분이 특히 엄밀하다.

"배우는 사람들에게 가장 큰 문제는 명예를 좋아하는 것이다. 지금 명예를 좋아한다고 하면 대개 부귀나 과시하는 것을 가지고 말하지만, 그 정도는 지엽적인 것에 불과하다. 무릇 그 하려는 것이 어떤 '의도'가 있어서 하는 것이라면, 비록 효제(孝弟)나 충신(忠信)이나 예의(禮義)를 행한다고 할지라도 그것은 여전히 명예를 좋아하는 것이요, 여전히 사사로움을 추구하는 것이다."[10]

또 말했다.

"(사람이) 사물에 감응하는 것이 온당하지 못함은 '사사로움'이 해쳤기 때문이다. 나의 사사로움이 거기에 덮이면 질투심[妬心]이 생기는데, 질투심은 이기기를 좋아하는 부류다. 무릇 온 천하의 비교·시기·방종·오만·약탈·폭력과 같은 악은 모두 이 질투심을 따라서 생긴다. 나의 사사로움이 거기에 의탁하면 구걸하는 마음[求心]이 생기는데, 구걸하는 마음은 굽히기를 좋아하는 부류다. 무릇 온 천하의 아첨·모함·유약·탐닉·오욕·저주와 같은 악은 모두 이 구걸하는 마음을 따라서 생긴다. 이 두 가지의 사사로움이 마음속에서 어울리게 되면 내가 감응하는 자리가 공평(公平)하고 정대(正大)한 본체가 아니게 된다. 이러한 고동[機]을 가지고 사물에 감응하니 어떻게 온당함을 얻을 수 있겠는가?"[11]

또 말했다.

"내가 처음 양명 선생에게 배울 때는 그 자취만 따를 뿐이었으나 얼마 지나지 않아 크게 의심하고 또 놀랐다. 그러나 급하게 (선생의 가르침이) 틀렸다고 생각하지 않고 반드시 돌이켜 생각했다. 생각해서 조금 통하게 되자, 그것을 다시 나의 몸과 마음에서 직접 시험해 보았다. 얼마 지나지 않아 어렴풋이 보이는 것이 있더니, 또 얼마 지나지 않아 의심 없이 깨닫게 되어 저도 모르게 손과 발이 덩실덩실 춤을 추었다. 그래서 '이것이 바로 도의 본체다. 이것이 바로 마음이요, 이것이 바로 학문이다. 사람의 본성은 본래 선하니, 사악한 것은 밖에서 들어온 일시적인 느낌[客感]이다. 느끼는 것도 한 생각에 달려 있으며, 제거하는 것도 한 생각에 달려 있다. 어려운 일도 없고, 여러 가지 방법이 있는 것도 아니다'라고 말했다. 또 나는 타고난 본성이 부드러워 커다란 악행은 저지르려고 해도 저지를 수 없음을 스스로 믿어서, 이만하면 내 일생을 잘 마칠 수 있을 것이라고 생각하여 평온하게 아무 걱정이 없었다. 얼마 지나지 않아 사사로움과 근심이 또다시 생겨날 줄을 누가 생각이나 했겠는가? 이 세상에 고질병이 두 가지가 있는데, 하나는 문자(文字)이고, 다른 하나는 공명심(功名心)이다. 나는 처음에는 '아직 그것을 공격하지 말자. 마음에 허물이 되지 않으면 그만이지, 그것을 끊어 없애려고 하는 것은 너무 심하지 않은가?'고 생각하였다. 그런데 알고 보니 이 두 가지의 도적이 본래 내 집을 빼앗은 지 오래되었다. '아직'이라는 것은 바로 '용인'하는 것이다. 그러므로 반드시 그것을 끊어 없앤 뒤에야 도(道)에로˙ 나아갈 수 있다. 그렇지 않으면 결국 헛된 견해를 면하지 못하고 또 스스로를 속이게 될 뿐이다."[12]

서애의 이러한 몇 조목 학설은 자기의 사사로움을 이겨내는 데 있어서 참으로 비교할 데 없을 만큼 깊고 절실하다. 사사로운 생각[私念]을 이끌어내는 빌미를 찾아서 단속하는 동시에 사사로운 생각이 아닌 듯한 것에 실제로 사사로운 생각의 깊은 뿌리가 은밀히 뻗어 있음을 뼈아프게 느끼고, 이에 대해 털끝만큼 작은 것은 말할 것도 없고 보이는 것이 전혀 없는 데서까지도 큰 적의 소굴을 쳐부수려는, 그 홀로 증험하고 돈독하게 닦는 경지는 참으로 느꺼울 만하다.

기원형(冀元亨, ?~1521)[13]의 자는 유건(惟乾)이고, 호는 암재(闇齋)이며 무릉(武陵) 사람이다. 양명을 따르면서 배웠으며, '속이지 않음[不欺]'을 자기 학문의 중심으로 삼았다. 양명이 남감(南贛)에 있을 때 기원형을 맞이하여 제자들을 가르치게 했고, 또 염계서원(濂溪書院)을 맡겼다. 기원형은 평범한 말 속에서도 경계하여 분발시키기를 잘하여 여러 동문들이 모두 그를 떠받들어 섬겼다. 신호가 반란을 도모하기 전에 양명의 은밀한 부탁을 받고 신호에게 가서 학문적 강설을 통해 그 모반하려는 뜻을 가라앉히려고 노력했다.[14] 양명이 반란을 평정하자 장충(張忠)과 허태(許泰)가 양명의 공을 시기하여 온갖 방법으로 양명을 모함했다. 그러던 차에 기원형이 일찍이 양명의 제자로서 신호에게 가서 논변한 일이 있음을 듣고 터무니없이 일을 꾸며 그를 모함하였다. 그는 감옥에서 오랫동안 고초를 받다가 명세종 원년(1521)에 비로소 풀려났으나, 그 후 닷새 만에 세상을 떠났다.

기원형이 얼마나 성실하고 믿음직하며 어질고 관대했던지, 감옥에 있을 때 여러 죄수들을 형제처럼 위해주어서 그들이 모두 감동하여 눈물을 흘렸다고 한다. 그가 처음 잡혔을 때 사법관리가 그의 아내 이씨(李氏)를 가두었는데, 이씨 역시 학덕이 높고 어진 여인이었다. 안찰사(按察使) 이하 여러 관리의 부인들이 그 소식을 듣고 찾아가서 위문하였는데, 말하던 차에 그 남편의 학문에 대해 묻자 이씨가 "우리 남편의 학문은 규방과 침실 사이에서 벗어나지 않는다"고 대답해서 듣는 사람들이 모두 송구스러워했다고 한다.[15] 이씨의 이 말 한마디가 기원형의 학문을 아주 잘 표현했다고 할 수 있다. 규방과 침실이란 평소에 어려울 것이 없는 곳이다. 여기에는 엄숙하고 장경함이 없는 까닭에 타락하기 쉽고, 보통 한가하고 느긋하여 대체로 절도가 없다. 또 외인(外人)이 없기 때문에 자기를 숨긴 가운데 도리를 어기는 생각이 많은 곳인데, 이제 규방과 침실을 제쳐두고 그 밖에 따로 학문이 없다고 말한 것을 보니 기원형이 '속이지 않음'에 주력한 것이 참으로 어느 정도나 엄격했는지를 상상할 만하다. 학문이 규방과 침실을 벗어나지 않는다면 어느 곳인들 학문의 대상이 아니겠는가? 이씨 견해가 높은 것이야 말할 것 없고, 이 말을 들은 사람들이 송구스러워했다고 한 것을 보면 그들 또한 학문적인 견해가 없지 않은 자들이니, 이 말을 듣고 송구스러워하는 그것이 바로 학문이다.

서애와 기원형 이외에 정문덕(程文德, 1497~1559),[16] 하정인(何廷仁, 1486~1551),[17] 황홍강(黃弘綱, 1492~1561),[18] 유방채(劉邦采),[19] 유양(劉陽),[20] 위량정(魏良政, 1492~1575),[21] 설간(薛侃, 1486~1545),[22] 계본(季本, 1485~1563),[23] 동운(董澐, 1457~1533),[24] 육징(陸澄, ?~?),[25] 추수익(鄒守益, 1491~1562),[26] 구양덕(歐陽德, 1495~1554),[27] 섭표(聶豹, 1487~1563),[28] 진구천(陳九川, 1495~1562)[29] 등이 모두 왕양명 문하의 뛰어난 제자들로 후학을 이끌어 일으켜 세운 인물들이다. 그러나 모두 다 상세하게 서술할 수 없으므로 먼저 서애와 기원형의 언행을 대략적으로 나열하여 양명 문하의 정채(精彩[30])를 미루어 헤아리게 한 것이다.

양명은 34세에 처음 문인들을 제자로 받아들인 이후로 이르는 곳마다 강학을 하여 수많은 제자들을 배출함으로써 마침내 그의 학문을 계승하는 양명학파가 형성되었다. 이 양명학의 파별을 지역에 따라 나누기도 하고, 학설에 따라 나누기도 한다. 황종희(黃宗義, 1610~1695)는 『명유학안』에서 양명학파를 '절중(浙中)', '강우(江右)', '남중(南中)', '초중(楚中)', '북방(北方)', '월민(粵閩)', '태주(泰州)'의 일곱 지역으로 나누어서 소개한다. '절중왕문학안(浙中王門學案)'에서는 서애(徐愛, 1487~1517), 전덕홍, 왕기(1498~1583) 등 19명, '강우왕문학안(江右王門學案)'에서는 추수익(鄒守益, 1491~1562), 섭표(聶豹, 1487~1563), 나홍선(羅洪先, 1504~1565) 등 27명, 남중왕문학안(南中王門學案)에서는 황성증(黃省曾), 주충(周衝), 주득지(周得之) 등 11명, 초중왕문학안(楚中王門學案)에서는 장신(蔣信)과 기원형(冀元亨)의 2명, 북방왕문학안(北方王門學案)에서는 목공휘(穆孔暉), 장후각(張後覺) 등 7명, 월민왕문학안(粵閩王門學案)에서는 설간(薛侃, ?~1545) 등 2명, 태주학안(泰州學案)에서는 왕간(王艮, 1483~1541), 나근계(羅近溪, 1515~1588) 등 18명, 모두 86명을 다루고 있다.

일본의 현대 양명학자 강전무언(岡田武彦)은 왕문(王門)을 크게 3파, 즉 '현성파(現成派), 귀적파(歸寂派), 수증파(修證派)'로 분류한다. 그리고 각 파에 속하는 대표적인 인물로 현성파는 왕기와 왕간, 귀적파는 섭표와 나홍선, 수증파는 추수익과 구양덕을 포함시킨다. 강전무언의 이 분류는 이후 양명학파 연구에 큰 영향을 끼친 바 있다.

중국의 전명(錢明)은 양명 후학의 분화 원인을 양명학설과 교법(敎法)의 변천에서 찾고 있다. 그리고 양명 후학을 각가의 학문 종지에 근거하여 양대 계통과 5개 유파로 분류한다. 양대 계통은 현성론(見成論)과 공부론(工夫論)이며, 5개 유파는 허무파(虛無派)·일용파(日用派)·주경파(主敬派)·주정파(主靜派)·주사파(主事派)다. 현성론 계통에는 허무파와 일용파가, 공부론 계통에는 주경파·주정파·주사파가 해당한다. 그리고 허무파에는 왕기(王畿)·주여등(周汝登), 일용파에는 왕간(王艮)·왕벽(王襞)·안균(顏鈞)·나여방(羅汝芳)·양여원(梁汝元), 주정파에는 섭표(聶豹)·나홍선(羅洪先), 주경파에는 추수익(鄒守益)·유방채(劉邦采), 주사파에는 전덕홍(錢德洪)·구양덕(歐陽德) 등을 포함시킨다.

서애는 지역적으로는 절중왕문에 속하고, 학문적으로는 수증파와 주경파에 소속시킬 수 있다. 황종희에 따르면 왕양명의 학문은 용장오도 이후로 그 가르침이 두 번 변했다. 남중(南中)에 있을 때는 대체로 수렴을 위주로 하고 발산은 부득이하다고 여겼기 때문에 묵좌하여 마음을 맑게 하는 것을 학문의 목적으로 삼았다. 강우(江右) 이후로는 오로지 '치양지' 세 글자를 제시하였다. 그런데 서애가 기록한『전습록』초권은 모두 남중에서 들은 것이요, '치양지'설에 대해서는 아직 듣지 못했었다. 그러나「서애록」가운데 "지는 마음의 본체이고, 마음은 자연히 알 수 있다. 아버지를 보면 저절로 효도할 줄 알고, 형을 보면 저절로 공손할 줄 알며, 어린아이가 우물에 빠지는 것을 보면 저절로 측은하게 여길 줄 안다. 이것이 바로 양지다. 이 마음의 양지를 충만하고 유행하게 하는 것이 바로 그 앎을 이루는 것이다"[31]고 말한 것이 있다. 그러므로 치양지 세 글자를 제시한 것이 강우에서 시작되지 않았음은 분명하다. 다만 강우 이후로 이것을 종지로 삼았을 뿐이다. 이 때문에 양명의 학문은 서애가 그 참됨을 얻게 된 것이다.[32]

서애 학설은 존양, 성찰, 극치가 엄밀하다. 서애는 양명의 가르침의 핵심은 사람의 마음에 본체가 있고 작용이 있음을 알려준 데 있다고 본다.

"우리 스승의 가르침은 사람의 마음에 본체[體]가 있고 작용[用]이 있다는 것으로 마치 물과 나무에 근원이 있고 지엽유파가 있는 것과 같다. 배움이란 뿌리를 북돋고 샘을 깊이 파서 물을 대고 소통시키는 것이다. 그러므로 나무와 물은 그 뿌리를 북돋고 물을 스며들게 하며, 그 샘을 깊이 파서 물길을 내어 소통시키는 데 달려 있으니, 뿌리가 무성해지고 샘이 깊으면 가지와 지류는 자연히 무성하고 또 길게 흐르게 될 것이다. 그러므로 배움은 잃어버린 마음을 거두어들이는 것보다 중요한 것이 없으니, 함양하고 성찰하며 극치(克治)하는 것이 이것으로, 바로 그 뿌리를 북돋고 샘을 깊이 파는 것이다."[33]

그리고 서애는 그 존양, 성찰, 극치를 다음과 같이 말한다.

"일이 없을 때에는 잊지도 않고 조장하지도 않음으로써 나의 공평하고 정대(正大)한 본체를 기르고, (명예를 좋아하는) 이 길에 빠지는 것을 먼저 일삼지 않았으므로 그것을 존양이라고 한다. 감응함에 이르러서는 명예를 좋아하는 마음이 있는지 없는지를 살펴서 알기 때문에 그것을 성찰이라고 한다. 이것이 있음을 살펴서 알고 그것을 제거하는 데 힘쓰고 그 어려움을 괴롭게 여기지 않기 때문에 그것을 극치(克治)라고 한다."[34]

서애는 사람이 본래 타고난 도덕본심을 함양하고, 그것에 사욕이 물들어 있지 않은지를 정밀히 살피고, 사욕을 힘써 제거하는 것을 무엇보다 중시한 것이다.

기원형(冀元亨, ?~1521)은 자가 유건(惟乾)이고 호는 암재(闇齋)이며, 초(楚)의 무릉(武陵, 지금의 湖南 常德) 사람이다. 양명이 용장으로 좌천되어 가는 도중(1508) 양명을 스승으로 모셨다. 양명을 여릉(廬陵)까지 따라가 섬기다가 다음 해(1510) 돌아갔다. 정덕 11년에 호광(湖廣) 향시에서 시험관이 '격물치지'로 책문을 내자 주자의 주를 따르지 않고 양명에게서 들은 것으로 대답하여 시험관을 놀라게 한 바 있다. 양명이 남감에 있을 때 또 그를 따랐으며, 양명은 염계서원을 그에게 맡겨 제자들을 가르치게 했다. 신호가 편지를 보내 양명에게 학문을 묻자, 양명은 기원형으로 하여금 찾아가서 답하게 했다. 신호는 왕패의 대략을 말했으나 기원형은 단지 학문에 대해서만 말했다. 하루는 장재의 「서명」을 강론하면서 기원형은 군신 간의 의리가 일체(一體)에 근본을 둔다는 것을 반복하여 진술함으로써 신호를 감동시켰다.[35] 신호가 반란을 일으키자 조정에서는 기원형이 신호를 도와 반란을 일으키지 않았나 의심했고, 그를 체포하여 감옥에 가두었다. 정덕(正德) 16년(1521) 감옥에서 나온 지 닷새 만에 세상을 떠났다. 『명사』「왕수인열전」에서는 왕수인과 더불어 기원형을 소개하고 있다. 왕수인의 제자가 많지만 그 가운데 기원형만 소개한 것은 그가 왕수인과 환란을 함께 겪었기 때문이다.

정인보는 기원형의 학문 종지를 '속이지 않음'에 있다고 본다. 그런데 기원형이 늘 "감주의 제자들은 자못 정좌를 할 줄 알지만, 만약 인체(仁體)를 견득하지 못하고 마른 나무처럼 앉아 있기만 한다면 무슨 보탬이 되겠는가?"[36]라고 말한 것으로 보면 자기 내면에서 천지만물을 한 몸으로 여기는 인체를 체인해 낼 것을 주장했음을 알 수 있다.

陽明의 門徒로 말하면 淅中으로부터 江右, 南中, 楚中, 北方, 泰州에 散布하야 明史의 이른바 "弟子盈天下"라는 말이 실로 過言이 아니다. 그중에 陽明의 學問에 對하야 가장 먼저 信服하고 가장 먼저 師事하고 또 德性의 純粹함이 陽明으로 하야금 平生 잇지 못하게 한 이는 徐愛니

愛의 字는 曰仁이오 號는 橫山이오 餘姚 사람이니 곧 陽明의 妹婿라. 陽明이 獄에서 나왓을 때 곧 스승으로 섬기엇드니 陽明이 南京에 벼슬하매 橫山이 또한 南京郎署에 잇어 朝夕을 서로 떠나지 아니하고 陽明에게 배호는 이 或 疑信이 相伴할 것 같으면 橫山이 이를 敷陳하야 그들로 하야금 의심이 없게 하얏다. 陽明이 항상 말하되 "曰仁은 우리 顔淵"이라 하드니 明武宗 正德 十二年에 三十一歲의 壯年으로 夭逝하얏다.

陽明이 寧藩의 變을 지난 뒤는 오로지 "致良知" 三字를 提示하야 直截透發함이 龍場, 南京 때보다 더하얏는데, 橫山은 前卒하야 이를 보지 못하얏음

으로 陽明語錄 中 傳習錄 第一卷 橫山의 纂錄한 것은 그 뒤 記錄에 比하야 오히려 陽明의 透悟함을 無憾히 다 發揮하지 못한 點도 잇다 하나, 陽明으로서 聖學의 첫 살림을 하든 때 것이라 그대로 眞切 純粹함이 잇어 如來의 "阿含"과 같이 貴重한 것이다. 橫山의 學說을 보면 省察 克治하는 一段이 特이 森嚴하야

"學者의 大患은 好名이라. 지금 好名함을 말하려면 대개 富貴나 誇耀함을 들어가지고 말하지만 그것쯤은 말째(末)다. 무릇 그 하랴는 것이 어떠한 "때문"이 잇어 하는 것일진대 그 자최 비록 孝弟나 忠信이나 禮義에 잇다 할지라도 곧 好名이오 곳 私이다"

하고 또

"事物을 應함에 得當치 못함은 "私"가 이를 害침이라. 나의 私가 처기 덮이면 "忮心"이 나나니, "忮心"은 이기기를 좋아하는 類라. 무릇 온 天下의 計較, 忌妬, 驕淫, 狼傲, 攘奪, 暴亂의 惡이 모두 이를 따라 나고, 나의 私가 처에 의탁하면 求心이 나나니 求心은 굽히기를 좋아하는 類라. 무릇 온 天下의 阿比, 諂佞, 柔懦, 燕溺, 汚辱, 呪詛의 惡이 모두 이를 따라 나나니, 二私가 속에 얼려지고 보면 나의 感應하는 자리 公平 正大한 體 아니라. 이러한 고동(機)을 가지고 事物의 感함을 應하니 어찌 得當함이 잇을 수 잇으랴."

하고 또

"내 처음 先生 '陽明'에게 배홀 때 軌道만 따라 나갈 뿐이러니 얼마 지나서는 크게 의심하고 또 놀랫다. 그러나 急遽히 아니라고 하지 아니하고 반드시 도리켜 생각하얏다. 생각하야 좀 通하매 다시 身心上에 自驗하야 보앗드니 얼마 지나 恍然히 보이는 것이 잇드니 또 얼마 지나 의심 없이 깨다라 곧

手舞 足蹈하야 갈오되 "이것이 道體다. 이것이 마음이다. 이것이 學이다. 人性은 번대 善하니 邪惡은 客感이다. 感키도 一念에 잇으며 去키도 一念에 잇다. 어려운 일도 없다. 여러 가지 방법도 없다" 또 스사로 稟性의 柔함을 알아 大惡은 하려야 할 수 없음을 믿어 이만하면 내 一生을 마칠 수 잇으려니 하야 坦然히 걱정함이 없엇다. 얼마 지나 私와 憂가 또다시 생겨날 것이야 뉘 생각하얏으랴. 온 세상의 痼疾이 둘이 잇으니 하나는 文字오 하나는 功名이다. 내 처음은 생각하되 아직 하지 말아 마음에 累되게 말면 고만이니 끈어 없이 할진대 너무 심하지 아니한가 하얏드니 알고 보니 두 것의 賊이 번대 내 집을 아슨 지 오래라. "아직"이라는 것이 이 곳 "容認"함이다. 그럼으로 반드시 끈어 없샌 뒤에야 道에로 나갈 수 잇다. 그러치 아니하면 結局 虛見이오 自誣임을 免치 못하는 것이라"

하얏다. 橫山의 數條學說이 己私를 克治함에 잇어 深切함이 실로 比擬할 데 없으니 私念의 媒引되는 빌미를 搜括한 同時 私念 아닌 듯한 것에 실로 私念의 深根이 潛延함을 痛覺하고, 이에 對하야 絲毫는 새뢰 아조 보이는 것까지 없는 데에서라도 大賊巢를 攻破하랴 하는 그 獨證 篤修의 境界 참으로 느꺼울 만하다.

冀元亨의 字는 惟乾이요 號는 闇齋니 武陵 사람이라. 陽明을 조차 배와 그 學이 "不欺"로써 主하드니, 陽明이 南贛 잇을 때 闇齋를 마저 子弟를 가르치게 하고 또 濂溪書院을 맛기엇다. 闇齋 尋常한 言論에도 驚發을 잘하야 同門諸人이 다 嚴事하얏다. 宸濠謀反하기 전 陽明의 密囑을 받어 宸濠에게 가서 學問的 講說을 因緣하야 그 奸謀를 삭여(消)보랴고 努力하얏드니 陽明이 大亂을 平定하매 張忠, 許泰 陽明의 功을 시기하야 百方으로 誣諂하랴 하든 차에 闇齋가 일즉 陽明의 弟子로 宸濠에게 가 論辨한 일이 잇음을 듣고 이를 構誣하야 獄中에서 오래 苦楚를 받다가 明世宗 初年에 비로서 노여 五日만에 세상을 떠낫다.

闇齋는 어떠케 誠信仁恕하든지 獄에 잇을 때 여러 罪囚들을 兄弟같이 위하야 獄囚들이 모두 感泣하엿다 하며, 처음 잡히엇을 때 法司ㅣ 그 妻 李氏를 가두엇드니 李氏 또한 女士라 按察以下 各官의 夫人들이 그 聲明을 듣고 나아가 慰問하다가 語次에 그 남편의 學問을 무르니 李氏 대답하되 "우리 남편의 學問은 閨門袵席 사이에 벗어나지 아니한다" 하매 드른 이 다 悚然하엿다 한다. 李氏의 말 한마디가 闇齋 學問을 形容함이 그 極에 達하엿다 할 수 잇나니 閨門袵席이란 平常 무란한 곳이라 여기는 矜莊함이 없을새 墮落하기 쉽고 여기는 閑漫함이 恒例라 節度ㅣ 대개 없으며 또 外人이 없으매 自掩하는 속에 負心이 많은 것이어늘 이제 閨門袵席을 제치고 그 外에 또 學問이 없다 하고 본즉 闇齋의 "不欺"를 主함에 참으로 어느 지경쯤 森嚴한가를 想像함 즉하다. 學問이 閨門袵席을 벗어나지 아니할진대 어느 곳이 學問의 境界 아니랴. 李氏 見解의 高絶함은 말하지도 말고 이 말을 드른 이 悚然하엿다 한 것을 보면 그네 또한 學問的 見解 없지 아니한 者이니 이 말을 듣고 悚然하야 하는 그것이 곳 學問이다.

橫山, 闇齋以外 程文德, 何廷仁, 黃弘綱, 劉邦采, 劉陽, 魏良政, 薛侃, 季本, 董澐, 陸澄, 鄒守益, 歐陽德, 聶豹, 陳九川 等이 다 王門의 高足으로 後學을 引起하얏는대 이루 다 詳述할 수 없음으로 먼저 橫山, 闇齋의 言行을 槪列하야 王門의 精彩를 反隅하도록 한 것이다.

22

전덕홍과 왕용계의 사구교 논쟁

    대개 양명이 평생토록 부르짖은 것은 홀로 아는 한 점의 천부적인 양심[天良]을 실현하려는 데 있었기 때문에 그의 문인들은 이것을 배웠다. 그러나 학문은 양명을 따라서 배웠으나 깨달음은 모두 자기 마음에서 구하였지 스승의 가르침이라고 구차하게 따르지는 않았다. 그래서 양명 문하의 뛰어난 제자라면 각기 홀로 얻은 것이 있어서 다른 학자의 문하처럼 그 학문이 판에 박은 것처럼 똑같지는 않았다. 서애는 일찍 죽고 기원형은 뜻밖의 재앙으로 생명이 끊겨 그 학설이 크게 전해지지 않았다. 정문덕 이하 여러 사람에 대해 말하자면 어떤 사람은 지위가 높고 이름이 널리 알려지기도 하고, 어떤 사람은 장수하기도 하여 추동곽(수익) 같은 사람은 스스로 한 학파를 이루었고, 그 이외에도 양명의 제자가 사방에 많이 퍼져 있으나 몸소 양명의 강의 전수를 받고 양명의 추중(推重)을 입고 뚜렷한 유파를 가장 크게 드리워 양명학의 기풍을 떨치되 각자 주장하는 바대로 이채를 낸 사람으로는 서산(緖山) 전덕홍(錢德洪, 1496~1574)과 용계(龍溪) 왕기(王畿, 1498~1583)와 심재(心齋) 왕간(王艮, 1483~1541) 세 사람을 들 수밖에 없다. 이 세 사람의 동이점과 장단점을 알아야 비로소 양명의 제자를 안 것이요, 또 양명이 평생 학문을 통하여 쌓은 가르침의 근본 취지가 이 세 사람으로 인하여 더욱 철저하게 밝혀졌으니 세 사람의 동이점과 장단점을 찾아서 살펴보는 것이 양명을 간접적으로 접하는 것으로 생각할 수도 있다. 그러나 이 세 사람으로 말하면 각기 장단점이 있지만 같은 점도 실제로 체득한 같음이고, 다른 점도 독자적으로 도달한 다름이다. 따라서 다른 유가들처럼 사사로움을 가슴에 품고 다름을 구별하고, 당파를 먼저 세우고 그로부터 같음을 만드는 것은 아님을 알아야 한다.

세 사람 가운데도 왕간은 따로 서술하기로 하고, 우선 절실한 벗이면서도 흥취가 조금 다르고, 흥취가 조금 다르면서도 학문상에서 큰 차이가 있는 전덕홍과 왕기를 대조하여 서술하고자 한다.

전덕홍의 자는 홍보(洪甫)이고, 왕기의 자는 여중(汝中)이다. 모두 절강 사람인데 전덕홍은 여요(餘姚)이고, 왕기는 산음(山陰)이라서 그 현(縣)이 다를 뿐이다. 양명이 이 두 사람을 특별히 사랑하고 중히 여겨서 집에 거처할 때 새로 들어온 문인을 가르치려면 혹은 전덕홍을 부르기도 하고 혹은 왕기를 부르기도 하여 자기 대신 일깨워주게 하였다. 또 왕기는 탁 트이고 총명하며, 덕홍은 침착하고 굳세니, 피차간에 서로 도움을 주며 공부해 나가라고까지 하였다.

　대개 양명이 일생토록 주장한 것은 '치양지'이고, '치양지'의 중요한 방법은 '격물'에 있으니 매우 평이한 것 같다. 그러나 가령 양지를 이룬 뒤에 그 본체는 어떤 것인가? 이것은 생각만 해보아도 벌써 미묘하지 않은가? 양지는 선을 선인 줄 알고, 악을 악인 줄 안다. 그러나 느끼는 그대로 응한다면 그 자체는 지극히 허(虛)한 것이다. 여기에는 선악이 없다. 그러므로 지극히 허한 본체도 역시 생각의 대상이 된다. 이 얼마나 황량한 것인가? 가령 격물의 공부를 애써 구할 것 없이 양지가 본디 투명하다고 한다면, 물(物)로부터 소급해 올라갈 필요가 전혀 없다. 본체 그대로 유행하면서 저절로 있을 수 있지 않은가? 이렇게 보면 격물부터 이미 최고의 진리에 접하는 가르침이 아니겠는가? 왕기는 투명한 양지 그 자리에다가 곧바로 자기 학문의 첫걸음을 세우려고 했던 사람이다. 그러므로 그는 다음과 같이 말한다.

　　"선천의 심체에 뿌리를 박는다면 뜻[意]이 움직이는 것이 저절로 선하지 않음이 없어서 세속적인 마음[世情]과 기욕(嗜欲)이 저절로 용납될 데가 없을 것이니 (치지 공부도)[37] 자연히 쉽고 간단하여 힘들 것이 없을 것이다. 그러나 후천의 뜻이 움직이는 곳에 뿌리를 박는다면 아무래도 세속적인 마음과 기욕이 섞여서 치지 공부가 갈수록 번잡해질 것이다."[38]

　그러나 전덕홍은 다음과 같이 말한다.

"그렇지 않다. 옛날 우리 선생께서 가르침을 펴실 때 (뜻을 성실하게 하는) '성의(誠意)'를 높이 드러내어 『대학』의 요지로 삼고, 치지격물을 성의의 공부로 삼았으며, 문인 제자들은 이 말씀을 듣자마자 모두 입문하여 공부할 곳을 얻었다. 부지런히 공부하는 사람은 이 앎[知]의 본체를 끝까지 궁구하여 하늘의 법칙[天則]이 유행하고 (양지의 본체를 가리는 것이) 조금도 일어나지 않게 한다면 수천수만 번 감응할지라도 참된 본체[眞體]는 언제나 적연(寂然)할 것이니, 이것이 바로 성의가 지극한 것이다. 그러므로 성의의 공부는 처음 배우는 사람이 그것에 힘쓰면 곧 공부의 착수처를 얻게 될 것이고, 성인이 그 공부에 힘쓰면 정밀한 조예(造詣)가 다함이 없을 것이다. 우리 선생이 이미 돌아가심에 우리 제자들 사이에서는 (배우는 사람들의) 선악의 고동이 생겨났다가 없어지는 것이 끊이지 않음을 병폐로 여겨서, 이에 본체를 제시하여 드러내는 것을 지나치게 중시하게 되었다. 그래서 이 말을 들은 사람들은 마침내 성의로는 도를 다하지 못할 것이니 먼저 깨달음이 있어야만 뜻[意]이 멋대로 생기지 않을 것이요, 격물은 공부라고 말할 것이 아니므로 반드시 먼저 (마음이) 적연한 상태로 돌아가야 사물이 저절로 화(化)할 것이라고 여긴다. 그래서 서로 공상함으로써 깨달음을 추구하여 백성들이 지켜야 할 떳떳한 도리와 사물의 법칙과 같은 일상적인 도리[常道][39]에 절실하지 않으며, 본체를 붙잡아 (마음의) 적연한 상태를 추구하므로 막힘없이 신묘하게 운행하는 활발한 고동이 없다. 높은 것을 바라서 (공부의) 차례를 무시하고, 그림자와 메아리만 좇아 그릇되고 틀리게 되어 우리 선생의 평이하고 절실한 종지(宗旨)가 막혀서 널리 알려지지 못하고 있다. 선생께서는 '성의의 지극함은 지선에 머무는 것일 뿐이다'[40]고 하였으니, 이에 준거한다면 지선에 머무는 것이 성의를 떠난 적이 없을 것이다. (지선에) '머묾[止]'을 말하면 '적연함[寂]'을 말하지 않아도 '적연함'이 그 속에 있고, '지선'을 말하면 '깨달음[悟]'을 말하지 않아도 '깨달음'이 그 속에 있다. 그러나 반드시 모두 성의에 뿌리를 두고 있다. 왜 그런가? 대개 마음은 공부에 착수할 바탕[體]이 없으니, 마음에서는 공부를 말할 수가 없다. 느낌[感]에 응(應)하여 의념을 일으켜 좋아함과 싫어함이 나타날 때, 여기에서 정밀히 살피고 사욕을 이겨내는 공부가 있는 것이다. 성의의 공부가 지극하면 본체가 저절로 적연해지고, 응함이 저절로 순(順)할 것이다. 공부를 처음 시작할 때부터 덕을 이룸에 이르기까지 처음도 이것이요 끝도 이것이니, 두 가지 공부가 있는 것이 아니다."[41]

양명이 주장하는 종지를 가지고 두 사람의 의견을 검토해 보면 전덕홍의 주장이 옳다고 할 수 있다. 그들의 말만 가지고 보자면 왕기는 영묘하고 전덕홍은 노둔한 듯하지만, 바라보이는 저것이 실제로는 실천해 나가는 모습 그 자체를 본뜬 것이다. 일상생활의 비근한 곳일지라도 한 몸으로 느끼는 감통이 간격이 없이 발현된다면 작고 작은 몸이 곧 우주와 완전히 융화될 수 있다. 그러나 이러한 경지에 도달하는 데에는 특별한 방도가 있는 것이 아니다. 오직 옳다고 하고 그르다고 판단하는 그 한 점 독지(獨知)에 의해 간격을 없애고 감통의 본체를 회복시키는 것이니, 지(知)는 공부를 하는 터전이 아니다. 지가 밝게 지각하는 그 의념에서 비로소 일이 있는 것이다. 의념은 아무것도 없이 일어나는 것이 아니라, 접촉하는 것이 있어야 비로소 응하는 것이다. 그러므로 공부를 할 곳은 접촉에 응하여 일어나는 의념에 있지, 지(知)에 있는 것이 아니다. 지에 대하여 공부를 함이 있다면 벌써 지와의 거리가 생기게 된다. 지의 본체를 환하게 보았다고 하자, 그것도 가장 가까이에서 보았다고 하자. 그러나 '본다[見]'는 것은 '체득한다[體]'는 것과 달라서 실 한 오라기만큼의 경계라도 막혀 있기에 봄이 나타나는 것이다. 그러므로 미발(未發)의 적체(寂體)를 찾아보는 것보다 의념이 드러난 물(物)을 바로잡는 것이 실학(實學)이니, 이것을 바르게 하는 것이 급한 일이지, 저것을 찾아보는 것이 급한 일이 아니다.

그러므로 덕을 밝히는 것과 백성을 친애하는 것을 말하면 백성을 친애하는 것이 곧 덕을 밝히는 것이며, 격물과 치지를 말하면 물을 바로잡는 것이 곧 앎을 이루는 것[致知]이다. 다시 질문하여 변별하되 덕을 밝힘이 없다면 백성을 어떻게 친애하며, 양지가 없다면 물(物)을 어떻게 바로잡을 것인가? 덕을 밝힘이 있다면 백성은 저절로 친애할 것이며, 양지가 있다면 물은 저절로 바르게 될 것이다. 근본을 닦아 그 말단을 다스림이 옳지 않겠는가? 그렇지 않다. 덕을 밝힘이 따로 없다. 백성을 친애하는 그것이 바로 덕을 밝히는 것이다. 양지가 따로 없다. 물을 바르게 하는 그것이 바로 양지이니 실제로 힘쓸 곳을 버려두고 헛되고 먼 곳으로 향한다면, 생각하여 얻어낸 자신의 견해일지라도 체득한 것과는 어느 정도의 간격이 생기게 된다. 하물며 생각하여 얻은 것을 다시 생각하여 얻음으로써 전하는 경우이겠는가? 그러므로 전덕홍의 주장이 옳다.

전덕홍은 평생토록 착실하게 실천해 나간 사람이다. 왕기에게 보낸 그의 편지에 다음과 같은 말이 있다.

"평소에 고식적으로 용납하고 옛것을 그대로 따르는 종류의 생각에 대해 '도를 실천하는 데 문제가 될 것이 없다'고 늘 스스로 생각하였는데, 이제 보니 티끌 하나가 눈을 덮을 수 있고, 손가락 하나가 하늘을 가릴 수 있으니, 참으로 두렵다.[42] 아! 옛사람은 마음을 움직이고 본성을 참음으로써 보탬을 얻었다고 하는데, 나는 무슨 보탬을 얻었다는 것인지 잘 모르겠다. 덜어내고 깎아내는 공부는 내 이미 다하였다."[43]

전덕홍은 또 주라산(周羅山)에게 답한 편지에서 다음과 같이 말했다.

"선생께서 말씀하셨다. '선도 없고 악도 없음은 마음의 본체다.' 이에 대해 쌍강 섭표는 다음과 같이 말했다. '양지는 본래 선악이 없으니 아직 드러나지 않은 적연한 본체다. 이것을 기르면 물은 저절로 바르게[格] 된다. 이제 외물에 감촉함을 따라서 격물의 공부를 하려고 하니, 이것은 그 본체를 잃어버리고서 작용을 찾는 것이며, 그 근원을 더럽히고서 말단의 흐름을 맑게 하려는 것이니 공부가 이미 부차적인 것에 떨어진 것이다.' 주장이야 좋다. 그러나 아직 드러나지 않은 적연의 본체가 가정과 나라 및 천하와의 감촉을 떠나서 따로 하나의 물건이 있는 것이 아니요, 가정과 나라 및 천하와 감촉하는 가운데 아직 드러나지 않은 적연의 본체가 있음을 알지 못했다. 그러므로 격물은 치지의 실질적인 공부로서 적연과 감응, 그리고 본체와 작용을 관통하여 틈이 없는 것이니, 이것이 바로 본성을 다 실현하는 학문이다."[44]

그리고 염암(念菴) 나홍선(羅洪先, 1504~1564)에게 보낸 편지에는 이러한 추론도 없이 단호하게 말하기를, "무릇 보통 사람들을 위하여 법을 세운 것은 다 성인의 말이요, 성인을 위하여 도의 오묘함을 말하고 본성의 참됨을 밝힌 것은 성인의 말이 아니다"[45]라고 하여 비근한 듯한 실제 공부와 영묘한 듯한 헛된 상상[空想]과의 경계를 맹렬히 살피게 했다. 그러나 이것들은 모두 공부의 착수처에 대한 말이다. 학문의 본원에 있어서는 전덕홍이나 왕기가 다 같은 양지학파이므로 왕기가 마음의 본체에서 깨달음을 위주로 하든, 전덕홍이 의념이 나타난 물(物)에서 바르게 함을 위주로 하든, 누구나 한 생각이라도 스스로를 속이는 것을 용인하지 않기는 마찬가지다. 그러므로 왕기는 「어록」에서 다음과 같이 말한다.

"요즘 사람들은 학문을 강의하면서 정신을 매우 깨끗한 것으로 여겨서 입만 열면 성(性)을 말하고 명(命)을 말하며, 날마다 먹고 마시는 음식과 음악·여색·재화·이익에 관한 것은 매우 거친 것으로 여겨서 남의 앞에서 말하기를 싫어한다. 그러나 참으로 알고 보면 아무리 성명(性命)을 강론하고 풀이하여 미묘한 곳에까지 도달하였다고 할지라도, 의견이 하는 것이라고는 오직 비교하여 헤아리고 점을 쳐서 헤아릴 뿐, 본래 생명의 기틀[生機]과는 전혀 상관이 없으므로 결국은 속된 학문을 이루고 말 것이다. 그러나 만일 일상생활의 재물과 여색을 추구하는 데에서 다스려서 언제나 하늘의 법칙[天則]으로써 그것에 응한다면 속된 것에서 벗어나 완전히 깨끗해져서 이에 (마음을) 안정시키는 역량[定力]을 보게 될 것이다."[46]

그리고 또 다음과 같이 말한다.

"성인이 성인이 된 것은 정신 명맥의 전체를 오로지 안으로 쓰고 남에게 알려지기를 구하지 않기 때문이다. 그러므로 항상 스스로 내 몸의 허물을 보아 스스로 만족하지 않으므로 조예가 날로 한량이 없는 데로 나아가게 된다. 그러나 향원은 그의 마음이 오직 세상에 잘 보이려는 데 있을 뿐이라서 전체 정신이 모두 외면만을 돌본다. 그러므로 스스로 옳다고 할지라도 요순의 도에 들어갈 수 없다."[47]

그리고 또 말했다.

"치지의 종지란, 말을 할 때와 침묵할 때 움직일 때와 고요할 때를 가리지 않고, 사람의 감정과 일의 변화를 따라서 철저히 연습하여 본원으로 돌아가게 하는 것이다. 비유하자면 순금에 구리와 납이 섞여 있을 경우에 뜨거운 불로 정제하는 과정을 거치지 않는다면 순수해질 수 없는 것과 같다. 선생의 문하에는 깨우침에 들어가는 데 세 가지 종류의 교법이 있다. 지적인 이해를 통해 깨달음을 얻은 것을 해오(解悟)라고 하는데, 끝내 이론상에서의 탐구를 벗어나지 못할 것이다. 고요한 가운데 깨달음을 얻은 것을 증오(證悟)라고 하는데, 이것도 오히려 외적인 대상[境]에 의지함이 있다. 사람의 감정과 일의 변화를 좇아 연습하여 깨달음을 얻은 경우는 말도 잊고 대상도 잊어서 닿는 곳마다 근원을 만나니 요동할수록 더욱더 고요해지는데, 이렇게 되어야 비로소 철오(徹悟)라고 할 수 있다."[48]

이로써 보면 왕기의 학문은 전덕홍 문파의 기풍과 일치하지만, 왕기는 탁 트이고 총명한 만큼 높은 지평에서 체득한 경지를 위주로 말한 것이 많고, 전덕홍은 침착하고 굳센 만큼 실질적인 일과 실질적인 물건의 절실하고 가까운 곳을 위주로 말한 것이 많다. 양명이 돌아가신 뒤에 전덕홍과 왕기는 양명의 제자들 가운데에도 특히 천하 사람들의 추앙을 많이 받았고, 또 두 분이 모두 장수하여 오랫동안 스승의 가르침을 널리 펼쳤다. 전덕홍은 고향에 있을 때에도 민중들에게 고통이 있으면 몸소 나서서 이를 해결했다고 하며, 왕기도 어릴 적에는 협객이어서 올곧고 시원시원했으며 작은 일에 연연해하지 않았다고 한다. 전덕홍은 명나라 신종 만력 갑술년(1574)에 죽었으니 79세였고, 왕기는 86세에 전덕홍보다 10년을 더 살다가 죽었다.

양명이 만년에 제출한 사구교법, 즉 "선도 없고 악도 없는 것은 마음의 본체이고(無善無惡是心之體), 선도 있고 악도 있는 것은 의념의 움직임이며(有善有惡是意之動), 선을 알고 악을 아는 것은 양지이고(知善知惡是良知), 선을 행하고 악을 제거하는 것은 격물이다(爲善去惡是格物)"는 왕문의 일대 공안이었을 뿐만 아니라, 왕학 분파의 주요 원인이기도 하다.

양명의 사구교를 이해하는 데 우리가 의거할 수 있는 직접적인 자료는 세 가지가 있다. 하나는 전덕홍이 기록한 『전습록』의 제315조이고, 또 하나는 「연보」 가정(嘉靖) 6년의 기록이며, 나머지 하나는 왕기의 「천천증도기(天泉證道記)」다. 그런데 이 세 가지 종류의 기록은 동일한 사건에 대한 기록이지만, 두 사람의 관점의 차이에 따라 강조하는 점이 조금씩 다르다.

먼저 왕기는 사구교를 '권법(權法)'으로 이해하고 양명의 궁극적인 종지는 아니라고 본다. 반면에 덕홍은 사구교를 '정본(定本)'으로 이해한다. 그리고 왕기는 심(心)과 의(意) · 지(知) · 물(物)을 체용(體用) 관계로 이해하여 심(心)이 이미 무선무악(無善無惡)이라면 의 · 지 · 물도 무선무악이어야 한다고 여겨서 사무설(四無說)을 주장한다.

반면 덕홍은 '위선거악시격물(爲善去惡是格物)'이 본성을 회복하는 가장 기본적인 공부이기 때문에 왕기처럼 의념에 선악이 있음을 부정하고 아울러 의념상에서 위선거악(爲善去惡)의 공부를 부정한다면 근본적으로 공부를 없애는 것이라고 여겨서 사구교(四句敎)를 옹호한다.

이러한 두 사람의 입장에 대해 양명은 조화시키려는 태도를 취한다. 왕기의 생각은 상근인을 접하여 도(道)로 인도하는 데 적합하며, 덕홍의 견해는 중근 이하의 사람을 접하여 도(道)로 인도하는 데 적합하므로 어떤 한쪽에 치우쳐서는 안 되고, 서로 상대방의 견해도 취하여 사용해야 한다는 것이다. 그리고 사구교가 철상철하의 교법임을 다시 한 번 강조한다.

그런데 사구교 가운데 사람들을 곤혹스럽게 하는 것은 첫 번째 구절, 즉 '무선무악시심지체(無善無惡是心之體)'다. 심체(心體)가 일체 도덕적인 행위의 근원이라면 그것은 마땅히 지선(至善)으로 규정되어야 한다. 실제로 양명은 "지선은 마음의 본체다"[49]라고 말한다. 그런데 이것을 어떻게 선도 없고 악도 없다고 말할 수 있을까? 여기서 심체에 대한 두 가지 규정, 즉 '무선무악(無善無惡)'과 '지선(至善)'을 어떻게 모순 없이 해석할 수 있을까 하는 문제가 제기된다. 지금까지 이와 관련하여 몇 가지 해법이 제출된 바 있다.

하나는 유즙산의 견해다. 그는 『전습록』의 이 조목을 제외하고는 어디에서도 '무선무악심지체'라고 말한 적이 없다는 데 근거하여 사구교를 양명의 정견(定見)이 아니라 양명 제자들에게서 나온 것이라고 주장한다. 이것은 심체에 대한 규정 가운데 '무선무악'을 배제하고 오직 '지선'만을 인정한 것이다. 그러나 양명의 고제자인 전덕홍과 왕기가 모두 사구교를 양명의 종지로 기록하고 있다는 점에서 유즙산의 그 견해는 성립하기 어려워 보인다.

또 하나의 해법은 지선(至善)은 선악의 상대적인 개념으로 규정할 수 없기 때문에 심체를 무선무악이라고 말했다는 입장으로 좌등일재(佐藤一齋)·정제두(鄭齊斗)·정인보(鄭寅普)의 견해가 대표적이다. 일찍이 정제두는 다음과 같이 말한 바 있다. "선(善)과 악(惡)은 정해진 형태가 없다. 본연(本然)의 이치를 따르는 것을 선이라 하고, 기(氣)에 움직여서 일을 처리하는 것을 악이라 한다. 그 행위는 비록 선하더라도 진실로 기에 움직인 것이 있다면 선(善)의 근본은 아니다. 그러므로 선(善)이 반드시 선이 될 수 있는 것은 아니다. 그러므로 이치를 따르는 것으로써 지선(至善), 성선(性善)이라고 말할 따름이다. 실제로 개념으로 규정할 수 있는 선이 없기 때문에 무선(無善)이라 하였다. 그래서 '무선(無善)'의 '선(善)' 자는 개념으로 규정하는 '선(善)' 자이지, '지선(至善)'의 '선(善)' 자는 아니다."[50] 정제두의 이러한 견해를 정인보는 다음과 같이 평한다. "이 일단이 무선(無善)에 대한 해의(解義)로 가장 정투(精透)하여 고인(古人)이 말하지 못한 것이다. 정명(定名)할 선(善)이 없을 새 천연(天然)한 조리(條理)대로 만선(萬善)이 나타나게 되고, 천연한 조리대로 만선이 나타날 새 이를 지선(至善)이라 하는 것이니, 지선(至善)을 알진대 무선(無善)에 대해 의심할 것이 없다. 무선(無善)이 곧 지선(至善)이다."[51]

또 하나의 해법은 무선무악(無善無惡)과 지선(至善)을 서로 다른 차원의 언급으로 이해하는 것이다. 이러한 입장을 취하는 대표적인 인물이 근래의 학자인 진래(陳來)다. 그는 '무선무악심지체(無善無惡心之體)'가 토론하는 문제는 윤리적인 선악과 서로 다른 차원의 문제로서, 심(心)이 본래 갖추고 있는 순수한 '무체성(無滯性)', 즉 무집착성을 강조한 것이라 말한다. 그리고 심의 무체성은 그 어떤 것에 대해서도 집착하지 않는 마음의 본연 상태로, 이상적인 자유자재의 경계를 실현하는 내재적인 근거라고 주장한다. 이러한 견해는 양명 철학을 전통 유학의 범위로만 한정하지 않고 불가의 지혜까지 융해시킨 것으로 이해하고 있다는 점에서 특징적이다.

대개 陽明의 一生吸吸함이 獨知하는 一點天良을 致得하라 함에 잇음으로
門人이 이를 배온지라, 學問은 陽明으로조차 배웟으되 證得함은 모두 自
心에 求하고 師敎라고 苟隨치 아니하야 王門弟子의 高足一流 처놓고는 各
其 獨得한 것이 잇어 다른 學者의 門庭 모양으로 한 판에 박은 것 같지 아니
한대, 橫山은 早卒하고 闇齋는 奇禍로써 身命을 마처 그 學說이 大傳치 아
니하얏고, 程氏以下 諸人으로 말하면 或 尊顯하고 或 老壽하야 鄒東廓 같
은 이는 스사로 한 學派를 이루엇고, 그 以外에도 門徒 四播한 이 많으나 몸
소 陽明의 講授를 받고 陽明의 推重을 입고 두렷한 派流를 가장 크게 드리
워 宗風의 振動함이 그 各主하는 바대로 異彩를 내이게 되기는 錢緖山德洪
과 王龍溪畿와 王心齋艮 三家를 칠밖에 없으니 이 三家의 同異得失을 알아
야 비로소 陽明門徒를 알미오, 또 陽明의 平生學問의 含蓄한 宗旨 이 三家
로 因하야 더욱 暢明하얏나니 三家의 同異得失을 尋繹하얏 봄이 곧 陽明을
遙接하는 것으로 생각할 수도 잇다. 그렇나 이 三家로 말하면 得失이 없음
이 아니로되 同도 實證한 同이오 異도 獨到한 異라. 다른 儒家 모양으로 植
私로부터 異를 갈르고 樹黨으로조차 同을 만드는 것은 아님을 알라.
三家中에도 心齋는 따로 特叙하기로 하고 우선 切友이면서 좀 異趣오 좀 異
趣이면서 大差가 잇는 緖山, 龍溪를 對叙하고자 한다.
緖山의 字는 洪甫오, 龍溪의 字는 汝中이니 다 같은 浙人인대 緖山은 餘姚
오 龍溪는 山陰이라 그 縣籍이 다르다. 陽明이 이 두 분을 特別 愛重하야 家
居할 때 新進하는 門人을 指授하려면 或 洪甫를 부르기도 하고 或 汝中을

부르기도 하야 자기 대신 啓發하게 하엿으며, 또 汝中은 通明하고 德洪은 沈毅하니 彼此 交益하야 나가라고까지 하엿다.

대개 陽明의 一生 主張함이 "致良知"오, "致良知"의 要道는 "格物"에 잇는 것이니 極히 平易한 것 같으나 가령 良知를 致한 뒤는 그 體 어떠한 것인가, 이 생각만 하여보아도 발서 微妙하지 아니한가. 良知는 善을 善인 줄 알고 惡을 惡인 줄 안다. 그러나 感하는 그대로 應할진대 그 自體는 至虛한 것이라. 여기는 善惡이 없다. 그런즉 至虛의 體 또한 생각의 對像이 된다. 이 얼마나 荒凉한 것인가. 가령 格物의 功을 애써 求할 것 없이 良知 번대 透明하다 할진대 物로부터 치올라가는 것은 何等의 必要가 없다. 本體 그대로 流行自在할 수 잇지 아니한가. 이러코 보면 格物부터가 上乘을 接하는 法門이 아닐 것이 아닌가. 龍溪는 透明한 良知 그 자리에다가 곧 着脚의 初程을 試하랴는 이이라. 그러므로 그는

"先天心體上에 잇어 뿌리를 박을 것 같으면 意의 動하는 배 스사로 善치 아니함이 없어 世情嗜欲이 스사로 容納될 데 없을지니 自然 易簡하야 힘들 것이 없으나 後天 動意上에 잇어 뿌리를 박을 것 같으면 암만하야도 世情嗜欲의 間雜함이 잇어 致知 공부가 갈수록 煩雜하리라"

말하고 緖山은

"그러치 아니하다. 이왕 吾師의 立敎할 때 "誠意"를 表揭하야 大學의 要旨를 삼고 致知格物로써 誠意의 공부를 삼으며 及門 第子ㅣ 이 말을 드른 그 당장에 다 入門, 用力할 곳을 얻엇다. 用功을 부즈런이 하는 이, 이 知의 體를 究極하야 天則이 流行하고 纖翳 이러남이 없게 할진대 千感하고 萬應할지라도 眞體는 언제나 寂然할지니 이는 誠意의 極이라. 그러므로 誠意의 공부

란 初等으로서 用功하면 곳 손 부칠 데를 얻는 것이오, 聖人으로서 用功함에도 精詣함이 또한 다할 배 없는 것이라. 吾師ㅣ 이미 沒하매 우리 축에서들 善惡의 고동이 하도 生滅不絕함을 病으로 여겨 이에 本體에 對한 提唱이 過重하게 되니 듣는 이 드디어 誠意론 足히 道를 다하지 못할 것이니 먼저 悟함이 잇어야 意 스사로 나지 아니할 것이오, 格物은 공부라고 말할 배 아니라 먼저 寂함에로 돌아가야 物이 스사로 化할 것이라 하야 서로 空想함으로써 悟를 求하야 民彝, 物則의 常道에 切實치 아니하며 本體를 붓드러 가지고 寂을 求하매 圓神 活潑의 고동이 없다. 높은 것을 바라 第次를 無視하고, 影響으로만이라 그릇되고 틀리어 吾師의 平易 切實한 宗旨 막히어 宣布되지 못한다. 師訓으로 말하면 誠意의 極인즉 至善에 할 뿐이라 하엿으니 이에 準할진대 至善에 至함이 誠意를 떠나든 적이 없을 것이다. 止를 말하면 寂을 말하지 아니하야도 寂이 그 속에 잇고, 至善을 말하면 悟를 말하지 아니하야도 悟가 그 속에 잇다. 그러나 반드시 다 誠意에 本하는 것이라. 어찌하야 그런가. 대개 心은 着手할 體 없나니 心에 잇어서는 공부를 말할 수가 없다. 感에 應하야 意念을 이르키어 好惡가 나타날 새 이에 精察 克治의 공부가 잇는 것이라. 誠意의 공부가 極한즉 體 스사로 寂하고 應함이 스사로 順할지라. 初學으로부터 成德함에 이르러 始도 그것 終도 그것이오, 두 공부가 없는 것이라"

하얏다. 陽明의 立言宗旨를 가지고 二家의 意見을 檢討할 것 같으면 緖山의 主張이 올타 할 것이다. 그 말만으로 볼진대 龍溪는 靈妙하고 緖山은 魯拙한 것 같으나 바라보이는 저것이 실상은 行해 나가는 그 自體의 影象이라. 日用常行에 淺近한 데일지라도 一體的 感通이 間隔 없이 發現될진대 渺然한 몸이 곧 宇宙와 渾融할 수 잇는 것이나 能이 이에 밎이게 됨은 別路가 잇음이 아니오, 오즉 是타 非타 하는 그 一點獨知에 依하야 間隔을 깨트려 感通의 번대로 回復시키는 것이니 知는 用功의 地 아니라 知의 照覺하는 그 意念에 잇어 비로소 일이 잇는 것이오, 意念은 虛起하는 것이 아니라 接觸함이 잇어야 비로소 應하는 것이니 그러므로 用功할 곳은 應起하는 意念에 잇지 知에 잇는 것이 아니다. 知에 對하야 用功함이 잇다면 발서 知와의 距離 생기는 것이니 知의 體를 恍然히 보앗다 하자, 가장 가까이 보앗다 하자, "見"함이란 "體"함과 달라 一絲의 線界라도 隔하얏기에 봄에 나타나는 것이라. 그러므로 未發의 寂體를 차저보는 것보다 意物을 格正함이 實學이니 이를 발리울 것이 急務지 저를 차저볼 것이 急務가 아니다. 그러므로 明德과 親民을 말하면 民을 親함이 곧 明德이오, 格物과 致知를 말하면 物을 格함이 곧 致知라. 다시 이를 質辨하되 明德이 없을진대 民을 어찌 親하며, 良知 없을진대 物을 어찌 格하랴. 明德이 잇을진대 民은 저절로 親할지며, 良知 잇을진대 物은 저절로 格할지라. 根本을 닥거 그 末을 다스림이 올치 아니하랴. 그렇지 않다. 明德이 따로 없다. 民을 親하는 그것이 곧 明德이오. 良知 따로 없다. 物을 格하는 그것이 곧 良知니 實在한 着力處를 제치고 虛遠한 곳으로 向할진대 想得한 그 自身의 見解라도 體得함과 一間이 隔하려든 하물며 想得으로써 다시 想得에 傳함이랴. 그러므로 緒山의 主張함이 옳다. 緒山은 踏實하기로 終身한 이라. 그의 龍溪에게 한 편지에

"平時 一種의 姑容 因循的 觀念에 對하야 항상 스사로 생각하되 足히 道에 害될 것이 없다 하엿드니 이제 보니 一塵이 눈을 덮을 수 잇고 一指가 하눌을 가릴 수 잇다. 噫라. 옛사람은 動心 忍性함으로조차 增益함을 얻엇다 하

더라마는 나는 모를 쾌라, 增益함은 어떠한 것인고. 덜고 깍금으로는 내 이미 다하엿다"

하노라 하고 또 周羅山에게 答한 편지에

"先師ㅣ 말슴하되 無善 無惡함은 心의 體라 하얏는대 雙江(聶豹)이 곧 말하되 "良知" 本來 善惡이 없나니 "未發" 寂然한 體라. 이를 기르면 物은 스사로 格할 것이어늘 이제 그 物에 感함을 따라 格物의 功을 加하랴 하니, 이는 그 體에 迷하고서 用을 차짐이오, 그 源을 濁하고서 流를 맑힘이라. 功夫ㅣ 발서 第二義에 떨어젓다" 하니 議論이야 좋다. 그러나 "未發" 寂然의 體 언제나 家, 國, 天下의 感을 떠나서 따로 한 物件이 잇는 것이 아님일새 家, 國, 天下의 感 그 속에 곳 "未發" 寂然이 잇음은 알지 못하얏다. 그러므로 格物은 致知의 實功이라 寂, 感, 體, 用을 通하야 이 틈이 없는 것이니 이곳 盡性하는 學이라"

하엿고 羅念菴(洪先)에게 한 편지에는 이러한 推論도 없이 斬峻히 말하되 "무릇 愚夫 愚婦를 爲하야 法을 세운 것은 다 聖人의 말이오 聖人을 爲하야 道의 妙를 說하고 性의 眞을 發한 것은 聖人의 말이 아니라" 하야 卑近한 듯한 實功과 靈妙한 듯한 虛想과의 分界를 猛省케 하엿다. 그러나 이 모다 着手處에 對한 말이라. 學問의 本原에 잇어서는 緒山이나 龍溪가 다 같은 良知學派임으로 龍溪의 心體上 悟修를 主함이나 緒山의 意物上 格正을 主함이나 누구나 一念의 自欺함을 容認하지 아니하기는 一般이다.

그러므로 龍溪의 語錄을 보면

"지금 사람들이 學을 講함에 잇어 精神은 極精한 것으로 알어 입만 열면 性을 說하고 命을 說하며 日用飮食, 聲色貨利는 極粗한 것으로 알어 남에 앞에서 말하기를 싫어하드라마는 참 알고 보면 암만 性命을 講解하야 微妙한 곳까지 到達하얏다 할지라도 意見의 함이 오즉 比擬 卜度뿐이라. 本來生機에 잇서서는 아조 關涉이 없으매 마침내 俗學을 이루고 말지나, 만일 日用貨色上에서 料理하야 어느 때나 天則으로써 應한즉 超脫淨盡하야 이에 定力을 볼 것이라"

하고 또

"聖人의 聖 되는 바는 精神命脈의 全體를 오로지 안으로 쓰고 남에게 알림을 求하치 아니함에 잇다. 그러므로 항상 스사로 내 몸의 허물을 보아 스사로 滿足하지 아니하므로 造詣 날로 限量 없음에로 나아가게 되나 "鄕愿"이라는 것은 그의 마음이 오즉 세상에 잘 보이랴 함에 잇슬 뿐이라 全體精神이 모두 外面만을 照管함으로 스사로 옳다고 할지라도 堯舜의 道에 들어갈 수 없다"

하고 또

"致知의 宗旨란 語와 默과 動과 靜과를 가리지 아니하고 人情, 事變으로조차 思底히 鍊習하야 本原에로 돌아가게 함이니 譬컨대 眞金이 銅鉛의 雜한 배 되매 烈火의 烹熬함을 지나지 아니하고는 精할 수가 없다. 師門에 "入悟"하는 三種數法이 잇으니 知解로 조차 어든 者는 이르되 解悟라 하나니 이는 종시 言說上 推究를 떠나지 못할지며, 靜中으로조차 얻은 者는 證悟라 하나니 이것도 오히려 境에 待함이 잇으되, 人事鍊習으로조차 얻은 者는 言도 잊(忘)고 境도 잊어 닷는 곳마다 根源을 만나나니 더 搖蕩할스록 더 凝寂할지라 비로소 徹悟라 하는 것이다."

하야 緒山의 門風과 共通되나 龍溪는 通明하니만치 向上一路의 體得한 境

界를 主說함이 많고, 緖山은 沈毅하니만치 實事 實物의 切近한 그곳을 主說함이 많다. 陽明 돌아간 뒤 緖山, 龍溪 王門 弟子中에도 天下의 歸向함을 더욱이 받엇고 또 두 분이 다 老壽하야 오래도록 師敎를 宣演하얏다. 緖山이 鄕里에 잇을 때에도 民衆의 疾苦ㅣ 잇으면 몸소 나서 이를 周旋하얏다 하며, 龍溪도 少年 때 俠客이라 亢爽 磊落하얏다 한다. 緖山은 明神宗 萬曆 甲戌에 卒하니 七十九歲오, 龍溪는 八十六歲에 緖山보다 十年을 위하야 卒하얏다.

23

왕간의 안신설에 기초한 경세사상

심재(心齋) 왕간(王艮)의 자는 여지(汝止)이고, 태주(泰州) 안풍(安豊) 사람이다. 어려서 집이 가난하여 마음껏 학문을 할 수 없었으나 『대학』·『효경』·『논어』는 배웠다. 그의 아버지는 불을 때는 일을 했는데 추운 겨울에 관청의 새벽일을 하는 것을 보고 울면서 말했다. "아버지에게 저런 고생을 시키고 어떻게 자식이라고 하겠는가!" 그 뒤로는 아버지의 일을 대신 했다. 왕간은 비록 책을 읽은 것이 적었지만 타고난 자질이 본래 탁월하여 입에서 나오는 대로 말을 해도 모두 이해되었다. 그 뒤에 천지만물이 나와 한 몸임을 깨달아서 도달한 경지가 넓고 컸다. 그때 양명이 강서에서 양지학을 강의하자 양자강 이남의 학자들이 몰려들어 마음 깊이 따랐는데, 왕간은 외진 곳에 있어서 듣지 못했다.

황문강(黃文剛)이라는 사람은 길안(吉安) 사람으로 태주에 살았는데 심재가 강론하는 것을 듣고 놀라서 말했다. "그대의 말은 왕양명의 말과 같다." 왕간은 이 말을 듣고 곧바로 양명을 찾아가서 천하의 일들을 두루 논하자, 양명은 "군자는 그 생각하는 것이 자기가 처한 자리를 넘지 않는 법이오"라고 말하여 왕간의 열정이 지나침을 은근히 경계하였다. 그러자 왕간이 말했다. "나는 비록 초야에 묻혀 사는 필부이지만 임금과 백성을 요순처럼 만들고자 하는 마음은 하루라도 잊은 적이 없소." 양명이 말했다. "순임금이 깊은 산속에 살면서 평생토록 천하를 잊은 것은 무슨 까닭이오?" 왕간이 말했다. "이때에는 요임금께서 임금의 자리에 있었기 때문입니다." 그러자 양명은 옳다고 여겨서 점점 다가앉게 되었다.

이야기가 '치양지'에 이르자 왕간은 탄식하면서 말했다. "간단하고 쉬우며 단순 명쾌하니 나는 여기에까지 미치지는 못하였노라." 이에 절을 하고 제자라고 일컬었다. 그런데 물러 나와 양명에게서 들은 것을 다시 검토해 보니 간간이 부합하지 않는 것이 있어서 다시 뉘우쳐 말했다. "내가 경솔했구나." 그리고 그다음 날 양명을 찾아가서 뉘우친 내용을 설명하자 양명이 말했다. "좋소. 그대는 믿고 따르는 것을 가볍게 하지 않는군요." 왕간은 다시 윗자리에 앉아서 서로 오랫동안 논변하더니 크게 탄복하여 마침내 사제관계를 확정하였다. 양명은 그의 문인에게 "내가 전에 신호를 잡아도 마음이 움직인 적이 없었는데, 이제 이 사람에게 마음이 움직이게 되었다"고 말했다.[52]

예로부터 유학자가 학문을 강의할 때 관학이건 사학이건 막론하고 사방에서 무리들이 모여들면 학문을 전수했지, 길거리와 산골짝을 돌아다니고 쫓아다니면서 학설을 편 적은 없었다. 왕간은 이미 양명의 '치양지'에 대한 가르침을 듣고 그를 스승으로 섬기더니 스스로 탄식하여 "이것은 천년 동안 끊어진 학문이다. 이것을 천하에 듣지 못한 사람이 있게 해서는 안 된다"[53]고 하여 스스로 작은 수레를 만들어 타고 이르는 곳마다 군중을 향하여 학설을 펼치니 듣는 사람들이 모두 감동하였으나, 취향이 다른 무리들은 왕간을 이상한 사람이라고 지목하였다.[54] 양명이 죽은 뒤에 고향으로 돌아가 학문을 강의하면서 일생을 마쳤다.

왕간의 학문으로 말하면 비록 양명을 받들어 섬겼으나 양명과 격물 해석을 달리했다.

"격(格)은 격식(格式)의 격이요, 내 몸[身]으로부터 가정[家]과 나라[國]와 천하가 다 물(物)이다. 모두 물이지만 근본[本]과 말단[末]이 있으니, 내 몸은 근본이고, 가정과 나라와 천하는 말단이다. 말단이 바르지 않음은 그 근본이 바르지 않기 때문이니 말단을 바르게 하려면 근본을 바르게 해야 한다. 근본은 바로 말단의 모범[式]인 것이다. 그러므로 격물(格物)이라고 한다."[이것을 '회남격물(淮南格物)'이라고 하는데, 왕간은 태주 사람이고, 태주는 회남 지방이기 때문이다.]

왕간은 또 지극한 선에 머문다[止至善]는 것을 남다르게 해석했다.

"지극한 선에 머문다는 것은 '내 몸을 안정시키는 것[安身]'이다. 내 몸을 안정시키는 것은 천하의 큰 근본[大本]을 세우는 것이다. 밝은 덕을 밝히고 백성을 친애함에 있어서 내 몸이 안정되지 않는다면 근본이 서지 않을 것이다. 이렇게 해서는 천지를 주재하고 조화를 이끌어내지 못할 것이다. 그러므로 이 천지와 이 만물에서 내 몸을 위태롭게 한다면 이것을 가리켜 근본을 잃은 것이라고 하고, 이 천지와 이 만물에서 자기 몸만 깨끗하게 한다면 이것을 가리켜 말단을 버린 것이라고 한다. 내 몸이 바로 천하·나라·가정의 근본임을 안다면 천지와 만물이 내 몸에 의지하게 할지언정 내 몸이 천지만물에 의지해서는 안 된다. 성인은 도를 가지고 천하 사람들을 구제하니 따라서 지극히 귀중한 것은 도이며, 사람은 도를 베풀 수 있으니 따라서 지극히 귀중한 것은 내 몸이다."[55]

이러한 해석은 양명의 학설과 다르고, 또 그 엄밀함이 양명에 미치지는 못한다. 그러나 대체로 보면 왕간은 정렬적인 사람이어서 양명의 친민(親民) 문제를 용감하게 받아들여 천하와 나라와 가정에 대해 자기 한 몸의 책임을 중심 주장으로 삼은 것이다. 자기 몸을 안정시킨다는 것은 얼른 생각하면 구차하게 육신의 안일을 도모하는 것 같지만, 이 몸은 천하와 나라와 가정에 대해 책임을 진 몸을 가리킨다. 이 몸을 안정시키는 것은 곧 저 책임이 지극히 무겁다는 것을 담보하고자 한 것이다. 다른 사람들이 말하지 않은 몸을 홀로 부르짖은 것이 구차하게 육신의 안일을 도모하려 함이 아니라는 것은 굳이 변론할 필요도 없다. 그는 양명보다도 더욱 간단하고 빠름을 중시하여 항상 다음과 같이 말하였다.

"백성들이 일상생활에서 살아가는 조리가 바로 성인의 조리다. 성인은 이것을 알기 때문에 잃어버리지 않지만, 백성들은 이것을 알지 못하기 때문에 잃어버리기 쉽다."[56]

"성인의 도가 일반 백성들이 일상생활에서 살아가는 것과 어찌 다르겠는가? 무릇 일상생활에서 쓸데가 없는 것은 모두 이단(異端)이다."[57]

"우리 유학이 별다른 것이 아니다. 평범한 남녀가 알 수 있고 행할 수 있는 것이다. 성인의 도라는 것은 사람마다 다 알게 하고 다 행하게 하려는 것일 뿐이니, '천지를 세우고' '만물을 기른다'는 것이 곧 이것이다."[58]

왕간은 또 대성가(大成歌)를 지었다.

"내 장차 크게 이루고 학문으로 인증을 받아,
말하는 대로 깨닫는 대로 언제나 진보하리.
단지 이 마음속이 바로 성인이요,
남에게 이것을 말해주면 바로 스승이라네."[59]

왕간의 이런 말들에는 모두 지극히 가까운 데에서 지극히 큰 것을 드러내는 특징이 보인다.

왕간이 사람들을 가르쳐 인도하는 것은 언제나 비근하고 일상적인 곳으로부터 가장 알기 쉽게 곧바로 본심을 가리켜 누구나 한마디 말로

훤히 이해하게 함으로써 민중을 교화한 공이 양명의 아래에 있지 않다고 한다. 그는 천하와 나라와 가정에 대하여 저와 같이 책임을 부르짖기 때문에 '홀로 선을 추구하는 것[獨善]'을 나쁜 것으로 여겼으며, '은둔하여 사는 것'을 도가 아니라고 하여 항상 다음과 같이 말했다.

> "선비는 세상에 쓰이지 아니할지라도 자기 몸을 닦고 학문을 연마하는 것이 모두 천하와 나라와 가정에 내놓는 것이니 하루인들 숨을 때가 있겠는가?"[60]

또 왕간은 종래의 학설 가운데 '명(命)'에 대한 언급이 대체로 열렬하지 못함을 부족하게 여겨서 "대인은 명을 만들어간다"[61]고 주장하였다. 그러므로 왕기에 비해 그 명철함은 미치지 못하고, 전덕홍에 비해 그 독실함은 미치지 못하지만, 덕을 밝히고 백성을 친애하는 학문을 곧바로 행동으로 옮기는 그 맹렬함에 있어서는 왕기와 전덕홍이 모두 왕간을 따르지는 못한다.

집산(戢山) 유종주(劉宗周)는 왕간의 격물설을 옳다고 생각하여 "후대 유학자들의 격물설 가운데 회남의 격물설을 바른 것으로 여겨야 한다"[62]고 하였다.

명나라 세종 가정 19년(1540)에 죽으니 그때 나이 쉰여덟 살이었다. 비록 벼슬을 하지 않고 일생을 마쳤으나, 그의 학문은 중국 동남쪽에 전파되었으니 이를 태주학파(泰州學派)라고 한다.

왕간은 당시 백성들이 처한 현실 상황을 비극적인 것으로 인식하고, 그들을 구제하고자 한다. 그의 구세 정신에는 만물일체 사상이 근저에 놓여 있다. 그가 지향하는 이상사회는 '사람마다 군자이고 집집마다 벼슬을 줄 만한 사회'로 그려진다. 왕간은 이러한 세상을 만드는 데 책임 있는 주체로 서고자 한다.

왕간은 이 세상에 책임 있는 주체로 서는 방법을 『대학』에서 찾는다. 『대학』에 대한 왕간 해석의 핵심처는 '안신(安身)'설에 있다. 그는 『대학』의 '지어지선(止於至善)'을 '안신'으로 풀이한다. 그의 안신설은 '몸[身]'에 대한 독특한 이해에 기반하고 있다. 그에게서 '몸'은 생명 주체일 뿐만 아니라, '도'를 행할 수 있는 행위 주체다. 왕간은 생명 주체이자 행위 주체인 '몸'을 사회와 세계의 근본으로 간주한다. 이러한 관점은 『대학』에 대한 그의 이해에서 비롯한다. 왕간의 『대학』 해석에서 특징적인 것은 '격물'에 대한 해석이다. 그는 '격물'의 '격'을 '헤아린다'는 의미로 풀이한다. 그리고 '물'을 '신'·'가'·'국'·'천하'와 '일체의 천지만물'을 가리키는 것으로 본다. 이 '물' 가운데 몸이 근본이고, 가·국·천하와 천지만물은 말단에 해당한다. 말단을 보존하기 위해서 근본을 먼저 보존해야 한다. 이것처럼 가·국·천하를 보존하기 위해서는 근본인 몸을 먼저 편안하게 해야 한다. 이 '안신'설이 지닌 경세사상적 함의는 왕도를 실행하기 위해서 무엇보다 중요한 것은 도를 실천할 수 있는 행위 주체인 몸을 안정시키고 보존해야 한다는 것이다. 왕간은 이 안신을 전제로 하는 층위에서 새로운 출처관을 제시한다.

왕간의 출처관은 '출사해서는 황제의 스승이 되어야 하고', '물러나서는 천하 만세의 스승이 되어야 한다'는 말로 요약할 수 있다. 전제군주제하에서 벼슬길에 나아가 도를 행하려면 군주의 마음을 얻어야 한다. 그런데 처세를 잘못하면 자기 몸조차 보존하기 어렵다. 이 때문에 왕간은 도를 실천하기 위하여 벼슬할 경우에는 반드시 황제의 스승이 되어야 한다는 제한 조건을 제시한다. 군신 관계에서 신하가 절대적으로 주도적인 지위를 차지할 때라야 도를 실천할 수 있다는 것이다.

그런데 명대 중·만기 군주권이 절대화된 정치 상황에서 군주를 얻어 도를 행하기는 실제로 어려웠다. 이처럼 '득군행도(得君行道)'의 방식이 가로막힌 상황에서 어떻게 하면 도를 행할 수 있을까? 이것이 왕간의 고심처였다. 이에 대해 왕간은 '물러나서는 천하 만세의 스승이 되어야 한다'는 새로운 방법을 제시한다. 출사하지 않고 민간에 있으면서도 도를 행할 수 있는 길을 발견한 것이다. 그것은 바로 백성을 깨우쳐 도를 행하는 '각민행도(覺民行道)'의 길이다. 이 길은 왕수인에게서 그 기초가 마련되었고, 이제 왕간에 이르러 활짝 열리게 되었다. 태주 후학은 왕수인이 개척하고 왕간이 확장시킨 이 길을 따라 유가의 도를 평민 대중에게까지 전할 수 있었다. 이때 그 도를 실천하는 구체적인 방법은 강학이었다. 왕간과 태주학파의 강학활동으로 인하여 양명학은 대중성을 확보할 수 있었다. 이제 평민 대중은 정치 사회의 문제를 함께 논의할 수 있는 학문의 주체로 등장하게 된다. 평민의 사회적 지위가 새롭게 발견된 것이다.

王心齋의 字는 汝止니 泰州 安豊 사람이라. 어려서 집이 가난하야 學問을 마음껏 하지 못하얏으나 大學, 孝經, 論語는 배왓다. 그 아버니는 火丁이라 치운 겨울에 官家 새벽일을 하는 것을 보고 울어 가로되 "아비로 하야금 저 고생을 하게 하고 어찌 자식이라 하랴" 그 뒤부터는 父役을 대신하얏다. 心齋 비록 읽은 배 적이나 天品이 번대 卓越한지라 信口談說함이 모두 理解 맛드니 그 뒤 天地萬物이 나로 더부러 一體임을 깨다라 造詣廣大하얏다. 그때 陽明이 江西에 잇어 良知學을 講하매 大江以南의 學者ㅣ 翕然히 信從하는데 心齋 외지게 잇어 듣지 못하얏다. 黃文剛이라는 者는 吉安 사람으로 泰州에 寓居하얏드니 心齋의 講論함을 듣고 놀래 가로대 그대의 말이 王巡撫와 같도다. 心齋 이 말을 듣고 곧 陽明을 찾어 天下事를 縱論하드니 陽明이 이르되 君子는 생각함이 그 자리를 넘지 아니하나니라 하야 은근이 그 熱情의 過함을 警戒하얏다. 心齋 가로되 "艮은 비록 草莽匹夫이나 君民을 堯舜化할 마음은 하로라도 이진 적이 없노라" 陽明이 가로되 "舜이 深山에 居하야 終身토록 天下를 이짐은 어찜이뇨" 心齋 가로되 "이때에는 堯가 在上함인 까닭이라" 하니 陽明이 그러히 여겨 점점 다겨앉게 되엇다.

말하다 "致良知"에 미치니 心齋 嘆息하야 가로되 "簡易하고 直截할사 나는 이에 미치지 못하얏노라" 이에 절하고 弟子라 일커럿드니 물러 나와 陽明에게 드른 것을 다시 檢討하야 보매 間間不合함이 잇거늘 다시 뉘니처 가로되 내 輕易하도다 하고 그 이튿날 陽明을 가 보고 뉘우침을 말하니 陽明이 가로되 "좋다. 그대 信從함을 가벼이 하지 아니함이여" 心齋 다시 上座에 踞

하야 서로 辯難하기를 오래 하드니 크게 嘆服하야 마침내 師弟를 定하엿다. 陽明이 門人에게 이르되 내 前에 宸濠를 잡어도 마음이 動한 적이 없드니 이제 이 사람에게 動한 바 되엇다고 하엿다.

從來로 儒者의 講學함이 官學에나 私學에나 四方의 徒衆이 모임을 因하야 指授할 뿐이오 돌아다니며 쪼차다니며 街路, 山谷을 헤이지 아니하고 宣說한 적은 없엇다. 心齋 이미 陽明의 "致良知"에 對한 講說을 듣고 그를 師事하드니 스스로 嘆息하되 이는 千年絶學이라. 이 天下에 듣지 못한 사람이 잇게 함은 일이 아니라 하야 스스로 小車를 만드러 타고 到處마다 群衆을 向하야 宣說하니 듣는 이 모두 感動하엿으나 異趣한 무리 心齋를 指目하야 怪魁라고 하엿다. 陽明 沒後에 故里에 돌아가 講學으로써 一生을 마치엇는데 心齋의 學問으로 말하면 비록 陽明을 尊事하나 陽明의 格物解를 달리 解釋하야

"格은 格式의 格이오 身으로부터 家國天下가 다 物이다. 다 物이로되 本末이 잇나니 身은 本이오 家國天下는 末이다. 末의 不正함은 그 本의 不正을 因함이니 末을 正하랴 할진대 本을 正할 것이니 本은 곧 末의 式이라. 그러므로 格物이라 한다"(이를 "淮南格物"이라 하나니 心齋는 泰州人이오 泰州는 淮南 地方인 까닭이다)

하엿고 또 止至善을 別解하되

"止至善은 安身이다. 身을 安케 함은 天下의 大本을 세우는 것이다. 明德을 밝키고 民을 親함에 잇어 身이 安치 아니할진대 本이 서지 아니할지니 이래 가지고는 天地를 主宰고 造化를 斡旋하지 못할 것이라. 그러므로 이 天地 이 萬物에 그 몸을 危케 할진대 이를 失本이라 하고 이 天地 이 萬物에 그

몸만 潔케 할진대 이를 遺末이라 하나니 身이 곳 天下國家의 本임을 알진
대 天地萬物로써 내 몸에 의지하게 할지언정 내 몸으로써 天地萬物에 의
지하지 아니하는 것이라. 聖人이 道로써 天下를 건지나니 이런즉 至重한
것이 道오, 사람이 能히 道를 베푸나니 이런즉 至重한 것이 身이라"

하얏다. 그 解釋이 陽明의 學說과 다르고 또 精密함이 陽明을 따르지 못하
나 大體로 보면 心齋는 熱烈한 사람이라 陽明의 親民에 對한 問題를 勇猛히
받어 一身의 天下國家에 對한 責任을 主義로 함이니 身을 安한다 함이 얼른
생각하면 苟且히 形骸를 圖謀함 가트되 이 身은 天下國家에 對한 責任을 負
한 身을 가르침이라. 이 身을 安함은 곳 저 責任에 對한 至重함을 担保코저
함이니 다른 이 身을 말하지 아니하는 것을 홀로 絶叫함이 苟且한 形骸念과
辯論할 것이 아니다. 그는 陽明보다도 더욱이 簡捷함을 主하야 항상 말하되
"百姓日用의 條理 곳 聖人의 條理라. 聖人은 이를 알아 일(失)치 아니하고
百姓은 알지 못하야 일키 쉽다"

한 것이든지

"聖人의 道가 百姓日用에 어찌 다름이 잇으랴. 무릇 無用인 것은 다 異端이
라"

한 것이든지

"이 學이 別것이 아니다. 愚夫와 愚婦의 能知 能行하는 것이다. 聖人의 道라
는 것은 사람마다 다 알게 다 行하게 하랴 할 뿐이니 "位天地", "育萬物"이
곳 이것이다"

한 것이든지 그 大成歌의 이른바

"我將大成學印證, 隨言隨悟隨時躋, 只此心中便是聖, 說此與人便是師"

의 語義 모다 至近함에서 至大함을 表揚하는 特點이 보인다.

心齋의 敎導하는 것은 언제나 淺近, 平常한 곳으로조차 가장 알기 쉽게 곳 本心을 가르쳐 누구나 一言之下에 光明洞開함을 얻게 함으로 民衆을 敎化한 功이 陽明의 아래 잇지 아니하다고 한다. 그는 天下國家에 對하야 저러트시 責任을 부르짓는지라 "獨善"을 낫비 알고 "隱處"를 道 아니라 하야 항상 이르되

"선비 세상에 씨우지 아니할지라도 身을 修하고 學을 講함이 다 天下國家에 내놓는 것이니 하로인들 숨을 때가 잇으랴"

하고 또 그는 從來學說의 "命"에 對한 말이 대개 熱烈치 못함을 不足히 알아 "大人은 命을 造한다"고 主張하얏다. 그러므로 龍溪에 比하야 그 玲瓏함이 밋이 못하고 緒山에 比하야 그 篤謹함이 밋이 못하나 明德親民의 學을 곧 行에 옮기는 그 猛烈함에 잇어서는 龍溪, 緒山이 다 心齋를 따르지 못할 것이다.

劉戢山(宗周)는 心齋의 格物說을 옳게 알아 後儒格物說은 맛당이 淮南으로써 正타 할 것이라 하얏다.

明世宗 嘉靖 十九年에 卒하니 그때 五十八歲이다. 비록 布衣로 一生을 마치엇스나 그 學이 中國 東南에 傳播하야 이를 泰州學派라 한다.

24

태주학파의 강학과 각민행도

왕간의 둘째 아들은 이름은 벽(襞, 1511~1587)이고, 자는 순종(順宗)이며, 호는 동애(東涯)다. 왕벽은 왕기와 전덕홍을 스승으로 섬겨서 월중(越中) 지역에 오래도록 있었고, 왕간이 회남에서 강학할 때는 왕간을 모시고 지냈다. 왕간이 돌아가신 뒤에 왕간이 강학하던 자리를 이어받아 가문의 학풍을 더욱 크게 떨쳤다. 왕간은 인위적인 안배를 배척하고 자연을 주장하였는데, 왕벽은 아버지의 이러한 학문을 이어받은 데다 왕기의 가르침을 받은 까닭에 다음과 같이 말했다.

"요즘 사람들은 학(學)이라는 글자만 제시하면 벌써 몇 겹의 생각을 일으켜 토론하고 강설할 때나 법도로 헤아려 엄격하게 경계하는 사이에, 공을 들이면 들일수록 마음은 날로 피로해지고, 부지런하면 할수록 움직임은 날로 졸렬해진다. 욕심을 참고 명예를 바라면서 선을 좋아한다고 자랑하고, 생각[念]이 일어나는 것을 붙잡고 그 기틀을 감추면서 허물을 고친다고 말하니, 심신이 진동하고 혈기가 편치 않을 것이다. 알고 보면 본래 어떤 사물도 없고, 본래 그냥 그렇게 된 것이다. 오직 유행하는 본체만 가로막지 않으면 참된 즐거움이 저절로 드러날 것이니, 학문은 그 즐거움을 온전하게 하는 것이다. 즐겁지 않다면 학문이 아니다."[63]

대개 왕간과 왕벽 두 부자의 학문을 알고자 한다면 먼저 양명의 명덕과 친민에 대한 핵심 내용을 파악하고, 사람의 마음이 홀로 아는 그 한 곳에 하늘의 법칙이 있음을 반복하여 확인한 뒤에, 두 사람의 학문을 보아야 비로소 도움을 받아 촉발하는 깨달음을 얻을 수 있고, 공소(空疏)한 데에 떨어질 위험이 없을 것이다.

왕간의 학문은 지극히 가까운 일에서 지극히 큰 것을 드러내는 동시에 또 민중에 대한 교훈을 주장한다. 그 당시에 비천한 사람으로서 왕간의 한마디 말을 듣고 깨달아 학문을 얻은 사람이 몇 명 있었다. 나무꾼 주서(朱恕, 1501~1583)[64]와 옹기장이 한정(韓貞, 1509~1585)[65]과 농사꾼 하정미(夏廷美)[66]가 모두 유명하였다. 그 가운데 한정은 글자를 모르는 사람이었지만, 왕간 학설의 큰 취지를 듣고 스스로 민중을 교화하겠다고 나서서 대장장이, 장사꾼, 품팔이꾼이나 노비들을 모두 모아 가르쳤는데, 감화된 사람이 천여 명에 이르렀다. 해마다 추수가 끝나면 이 마을 저 마을로 돌아다니면서 학문을 강의하다가 일생을 마쳤다.

이 네 사람 이외에 왕간의 문인으로서 덕이 높고 행실이 돈독하여 후세에 이름을 드러낸 사람이 한둘이 아니어서, 이루 다 기록할 수 없다. 청나라 때에 이르러서는 강학하는 기풍이 완전히 없어졌는데, 태주(泰州)의 이청봉(李晴峯)이 함풍(咸豊, 1851~1861)과 동치(同治, 1862~1874) 연간에 왕간의 학문 종지를 미루어 밝혀서 제자가 수백 명이었지만, 그 학설이 당시에 금기를 당해서 다시 전해지지 못했으므로 지금으로서는 살펴볼 수가 없다. 그러므로 이들의 일은 일단 접어두고, 좀 번잡한 듯하지만 쓰지 않을 수 없는 것이 있다. 이것은 다름 아니라 안균(顔鈞, 1504~1596)[67]과 하심은(何心隱, 1517~1579)[68]에 대한 서술이다. 처음으로 양명이 양지를 제창한 뒤에 학파의 분기로 인하여 다소의 비방이 있었으나 양명의 마음과 행실[表裏]이 순수한 데다 지위가 높고 공이 많아서 흠잡을 길이 없었다. 그리고 왕간의 열정과 왕기의 철오(徹悟)가 한쪽은 스스로를 단속함이 적고, 다른 한쪽은 선종(禪宗)의 설법에 가깝다고 비판을 하기도 했으나, 그래도 다 높은 수준에 이른 사람들이었기 때문에 더는 건드리지 못했다. 그러다가 안균과 하심은이 등장한 뒤로는, 왕간에게서 갈라져 나온 제자들 가운데 이러한 미치광이들이 있으니, 왕간이 바르지 않음을 증명할 수 있다고 하고, 이것을 근거로 양명까지 소급하여 배척하게 되었으므로, 우선 안균과 하심은이 어떤 사람이며, 그들의 생애가 어떠했는지를 여기에 덧붙여 기록하고자 한다.

대체로 명나라 말엽의 절의(節義)가 중국 역사에서 그 유례가 적을 만큼 장렬했다는 사실은 누구나 다 아는 것이며, 이 명나라 말엽 절의의

북소리를 울리게 한 북채가 양명학이라는 것도 누구나 대개 아는 것이다. 그러므로 청나라 초기의 방포(方苞, 1668~1749)[69]와 같이 양명학을 배척한 사람도 이 점에 대해서는 다른 의견을 제시하지 못했다. 그런데 왕양명 문하의 제자들 가운데 왕간은 이미 유학자의 품위 있는 규범에서 벗어나는 열정적 행동이 있고, 안균과 하심은은 더욱 현실사회의 더러움과 천함도 꺼리지 않았던 사람들이다. 그러므로 진퇴와 주선(周旋)의 예법에서 구구하게 학문을 추구하던 안목으로 이들을 단번에 지워버린 것이지, 결코 얕잡아 보아 저평가할 인물들이 아니다.

안균(顔鈞)의 자는 산농(山農)이요, 길안(吉安) 사람이다. 왕간의 문인인 파석(波石) 서월(徐樾, ?~1552)[70]에게 배웠는데, 타고난 기품이 매우 고상하여 항상 "본성은 밝은 구슬과 같아서 본래 오염되지 않는다. (본성) 그대로 행하는 것이 도다"[71]라고 말하였다. 산농은 협객이었다. 그래서 갑자기 닥친 어려운 일을 좋아하여 조정길[趙貞吉, 1508~1576, 호는 대주(大洲)이고, 태주학파의 중진이다][72]이 귀양 갈 때 다른 사람들은 모두 상관하기를 피했지만 안균은 혼자 그와 동행했기에 조정길이 뼈에 새길 정도로 고마워했다고 한다. 그리고 서월이 서강부(西江府)에서 전사하자 그의 유골을 업어다가 선산에 묻어준 사람 역시 안균이다. 정세가 혼란스러워 백성이 곤궁한 것을 보고는 차마 가만히 있지를 못하여 여러 가지로 세상을 구제할 생각을 펴고자 했으나 소인은 그를 원수처럼 여기고, 현명한 사람마저도 그의 번잡스러움을 미워하여 마침내 남경의 감옥에 갇혀서 죽게 되었는데, 그의 제자인 근계(近溪) 나여방(羅汝芳, 1515~1588)은 안균을 돌보느라 밭과 재산을 다 팔아 없애고 6년 동안이나 과거에 응시하지 않았다. 나여방은 은퇴한 뒤에도 이미 늙었지만 안균이 찾아오면 차 한잔 과일 하나라도 반드시 손수 갖다드리면서, 여러 손자들에게 '우리 선생은 너희 무리쯤으로는 섬길 수 없다'고 했다고 한다.

하심은(何心隱)은 길주(吉州) 영풍(永豊) 사람이다. 본래 이름은 양여원(梁汝元)이고, 자는 부산(夫山)이었는데, 뒤에 이렇게 고쳤다. 젊어서 안균에게 배워서 왕간의 '근본을 세우는[立本]' 학문에 대해 듣고는 '집안을 잘 다스리는 것이 바로 책임을 다하는 첫걸음이니, 우선 이것을 실행하리라'고 하여 췌화당(萃和堂)이라는 큰 집을 짓고 일족을 그곳에 모으고는 몸소 일족의 일들을 처리했는데, 관혼상제와 부역 및 일체의 일들에서, 있는 것과 없는 것을 서로 유통시키니 실행한 지 일 년 만에 집안일에 질서가 잡혔다. 그때 마침 읍의 수령이 세금 이외의 돈을 거두자 하심은이 편지로 꾸짖었더니, 읍의 수령이 노하여 그를 모함하는 바람에 거의 죽을 뻔했다. 그 뒤에 북경에 가서 사방의 선비를 모아 학문을 강의했는데, 의술이나 점성술을 행하는 온갖 부류의 사람들이 다 따라와 모였다. 이때 엄숭(嚴嵩, 1480~1567)[73]이 정권을 잡아 간신이 여럿 죽어도 끄떡없었는데 하심은이 방사(方士) 남도행(藍道行)[74]이 신에게 점치는 기술[乩神術]로 세종의 총애를 받는 것을 이용하여 비밀스러운 계략을 가르쳐주었다.

"엄숭이 봉서를 바칠 것을 미리 염탐해 가지고 계신(乩神)이 내리는 말이라고 하면서, 오늘 간신 한 사람이 정사를 아뢸 것이라고 하라."[75]

세종이 이 말을 듣고 속으로 징험해 보자고 생각하고 있는데 엄숭의 봉서가 들어오자 세종은 귀신을 좋아하는 임금인지라 깊이 의심하던 차에 어사 추응룡(鄒應龍)[76]이 엄숭을 탄핵하여 내쫓아 버렸다. 하심은 이 생원의 한 사람으로서 정권을 잡고 있던 대신을 비밀스러운 계략으로 골려준 것을 보면 그의 재능도 알 수 있을 것이지만, 다음 말을 가지고 보면 그의 회포를 미루어 짐작할 수 있을 것이다.

"벼슬 없는 백성이라도 국가에 대한 책임이 있다. 음모라도 내 책임을 스스로 다한 것이요, 속임수라도 천하의 백성들에게 도움이 된다면 내가 좀 잡류가 된들 어떠랴?"

그 뒤로 사방을 떠돌며 다니지 않은 데가 없었다. 장거정(張居正)[77]이 정권을 잡자 마침 어사 부응정(傅應禎)과 유대(劉臺)가 다 길안 사람으로서 모두 그를 탄핵하였다. 장거정이 이 때문에 길안 사람이라고 하면 원수로 여기는데 하심은은 길안의 높은 선비일 뿐만 아니라 전에 술책으로써 재상을 쫓아낸 사람이라서 더욱 두려워하고 꺼려하더니 마침내 하심은을 잡아 감옥에 가뒀고, 그는 옥중에서 죽었다.

하심은이나 안균 모두 일생을 너무 바쁘고 경황 없이 마쳤기 때문에 다른 사람들의 시기와 질투를 받았으며, 또 이 때문에 화를 입었다. 그러나 그 자취가 고결(高潔)하지 않을수록 일단의 고충이 더한층 진지하다는 것을 생각해야 할 것이다. 오호라! 민중의 이해(利害)를 나의 이해로 아는가 모르는가? 이것만 물어야 한다. 진실로 백성의 이해와 나의 이해에 간격이 없다면 전덕홍이건 왕기이건 왕간이건 말 많이 듣는 안균이나 하심은이건 어느 누가 참된 학문[眞學]을 한 사람이 아니겠는가?

❋

왕간의 학문은 왕벽, 주서, 한정, 하정미, 그리고 안균과 하심은 등을 통해 민간에 두루 확산된다. 정인보가 여기에서 이 심재유파를 특별히 기록한 데에는 이유가 있다. 그것은 바로 심재유파의 행실에 민중과 일체가 되는 실천적 행위가 두드러지게 나타나고 있기 때문이다. 본심으로 민중에 감통하여 그들과 일체가 되는 학문이 참된 학문이요, 진정한 즐거움이라고 본 것이다. 이러한 학문의 즐거움을 열정적으로 실천하면서 산 인물이 바로 왕간으로, 그 가르침이 태주학파의 강학활동을 통해 민간에 널리 전파되었다.

왕벽은 자가 종순(宗順)이요, 호는 동애(東崖)이며, 심재(心齋)의 둘째 아들이다. 부친의 학문을 계승하고, 또 왕기를 스승으로 섬겨서 왕간과 왕기 두 사람의 학풍을 함께 갖추고 있다. 그것은 학문의 참된 즐거움을 "오직 유행하는 본체만 가로막지 않으면 참된 즐거움이 저절로 드러날 것이니, 학문은 그 즐거움을 온전하게 하는 것이다. 즐겁지 않다면 학문이 아니다"라고 표현한 데에 단적으로 나타난다. 이것은 왕간의 '낙학가(樂學歌)'에 근본을 두면서도, '유행하는 본체만 가로막지 않으면 참된 즐거움이 저절로 드러난다'고 한 것은 왕기의 현성양지의 가르침에 영향을 받은 것이다.

유학은 끊임없이 자기를 성찰하고, 인간 세상을 유가의 인륜질서가 펼쳐지는 평화로운 세상으로 만들고자 하는 학문이다. 이 때문에 유학에서는 항상 깨어 있는 상태에서 자기 내면에 사욕이 일어나지는 않는지를 살필 것을 요구함과 아울러, 이 세상에 대한 우환과 구세 정신을 갖추기를 요구한다. 이에 유학자들은 늘 스스로 경계하고 두려워하며, 세상에 대한 근심과 걱정에 휩싸여서, 자칫 즐거움을 잃어버리기 쉽다. 여기에서 '유학의 즐거움은 어디에 있는가?'라는 물음이 제기된다. 이 물음에 대해 왕양명은 사람 마음의 본모습은 즐거움이며, 이 본모습을 발휘하는 것이 학문이라고 말함으로써 마음과 즐거움 및 학문을 일체화시킨다. 이것을 이어서 왕간은 학문의 즐거움을 다음과 같이 노래한다.

"사람의 마음은 본래 즐거운 것이나, 스스로 사욕에 얽매일 뿐이다. 사욕이 한번 싹틀 때 양지는 여전히 스스로 알아차린다. 한번 알아차리면 곧 없어져서 인심(人心)은 여전히 즐겁게 된다. 즐거움은 이 학문을 즐기는 것이요, 학문은 곧 이 즐거움을 배우는 것이다. 즐겁지 않으면 학문이 아니요, 배우지 않으면 즐겁지 않다. 즐거운 연후에 배우고, 배운 연후에 즐겁다. 즐거움이 학문이요, 학문이 즐거움이다. 아하! 천하의 즐거움 가운데 무엇이 이 학문만 하겠는가! 천하의 학문 가운데 무엇이 이 즐거움만 하겠는가?"[78]

왕간도 역시 사람의 마음은 본래 즐거운 것이라고 말한다. 다만 사욕이 본심을 가리면 그 즐거움을 잃어버리게 된다. 따라서 즐거움을 회복하려면 사욕을 제거하고 본심을 드러나게 해야 한다. 사욕을 제거하려면 그것이 싹틀 때 곧바로 알아차릴 수 있어야 한다. 그런데 우리의 본심인 양지는 그 역량을 갖추고 있다. 이 양지의 명각 능력을 민감하게 만들어 사욕이 싹트자마자 그것을 곧바로 알아차려 제거하는 것이 바로 마음공부요 학문이다. 그것은 곧 마음의 본체인 즐거움이 드러나는 것이다.

마음의 즐거움과 학문의 관계에 대해 왕벽은 "오직 유행하는 본체만 가로막지 않으면 참된 즐거움이 저절로 드러날 것이니, 학문은 그 즐거움을 온전하게 하는 것이다. 즐겁지 않다면 학문이 아니다"라고 말한다. 유행하는 본체는 본심인 양지다. 그것은 그 자체로 즐거움이다. 따라서 양지 본체가 작용을 발휘하여 사욕에 가로막히지 않고 두루 유행하기만 하면 참된 즐거움이 저절로 드러나게 된다. 양지가 작용을 발휘하여 저절로 드러나는 것이 바로 양지현성(良知見成)이다. 이처럼 왕벽의 학문은 인위적으로 손을 대지 않고, 마음의 본체가 자연스럽게 발휘되는 것을 오묘함으로 여겼다.

그리고 왕벽은 마음의 본체인 즐거움은 성인만이 아니라, 어리석은 사람들도 똑같이 지니고 있는 것으로 본다. 그리고 그것은 배고프면 먹고 목마르면 마시는 사람들의 일상생활 속에 남김없이 드러난 것으로 여긴다. 이것을 그는 "새는 울고 꽃은 지며, 산은 우뚝 솟고 시내는 흘러가며, 배고프면 먹고 목마르면 마시며, 여름에는 갈옷 입고 겨울에는 갖옷 입으니, 지극한 도가 여기에 남김없이 있다. 이를 확충해 나가면 천지가 변화하여 초목이 번성하고, 확충해 나가지 못하면 천지가 막혀서 현인(賢人)이 숨어 버린다"[79]라고 말한다. 우리들의 일상생활 속에 자연스럽게 드러나는 마음의 본체인 양지를 다른 사람만이 아니라, 천지만물에까지 확충시켜 나가야 한다고 주장한 것이다.

양명학파에서 왕간의 두드러진 점은 민중을 대상으로 한 강학활동을 치열하게 전개했다는 점이다. 양명학에서는 사람이면 누구나 양지를 선천적으로 갖추고 있다고 본다. 그런데 양지를 실천하기 위해서는 자신이 양지를 갖추고 있음을 먼저 자각해야 한다. 왕간은 민중을 대상으로 양지를 각성시키는 강학활동을 펼친다. 이 왕간의 가르침을 듣고 깨우친 이들이 적지 않았다. 그 가운데는 신분이 비천한 이들도 있었다. 나무꾼 주서와 옹기장이 한정 및 농사꾼 하정미가 대표적이다.

주서(朱恕)는 자가 광신(光信)으로 태주(泰州) 초언장(草偃場, 지금의 大豐市 草堰) 사람으로, 땔나무를 해서 모친을 봉양했다. 어느 날 심재의 강당을 지나다가 다음과 같은 노래를 불렀다. "산은 십 리나 떨어져 있지만 땔나무는 집안에 있고, 산은 일 리밖에 떨어져 있지 않지만 땔나무는 산속에 있네." 심재가 그것을 듣고 문인 제자들에게 말했다. "그대들은 들어라. 병은 구하지 않는 데 있을 뿐임을 말한 것이다. 구한다면 어렵지 않지만, 구하지 않는다면 쉬운 것이 없다." 주서는 심재의 말을 듣고 점점 흥미가 생겨서 매번 계단 아래에서 심재의 가르침을 들었다.[80]

한정(韓貞)의 자는 이중(以中), 호는 낙오(樂吾)로 흥화(興化, 지금의 江蘇 興化市) 사람으로, 질그릇을 만드는 것을 업으로 삼았다. 나무꾼 주서를 흠모하여 그를 따라다니며 배웠고, 뒤에는 왕벽에게 배웠지만, 글자를 잘 몰랐다. 그래도 깨우쳐 터득한 것이 있자 마침내 세속을 교화시키는 것을 임무로 삼고 기회가 될 때마다 농사꾼·대장장이·장사꾼·품팔이꾼들을 가르쳤는데, 그를 따라다니면서 배우는 이들이 천여 명이나 되었다. 해마다 추수가 끝나면 이 마을 저 마을로 돌아다니면서 문도들을 모아 학문을 강의하였는데, 앞에서 노래하고 뒤에서 답하며, 악기를 연주하며 노래를 부르는 소리가 널리 퍼졌다.[81]

하정미(夏廷美)는 번창(繁昌)의 농부다. 초약후(焦弱侯)를 스승으로 삼아 자연의 취지를 터득하였으며, 일상생활에서 본심에 의거하여 행하는 것이 대장부임을 설파한 바 있다.

안균(顏均)은 자가 산농(山農)이요, 길안(吉安) 사람으로, 왕간의 제자인 서월을 좇아 배워서 태주학파의 전통을 얻었다. 그 학문의 기본 취지는 사람의 본성[性]은 밝은 구슬과 같아서 본래 오염되지 않기 때문에 평소에는 단지 본성을 따라 행하여 순전히 자연에 맡기기만 하면 된다는 것이다. 안균은 협기(俠氣)가 있어 남의 어려움에 앞장서기를 좋아했다. 조정길이 귀양 갈 때 그와 동행했으며, 서월이 원강부(元江府)에서 전사(戰死)하였을 때 그 유골을 찾아가지고 돌아와서 장례를 지내기도 했다. 자못 세상에서 큰일을 해보고자 하여 백성은 나의 동포요 만물은 나의 친구[82]라는 뜻을 지녔다. 그러나 세상 사람들은 그의 장황함을 보고 어진 사람 못난 사람 가릴 것 없이 다 그를 미워하였고, 그가 다른 일로 남경(南京)에 하옥되었을 때에는 그를 기어이 죽이려고 하였다. 그의 제자 나여방은 그를 구출해 내기 위하여 6년 동안이나 조정에서 황제의 물음에 답하는 데 나아가지 않았다.

하심은은 본명이 양여원(梁汝元)이고, 자는 부산(夫山)으로 길주(吉

州) 영풍(永豐) 사람이다. 안균에게 배워서 왕간(王艮)의 근본을 세운다[立本]는 뜻을 들었다. 왕간에게서 근본은 천하의 임무를 책임진 자신의 '몸[身]'이다. 이와 달리 하심은은 『대학』의 도(道)는 제가(齊家)로부터 먼저 다루어야 한다'고 여기고, 췌화당(萃和堂)을 지어놓고 여러 종친들을 모아 함께 살면서, 관혼상제(冠婚喪祭)와 부역(賦役) 등을 함께 처리하였다. 하루는 그 고을의 수령(守令)이 예외의 부세를 징수하므로 심은이 글을 보내어 나무랐는데, 여기에 노(怒)한 수령이 심은을 상사(上司)에게 무고하여 투옥시켰다. 그때 효감(孝感) 사람 정후대(程後臺)가 호총제(胡總制)의 막부(幕府)에 있던 참이라 강서순무(江西巡撫)에게 급서(急書)를 보내어 심은을 구출하였다. 이에 호총제가 심은을 만나보고 나서 다른 사람에게 "그 사람은 아무 데도 쓸모가 없는데, 보는 사람의 정신을 왕성(旺盛)하게 하는 재주가 있더라"고 하였다. 뒤에 심은은 정후대를 대동하고 상경(上京)하여 나근계(羅近溪)·경천태(耿天台)[83] 등과 함께 노닐다가 어느 날 산사(山寺)에서 강릉(江陵) 장거정[84]을 만나게 되었다. 그때 강릉은 사업(司業)으로 있었는데, 심은이 경솔한 어조로 "공(公)은 태학(太學)에 있으니, 『대학』의 도(道)를 아는가?" 하고 물었다. 그러나 강릉은 들은 척도 하지 않고 눈을 굴리면서 "그대는 때때로 날아보려고 하지만 날지 못할 것이다"고 하였다. 강릉이 간 뒤에 심은이 풀 죽은 표정으로 "저 사람은 다음에 반드시 나랏일을 맡아보게 될 것이고, 나랏일을 맡아보게 되면 반드시 나를 죽일 것이다"고 하였다. 심은이 경도(京都)에서 각문의 회관을 열어 사방의 선비들을 초대하자 방기잡류(方技雜類)들이 그를 따르지 않음이 없었다. 그때의 국정(國政)은 엄숭

(嚴嵩)이 장악하여 죽어가는 충신들이 잇달아도 끝내 움직일 수 없었다. 마침 남도행(藍道行)이란 자가 점술(占術)로 임금의 총애를 받고 있었는데, 심은이 그에게 한 가지 밀계(密計)를 지시해 주었다. 즉 엄숭이 임금에게 계사첩(啓事帖)을 올릴 것을 미리 염탐해 두었다가 신(神)을 붙여서 임금에게 '오늘 반드시 한 간신(奸臣)이 국사(國事)를 말하게 될 것이다' 하고 아뢰도록 하였다. 임금이 의아해하고 있는 사이에 엄숭의 계사첩이 들어오자 임금이 이후부터 엄숭을 의심하게 되었다. 어사(御史) 추응룡(鄒應龍)이 엄숭을 논박하여 엄숭이 패망하게 되었다. 그러나 임금은 여전히 엄숭을 잊지 못하여 오래지 않아 남도행을 하옥시켜 죽였다. 심은은 허겁지겁 남쪽으로 떠나 금릉(金陵)을 지나다가 하사구(何司寇)를 찾아뵈었다. 하사구는 강서순무로 있을 때 심은을 석방시켜 준 사람이다. 그러나 그는 엄숭의 일당으로 심은을 원수로 여기고 있으므로 거기서 도주(逃走)하였다. 이로부터 그의 행방이 일정하지 않았고 그가 돌아다닌 곳이 천하의 절반이나 되었다.

강릉(江陵) 장거정(張居正)이 나랏일을 맡은 뒤에 어사(御史) 부응정(傅應楨)과 유대(劉臺)가 잇달아 소(疏)를 올려 공격하였는데, 이들은 다 길안(吉安) 사람이었으므로 강릉이 길안 출신들을 원수로 여기게 되었고 심은은 일찍이 계략을 써서 엄숭을 제거하였기 때문에 강릉이 그를 미워하지 않을 수 없었다. 그 무렵에 심은은 효감(孝感)에서 사람들을 모아놓고 학문을 강론하고 있었다. 강릉이 드디어 초주순무(楚州巡撫) 진서(陳瑞)를 시켜 그를 체포하게 하였는데, 진서는 그를 체포하기 전에 전임되고 왕지원(王之垣)이 부임하여 그를 체포하자 그가 왕지원에게 말하기를, "공(公)이 어찌 감히 나를 죽이겠으며 또 어찌 능히 나를 죽일 수 있겠는가? 나를 죽일 자는 장거정(張居正)이다"고 하고 마침내 옥중에서 죽고 말았다.

심은의 학(學)은 실제가 없는 그림자나 메아리 같은 것에 빠져들지 않았다. 이 리(理)가 있으면 실제로 이 일[事]이 있게 되므로, 소리도 없고 냄새도 없는 데는 일이 리에 내장되어 있고, 모양이 있고 형체가 있는 데는 리가 일에 나타난다. 그러므로 다음과 같이 말하였다. "극이 없는 것은 임금과 아비가 없는 데로 흐르게 된다. 반드시 황건에 그 극이 있어야 임금이 있고 아비가 있게 된다. 반드시 극에서 모이고, 반드시 극으로 돌아가야만 공경할 이를 공경하여 임금을 임금답게 하며, 친한 이를 친하여 아버지를 아버지답게 한다. 또 반드시 『역』에 태극이 있어야만 임금을 시해하고 아버지를 시해하는 데 떨어지지 않게 되고, 임금도 없고 아버지도 없는 지경으로 흐르지 않게 되며, 그 임금과 신하를 건곤으로 여기게 되고, 아버지와 자식을 건곤으로 여기게 된다." 또 말하였다. "공맹(孔孟)이 말한 무욕(無欲)은 주렴계(周濂溪)[85]가 말한 무욕이 아니다. 욕망[欲]이 적으면 마음은 보존되고, 마음은 욕망이 없을 수 없다. 물고기도 먹고 싶고 웅장(熊掌)도 먹고 싶어 하는 것은 욕망이다. 물고기를 버리고 웅장을 취하는 것은 욕망이 적은 것이다. 삶도 바라고 의(義)도 바라는 것은 욕망이다. 삶을 버리고 의를 취하는 것은 욕망이 적은 것이다. 인(仁)을 하려는 것이 어찌 욕망이 아니겠는가? 인을 얻고 나서 탐(貪)하지 않는 것이 어찌 욕망이 적은 것이 아니겠는가? 마음이 하고자 하는 바를 따르는 것이 어찌 욕망이 아니겠는가? 법도를 넘지 않으려고 하는 것이 어찌 욕망이 적은 것이 아니겠는가?" 이는 곧 석씨 (釋氏)가 말한 묘유(妙有)란 것이다. 이 묘유가 한 번 변하여 장의(張儀) 와 소진(蘇秦)의 학(學)이 된 것이다.[86]

心齋 仲子의 이름이 襞이니 字는 順宗이오 號는 東涯니 龍溪, 緒山을 師事 하야 越中에 오래 잇엇고 心齋가 准南에서 講學하매 미처 心齋를 뫼서 지낫 다. 心齋 돌아간 뒤에 心齋의 講席을 이어 門風이 더욱 大振하얏다. 心齋부 터 安排를 排斥하고 自然을 主持하얏는대 東涯는 父學을 받은 데다가 龍溪 의 指點을 지난지라 그는 이르되

"지금 사람들이 學이란 글자만 끌어내면 발서 몇 겹의 意思를 이르켜 議論 講說하는 사이와 規矩戒嚴 하는 지음에 工할스록 心은 날로 勞하고 勤할스 록 動은 날로 拙하다. 欲을 참고 名을 바라면서 好善한다 자랑하고, 念을 붓잡이 機를 감추면서 改過라 이르니 心神이 震動하며 血氣 편치 못할지라. 알고 보면 번대 一物이 없고 번대 그냥 된 것이라. 오즉 流行의 體만 妨碍하 지 아니하면 眞樂이 스사로 보일 것이니 學은 그 樂을 숙케 하는 배라. 樂이 아닐진대 學이아니라"

하얏다. 대개 王氏父子의 學問을 알고자 할진대 먼저 陽明의 明德親民에 對 한 大頭腦를 찾어가지고 人心 獨知하는 그 한 곳에 잇어 天則이 잇음을 反 覆한 뒤에 보아야 비로소 觸撥하는 警省을 얻은 裨益이 잇고 空疏함에 떨어 질 危險이 없을 것이다.

心齋의 學이 至近함에서 至大함을 表揭하는 同時 또 民衆的 敎訓을 主張하

는 것이다. 그 當時 卑賤한 사람으로 心齋의 一言에 感悟하야 學을 어든 이 몇이 잇으니 樵夫 朱恕와 陶匠 韓貞과 田夫 夏廷美 다 顯著한대 韓貞은 글자를 모르는 사람이라 心齋의 大旨를 듣고 民衆을 教化하겟다 自任하야 工匠이나 商賈나 雇傭이나 奴隸나 모두 모아 가르처 感化한 者ㅣ 千餘人이라. 해마다 秋收 끝나면 各村으로 돌아다니며 學을 講하야 이러케 終身하얏다. 이 네 以外에 心齋門人으로 碩德 篤行이 後世에 著聞한 이 한둘이 아니나 이루 다 記籍할 수 없고 淸代에 와서는 講學하는 風氣 아조 없어젓는대 泰州 李晴峯이 咸豐, 同治 때 心齋의 宗旨를 推明하야 第子ㅣ 數百人이나 그 學說이 그때의 諱忌함이 되어 다시 傳치 못하얏음으로 이제 考索할 수 없다. 그런즉 이들의 일은 아직 접어두고 좀 煩繁한 듯하되 아니 쓸 수 없는 것이 잇다. 이는 다른 것이 아니라 顏, 何에 對한 敍述이다. 처음 陽明이 良知를 提唱한 뒤에 學派의 岐異로 因하야 多少의 謗議가 잇엇으나 表裏 純粹하고 또 位高 功盛한지라 瑕疵할 길이 없고 心齊의 熱情과 龍溪의 徹悟가 하나는 拘檢이 적다. 하나는 禪機에 가깝다 是非함을 받엇으나 그래도 다 高蹈한 이라 더는 근드리지 못하드니 顏, 李가 난 뒤는 心齋流派의 이러한 猖狂者가 잇음이 心齋의 不端함을 徵할 수 잇다 하야 이로써 陽明까지 溯斥하게 되엇으므로 우선 顏, 李란 어떠한 사람이며 그 生平이 어떠하얏음을 여기 附錄하고자 한다.

대개 明末 節義의 壯烈함이 中國歷史에 잇어 거의 그 類例가 적음은 누구나 다 아는 것이오 明末 節義 그 鼓動의 북채 王學으로부터임도 누구나 대개 아는 것이라. 그러므로 淸初 方苞가치 王學을 排斥하는 이로도 이에 對하야는 異論을 내이지 못하얏다. 그런대 王學門弟中 心齋 발서 儒者雅規에 벗어

지는 熱情的 行動이 잇고 顏, 何는 좀 더 實社會의 汚賤함도 끄리지 아니하
든 사람이다. 그러므로 學問을 周旋 折旋 區區한 속에서 찾어보든 眼孔으로
써 一筆句抹한 것이지 決코 卑視, 薄論할 人物들이 아니다.

顏은 顏鈞이니 字는 山農이오 吉安 사람이라. 心齋門人 徐波石(樾)에게 배
왓는데 天品이 絕高하야 항상 말하되 "性은 明珠와 같아 번대 塵染이 업다.
그대로 가는 것이 道다" 하얏다. 山農은 俠客이라. 急難을 좋아하야 趙貞吉
(號 大洲니 泰洲學派의 重鎭)이 귀양 갈 때 다른 이 다 相關하기를 避하되 山農
이 혼자 그와 同行하야 趙大洲ㅣ 刻骨하게 고마워하얏다 하며 徐波石이 沅
江府에서 戰沒한 뒤 그 骸骨을 업어다가 故山에 무든 이 또한 山農이다. 政
亂 民困함을 보매 참아 감아니 잇지 못하야 여러 가지로 救世의 念을 達해
보랴 하얏으나 小人은 그를 仇讐로 알고 賢者라는 이도 그의 번접스러움을
미워하야 마침내 南京獄에 가치어 죽게 되엇는대 그 門人 羅近溪汝芳이 山
農을 救護하느라고 田産을 다 팔아 없애고 六年 동안 科擧를 廢하얏다. 近
溪 休退한 뒤 이미 늙엇것만 山農이 오면 차 하나 실과 하나라도 반드시 손
조 갓다 드리며 여러 孫子더러 말하되 우리 선생은 너의 무리쯤으로서는 섬
기지 못한다 하얏다 한다.

何는 何心隱이라 吉州 永豊 사람이니 本來 梁汝元이오 字는 夫山이러니 뒤
에 이러케 變하얏다. 젊어서 顏山農에게 배워 心齋 "立本"의 學을 듣고 이르
되 家를 齊함이 곳 責任을 行하는 先路라 우선 이를 實行하리라 하야 萃和
堂이라는 大家舍를 짓고 一族을 거기다 모드고 몸소 一族의 政을 處理할새
冠婚, 喪祭, 賦役 及一切事에 잇어 有無를 서로 通하게 하니 行한 지 一年에
族政이 秩然한지라. 마침 邑令이 賦外의 구실을 받거늘 心隱이 편지로 꾸지

젓드니 邑쉬이 怒하야 心隱을 誣陷하야 거의 죽을 뻔하엿다. 그 뒤 北京에
가 四方 선비를 모아 學을 講하는데 方技, 雜流까지 다 따라와 모엿다. 이때
嚴嵩이 政權을 잡아 諫臣이 여럿이 죽어도 끗덱이 없엇는대 心隱이 方士 藍
道行이 乩神術로써 世宗에게 得幸함을 利用하야 密計를 가르치되

"嵩이 봉서 바칠 것을 預探하야 가지고 乩神의 나리는 말로 今日에 한 奸臣
이 잇어 政事를 稟하리라"

하라. 世宗이 이 말을 듣고 속으로 徵驗하랴 하드니 嵩의 봉서가 들어오거
늘 世宗은 好神하는 임금이라 깊이 의심하든 차에 御史 鄒應龍이 嵩을 劾
罷하야 쪼찻다. 心隱이 한 諸生으로 當國大臣을 秘計로써 골려논 것을 보면
그의 才能도 알 수 잇으려니와

"布衣로되 國責이 잇다. 陰計라도 내 責을 自盡함이오 詭術이라도 天下蒼生
에게 도음이 잇을진대 나 좀 雜流 되면 어떠냐"

이러케 생각하든 懷抱를 推想함 즉하다. 그 뒤 四方에 漫游하야 아니 단닌
데가 거의 없드니 張居正이 當國함매 마침 御史 傅應禎과 劉臺 다 吉安 사
람으로 다 그를 彈劾한지라 居正이 이로써 吉安人이라 하면 원수로 하는대
心隱은 吉安高士일 뿐 아니라 전에 術策으로써 宰相을 쫓게 한 사람이라 더
욱 畏憚하야 마츰내 心隱을 잡아 獄中에서 돌아갓다.

心隱이나 山農이나 다 一生을 栖栖遑遑으로 마치어 이로써 忌嫉을 사고 이
로써 禍敗를 당하얏으나 그 자최 高潔치 아니할수룩 一段苦衷이 더한층 眞
至함을 생각하여야 할 것이다. 嗚呼라. 民衆의 利害를 내 利害로 아는가 알
지 아니하는가. 이것만 무를 것이다. 진실로 間隔이 없을진대 緖山이건 龍
溪건 心齊건 말 마니 듯는 顔, 何건 뉘 眞學이 아니랴.

25

나홍선의 무욕주정(無欲主靜)과 경세치용

나홍선(羅洪先)의 자는 달부(達夫)이고, 호는 염암(念菴)이며, 길수(吉水)[87] 사람이다. 열다섯 살 때 양명의 『전습록』을 보고 좋아하여 양명을 찾아가서 스승으로 섬기려고 하였으나 그의 아버지가 굳이 말려서 뜻을 이루지는 못했다. 그러나 나홍선의 학문이 양명의 정통적인 전수를 체득한 점에 있어서는 전덕홍이나 왕기나 왕간에 뒤지지 않았다. 왕간은 열렬한 실행을 위주로 하여 그 학설이 오히려 심오하고 미묘한 점에서는 부족함이 있고, 왕기는 밝은 깨달음의 경지를 위주로 하여 그 학설이 오히려 절실한 점에서는 부족함이 있다. 그러나 전덕홍과 나홍선은 모두 심오하고 미묘하며 절실함을 겸비한 사람들이다. 그러나 또 얼마간은 다른 점이 있으니 전덕홍은 자기를 이기는 극기(克己) 공부에 힘을 들인 사람인 반면에, 나홍선은 고요함을 위주로 하는 주정(主靜) 공부를 학문에 들어가는 출발점으로 삼은 사람이다.

「역대전」[88]에 "적연(寂然)히 움직이지 않다가 감동하여 천하의 일에 통한다"[89]고 한 말이 있는데, 얼핏 보면 『능엄경(楞嚴經)』이나 『원각경(圓覺經)』에 나오는 말 같지만 사실은 평범한 말이다. 여기에서 '적연하다'는 말은 '언제나 그대로'임을 말한 것이다. 남들이 보기에 열광적인 것처럼 보일지라도 내 본밑 마음이 그대로라면 움직임이 있어도 움직인 것이 아니다. 이것이 바로 고요한 본체다. 만일 온갖 관계에 얽매이는 것을 끊고 온갖 일을 버림으로써 스스로 적연히 움직이지 않는 마음 상태를 얻으려고 한다면, 이것을 얻으려고 하는 것부터가 본밑 마음 그대로가 아니다. 본밑 마음이 벌써 움직인 것이니, 고요한 본체가 아니다. 이 (본밑 마음) '그대로'는 본래 민중과 간격이 없는 것이다. 따라서 아픔과 가려움이 서로 통하지 않을 수 없으니, 천하의 일을 천하의 일로서 통하는 것이 아니라 곧 내 한 몸의 일로서 느끼는 것이다.

송나라 때의 염계(濂溪) 주돈이(周敦頤, 1017~1073)[90]가 "욕심[欲]이 없으므로 고요하다"[91]고 한 것이 실로 본밑 마음 그대로인 이 '적연(寂然)'의 의미를 간단명료하게 해석한 것이다. '욕심[欲]'은 본밑 마음 그대로가 아니라 자기의 사욕[己私]으로 인하여 움직인 것이니, 자기의 사욕으로 인한 움직임이 없다면 그것이 바로 적연이다.

그러므로 「역대전」의 말이나 주돈이의 말이나 양명이 명덕과 친민을 풀이하고 격물과 치지를 논한 것이나 모두 한줄기의 혈맥으로 보아야 한다. 그러므로 나홍선은 항상 이 두 가지의 말을 들어서 제자들에게 알려주었을 뿐만 아니라 또 다음과 같이 말했다.

"유학자의 학문이란 세상을 경영함에 있다. 그런데 그 근본은 욕심이 없음[無欲]이다. 오직 욕심이 없어야 나가서 세상을 다스리는 데 앎이 정밀하고 힘이 굳셀 수 있다."[92]

이 말들을 통해서 나홍선이 '주정(主靜)' 공부를 학문에 들어가는 출발점으로 삼은 것은 그 연원이 있음을 알 수 있다.

대체로 양명이 세상을 떠난 뒤에 그 제자들이 사방으로 퍼져서 양지설을 제창하였는데, 양명의 가르침이 '스스로를 속이는 것[自欺]'을 배격했기 때문에 누구나 남의 의견을 구차하게 따르는 것을 부끄러워했다. 그래서 각자 자기가 깨우친 내용을 따라서 주장을 내세웠음은 앞에서도 잠깐 말한 바 있다. 이로 해서 여러 가지 폐해가 생겼지만, 폐해가 가장 크게 미친 것은 양지와 자기의 사욕[己私]에 대한 경계선을 철저하게 변별하지 않은 상태에서, 그저 "네가 아는 대로 행하라", "네가 하려는 것이 바로 선이다"와 같은 구절을 들어서, 자기의 사욕이 조금도 일어나지 않은 곳에 (본밑 마음) '그대로'가 있고 '아름다운 여색을 좋아하듯 악취를 싫어하듯' 하는 성의를 지극히 하고서야 하려는 것이 선이 되는, 이렇게 아주 엄격하고 순수하고 밝은[精明] 것을 갖다가 아주 쉽게 자기의 사욕과 뒤섞어 지름길이 있다고 크게 떠벌린 일파다. 이것은 근본적으로 말한 사람의 잘못이 아니라 들은 사람이 잘못 해석한 것이지만, 그 말이 이만큼 잘못 알아듣기 쉽게 된 데에는 말한 사람의 책임이 없을 수 없다. 그러므로 왕기가 "뜻을 움직이는 곳에서 하는 공부는 번잡하다"[93]고 말하고, 또 '선도 없고 악도 없는[無善無惡]'[94] 마음의 본체에 대하여 한 단계 더 철저히 깨달아야 한다고 말한 것을 전덕홍은 마땅치 않게 여겨서 다음과 같이 말했다.

> "오묘한 도는 말하지 말라. 평범한 남녀를 위하여 법을 세운 것이 성인의 말이다."[95]

나홍선은 전덕홍에 가까운 사람인 동시에 어렸을 때에 쌍강(雙江) 섭표(聶豹, 1487~1563)[96]의 '귀적(歸寂)'설을 듣고 마음에 부합한 바가 있었다. 그러나 나홍선은 (천지만물을) 한 몸으로 여기는 인(仁)을 마음의 본체에 세웠기 때문에 이주(梨洲) 황종희(黃宗羲)가 "천하의 학자들이 선생의 말로 인하여 양명의 참된 가르침을 얻었다"[97]고 말하였다. 이것은 별 뜻 없이 그냥 한 찬사가 아니다.

나홍선이 만년에 전덕홍의 문의(問議)를 받아서 양명의 「연보」를 정리하자, 전덕홍이 말했다.

> "그대 양명 선생에 대하여 스스로를 문인이라고 일컫지 않는 것은 양명 문하에 들어간 제자가 아니기 때문이라고 하지만 그대가 양명 선생의 학문을 공부한 지 30년이 되어서 이른바 마루에 오르고 방에 들어감[98]에 부족함이 없으니, 문인이 되는 데야 더 말할 것이 있겠는가?"[99]

이에 「연보」에다 그를 문인이라고 일컬었다. 나홍선은 다음과 같이 말하였다.

"'양지'란 그렇게 쉽게 말할 수 있는 것이 아니다. 내 마음의 선함도 내가 알고 내 마음의 악함도 내가 알고 있으니, 앎이 아닌 것은 아니다. 그러나 내가 지금 가지고 있는 이 앎에 과연 천리와 인욕이 뒤섞여 있지는 않은가? 이러한 위험이 없지 않다면 앎이 항상 밝다고 할 수는 없고, 앎에 밝지 못함이 있는데 이것에 의거하여 행하면서 어긋남이 없다고 할 수도 없다. 그러므로 무엇보다 먼저 '중(中)이 환하게 보존되는' 이 한 자리로부터 주재가 서야 할 것이니, 죽은 듯한 적막(寂寞)함을 거치지 않고서는 여기에 이를 수는 없는 것이다."[100]

그래서 그는 이 공부가 어떤 안일한 방법으로는 도달하지 못한다는 것을 주장하고, 이에 마음이 고요하고 적막한[靜寂] 상태에서부터 '욕심'이 있는지 없는지를 살피게 했다.

"'욕심[欲]'이 반드시 탐내거나 좋아하는 종류만은 아니다. 자기에게 도움이 되는지를 따져서 안배하는 것도 역시 욕심이니, 안배는 언제나 자기의 사욕[己私]에서 시작한다. 욕심이 있는지 없는지를 살필 때에는 그 자리에서 미미하게 깨닫는 것을 주인으로 삼아야 한다."

양명은 양지를 제창하면서 직절함을 중시했지만, 나홍선은 다음과 같이 역설하였다.

"양지를 이렇게만 말할 수는 없다. 양지를 이루려면 남들은 모르는 그 자리에서, 나타나는 것보다는 은미한 것에, 은미한 것보다도 더욱더 은미한 것에, 더욱더 은미한 이것조차도 비교하기 어려운 여기, 지극히 고요한 마음 상태에서 환한 밝음[炯然]이 있게 되고 환한 밝음이 있어서 욕심의 뿌리가 숨지 못해야 비로소 양지를 이루는 데 거의 가까워졌다고 할 수 있다. 환한 밝음이 있게 하려면 양지를 엉겨 모이게[凝聚] 해야 하고 융합하여 뭉치게[融結] 해야 한다."

나홍선은 이렇게 역설하여 되는대로 내버려 두는 무리들이 인욕과 천리를 뒤섞어 학문을 그르치는 것을 막으려고 했다. 그의 말이 전덕홍에 가깝지만 전덕홍보다 마음의 문제점들을 낱낱이 파헤치는 각고의 노력을 더하니, 이것이 바로 나홍선의 학문 특성이 드러나는 영역이다. 『중용』에 다음과 같은 말이 있다.

"하늘이 명한 것을 성이라고 하고, 성대로 하는 것을 도라고 하며, 도를 닦음을 교라고 한다. 그러므로 도라는 것은 잠깐이라도 떠날 수 없으니, 떠날 수 있다면 도가 아니다. 그러므로 공부하는 사람은 경계하고 삼가되 그 보이지 아니하는 데서 하고, 두려워하되 그 들리지 않는 데서 하니, 은미한 것보다 더 드러나는 것이 없고, 은미함보다 더 나타나는 것이 없다. 그러므로 공부하는 사람은 반드시 그 외오서에서 조심해야 한다.

기쁨과 성냄과 슬픔과 즐거움이 발하지 않은 것을 중이라고 하고, 발하여 모두 절도에 맞는 것을 화라고 한다. 중은 천하의 커다란 근본이요, 화는 천하에 두루 통하는 도다. 중화를 이루면 천지가 제자리를 잡고, 만물이 자라날 것이다."[101]

경계하고 삼가되 어째서 보이지 않는 곳에서 하라고 했는가? 두려워하되 어째서 들리지 않는 곳에서 하라고 했는가? 이 보이지 않고 들리지 않음은 곧 자기 마음의 가장 은미한 곳이다. 그러나 나는 안다. 이 앎이 이른바 독지다. 가릴 수 없으니 이보다 더 잘 드러나는 것이 있겠는가? 속일 수 없으니 이보다 더 잘 나타나는 것이 있겠는가? 이것이 바로 인생의 생사 문제다. 가장 은미하지만 가장 참되고, 가장 참되기에 곧 생명이다. 양명이 물을 격하라고 함이 이 은미한 가운데 경계하고 두려워하는 것으로부터 출발하는 것이다. 나홍선의 주장이 실로 자기 마음속 고행으로부터 힘써 나아간 실화다. 그러나 응취(凝聚)라거나 융결(融結)이라고 말한 것은 '치(致)'라고 한 것만 못하니, 민중과 간격이 없다면 그것이 바로 양지의 본체가 이루어진 것이다. 양지 이외에 따로 엉기고 뭉친다고 말하는 것이 혹 홀로 우뚝 서는 폐단[102]이 있지 않을까 싶다.

그러나 나홍선은 경세가였다. 관직에 있으면서 바른말을 하다 쫓겨나 고향에 돌아와 있을 때에도 그는 천문(天文), 지리서, 전곡(錢穀), 하천과 수리시설[河渠], 변방 방어, 전투를 위한 진법[戰陣], 공격과 수비[攻守]에 대한 탐구가 깊고 정밀했으며, 또 승마와 활쏘기를 연습하여 은연중에 양명과 비슷해져 갔다. 군읍의 전부(田賦)에 오랜 폐단이 많은 것을 보고 당국자에게 정리하기를 권하자, 곧 나홍선에게 그 일을 맡으라고 하였다. 나홍선이 원래 국가경제에 익숙했기 때문에 온 마음을 기울여 몸소 살펴서 일체를 질서정연하게 하였다. 기근이 들면 몸소 백성들을 구제하는 것을 도왔다. 한번은 떠돌아다니는 도적떼가 길안으로 갑자기 쳐들어오자 수령이 어쩔 줄 모르는 것을 보고 공격과 방어 계획을 세워서 마침내 물러가게 했다. 형천(荊川) 당순지(唐順之, 1507~1560)[103]는 그의 학우였다. 그가 변방을 다스리는 재능으로 기용되었을 때 나홍선을 같이 가자고 이끌자 나홍선이 말했다.

"세상의 일은 이 사람이 하지 않으면 저 사람이 하면 된다. 내게 하라고 하는 일을 그대가 하면 그만이다. 반드시 내가 가야 할 이유가 무엇이겠는가?"

환갑이 되는 해에 사망하니, 명가정(嘉靖) 33년(1564)이었다.

양명의 제자들은 대개 그 문하생을 각각 나누지 않고 피차 서로 넘나들었으므로 한 스승의 학문만을 계승한 경우는 적고, 오직 양명의 종지(宗旨)만을 널리 펼쳤을 뿐이다. 또 종지는 비록 하나일지라도 타고난 자질이 다르고, 깨달은 정도에 차이가 있음으로 해서 의론과 행적이 각기 독특한 데가 있다. 거기에서 배운 사람이 혹 스승의 학풍을 답습하여 전할 만도 하건만, 겉모습에서 학문을 구하지 않는 학파이니만큼 아무리 스승의 학설이라도 자기 마음에 돌이켜 살펴서 타당하지 않으면 감히 구차하게 따르지 않았다. 양명 문하 제자들의 각 계파로 내려갈수록 그 표방하는 학문적 입장이 다른 사람이 많았다. 용계 왕기의 학문이 그 유폐가 없지 않은 것도 사실이지만, 이것도 타고난 자질과 깨달음이 비슷한 사람에게 옮기게 되었을 뿐이지, 직접 가르침을 받은 제자가 그 인판(印板)을 받은 것은 아니다. 우선 왕기의 제자 가운데 정우(定宇) 등이찬(鄧以讚, 1542~1599)[104]과 양화(陽和) 장원변(張元忭, 1538~1588)[105]은 다 독실하고 근신(謹愼)한 사람들이라서 차라리 전덕홍에게 가깝다. 오직 왕간이 전해준 계통은 어느 정도 계보를 그릴 수 있으니, 왕간은 양명의 제자 가운데 가장 직절(直截)하고 용맹하게 실천한 사람이라서, 경계하여 깨우친 것은 있지만 설명하여 해석하는 것이 적었기 때문에 자연히 제자들 사이의 들쭉날쭉함이 비교적 적었던 것으로 생각한다.

명나라 말기 유명 인사들의 절의정신은 말할 것도 없고, 그 이로움과 해로움을 헤아리지 않음은 실로 고금에 비길 데가 없었으니 학문의 힘이 어떤 것인지를 알 수 있지 않은가? 학문을 통해 자기 마음을 계발한 보람이 어떤 것인지를 알 수 있지 않은가? 이제 양명의 제자와 그 뒤를 이어 등장한 여러 현인들에 대해 서술하는 데 그치고, 명나라 말기 유명 인사들이 양명의 영향을 받은 일체 사실은 『명사(明史)』에 서술되어 있으므로 여기에서는 다시 기록하지 않는다. 그러나 사실은 양명의 학도를 학문을 강론한 그 제자들 가운데서 찾는 것보다 백성들을 위해 자기 목숨을 바친 저 무리들부터 하나하나 세어야 할 것이며, 양명의 학설을 『전습록』에서 찾는 것보다 이해타산을 허용하지 않는 이 한 생각으로부터 곧바로 꿰뚫어 알아야 할 것이다. 그러나 태어나면서부터 가진 앎이 다 밝혀지게 되는 그 참된 길을 제쳐두고 따로 학설이 없다. 동시에 이 학설이 곧 마음의 이야기이니, 각 개개인이 평생토록 힘들게 체험하여 얻은 바를 찾아 검토하는 것도 실로 헛된 탐구는 아닐 것이다.

※

무욕주정의 공부론

나홍선(羅洪先, 1504~1564)은 자는 달부(達夫)요, 호는 염암(念菴)이며, 강서성 길수(吉水) 사람이다. 왕양명이 감주에서 강학한다는 소식을 듣고 마음으로 흠모하여 가서 배우고자 했으나 아버지의 만류로 가지 못했다. 『전습록』이 출간되자 구해서 읽었는데 침식을 잊을 정도였다. 가정 8년(1529) 진사에 제1등으로 합격하고, 한림원 수찬(修撰)에 제수되었다. 가정 18년(1539) 좌춘방좌찬선에 임명되고, 다음 해에 북경에 이르렀다. 당시에 가정제는 병을 핑계로 조회조차 열지 않고 있었다. 이에 황태자가 조회에 나와서 신하들의 조하(朝賀)를 받으라는 상소를 올렸고, 그것이 가정제의 뜻에 거슬려 결국 삭탈관직되고, 평민의 신분으로 떨어졌다.[106] 이 뒤로 죽을 때까지 벼슬에 나아가지 않았다. 고향 집에 20여 년 가까이 머물렀는데 사방에서 사람들이 찾아와서 그에게 학문을 배웠다. 부친이 남긴 밭과 집을 모두 형제들에게 나누어 주고 자신은 따로 누추한 집을 짓고 그 가운데 거처하면서 글을 읽었다. 융경(隆慶) 연간에 광록소경(光祿少卿)에 추증되었고, 시호는 문공(文恭)이다. 저

서로는 『나염암집』이 있다.

나홍선의 학문은 크게 세 차례의 변화를 겪는다. 이지(李贄)는 '(나홍선의 학문은) 처음에는 실천에 힘을 기울였고, 중년에는 적정(寂靜)으로 귀섭(歸攝)하였으며, 만년에는 인체(仁體)를 철오(徹悟)하였다'[107]고 말한다. 황종희도 이지의 이러한 관점을 그대로 따른다.[108] 각 단계별로 주요 취지가 다르지만, 왕양명의 가르침에 자기 나름의 독창적인 내용을 가미한 것은 '무욕주정론(無欲主靜論)'이라고 하겠다. 이로 인하여 나홍선은 공부론에서 무욕(無欲)의 주정(主靜) 공부를 강조하여 '주정파(主靜派)'로 분류된다.

나홍선은 송명 유학의 전통을 계승하여 '성인'이라는 이상 인격을 지향한다. 성인이 되는 방법을 탐색하는 과정에서 그는 주렴계로부터 발원하여 진백사와 나륜(羅倫) 등을 통해서 전해지는 맥락을 접하게 된다. 그것이 바로 무욕의 정(靜)을 위주로 하는 방법이다. 그는 '주정(主靜)'을 성학(聖學)의 '참된 맥락'으로 이해하고, 성인이 되기 위해서는 무욕(無欲)해야 하며, 무욕하기 위해서는 주정(主靜)의 공부를 해야 한다고 주장한다.[109]

성인이 되려면 무욕해야 한다. 나홍선은 무욕을 마음의 참된 본체로 간주한다.[110] 이 무욕의 본체는 순수한 천리이고 본래 지선하다.[111] 따라서 그것은 도덕 실천의 근거가 될 수 있다. 무욕이 마음의 참된 본체라면 '욕(欲)'은 어디에서 기인하는가? 나홍선은 욕의 근원을 사사로운 '자기가 있다[有己]'는 의식에서 기인하는 것으로 이해한다.[112] 나홍선이 말하는 욕심은 감각적인 욕망만이 아니라 인위적으로 안배하는 것도 욕심이다. 감각적 욕망이나 안배는 모두 '자기가 있다'는 의식에서 비롯된다. 이것이 바로 욕심의 근원이다.

그럼 어떻게 이 욕심을 줄이고 무욕의 본체를 체인할 수 있을까? 나홍선은 '주정(主靜)'을 그 방법으로 제시한다.

"정좌하여 이 마음을 수습하는 것은 아주 오랜 옛날로부터 성학의 처음과 끝을 이루는 것이다. 그러나 이 가운데 변별이 있다. 정좌하여 본심을 체인한 뒤에 근본의 작용에 모두 의심을 일으키지 않아야 바로 동정과 출입에 모두 귀착함이 있으며, 조금도 미혹되지 않아야 비로소 지향해야 할 바를 알게 된다. 그러나 모름지기 고요한 가운데 안정할 수 있고 기(氣)의 기틀이 수렴되어 적연한 뒤에야 비로소 터득하는 것이 있게 될 것이다."[113]

정좌를 통하여 마음을 수습하는 것이 성학의 처음과 끝이다. 그러나 유학의 정좌는 불교나 도교의 그것과 구분된다. 바로 정좌하여 본심을 체인하는 것이다. 이때의 본심은 바로 양지다. 이 양지를 체인한 뒤에 그 작용에 대해서 전혀 의심을 일으키지 않아야 동정 출입에 다 귀착함이 있고 조금이라도 미혹되지 않아야 비로소 행위가 지향해야 할 방향을 알게 된다.

이상에서와 같이 정좌 공부를 통하여 마음을 수습하고 기의 기틀을 거두어들여 적연하게 하고, 본심을 체득하여 무욕의 경계에 이르러, 성현의 이상인격을 이루는 것이 바로 나홍선이 말하는 '무욕주정론'이다.

나홍선은 무욕주정론에 입각하여 왕기의 현성양지설을 비판한다. 나홍선은 현성양지란 없다고 주장한다.

"세상 어디에 현성양지가 있는가? 양지는 만 번 죽는 공부가 아니면 결단코 생겨날 수 없다. 현성으로 얻을 수 있는 것이 아니다. 오늘날 양지를 현성하는 것으로 잘못 보아서 치양지 공부를 할 줄 모르고 바쁘게 내달리면서 그침이 없이 일생을 아득하고 멍하게 보내니 무슨 성취가 있겠는가? … 만약 수렴하여 고요하게 안정시키는 공부가 없이 도리어 저절로 양지가 잘 응함이 있다고 말한다면 아마도 공자와 맹자가 다시 태어나도 감히 감당하지 못할 것이다."[114]

양지를 현재 이루어져 있는 것으로 간주하여 양지를 이루는 공부를 하지 않으면 일생에 성취하는 것이 없다. 그는 양지와 지각을 구분한다. 그리고 현재 진행되고 있는 것은 지각의 활동이지, 양지의 작용이 아니라고 본다.

"물에 비유하면 양지는 원천이고, 지각은 그 흐름이다. 흐름은 사물에 섞이지 않을 수 없다. 그러므로 모름지기 조용히 하여 그것을 가라앉혀야 한다. 원천에서 나온 것과 그 맛이 다르지 않을 수 없다. 이것이 쌍강공이 변론한 것이다."[115]

물의 원천은 순수하고 맑다. 거기에는 어떤 찌꺼기도 없다. 그러나 그 물이 흘러가면서 찌꺼기가 끼어들어 혼탁하게 된다. 이 혼탁한 물을 물이 아니라고 할 수는 없지만, 근원에서 솟아나는 물과는 다르다. 나홍선은 양지와 지각을 물의 원천과 지류에 비유한다. 지각도 지의 활동이지만 거기에는 사욕과 사견이 이미 개입되어 있어서 양지와는 근본적으로 다르다고 보는 것이다. 현성양지설은 오직 물의 지류에 해당하는 지각에 일체의 행위를 맡기는 것이다. 이렇게 되면 자신의 행위가 자칫 임정자의(任情恣意)로 흐를 우려가 있다. 이것은 사람들로 하여금 자신들의 정욕과 사의에 따라 행위하게 함으로써 결국은 사람들 사이의 규범적 질서체계인 예를 무너뜨리고 사회의 혼란을 가져오게 된다. 나홍선은 현성양지론이 사회의 혼란을 야기할 수 있음을 간파하고, 그것을 방지하기 위한 방안으로 무욕주정론을 중시한 것이다. 그는 사회의 혼란을 방지하기 위해서는 현성양지를 부정하고 치양지의 공부를 하도록 유도해야 한다고 보았다. 나홍선에게서 치양지의 공부는 본체 공부다. 그는 미발의 본체와 이발의 작용을 나누고, 양지 본체에서 공부를 해야만 그것이 이발의 작용으로 나타날 수 있다고 본다. 그는 양지 본체상에서의 공부만 인정하고, 양지가 발용한 상태에서의 공부, 즉 발용상의 공부는 부정한다. 이 점에서 그는 왕기의 현성양지를 정면으로 부정하고 쌍강의 귀적설을 이어갔다고 할 수 있다.

그런데 나홍선은 섭표의 귀적설을 그대로 따르지는 않는다. 그는 섭표의 귀적설을 비판적으로 수용한다. 나홍선은 마음을 적(寂)과 감(感)으로 획연히 분리시킬 수 없다는 입장에서 섭표의 귀적설을 비판한다. 나홍선에 따르면 섭표 귀적설의 문제점은 마음을 미발의 본체와 이발의 작용으로 획연히 나눈 점에 있다. 마음의 미발적체(未發寂體)와 이발감용(已發感用)을 시간상에서 동과 정으로 구분되고, 공간상에서 안과 밖으로 나뉘는 것으로 보았다는 것이다. 이와 같이 미발적체와 이발감용을 획연히 양분하고, 마음을 미발적체로 돌이키려고만 하면, 본심 양지 자체가 지닌 활발한 생명성을 소홀히 여길 수 있다. 그래서 나홍선은 미발적체와 이발감용이 시간과 공간상에서 구별되는 것으로 보지 않는다. 그는 적감(寂感)이 합일(合一)되어 있는 것으로 본다.

경세의 근본: '무욕주정'과 인체(仁體)에 대한 체인

유학은 수기치인을 지향한다. 자기 수양의 공부에 입각하여 세상을 다스리고자 하는 것이다. 여기에서 공부와 경세의 문제가 하나로 연결된다. 나홍선도 유학의 이러한 기본적인 입장을 계승한다. 그는 무욕주정의 공부를 경세의 근본으로 간주한다.

"유자의 학문은 경세에 있으며, 무욕(無欲)을 근본으로 삼는다. 오직 욕심이 없어진 뒤에 그것을 경세에 베풀면 지혜가 정밀해지고 힘이 커진다."[116]

나홍선은 '주정지지(主靜知止)'와 '거사절욕(去私絶欲)'을 거친 위에 다시 무욕(無欲)의 마음을 '자기 몸에 베풀고', '백성에게 베풀어', 궁극적으로 '천하 구제 임무'라는 목적을 달성하고자 한다.

"다스리기를 잘하는 사람은 근심이 없는 상태를 잘 유지하고, 욕심 줄

이기를 잘하는 사람은 무욕의 상태를 잘 유지한다. 무욕이란 내 마음의 참된 본체로서 천하에 이보다 나은 것이 없다. 이것을 변별하여 순리대로 그것을 보존하고 비움으로써 그것을 기른다. 백성에게 비유하자면 밭을 갈고 우물을 파서 생명을 기르고 죽음을 보내면서 각자 자기가 살아가는 즐거움을 누린다. 이렇게 하면 사방의 범위 안이 모두 나의 적자이고, 활과 화살의 날카로움이 모두 스스로를 지키는 것이니, 누가 나를 약탈하겠는가? 이른바 천하가 인으로 귀의할 것이니 비록 싹이 움직이는 것이 있더라도 적을 것이다. 대저 이것을 일러 과욕이라고 한다. 이 과욕을 따르는 자는 그것을 자기 몸에 베푸니 이것이 바로 몸소 실천하는 것이다. 이과욕을 미루는 자는 그것을 백성들에게 베푸니 이것이 바로 아름다운 정치다. 대저 이것을 일러 성학이라고 한다. … 만약 마음에 무욕의 본체가 없다고 주장하면서 천리와 인욕이 서로 섞여 있다고 의심한다면 지선은 끝내 얻지 못할 것이다."[117]

과욕이 궁행(躬行)과 미정(美政)의 근거가 된다. 성학(聖學)이란 과욕을 통하여 궁행과 미정을 실현하는 학문이다.

나홍선은 정좌를 통하여 자기 안에서 천지만물을 일체로 여기는 인체(仁體)를 체인한다. 그의 이 체험은 친친(親親), 인민(仁民), 애물(愛物)로 이어지는 경세의 근본이 된다.

"얼마 안 있어 깊은 산 조용하고 후미진 곳에 들어가서 사람들과의 왕래를 끊어버렸다. 매일 책상 앞에 흙덩어리처럼 앉아서 다시 책을 펼치지 않았다. 이와 같이 3개월을 넘기자, 갑자기 병이 나서 그만두었다. 지극히 고요할 때 황홀하게 나의 이 마음을 깨닫게 되었다. 속이 텅 비어 아무것도 없었으며, 곁으로 무궁하게 통하였다. 마치 긴 하늘에 구름의 기운이 흘러 다니는 것 같아서 머물러 끝남이 없었다. 큰 바다의 물고기와 용이 변화하듯 간극이 없었다. 가리킬 수 있는 안팎이 없었고, 나눌 수 있는 움직임과 고요함도 없었다. 위아래, 사방, 지난 옛날과 미래, 지금이 한데 뒤섞여서 한 덩이가 되었다. 이른바 있음도 없으면서 있지 않음도 없었다. 나의 한 몸은 바로 그것이 펼쳐 나오는 구멍이요, 본래 형체로 한정 지을 수 있는 것이 아니다. … 부모에게 감통하여 사랑을 느끼게 된다. 나는 부모와 나뉨이 없다. 나와 부모가 나뉨이 있다면 이것은 사랑하지 않는 것이다. 백성에게 감통하여 어질게 되는 것이다. 나는 백성과 나뉨이 없다. 나와 백성이 나뉨이 있다면 이것은 어질지 않은 것이다. 만물에 감통하여 아껴주는 것이다. 나는 만물과 나뉨이 없다. 나와 만물이 나뉨이 있다면 이것은 아껴주지 않는 것이다."[118]

나홍선의 이 체험은 일종의 신비체험이다. 정좌 가운데서 홀연히 천지만물이 일체임을 깨달은 것이다. 자기와 세계에 대한 이해에 혁명적인 변혁이 일어난 것이다. 기존에는 자기를 형체로 닫힌 존재로 인식하여 타자와 구분하였다. 이제 내 몸은 천지만물을 일체로 여기는 마음이 외부와 소통하는 통로로 간주된다. 천지만물이 한 몸으로 인식되기에 아무리 먼 곳에 있는 미물이 고통을 당하더라도 그것이 자기의 고통으로 느껴진다. 이 마음이 부모에게 닿으면 친애의 행위로 나타나고, 백성에게 닿으면 어질게 대하는 행위로 나타나며, 온갖 사물에 가닿으면 그것들을 아껴주는 행위로 드러난다. 정좌를 통하여 천지만물을 일체로 간주하는 체험이 친친―인민―애물이라는 경세 활동을 가능하게 하는 원천적 힘이 되고 있는 것이다. 그 경세 활동은 백성을 친애하여 왕도를 실전하는 '친민행도(親民行道)'의 노선으로 전개된다.

나홍선은 위정(爲政)의 방법을 탐색하고 실천하는 과정에서 많은 좌절을 겪는다. 그는 25세에 진사시험에 장원급제한 인재다. 어려서부터 품었던 경세의 이상을 관료지식인으로서 '득군행도'의 노선을 따라 현실화하고자 하였다. 그러나 당시의 정치 환경에서 그 길은 실로 가시밭길이었다. 나홍선은 '득군행도'의 노선을 따라 정치활동을 전개하면서 군주와 부딪히고 좌절을 겪는다. 탁하게 오염된 당시의 정치 환경 아래에서 정직한 사대부로서 뜻밖의 재앙에 개의치 않고 자신을 깨끗이 하고 명리를 포기하는 재야의 길을 선택한다.

'득군행도'의 노선에 좌절을 겪었지만, 나홍선은 경세의 뜻을 꺾지 않는다. 그렇다고 그 길이 태주학파가 주로 따르는 '각민행도(覺民行道)'의 노선으로 전개되지는 않는다. 그는 '벼슬에 나가서는 황제의 스승이 되고, 물러나서는 천하 만세의 스승이 된다'는 왕간의 출처관을 비판한다. 백성들을 직접 각성의 대상으로 삼을 때 발생할 수 있는 문제들을 우려한 것이다.

나홍선은 36세 되던 해인 가정 18년(1539)에 태주로 가서 왕간을 만난다. 그는 당시 왕간과의 만남을 술회하면서 '왕간의 가르침을 다 이해하지는 못했지만, 맹자의 정기물정(正己物正)을 논한 것을 들었을 때

시원하게 북 치고 춤출 듯이 기뻤다'고 말한 적이 있다. 그는 왕간의 정기물정에 대한 해설은 수용하지만, 백성이 날마다 사용하는 것을 도라고 본 것은 비판한다.

왕간은 백성일용이 바로 도라고 주장하며, 백성들을 직접적인 각성의 대상으로 삼아서 가르침을 펼친다. 백성들을 직접 각성시킴으로 해서 왕도를 민간 사회에 구현하고자 한 것이다. 그는 이 '각민행도'의 노선을 취함으로써 유학을 평민의 학문으로 전개시킨다. 그런데 나홍선은 왕간의 이러한 노선에 비판적이다.

나홍선에 따르면 양지를 실현하는 것이 도다. 그런데 양지를 실현하려면 앞에서 살펴본 바와 같이 양지 본체상에서의 공부가 요구된다. 일반 백성들이 날마다 사용하는 것은 양지가 아니다. 따라서 백성들이 날마다 사용하는 것을 도라고 말할 수는 없다. 백성들이 날마다 사용하는 데 맡기는 것은 마음이 유행하는 데 맡기는 것이다. 그런데 일반 백성의 마음은 욕심에 물들어 있다. 따라서 마음이 유행하는 데 맡기는 것은 욕심에 맡기는 것과 같다. 나홍선은 마음이 유행하는 데 맡기는 것의 폐단은 마음을 떠나서 도를 말하는 것과 다를 바 없다고 말한다.[119] 나홍선에게서 양지의 실현은 무욕주정의 공부를 통해서라야 가능하다. 무욕주정의 공부를 일반 백성에게 보편화시키기는 쉽지 않다. 이로 해서 나홍선은 백성들을 각성시킴으로써 왕도를 실현하려는 길로 나아가지 못한 것이다. 공부론의 차이가 경세 방법의 차이를 가지고 왔음을 알 수 있다. 그럼 나홍선은 어떤 방향으로 자신의 경세의 뜻을 펼치고 있을까?

나홍선은 친민의 경세원리에 기초한 대민활동과 경세치용의 탐구로 자신의 경세의 뜻을 펼친다. 그는 낙향한 뒤로 서적을 두루 탐구하고 지도와 역사를 정밀히 고찰하여 천문지리 · 예악전장 · 수리사업 · 국방정책 · 병법으로부터 음양 술수에 이르기까지 연구하지 않은 것이 없다. 이와 같이 다양한 방면에 걸쳐서 지식을 탐구하는 것은 양명학자로서 보기 드문 일이다. 그러나 나홍선의 이러한 학문 경향은 장차 양명학이 경세치용학으로 전개되는 궤적을 찾는 데 하나의 고리가 될 수 있다.

나홍선은 친민의 경세원리를 대민을 위한 활동으로 전개해 낸다. 구체적으로 자기 고향의 정무를 개혁하고, 사회의 치안을 유지하며, 지방 경제를 발전시키는 데 온 힘을 기울인다. 나홍선은 왕기에게 답한 편지에서 "향리의 부역을 균평하게 하는 일로 인하여 가정 임술(1562) 6월부터 반여 년 동안 종일토록 바삐 움직여도 몸이 피곤한 줄 모르고, 일체 잡념이 들어오지 않고, 또 동정이 두 가지임을 보지 못하였는데, 이것은 바로 고요함의 공부를 통하여 마음을 고요하게 안정시킨[靜定] 공부의 공효다"[120]라고 말할 정도다. 여기에서도 무욕의 주정 공부가 경세의 근거가 되고 있음을 알 수 있다.

나홍선은 향리의 부역에 많은 폐단이 있음을 발견하고, 관부에 폐정 개혁을 요구하여 효과를 거두었으며, 가향에 기근이 든 것을 보고 군현에 글을 보내 곡식 수천 석을 얻어서 이재민을 구제하였고, 민광(閩廣)의 도적이 길안에 쳐들어온 것을 듣고 양대(兩臺)에 글을 보내서 길안을 태평하게 만들기도 하였다. 그의 이와 같은 경세치용의 사업은 무욕주정의 공부와 인체(仁體)에 대한 철저한 깨달음에 기초하여 이루어진 것이라고 하겠다.

羅洪先의 字는 達夫오 號는 念菴이니 吉水 사람이라. 十五歲 때 陽明의 傳習錄을 보고 좋아하야 가서 師事하랴 하다가 그 아버니 구지 말려 遂行치 못하얏다. 그러나 念菴의 學이 陽明의 正傳을 體得함에 잇어 緒山이나 龍溪나 心齋에 지지 아니하며 心齋는 熱烈한 實行을 主로 하야 그 學說이 오히려 深微함에 不足함이 잇고 龍溪는 徹朗한 悟境을 主로 하야 그 學說이 오히려 切近함에 不足함이 잇으되 緒山과 念菴은 다 같이 深微하고 切近함을 兼有한 이라. 그러나 또 얼마쯤 다른 것이 잇으니 緒山은 克己에다 힘을 드리는 이오, 念菴은 主靜으로써 入門을 삼은 이이라.

易大傳의 "寂然히 動치 아니하야 感하매 天下의 故를 通한다" 한 말이 잇으니 얼른 보면 楞嚴, 圓覺中 句語 같으나 실상은 平常하니 寂然은 언제나 그대로임을 이름이라. 남 보기에 熱狂的일지라도 내 번믓 마음의 그대로일진대 움즉임이 움즉임이 아니다. 이곳 괴괴한 本體이니 만일 萬累를 끊고 萬務를 바리어 스사로 寂然히 動치 아니함을 어드랴 할진대 이를 어드랴 함부터가 번믓 마음 그대로가 아니라. 번믓 마음으로서는 발서 動이니 괴괴한 本體 아니다. 이 "그대로"는 번대 民衆과 間隔이 없는 것이라. 痛癢이 서로 通하지 아니할 수 없으니 天下의 故를 天下의 故로서 通하는 것이 아니라 곳 一身의 故로서 느끼어지는 것이다.

宋 周濂溪(敦頤) "欲함이 없음으로 靜하다" 함이 실로 簡直히 이를 解釋함이니 欲은 번믓 마음 그대로가 아니라 己私로 因하야 動함이니 己私로 因하야

動함이 없을진대 곳 寂然이다.

그런즉 易大傳의 이른 말이나 濂溪의 말이나 陽明의 明德 親民을 解하고 格物 致知를 論함이나 다 一條의 血脈으로 볼 것이라. 그러므로 念菴이 항상 이 두 말을 들어 門人에게 告하얏고 또 말하되

"儒者의 學이란 經世함에 잇다. 그런대 그 本함은 無欲이라. 오즉 欲함이 없어야 나서서 세상을 經理함에 "知" 精하고 力이 鉅하나라"

하얏다. 그런즉 念菴의 "主靜"으로써 入門을 삼음이 그 所受함이 잇음을 알 것이다.

대개 陽明 돌아간 뒤에 門人이 四方에 퍼저 良知를 提唱하얏는대 陽明의 敎法이 自欺를 排擊함으로 누구나 苟隨함은 붓그러워한지라 각기 證得함을 따라 言敎를 세윗음은 前에도 잠간 말한 바이 잇엇섯거니와 弊害의 미침이 가장 큰 것으로는 良知와 己私에 對한 界線을 徹底히 辨別하지 아니하고들 떼노코 "너 아는 대로 行하라" "네가 하랴는 것이 곳 善이다" 이러한 種類의 言句를 들어가지고 一點己私ㅣ 이러나지 아니한 데서 "그대로"가 잇고 "如好好色 如惡惡臭"의 誠意 지극하고야 "하랴"는 것이 善이 되는 이러틋 崗峻 森嚴하고 凜肅 精明함을 갓다가 쉽사리 己私에 混雜하야 捷徑을 誇耀한 一派이니 말한 이 하상 잘못이 아니라 들은 이 잘못 解釋함이로되 그 말이 이만큼 잘못 듯기 쉽게 됨에 잇어서는 말한 이 責任이 없을 수 없으니 그러므로 龍溪 "動意上 工夫를 煩雜타" 하고 또 無善無惡에 對하야 超悟一步를 提說함을 緖山이 맛당치 아니하게 알아

"道妙는 說하지 마라. 愚夫 愚婦를 위하야 法을 세운 것이 聖人의 말이라" 한 것인데 念菴은 緖山에 가까운 이인 同時 少時에 聶雙江(文蔚)의 "歸寂"說

을 듣고 心契한지라. 그러나 念菴은 一體의 仁은 이에서 세워 黃梨洲宗羲
이르되 "天下學者ㅣ 先生의 말을 因하야 陽明의 眞을 어덧다" 함이 지나가
는 賛語가 아니다.

念菴이 晩年에 緖山에 問議함을 바더 陽明年譜를 定하니 緖山이 가로되

"그대 先師에 向하자 門人이라 일컷지 아니함은 及門弟子ㅣ 아니라 함이나
그대 先師의 學을 공부한 지 三十年이라 이른바 堂에 오르고 室을 들메 그
대 不足함이 없으니 門人 됨에야 다시 말할 것이 잇으랴."

이에 年譜 속에다 곳 門人이라 일커럿다. 念菴은 말하되

"良知란 그렇게 쉽게 말할 것이 아니다. 내 마음의 善함도 내 알고 내 마음
의 惡함도 내 알으니 알미 아님은 아니다. 그러나 現存한 이 아름이 과연 理
와 欲의 混雜함이 없는가. 이러한 危險이 없지 아니할진대 知는 常明타 함
이 不可하고 知 明치 못함이 잇는대 이에 依하야 行하면서 乖戾함이 없다
함이 不可하다. 그러므로 첫재 "燜然中存"한 이 한 자리로부터 主宰가 서야
할 것이니 枯槁 寂寞을 지나지 아니하고 이에 미칠 수 없는 것이라"

하야 이 공부ㅣ 어떠한 便逸的 徑路로 攀及하지 못할 것을 主張하고 이에
靜寂하므로조차 "欲"의 잇고 없음을 살피게 하되

""欲"이 반듯이 貪, 好의 類만이 아니라 打算的 安排 또한 欲이니 언제나 安
排는 己私에서 始作하는 것이라 "欲"의 잇고 없음을 살핌에는 그 자리에서
微微히 깨닷는 곳으로써 主로 삼으라"

하얏다. 그러므로 陽明은 良知를 提唱하되 直切함을 主하얏으나 念菴은

"良知를 이러케만 말할 것이 아니다. 良知를 致하랴면 남모를 그 자리에서
나타남에 보다 微함에, 微함에 보다도 더 微微함에 이것조차도 어림대기 어

려운 여기에서 至靜하므로조차 烱然함이 서고 烱然함이 서서 欲根이 藏匿하지 못하여야 비로소 庶幾할 것이라. 烱然함이 서게 하랴 한즉 이에 對하야 凝聚케 하여야 하고 融結케 하여야 한다"

力說하야 汗漫한 무리 欲, 理를 얼러 學을 그르침을 防檢하얏나니 그 말이 緒山과 가까우나 緒山보다 覺念上 推覈이 더 刻苦함이 이곳 念菴의 領域이다. 中庸에 이르되

"天이 命함을 性이라 하고 性대로 함을 道라 하고 道를 닥금을 敎라 하나니라. 그러므로 道라는 것은 잠간이라도 떼일 수 없나니 떼일 수 잇을진대 道 아니라. 그러므로 공부하는 이 戒愼호대 그 보이지 아니함에 하고 恐懼호대 그 들리지 아니함에 하느니 隱함에보다 더 드러남이 없고 微함에보다 더 나타남이 없다. 그러므로 공부하는 이 반듯이 그 외오서에서 조심하나니라. 喜怒哀樂의 發하지 아니함을 中이라 하고 發하야 다 節에 마침을 和라 하나니 中은 天下의 大本이오 和는 天下의 達道라. 中和를 이루면 天地 자리를 잡을 지며 萬物이 자라날지니라"

하얏나니 戒愼호대 어째 보이지 아니함에 하라 하얏는가. 恐懼호대 어째 들리지 아니함에 하라 하얏는가. 이 보이지 아니하고 들리지 아니함은 곳 自心의 가장 隱微한 곳이라. 그러나 나는 안다. 이 앎은 이른바 獨知다. 가릴 수 없거니 이보다 더 드러남이 잇으랴. 속힐 수 없거니 이보다 더 나타남이 잇으랴. 이곳 人生의 生死問題라. 가장 隱微할새 가장 참되고 가장 참될새 곳 生命이니, 陽明의 物을 格하라 함이 이 隱微中 戒懼로부터 出發하는 것이라. 念菴의 主張함이 실로 自心 속 苦行으로조차 力進한 實話이다. 그러나 凝聚라 融結이라 함이 "致"라고 함만 못하니 民衆과 間隔이 없을진대 이

곳 良知의 體 이루어짐이라. 良知 따로의 凝, 結을 말함이 或 孤峙하는 弊 없을가 한다.

그러나 念菴은 經世家이라. 仕官하다가 直道로 被黜하야 故鄕에 와 잇으되 그는 天文, 地志, 錢穀, 河渠, 邊塞, 戰陣, 攻守에 對한 探究ㅣ 深邃 精明하얏으며 또 騎射를 練習하야 隱然히 陽明과 髣似하다. 郡邑 田賦의 久弊 많음을 보고 當局者에게 整理하기를 勸하얏더니 끗 念菴더러 맡어 하라 하거늘 念菴이 원래 國計에 익은지라 精心으로 體察하야 一切를 秩然케 하얏고 歲飢하면 몸소 賑恤함을 돕고 언제는 流寇가 吉安에 突入하매 邑守ㅣ 어찌 할 줄을 모르는 것을 보고 戰守를 劃策하야 마침내 引退케 하얏다. 唐荊川 順之는 그 學友라. 邊才로 起用될 때 念菴을 끄니 念菴이 가로되

"天下 일을 함이 甲이 아니면 乙이라. 내 하랴고 함을 그대 하면 고만이라. 반듯이 내 나갈 것이 무엇이냐"

하얏다. 환갑해 돌아가니 明嘉靖 三十三年이다.

陽明의 門徒로서는 대개 그 門弟를 各分하지 아니하고 彼此 서로 넘나들엇음으로 一師의 傳을 承派한 것이 적어 오즉 陽明의 宗旨만을 敷暢하얏을 뿐이오. 또 宗旨는 비록 一個일지라도 受稟의 別과 悟入의 差로 議論, 行蹟이 각기 獨特함이 잇는대 거기 배운 이 或 그 師風은 襲傳함 즉도 하것만 貌色 間에서 學을 求하지 않는 門庭인 만치 아무리 師說이라도 自心에 反照하야 不安함이 잇으면 敢히 苟隨하지 못하얏으며 王門諸人의 各派일스록 그 門面이 다른 이가 많다. 龍溪의 學이 流弊 없지 못함도 事實이로되 이것도 稟悟의 所近한 사람에게 轉入되엇을 뿐이니 直接 그 及門弟子ㅣ 그 印板을 받음은 아니니 우선 龍溪의 門徒로 鄧定宇以讚과 張陽和元忭은 다 篤謹한 사

람이라 차라리 緖山에 가깝다. 오즉 王心齋의 傳授한 系統이 얼마쯤 譜錄할 수 잇으니 心齋는 王門弟子中으로도 가장 直截勇行하는 이라 警發은 잇으되 說解 적음으로 參差함이 自然 較少한 것인가 한다.

明末 名人들의 節烈은 말할 것도 없거니와 그 利害에 對한 較計 없음이 실로 古今에 比類가 없엇나니 學問의 힘이 어떠한 것임을 알 수 잇지 아니한가. 學問으로써 自心을 啓發한 보람이 어떠한 것임을 알 수 잇지 아니한가. 이제 陽明의 門徒와 및 繼起한 諸賢을 叙述함에 그침으로 明末 名人의 陽明의 風徽를 바듣 一切事實에 잇어서는 明史가 잇음으로 이에 並錄하지 아니하거니와 실상으로 말하면 陽明의 學徒를 講學門中에서 찾는 것보다 殺身徇民한 저 一輩로부터 歷數할 것이오 陽明의 學說을 傳習錄裏에서 求하는 것보다 利害不計하는 이 一念으로조차 直透할 것이다. 그러나 천생으로 가진 아름의 明盡하게 되는 그 眞路를 제치고 따로 學說이 없는 同時 이 學說이 곳 心話이니 各人各色의 終生苦驗한 所得을 搜討함도 실로 虛取 空探함이 아닌 줄 안다.

26

유종주의 신독설과 절의 정신

　나홍선 이후에 생각을 지각[覺念]하는 데에서 그 선악을 살펴서 악한 생각을 탄핵하는 것에 나홍선과 동조하여 성체(性體)의 보존을 절실하게 주장한 사람은 염대(念臺) 유종주(劉宗周, 1578~1645)다. 유종주는 자가 기동(起東)이요, 산음(山陰) 사람이다. 그의 학문은 '홀로 있을 때 삼가는' 신독(愼獨)을 종지로 삼는데, 그것은 나홍선이 떠오르는 생각에서 악한 생각을 탄핵하는 것과 비슷하다. 이 신독이 절실하고 지극하게 되면 성체를 깨달아 얻게 되고, 깨달아 얻은 것을 전전긍긍 보존하여 대본을 세우게 한 것은 나홍선의 응취설(凝聚說)과 근사하다. 그러나 유종주에 이르러서는 양명학파의 면모가 어느 정도 변하여 점점 의론이 많아졌다. 유종주는 처음에 허부원(許孚遠, 1535~1604)[121]에게서 배웠는

데, 허부원은 곧 감천(甘泉) 담약수(湛若水, 1466~1560)의 학통이라서 원래 좇아 들어간 길이 다르다고 할 수도 있지만, 유종주의 학문은 또 담약수와도 다르다. 그래도 가까운 데를 찾는다면 나홍선이다.

유종주는 명나라 말기의 대신이다. 의종(毅宗, 재위 1611~1644)[122]이 시기하고 각박하게 굴어도 충직하게 대하다가 견책을 받아 여러 번 위난과 재화를 겪었지만, 한결같은 마음으로 나라를 잊지 못하더니 남도(南都)가 함락된 뒤에 단식하다가 죽었다. 그의 문인인 축연(祝淵, 1614~1645)[123]과 왕육기(王毓耆, ?~?)가 모두 절개를 보존하기 위하여 죽었는데 축연의 일이 배우는 이들을 경계하여 깨우칠 만하다. 그는 처음에 유종주와 일면식도 없었는데 유종주가 임금의 뜻을 거슬러 파직되었다는 말을 듣고 상소를 올려 구제하고자 했다. 그 뒤 유종주를 찾아가니, 유종주가 물었다.

"그대가 나를 구제하려고 한 것이 그래야 할 것으로만 알아서 한 것이냐, 아니면 명예욕이 있어서 한 것이냐?"

그는 유종주의 이 말을 듣고 시원스럽게 말했다.

"선생의 이름이 세상에 가득하니 참으로 그럴 만합니다. 선생의 문하에 들지 못함을 부끄럽게 여겨서 한 것입니다."

그러고는 곧 유종주를 스승으로 섬겼다.

유종주의 학문은 그 전승 과정이 어떠한지에 있어서는 양명과 차이가 있다고 할 수 있다. 그러나 이 한 구절만 보더라도 적나라하게 본심에서 곧바로 지적해 내는 것은 완연히 양명학의 근본 바탕이다. 이렇게 잠복되어 있는 생각을 끝까지 다그쳐 조금이라도 숨어 있지 못하게 한다면, 나날이 양명과 차이가 나는 말을 할지라도 이는 곧 양명학의 바른 전통이다. 반면에 그 학문을 말하는 것이 양명의 학설과 조금도 다르지 않을지라도 이 심각하게 따지는 것이 느슨하다면 민중과의 간격이 사라질 날이 없을 것이니, 이는 곧 다른 학설이 아니겠는가?

'응취(凝聚)'니 '보취(保聚)'니 하는 것이 얼른 보아 분명히 알기 어렵다. 대개 '모은다'는 말은 전체가 빠짐없이 갖추어지지는 못하였음을 전제로 하는 것이다. 시비와 선악에 대하여, 보이지도 않고 들리지도 않는 이 은미한 곳에 스스로 속일 수 없는 한 점의 영명이 항상 이것을 비추고 있다. 그러나 이 항상 비추는 것을 늘 가려서 은미한 곳에서 홀로 비추는 영명한 본체가 온전히 드러나지 못해 겨우 보존하는 데 그치고, 이 겨우 보존함도 가장 은미한 속이기 때문에 좀처럼 드러나지 않는다. 그러므로 그 비추는 곳을 따라 밝은 본체를 찾아 행여 이것을 가릴까 염려하는 것이 바로 '지킴[保]'이다. 가려짐을 쉬지 않고 개척하여 영명으로 하여금 남김없이 뚜렷이 드러나게 하는 것이 바로 '뭉침[凝]'이요 '모음[聚]'이다. 그러므로 유종주는 '홀로 있을 때 삼간다[愼獨]'는 한 구절을 항상 주장하였다. 그는 다음과 같이 생각하였다.

"이 한 점의 영명은 나 혼자 아는 은미한 곳에 아물아물하면서도 잠시라도 그친 적이 없다. 그러므로 가장 은미한 곳을 찾아보지 않고는 속일 수 없는 본체를 알 수 없을 것이다. 그러므로 악한 생각이 이미 발한 뒤에 살핀다면 벌써 허물과 잘못을 꾸미는 사특한 생각이 그에 짝하여 일어나니, 잘못된 생각이 일어나기 전에 그 기미에서부터 깨끗이 씻어내야 한다.”

유종주는 타고난 자질이 성실하고 깨끗한 사람이라서 자기를 극복하는 것이 지극한 지경에 이르렀다. 그러므로 잘못을 저지르는 뿌리를 추호도 용납함이 없이 파헤쳐 뽑아냈으므로 은미한 가운데 홀로 아는 것 [獨知]에 대한 체득이 남달리 투명하였다. 그러나 생각이 일어나기 전에 그 기미에서부터 깨끗하게 씻어내는 것은 입문 단계의 공부가 아니다. 대개 학문이란 힘쓸 수는 있어도 억지로는 못 하는 것이니, 억지로 한다면 그것은 벌써 참이 아니다.

유종주는 실제로 실천한 사람이다. 그러나 이것은 전덕홍이 ‘어리석은 일반 대중을 위하여 가르침을 베풀었다’[124]고 말한 것이 아니다.[125] 그러므로 양명이 격물을 해석하여 “의념에 대하여 그 바르지 않은 것을 바로잡아라. 바르지 않은 의념이 바로잡혀야 양지에 유감이 없다”[126]고 한 것이 가장 절실하다. 이 공부를 쌓아 양지가 조금의 부정도 용인하지 못할 만큼 예민해지게 되면, 터럭만 한 부정이라도 커다란 물건처럼 뚜렷해질 것이다. 이렇다면 금방 없어질 것 같은 생각이라고 하더라도 소홀하게 여기지 못할 것이고, 고양이가 쥐를 잡듯이 바삭거리기만 해도 쥐가 있다는 것을 알고, 이 바삭거리는 소리마저 아직 없어도 소리가 나려는 것까지 아는 지극히 신묘한 경지에 이를 수 있다. 그러나 공부는 쌓는 것을 가지고 제시할 뿐이니, 쌓은 뒤에 쌓임으로 인하여 생기는 미묘함이나 영명이 나는 것을 공부에 뒤섞어 말해서는 안 된다.[127] 그러므로 초학으로서 몸소 실천할 수 있는 그곳에 참된 학문의 씨앗을 심는 것이다.

그러나 이 '독지(獨知)'를 제창하여 이 한 곳에서부터 참[誠]과 거짓[僞]이 나누어짐을 맹렬하게 주장한 것은 실로 양명으로부터 비롯되었으니, 유종주의 학풍은 이것을 따라 파생된 것이다. 그러므로 유종주는 다음과 같이 말했다.

"학문은 우선 참과 거짓을 분별해야 한다. 만약 참[誠]에 입각하지 않는다면 천 번 만 번 닦아봐야 금수와 같은 사람이 될 뿐이다."[128]

또 어떤 사람이 "사람으로서 가장 중요한 삶과 죽음의 문제를 깨쳐버리지 못하면 의로움[義]과 이로움[利]에 대해 깨끗하지 못할 것이 아닌가?"고 묻자, 유종주는 다음과 같이 대답했다.

"삶과 죽음으로부터 이를 간파하려고 한다면 삶과 죽음을 어떻게 깨뜨릴 수 있겠는가? 오직 의로움과 이로움에 대한 분별이 분명하고 앎이 참되다면 삶과 죽음이 무엇인지 다시 말할 것도 없다. 의로움이 마땅히 살아야 한다면 살 것이요, 의로움이 마땅히 죽어야 한다면 죽을 것이다. 눈 앞에 보이는 것이 오직 의로움 하나일 뿐이니, 삶과 죽음이 있다는 것은 보이지 않는다."[129]

유종주는 이것을 실천한 사람이다. 그러나 유종주 이후로 유종주의 학문을 전승한 사람은 황이주(黃梨洲) 무리에 그치고 그 뒤로는 자못 매우 적고 드물었다. 물론 청나라 초기 이후에 강학의 기풍이 쇠하고 또 청나라 여러 황제가 송학을 높여서 양명의 종지가 용납되지 못했기 때문이지만, 유종주의 학문이 생각이 일어나기 전에 각고의 노력을 기울이는 것인 만큼 뛰어난 선비를 대상으로 한 설법이라서 초학자들이 따라 하기가 어려워 쇠락해 가는 시대에 민중과 같이 어려움을 무릅쓰고 전개하기에는 조금 부족함이 없지 않았던 것이 그 원인이 아닐까 한다.

❀

유종주의 학문 변천

유종주(劉宗, 1578~1645)는 자가 기동(起東), 호는 염대(念臺)·즙산(蕺山)이며, 절강성(浙江省) 산음(山陰) 사람이다. 만력 29년(1601, 24세)에 진사에 급제하였고, 예부주사(禮部主事)·이부좌시랑(吏部左侍郎)·우도어사(右都御史) 등을 역임하였다. 명 왕실이 이자성(李自成)에게 쫓겨 남도(南渡)하고, 절강성마저 함락당하자, 20여 일 동안 단식한 끝에 순국하였다.

유종주는 진사에 급제한 뒤에 담약수(湛若水)의 제자인 허부원(許孚遠)을 스승으로 모셨다. 그의 제자 황종희에 따르면 양명학에 대한 그의 태도는 세 차례의 변화를 거친다. '처음에는 의심했고, 그다음에는 믿었으며, 마지막에는 논박하는 데 여력을 남기지 않았다'[130]는 것이다. 젊었을 때는 주자학을 숭상하여 양명학을 의심했으며, 중년에는 왕수인의 학설을 믿고 따랐으나, 말년에는 '신독(愼獨)'과 '성의(誠意)'를 종지로 삼는 자기 학설을 제시하였다.

유종주의 학문 종지: 성의와 신독

양명학에 대한 유종주의 불만은 '의(意)' 개념에 대한 이해다. 양명학에서 '의'는 마음이 발동하여 드러난 것[心之發]으로 이해된다. 그런데 유종주는 '의'를 마음의 발현이 아니라, 마음 깊숙한 곳에 있으면서[心之所存] 마음을 주재하는 마음의 본체로 여긴다. 마음에는 동(動)과 정(靜), 미발(未發)과 이발(已發)이 있다. 그러나 '의'에는 동정과 미발이발이 없다. '의'는 동정하는 마음의 은미한 가운데 내재하면서 마음의 활동 방향을 지시하고 주재한다. 유종주는 이 '의'를 『대학』과 『중용』에서 말하는 '신독(愼獨)'의 '독(獨)'으로 간주한다. '신독'의 '독'을 마음의 본체로 본 것이다. 그에게서 '독체(獨體)'는 선을 알고 악을 아는 '양지'이면서, 선을 좋아하고 악을 미워하는 의향을 지니는 '의'다. 그래서 그는 "선을 알고 악을 아는 지(知)는 바로 선을 좋아하고 악을 미워하는 의(意)다"[131]라고 말한다.

유종주에게서 '의(意)'와 '독(獨)'은 마음의 본체를 의미하고, '성(誠)'과 '신(愼)'은 공부를 의미한다. 그는 이 '성의(誠意)'와 '신독(愼獨)'의 공부를 매우 중시한다. 그래서 "독(獨) 이외에 또 다른 본체는 없고, 신독(愼獨)

외에 또 다른 공부는 없다",[132] "『대학』의 도는 한마디로 신독일 따름이다"[133]고 말한다.

그런데 '의'와 '독'에 대한 유종주의 새로운 이해에 따라서 '성의'와 '신독'의 공부도 새롭게 이해된다. 그에게서 '의'와 '독'은 마음의 작용이 아니라, 마음의 본체다. 따라서 '성의'와 '신독'의 공부도 마음이 발동하여 드러난 발용상의 공부가 아니라, 마음의 동과 정, 미발과 이발의 전체 과정을 관통하는 근본상에서의 공부로 이해된다. 마음 은미한 곳에 내재한 호선오악의 본래적 의향이 어떤 영향도 받지 않고 항상 지선에 머물도록 하는 것이 바로 '성의'와 '신독'의 공부다. 그럴 때라야 의가 마음의 활동 방향을 지시하고 주재할 수 있다.

유종주가 '의'를 새롭게 규정하여 '성의' 공부를 강조한 데에는 까닭이 있다. 바로 양명 후학들이 제 감정과 제 뜻대로 행하면서도 그것을 양지에 따른 행위라고 여기는 병폐를 막기 위함이었다. 유종주는 그러한 병폐가 발생한 까닭은 사의(私意)가 섞인 '의념[念]'과 본래적으로 선을 지향하는 '의(意)'를 구분하지 못한 때문이라고 본다. 그래서 그는 '의(意)'와 '염(念)'을 엄격히 구별하고, '의'를 마음 깊숙이 자리하여 마음이 지향해야 할 방향을 가리키는 것으로 봄으로써 양명 후학들의 병폐를 막고자 한 것이다.

그런데 유종주가 제시하는 근본 공부는 일반인들이 따라 행하기가 쉽지 않다. 정인보는 이것을 문제점으로 지적한다. 즉 유종주의 학문은 상사(上士)를 대상으로 한 설법이라서 민중과 같이 어려움을 무릅쓰고 전개하기 어렵다는 것이다. 이것은 태주학파의 일원들이 민중을 각성시켜 성인의 도를 펼치고자 했던 것과는 거리가 있다. 이러한 학문 특성으로 인하여 유종주는 '각민행도(覺民行道)'를 지향하는 태주학파에 대해 비판적이었다.

절의 정신

사람이 살아가면서 겪는 커다란 일들이 있다. 그 가운데 가장 큰일은 죽음을 대면하는 일이다. 마음을 주었던 것과 영원한 작별을 고하는 일에는 슬픔이 동반한다. 게다가 자신의 죽음을 직면하는 경우에는 불안과 공포까지 함께 밀려온다. 이 생사의 관문을 어떻게 돌파할 수 있을까? 유학에서는 요절과 장수에 마음이 흔들리지 말고 수신(修身)을 하면서 명(命)을 기다리라고 조언한다. 그리고 '살신성인(殺身成仁)'과 '사생취의(捨生取義)'를 말한다. 육체 생명보다 도덕 생명을 중히 여기라는 것이다.

유종주는 '사생취의'한 인물이다. 그는 생사의 관문을 깨기 위해서는 먼저 의로움을 자기 행위의 준칙으로 삼아야 한다고 주장한다. 오직 의로움을 기준으로 죽을 것인지, 살 것인지를 판단하고 결정할 뿐이다. 유종주는 실제로 이것을 실천한 사람이다. 유종주는 명이 멸망하자 자결한다. 1645년에 남경(南京)이 함락되어 복왕(福王) 정권이 무너지자 잔존 세력은 항주(杭州)에 집결하여 노왕(潞王)을 옹립한다. 그러나 옹립된 지 6일 만에 노왕은 청군에게 항복함으로써 항주 정권마저 무너지게 된다. 유종주는 항주마저 함락되었다는 소식을 듣고 통곡하며 다음과 같이 말한다.

"북경의 변고는 자결해도 옳고 자결하지 않아도 옳으니, 몸이 시골에 있어 그래도 중흥을 기대할 수 있기 때문이다. 남경의 변고는 주상께서 그 사직을 스스로 버린 것이지만, 그래도 여전히 자결해도 옳고 자결하지 않아도 옳다. 그 뒤를 이어 흥기할 사람을 기다렸기 때문이다. 지금 우리 월(越) 지방이 또 항복하였으니 이 늙은 신하가 죽지 않고 또 무엇을 기다리겠는가? 만약 몸이 지위에 있지 않아서 성(城)과 함께 존망을 같이하는 것이 부당하다고 말한다면, 땅과 더불어 존망을 함께하는 것이 어찌 부당하겠는가? 이것이 (송나라 정치가인) 강만리(江萬里)가 죽은 이유다."[134]

그러고 나서 유종주는 식음을 전폐한 지 23일 만에 죽는다. 오직 의로움을 기준으로 상황을 판단하여 자신이 해야 할 바를 따른 것이다. 유종주는 죽었지만, 그의 절의 정신은 역사 속에 살아서 전해진다.

유종주의 절의 정신을 이은 사례를 조선에서도 발견할 수 있다. 한일 합방 소식을 듣고 자신의 목숨을 버린 매천 황현이 바로 그 경우에 해당한다. 황현은 죽음에 앞서 자신의 심경을 네 편의 시로 남긴다. 다음은 그 가운데 마지막 두 편이다.

금수도 슬피 울고 산하도 찡그리니 / 鳥獸哀鳴海岳嚬
무궁화 세상은 이미 망해 버렸다네 / 槿花世界已沉淪
가을 등불 아래서 책 덮고 회고해 보니 / 秋燈掩卷懷千古
인간 세상 식자 노릇 참으로 어렵구나 / 難作人間識字人

짧은 서까래만큼도 지탱한 공 없었으니 / 曾無支厦半椽功
살신성인 그뿐이지 충성은 아니라네 / 只是成仁不是忠
결국 겨우 윤곡이나 따르고 마는 것을 / 止竟僅能追尹穀
부끄럽네, 왜 그때 진동처럼 못했던고 / 當時愧不蹋陳東[135]

조선이 멸망한 상황에서 그동안 지식인으로 살아왔던 자신의 삶을
돌이켜본다. 나라가 위태로웠던 만큼 험난한 삶이었다. 그럼에도 나라
를 지탱하는 데 힘이 될 만한 공적을 이룬 것이 없다. 지금 목숨을 끊는
것도 국가에 대한 충성심 때문이 아니다. 단지 나라의 멸망을 애통해하
는 뜻을 식자 가운데 누군가는 드러내는 것이 옳다고 여겼기 때문이다.
그것이 바로 '살신성인'이다. 인을 구하여 인을 얻었을 따름이지, 국가
를 위해 헌신한 충열지사는 아닌 것이다. 그러나 그의 죽음은 사회적·
역사적 의미를 지닌다. 이 땅에 지사(志士)와 인인(仁人)이 살아 있다는
것을 만방에, 그리고 역사에 길이 남기고 있기 때문이다.

───────

念菴 以後에 念菴과 覺念上 推敲을 同調하야 性體의 保聚를 切實히 主張한
이는 劉念臺宗周이니 念臺의 字는 起東이오 山陰 사람이라. 그 學은 "외오
서에 삼감"으로써 宗旨를 삼음은 覺念上 推敲과 髣髴하고 이 삼감이 切至
함을 따라 性體가 證得되며 證得되는 것을 兢兢保聚하야 이로써 大本을 세
우게 함이 念菴의 凝聚說과 近似하나 念臺에 와서는 陽明의 門面이 얼마쯤
變하야 점점 議論이 많앗나니 念臺 처음에 許孚遠에게 배웟는대 許孚遠은

곧 湛甘泉若水의 學統이라. 원래 從入의 塗徑이 다르다 할 수도 잇으나 念臺의 學이 또 甘泉과도 다르다. 그래도 가까운 데를 차지려면 念菴이다.

念臺는 明末 大臣이라. 毅宗의 猜刻함을 만나 忠直으로써 譴怒를 바다 여러 번 危禍를 지낫스되 一念이 宗國을 이지 못하더니 南都 陷沒한 뒤 絶食하고 돌아갓다. 門人 祝淵, 王毓蓍 다 死節하얏는대 祝淵의 일이 學者를 警發함즉하니 그는 처음에 念臺와 面識이 없더니 念臺의 忤旨削籍함을 듣고 疏救하얏다. 그 뒤 念臺를 가보니 念臺 뭇되

"그대 나를 救함이 이래야 할 것으로만 알아 함이냐 或 名譽念이 잇어 함이냐."

그는 念臺의 이 말을 듣고 爽然하야 가로되

"先生의 이름이 天下에 가득하니 과연이지 先生 門墻에 들지 못함을 붓그럽게 알라 함이로라."

이에 곳 念臺를 師事하얏다.

念臺의 學이 그 塗徑의 어떠함에 잇어 陽明과 岐異됨이 잇다 할지라. 이 一節만 보아도 赤裸裸한 本心上 直指宛然한 姚江 根臺이니 이러틋 伏念을 窮迫하야 一絲라도 潛藏치 못하게 할진댄 나날이 陽明과 岐異되는 말을 할지라도 이 곳 正傳이려니와 그 學을 說함에 尺寸이 틀리지 아니할지라도 이 刻厲이 虛徐할진댄 民衆과의 間隔이 떨어질 날이 없을지나 이 곳 異說이 아니냐. 凝聚니 保聚니 하는 것이 얼른 보아 分明히 알기 어렵다. 대개 "모은다"는 말이 그 면점에 잇서 全體具足치 아니함을 表示하는 것이니 是非, 善惡에 對하야 보이지 아니하고 들리지 아니하는 이 隱微한 곳에 스사로 속일 수 업는 一點靈明이 항상 이를 照破하는 것이로되 항상 照破함을 항상 蔽翳하야 隱微한 곳에 獨照하는 靈明의 體 全露하지 못하매 곳 僅存함에 그치고

이 僅存함도 가장 隱微한 속인지라 좀처럼 드러나지 아니한다. 그럼으로 그 照處로조차 明體를 차저 항여 이를 가릴까 함이 이곳 "保"이오, 가리어짐을 쉬지 안코 拓開하야 靈明으로 하야금 남김업시 두렷하게 함이 이곳 "凝"이오 "聚"이다. 그러므로 念臺는 "외오서에 삼가"라는 一句를 언제나 主張하얏다. 念臺는 생각하되

"이 一點靈明이 隱微한 속 나 혼자 아는 데 암을암을하면서도 休息하야 온 적이 업다. 그럼으로 가장 隱微한 속으로 向하야 차저보지 아니하고는 속일 수 업는 本體를 알지 못할 것이다. 그럼으로 過惡의 念을 已發한 뒤에 照察할진대 발서 文過 飾非的 邪念이 對起하나니 發하기 前에 그 幾微로조차 淸算하여야 한다"

하얏다. 念臺는 天品이 誠潔한 사람이라 自克함이 極層에 이르매 過惡의 根을 披拔함에 纖毫를 自忍치 못하얏슴으로 隱微中 獨知에 對한 體得함이 이상이 透明하얏다. 그러나 發하기 前에 그 幾微로조차 淸算함이 入門的 공부가 아니다. 대개 學問이란 힘쓸 수는 잇서도 억지로는 못 하는 것이니 억지로일진대 발서 참이 아니다.

念臺는 實行한 이다. 그러나 이는 緒山의 이른바 愚夫 愚婦를 爲하야 立法함이 아니다. 그럼으로 陽明이 格物을 解하되 意念에 向하야 그 不正한 것을 格하라. 意念의 不正한 것이 발러저야 良知 遺憾이 없다 함이 가장 切實하니 이 공부를 싸하 良知의 銳敏함이 纖毫의 不正을 容認하지 못하면 纖毫가 곳 鉅物가치 두렷할지며 이러할진대 若滅 若沒하는 것이라고 閑度함을 苟得치 못할 것이며, 고양이 쥐 잡드시 밧삭만 하야도 알고 이 소리까지 아직 없지만 나라는 것까지 아는 至神함이 잇슬 수 잇다. 그러나 공부는 쌓는

것을 가지고 提示할 뿐이니 싸흔 뒤 싸힘으로 생기는 微妙나 靈明이 나는 공부에 범을러 말할 것이 아니다. 그럼으로 初學으로서 體行할 수 잇는 그곳에 眞學問의 種子를 나리는 것이다.

그러나 이 "獨知"를 提唱하야 이 한 곳에서부터 誠과 僞 分界됨을 痛論함이 실은 陽明으로부터 비롯하얏나니 念臺의 學風이 이로조차 派轉한 것이다.

그럼으로 念臺는 말하되

"學問은 첫재 誠(眞) 僞(假)를 갈러야 한다. 만약 誠 우에 立脚하지 아니하면 千번 닥고 萬번 닥거야 禽獸路上人 되고 만다"

하얏고 누가 뭇되 "사람으로 生死關頭에 잇서 깨처 바리지 못하면 義와 利에 對하야 깨금하지 못할 것이 아닌가"

하니 念臺 대답하되

"生死에 對하야 이를 勘破하랴 하면 生死를 엇더케 깨트릴 수 잇으랴. 오즉 義와 利에 對하야 갈름이 해맑고 아름이 참되면 生死란 다 무엇이냐. 다시 말할 것도 없다. 義 맛당히 사러야 할진대 살 것이오 義 맛당히 죽어야 할진대 죽을 것이라. 눈압헤 보이는 이 한 義뿐이니 生이니 死니 그것은 보일 만한 存在가 없다"

하얏다. 念臺는 이를 實踐한 사람이다. 그러나 念臺 以後 念臺의 學을 傳承한 이 黃梨洲 一輩에 그치고 그 뒤로는 자못 寥寥하얏나니 물론 淸初 以後에 講學의 風氣 衰하고, 또 淸代諸帝 宋學을 褒崇하야 陽明 宗旨 容納되지 못함을 因함일지나 念臺의 學이 刻苦함을 意先에 하는이만치 上士에 對한 說法이라 初學의 追繼함이 因難하야 衰世 艱遇에 民衆과 가치 무릅쓰고 展開하기에는 좀 不足함이 없지 아니한 까닭이 아닌가 한다.

27

손기봉의 불굴의 정신, 황종희의 개혁론, 이옹의 지기(知幾)론

명말에서 청초로 들어와 양명을 계승한 인물로 볼 만한 학자가 세 사람 있다. 한 사람은 손기봉(孫奇逢, 1585~1673)이요, 한 사람은 황종희(黃宗羲, 1610~1695)요, 또 한 사람은 이옹(李顒, 1627~1705)[136]이다. 손기봉의 자는 계태(啓泰)이고 호는 하봉(夏峰)이며, 황종희의 자는 태충(太沖)이고 호는 이주(梨洲)이며, 이옹의 자는 중부(中孚)이고 호는 이곡(二曲)이다.

손기봉은 북직(北直) 용성(容城) 출신으로 처음에는 협객이었다. 그래서 위충현(魏忠賢, 1568~1627)[137]이 한창 세상을 어지럽힐 때 충신과 곧은 선비들이 한번 잡히면 감히 돌보아주는 사람이 없었는데, 그는 처음부터 끝까지 그들을 바삐 다니면서 구제함으로 해서 이름이 세상에 알려졌다. 그 뒤 지조 있는 협객에서 학자로 변하였으나, 지조 있는 협객 손기봉이 바로 학자 손하봉이므로 결코 다른 사람이 된 것이 아니다. 그러므로 그는 은연히 책임감이 강해 다음과 같이 말하였다.

"삶은 따름[順]을 귀하게 여기고, 죽음은 편안함[安]을 귀하게 여긴다. 죽음으로써 책임을 다했다고 하지 않을 것이다."[138]

따름[順], 편안함[安]은 모두 양지를 표준으로 삼아서 한 말이다. 그는 또 다음과 같이 말했다.

"보통 사람이라고 하더라도 그 뜻을 빼앗을 수 없다. 뜻을 빼앗을 수 없기 때문에 이것이 곧 명을 만들고[造命], 명을 세우는[立命] 곳이다."[139]

이는 한 사람의 확고한 뜻이 세상을 바꾸고야 말 것이라는 점을 보여준다. 또 어떤 사람이 "선비가 오늘날에 임하여 어떻게 하는 것이 도인가?"라고 묻자, "몸을 욕보이지 않는 것이 도다"[140]라고 대답하여 불굴의 정신을 주장하였다. 청나라의 명신 탕빈(湯斌, 1627~1687)[141]이 손기봉의 제자라고 불렸지만, 손기봉의 입장에서 보면 차라리 양국충(楊國忠)과 이임보(李林甫) 두 당파[142]의 혈통이라고 할지언정 탕빈은 그의 제자가 아니다.

황종희는 양명과 같은 읍에서 태어난 후학이다. 그의 아버지 황존소(黃尊素, 1584~1626)[143]가 간언을 하다가 위충현의 모함으로 죽자, 충신의 유족으로 어려서부터 의분을 느끼고 스스로를 권면하였다. 명나라 의종(毅宗) 원년에 화를 당한 집안의 열아홉 살짜리 고아로서 철퇴를 소매에 넣고 북경으로 가 원수를 내려쳐서 거의 죽게 만들었다.

그는 불행하게 일생을 마친 사람이다. 명나라 말 이리저리 쫓겨 다니는 조정에 고생하면서 절개를 다 바쳐 심지어 비밀리에 일본에 군사를 요청하러 가기까지 했지만, 원한을 품고 복수하려는 정위(精衛)[144]의 고충을 결국은 이루지 못하여 고향으로 돌아가 두문불출한 채 새로운 조정 청나라의 부름을 죽음으로 항거했다.

그는 어려서부터 유종주의 문하에서 배워 항상 보취설(保聚說)을 말했으나, 그 평생 종적은 유종주의 법도보다 왕간의 정신이 많았다. 그래서 거센 파도와 원숭이 소굴을 넘나들면서 열 번 살고 아홉 번 죽는 위험을 마다하지 않는 것을 "그만두려고 해도 그만둘 수 없는 이것을 이루었을 뿐이다"라고 하여 학문과 기절(氣節)을 하나로 설명하였다. 『명이대방록』을 지어 겉으로는 기자(箕子)가 무왕(武王)에게 전하듯이 천하의 도를 공개적으로 제시한 것처럼 보였으나, 실제로는 그의 정신은 「원군편(原君篇)」에 있었다. 「원군편」의 커다란 요지로 말하면 전제군주의 폐단을 철저하게 논하여 청나라 황제에 대한 존숭과 복종을 근본적으로 뽑자는 것이다. 황종희가 안 해본 운동이 없음은 여기서도 짐작할 수 있다.

이옹은 서안(西安) 주질(盩厔)[145] 사람이다. 아버지 이종오(李從吾)는 명나라 숭정(崇禎) 연간에 왕교년(汪喬年)의 부하로 도적을 토벌하러 갔다가 전사하였다. 이옹이 이 세 명의 대유 가운데 가장 외롭고 어려운 속에서 자라나 그 학문도 항상 스승과 벗의 도움에 의지한 것이 아니라 자기의 마음으로 스스로 세워, 오히려 손기봉이나 황종희보다 탁월하다. 그는 다음과 같이 말하였다.

"세상의 커다란 근본은 사람의 마음이고, 세상에서 가장 중요한 것은 세상 사람들의 마음을 일깨우는 것이다. 사람들의 마음을 일깨우는 것은 학문이고, 학문에 힘을 기울이는 것은 잘못을 뉘우치는 것이다."[146]

그러므로 그는 '잘못을 뉘우쳐 스스로 새로워지는 것[悔過自新]'을 학문의 종지로 삼았다.[147]

"잘못을 뉘우치되 그 근원을 제거하라."[148]

"무릇 잘못을 뉘우침은 그 몸에서 하는 것이 아니라, 그 마음에서 해야 한다. 마음에서 잘못을 뉘우치려고 한다면 반드시 그 생각이 움직이는 데서 찾아야 한다. 그런 뒤에야 잘못을 알고 잘못을 뉘우치고 잘못을 고쳐 스스로 새로워질 것이다."[149]

이옹은 일찍이 돌아가신 아버지의 유해를 찾아 나서려고 했으나 어머니가 나이가 많아 차마 떠나지 못하다가 어머니의 상을 마친 뒤에 곧바로 걸어서 전쟁터로 갔다. 성 아래에서 유골을 샅샅이 찾아보았으나 찾지 못하였다. 그곳의 관리와 백성들이 이옹의 지극한 효성에 감동하여 그 아버지를 위해 사당을 세우기로 했다. 공사 중에 남쪽에서 그를 초빙하는 사람이 있어서 한편으로는 선현들이 남긴 글을 꼼꼼히 읽고, 한편으로는 학문을 강의하다가 홀연히 눈물을 비 오듯이 흘리고 뉘우치면서 스스로를 꾸짖어 말하였다.

"불효로다. 너의 이번 길이 무슨 일을 위한 것인데 여기서 무어니 무어니 하고 있으니, 이러고도 사람의 마음이 있는 자라고 하겠는가? 선현들이 남긴 글을 본들 무엇 하겠는가?"[150]

그러고는 곧바로 전쟁이 있었던 곳으로 가서 사당을 짓는 일을 끝낸 뒤에 제사를 지내면서 통곡했다. 고향으로 돌아와 문을 닫아걸고 자신을 깨끗이 닦고 있었는데, 청나라 조정에서 그를 불러 쓰려고 하였다. 이옹은 곧 칼을 뽑아 자신을 찔렀으나, 사람들이 그를 구해 소생하였다. 그 뒤부터는 억지로 따르게 하지 않았다. 토굴 속에서 힘들게 절개를 지키며 일생을 마쳤으니, 고염무(顧炎武, 1613~1682) 이외에는 그의 정성스러운 접대를 받은 사람이 없었다고 한다.(『명사』, 『명유학안』, 『길기정집(鮚埼亭集)』, 『황이주유서(黃梨洲遺書)』 참조)

❀

손기봉, 황종희, 이옹은 명말 청초의 저명한 유학자들이다. 정인보는 이들을 양명학자로 평가한다. 그러나 황종희 이외에 손기봉과 이옹까지 양명을 계승한 인물로 보는 이는 드물다. 그럼에도 정인보가 이들을 양명학을 계승한 인물로 본 데에는 까닭이 있다. 바로 명말 청초의 난세를 헤쳐나간 그들의 삶에서 양지가 생생하게 살아 움직이고 있음을 보았기 때문이다. 정인보는 그들이 '그만두고자 해도 그만둘 수 없는 길'을 간 것으로 본다. 그들이 걸어간 삶의 구체적인 족적은 다를지라도 양지의 명령에 따른 것이라는 점에서는 동일하다는 것이다. 그래서 정인보는 이 세 사상가의 학술을 상세히 소개하기보다는 양지에 따른 그들의 삶의 모습을 묘사하는 데 관심을 기울인다.

손기봉은 자가 계태(啓泰)이고, 호는 종원(鍾元)으로 하북성(河北省) 용성(容城) 사람이다. 명 만력 28년(1600, 17세)에 향시에 합격하여 거인(擧人)이 되었다. 학식이 박학하고 기절이 고상하여 동림당 사람들과 밀접하게 왕래하면서 엄당(閹黨)의 위충현(魏忠賢)과 투쟁하였다. 1625년 위충현(魏忠賢)이 동림당(東林黨)의 좌광두(左光斗) 등을 체포하자 그들을 구출하고자 했으나 실패했다. 좌광두 등이 옥사하자, 위험을 무릅쓰고 그들의 장례식을 치렀다. 명나라가 망하고 청나라 조정에서 누차 불렀으나 벼슬하지 않았다. 하남성(河南省) 하봉(夏峯)으로 이주한 뒤로 20여 년 동안 강학했는데, 따르는 이들이 많았으며, 하봉 선생으로 불렸다. 그 학술 사상은 신독(愼獨)을 근본으로 삼고, 천리를 체인하는 것을 요체로 삼았으며, 일상생활에서 인륜을 행하는 것을 실질적인 효과로 삼았다. 저서로는 『이학종전(理學宗傳)』, 『독역대지(讀易大旨)』, 『사서근지(四書近指)』 등이 있다. 이 가운데 『이학종전』은 한 대로부터 명말에 이르기까지 저명한 학자들의 인물과 사상을 서술한 일종의 철학사다. 그는 이학 발전의 핵심 인물로 주돈이(周敦頤), 정호(程顥), 정이(程頤),

장재(張載), 소옹(邵雍), 주희(朱熹), 육구연(陸九淵), 설선(薛瑄), 왕수인(王守仁), 나홍선(羅洪先), 고헌성(顧憲成)의 열한 사람을 제시하였으며, 주자학과 양명학을 상호보완하고 합일시키려는 태도를 취했다.

황종희는 자가 태충(太冲)이고, 호는 이주(梨洲) 또는 남뢰(南雷)로 절강성(浙江省) 여요(餘姚) 사람이다. 부친 황존소(黃尊素, 1585~1626)는 동림당의 명사로 환관 위충현(魏忠賢)을 탄핵한 일로 체포되어 옥에 갇혔다가 옥사하였다. 황종희는 아버지의 원수를 갚으려고 북경으로 들어가 엄당(閹黨)의 허현순(許顯純) 등을 철퇴로 내려쳤는데, 이로부터 이름이 점점 알려졌다. 청병이 남하하자 고향 사람들을 조직하여 그에 저항했으며, 명이 망한 뒤로는 은거하여 저술 작업에 몰두했다. 저술로는 『명유학안(明儒學案)』, 『송원학안(宋元學案)』, 『맹자사설(孟子師說)』, 『역학상수론(易學象數論)』, 『명이대방록(明夷待訪錄)』 등이 있다.

황종희는 사상 방면에서 스승 유종주의 영향 아래 양명학을 계승하는 입장을 취한다. 그는 자신이 놓여 있는 사상사적 맥락을 다음과 같이 정리한다.

"명대의 학술은 진헌장이 그 단서를 열었고, 왕수인에 이르러 처음으로 크게 밝아졌습니다. 대개 그 이전에는 선유의 성설(成說)을 잘 익힐 뿐, 자신에게 돌이켜 이해하고 지극히 은미한 곳까지 미루어 보는 일은 없었습니다. 여기에서도 주자를 조술하고, 저기에서도 주자를 조술하는 상황이었습니다. 고반룡이 '설선과 여남의 어록 속에는 모두 그다지 투철한 깨달음이 보이지 않는다'고 말한 것도 이 때문입니다. 선사(先師) 유종주에 이르면 학술의 유폐를 바로잡아 거의 사라졌습니다. 옛날에 왕수인이 없었다면 학맥은 중단되었을 것이며, 옛날에 유종주가 없었다면 유폐가 세상에 가득하였을 것입니다. 무릇 해내(海內)의 사람들이 학문을 아는 것은 요컨대 모두 동절(東浙)의 덕택입니다. 지금 그 덕택의 공을 잊어버리고 단지 그 유폐의 잘못만을 비난하는 것은 너무 각박하지 않습니까?"[151]

황종희는 명대 학술을 진헌장이 단서를 열고, 왕수인이 크게 밝히고, 유종주가 양명 후학의 유폐를 바로잡았다고 밝힌다. 이것은 양명학이 유종주를 통해 황종희 자신에게 흐르고 있음을 드러낸 것이기도 하다.

황종희의 저술 가운데 주목할 만한 것은 『명이대방록(明夷待訪錄)』이다. 정인보는 『명이대방록』 가운데서 전제군주제의 폐해를 지적하고 새로운 정치체제를 모색한 「원군편」에 황종희의 정신이 담겨 있다고 본다. 청나라 황제에 대한 복종을 근본적으로 없애려고 한 황종희의 뜻을 간파해 낸 것이다. 정인보가 「원군편」을 중시한 데에는 당시 일제 치하에서 요구되는 일본 천황에 대한 복종을 근본적으로 없애고자 했던 마음이 있었기 때문일 것이다. 그가 스승으로 섬겼던 이건승과 이건방도 국권이 상실되어 만주로 가던 중에 황종희의 『명이대방록』을 읽고 깊은 감명을 받은 바 있다. 이들이 『명이대방록』에 감명을 받은 것이 결코 우연이 아니다. 일제 치하에서 벗어나 새로운 정치체제를 모색하고자 하는 의지를 공유하고 있었던 것이다.

이옹은 자가 중부(中孚)이고, 호는 이곡(二曲)으로, 섬서(陝西) 주질(盩厔, 지금의 周至) 사람이다. 이옹은 평생토록 학문을 하면서 '학술을 밝히고, 사람의 마음을 깨우치는 데' 뜻을 두었고, 관학(關學)을 밝히는 것을 자신의 임무로 여겼다. 관학은 예교를 몸소 실천하는 것을 근본으로 여긴다. 이옹은 여남(呂枏)과 빙종오(馮從吾)의 방향을 따라 사서(四書)와 치양지를 하나의 화로에 융해시켜서 '잘못을 뉘우쳐 스스로 새로워지는 학설[悔過自新說]'을 창립하여 이학(理學)을 유학으로 환원시켰다.

───────

明末로부터 淸初에 들어와 陽明의 後勁으로 볼 만한 세 學者가 잇으니 一은 孫奇逢이오 一은 黃宗羲오 一은 李顒이다. 孫奇逢의 字는 啓泰오 號는 夏峯이오, 黃宗羲의 字는 太冲이오 號는 梨洲오, 李顒의 字는 中孚오 號는 二曲이니

夏峯은 北直 容城에서 나 처음은 俠客이라. 魏忠賢이 한참 濁亂할 때 忠臣直士 一輩 한번 잡히면 감히 돌볼 이 없는 때 始終을 奔救하야 이로써 天下에 들리웟다. 그 뒤 節俠을 變하야 學問家되엇으나 節俠 孫奇逢이 곳 學問家 孫夏峯이라 하상 前後가 다른 것이 아니다. 그러므로 그는 隱然히 責任心이 强하야

"生함은 順함을 貴히 안다. 死함은 安함을 貴히 안다. 死로써 塞責하지 아니할 것이다"

하얏다. 順이라 安이라 함은 다 良知를 表準하야 가지고 한 말이다. 또

"匹夫도 그 뜻을 아슬 수 없나니, 뜻을 아슬 수 없는지라 이 곳 造命이오 立命이라"

하야 一人의 確固한 뜻이 곳 天下를 轉移하고야 말 것임을 보이엿고, 또 누

가 뭇되 "선비 오늘날을 당하야 어쩌케 함이 道인가" 하니 대답하되 "몸을 辱보이지 아니하는 것이 道라" 하야 不屈하는 精神을 主張하얏다. 淸 名臣 湯斌이 夏峯의 弟子라 일커르나 夏峯으로부터 보면 차라리 楊, 李의 黨血統이라 할지언정 湯文正(斌)은 門徒가 아니다.

梨洲는 陽明의 同邑 後學이라. 그 아버니 尊素가 魏忠賢 통에 諫死하야 忠臣遺孤로 어려서부터 慷慨自勵하얏다. 明 毅宗 初元에 禍家 十九歲의 孤兒로 鐵錐를 소매에 넣고 北京에 와 讎人을 처 거의 죽게 하얏다.

그는 不幸으로써 一生을 마친 사람이라. 明季의 播流하는 行朝에 崎嶇盡節하야 심지어 日本乞師의 行까치 秘發하얏엇으나 精衛의 苦衷을 마침내 이루지 못하매 故里에서 杜門하고 新廷 徵召를 死拒하얏다.

그는 少時부터 念臺의 門에 배워 항상 保聚說을 말하얏으되 그 生平 踪跡은 念臺의 規矩보다도 心齋의 精神이 만하 鯨濤 猿窟에 十生九死하야 마지 아니하는 것을 "말랴 하야도 말 수 없는 이것을 이루엇을 뿐이라" 하야 學問, 氣節을 하나로 說明하얏다. 明夷待訪錄을 지어 거죽으로는 箕子가 武王에게 傳하드시 天下의 道를 公示한 것처럼 보이엇으나 실은 그의 精神이 原君篇에 잇고 原君篇의 大旨로 말하면 專制君主의 弊를 極論하야 淸帝에 對한 尊依를 根本的으로 뽑자는 것이니 梨洲의 아니하야 본 運動이 없음은 여기서도 짐작할 수 잇다.

二曲은 西安 盩屋 사람이라. 아버니 從吾ㅣ 明崇禎間에 汪喬年 部下로 討賊하러 갓다가 戰死하얏다. 二曲이 이 三大儒中 가장 孤苦한 속에서 자라나 그 學問도 항상 師友의 益을 資함이 아니라 自心 自立하야 卓絶함이 오히려 孫, 黃에 지난다. 그는 말하되

"天下의 大根本은 人心이오 天下의 大肯綮은 天下의 人心을 提醒하는 것이라" 하고 "人心에 對한 提醒은 學問이오 學問에 對한 着力은 悔過라" 하얏다 그러므로 그는 "悔過自新"으로써 宗旨를 삼앗다.

"過를 悔하되 그 根源에 가서 削除하라."

"무릇 過를 悔함은 그 身上에서 함이 아니라 그 心上에서 할 것이오, 心上에서 하랴 할진대 반듯이 그 念의 움즉임에서 求할지니 이러한 뒤라야 過를 알고 過를 뉘우치고 過를 고처 스사로 새로울 것이라"

하얏다. 일즉이 亡父의 遺骸를 차지러 나스랴 하얏으나 어머니 老人이라 참아 떠나지 못하다가 齊衰의 喪를 마친 뒤 곳 徒步로 戰地를 向하야 城下 遺骨을 遍索하얏으나 엇지 못하니 官民이 二曲의 至孝에 感動하야 信吾를 위하야 祠宇를 세우기로 하얏다. 役事中 二曲을 南邀하는 이 잇어 一面으로 先賢遺書를 點閱하고 一面으로 學을 講하다가 홀연 눈물이 비 오듯 하며 뉘우치며 꾸지저 가로되

"不孝로다. 네 이번 길이 무슨 일을 위함이완대 여기서 무에니 무에니 하고 이러고도 人心이 잇는 者라 하랴. 遺書를 보아선들 무엇 하랴"

하고 곳 戰地로 가 祠役 끝난 뒤 設祭 痛哭하고 돌아와 杜門 自請하더니 淸廷으로부터 그예 불러 쓰랴 하니 二曲이 곳 칼을 뽑아 自刺하니 救하야 回蘇하얏으나 이 뒤부터는 强迫하지 아니하얏다. 土室 속에서 苦節의 一生을 마추어 顧炎武 以外에는 그의 欸接을 받은 이 없엇다 한다.(明史, 明儒學案, 鮚埼亭集, 黃梨洲遺書參照)

6
조선양명학파

28

최명길의 양명학 공부와 경세사상

조선에는 양명학파(陽明學派)가 없었다. 양명학은 내려오면서 어떤 이단(異端)이나 사설(邪說)처럼 몰려서 그 책이 책상 위에 놓인 것만 보여도 벌써 세상을 어지럽히는 무리라는 성토를 받을 준비를 해야 했으니, 한두 학자가 비록 양명의 학설에 홀로 부합함이 있다고 할지라도 밖으로는 드러내지 못했다. 그러므로 양명학파가 없었다고 함이 사실 아님이 아니다. 조선은 회암학파(晦菴學派)뿐이다. 수백 년 동안 누구 할 것 없이 주자학을 받들어야만 관리가 되어 이름을 날리는 길을 얻을 수가 있는 것이 전부인지라 따로 회암학파라는 이름조차도 없었다.

그러나 학문이 명예스러운 벼슬을 얻는 길이 되면 허위와 가식의 폐단이 생기기 쉬운데, 이 학문이 명예스러운 벼슬을 얻는 길이기는커녕

온 세상 사람들이 배척하는 표적임에도 불구하고 '내 마음에 옳으니까 나는 이것을 홀로 닦는다'고 한다면 이야말로 '완전히 참되어 조금의 거짓도 없음[一眞無假]'의 원래 혈맥이니, 없었다고 하는 조선양명학파가 실제로는 가장 귀한 존재가 아닐는지 누가 알겠는가! 이제 양명학파로서 밖으로 드러내지 못한 우리의 예전 현인을 찾아보면 참으로 희소하기가 막심한데, 그중에도 대략 세 가지로 구별할 수 있다. 하나는 뚜렷한 저서가 있다든지 그렇지 않으면 그 말하고 논하는 사이에라도 분명이 증거할 만한 것이 있어서 외간에서는 몰랐을지라도 양명학파라고 하기에 의심이 없는 이들이요, 하나는 양명학을 비난한 말이 있는데 앞뒤를 종합해 보면 이는 교묘하게 속이는 말일 뿐이고 속으로는 양명학을 주장하던 것을 가릴 수 없는 것이 있는 이들이요, 하나는 양명학을 일언반구 언급한 적이 없고 받드는 것은 회암에 있으며 양명을 말하지 아니하되 그 평생 주장의 핵심이 되는 정신을 보면 두말할 것 없이 양명학임을 알 수 있는 이들이다.

우선 첫 번째 부류에 속할 양명학파로 지천(遲川) 최명길[崔鳴吉, 1586(선조 19)~1647(인조 25)]이 있었다. 지천이 양명학을 홀로 닦았음은 앞사람이 언급한 적이 없었다. 지천같이 사림의 비난을 도맡아 가지고 드는 이로서 만일 그의 학문이 왕양명을 주장하였다고 할 것 같으면 더더군다나 죄목이 붙었을 것인데 도무지 아는 사람이 없었다.

"신진익(辛晉翼)이 와서 두 통의 편지를 받아보았는데 이응징(李應徵)이 편지 하나를 또 전하니 동시에 부친 것이기는 하지만 갑절이나 든든하다.

편지를 받은 뒤의 소식이 어떠한지는 최명후(崔明後)[2]가 오래지 않아 돌아오겠기에 그가 오기만을 고대하고 있다. 네 편지에서 "본래 면목이 오직 황홀한 사이에 희미하게 보일 뿐이니, 공부가 무르익지 못해서 그런가 합니다"고 하였는데 네가 능히 이러함을 깨달았으니 그동안 점검하고 성찰한 공부를 알 수 있어서 매우 기쁘다. 양명의 글에 "마음은 본래 '살아 있는 물건[活物]'이므로 오래 지키고 있을 것 같으면 마음에서 병이 생길까 걱정된다"[3]고 하였는데, 이는 반드시 친절하게 본 바가 있고, 또 자기가 분명히 체험하였기에 이렇게 말한 것일 게다. 양명과 같은 고명함으로도 오히려 이러한 걱정이 있거늘,[4] 하물며 지금 역경에 처해 있는 너로서야 어찌 보통 사람처럼 태연할 수 있겠느냐? 이때에 와락 각고(刻苦)의 공부를 하여 지나치게 지키게 되면 혹 다른 병이 생길까 염려하지 않을 수 없다. 다만 일상적인 말과 행동에서라도 때때로 정신 차려 수습하여 이 마음을 놓이게만 하지 말고 가끔 정좌하여 묵묵히 살펴서 천기(天機)의 오묘함을 인식하도록 해라. 그래서 언제나 내 마음의 본체로 하여금 솔개가 날고 물고기가 뛰어오르는 자연의 법칙[天則]에 합하게 할 것 같으면 비록 갇힌 속에 있을지라도 '기수에서 목욕하고 무우에서 노닌 뒤 시를 읊조리면서 돌아오는 흥취'[5]가 저절로 생겨서 스스로 즐기어 시름을 잊을 수 있을 것이다. 더구나 너야 기거하고 먹고 마시는 것이 아무래도 자유로움이 있고 접하는 말과 풍습은 다를지라도 그들이라고 내 동포 아님이 없어서 하늘에서 얻은 오성(五性)과 칠정(七情)이 우리와 서로 멀지 아니하니 목석이나 미록(麋鹿)하고 지내는 것보다야 어찌 낫지 않겠는가? 또 이른바 '본래 면목(面目)'이라는 것은 언제나 텅 비어 밝고 아주 맑은 데 들어 있다가 희로애락의 감정 사이에 나타나는 것이다. 이런 까닭에 옛사람들이 공부를 함에 있어 움직임과 고요함[動靜]을 하나로 보는 것이다. 해와 달, 추위와 더위의 뒤바뀜이나, 바람과 구름 안개와 비의 변화하는 양태가 모두 도체(道體)의 유행인 동시에 내 마음의 지각 작용과 더불어 어우러져 하나가 되는 것이니 깨달음이 여기에까지 이르러 항상 체인(體認)하게 되면 '희미하다'고 하던 것이 자연히 분명해질 것이며, '황홀한 사이'라고 하던 것이 자연히 오래도록 무르익게 될 것이다. 나인들 이러한 경지에 도달한 사람이겠느냐마는 마음은 늘 여기에 두어왔으므로 이따금 힘을 얻음이 있어서 평생에 별의별 못 당할 일을 수없이 만났으나 큰 낭패에 이르지 않을 수 있었던 것도 모두 이 힘 때문인 줄로 안다. 그러므로 너에게 말하는 것이니, 뒷날 우리 부자가 서로 만나 헤어진 뒤에 얻은 바를 각각 말하고 팔목상대하게 되기를 바란다. 봉길(鳳吉)이가 어제 숙천(肅川)에서 왔는데 절의를 지키는 아우[誼弟]도 무던히 잘 견딘다고 하더구나. 두어 달 그냥 묵게 한 뒤에라야 무슨 변통이 있을 것 같다. 다른 말은 별지(別紙)로 한다."[6]

이 한 통의 서찰은 『지천집』 권17에 있는 「기아후량서(寄兒後亮書)」이니 병자호란과 정묘호란 뒤에 대신의 자제가 인질로 심양(瀋陽)에 가 있었는데, 이때 보낸 글월인 줄로 안다. 전체적인 말의 뜻에서 지천의 학문이 어디로 좇아 들어갔는지 분명하게 징험할 수 있는데, 다시 그 문집 가운데 권17에 있는 「복잠(復箴[7])」 제6장에 "남은 모르는데 자신의 마음이 홀로 안다"[8]고 한 구절과 서로 비추어보면 양명의 양지(良知) 한 길을 이어받아 계승했음이 의심 없이 나타난다.

지천의 자는 자겸(子謙)이니 인조반정의 원훈(元勳)으로서 관직은 영의정에 이르고 시호를 문충(文忠)이라 하니 학자로서 가장 관직이 높고 명성이 큰 사람이라고 하겠으나, 그의 일생으로 말하면 기구하고 험난하여 그 편지의 말과 같이 별의별 못 당할 일을 갖가지로 만난 모질고 사나운 팔자이니 반정원훈부터가 모험의 시작이었거니와 지천의 가장 기구함은 병자년과 정묘년 전후다.

처음 정묘년(1627) 청나라가 쳐들어와 임금께서 강화로 피난 가실 때, 최명길이 나서서 혼자 청나라 사신을 맞이하여 진해루(鎮海樓)에서 화의를 맺어 청군의 화를 물리쳤다. 그 뒤에 고언과 절실한 주장으로 외교 정책과 내수 방안을 갖추어 제시했으나, 조정의 의론이 일치하지 않아 하나도 시행되지 못했다.

병자년(1636)부터 청나라 사람의 침략의 조짐이 날로 가까이 다가오는데, 조정에서는 한갓 큰소리에 기울어져 전쟁과 화친의 두 가지 방책이 다 아득했다. 최명길은 홀로 온갖 근심에 휩싸여 아무쪼록 외교 문서를 유순하게 만들어 재앙을 늦추어 놓고, 그 사이에 백성을 보호하고 병사들을 훈련시켜 싸워서 지킬 계획을 세우고자 했다. 그러나 이런 말을 뻥끗만 하면 벌써 진회(秦檜, 1090~1155)[9]와 같은 부류로 그를 몰아세웠다. 하지만 그는 그렇게 몰든지 말든지 모두 한쪽 귀로 흘려버리고 거듭거듭 말하여 스스로 그만두지 못했다.

병자년 겨울에 청나라 병사가 한양 부근까지 곧장 쳐들어왔다. 임금이 황급히 피난하려고 남대문을 나설 즈음에 청나라 병사가 벌써 서쪽

근교에까지 밀어닥쳤다. 임금과 신하가 모두 아연실색하여 어찌할 줄을 모르자, 최명길이 임금 앞에 나아가 아뢰었다.

"신이 단기로 오랑캐 진영에 가서 맹약을 어기고 병사를 동원함을 문책하겠사오니, 신을 죽이면 할 수 없되, 아주 다행스럽게 말만 함께 할 수 있다면 주고받는 동안에 임금께서 피하실 틈을 얻을 수 있을 것입니다."[10]

이때 인조가 최명길의 이야기를 듣고 말했다.

"그러면 다행이다. 경이 온갖 죽음을 무릅쓰고 몸을 범의 아가리에 던져 넣어서 임금의 위급함을 늦추려고 하니, 이는 고금을 막론하고 처음 보는 일이다."

그러고는 금군(禁軍) 20명을 데리고 가게 했다. 성문을 나서자마자 금군 20명이 하나도 남김없이 다 달아났다. 청군의 진영에 이르러 짐짓 수작을 늘어놓아 어떻게 시간을 끌었던지, 해가 기울도록 군대의 행진을 머물게 했다. 물론 지략이 남보다 뛰어난 사람이라서 어떻게 하면 어떻게 될 수 있을 것이라고 하는 자신감도 있었지만, 생사화복(生死禍福)을 염두에 두지 않는 순수하고 진심 어린 정성이 아니고서는 이렇게 밀고 나가지 못했을 것이다.

임금을 모신 수레가 이미 남한산성에 도착한 뒤에 최명길이 아슬아슬하게 청나라 장수의 칼날을 벗어나 임금이 계신 행재소(行在所)로 가니, 포위된 이 성의 함락이 또 조석지간(朝夕之間)에 달려 있었다. 최명길이 말했다.

"오늘날 계책은 강화가 아니면 싸우는 것인데, 싸우려면 믿을 만한 군사가 없고, 강화에 대해서는 모두 두려워하여 꺼림이 있으니, 한 조각 외로운 성에다 임금을 모셔놓고 나랏일을 장차 어찌할 것인가!"

이에 화의(和議)를 주장하여 떠맡았다. 화친을 주장한 것은 곧 최명길의 죄목이다. 그러나 화친을 주장한 것이 최명길의 죄가 아니라, 차마 임금과 나라를 떼어버리고 당시 사람들이 모두 말한 "대의(大義)"를 표방하지 못한 것이 최명길의 죄다. "대의", 나라가 무너지고 임금이 망하는 것은 두 번째 일이요, 좀 더 나아가 나라를 무너뜨리고 임금을 보호하지 않으면서 이 '대의'를 세우자고 하는 것이, 과연 본심이 발하여 나타난 것이라고 할 수 있을지 모르겠다. 오호라, 임금이 보호되고, 나라가 보존되는 것을 부차적인 것이라고 한다면, 진실로 가장 중요한 것은 물론 그 어디에도 없을 것이다. 그러나 학풍이 전하여 답습된 지 오래되어, 옛것을 바라고 뜻을 숭상하는 얼마간의 석학들마저 다시 의심할 것 없는 이 일의 경위를 그냥 지나쳐 보았으니, 그네들이 흠 없이 결백하지 않았던 적이 없지만, 실상은 존왕양이(尊王攘夷)의 전래되는 가르침에 기댄 것이지 자기 마음에 스스로 그만두지 못할 무엇이 있어서가 아니다.

최명길은 이런 학자가 아니다. 내 임금이 위험에 빠지고 내 나라가 망하는 것을 차마 하찮게 보아 넘길 수 없었다. 당시 사람들이 다 말하는 '대의'는 돌아보지 않을 수 있지만, 자기 마음에서 홀로 아는 불안은 스스로 속일 수 없었다. 옛 성현의 진수를 탐구해 보면 도의[義]와 이익[利]의 구분은 오직 홀로 아는 그곳에서 편안한지 아니면 불안한지에 따라 경계가 구별되는 것이지, 어디에 견주어서 비교해서 도의를 얻어오는 것이 아니다. 이로써 보면 최명길은 과연 도의대로 실천한 사람인가, 아니면 도의를 저버린 사람인가?

그 비난과 그 공격을 받으면서도 '그만둘 수 없는' 순수한 정성은 터럭만큼이라도 기가 꺾임이 없었다. 최명길이 대의를 몰랐다고 하자. 최명길은 오직 은미한 자기 마음이 밝게 비추는 것을 차마 스스로 버리지 못한 사람이다. 인조대왕도 돌아보지 아니할 수 있고, 조선까지도 상관하지 말자고 할 수 있지만, 자기 마음에서 저절로 우러나는 이 한 자리는 최명길로서도 어쩌지 못하는 것이다. 어쩌지 못한다면 인조대왕을 돌아보지 않으려고 해도 어쩔 수 없고, 조선을 상관하지 않으려고 해도 어쩔 수 없었던 것이다. 그러므로 최명길로서는 한 생각이라도 인조대왕을 위하는 데 털끝만 한 기사(己私)가 끼어들까 그것이 걱정이요, 조선을 위하는 데 실낱같은 이욕이 섞여 들까 그것이 근심이었을지언정, 한 시대의 비난과 공격은 말할 것도 없고, 심하게는 백세·천추·영겁에 이르도록 자기를 극악무도한 죄인으로 몰지라도, 이것은 그의 가슴에 조금이라도 담아둘 것이 아니었다. 만일 이러한 생각이 오고 간다면, 이것이 곧 기사(己私)이니 이것이야말로 참으로 걱정해야 할 것이요, 또 이것이 곧 이욕이니 이것이야말로 참으로 근심해야 할 것이다.

오늘날 최명길을 평가하는 사람은 아직도 그가 대의를 어김을 잘못 알기도 하고, 아는 사람은 임금을 보호하고 나라를 보존한 그의 공적이 밝게 드러난 것을 기리기도 한다. 그러나 전자는 말할 것도 없고, 후자까지도 오히려 최명길의 참모습을 이해한 것이 아니다. 최명길이 남한산성에서 홀로 임무를 떠맡은 것은 바로 그가 학문을 통해 힘을 얻었기 때문이다. 따라서 그의 학문을 알아야 그 표리와 본말이 어떤지를 깊이 알 수 있다.

기평군(杞平君) 유백증(俞伯曾, 1587~1646)[11]이 포위된 성에 있을 때, 때아닌 새벽에 홀로 성 위에 앉아 탄식하며 말했다.

"허, 육 척도 채 되지 못하는 몸으로 뭇 시비를 도맡아 가지고 정성을 다하여 나라를 구하니 무던하다, 무던하다."

이 말을 고효열(高孝悅)이라는 서리가 가만히 듣고 말하였다. "이것은 분명히 완성대감(完成大監)을 두고 하는 말이다."[12] 보이지 않는 곳에서 하는 칭찬이 참된 칭찬임을 알아야 한다. 누가 들으라고 한 것이 아니다. 최명길이 생전에 공명심이 있었다면 최명길이 되지 못했을 것이다. 공명심이 있었다면 최명길이 되지 않았을 것이다. 그러면 최명길의 주화(主和)를 배격하는 대의는 어떤 것인가? 중화인 명나라를 위해 나라를 없애는 것은 옳고, 오랑캐인 청나라와 화친하여 춘추대의를 더럽히는 것은 그르다고 하는 것이다.

최명길도 명나라에 대해 옛 우의를 생각하지 않은 사람은 아니다. 그러나 조국의 존망이 달린 문제에 있어서는 최명길의 안중에 명나라라는 것이 있을 리 없다. 그러나 국가로서 지켜야 할 신의는 또한 국가를 위해 굳게 지켰다. 남한산성에서 화약(和約)을 맺은 이후 청나라가 조선의 병사를 징발하여 명나라를 치려고 하자 최명길이 임금에게 아뢰었다.

"청나라와 화친을 맺기는 했지만 명나라를 공격하는 것은 의리가 아닙니다. 대신 몇 사람이 이 일로 인해 목숨을 버려야 할 것입니다. 신 자신이 가장 먼저 감당하려고 합니다."

그러고는 스스로 심양(瀋陽)에 가서 죽을 각오로 싸움을 저지했다. 청나라와 화친조약을 맺은 뒤에, 명나라 조정에 밀서를 보내 옛날의 우의(友誼)를 저버린 것을 사과함이 옳다고 여겨서 독보(獨步)라는 비구승을 변장시켜 보내자, 숭정제가 험난한 길을 스스로 온 것에 감복하였다. 독보가 재차 또 바닷길로 사행(使行)을 거듭하다가 마침내 단서가 드러나자, 최명길이 스스로 감당하고 다시 압록강을 건너가 심문에 응하려고 할 때, 청나라의 정황을 잘 아는 사람이 최명길에게 말했다.

"직접 배를 가장하여 승려를 보낸 것은 임경업(林慶業, 1594~1646)[13]이 한 일입니다. 대감이 화를 당할지라도 임경업은 어차피 면하지 못할 것이니, 그에게 미루고 화를 피하십시오."

최명길이 말했다.

"아니다. 그 사람과 함께 일을 하고는 생사의 기로에 임하여 그에게 미루고 스스로 벗어나는 것은 도의[義]가 아니다."

말하던 사람이 이 말을 듣고 문 밖에 나가 목 놓아 울며 다음과 같이 말했다고 한다. "참으로 충신, 열사다. 이런 사람도 다 있는가?"
심문에 대답하는 자리에 이르러 개연(慨然)히 자인하면서 말했다.

"이 일을 주장한 사람은 나 하나다. 임금이 아시는 것도 아니요, 조정의 신하도 아는 사람이 없다."

임경업에 대해 묻자, "이것은 다 내 명령을 받들어 행했을 뿐이다"고 하였다. 청나라 사람들이 서로 바라보며 말하기를, "최각노가 일마다 스스로 감당하니 의지가 돌이나 쇠처럼 단단하다[鐵石肝腸][14]"라고 하여 온 마음과 힘을 다하는 최명길의 지극한 정성에 경의를 표했다. 그러나 마침내 심양까지 잡혀가서 북관(北館)에 갇히고, 다시 남관(南館)으로 옮겼다가, 전후 4년 만에 고국 땅을 밟았다.
최명길의 지극한 친구이자 동학인 한 분이 있는데, 바로 계곡(谿谷) 장유(張維)다. 최명길이 뭇 비난과 공격을 당하는 중에 특별히 최명길에 감탄하여 정묘년 진해교섭을 다음과 같이 말했다.

"그 당시에 오랑캐 군대가 강도(江都)에서 백여 리밖에 떨어져 있지 않은 평산(平山)에 주둔하고 있었는데, 행조(行朝: 피난 중의 임시 조정)의 수비가 빈약해서 사람들이 두려워하며 벌벌 떨고 있었다. 비록 척화(斥和)를 주장하는 사람들이라 할지라도 겉으로는 큰소리를 쳤지만 속으로는 화의(和議)가 이루어지는 것을 실로 바라고 있었는데, 남의 입방아질에 오를까 두려워하여 감히 분명하게 발언을 하지 못할 따름이었다. 그런데 자겸이 홀로 무슨 일에나 담당하고 나서 주저하거나 피하는 것이 없었으므로, 마침내 탄핵을 받고 물러나게 되었다."[15]

이것을 보면 그때 조정의 사정을 짐작할 수 있지 않은가? 속으로는 화의가 이루어지는 것을 다행하게 여기지만, 겉으로는 큰소리를 치는 것이 어찌 꼭 이 한 가지 일일 뿐이며, 어찌 꼭 화의에 대해서만 그러할까? 겉으로 내는 큰소리가 본심이 아님은 말할 것도 없거니와, 속으로 다행스럽게 여기는 그것도 실은 본심이 아니다. 화의에 대해서는 같은 생각이지만, 최명길은 임금과 나라가 보이고, 이들은 자신과 가정이 보이는 것이다. 속으로 화의를 다행스럽게 여기는 사람이 어째서 이를 배척하는가? 이것도 자신과 가정을 위해서 배척하는 것이다. 배척은 신망의 밑천이 아니다. 속으로 다행스럽게 여기는 것은 최명길을 빌려 이루고, 겉으로 내는 큰소리는 최명길이 있어 화살받이까지 되어주니, 이루어 다행인 것이야, 나나 알지 남은 모른다. 큰소리로 배척하는 것은 남이 다 아는 것이다. 남 보기로는 어느 틈으로나 속으로 다행스럽게 여김이 드러나지 아니하니, 이럴수록 겉의 큰소리는 더 준엄해져서 신망을 더 모을 것이다. 참으로 오묘한 방법이요, 기이한 책략이다. 그러나 장유(張維)의 밝음은 이것을 홀로 알았다. 장유까지 몰랐다고 하자.

'나'나 알지 남이 알까 하는 그 '나'까지 속일 수도 있을까?

❋

최명길의 사공의 업적과 마음공부

최명길(1586~1647)은 자는 자겸(子謙), 호는 지천(遲川)·창랑(滄浪)이다. 이항복(李恒福)의 문하에서 이시백(李時白)·장유(張維) 등과 함께 수학한 바 있다. 인조반정(1623)에 10공신의 한 사람이 되었고, 1624년에 이괄(李适)의 난을 진압했으며, 1636년에는 청군(清軍)의 진중에 단기(單騎)로 달려 들어가 화약(和約)을 어긴 침공을 따지면서 병봉(兵鋒)을 늦추어 인조의 남한산성행을 도왔으며, 청의(清議)의 비방을 무릅쓰고 화의를 주장하여 권도(權道)로써 종묘사직을 보존케 하였다.[16] 이처럼 최명길은 한 시대를 구제한 경세가다. 『인조실록』에 기록된 그의 졸기(卒記)에서는 그를 "위급한 경우를 만나면 앞장서서 피하지 않았고 일에 임하면 칼로 쪼개듯 분명히 처리하여 미칠 사람이 없었으니, 역시 한 시대를 구제한 재상이라고 할 만하다"[17]고 평가하고 있다. 이는 당시 대내·외적으로 직면한 국가적 위기 상황을 과감하고 슬기롭게 헤쳐나감으로써 국가를 수호하고 백성을 보호한 공적을 높이 평가한 것이다.

그런데 최명길이 난세에 경세 방면에서 탁월한 업적을 이룰 수 있었던 것은 그의 평소 마음공부와 무관하지 않다. 그는 스스로 '평생에 별의별 못 당할 일을 수없이 만났으나 큰 낭패에 이르지 않을 수 있었던 것은 항상 본래 면목을 체인하는 데 마음을 두고 공부를 함으로써 힘을 얻을 수 있었기 때문'[18]이라고 술회한다. 마음의 본래 면목을 체인하는 공부를 통해서 난국을 돌파하는 데 필요한 내면의 힘을 얻었다는 것이다. 정인보는 최명길의 이 학문상 득력이 양명학 공부로부터 온 것이라고 주장한다. 그런데 최명길의 증손인 최창대(崔昌大, 1669~1720)는 '지천이 어려서 육왕학을 공부했지만 중년에 이르러 양명학의 문제점을 깨닫고 초년의 견해를 수정하였다'[19]고 말한다. 최창대의 이 말은 사실에 근거한다. 최명길은 1635년 그의 나이 50세에 장유에게 보낸 편지글에서 '육왕학이 길을 잘못 들어섰음을 깨달았다'[20]고 말한 바 있다. 나이 50에 육왕학이 길을 잘못 들어섰음을 깨달았다고 술회하는 최명길을 양명학자로 평가할 수 있을까? 이를 위해서는 그의 새로운 공부 체험의 실질 내용이 무엇인지, 그것이 진정 양명학으로부터 이탈한 것인지를 면밀하게 검토할 필요가 있다.

최명길의 양명학 수용

최명길이 양명학을 언제부터 어떤 경로를 통해서 수용했는지는 분명하지 않다. 확실한 것은 그가 젊었을 적에 계곡 장유와 함께 양명학을 공부한 적이 있다는 사실이다. 이것은 최명길이 장유에게 보낸 편지글에서 '우리가 전에 베낀 육왕의 글을 열람하여 평소에 좋아하던 여러 편을 크게 낭독하여 보다가, 형과 침상을 같이하며 함께 공부하던 옛일이 갑절이나 생각났습니다'[21]라고 술회한 데서 확인된다. 최명길은 젊은 시절 장유와 함께 육구연과 왕수인의 글을 필사하여 읽었던 것이다.

양명학은 이기(理氣)나 도기(道器) 등의 형이상학적 주제보다도 인간의 심성에 관한 해명에 지대한 관심을 보인다. 심성설에서 양명학이 지닌 특징은 주체를 지시하는 관념으로서의 심을 본성 관념과 일치시키고, 그것을 우주의 본체 지위로까지 격상시켰다는 점이다.[22] 최명길은 왕양명의 이러한 심성설을 '곁가지를 떨어버리고 곧바로 본체를 가리킨' 기묘한 논의라고 보아서 그것을 좋아한 바 있다. 적어도 그는 양명학에 문제점이 있음을 자각하기 전까지 왕양명의 심성설을 공맹의 대도에 부합하는 것으로 보았다.[23]

양명학에 대한 비판적 성찰

양명학에 대한 최명길의 긍정적 평가는 그의 나이 50세(1635)에 마음공부에 대한 새로운 체험을 거치면서 부정적인 평가로 바뀐다. 그는 '왕양명이 마음을 논하는 데 가지와 잎을 떨어버린 것이나 성을 논하면서 본체를 곧바로 가리킨 것은 기이한 듯하지만 기이한 것이 아니다. 그것들은 모두 자기 학술의 병처로서 우리 도의 정학(正學)에 해가 되지 않는 것이 없다'고 말하고, 양명학을 선학(禪學)으로 간주한다.[24]

양명학에 대한 최명길의 이해와 평가에 전환이 일어난 것은 마음공부에 대한 새로운 체험이 있었기 때문이다. 그는 장유에게 보낸 편지글에서 자신의 마음공부에 대한 체험을 다음과 같이 서술한다.

"밤중에 일어나 우리가 전에 베긴 육왕의 글을 열람하여 평소에 좋아하던 여러 편을 크게 낭독하여 보다가, 형과 침상을 같이하며 함께 공부하던 옛일이 갑절이나 생각났습니다. 긴 밤이 한 해나 되듯 길고 온 세상이 모두 잠든 듯이 고요한 속에 마음과 성품을 논한 글을 열심히 읽어보았는데, 곁가지를 떨어버리고 곧바로 본체를 가리킨 심성에 대한 설이 기묘해서 사람을 기쁘게 하여, 처음에는 황홀하기가 지난날과 같았습니다. 그러다가 한 번 읽고 두 번 읽으면서, 자심(自心)의 진망(眞妄)과 본성(本性)의 경철(涇澈)이 홀연히 부딪혀 감동되어 성성(惺惺)한 주옹(主翁)을 환기시켜 영대(靈臺)의 팔창(八窓)에 의젓하게 앉히고, 사해에 미만한 것을 거두어 방촌(方寸)의 은밀한 바에 감추고 적연(寂然)한 사이에 감응하여 우리의 도[吾道]가 진정한 길잡이가 되고 육왕학이 길을 잘못 들어선 것임을 깨달았습니다. 형은 이 아우가 오늘이 옳고 지난날이 잘못이었음을 깨달은 것을 보시고 어떻게 생각하십니까?"[25]

양명학에서는 마음에 관한 다양한 언급을 떨어버리고 순수지선(純粹至善)한 본심을 말한다. 그 본심은 마음의 본래 모습이며, 그것은 사람이 선천적으로 부여받고 있다는 점에서 성(性)으로 규정된다. 따라서 양명학에서 '본심'과 '성'은 그 지시하는 실질 내용이 동일하다. 이처럼 양명학에서는 심성의 본체를 곧바로 지시하기 때문에 심과 성에 관한 양명학의 언설을 황홀하게 여길 수 있다. 그래서 최명길은 양명학의 심성에 관한 논의를 살펴볼 때 처음에는 황홀하기가 지난날과 같았다고 말한 것이다.

그런데 한 번 읽고 두 번 읽는 과정에서 심성에 대한 이해에 변화가 일어난다. 한 번 읽고 두 번 읽는다는 것은 분석적으로 읽었음을 의미한다. 그러자 혼연하여 황홀한 것으로 읽혔던 심과 성이 분석적으로 이해되기 시작한다. '자심(自心)의 진망(眞妄)'과 '본성(本性)의 경철(冏澈)'의 표현이 바로 그것을 입증한다. 자기 마음에는 '진망'이 있는 반면에, 본성은 그것을 냉철하게 꿰뚫어 보는 역량이 있다는 것이다. 이것은 심과 성을 분석적으로 이해한 것이다. 심성을 혼연한 것으로 보다가 이렇게 분석적으로 이해하게 된 것은 현실적으로 자기 마음 가운데 '진망'이 있음을 부정할 수 없었기 때문일 것이다. 양명학에서도 마음에 진망이 있음을 부정하지는 않는다. 다만 '진망이 있는 마음'은 현상심이지, 양명학에서 말하는 본심이 아니다. 진심(眞心)은 본심이지만 망심(妄心)은 이미 사의(私意)가 개입된 것으로 본심을 잃은 것이다. '자심의 진망'은 본체의 차원이 아니라 본심이 드러나는 과정에서 사의가 개입할 수 있는 현상의 차원에서 심을 논의한 것이다. '진망이 있는 마음'은 양명학에서 말하는 '심즉리'로서의 본체심이 아니다. 최명길은 양명의 글을 읽으면서 양명이 말하고자 하는 '심즉리'의 마음이 아니라, 사의가 개입하여 '진심'과 '망심'이 있는 자기 마음을 본 것이다.

'진망이 있는 자심'을 일신을 주재하는 주재심으로 삼아서는 안 된다. 이 마음은 통제되어야 한다. 이를 위해서는 '진망이 있는 자심'을 냉철하게 꿰뚫어 볼 수 있어야 한다. 최명길은 '본성'이 바로 이러한 능력을 지닌 것으로 본다. '본성의 경철(冏澈)'이 지시하는 의미가 바로 그것이다. '경철'은 차고 맑아서 환하게 꿰뚫는 것을 의미한다. 이제 '진망이 있는 자심'은 이 본성, 즉 차고 맑아서 환하게 꿰뚫는 역량을 지닌 본성과 홀연히 부딪혀 감동함으로써 '성성한 주옹(主翁)'을 불러일으키게 된다. '성성한 주옹'은 또랑또랑 깨어 있으면서 일체의 심리 활동을 주재하는 마음이다. 이 마음이 바로 본심으로서의 심체(心體)다. 최명길은 '자심의 진망'과 '본성의 경철'이 격감하는 과정에서 성성한 심체에 대한 각성과 체험이 일어났음을 밝히고 있다. 성성한 심체에 대한 각성이 이루어지고, 이제는 그것을 온 세상을 조망하는 자리에 의젓하게 앉힌다. 그리고 사해에 두루 퍼져 있는 것을 거두어 방촌의 은밀한 곳에 감춘다. '사해에 두루 퍼져 있는 것'은 리(理)가 온 세상에 가득 차 있는 것이다. 이 온갖 리를 거두어들여 방촌, 즉 마음자리의 은밀한 곳에 감춘다는 것은 중리(衆理)를 거두어들여 마음에 갖추는 것이다. 이제 중리를 갖춘 이 마음이 진정한 주재자가 된다. 최명길은 '중리'를 갖추고 적감(寂感)의 작용을 하는 이 마음이 바로 공맹과 주자를 통해서 내려오는 유학의 진정한 길잡이라고 평가한다. 이 마음은 세상의 온갖 이치를 자기 안에 갖추고 있다는 점에서 선학(禪學)에서 말하는 마음과 구분된다. 그리고 양명학은 심성을 논하면서 본체를 곧바로 가리키기는 하지만, 사해에 두루 퍼져 있는 세상의 온갖 이치를 마음 가운데 수렴하고 있지는 못하다는 점에서 그것은 선학과 다름이 없다. 이런 관점에서 최명길은 육왕학이 '길을 잘못 들어선 것'이라고 비판하게 된 것이다.

그런데 최명길의 이 깨달음의 과정을 자세히 살펴보면 그 공부의 성격과 자각 내용은 오히려 양명학적이다. 우선 심의 주재성을 확보하는데 '성성한 주옹'에 대한 환기(喚起), 즉 각성을 요구하고 있다는 점이다. 성성한 주옹은 심체요, 이 심체의 주재성을 확보하기 위해서는 그에 대한 각성이 있어야 한다. 그런데 이 심체에 대한 각성과 체험을 통해 심의 주재성을 확보하는 공부는 지극히 양명학적이다. 주자학에서는 미발심체의 주재성을 확보하기 위해서는 분산된 마음을 수렴하고, 본구된 성을 온전히 발휘되도록 하는 거경(居敬) 공부가 요구된다. 반면에 양명학에서는 심체에 대한 체증이나 각성을 중시한다. 최명길이 성성한 주옹에 대한 각성의 체험을 한 것은 양명학에서 중시하는 심체에 대한 각성과 체증을 한 것에 다름 아니다.

다음으로 사해에 두루 퍼져 있는 것을 거두어들여 방촌의 은밀한 곳에 갈무리하는 공부도 주자학보다는 양명학에 가깝다. 주자학에서 사해에 두루 퍼져 있는 리를 거두어들여 방촌의 은밀한 곳에 갈무리하기 위해서는 사사물물의 리를 궁구하는 궁리 공부가 요구된다. 이에 반해 양명학에서 사해에 두루 퍼져 있는 리는 내 마음의 리가 확산되어 있는 것으로서, 사사물물에 나가서 그 이치를 궁구하는 궁리의 과정이 요구되지 않는다. 세상의 온갖 이치를 내면에 갈무리하고 있는 마음이 바로 양명학에서 말하는 '심즉리'의 마음이다. 이 마음은 효제충신 등의 온갖 분수리들을 창출해 내는 근본이 되는 마음으로서, 선학에서 말하는 청정심(淸淨心)과는 다르다.

최명길이 왕양명의 글을 읽으면서 새롭게 자각한 심성에 대한 이해는 그의 말과는 달리 양명학적인 것이다. 이것은 심성 공부를 통하여 새롭게 자각한 내용을 설명하는 과정에서 더욱 분명히 드러난다. 그는 자신이 깨우친 내용을 다음과 같이 설명한다.

"무릇 천차만별한 것도 하나의 근본이 아닌 것이 없는데, 그 하나의 근본인 바는 하나의 이치에 근본하고 있습니다. 오로지 심이고 오로지 성입니다. 만일 조금이라도 마음을 바르게 하고 성품을 순수하게 하는 공부에서 어긋난다면 이른바 '털끝만 한 차이가 천 리의 거리가 된다'는 것은 참으로 이것을 가리킨 것입니다."[26]

사해에 드러난 일체의 것들은 천차만별적이다. 즉 만수(萬殊)다. 이 만수는 하나의 근본인 일리(一理)가 두루 퍼져 있는 것이다. 즉 만수는 일리에 근본하고 있다. 주자학에서는 이 일리를 객관화시키고, 일본만수(一本萬殊)의 이 세계를 이일분수(理一分殊)의 체계로 조직화한다. 그리고 그 일리는 내 마음 가운데 본성으로 내재해 있다. 이것이 바로 '성즉리'다. 주자학에서는 그 일리를 '성'이라고 말할 수는 있어도 '심'이라고 말할 수는 없다. 그런데 최명길은 만수의 근본이 되는 '일리'는 '심이고 성이다'라고 말한다. 일리가 성일 뿐만 아니라 또 심이라고 말하고 있는 것이다. 이것은 심과 성의 실질 내용을 동일한 것으로 간주하여 '심즉리'와 '성즉리'를 모두 인정하는 양명학과 다르지 않다. 여기에서 보듯이 심성에 대한 이해에서 최명길은 여전히 양명학에 머물러 있다. 이렇게 본다면 최명길이 정주학은 성현지학(聖賢之學)에 들어가는 바른 길이고, 육왕학은 잘못된 길이요, 양명학은 선학이라고 평가한 것을 액면 그대로 받아들이기는 어렵다. 장유에게 보낸 이 편지글을 최명길이 육왕학으로부터 정주학으로 전환하였음을 보여주는 근거 자료로 삼기 어려운 것이다.

그럼 이날 밤 일어난 최명길의 새로운 자각에 어떤 의미를 부여해야 할까? 우리는 이날 밤 최명길이 고요한 가운데서 심체를 체인함으로써 심성에 대한 양명학의 가르침에 보다 깊이 들어간 것으로 이해할 수 있다. 처음에 최명길은 육왕학이 심성을 곧바로 지시한 것만 좋아하였지, 그 심성이 세상의 온갖 리의 근본인 줄은 모르고 있었다. 이날 밤 고요한 가운데 '성성한 주옹', 즉 심체에 대한 각성을 통하여 그것이 만수의 근본인 '일리'임을 자각하게 된 것이다. 이것은 육왕학에서 말하는 '심즉리'에 대한 체인이 이날 밤 이루어졌음을 의미한다. 도에 대한 자각은 한순간 갑자기 일어난다. 그러나 도의 주변을 맴돌면서 그것을 얻기 위해 애썼던 수많은 고심의 나날들이 있지 않고는 도에 대한 자각은 있을 수 없다. 최명길의 경우도 육왕학에서 말하는 심성에 대한 오랜 탐구의 시절이 바탕이 되어 이날 밤 '심즉리'에 대한 체인이 있을 수 있었던 것이다. 그래야 육왕학에 대한 탐구와 이날 밤의 자각을 연속선상에서 이해할 수 있을 뿐만 아니라, 이날의 자각 이후에 최명길이 자신의 학문과 삶에서 보인 양명학적 태도도 일관성 있게 이해할 수 있다. 양명학적 사유는 최명길의 학문과 삶에 깊이 스며들어 있다.

최명길의 마음에 관한 이해

최명길의 마음에 관한 이해는 양명학적 심학에 근접해 있다. 최명길에 따르면 '마음은 본디 영명하다'.[27] 이 마음의 영명은 지각 능력으로 나타난다. 그런데 최명길에게서 마음의 영명은 온갖 사물의 이치를 아는 인식 능력보다는, 행위 주체 내면의 마음 상태에 대한 도덕적 자각 능력으로 이해된다. 즉 최명길이 말하고자 하는 마음은 '자기 마음의 진망(眞妄)을 자기 마음이 알고',[28] '미미한 한 생각에 조그만 허물이라도 있으면 비록 남은 모를지라도 자신의 마음만은 홀로 그것을 아는'[29] 마음이다. 영명한 이 마음은 자기 마음의 진망이나 자기 생각의 허물을 남은 모르더라도 자기만은 홀로 아는 능력을 갖추고 있다. 이 마음은 바로 자기 마음의 진망·시비·선악을 자각할 수 있는 능력을 갖춘 도덕 판단의 주체인 것이다. 이 마음의 '독지(獨知)'가 바로 양명학에서 말하는 바의 '양지'다. 양명학에서는 이 양지에 근거하여 성인이 될 수 있다고 본다. 그런데 최명길도 역시 이 '독지'에 근거하여 한 생각의 미미한 허물이 있더라도 안연(顏淵)처럼 그것을 곧바로 자각하여 고치게 되면 성인과 같이 될 수 있다[30]고 말한다. 이처럼 최명길이 '독지'를 성인이 될 수 있는 내적 근거로 설정하고 있는 데에서, 우리는 양명의 양지일로(良知一路)에 대한 전승이 여지없이 나타나고 있음을 알 수 있다.

양명학적 경세사상

최명길의 경세사상의 특성 가운데 하나는 일체의 행위 준거를 자기 마음에서 찾는다는 점이다. 서포 김만중은 일찍이 최명길을 평가하기를 "최명길은 시종일관 주화론을 주장하여 정말 시비가 많았지만, 또한 스스로 그 직분을 다하여 마음에 부끄러움이 없는 이가 아니겠는가?"[31] 라고 말한 바 있다. 최명길이 자기 마음을 일체 행위의 준거로 삼고 그에 부끄러움이 없는 삶을 살았음을 지적한 것이다.

주지하듯이 최명길은 병자호란 당시 청나라와의 강화를 주장한 인물이다. 청과의 강화는 명나라에 대한 대의명분을 침해하는 일이었기에 현실적으로 부득이한 줄 알면서도 남들의 비난이 두려워 그 누구도 감히 입을 열지 못하고 있었다. 이러한 상황에서 최명길은 "주화라는 두 글자가 자신의 일생에 누가 될 것"[32]을 잘 알면서도 오직 종묘사직을 보존하고 백성을 구제하려는 마음[33]에서 강화를 주장한다. 이 용기 있는 행동에는 시비·선악을 분명하게 판단하는 자기 마음에 대한 강한 신념이 놓여 있었다. 이것을 그는 "군자가 믿는 것은 마음이니, 마음에 돌이켜서 부끄럼이 없으면 남의 비방이나 칭찬은 단지 외물일 뿐이다"[34]라고 말한다. 자신의 행위가 자기의 순수한 마음에서 나온 것이면 그만이지, 남들의 평가에 흔들릴 필요는 없다는 것이다.

자기 마음을 행위의 궁극적 준거로 삼은 점은 청과의 강화를 주장할 때만이 아니라, 전례를 논할 때도 발휘된다. 최명길은 대례에 삼년복을 정론으로 삼아야 한다고 주장한다. 그런데 그는 자신의 주장이 "양지의 천성으로 하루아침에 깨우쳐 그 무엇으로도 덮어 가릴 수 없다"[35]고 말한다. 그뿐만 아니라 "오늘날 세상에서 받드는 것은 명(名)인데 신이 힘쓰는 것은 실(實)이며, 세상에서 논하는 것은 자취이지만 신이 믿는 바는 마음입니다. 세상에 진짜 유학자가 없어서 옳고 그른 것이 뒤섞이고 풍속이 각박해지고 말았습니다. 이에 신이 보잘것없이 작은 힘을 가지고 옛사람의 도를 말세에 행하고자 하므로, 걸핏하면 비방을 받고 용납되지 못하는 것은 당연합니다. 그러나 용납되지 않는 것을 무엇 때문에 걱정하겠습니까? 내게 있는 것이 어떠한지를 돌아볼 뿐입니다"[36]라고 말한다. 여기에서도 우리는 최명길이 자기가 천성적으로 부여받은 양지를 행위의 궁극적 준거로 삼았음을 알 수 있다. 이처럼 자기 마음의 양지를 일체 행위의 준거로 삼는 것은 양명학의 기본 정신이다. 양명학적 경세사상에 입각한 최명길의 정치 행위는 양명학이 조선의 정치사에서 보국안민의 사상으로 기능했음을 보여준 것이라고 하겠다.

———————

朝鮮에는 陽明學派가 없엇다. 陽明學은 나려오면서 어떠한 異端 邪說같이 몰아 그 책이 책상 우에 노인 것만 보아도 벌서 亂賊의 聲討를 準備하게 되엇나니 一二學者ㅣ 비록 陽明의 學說에 獨契함이 잇다 할지라도 밖그로는 드러내이지 못하얏다. 그런즉 陽明學派 없엇다 함이 事實 아님이 아니다. 朝鮮은 晦菴學派뿐이다. 여러 百年 동안 누구를 무를 것 없이 그 學을 밧들어야만 進身 取名의 길을 어들 수가 잇엇나니 全部인지라 따로 晦菴學派라는 이름까지도 없엇다.

그러나 學問이 名塗가 되면 虛假의 弊 생기기 쉬우되 이 學問이 名塗는커녕 擧世 排斥의 標的임에 不拘하고 내 마음에 올흐니까 나는 이를 獨修한다 할진대 이야말로 一眞無假의 原血脈이니 없엇다 하는 朝鮮陽明學派ㅣ 실상으로 가장 貴한 存在 아닐는지는 누가 알랴. 이제 陽明學派로서 밖으로 드러내지 못한 우리 前修를 차저보면 참으로 寥寥莫甚한대, 그중에도 大畧 三別할 수가 잇나니 一은 두렷한 著書가 잇다던지 그러치 아니하면 그 言論 間에라도 分明히 徵據할 만한 것이 잇어 外間에서는 몰랏을지라도 陽明學派라 하기에 의심 없는 이들이오, 一은 陽明學을 非難한 말이 잇는대 前後를 綜合하야 보면 이는 詭辭라 속으로는 陽明學을 主張하든 것을 가릴 수 없는 것이 잇는 이들이오, 一은 陽明의 學을 一言半句 提及한 적이 없고 尊奉함은 晦菴에 잇다. 그러나 陽明을 말하지 아니하되 그 生平主張의 主腦되는 精神을 보면 두말할 것 없이 陽明學임을 알 수 잇는 이들이다.

우선 第一類에 屬할 陽明學派로 崔遲川鳴吉(宣祖 十九年 丙戌生, 仁祖 二十五年 丁亥卒)이 잇엇으니 遲川의 陽明學을 獨修함은 前人이 道及한 적이 없고 遲川같이 士林의 非議를 마터 가지고 듯는 이로서 만일 그 學이 王陽明을 主張하얏다 할 것 같으면 더더군다나 罪目이 부텃을 것인데 도모지 아는 사람이 없엇다.

"辛晉翼이가 와서 두 편지를 보고 李應徵이 편지 하나를 또 傳하니 한때 부친 것이나 갑절 든든하드라. 信後 消息이 어떠한지 崔明後 이는 얼마 아니하야 오겟기에 이 편만 苦待한다. 네 편지에 이르되 "本來面目이 오즉 怳惚한 사이에 依稀하게 보일 뿐이니 공부가 익지 못하야 그런가 합니다" 하얏스니 네가 能히 이러함을 깨다르니 그동안 點檢 省察한 功을 알지라 깊이 기뻐한다. 陽明書에 이르되 "心은 번대 活物이라 오래 守着할 것 같으면 心地上에서 病이 發할가 걱정한다" 하얏으니 반듯이 親切하게 본 배 잇고 또 자기가 體驗하야 分明하길래 이러케 말한 것이리라. 陽明의 高明함으로도 이 걱정이 잇거든 하물며 네야 방장 逆境에 잇으니 어찌 平人가치 태연할 수 잇겟느냐. 이때에 와락 刻苦하는 공부를 하야 지나치게 持守하면 或 다른 病이 날가 念慮 아니할 수 없다. 다만 尋常한 言動에라도 때때 정신 채려 수습하야 이 마음으로 하야금 노이게만 말고 갓금 靜坐默觀하야 天機의 妙함을 認取하여라. 언제던지 내 마음의 體로 하야금 鳶飛 魚躍하는 天則에 合하게 할 것 같으면 비록 갓친 속에 잇슬지라도 스사로 咏歸舞雩의 趣가 잇는 것이라 스사로 질기어 시름을 이질 수 잇거든, 네야 더구나 起居飮食이 아무래도 自由로움이 잇고 接하는 배 言語 風習은 달를지라도 이네라고 내 同胞 아님이 아니라 하눌에 어든 五性 七情이 우리와 서로 멀지 아니하니 木石麋鹿하고 지나는 것보다야 어찌 낫지 아니하랴.

또 이른바 本來 面目이라는 것은 언제나 虛明 澄澈한 데 드러잇어 喜怒哀樂 사이에 나타나는 것이니 이러한 까닭에 옛사람들이 用功함에 잇어 動靜을 하나로 보는 것이라. 日月寒暑의 代謝, 風雲烟雨의 變態 어떤 것이나 다 道體의 流行인 同時 내 心知의 作用으로 더부러 어우러 하나이니 깨다름이 여기 이르러 가지고 항상 體認하게 되면 "依稀"타 하든 것이 自然히 分明할 것이며 "恍惚한 사이"라 하든 것이 自然히 恒久純熟할 것이다. 낸들 이 境界에 당도한 사람이랴마는 마음은 늘 여기 잇어왓으므로 가다가다 힘을 어듬이 잇어 平生에 별별 못 당할 일을 가지로 만낫으되 크게 낭패하지 아니함이 전혀 이 힘인 줄 안다. 그러므로 네게 말하는 것이니 뒷날 父子 서로 만나 떠난 뒤 얻은 바를 각각 말하고 刮目相對하게 되기 바란다. 鳳吉이가 어제 肅川서 왓는대 誼弟 무던이 견대드란다. 두어 달 그냥 묵게 한 뒤라야 무슨 變通이 잇겟다. 다른 말은 別紙로 한다."

이 一篇 書札은 遲川集 卷十七에 잇는 "寄兒後亮書"이니 丙丁難後에 大臣子弟 質子로들 瀋陽가 잇엇나니 이때 한 글월인 줄 안다. 全幅의 辭意 遲川의 學이 어대로 조차 드러갓슴을 明徵할 수 잇는대 다시 그 集中 卷十七에 잇는 "復箋" 第六에 "남은 모르는데 自心이 외오서 안다" 한 句語와 交映하야 보면 陽明의 良知一路에 對한 傳承이 의심 없이 나타난다.

遲川의 字는 子謙이니 仁祖反正 元勳으로 官位 上相에 이르고 諡를 文忠이라 하니 學者로서 가장 通顯한 이라 하겟으나 그의 一生으로 말하면 崎嶇 艱險하야 그 편지의 말과 같이 별별 못 당할 일을 가지로 만난 그악한 팔자이니 反正元勳부터가 冒險의 開始어니와 遲川의 가장 崎嶇함은 丙丁前後이다. 처음 丁卯淸難에 우에서 江華로 가실 때 挺身獨担하야 淸差와 더부러 鎭海樓에서 和議를 打商하야 淸軍의 禍를 물린 뒤 苦言 切論으로써 外交의 機宜와 內修의 方畧을 備擧하얏스나 朝議不一하야 하나도 施行되지 못하고 丙子年부터 淸人侵畧의 遠氛이 날로 迫近한데 여기서들은 한갓 大言에 기우러저 戰, 交의 兩策이 다 茫然함으로 遲川 홀로 憂惱萬端하야 아무조록 交隣하는 辭命을 巽順히하야 禍를 늦추어노코 그사이에 民을 保하고 兵을 練하야 戰守할 計劃을 세우랴하얏스나, 이런 말이 벙꿋만하면 발서 秦檜一流로 遲川을 몰앗고, 몰든지 엇저던지 모다 한귀로 흘리고 重言 複言하야 스사로 마지못하얏다. 丙子 冬에 淸兵이 畿內를 直襲하매 大駕ㅣ 蒼黃히 播遷하시랴는대 南門에 나실지음 淸兵은 발서 西郊에 迫到한지라 上下ㅣ 失色하야 엇지할 줄을 모르니 遲川이 上前에 나아와 알외되

"臣이 單騎로 虜陣에 가서 渝盟動兵함을 責問하겟사오니 臣을 죽이면 할 수 업스되 天幸으로 말만 어우를진대 酬酢하는 동안에 틈을 어들 수 잇슬가 합니다"

이때 仁祖ㅣ 遲川의 알욈을 드르시고 "그러면 幸이라 卿이 萬死를 무릅쓰고 몸을 虎口에 던저 君父의 急을 늦구랴 하니 이는 古今에 처음 보는 배라"하시고 禁軍二十名을 주어 다리고 가게 하섯다. 城門을 나서자마자 禁軍 二十名이 하나도 업시 다 다랏다. 淸陣에 이르러 짐짓 酬酢을 느러노아 엇더케 끄럿던지 해가 기울도록 軍行을 머물게 하얏다. 勿論 智畧이 過人한 이라 엇더케 하면 엇더케 될 수 잇스려니 하는 自信도 잇스려니와 死生 禍福이 念頭에 오르지 아니하는 純誠 血忱이 아니고는 이같이 邁徃하지 못할 것이다.

大駕 이미 南漢에 到達하신 뒤 遲川이 아슬아슬하게 淸將의 鋒刃을 벗어나 行在로 가니 圍城의 陷落이 또 朝夕間이라. 遲川이 이르되 오늘날 計策은 講和 아니면 싸우는 것인데 싸우랴면 믿을 군사 없고 講和에 對하야는 모두 畏忌함이 잇으니 一片孤城에 君父을 모시고 宗社일을 장차 어찌하려뇨. 이에 和議를 主担하얏다. 主和는 곳 遲川의 罪目이다. 그러나 主和가 遲川의 罪 아니라. 참아 君, 國을 떼어 바리고 當世의 共說하는 "大義"를 標榜하지 못하는 이것이 遲川의 罪다. "大義", 國破 君亡하는 것은 第二件事오 좀더 지나가서 國을 破하야서 君을 不保하야서 이 "大義"를 세우자 함이, 아지못게라, 과연 本心의 發現이라 할가. 嗚呼라, 君保 國存하는것을 第二라 할진대 眞實한 第一은 勿論 그 바이 없는 것이언만 學風의 傳襲함이 오래매 希古尙志하는 幾多의 宏碩이 다시 의심없이 이 經緯를 지나처 보앗나니, 그네 하상 潔白無垢치 아니함이 아니로되 실상은 尊攘에 對한 傳訓을 膠託함이지 自心에 잇어 스사로 마지 못할 무엇이 잇음이 아니다. 遲川은 이러한 學者 아니라. 내 君父의 危困, 내 宗社의 喪亡을 참아 恬視할 수 없다. 當世의 共說하는 "大義"는 不顧할 수 잇으되 自心의 獨知하는 不安은 스사로 瞞過할 수 없다. 古聖의 眞髓를 探究하야 보면 義와 利의 分은 오즉 獨知하는 그곳에 잇어 安코 不安함으로 조차 界別되는 것이지 하상 엇다대어 기지고 義를 어더 오는 것이 아니니, 이로써 보면 遲川이 과연 義대로 나간 이인가, 義를 저바린 이인가.

그 非難 그 攻擊을 바드면서도 "不容己"의 純誠은 毫髮만치라도 退沮함이 없엇다. 遲川은 大義를 몰랏다 하라. 遲川은 오즉 隱微한 自心의 明照를 참아 스스로 바리지 못한 이라. 仁祖大王도 도라뵙지 아니할 수 잇으되, 朝

鮮까지도 상관 말자 할 수 잇으되, 自心의 自發하는 이 한 자리는 遲川으로서 어찌하지 못하는 것이라. 어찌하지 못할새 仁祖大王을 아니 돌아뵈려 하여도 어찌할 수 없고, 朝鮮을 상관 말려 하야도 어찌할 수 없든 것이다. 그러므로 遲川으로서는 一念이라도 仁祖大王을 爲하는 데 털끗만한 己私의 間雜이 잇는가, 이것이 걱정이오, 朝鮮을 爲하는 데 실낫같은 利欲의 混入이 잇는가 이것이 근심일지언정 一世의 非難 攻擊은 말도 말고, 심하야 百世 千秋 永규에 이르리 자기를 無狀의 極으로 몰지라도 이것은 그의 胸中에 芥滯될 것이 아니니, 만일 이러한 생각이 往來할진대 이 곳 己私라 이것이 참 걱정이오, 이 곳 利欲이라 이것이 참 근심이다. 이제 遲川을 말하는 이 아즉도 그 大義에 어김을 글리 알기도 하고, 아는 이는 그 功業이 保君 存國함에 잇어 昭著함을 기리기도 하나 前者는 말할것도 없고 後者까지라도 오히려 遲川의 眞血을 만저 본 것이 아니니 遲川의 南漢獨担 이 곳 遲川의 學問上 得力이라 遲川의 學問을 알아야 그 表裏 本末의 어떠함을 깊이 알 수 잇는 것이다. 俞杞平 伯曾이 圍城中에 잇을 때 아닌 새벽에 홀로 城 우에 앉어 歎息하며 가로되 "허 六尺도 채 되지 못하는 몸으로 뭇 시비를 도맡어 가지고 정성을 다하야 나라를 救하니 무던하다 무던하다." 이러케 말하는 것을 高孝悅이라는 胥吏 潛聞하고 이르되 이 分明히 完城大監을 두고 하는 말이라 하얏다(崔昆崙集 遲川遺事) 闇中에서 한 칭찬이 참 칭찬임을 알라. 누가 드르라고 한 것이 아니다. 遲川의 生平에 만일 名心이 잇엇던들 遲川이 되지 못하얏섯을 것이나, 名心이 잇엇던들 遲川이 되지 아니 하얏섯슬 것이다. 그러면 遲川의 主和를 排擊하는 大義는 어떠한 것인가. 中華인 大明을 위하야 나라를 없애는 것이 옳고 夷狄인 淸朝와 和하야 春秋를 더럽이는 것이 글다 하든 것이니라.

遲川도 明朝에 對하야 舊誼를 생각하지 아니한 이가 아니다. 그러나 宗國의 存亡問題에 잇어서는 遲川 眼中에 大明이라는 것이 잇을 리 없다. 그러나 國家로써 지켜야 할 信義는 또한 國家를 위하야 固守하엿나니, 南漢和約以後 淸朝로부터 朝鮮의 兵을 徵하야 明을 치랴하매 遲川이 우에 알외되

"淸朝와 結和는 하엿을지라도 明朝를 助攻함은 義 아니니 大臣 몇 사람이 이 일로 하야 목숨을 바려야 할지라 臣이 첫재 自當하랴 하나이다"

하고 스사로 瀋陽에 다다라 죽기로써 抵爭하얏고, 和議 이룬 뒤 明廷에 密書를 보내어 舊日의 情好를 저바림을 一謝함이 옳다 하야 獨步라는 比丘를 裝送하야 崇禎帝 嶠嶇自達함을 感服하얏다. 獨步ㅣ 再次 또 海行을 거듭하다가 마침내 端緖가 드러나니 遲川이 自當하고 나서 鴨江을 건너 査問에 對할새 淸情을 아는 이 遲川에게 말하되 "直接 裝船送僧함은 林慶業의 일이라. 大監이 禍를 당할지라도 林慶業은 어차피 免치 못할 것인즉 그에게 밀고 禍를 避하라" 하니 遲川이 가로되 "아니다. 그 사람으로 더부러 일을 가치하고 死生에 臨하야 그에게 밀어 스사로 벗어남은 義 아니다." 말하든 이 이 말을 듣고 門 밖게 나가 목노아 울며 가로되 "참으로 忠臣烈士다. 이런 이도 잇는가" 하얏다 한다. 對問하는 자리에 이르러 慨然히 自引하야 가로되

"이 일을 主張한 사람은 나 하나이다. 國君이 아시는 것도 아니오 廷臣도 아는 사람이 없다."

林慶業을 무르니

"이는 다 내 命令을 받드러 行하얏을 뿐이라" 하니 淸人들이 서로 보며 가로되 "崔閣老, 事事自當, 鐵石肝腸" 遲川의 苦心血誠에 敬意를 表하얏다.

그러나 마침내 瀋陽까지 잡혀가서 北館에 가치고 다시 南館에 옴겨 前後 四年 만에 故國 땅을 밟앗다.

遲川의 至友오 또 同學인 한 분이 잇스니 이는 張谿谷(維)이다. 谿谷이 群非, 衆攻中 特別히 遲川을 感歎하야 丁卯鎭海交涉을 말하되

"이때 虜兵이 平山에 屯처 江都와 相距가 百餘里인대 行朝의 守備寡弱하매 사람마다 危懼함을 품고 비록 和을 斥하는 者라도 밖으로만 大言을 하지 속은 실로 和議의 이루어짐을 다행하게 알지만 浮議를 두려 敢히 明言하지 못하는 때 子謙이 홀로 무슨 일에나 담당하고 나서 顧避함이 없음으로 마침내 彈劾함을 만나 罷去하얏다"

하얏다(「谿谷漫筆」). 이것을 가지고 보면 그때 朝廷의 內容을 짐작할 수 잇지 아니한가. 속은 和議의 이루어짐을 다행케 알되 거죽으로 大言을 함이 하필이 한 일이며, 하필 和議에 對해서만이랴. 거죽으로 하는 大言이 本心이 아님은 말할 것도 없거니와 속으로 다행이 아는 그것도 실은 本心이 아니니, 가치 和議에 對한 생각이로되 遲川은 君, 國이 보이고 이네는 身, 家가 보이는 것이라. 속으로 和議를 다행히 아는 사람이 어찌하야 이를 排斥하는가. 이것도 身, 家 위하는 排斥이다. 排斥은 信望의 미천이 야니냐. 속 다행은 遲川을 비러 이루고 거죽 大言은 遲川이 잇어 살바지까지 되어주니, 이루어 다행한 것이야 내나 알지 남이 아나. 大言 排斥은 남이 다 아는 것이다. 남보기로는 어느 틈으로나 속 다행이 드러나지 아니하니, 이럴스룩 거죽 大言을 더 峻嚴히 하야 더 信望을 모으리라. 참으로 妙方 奇略이다. 그러나 谿谷의 밝음은 이를 獨知하얏다. 谿谷까지 몰랏다 하자. "나"나 알지 남이 아나 한 그 "나"까지 속일 수도 잇을가.

29

장유의 조선 학술에 대한 비판과 양명학 옹호

　계곡(谿谷) 장유[張維, 1587(선조 23)~1638(인조 16)]의 자는 지국(持國)
이다. 계곡도 지천(遲川)과 같은 반정(反正)에 공을 세운 신하로서 벼슬
은 좌의정에까지 이르렀고 시호를 문충(文忠)이라 하였다. 조선의 문장
가 가운데 농암(農巖) 김창협(金昌協, 1651~1708) 이전은 계곡이 실로 유
일한 정종(正宗)이다.

　그러나 계곡은 문장가로 지목할 사람이 아니다. 지천과 계곡이 모두
양명학을 옳게 알아 우뚝하게 홀로 지킴이 있었는데, 지천보다도 계곡
은 저술에 특별한 장점이 있었던 만큼 실제적인 공부를 문자로 기록한
것이 얼마간 남아 있었다. 계곡은 양명학을 선학(禪學)이라고 비난하는
것을 항상 다음과 같이 논박하였다.

"양명 양지의 가르침은 공부하는 실지가 오로지 성찰(省察)하고 확충(擴充)하는 데에 있다. 그러므로 고요함을 좋아하고 움직임을 싫어하는 것은 배우는 자가 경계해야 할 것이다."[37]

계곡은 비록 말한 것이 많지는 않지만 치지(致知)에 대한 밝은 견해로는 염암(念菴) 나홍선(羅洪先, 1504~1565)[38]과 매우 가깝다. 그리고 은미(隱微)한 데에서부터 '자기를 사사롭게 여기는[己私]' 싹을 제거하여 다스릴 것을 주장하여 다음과 같이 말하였다.

"남을 기다려서 서는 자는 어린아이이고, 남에게 붙어서 자라는 것은 담쟁이이며, 남에 따라서 변하는 것은 그림자와 망량(魍魎: 그림자 밖의 그림자)이고, 남의 물건을 훔쳐서 자기를 이롭게 하는 자는 좀도둑이며, 남을 해쳐서 제 몸을 살찌우는 자는 시랑(豺狼)이다. (사람으로서 혹시라도 이 다섯 가지에 가까운 자는 군자에게서는 버림을 받고 소인에게로 돌아가게 될 것이다.)[39] 아래의 두 가지는 굵은 범행인지라 오히려 아니하기 쉽지만 위의 세 가지는 자잘한 허물인지라 더욱 살피기가 어렵다.[40]"[41]

이 말은 양명학에서도 가장 핵심이 되는 것이다. 학문이 곧바로 실심을 향하지 않고서는 의념상에서 조사하여 사실을 밝히는 것[檢覈]이 여기에까지 미치지는 못한다. 나홍선의 '무욕(無欲)'론이 이것이요, 염대(念臺)[42] 유종주의 '신독(愼獨)'론이 이것이요, 이곡(二曲) 이옹(李顒)의 '지기(知幾)'론이 이것이다. 그러므로 계곡은 일생토록 언행이 겉으로 세상

유학자들의 엄숙하고 장중한 모양을 흉내 내지 않은 채로 삼엄하게 자립(自立)함이 있어서 지천과 평생 서로 좋아하는 사이가 되었다.

계곡이 상중에 있을 때 기복(起復)[43]하여 재상에 임명되는 것을 한사코 사양하니 지천이 친히 찾아가서 말했다.

"한음의 고사[44]도 있다. 그대 한음만 하면 충분하지 아니한가?"

"그렇지 않다. 한음의 일 가운데 배울 것이 많거늘 그것들은 다 배우지 못하고 오직 그 기복한 것만을 배운다면 이 어찌 옳은 일이라고 하겠는가?"

계곡이 구차하게 따르지 않은 것은 이 한 가지 일로도 상상하고 남음이 있다. 동명(東溟) 정두경(鄭斗卿,[45] 1597~1673)[46]이 만년에 고인이 된 여러 재상들을 추억하여 기리면서 말하되 "자겸과 지국은 그 사람됨이 모두 환하더니 직부(直夫)부터는 좀 의뭉하였다"고 하였다. 직부는 백강(白江) 이경여(李敬興, 1585~1657)[47]의 자다.

계곡이 『중용』 첫 번째 장구에 대한 주자의 풀이를 지적한 말이 있다.

"'하늘이 명한 것을 성(性)이라 하고, 성(性)을 따르는 것을 도(道)라 하고, 도(道)를 닦는 것[修]을 교(敎)라고 한다'고 하였으니, 『중용』은 바로 도를 닦는 가르침을 위하여 지은 것이다.[48] 그러므로 아래의 글에서 곧바로 이어서 말하기를, '도라는 것은 잠깐이라도 떠날 수가 없으니, 떠날 수 있다면 도가 아니다'라고 하고, 이어서 계구(戒懼)와 신독(愼獨)과 치중화(致

中和)의 일을 말하였으니, 이것이 곧 도를 닦는 실질이다. '닦는다[修]'는 것은 닦아서 밝히고[修明] 닦아서 다스림[修治]을 말하는 것으로서 '군자는 닦아서 길하게 한다[君子修之吉]'[49]는 그 '닦음[修]'과 같은 뜻이다. 그런데 『장구』에서는 말하기를 '닦는다는 것[修]은 품별하여 절제하는 것이며, 가르침이란 예악(禮樂)·형정(刑政)과 같은 따위가 그것이다'라고 하였다. 품절(品節)로 수(修) 자를 풀이하는 것은 본래 아주 친절하지 못하다. 예악(禮樂)이라는 것이 비록 몸을 다스리는 것이지만 계구(戒懼)와 신독(愼獨)에 비교해 본다면 좀 느슨한 듯하며, 형정(刑政) 같은 것은 다스리는 도구일 뿐 학자의 몸과 마음에는 원래 관계가 없다. 이것으로 도(道)를 닦는다면 어찌 밖으로 벗어나는 일이 아니겠는가? 본장(本章)에서 말한 계구(戒懼)와 신독(愼獨)과 치중화(致中和) 등 절실하고 가까운 훈계를 버리고 멀리 예악형정(禮樂刑政)을 들어 교(敎)라 하니, 이것이 내가 의심하는 것이다."[50]

이 한 편의 의심이 양명의 종지를 그대로 부연하여 발휘한 것이니, 양명이 「대학문(大學問)」에서 '친민(親民)'을 풀이한 것과 피차간에 서로 비추어내듯이 잘 통한다. 계곡의 견해가 이와 같이 탁월하므로 조선 학풍에 대하여 남모르는 아픔을 품어 다음과 같이 말한 것이 있다.

"중국은 학술이 갈래가 많아서 정학(正學)과 선학(禪學)·단학(丹學)이 있으며, 정주(程朱)를 배우는 자가 있고 육씨(陸氏)를 배우는 자도 있어서 문로(門路)가 하나만이 아니다. 우리나라는 유식이건 무식이건 논할 것 없이 책을 끼고 글을 읽는 사람이라면 모두 정주를 칭송할 뿐이요 다른 학문이 있음을 듣지 못하니 우리나라 선비의 풍습이 과연 중국보다 나아서 그런 것인가? 아니다. 중국에는 학자가 있으나 우리나라에는 학자가 없다. 대개 중국은 인재와 뜻이 자못 녹록하지 아니하여 때때로 뜻이 있는 선비가 있어서 '실심'으로 학문에 정진함으로 각자 좋아하는 바를 따라서 공부하는 것이 동일하지 않지만 가끔씩 각자 '실제로 터득함'이 있었다. 우리나라는 그렇지 않아서 도량이 몹시 좁고 구속되어 도무지 뜻과 기개가 없다. 오직 정주의 학문을 세상에서 귀중하게 여긴다는 것을 들어서 입으로 말하고 겉으로 높일 뿐이다. 이른바 잡학이라는 것이 없을 뿐만이 아니라, 정학에 대해서도 무슨 터득함이 있은 적이 있었던가? 비유하면 땅을 개간하고 씨를 뿌려 패기도 하고 결실도 맺은 뒤라야 오곡과 강아지 풀을 분별할 수 있다. 텅 빈 맨땅 위에서 무엇이 오곡이며 무엇이 강아지 풀이 되겠는가?"[51]

오호라, 이 몇 줄의 만필(漫筆)이 참으로 조선유학사의 총론이라고 하여도 거의 지나친 말이 아닐 것이다. 입으로 말하고 겉으로 높임이 이미 학문의 참됨을 잃어버렸음은 물론이요, '세상에서 귀중하게 여긴 다는 것'을 듣고서 이렇게 하는 이 한 조각 '자기 이익을 도모하는 생각 [自利念]'이 결국은 학문을 빌려 온갖 사사로운 계산을 여기에서 해결하고 말았다. 계곡이 이 만필을 쓸 때도 그 뒤 현상을 가지고 보면 오히려 융성한 시대였다고 할 수 있다.

지천 최명길의 손자인 명곡(明谷) 최석정(崔錫鼎, 1646~1715)은 양명학을 배척하여 심지어 그 조부가 양명학파가 아님을 힘써 변론했다. 최명길의 증손자인 곤륜(昆侖) 최창대(崔昌大, 1669~1720)도 그 아버지 최석정의 변론을 부연하여 최명길이 장유와 함께 어렸을 때 육구연과 왕수인을 좋아했으나 최명길은 나중에 그것이 옳지 않음을 알았던 반면 장유는 끝내 처음의 견해를 가지고 있었다고 했다.[52] 최석정도 『예기유편(禮記類編)』이라는 책을 만들었다가 주자의 주석과 어긋남이 있다는 이유로 책을 불태우고 목판을 훼손시키는 일을 당했으니 그때의 학술계라는 것이 얼마나 무시무시했는지를 짐작할 수 있다. 최석정과 최창대가 최명길이 양명학자가 아님을 역설한 것도 그 속내는 정녕코 재앙에서 벗어날 계책이었을 것이다. 또 최명길같이 담당하는 역량이 아주 특별한 사람이 아니고서는 워낙 무섭기 때문에 자기들도 스스로 깨닫지 못하는 사이에 자기의 개인적인 생각이 앞서 분명히 양명이 옳지 않음을 볼 뿐이요, 이렇게 보는 그 눈이 이미 이로움을 좇고 해로움을 피하는 마음에 지배된다는 것을 미처 깨닫지 못하기도 했을 것이다. 그러므로 지금 전해지는 한 권의 책은 아마도 『지천집』 가운데 상당 부분이 잘려 나간 끝에 다행히 보존된 것일지도 모른다.

그럼 장유는 처음의 견해를 지켰다고 거리낌 없이 말하는 것은 어째서인가? 장유는 문장으로 한 시대를 풍미하였기 때문에 그 언론을 갑자기 가리기 어려움도 있었을 것이지만, 장유는 최명길과 조금 다른 점이 있다. 최명길은 이미 춘추대의에 죄를 지은 사람으로 세상 사람들로부터 온갖 욕을 먹고 있었고, 또 그의 손자인 최석정은 조정에 나간 뒤로 당쟁의 소용돌이에 휩쓸려 재앙의 함정이 앞뒤에 있었으니 그 무서움이 더했을 것이다. 그러나 장유는 효종의 장인이라서 현종과 숙종 이

하 여러 임금이 모두 그의 외손이시니 그 지위를 존중하여 죄를 성토하는 칼날을 들이대기가 만만치 않았다. 그 때문에 『계곡만필』 등의 남아 있는 글들을 어떻게 할 수 없었으니, 처음의 견해를 지켰다고 하여도 문제 될 것이 없었다. 장유에게 문제 될 것이 없다면 그와 함께 공부한 최명길에게도 따라서 문제 되지 않을 수 있지 않을까? 이는 공개적으로 한 말이다. 이러한 경위가 있고서야 어떻게 무시무시함이 있겠는가?(『계곡집』, 『국조명신록』, 『서하집』, 『지천행장』, 『연려실기술』, 『명곡집』, 『곤륜집』 참조)

❀

장유(張維, 1587~1638)의 자는 지국(持國), 호는 계곡(谿谷) · 묵소(默所)이며, 시호는 문충(文忠)이다. 아버지는 판서 장운익(張雲翼)이며, 어머니는 판윤 박숭원(朴崇元)의 딸이다. 우의정 김상용(金尙容)의 사위로 효종비 인선왕후(仁宣王后)의 아버지다.

장유는 젊은 시절 최명길과 함께 왕양명의 글을 베껴서 읽었으며, 20대 초반에는 양명학을 좋아하여 왕양명의 『전집』을 구해 보면서 믿고 따르느라 여념이 없었다고 한다.[53] 장유는 양명학이 이단으로 비판받는 조선의 학술 풍토에서 양명학을 깊이 연구하여 그 핵심을 드러냄으로써 양명학을 찬양하였을 뿐만 아니라, 양명학의 정신을 현실에 구현하고자 한 인물이다. 그의 이러한 양명학 연구 성과는 한국양명학의 태두라고 할 수 있는 정제두에게까지 깊은 영향을 미친다. 정제두는 "일찍이 계곡의 양명에 관한 글을 보았는데, 그는 양명의 글에 대하여 문의(文義)와 견해가 다 익숙함으로 해서 한번 보자 곧 그 요령을 파악하였습니다. 그래서 선배들의 안목이 높고 흉회(胸懷)가 공정함을 매양 탄복한 일이 있습니다"[54]라고 말한 바 있다. 자신의 양명학 공부가 옳다는 것을 장유의 글을 통해 확인하고 있는 것이다. 여기에서는 1) 조선 학술의 경직성에 대한 비판, 2) 양명학을 선학으로 규정하는 관점에 대한 비판, 3) 주자학과 양명학의 차이점에 대한 인식과 주자학 비판에 관해 알아보고자 한다.

조선 학술의 경직성에 대한 비판

조선은 주자학을 통치이념으로 하여 수립된 나라다. 그런데 주자학자들은 자신들의 학문을 '도학(道學)'으로 규정한다. 주자학이 바로 요순과 공맹의 도(道)를 전하는 학문이라고 본 것이다. 이러한 도통(道統) 의식으로 인해 주자학자들은 자신들의 학문을 정학(正學)이요, 그 이외의 다른 학문들을 이단사설(異端邪說)로 간주하는 폐쇄성을 띠게 된다. 마침내 '이단을 물리치고 도학을 빛내자(闢異端, 明道學)'는 깃발을 내걸고 불교와 노장만이 아니라, 양명학까지 이단으로 지목하여 배척하는 풍토가 조선 학술계에 자리 잡게 된다. 장유는 조선 학술의 이러한 경직성과 폐쇄성을 날카롭게 비판한다.[55] 그 비판의 요지는 다음과 같다.

중국에는 유학·선학(禪學)·노장학 등 다양한 학술이 있으며, 유학 내부에서도 정주학만이 아니라 육왕학을 배우는 이들이 있다. 반면에 조선은 오직 정주학만을 칭송하고 다른 학문은 이단으로 배척한다. 왜 이런 현상이 발생하는가? 장유는 그 이유를 '중국과 달리 조선에는 실심(實心)으로 학문을 하는 선비가 없기 때문'이라고 진단한다.

'실심'으로 학문을 한다는 것은 스스로를 속이지 않는 성실한 마음으로 학문을 하는 것이다. 이것은 학문 동기가 주체의 내면에 있다. 따라서 자기 수양이나 실생활에 도움이 되는 것이라면 어떤 학문이건 수용 가능하다. 실심으로 학문을 할 때라야 유연하고 개방적인 태도로 다양한 학문을 익힐 수 있는 것이다. 그런데 조선의 학자들은 주자학을 세상에서 귀하게 여긴다는 남들의 말만 듣고, 그것을 추종하면서 다른 학문을 배척한다. 그럼 실심으로 학문을 하려면 어떻게 해야 하는가? 학문이 곧바로 실심으로 향하는 양명학을 익혀야 한다.

양명학을 선학으로 규정하는 관점에 대한 비판

장유는 양명학에서 가르치는 실제 공부가 자기 성찰과 본심의 확충에 있음을 강조한다. 이 점에서 그는 양명학이 선학(禪學)이 아니라고 주장한다.

"양명과 백사(白沙)를 평론하는 자들은 이 둘을 모두 싸잡아 선학(禪學)이라고 일컫는다. 백사의 학문은 진실로 정(靜)에 치우쳐서 적(寂)으로 흐른 점이 있다. 그러나 양명의 양지(良知)의 가르침은 그 공부하는 실지가 오로지 성찰(省察)하고 확충(擴充)하는 데에 있으며, 매양 고요함만 좋아하고 움직임은 싫어하는 것을 배우는 자가 경계해야 할 것으로 여겼으니, 백사의 학문과는 전혀 다르다."[56]

퇴계 이황은 일찍이 양명학을 선학(禪學)으로 규정하여 비판한 바 있다. 그런데 그의 양명학 비판 작업의 중요한 특징은 도학(道學)에 대비되는 양명 심학의 원류를 거슬러 올라가 찾고 그것을 선학으로 규정했다는 점이다. 이황은 양명 심학의 원류 계통이 선학(禪學) → 남송의 육구연(陸九淵) → 원대의 주륙절충론자인 오징(吳澄) → 명대 심학의 선구자인 진헌장(陳獻章) → 진헌장의 제자인 하흠(賀欽) → 명대의 왕수인(王守仁)에게로 전개되는 것으로 파악하고, 그 계통을 통틀어 이단으로 비판한다.[57] 양명과 백사 진헌장을 모두 선학으로 지목한 것이다. 이황이 진헌장을 선학으로 지목한 까닭은 '정좌를 통하여 심체를 체인하는 그 방법이 바로 선적인 기량'이라고 보았기 때문이다.[58]

그런데 장유는 양명과 백사를 모두 선학으로 간주하는 이황의 관점을 비판한다. 백사의 공부법은 고요함에 치우쳐 적막한 데로 흐른 경향이 있지만, 양명의 치양지 공부법은 고요함에 치우치는 것을 경계하고 작용상의 공부인 성찰과 양지의 확충을 강조한다는 것이다. 장유는 양명을 백사와 구분함으로써 양명학을 선학으로 비판하는 칼날로부터 양명학을 구하고자 한 것이다. 이것은 이황의 양명학 비판 이후 조선 학술사에서 명맥이 끊겼던 양명학을 되살렸다는 점에서 그 사상사적 의미를 찾을 수 있다.

주자학과 양명학의 차이점에 대한 인식과 주자학 비판

장유는 또 양명학이 주자학과 구분되는 지점을 정확히 간파하고 있다. 그는 "(양명이) 궁리와 격물을 논한 것이 정주(程朱)와 완전히 다른 데, 이것이 그가 학문의 길을 달리 세우게 된 까닭이다"[59]라고 말한다.

주자학과 양명학의 차이는 경전 해석상에서 『대학』의 '격물'에 대한 풀이에서 단적으로 나타난다. 주자는 '격물'을 '사물에 나가서 그 이치를 궁구하는 것[卽物窮理]'으로 풀이한다. 왕양명은 주자의 이 격물 해석은 '마음과 리(理)의 분리'를 전제로 한 것이라고 비판한다. 그리고 '마음이 바로 리'라는 깨달음을 기초로 '물'을 마음과 연관 지어 설명한다. 즉 마음 밖에 있는 외부 사물이 아니라, '마음이 발동한 의념[意]이 실려 있는 일[事]'을 '물'로 규정한 것이다. 그런데 마음이 발한 의념이 일에 실릴 때 사욕이 개입하기 쉽다. 사욕이 개입하면 타인이나 타존 재물과 간격이 생기고, 결국엔 자기 이익을 실현하기 위해 해를 끼치게 된다. 대상과 간격이 생기게 하는 사욕을 제거하고 서로 소통하게 하는 것이 바로 양명이 말하는 '격물'의 의미다.

주자의 '격물'론에서는 사물의 이치를 탐구하는 궁리 공부가 중요한 반면, 양명의 '격물'론에서는 마음이 발동한 의념[意]에 사욕이 끼어들지 않도록 살피는 공부가 중요하다. 그래서 양명학에서는 의념에 사욕이나 거짓이 개입하지 않도록 정밀히 살피는 공부, 즉 '성의' 공부를 중시한다. '성의'가 '도를 닦는[修道]' 공부의 핵심에 놓이게 된 것이다. 그 공부의 구체적인 내용이 바로 『중용』에서 말하는 바의 계신공구(戒愼恐懼)와 신독(愼獨)이다. 양명학에서는 계신공구와 신독을 도를 닦는 가르침으로 이해한다.[60]

장유는 『중용』의 '수도지위교'에 대한 양명의 해석을 그대로 수용하고, '수도지위교'의 교를 예악형정(禮樂刑政)으로 풀이한 주자의 해석을 비판한다. 예악은 몸을 다스리는 도구이지만 그것을 계구와 신독에 비교한다면 조금 느슨하고, 형정은 사람을 다스리는 도구이지만 몸과 마음을 닦는 공부와는 전혀 무관하다는 것이다.[61] 장유의 이러한 비판에서 그가 '성의' 공부를 중시하는 양명학의 핵심을 잘 파악하고 있었음을 알 수 있다.

양명학 공부와 실천적 삶

장유는 양명학의 가르침에 따라 실제 수행을 한 인물이다. 그에게서는 마음공부와 경전 해석이 분리되어 있지 않다. 그뿐만 아니라 마음공부가 일상적 삶의 구체적인 실천과도 유리되어 있지 않다. 마음공부가 제대로 되어 있어야 일체 행위가 도리에 합당할 수 있다. 그래서 그는 인조에게 『맹자』를 진강하는 자리에서 "사람이 사람다운 것은 이 마음 때문이니, 양심을 잃으면 행위가 이치에 합당하지 않게 됩니다. 그러므로 언제 어떤 상황에서도 오직 이 마음을 분명하게 잡아야 하는 것입니다"[62]라고 말한 바 있다. 양심을 일체 행위에서 그 도리를 창출해 내는 근원으로 여긴 것이다. 양심이 일체 행위의 시비를 판단하는 표준이 된 것이다. 장유에게는 이 양심을 견지하는 공부가 있었다. 그 때문에 그는 병자호란과 같은 민족적 치욕을 당하여 조정의 여러 대신에게 많은 비난을 받으면서도 현실적 입장에서 강화를 주장할 수 있었던 것이다. 이것은 당시 조선이 직면한 현실 상황을 고려하여 자기 양심에서 우러나는 적합한 행위를 찾은 것이다. 양심을 견지하는 평소의 수행이 어려운 상황을 돌파하는 역량을 드러낸 것이라고 할 수 있겠다.

谿谷의 字는 持國이니(宣祖 二十年 丁亥生, 仁祖 十六年 戊寅卒) 谿谷도 遲川과 같은 反正勳臣으로 右議政에 이르고 諡를 文忠이라 하얏다. 國朝 文章家 中 金農巖昌協 以前은 谿谷이 실로 惟一한 正宗이라.

그러나 谿谷은 文章家로서 指目할 이가 아니다. 遲川, 谿谷이 다 陽明學을 옳게 알아 卓然獨守함이 잇엇는데 遲川보다도 谿谷은 著述에 持長이 잇는 이만큼 實際的 用功함을 文字로써 記錄한 것이 얼마쯤 殘存하얏다. 陽明學 을 禪學이라고 非議함을 辨駁하야 가로되

"陽明 良知의 訓은 用功하는 實地 전혀 省察하고 擴充하는 데 잇다. 그러 므로 "喜靜厭動"은 學者의 戒할 배라"

고 항상 말하얏다.(谿谷漫筆) 비록 말함이 만치 아니하나 致知에 對한 明見 으로는 심히 念菴과 가깝고 隱微함에로부터 己私의 萌芽를 除治할 것을 主 張하야 가로되

"物을 기다려가지고 서는 者는 嬰兒오, 物에 붙어 가지고 되는 者는 女蘿 오, 物을 따라 變하는 者는 影, 罔兩(影外影)이오, 物을 훔처 스사로 利케 하는 者는 穿窬오, 物을 害하야 스사로 보하는 者는 豺狼이라. 아래로 둘 은 굴근 犯行이라 오히려 아니 하기 쉬우되 우로 셋은 細累라 좀처럼 벗 어나기 어렵다."(谿谷漫筆)

이 말은 陽明學으로서도 가장 骨子 되는 것이라. 學問이 實心에로 直向하지 아니하고는 意念上 檢覈이 이에 미치지 못하는 것이다. 念菴의 "無欲"論이 이것이오, 念臺의 "愼獨"論이 이것이오, 二曲의 "知幾"論이 이것이다. 그러

478

므로 谿谷은 一生言行이 거죽으로 世儒의 儼然함을 흉내 내지 아니한 채로 森嚴自立함이 잇어 遲川과 平生 서로 좋아하는 사이로되

谿谷이 在喪하얏을 때 起復拜相함을 限死하고 辭하니 遲川이 親히 가보고 "漢陰故事도 잇다. 그대 漢陰만하면 足하지 아니한가."

"그러치 아니하다. 漢陰의 일의 배홀 것이 많거늘 이는 다 배호지 못하고서 홀로 그 起復함만을 배호면 이 어찌 可한 일이라 하리오."

谿谷의 苟隨치 아니함은 이 한 일로도 想像하고 남음이 잇다. 鄭東溟(斗卿)이 晩來에 故相諸公을 追懷하며 말하되 "子謙이 持國이 그 사람됨이 다 환(炯然)하더니 直夫부터는 좀 의뭉하것다" 하얏다. 直夫는 李白江(敬輿)의 字이다.

谿谷이 中庸首章章句(晦菴注)를 指摘한 말이 잇으되

"天이 命함을 性이라 하고, 性을 率함을 道라 하고, 道를 修함을 敎라 한다. 中庸은 修道의 敎를 위하야 지은 것이라. 그러므로 下文에 곧이어 가로되 "道란 것은 잠간이라도 떼일 수 없나니 떼일 수 잇을진대 道 아니리" 하고 因하야 戒懼, 愼獨, 致中和의 일을 말하엿나니 이곳 修道의 實이라. 修는 修明하고, 修治함을 이름이니 마치 "君子修之吉(周濂溪 太極圖說)의 修와 같거늘, 章句에 가로되 修는 이를 品節함이오, 敎는 禮樂 刑政 같은 부치곳 이것이라 하엿다. 品節로써 修字를 푸는 것이 번대 十分 親切치 못할 뿐더러 禮樂으로 말하면 비록 이로써 身을 治하는 배나 戒懼, 愼獨에 대고 보면 差緩한 것 같고, 刑政은 治具라 원체 學者 身心에 關係 없나니 이로써 道를 修함이 어찌 밖으로 벗어짐이 아니랴. 本章의 말한 戒懼, 愼獨, 致中和等 切近한 傳訓을 노아두고 멀리 禮樂 刑政을 드러 敎라 하니 이는 나의 의심하는 배라."(谿谷漫筆)

이 一篇 疑難이 陽明의 宗旨를 그대로 敷暢함이니 陽明 大學問의 親民을 解함과 彼此 交映하는 靈犀이다.

谿谷의 見地 이 가치 卓越함으로 朝鮮學風에 對하야 남모르는 嗟傷을 품어 "中國은 學術이 갈래가 많아 正學者도 잇고 禪學者도 잇고 丹學者도 잇고 程朱를 배호는 者도 잇고 陸氏를 배호는 者도 잇어 門徑이 不一한대 우리나라인즉 有識 無識할 것 없이 책 끼고 글 읽는 사람은 다 程朱를 誦하야 다른 學이 잇음을 듣지 못하니 우리 士習이 果然 中國보다 나어 그런 것인가. 아니다. 中國에는 學者가 잇으되 우리나라에는 學者가 없다. 대개 中國은 人材, 志趣가 자못 磥磥하지 아니하야 때때 뜻잇는 선비 잇어 "實心"으로 學에 向함으로 그 좋아하는 바를 따라 공부한 배 서로 갓치 아니하나 그러나 가다가다 각각 "實得"함이 잇다. 우리나라는 그렇지 아니하야 齷齪 拘束하야 志氣라고는 도모지 없다. 오즉 程朱의 學이 세상에서 貴重히 여기는 바임을 드러 입으로 말하고 외양으로 높일 뿐이니 다른 學만이 없을 뿐이 아니다. 正學에 잇서서도 언제 무슨 어듬이 잇은 적이 잇섯는가. 譬컨대 땅을 파고 씨를 뿌려 패기도 하고 결실도 한 뒤라야 이것은 五穀이다, 이것은 稊稗다, 區別이 생기는 것이지 편한 赤地 우에야 五穀이란 무엇이며 稊稗란 무엇이냐"(谿谷漫筆)

고까지 말한 것이 잇다. 嗚呼라. 이 數行 漫筆이 실로 朝鮮儒學史의 總論이라하야도 거의 過言이 아닐지라. 입으로 말하고 모양으로 높임이 이미 學問의 眞을 일흠은 무론이오, "世所貴重"이라는 것을 듣고서 이러케 하는 이 一片 自利念이 結局은 學問을 비러 웬갓 私計를 이에서 解決하고 마랏다. 谿谷이 이 漫筆을 쓸 때도 그 뒤 現狀을 가지고 보면 오히려 盛時라 할 수 잇다.

遲川의 孫 明谷(錫鼎)이 陽明學을 排斥하야 심지어 그 祖父의 陽明學派 아님을 力辨하얏고, 曾孫 昆侖(昌大)도 그 아버니 明谷의 論을 衍하야 遲川이 谿谷과 가치 少時에는 陸王를 좋아하얏으나 遲川은 나종에 그 올치 아니함을 알고 谿谷은 꿋꿋내 初見을 가지고 잇엇다 하얏는데, 明谷도 "禮記類編"이란 책을 만드럿다가 朱注와 違反이 잇다는 것으로 焚册, 毁板의 야단을 만낫으니 그때 所謂學問界 얼마나 무시무시하던 것을 짐작할지라. 明谷, 昆侖의 遲川의 王學徒 아님을 力說함도 그 속은 정녕 救禍의 計일 것이며 또 遲川가치 擔當하는 力量이 迥別한 이가 아니고는 원체 무서우니까 자기들도 스사로 깨닷지 못하는 사이에 自私見이 압서 分明히 陽明의 올치 아니함을 볼 뿐이오 이러케 보는 그 눈이 발서 利害上 趨避로조차 指揮됨을 깨닷지 못하기도 하얏을 것이다. 그런즉 遲川集中 寥寥한 一書가 아마 删拔한 남아지에 幸存할 것일지도 모른다.

그러면 谿谷의 初見을 직혓다 함을 直言함은 어찌함인가. 谿谷은 文章으로 一世를 雄視하니만큼 그 言論이 遮掩하기 어려움도 잇으려니와 谿谷은 遲川과 좀 다른 것이 잇으니, 遲川은 이미 春秋大義에 得罪者로 세상이 떠드는 辱주머니오 또 明谷은 登朝한 뒤 派爭 渦中에 드러 禍阱이 앞뒤에 잇엇으니 무서움이 더할 것이로되, 谿谷은 孝宗 國舅이라 顯, 肅以下 列朝ㅣ 다 그 外裔시니 處勢 尊重하야 聲罪의 鋒刃이 만만히 向하기 어려웠나니 谿谷 漫筆等의 存文이 어찌할 수 없은즉 初見을 직혓다 하야도 累 될 것이 없다. 谿谷이 累 없을진대 그와 同學인 遲川도 따라 累 없을 수 잇지 아니한가. 이는 公言이라 이러한 經緯가 잇고서야 어찌 무시무시함이 잇으랴.(谿谷集, 國朝名臣錄, 西河集遲川行狀, 燃藜室記述, 明谷集, 昆侖集參照)

30

정제두, 조선양명학파의 대종

　　하곡(霞谷) 정제두(鄭齊斗, 1649~1736)는 자가 사앙(士仰)이고, 포은(圃隱) 정몽주(鄭夢周, 1337~1392)의 후손이다. 조선양명학파로서는 정제두가 일류 가운데도 가장 으뜸이니, 정제두의 평생 저술은 오로지 양명학을 몸소 연구한 학설로서 책 수만으로도 수십 책에 이른다. 최명길은 한 통의 편지글로 양명학을 공부했던 흔적을 드러냈고,[63] 장유는 단서를 드러내는 말을 조금 남겼다고 해도 단편적이다. 그러나 정제두는 식견이 아주 넓은 학설을 세워서 왕양명 문하의 제자들도 미치지 못할 큰 저작을 남긴 사람이다.

　　정제두는 어렸을 때 주자학에 종사하여 『주자대전』과 『주자어류』의 정미한 의미를 꿰뚫어 연구하지 않음이 없었다. 그러나 '격물치지'를 '사물에 나가서 이치를 궁구한다[卽物窮理]'고 풀이한 대목에 이르러서는 아무리 생각해 보아도 들어맞지 않는 것 같았다.[64] 그래서 다시 주돈이와 이정(二程)의 학설로 거슬러 올라가 여러 경전의 대의를 탐색하였다. 그러다 중년에 양명의 글을 얻어 '치양지'와 '지행합일'의 가르침을 보고 비로소 생생하게 깨달은 뒤로는 평생토록 오로지 양명학에 전념하였다.

정제두의 시대로 말하면 최명길과 장유 같은 사람은 이미 죽은 지 오래되었고, 명재(明齋) 윤증(尹拯, 1629~1714)과 성재(誠齋) 민이승(閔以升, 1649~1698)은 모두 정제두의 학문을 마땅치 않게 여겼다. 민이승은 정제두와 나이가 서로 비슷하여 더욱 친하게 지냈기 때문에 변론하여 논박하는 정도가 자못 심했다. 명곡 최석정은 최명길의 손자였지만 정제두의 학문에 대해서는 시종 이견을 가지고 있었다.

정제두의 저서는 양명 이후 양명학파의 저서 가운데 가장 포괄적이고 치밀하며, 가장 절실하고 가까우며, 또 가장 상세하게 기술되어 있다. 왕간의 곧바로 본심을 가리킴[直指]이 있으면서도 전덕홍의 법도를 겸하였고, 왕기의 투철한 깨달음[超悟]이 있으면서도 나홍선의 조사하여 사실을 밝힘[檢覈]을 더한 것이 정제두다. 이로 보면 정제두는 오직 조선양명학파의 대종(大宗)만이 아니다.

양명도 당시에 이단이라는 배척을 받았으나 문하에 제자가 많았음은 여전했고, 왕기와 전덕홍은 지위가 낮아 대수롭지 않았지만 은연히 사방의 사표(師表)가 되었다. 이것을 정제두가 홀로 외롭게 양명학을 지킨 것과 대조해 보면 정제두가 저렇게 여러 가지를 모아 하나의 체계를 이룬 것에 더 한층 감탄하지 않을 수 없다. 그러나 정제두가 일생 동안 스승과 벗들 가운데 자기를 알아주는 사람을 만나지 못하고 반대 속에서 끝내 늙어간 것은 정제두의 불행이 아니라고 할 수 없다. 그러나 반대편의 창끝이 사방에서 에워싸고 있었던 까닭에 그의 학문 체계가 한층 더 정밀해진 것도 사실이다.

정제두가 양명학을 근본으로 삼은 것은 위에서 서술한 것처럼 주자학의 처음 출발하는 단계에서 깊은 고민을 품고 주돈이와 이정의 여러 설을 따라 옛 경전을 직접 탐구하여 어떤 안목이 환하게 열리려고 할 즈음에 금단 한 알을 양명으로부터 얻어서 한번 깨달았기 때문으로 그는 뒤에 일생을 여기에 바친 것이다. 그러나 정제두 당시 조선의 학풍은 형적이 없는 가운데 처음으로 새로운 기운이 돌려고 하던 때였다. 정제두는 심학으로 이에 대응한 대유학자다.

"학문을 헛된 이론에서 구할 것이 아니라 타고난 한 점 양지의 속일 수 없는 이 한 자리로부터 선악을 분별하여 설파하는 것을 핵심으로 하지 않고는 참된 학문을 바랄 수 없다."

이 탁월한 식견은 정녕코 『양명집』을 보기 전에도 자기도 모르는 사이에 마음속에 얽혀 있었을 것이다. 이러한 마음이 일어나게 된 것은 나라를 다스리는 방책보다 개인적인 타산을 따지고, 시비보다 이해(利害)를 서로 다투어 추구하면서도 경전의 여러 말을 빌려다 꾸미고 억지로 끌어다 붙이는 허위와 가식의 폐단 때문이었을 것이다. 이 엄중한 폐단이 곧 이 마음을 감격하여 일어나게 했고, 이 실학은 곧 이 마음에 부합하였다.[65] 따라서 정제두의 학문은 단지 경전상의 검토를 따라 예전의 의문을 파헤치고 새로운 해석을 얻은 것에만 그치는 것이 아니다.[66]

지금 정제두의 「연보」를 보면 그의 일생 종지를 알 수가 없다. 양명학파라기보다 주자학을 고수한 사람처럼 발라버렸다. 이것으로 보면 정제두의 학문이 그 집안에서부터 전수되지 못했음을 알 수 있다. 정제두가 사망한 뒤에 저촌(樗村) 심육(沈錥, 1685~1753)은 "하곡이 남긴 저작들을 정리하되 알 수 없는 것은 빼자"[67]고 했다. '알 수 없는 것'이 무엇인지 분명히 지적하지는 않았지만 정제두가 가장 부지런히 힘써 공부했던 양명학의 종지를 가리키는 것이 아닐는지 모르겠다. 다행히 문인 가운데 항재(恒齋) 이광신(李匡臣, 1700~1744) 이하 몇 사람이 스승의 학설을 외로이 지켜 밖으로 전파되지는 못했지만 열렬한 자기주장이 있었고, 정제두가 남긴 저작도 원저대로 남아 조선양명학의 눈부시게 아름다운 빛을 영원히 드리우게 되었다.

정제두의 평생 저술로 말하면 「존언(存言)」 3권은 양명의 『전습록』과 같은 것이고, 「서(書)」 7권, 「성학설(聖學說)」 1권, 「논어해(論語解)」 1권, 「대학설(大學說)」 1권, 「중용해(中庸解)」 1권, 「맹자설(孟子說)」 1권이 모두 양명의 종지를 근본으로 하여 서술한 것이다. 그 당시에 아주 가까운 사이가 아니면 감히 말하지 못했으나, 스스로의 믿음은 더욱 굳건했다.

"도(道)가 밝아지는 것은 그것을 밝힐 사람을 얻어서 몸소 행하는 데 있다. 어찌 이 세상에 대고 떠들어 적합하지 않은 사람에게 이기기를 구하겠는가? 뜻이 있는 이를 만나지 못하면 잠잠히 있을 뿐이요, 오직 그 방향이나 전하여 뒷날의 지혜로운 사람과 능력이 있는 사람을 기다릴 것이다. 마치 양웅(揚雄)의 태현경(太玄經)을 세상에서 잘된 문장인지 모르고, 주돈이의 학문을 세상에서 도(道)인 줄 모르는 것과 같으니, 나중에 아는 사람이 그 글을 보게 되면 스스로 그것을 알아보고 드러내게 될 것이다. 이렇게나 기다릴 뿐이다. 이 도(道)가 어찌 한 사람의 사적인 것이겠는가? 학문이 이렇게 반복하여 논쟁을 일으키는 것은 이기기를 구하는 것이 아니라 보탬이 되기를 구하려는 것이요, 알아주기를 구하는 것이 아니라 올바름을 구하려는 것이다. 어느 것이나 아무쪼록 이 도[斯道]를 밝혀 자기에게 얻음이 있고자 힘쓰지 않음이 없기 때문이지, 터럭만큼이라도 남이 알아주기를 구하여 요행히 그의 인정을 받으려고 한 때문은 아니다. 우리의 학문은 안에서 구하고 밖에서 구하지 않는다. 안에서 구한다는 것은 돌이켜보아 내면을 살피기만 하고 외물을 끊는 것이 아니다. 그것은 오직 안에서의 자기만족만을 추구하고 다시는 밖의 득실(得失)에 관계하지 않으며, 오직 그 마음의 시비(是非)를 다하고 다시는 남의 시비에 따르지 않으며, 사물의 근본에서 그 실질을 이루고 다시는 일을 한 자취에 구애되지 않는 것이니, 내 안에 있을 뿐이다. 어찌 남을 관계시키겠는가?"[68]

정제두는 당시 학계의 허위와 가식의 폐단을 말하면서, 이것은 주희까지 저버린 것이라고 했다.

"주자의 학설도 좋지 않은 것은 아니다. 다만 치지(致知)의 학문과 비교할 때 그 공부에 돌아감과 곧바로 감, 느림과 빠름의 구별이 있고, 그 본체를 나누어보거나 합해보는 차이가 있을 뿐이다. 실제로는 다 같이 성인의 학문이니, 어찌 일찍이 좋지 않았겠는가? 그러나 후대에 주자학을 배우는 이들이 흔히 그 근본을 잃어버렸고, 오늘날 학문을 말하는 사람들은 주자를 배우는 것이 아니라 곧 주자를 빌리는 것이요, 주자를 빌릴 뿐만 아니라 곧 주자를 억지로 끌어다 붙여 자기 뜻을 성취하고, 주자를 끼고 위세를 부려 자기의 사사로운 이익을 도모하는 것이다."[69]

양명학을 이어받아 밝히는 데 일생을 바친 만큼 홀로 터득한 것이 많아 양명의 은미한 말을 더욱 분명하게 밝혔다. 우선 양명의 '천천증도(天泉證道)' 네 구절 가운데 "선도 없고 악도 없는 것이 마음의 본체다"라고 한 것을 황종희와 같은 사람은 매우 불만스럽게 여겨서 "이것은 아마도 왕기 일파가 억지로 끌어다 붙인 것이요, 양명의 참된 가르침이 아닐 것이다"라고까지 의심하였다. 그런데 정제두는 다음과 같이 말하였다.

"선과 악에는 원래 정해진 형태가 없다. 본연(本然)의 조리에 따르는 것을 선이라고 하고, 기운에 따라 움직이는 것을 악이라고 한다. 그 행위가 비록 선하다고 해도 기운에 따라 움직인 것이 있다면 선의 본모습은 아니다. 그러므로 선은 어떤 일정한 것을 가지고 선이라고 할 수가 없다. 그러므로 조리를 따르는 것을 지선(至善)이라고 한 것이다. 본성은 선할 따름이지만, 사실상 특정해서 명명할 수 있는 선이 없기 때문에 '선이 없다[無善]'고 한 것이다. 그렇다면 '무선(無善)'의 '선(善)' 자는 이 특정해서 명명하는 '선(善)' 자이지 지선(至善)의 '선' 자는 아니다."[70]

　이 한 단락이 무선(無善)의 의미에 대한 풀이로 가장 정밀하고 투철하여 옛사람이 말하지 못한 것이다. 특정해서 명명할 선이 없기 때문에 자연 그대로의 조리대로 온갖 선이 나타나게 되고, 자연 그대로의 조리대로 온갖 선이 나타나기 때문에 그것을 지선이라고 하는 것이다. 지선을 안다면 무선에 대하여 의심할 것이 없다. 무선이 곧 지선인 것이다.
　"천하의 사물에 나아가 그 리를 궁구하라"고 한 것과 "마음이 곧 리다"라고 한 것이 주자와 양명의 학문이 갈라지는 분기점이다. 정제두가 주자에 대해 회의하는 것이 이것이요, 양명에 대하여 부합하는 것이 이것이다. 정제두로 말하면 장유의 이른바 "실심으로 학문에 나아간 사람"이다. 애초부터 그는 문자나 언어를 희롱하여 거짓된 학문을 하며 살아가는 속된 유학자들과는 타고난 자질이 너무 달랐다. 그래서 저 한우충동(汗牛充棟)처럼 쌓인 이학(理學)의 학설에 달가워하지 않고 실제로 자기 마음에서 체험하여 "리가 마음 밖에 존재한다면 이것은 헛된 조리이지 실리가 아니다"[71]라고 하였다. 무릇 수천수만 가지로 다르고 끝없이 변화하는 것은 사물이다. 그러나 사물은 사물대로 내 마음은 내 마음대로 떨어져 있는 것이 아니다. 마음이 사물에 응하는 데는 삼엄하면서도 정당한, 그래서 어지럽히려고 해도 어지럽힐 수 없는 조리가 있다. 리라는 것은 다른 것이 아니라 이 조리가 바로 리다. 그러므로 일상적인 일을 행하는 가운데에서 실제로 체험해 보면, 이 조리를 저 일에서 찾을 것인지 말 것인지, 찾으면 참으로 나올 것인지 아닌지를 쉽게 분별할 수 있을 것이다. 그러므로 정제두는 헛된 조리와 실리를 구분함과 동시에, 이 말이 옳으니 저 말이 옳으니 하면서 빈말로 다툴 것 없이 실제로 그런지 그렇지 않은지를 스스로 체험하라고 하였다.

그러므로 정제두는 말끝마다 허와 실을 구분하고, 그것으로 양지학의 실질적인 공부를 불러일으켰다. 뿐만 아니라 그의 밝은 눈이 이미 허와 실을 밝고 투철하게 구분하므로 무엇에든 실을 세우려고 노력하였으니, 정치로는 옛것을 지키는 것보다 변화에 따를 것을 주장하여 "어떻게 하든지 나라를 이롭게 하고 백성을 편안하게 할 것이라면 하자"[72]고 하였다. 심지어는 송시열과 윤증 사이의 시비 논란에 조정이나 사림이나 편을 갈라 서로 다투었지만 정제두는 일체를 돌아보지 않고 세상에 그런 일이 있는지조차 모르는 듯했다.[73] 오직 양반제도를 쓸어 없애고 백성들의 토지소유상한제[限民名田]를 도입할 것을 고심스럽게 연구하여 평생토록 「차록」한 권을 쓰는 데 부지런히 힘썼으니 그의 학문의 본령이 어떠했는지를 짐작할 수 있다. 정치와 교육에 대한 탐구도 결코 요·순과 하·은·주 삼대를 공상하거나 중화문물을 빌려다 붙이자고 한 것이 아니었다. 매사를 이 땅 이때에 비추어보고 그것에 근거해서 실행하여 실질적인 이익이 있도록 한 것이다. 또 천문과 역법에 밝은 이해와 정밀한 연구가 있었고, 성음과 문자에도 세밀한 분석을 진행하여 각각 관련 저술들을 남겼다.

정제두는 1649년(인조 27년 기축)에 태어나 1736년(영조 12년 병진)에 죽었다. 이미 장수하였고, 또 여러 대에 걸쳐 조정으로부터 융성한 예우를 받았으며, 유학계의 어진 인물이자 큰 어른[74]으로 벼슬이 좌찬성에 이르렀다. 시호는 문강(文康)이다. 정제두는 일평생 학자로서 세상에 이름을 드러내지 못한 것은 아니지만, 사실 자신이 홀로 얻은 학문을 문밖에 드러내보지 못한 불운한 철학자다.

그의 아들인 정후일(鄭厚一) 역시 착실한 학자로, 특히 수학에 정통하여 정제두의 유업(遺業)을 전하였다. 그의 외손자인 석천(石泉) 신작(申綽, 1760~1828)은 정제두의 실제 학풍을 박학(樸學)에 활용하여 불후의 업적을 남겼다.[75] 성음・문자의 학문은 원교(圓嶠) 이광사(李匡師, 1705~1777), 신재(信齋) 이영익(李令翊, 1740~?), 초원(椒園) 이충익(李忠翊, 1711~1816), 현동(玄同) 정동유(鄭東愈, 1744~1808)에게로 직접 전수되거나, 혹은 옆으로 흐르다가 서파(西陂) 유희(柳僖, 1773~1837)에 이르러 특별한 저술을 내놓게 되었으니, 이것은 모두 정제두가 평생토록 힘썼던 것은 아니었다.

정제두는 모든 정신을 양명학에 집중하여, 이를 통해 백성을 친애하는 실질을 크게 전해보려고 하였다. 그런데 다른 사람은 말할 것도 없이 그의 자손부터 정제두가 양명을 추존한 것을 크게 꺼려야 할 일로 알아 「연보」가 이미 저와 같을 뿐만 아니라, 글 속에서 양명을 배척하고 여전히 이단시하였다. 이것이 어찌 정제두가 기대한 것이겠는가? 그의 저서는 다행히 남아 있으나 초고가 있을 뿐이다. 각 권마다 거의 줄줄이 몇 겹씩 수정한 내용이 붙어 있고, 어떤 것은 초고본과 개정본의 구분이 분명하지 않은 것도 있다. 양명학파로서 정제두만큼 저작이 많은 사람이 없는 반면, 정제두만큼 저작이 은밀히 묻혀 있었던 사람도 없다. 오호라, 이 책이나 진작 좀 유포되었더라면!(『하곡전서』 참조)

정제두는 조선의 대표적인 양명학자다. 그는 주자학에 대한 학습과 반성을 토대로 남언경과 장유 등 조선의 선구적인 양명학자들을 계승하고, 왕양명의 학문만이 아니라 전덕홍·왕기·왕간·나홍선 등 양명 후학까지 폭넓게 연구하여 자신만의 독특한 양명학을 수립하였다.

이 절에서 정인보는 정제두의 학문 탐구가 주자학에서 양명학으로 전환된 까닭, 주자학과 양명학의 동이점, 동시대 조선의 학풍과 그에 대한 정제두의 심학적 대응, 정제두의 학술적 업적과 그 사상사적 지위, 정제두의 경세사상 등을 다루고 있다.

성인지학의 지향과 주자학에 대한 반성

송대 도학의 개산조로 일컫는 주돈이 이래로 유학자들은 내적으로 성인이라는 이상 인격을 지향하고, 외적으로는 이 세상을 인륜질서가 펼쳐지는 평화로운 세상으로 만들고자 했다. 내성외왕의 방법에 대한 탐구가 송대 이후 리학의 주요 관심사가 된 것이다. 특히 주자학을 통치이념으로 받아들인 조선의 경우는 주자학을 통해 성인이 될 수 있을 뿐만 아니라, 왕도정치를 구현할 수 있다고 여기게 되었다. 주자학을 왕도정치를 펼칠 수 있는 성인지학(聖人之學)으로 간주한 것이다.

정제두도 초년에 성인이 되려는 관심 속에서 주자학을 연구한 바 있다. 그러나 주자의 격물치지설에 대해서는 아무리 생각해도 어긋나는 바가 있어서 끝내 받아들이기 어려웠다. 중년에 이르러 왕양명의 글을 접하고서야 치양지설이 성인이 되는 방법으로 유효하다는 것을 깨닫게 된다. 정제두의 학문 탐구가 주자학으로부터 양명학으로 옮아간 것을 그의 제자인 이광신은 다음과 같이 서술한다.

"선생은 초년에 주자학에 종사하였다. 『대전』과 『어류』 등의 책에 담겨 있는 누에 실이나 소의 터럭같이 정미한 의리를 연구하고 사색하지 않음이 없었다. 다만 격물치지의 설에 대해서는 마음에 돌이켜보고 여러 일에 증험해 보아도 끝내 들어맞지 않는 것이 있었다. 중년 이후에 왕양명의 저서를 얻어 읽었는데, 그 치양지와 지행합일의 설이 간이하고 정결한 데 이르러 저도 모르게 뛸 듯이 기뻐할 정도로 깨달은 바가 있었다. 다시 여러 경서를 참고해 봄에 정(精)과 일(一), 명(明)과 성(誠)의 오묘한 뜻이 분명하게 서로 부합하였다. 마침내 여기에 마음을 오로지하고 뜻을 다하였으니, 이는 일부러 주자의 학문과 다름을 구하려 한 것이 아니다. 단지 입문하여 착수하는 곳에서 번다함과 간이함, 분리되고 합함의 차이가 있기 때문에 그러한 것이다."[76]

이에 따르면 정제두는 어려서 주자학을 정밀하게 연구했으나, 주자가 격물치지를 사물의 리[物理]에 대한 탐구로 풀이한 것은 동의하기 어려웠다. 정제두는 다시 주돈이와 정명도의 학설로 거슬러 올라가 탐색한 결과 성인지학은 사물의 리에 대한 지적 탐구보다 내면에 돌이켜 살피는 방법이 유의미하다는 것을 알게 된다. 그리고 마침내 '치지격물'에 대한 왕수인의 풀이인 치양지설을 접함으로써 양명학이 성인이 되는 방법으로 유효하다는 것을 자각하게 된다.

주자학과 양명학의 차이점에 대한 정제두의 인식

정제두의 철학적 문제의식은 당시 현실에 대한 비판의식에 뿌리를 내리고 있다. 당시 주자학자들의 의리 명분에 입각한 현실 구제 방안이 그 실질적인 효용성을 상실하였으며, 그 이론적 배경에는 의리를 마음 밖에서 구하고자 하는 주자학적 사유체계가 놓여 있다고 본 것이다. 그리고 현실을 구제할 수 있는 새로운 대안으로서 마음과 의리를 하나로 파악하는 철학 체계를 마련한다.

정제두는 마음과 의리를 하나로 파악하는 사상의 흐름을 요순(堯舜)을 통해서 내려오는 성학(聖學)에서 찾고, 그 도통(道統)의 계열을 새롭게 정립한다. 그가 정리하는 도통론의 특색은 사물에서 리(理)를 궁구하는 주자의 격물론(格物論)을 도통의 계열에서 제외시키고, 마음을 리(理)로 파악하는 양명학을 도통의 정맥으로 간주한다는 점에 있다. 그리고 도통론에 대한 새로운 이해에 근거하여 주자학을 반성한다. 정제두는 일체의 가치판단과 행위의 준거를 주체의 마음에 설정하는 새로운 본체론을 건립함으로써 리(理)를 마음과 무관하게 객관화시킨 주자학을 반성하고, 또 파당을 지어 의리와 명분을 가지고 다투는 당시 정치계와 학계의 풍조를 극복하고자 한다.

동시대 조선의 학풍과 그에 대한 정제두의 심학적 대응

정제두 당시 조선의 학풍은 크게 두 갈래로 나누어 살펴볼 수 있다.

하나는 조선조 집권체제의 이념적 토대인 주자학적 의리 명분을 공고히 함으로써 당시의 혼란한 현실을 바로잡고자 한 것이며, 다른 하나는 주자학의 현실 대응 능력의 한계를 자각하고 새로운 사상적 기반을 마련하고자 한 것이다. 전자는 주자학을 절대화하려는 성격을 띤 반면에 후자는 주자학으로부터 이탈하는 경향을 보인다.

주자학의 절대화를 주장한 그룹은 노론 계열의 정통주자학자들이다. 송시열(宋時烈, 1607~1689)을 중심으로 한 노론 계열의 학자들은 주자학의 의리 명분을 분명히 밝힘으로써 현실 문제에 대응하는 자신들의 정치적 견해의 이론적 근거를 마련한다. 화이(華夷)의 엄격한 구분에 근거한 청나라의 배척, 도(道=理)와 기(器=氣) 및 심(心)과 성(性)의 엄격한 구분에 기초한 이단(異端) 배척, 사람과 짐승의 구분에 따른 사람의 도덕적 존엄성 확보 등은 주자학적 의리 명분을 준거로 하여 이루어졌다.

반면에 주자학적 의리 명분의 절대적 진리성과 현실적 효용성의 한계를 자각하고 새로운 현실 대응 방안을 모색한 남인과 소론 계열의 학자들이 있었다. 허목(許穆, 1595~1682)·윤휴(尹鑴, 1617~1689)·유형원(柳馨遠, 1622~1673) 등 남인 계열의 학자들은 주자학적 의리 명분보다는 국가 운영의 제도 개혁을 국가 위기를 수습할 수 있는 방안으로 내세운다. 그리고 박세당(朴世堂, 1629~1703), 박세채(朴世采, 1631~1695), 정제두(鄭齊斗, 1649~1736) 등 소론 계열의 학자들은 당시의 시대적 과제를 해결할 수 있는 방안을 구체적인 현실에 토대를 둔 실천 가능한 개혁안을 마련하는 데서 찾고자 한다.

30대 초반에 이미 양명학에 대한 확고한 신념을 표방한 정제두는 심학에 입각하여 당시 학자들의 병폐인 개인이나 당파의 이익을 추구하면서도 경전의 말을 인용하여 그럴듯하게 꾸미는 허위와 가식의 폐단을 극복하고자 했다. 그러나 양명학적 심학에 입각하여 현실을 진단하고 구제하고자 했던 정제두는 노론계 주자학자들만이 아니라, 소론계 주자학자들의 우려와 비판을 받게 된다. 그 대표적인 이들이 정제두의 스승인 박세채(朴世采, 1631~1695), 동료인 최석정(崔錫鼎, 1646~1715), 민이승(閔以升, 1649~1698), 박심(朴鐔, 1652~1707) 등이다. 이들은 주자학의 입장에서 양명학을 신랄하게 비판한다. 정제두는 이들의 비판에 대해 양명학의 입장에서 충실히 대응한다. 소론계 내부에서 일어난 이 양명학 논변은 조선 사상사에서 제기된 중요한 학술 논쟁으로 주목할 만하다.

정제두의 학술적 업적과 그 사상사적 지위

정제두는 천리를 본성으로 부여받고 있는 사람의 마음을 일체의 의리를 창출해 내는 도덕 본체로 파악한다. 심(心)·성(性)·천(天)·리(理)를 하나의 통일적 존재로 이해한 것이다. 그리고 마음은 스스로를 밝게 드러내는 명덕(明德)을 지니고 있음에 주목하여, 그것을 양지(良知)로 규정한다. 이 양지는 마음의 본체이면서 지각 작용을 한다. 이 양지의 체용(體用)으로 인하여 일체의 존재물이 마음에 의해 하나로 묶일 수 있게 되었고, 마음의 본체를 실현하는 공부가 용이해졌으며, 성정(性情) 공부에서 마음이 스스로를 주재할 수 있는 역량을 갖추게 되었다. 정제두는 이 양지체용론에 입각하여 조선성리학의 주요 논쟁이었던 사단칠정 논쟁과 미발이발의 중화 논쟁을 정리한다.

양명학이 성인의 학문임을 논변을 통해 보여주는 데 한계를 느낀 정제두는 말년에 유가 경전을 양명학의 입장에서 새롭게 해석하는 작업을 한다. 바로 「중용설」·「대학설」·「논어설」·「맹자설」·「경학집록」·「심경집의」 등이 그것이다. 양명학의 경전적 근거를 확보하고자 한 것이다. 이러한 면모는 중국양명학사에서 보기 드문 현상으로 한국양명학의 특성을 여실하게 드러낸 것이라고 평가할 수 있다.

정제두의 이러한 학술적 업적은 양명 이후 양명학파의 그 누구와 비교하더라도 뒤지지 않는다. 이 때문에 정인보는 정제두를 조선양명학파의 대종만이 아니라고 평가한다. 그야말로 동아시아 양명학사의 대표적인 인물이라고 하겠다.

정제두의 경세사상

조선의 정치사에서 17세기는 당쟁의 세기라고 할 수 있을 정도로 정치항쟁의 굴절이 특히 심했다. 서인 주도의 인조반정과 함께 북인이 몰락했고, 이른바 '예송'으로 소수파 남인이 집권했는가 하면, 남인(南人)에 대한 대응 방안을 둘러싸고 서인이 노론·소론으로 나뉘어 대결과 불신의 골이 더욱 깊어졌다. 이런 상황에서 소론 계열에 속하는 정제두는 당쟁으로 인한 폐해를 깊이 인식하고, 당파를 넘어서서 의리를 구하고자 했다.

그는 당시의 선비들이 선비의 본질인 염치와 의리의 도를 잃어버린 채,[77] 시비를 돌보지 않고 편당을 지어 감정적으로 세력 싸움을 하는 풍습이 점차 심해져서 도의가 무너져 가는 상황을 안타까운 시선으로 바라보고 있다.[78] 그리고 세상이 공유하는 도리에 의거하지 않고 다만 자기와 같고 다른 것만을 따져서 공격하고 욕설하기를 일삼는 풍조는 성인으로부터 전해오는 의리가 마음속에서 터득되지 못한 때문이라고 진단한다.[79] 당쟁으로 격화된 사람들 사이의 대결 양상이 가지고 오는 폐해를 목도하면서 그 원인을 개개인이 의리를 마음으로부터 분리시킨 데서 찾고 있는 것이다. 이러한 진단에 뒤따르는 처방은 마음과 의리의 일원체계를 세우는 데 있었다. 그리고 정제두는 그 체계를 기존의 성인의 학문에서 발견한다. 당쟁에서 기인하는 폐해는 성학을 밝힘으로써 해결될 수 있다고 본 것이다. 뿐만 아니라 그는 성학(聖學)을 탕평의 근본적인 방법으로도 제시한다.

'어떻게 하면 조정의 기상을 탕평함으로써 백성들이 마음 편안하게 생업에 종사토록 할 수 있을까?' 영조가 던진 이 물음은 눈앞에 닥친 커다란 근심을 민생의 고통으로 인식하는[80] 정제두로서도 깊이 고민해 온 문제였다. 그는 영조의 물음에 다음과 같이 대답한다.

"이미 조선조 300년 동안에 태평을 일으킨 법이 선을 다하고 미를 다한 것이었으니 오늘날에는 오직 이것을 그대로 들어서 행할 뿐입니다. 세종대왕께서 예를 마련하시고 악을 만드시어 동방의 성인이 되셨으니, 그 법제는 경세대전(經世六典)에 갖추어졌고, 예문은 오례의(五禮儀)에 갖추어졌으니 분명하게 행할 수 있습니다. 후세의 유자는 대개가 무슨 일을 해야 한다, 무슨 예를 행해야 한다고 말합니다. 그러나 국가는 마땅히 조종의 법을 행해야 하고, 조종의 예를 행해야 하겠습니다. 그런 다음에야 집집마다 풍속이 다르고 사람마다 예가 다르다는 것을 면할 수 있을 것입니다. 만약 한 나라 안에서 집집마다 각기 다르면 대일통의 뜻이 아니오니 오늘에는 반드시 지엽을 버리고 모두 조종의 옛것을 복구해야 하며, 성학으로써 본령을 세우고 오로지 조종(祖宗)의 정치를 행하면 의거할 바 요령이 있게 되니 힘써 행하여 마지않으면 어찌 치평(治平)을 이룰 수 없겠습니까? 다만 조종의 제도는 자주 변개되었으니, 만약 한꺼번에 복구한다면 조종이 전날에 이를 쓴 것인데 전하께서 어찌 뒤에서 이를 쓰지 못하시겠습니까?"[81]

이 글의 요점은 '나라를 평안하게 다스리기 위해서는 성학(聖學)으로 본령을 세우고 오로지 조종(祖宗)의 정치를 행해야 한다'는 데에 있다. 성학은 천덕과 왕도를 실현할 수 있는 '본원'을 탐구하는 학문이다. 그 '본원'은 마음 가운데 하나의 지극한 표준[極]을 세우는 것이다. 그 표준은 곧 일체의 사욕이 배제된 순수한 천리의 마음이다. 이 순수한 천리의 마음이 있어야만 구체적인 일에 임하여 한 가지 조목에 집착하지 않고 시의(時宜)에 맞게 변통하는 방법을 강구할 수 있다.[82] 그리고 시의에 맞는 방안을 강구할 수 있어야 나라를 제대로 다스릴 수 있다. 이 때문에 정제두는 '순수한 천리의 마음'을 배양하는 학문인 성학을 본령으로 삼아야 한다고 주장하는 것이다.

정제두는 또 성학을 본령으로 하되, 정치를 시행하는 법제(法制)에 있어서는 그 효용성이 이미 확인된 바 있는 조종의 법전인 『경국대전』을 따르고, 그 예법은『국조오례의』를 행할 것을 주장한다. 이러한 입장은 당시에 '경국대전체제'를 변화된 현실에 맞추어 새롭게 보완하려는 경향이 있었던 것과 비교할 때 다소 특징적이다. 이것은 법제(法制)와 예제(禮制)보다는 그것을 운영하는 정치 주체의 심성을 보다 중시하는 정제두의 관점이 반영된 것으로 보인다.

마음 가운데 지극한 표준인 대중(大中)을 세우고, 그것을 구체적인 일이 지니는 특수한 내용을 고려하여 그에 알맞게 대응하려는 그의 현실 대응 방법은 대청(對淸) 인식에서도 그대로 드러난다. 정제두는 당시에 청의 연호를 받아 배신(陪臣)으로 자처하면서 청의 사신을 영접하는 데는 궤배(跪拜)의 예를 행하지 않으려는 태도를 서로 모순된 것으로 비판한다. 당시의 의리·명분론자들은 청의 연호 사용과 궤배의 예를 거절하는 논리를 구분하였다. 즉 청의 연호 사용은 군신 사이의 의리에 따르는 반면, 궤배의 예를 거절하는 것은 화이(華夷)의 분별에 근거한 것이다. 여기에는 청의 연호 사용은 허식이고, 궤배의 예는 실질로 보고자 하는 태도가 내재해 있다. 정제두는 이러한 견해를 이중적이고 비현실적이라고 비판한다. 마음에도 없이 연호를 사용하여 군신 사이의 의리를 지키고자 하거나, 비현실적인 화이관에 근거하여 궤배의 예를 거부하려고 하는 것은 모두 '마음과 의리를 분리'시킨 것이다. 의리·명분론자들이 주장하는 행위의 기준인 '군신 사이의 의리'와 '화이의 구분'은 행위 주체의 마음으로부터 발현되어 나온 것이 아니라, 행위 주체가 따라야 할 바의 도리로 객관화되어 있다. 그렇게 되면 행위 주체자의 마음은 외부에 객관적으로 설정된 도리에 종속되어 그 주체성을 상실함으로써 현실의 특수성을 고려하여 그에 적합한 방안을 탐구하는 능력을 상실하게 된다.

정제두에 따르면 연호 사용이나 궤배는 모두 현실적으로 힘이 부족하기 때문이다. 그것은 마음에서 우러나는 의리 실현과는 무관하다. 현실적으로 힘이 부족하여 어쩔 수 없이 행해야 하는 것이라면 각기 그 분수에 맞춰서 그 마땅한 것을 행할 뿐이다.[83] 정제두의 이러한 처세법은 묵수주자학자들의 그것과는 그 성격을 달리한다. 노론 계열의 묵수 주자학자들은 의리 명분을 일체 행위의 준거로 삼는다. 그들은 명분에 입각하여 실질을 바로잡고자 한 것이다. 이러한 태도는 의리 명분에 얽매여서 구체적인 일이 지니고 있는 그 실질 내용을 무시해 버리는 경향으로 나타났다. 말하자면 '실질'을 고려하지 않고, '명분'만을 가지고 다투는 일이 많아지게 된 것이다. 연호와 궤배의 문제도 바로 실질을 도외시한 채 명분만을 가지고 다툰 것이라고 할 수 있다. 정제두의 처세법은 의리 명분은 무엇보다 마음에서 비롯되어야 하며, 그 실행에서는 사세의 형편에 맞추어서 경도(經道)와 권도(權道)를 함께 사용해야 한다는 것이다. 그는 의리 명분에만 매여서 경(經)이 있는 줄만 알고, 권(權)이 있는 줄을 모르는 것은 마치 비파 기둥에 풀을 바르는 것과 같은 것이라고 비판한다.[84] 그는 사세의 특수성을 고려하여 그에 알맞게 대응하는 사고의 유연성을 중시하고 있는 것이다. 이러한 태도는 공자의 '절사(絶四)'에 대한 그의 새로운 해석에서 단적으로 드러난다. 그는 공자가 '무의(毋意)'만을 말하지 않고, '무고(毋固)'와 '무필(毋必)'을 함께 말한 것은 "아무리 정당한 것이라도 고집하고 기필하는 뜻이 있으면 이미 이것은 사사로운 것"[85]이기 때문이라고 말한다. 이것은 당시 묵수주자학자들이 자기의 명분만 옳다고 주장하여 고집스럽게 그것을 지키려는 태도를 비판한 것으로 볼 수 있다. 의리의 실현은 구체적인 사태의 실질 내용을 고려하는 주체의 마음에서 자발적으로 우러나와야만 그 현실성과 생명성을 지닐 수 있다고 본 것이다.

———————

鄭霞谷齊斗의 字는 士仰이니 圃隱(夢周)의 後裔라. 朝鮮陽明學派로서는 霞谷이 第一類中으로도 가장 大宗이니 霞谷의 生平 著述은 전혀 陽明學을 體究한 學說로서 册數로만 數十에 達한다. 遲川은 一書로써 그 用功의 遺痕을 보이고 谿谷은 좀 緖言이 잇다 하야도 이른바 斷甲 片鱗이엇마는 霞谷은 아조 綜博한 學說을 세워 王門諸子中으로도 미치지 못할 大著를 남긴 이이다. 霞谷이 少時에는 晦菴學에 從事하야 大全 語類의 精微한 意義를 貫穿 研索하지 아니함이 없으되 "格致"를 解하야 "卽物窮理"라 함에 미처는 암만하야도 드러맞지 아니하는 것 같아 다시 周程의 學說을 溯하야 諸經의 大旨를 尋索하더니 中年에 陽明書를 어더 "致良知", "知行合一"의 訓을 보고 비로소 躍然히 깨다라 이 뒤로는 一生學問을 이에 專注하얏다.

霞谷 때로 말하면 遲川, 谿谷諸公은 발서 凋謝한 지 오래고 尹明齋(拯), 閔誠齋(爾承) 모두 霞谷의 學問을 맛당치 아니하게 여기엇는대, 誠齋는 霞谷과 年齒相近한지라 더욱이 交好로 조차 辨駁의 度가 加甚하얏고, 崔明谷(錫鼎)은 遲川의 孫이로되 霞谷學問에 이르러는 始終 異見을 가젓섯다.

陽明 以後 陽明學派의 著書로서 가장 綜密하고 가장 切近하고 또 가장 詳

述 細傳하야 心齋의 直指함이 잇으되 緖山의 規矩를 兼하고, 龍溪의 超悟함이 잇으되 念菴의 檢蘙을 合하기는 霞谷이니 霞谷은 오즉 朝鮮陽明學派의 大宗만이 아니다.

陽明도 當時에 잇어 異端이라는 排斥을 받엇스나 門弟의 盛함은 自如하얏고 龍溪, 緖山은 地位 輕微하것만 隱然히 四方의 師表 되엇나니 이로써 霞谷의 孤立 獨守함과 對映하야 보면 霞谷의 저럿듯한 集成을 더 한층 感歎하지 아니할 수 없다. 그러나 霞谷一生에 師友間 知音함을 만나지 못하고 反對 속에서 終老함이 霞谷의 不幸이 아님은 아니나 反對側의 戈矛가 四列하니만큼 그의 學問의 組織은 한층 더 精緻한 것도 事實 아님이 아니다.

霞谷이 陽明學을 宗함이 上述함과 가치 晦菴學에서 初程의 熱悶을 품어가지고 周程 諸說로 조차 古經을 直探하야 悅朗한 어떠한 眼界 열리랴 할 지음에 一粒金丹을 陽明으로부터 얻어 한번 깨다르매 一生을 이에 바친 것이라. 그러나 霞谷 當時 朝鮮의 學風이 形跡 없는 속에 新機運이 돌랴 하는 始初이라. 霞谷은 心學으로써 이에 應出한 大儒이니

"學을 虛論에 求할 것이 아니라 一點天良의 속일 수 없는 이 한 자리로부터 善惡의 辨破를 關頭로 하야 나가지 아니하고는 眞學問을 바랄 수 없다"

는 이 卓見이 정녕코 陽明集을 보기 전에도 不知不識間 心懷에 縈繞하얏슬 것이오, 이 心懷를 感起하기는 國計보다 私圖, 是非보다 利害, 이가치 互逐 互爭하면서도 그래도 經傳의 緖言을 비러 粉飾 附會하는 虛假의 弊로부터 이리하얏슬 것이니, 이 極弊는 곳 이 心懷를 感起하얏고, 이 實學은 곳 이 心懷에 契合하얏나니 단지 經傳上 檢討로 조차 舊疑를 헤치고 新解를 어덧슴에만 그치는 것이 아니다.

지금 霞谷의 年譜를 보면 霞谷의 一生 宗旨를 알 수가 없다. 陽明學派라기보다 晦菴學의 固守者처럼 塗抹하엿다. 이를 가지고 보면 霞谷의 學問이 그 家庭에서부터 傳繼되지 못함을 알 것이다. 霞谷 沒後에 沈樗村(銷)은 "霞谷의 遺著를 刪定하되 알 수 없는 것은 빼자" 하엿다. 알 수 없는 것이라는 것은 分明한 標指함이 없으나 陽明學 宗旨로서 霞谷의 가장 孜孜하던 것을 가르침이 아닐른지도 모른다. 다행히 門人中 李恒齋(匡臣) 以下 幾人이 師說을 孤守하야 外播는 못하엿으나 熱烈한 自主함이 잇엇고 霞谷遺著도 原著대로 남아 朝鮮 陽明學의 光輝를 永垂하게 되엇다.

霞谷의 生平 著述로 말하면 存言 三卷은 陽明 傳習錄과 같은 것이오, 또 書 七卷, 聖學說 一卷, 論語解 一卷, 大學說 一卷, 中庸解 一卷, 孟子說 一卷이 모두 陽明의 宗旨를 祖述한 것이라. 그 當時에 잇어 切近한 사이가 아니면 敢히 말하지 못하엿으나 自信함은 더욱이 굿건하엿나니

"道가 밝어지는 것은 밝힐 사람을 얻어 몸소 行함에 잇다. 이 세상에 대고 떠들어 그 사람이 아닌 사람에게 이김을 求할 것이랴. 뜻잇는 이를 만나지 못할 것 같으면 잠잠할 뿐이오, 오직 그 方向이나 傳하야 뒤날 知者와 能者를 기다릴 것이다. 마치 揚雄의 太玄을 세상에서 文章인지 모르고 濂溪의 學을 세상에서 道임을 모름과 같으니 뒤의 아는 이 그 글을 보면 스스로 이를 알어 이를 드러낼 이 잇을지라. 이러케나 기다릴 뿐이다. 이 道가 어찌 한 사람의 私일 것이랴. 공부함에 잇어 이러틋이 反覆하고 辨難함이 이김을 求함이 아니라 늚(益)을 求하랴는 것이오, 알어줌을 求하는 것이 아니라 발름(正)을 求하랴는 것이니 어느 것이나 아모조록 이 道를 밝히어 나로서 어듬이 잇기를 힘쓰지 아니함이 없음일새며 一毫라도 남의 앎을 求하야 그

의 許與함을 바람이 아님일새다. 우리의 學은 안에 求하고 밖에 求하지 아니하나니, 안에 求한다 함은 反觀 內省만으로 外物을 끈는 것이 아니라 오직 스스로 안에서 快함을 求하고 밖앗 得失에 관계하지 아니하며, 오직 그 마음의 是非를 다하고 다시 남의 是非에 徇치 아니하며, 事物의 本(心)에 잇서 그 實을 致하고 다시 事爲의 자최에 拘치 아니함이니 내 안에 잇을 뿐이라. 어찌 남에게 干預시킬 것이랴"(存言)

하얏으며 當時 學界의 虛假의 弊를 말하되 이는 晦菴까지 저바림이라 하얏나니

"朱子의 學說도 조치 아니함이 아니다. 다만 致知의 學과 比較하매 그 功이 迂, 直, 緩, 急의 分辨이 잇고 그 體ㅣ 分, 合의 間이 잇을 뿐이지 聖人의 學됨은 다 같으니 하상 不善타 하랴마는 뒤의 공부하는 이 흔이 그 本旨를 잃엇고, 오늘날 學問을 말하는 者에게 미처는 이는 朱子를 배움이 아니라 이는 곳 朱子에 假托함이오, 이는 朱子에 假托함이 아니라 이는 곳 朱子를 傅會하야 저 하랴 함을 만들고 朱子를 껴가지고 위세를 삼아 제 私計를 이룸이다"(存言)

하얏다. 王學을 紹述함에 잇어 一生을 바치니만큼 獨得한 것이 많아 陽明의 微言으로 하야금 더욱이 明白하게 하얏나니 우선 陽明의 天泉證道한 四句 中 "無善無惡, 心之體"라 한 것을 黃梨洲 같은 이는 심히 不滿하게 알아 "이 아마 王龍谿 一派의 傅會한 것이오 陽明의 眞訓이 아니리라"고까지 의심하얏는대 霞谷은 말하되

"善惡이 원래 定形이 잇는 것이 아니다. 本然한 條理대로 함을 善이라 하고, 己私에 움즉임을 惡이라 하는 것이다. 그 行이 비록 善일지라도 그 움

직임이 本體 그대로가 아니면 善의 本이 아니다. 그러므로 善이란 어떤 一定함으로써 말하지 못할 것이라. 오즉 條理대로 함을 가르쳐 至善이라 하는 것이오, 性은 善할 뿐이로되 실상 定名할 善이 잇음은 아닐새 無善이라 하는 것이다. 그런즉 "無善"의 "善" 字는 定名할 "善"을 가르침이오 "至善"의 "善"을 이름이 아니다."

이 一段이 無善에 對한 解義로 가장 精透하야 古人의 未發한 배라. 定名할 善이 없을새 天然한 條理대로 萬善이 나타내게 되고 天然한 條理대로 萬善이 나타날새 이를 至善이라 하는 것이니 至善을 알진대 無善에 對하야 의심할 것이 없다. 無善이 곳 至善이다.

"天下事物에 向하야 그 理를 窮究하라" 한 것과 "마음이 곳 理라" 한 것이 晦菴, 陽明의 學問의 分歧點이니 霞谷이 晦菴에 對하야 懷疑함이 이것이오, 陽明에 對하야 契合됨이 이것이다. 霞谷으로 말하면 谿谷의 이른바 "實心으로 學에 向한 이"라. 애초부터 文字, 言語의 야살립으로써 假學的 生活을 하는 俗儒와 天品이 迥殊하매 저 汗牛充棟의 理學說에 甘心하지 아니하고 實際로 自心上에서 體驗하야 "理가 心外에 存在하다면 이는 虛條이오 實理아니라" 하얏다. 무릇 萬殊 千變의 紀極이 업슴은 事物이다. 그러나 事物은 事物대로 내 마음은 내 마음대로 떠러지는 것이 아니오, 마음이 事物을 應하는 대서 森嚴하고 또 精當한, 어지럽게 하랴 하야도 어지러티릴 수 없는 條理 잇나니 理라는 것이 別것이 아니라 이 條理 곳 理이다. 그런즉 尋常한 事爲에라도 實際로 體驗하야 보면 이 條理를 저 일에서 차질 것인가 아닌가, 차지면 참으로 나올 것인가 아닌가, 容易히 辨解할 수 잇는 것이다. 그럼으로 霞谷은 虛條와 實理를 剖析한 同時 이 말이 올으니 저 말이 올으니

빈말로 다툴 것 없이 實際로 그런가 그러치 아니한가를 스사로 實驗하라고
하얏다.

그럼으로 霞谷은 말끗마다 虛實의 辨을 들어 이로써 良知學의 實工을 喚起
할 뿐 아니라 그의 明眼이 이미 虛實을 가름에 昭徹하매 무엇에던지 實을
세우기에 努力하야 政治로는 守古보다 因變함을 主하야

"엇더케 하던지 利國 便民 할 것이면 하자"(剳錄)

하얏스며 그 甚한 懷尼의 紛紜에 朝廷이나 士林이나 彼此가 互競하것만 霞
谷은 一切로 도라보지 아니하야 세상에 그런 일이 잇는 것조차 알지 못하
는 것 가탓다(石泉集 霞谷遺事). 오즉 苦心으로 兩班制度의 掃蕩과 限民 名田
의 成立을 研究하야 그의 剳錄 一書를 平生 두고 矻矻不已하얏나니 그의 學
問의 本領이 엇더하얏던 것을 이런 點에서도 짐작함 즉지 아니한가. 政學
에 對한 考究도 決코 唐虞三代를 空想하거나 中華文物을 假附하자 한 것이
아니다. 事事에 이 땅 이 때에 照據하야 實行하야 實益이 잇도록 한 것이오,
또 天文曆算에 明解와 精究를 가젓고 聲音文字에 微分細量을 繼續하야 다
각각 著述이 잇다.

仁祖 二十七年 己丑生으로 英祖 十二年 丙辰에 卒하얏는대 이미 高壽를 누
리고 또 累朝禮遇가 隆至하야 儒賢大老로 左贊成에 이르럿섯고 諡를 文康
이라 하얏다. 霞谷의 終始로는 學者로서 顯達치 아니함이 아니로되 霞谷은
실로 獨得한 學을 門外에 내어보지 못한 不運한 哲人이다.

霞谷의 자제 厚一 또한 篤學者라 特히 數學에 精하야 霞谷의 緖를 傳하얏
고, 그 外孫 申石泉(綽)이 霞谷의 實際學風을 樸學에 써서 不朽의 業을 이루
엇고, 聲音文字의 學은 李圓嶠(匡師), 李信齋(令翊), 李椒園(忠翊), 鄭玄同(東愈)

에로 直傳 或 旁衍하야 柳西陂(僖)에 와 特著를 내이게 되얏스나 이는 다 霞谷의 生平 孜孜하든 것이 아니다.

霞谷은 全精神을 陽明學에 注集하야 이로써 親民의 實을 大傳하야 보랴 한 것인데 남은 말할 것도 없이 그 子孫부터 霞谷이 陽明에 對한 推服을 큰 諱事로 알아 年譜ㅣ 이미 저 같을 뿐이 아니라 文字間 陽明을 指斥함이 依然히 異端視하엿다. 이 어찌 霞谷의 期待한 바이랴. 그 著書는 幸存하나 草藁가 잇을 뿐이라. 卷卷마다 거의 줄줄이 몇몇 겹식 修改함이 붓고, 어떤 것은 初本, 改本의 表準이 分明치 아니한 것도 잇다. 陽明學派로서 霞谷만치 著作이 많은 이가 없는 대신 霞谷같이 著作이 隱埋된 이도 없다. 嗚呼라. 이 책이나 진작 좀 流布되엇드라면.(霞谷全書 參照)

31

이광신의 주자학과 양명학의 보합(保合)

　정제두는 일찍이 문호를 표방하지 않았으므로 그 문인이 많지 않았다. 그런데도 적막하고 거친 바닷가에서 시대의 영광스러운 명예를 떨쳐버리고 온 세상 사람이 비난하는 이 학문을 탐색하는 일파가 많지 않은 만큼 더 귀중하다고 할 것이다. 항재(恒齋) 이광신[李匡臣, 1700(숙종 26)~1744(영조 20)]은 자가 용직이니, 어린 시절부터 성학에 뜻을 두어 뜻을 같이하는 벗인 민옥(閔鈺, ?~1741),[86] 조진빈(趙震彬)과 서로 학문을 연마하더니 그 뒤 강화도에 가서 정제두의 양지학을 듣고 황연히 깨달음이 있어 「의주왕문답(擬朱王問答)」[87]을 지어 어지럽게 떠드는 속된 학문을 변론하여 깨뜨렸고, 서재 벽에 다음과 같은 글을 적어놓았다.

"학문은 마땅히 깊은 마음속 은미한 데서 힘을 써야 스스로 독실하고 환하게 빛나는 데 이를 것이다. 대본(大本)이 서기만 하면 사욕이 맹동한대도 걱정할 것이 없다. 만일 겉에서 꾸미기만 한다면 오만함만 기를 것이다. 스스로는 고명(高明)함에 나아갔다고 하지만 사납고 사악하고 질투하는 데 빠져도 깨닫지 못하니, 참으로 불쌍하다."[88]

그러나 이것만으로는 이광신의 조예를 의논하기에 오히려 부족하다. 지금 전해지는 글 가운데 이광신의 학문을 가장 잘 탐색할 만한 것으로 정제두에게 바친 제문을 꼽을 수 있다. 이 제문은 살고 죽는 것의 슬픔을 기술한 것이 아니라, 학문에 대한 자신의 독자적인 견해를 발표한 것이다.

"오호라! 도를 아는 자 드무니, 명분과 실질이 분명하지 않고, 같음과 다름을 나누기 어렵도다. 자주색을 보고 붉은색이라고 하는 자도 진실로 터무니없지만, 붉은색을 가리켜 자주색이라고 하는 자도 역시 미혹된 것이다. 세상에서 선생은 양명학자이기에 주자와는 다른 길이라고 하여 존경하고 사모하는 사람이 드물고, 심한 경우에는 단서와 방법의 차이가 검은색과 흰색이 갈라지는 것과 같아서 자주색과 붉은색 정도의 차이가 아니라고 본다. 그러나 이것은 단지 생각해 보지 않았기 때문일 따름이다. 양명과 선생의 학문이 사물을 떠나고 문자를 벗어나 지식과 견문을 장애로 여기고, 깨달음을 궁극적인 목표로 삼았다고 한다면 주자를 배반하였다고 해도 괜찮고, 이단이라고 해도 괜찮다. 그러나 양명학으로 말하면 다만 한 조각 양심에서 오묘하게 부합한 것을 단순히 전하는 것만이 아니요. 또다시 경전의 가르침에서 헤아려 징험하고 리(理)와 의(義)를 정밀히 연구하며 사무에 두루 적용해 보고 문장으로도 발휘했으니, 불교의 공적(空寂)에 물들었다고 할 수 없음이 분명하다.

선생의 학문도 또한 그 큰 것을 먼저 세웠지만, 넉넉하게 학문은 넓고 아는 것은 많아서 위로 요·순과 공자·맹자의 은미한 말씀과 심오한 뜻으로부터 아래로 이정(二程, 정호와 정이), 장재(張載, 1020~1077), 주희, 유초(游酢, 1053~1123), 양시(楊時, 1053~1135), 사량좌(謝良佐, 1050~1103), 채원정(蔡元定, 1135~1198)에 이르기까지 여러 가지 수많은 학설들을 서로 대조해서 연구하여 바로잡고 마치 자기 말을 외우듯이 하였다. 예악(禮樂)과 산수(算數), 천문 역법과 지리에 이르기까지 무릇 이치가 깃든 곳이라면 깊이 통하여 두루 알지 못하는 것이 없었으니, 이런 선생을 가리켜 양명학자라고 해야 할까 아니면 주자학자라고 해야 할까?(어느 한쪽에 치우치지 않는다는 뜻) 세상에서 선생을 헐뜯고 비방하는 자는 마치 난쟁이가 놀이판을 보는 것과 같을 뿐이다.

오호라! 양명학과 주자학의 구분이 대개 격물(格物)에 대한 해석에서 근원하였으니, 주희는 '이른다[至]'고 하여 '사물의 이치를 궁구하여 이른다'고 하였고, 양명은 '바르게 하다[正]'고 하여 '본원을 성실하고 바르게 하는 공부'라고 하였다. 여기에서 후대의 학자들이 각각 중심으로 삼는 바가 있어, 양명학을 중심으로 삼는 사람은 주희를 일컬어 사물을 앞세우고 본원을 뒤로하여 자신을 반성하는 요체가 없고 지리한 병통이 있다고 하며, 주자학을 중심으로 삼는 자는 양명을 일컬어 본원에만 매달려 사물을 빠뜨려서 이치를 궁구하는 공부가 없고 단계를 뛰어넘는 폐단이 있다고 한다.

그러나 나는 그렇지 않다고 본다. '격(格)' 자를 '이르다[至]'고 풀이하고 '바르게 하다[正]'고 풀이하는 것 가운데 누가 옳고 누가 그른지 이제 알지 못하지만, 두 사람의 학문이 반드시 여기에 국한되어 치우침이 있는 것은 아니다. 어째서 그런가? 이제 어떤 사람이든지 자포자기한 자가 아니고 이미 학문에 뜻이 있다고 한다면 '이치를 궁구하고[窮理]' '자신을 성실하게 하는[誠身]' 이 두 가지 공부를 함께 하지 않을 수 없기 때문이다. 일상생활 속의 사물은 천만 가지라서 눈만 뜨면 빽빽하게 널려 있어서 저절로 가리거나 막을 수 없으니, 반드시 사물을 따라 궁리하는 것이 필요하다. 그리고 이 마음이란 가슴속에서 얼음을 얼게도 하고 불을 타오르게도 하여 잠깐 사이에 일어났다 없어졌다 하므로 그대로 내버려 둘 수 없으니 반드시 이르는 곳에 따라 존양하고 성찰하는 것이 필요하다. 이것은 '지(至)'건 '정(正)'이건 이것을 기다린 뒤에 비로소 강구하고 존양 성찰해야 할 것을 아는 것이 아니니, 수레의 두 바퀴와 새의 두 날개가 본디 하나를 들고 하나를 버릴 수 없는 것과 같기 때문이다. 그러므로 주자가 어찌 하나의 '지(至)' 자를 사수하여 사물을 궁구하기 이전의 본원 공부를 버릴 수 있겠는가? 양명이 어찌 하나의 '정(正)' 자에 집착하여 본원이 이미 바르다고 해서 사물의 이치를 쓸 데가 없을 수 있겠는가? 진실로 이러하다면 주자는 과연 지루하고, 양명은 과연 단계를 뛰어넘는 것이다. 그러나 주자가 일생을 두고 고심하여 힘을 기울인 것은 정자(程子)의 '앎을 이룸은 경에 달려 있지 않음이 없다(未有致知不在敬)'는 가르침을 풀이하는 데 종사하였으니, 그가 사물을 앞세우고 본원을 뒤로하지 않았음을 볼 수 있다. 양명이 평소 말하고 일할 때 매번 '동(動)'과 '용(用)'에 상당한 비중을 두었으니, 그가 본원에만 매달려 사물을 버리지 않았음을 또한 볼 수 있다.

　그러므로 나는 이것은 단지 『대학』 구절의 의미를 풀이하는 데 각각 중심으로 삼는 의리가 무엇인가에 따라서 달리 말한 것이지, 두 사람의 학문이 반드시 여기에 국한되어 한쪽에 치우친 것은 아니라고 생각한다. 그러므로 후학 가운데 두 학문을 논하는 자는 다만 『대학』 구절을 풀이하는 학설의 시비와 득실을 말할 것이요, 이것으로 인하여 또 그것이 지리하다든가, 단계를 뛰어넘었다고까지 의심해서는 안 된다. 가령 입수처가 조금 다르다고 할지라도 이 또한 음양이 끊임없이 변역하며 만물을 생성하는 것을 보고 '지혜로운 이는 그것을 일러 앎이라고 하고, 어진 이는 그것을 일러 어질다고 한다[89]'는 것이나, 공자의 제자 가운데 자공은 지혜롭고 자로는 용기가 있다는 것에 지나지 않으니, 어찌 꼭 문호를 나누어 서로 꾸짖고 등질 일이겠는가?"[90]

　이 제문의 말뜻을 자세히 살펴보면 이광신의 학문은 명말 유종주(劉宗周)와 비슷할지언정 정제두의 안연(顏淵)은 아니다. 주자학과 양명학을 합하여 서로 함께 흐르게 하는 것이야 좋지 않은 생각은 아니지만, 이렇게 말하면 가릴 수 없는 모순이 있다. '강구함을 완전히 존양 성찰과 떼어낸다면 그 강구는 무엇을 표준으로 한 것인가? 또 본원이 이미 바르다고 해서 사물의 이치를 쓸 데가 없겠는가'고 한 것은 본원에 투철하지 못한 말이다. 사물에 응함이 이치에 합당하다면 이것이 바로 본원이 바른 것이니, 천하국가(天下國家)와 내 심체가 본래 둘이 아니다.

본원이 이미 바른 뒤에 천천히 사물의 이치도 섭렵한다고 하는 것은 그 말 자체가 성립하지 않는다.

✹

이광신(1700~1744)은 자는 용직(用直)이고, 호는 항재(恒齋)이다. 전주 이씨 덕천군파에 속하는 호조판서 이경직(李景稷)의 후손으로, 증조부는 이조판서를 지낸 이정영(李正英)이고, 조부는 병조참판과 이조참판을 지낸 이대성(李大成)이다. 부친 이진휴(李眞休)와 모친 풍양 조씨(豊壤趙氏) 사이에서 태어났으며, 여덟 살에 양친을 여의어 조부모의 손에서 자랐다.

20세에 성현(聖賢)의 학문에 뜻을 두었고, 사상(士相) 민옥(閔鈺)·비경(飛卿) 조진빈(趙震彬)과 함께 종유하면서 서로 강학을 권면하였다. 처음에는 주자학을 공부하였으나, 강화에서 정제두를 만나 양명학에 관한 가르침을 받은 뒤로 양명학을 익혔다. 초기 강화학파의 주요 인물로 심육(沈錥)과 이진병(李震炳)이 수습한 정제두의 유고를 교감하였으며, 정제두의 유사보유(遺事補遺)를 엮었다. 문집으로는 『선고(先藁)』 3책(장서각 소장)이 있다.

이광신은 주자학과 양명학의 차이점을 이해하고 있으면서도, 성인의 학문에 궁리와 존양 성찰이 모두 필요하다는 입장에서 주자학과 양명학의 종합을 시도한다. 이광신은 주자학과 양명학을 모두 성학(聖學)으로 간주한다. 다만 양자의 구분은 『대학』의 '격물(格物)'에 대한 해석에서 연원하는 것으로 보았다. 즉 주자는 '격(格)'을 '지(至)'로 해석하여 격물을 '사물의 이치를 궁구하여 이른다'고 풀이한 반면에, 양명은 '격(格)'을 '정(正)'으로 해석하여 격물을 '본원을 성실하고 바르게 하는 공부'라고 풀이하였다는 것이다. 이로 인해 후대의 학자들 가운데 양명학자들은 주자학을 사물을 앞세우고 본원을 뒤로 돌려 자신을 반성하는 핵심적 공부가 없고 지리한 병통이 있다고 비판하고, 주자학자들은 양명학을 본원에만 매달리고 사물을 빠뜨려 사물의 이치를 궁구하는 공부가 없고 단계를 뛰어넘는 폐단이 있다고 비판한다. 그러나 이광신은 주자학과 양명학을 전체적으로 살펴보면 궁리(窮理)와 성신(誠身) 두 가지 공부를 모두 갖추고 있으므로 『대학』의 '격물'에 대한 풀이의 차이에 치우쳐서 서로를 비판하기만 해서는 안 된다고 보았다. 이것은 궁리와 존양 성찰이 모두 필요하다는 입장에서 주자학과 양명학을 종합하고자 한 것이다.

그러나 정인보는 주자학과 양명학의 종합을 시도한 이광신의 입장에 모순이 있다고 비판한다. 이광신은 "주자가 어찌 하나의 '지' 자를 죽도록 지켜서 사물이 아직 궁구되기 이전에 본원 공부를 내버려두고, 사물이 이미 궁구된 뒤에 비로소 본원 공부를 하겠는가? 양명도 어찌 하나의 '정' 자에 국한되어 본원이 아직 바르게 되기 전에는 사물이 와서 접하는 것을 잠시 버려두고, 본원이 바르다고 해서 사물 공부를 하지 않겠는가?"고 말한다. 이것은 주자건 양명이건 모두 본원 공부와 사물의 이치를 궁구하는 공부를 한다고 여긴 것이다. 그러나 이광신의 이러한 입장은 본원 공부와 궁리 공부를 두 가지의 공부로 분리시키고 있다.

마음 밖에 리가 없고, 마음이 순수한 천리이기만 하면 사물에 응하는 그 작용이 그대로 이치에 합당하다고 여기는 양명학의 입장에서 볼 때 이광신의 주장은 여전히 주자학에 가깝다. 이 때문에 정인보는 이광신의 학문이 본원에 투철하지 못하다고 비판한 것이다. 또 『대학』의 '격물'에 대한 주자와 양명의 해석 차이는 단순히 경전 해석상의 문제가 아니다. 거기에는 세계와 인간에 대한 양자의 서로 다른 이해가 잠재해 있다. 그 차이를 결코 가볍게 보아서는 안 된다.

霞谷이 일즉이 門戶를 標榜하지 아니하얏음으로 그 門人이 만치 아니한대 寂寞한 荒濱에서 時代의 榮名을 제처 바리고 擧世非議하는 이 學問을 探索하는 一派ㅣ 無多한 만큼 더 貴重하다 할 것이다. 李恒齋匡臣(肅宗二十六年 庚辰生 英祖二十年 甲子卒)은 字는 用直이니 幻年부터 聖學에 뜻을 두어 同志友 閔鈺, 趙震彬과 서로 講磨하더니 그 뒤 江都에 가서 霞谷의 良知學을 듣고 怳然히 깨다름이 잇어 "擬朱王問答"을 지어 俗學의 紛紜함을 辨破하얏고 書齋 壁上에

"學은 맛당이 "心髓入微"한 데에서 用功하여야 스사로 篤實 光輝함에 이를 것이다. 大本이 서기만 하면 私欲이 萌動한대도 걱정할 것 없으되 만일 거죽에서 꾸며놀 것 같으면 마치 傲를 기르기에 足하다. 제 이르되 高明함에 나아갓다 하고 狠戾, 險嫉함에 빠짐을 깨닷지 못하니 참으로 불상하다"(圓嶠集 五, 兄恒齋先生行狀)

하얏다. 그러나 이것만으로는 恒齋의 造詣를 議論하기에 오히려 不足함이

잇다. 지금 傳하는 것으로 가장 恒齋의 學問을 按索함 즉하기는 霞谷께 한 祭文을 算할지니 이 祭文은 存沒의 哀를 述한 것이 아니라 學問에 對한 一家見을 發表한 것이다.

"嗚呼라. 道 아는 이 듬을새 名과 實이 明치 아니하고 同과 異 分키 어렵도다. 紫를 認하야 朱라 하는 者 ㅣ 진실로 惑이로되 朱를 指하야 紫라 하는 者 ㅣ 또한 惑이로다. 세상에서 先生은 王氏學이라 考亭과는 딴 길이라 하야 尊信 慕嚮하는 이 듬을고, 심하면 端緒의 異, 路陌의 差 ㅣ 白黑의 갈림 같어서 紫와 朱만이 아님으로 보니 이 오직 생각하야 보지 아니함일 따름이라. 王氏와 先生의 學이 事物을 離絕하고 文字를 脫略하야 知見으로 障礙라 하고 了悟로 究竟을 삼앗다 할 것 같으면 考亭을 背하엿다 하야도 可하며 異端이라 하야도 또한 可타 할지나, 그러나 王氏의 學으로 말하면 다만 一片 良知上에서 單傳 妙契함이 아니오 또다시 經訓을 稽驗하고 理義를 研精하며 事務에 彌綸하고 文章에 發揮하엿나니 그런즉 空寂에 물들엇다 할 수 없음이 환한 것이며, 先生의 學도 또한 그 큰 것을 먼저 세웠을지언정 優優히 學은 博하고 知는 多하야 우로 唐虞洙泗의 微言奧旨로부터 아래로 洛, 關, 閩, 游, 楊, 謝, 蔡에 이르리 허다한 衆說을 參互 講訂하야 己言을 외오듯 하얏고 禮, 樂, 算數, 星曆, 坤輿에까지 무릇 理의 所寓일진대 淹貫치 아니함이 없은즉 장차 先生을 일러 王氏學이라 할가 考亭學이라 할가(偏치 아니하다는 뜻). 末俗의 訾議하는 者는 오즉 侏儒의 觀場일 뿐이로다.

嗚呼라. 王朱의 分이 대개 格物의 訓에 源하얏나니 朱는 "至"라 하야 "窮至 事物之理"라 하고 王은 "正"이라 하야 "誠正本原之工"이라 하매 於是乎 後世學者 ㅣ 각각 主하는 배 잇어 王을 主하는 者는 晦菴을 이르되 事物을 先

하고 本原을 後하야 反身의 要ㅣ 없고 支離한 病이 잇다 하며, 朱를 主하는
者는 陽明을 이르되 本原에 專하고 事物을 遺하야 窮理의 工은 없고 徑躐의
弊 잇다 하나, 愚는 이로써 그러치 아니하다 하노니 格字를 "至"라 "正"이라
함은 뉘 得이오 뉘 失인지 이제 알지 못하되 兩家의 學은 반듯이 이에 局하
야 偏한 배 잇음이 아니니 어째 그런가 하면 이제 어느 사람이던지 自暴 自
棄하는 者ㅣ 아니고는 이미 學에 有志하다 할진대 "窮理", "誠身" 두 가지에
工夫를 兩下하지 아니하지 못할지니. 日用事物이 千條오 萬緒라 눈만 열면
森羅하야 저절로 "掩遏不得"함이 잇나니 반드시 일을 따라 講討함을 要할
것이오. 이 마음이란 方寸 거기에서 氷을 凝하고 火ㅣ 焦하야 轉頭起滅하매
저절로 "放過不得"함이 잇나니 반드시 곳을 따라 存省함을 要할 것이라. 이
는 "至"건 "正"이건 이것을 기다리어 가지고 바야흐로 講討하고 存省할 것
을 알미 아니니 車, 鳥의 輪과 翼을 번대 하나를 들고 하나를 廢할 수 없음
일새라. 그런즉 晦菴이 엇지 한 "至" 字를 死守하야 事物 未窮하기 前 아즉
本原의 工을 바릴 수 잇스리오. 陽明이 엇지 한 "正" 字에 塊着하야 本原旣
正한 때라고 事物의 理를 用할 배 없을 수 잇으리오. 진실로 이러할진대 晦
菴은 果然 支離이며 陽明은 果然 徑躐이로다마는 晦菴이 一生을 두고 苦心
竭力하야 程子의 "未有致知不在敬"의 訓에 從事하얏나니 그 事物을 先하고
本原을 後하지 아니함을 볼 수 잇스며, 陽明의 平日 立言行事ㅣ 매양 "動"上
과 "用"邊에 상당이 分數를 占하얏나니 그 本原에 專하고 事物을 遺하지 아
니함을 또한 볼 수 잇도다.

그럼으로 나는 말호대 이는 特히 大學訓義上에 잇서 各各 主意의 엇더함을
따라 함이지 兩家의 學은 반드시 이에 局하야 偏한 배 잇슴이 아니라 하노

라. 그런즉 後學의 兩學를 論하는 者ㅣ 다만 訓說의 是非得失을 말할지오 이로 因하야 並히 그의 支離, 徑躒까지를 의심함은 不可하며, 가령 入頭의 小殊함이 잇다 할지라도 이 또한 知者의 知, 仁者의 仁(易繫辭, 仁者見之謂之仁, 知者見之謂之知) 子貢의 知, 子路의 勇에 不過함이니 何必 門을 分하고 戶를 割하야 서로 詆背할 것이리오."

이 祭文의 辭意를 細尋하야 보면 恒齋의 學은 明末 劉念臺와 近似할지언정 霞谷의 顔淵은 아니다. 兩家를 保合하야 彼此를 同流케 함이야 조치 아니한 意見이 아니로되 이러케 말하면 가릴 수 없는 矛盾이 잇으니 講討함을 全然히 存省과 떠일진대 그 講討ㅣ 무엇에 表準한 것이며, 또 本原旣正한 때 事物의 理를 用할 배 없스랴 함이 本原에 透徹치 못한 말이니 事物에 應함이 當理할진대 이곳 本原의 正함이니 天下國家와 내 心體 이 번대 둘이 아니라, 本原이 이미 正한 뒤 천천히 事物의 理도 涉獵한다 함이 그 말 自體의 破壞됨을 가리지 못할 것인 줄 안다.

32

김택수의 직지본심(直指本心)

항재 이광신의 동문으로 김택수(金澤秀)라는 이가 있는데, 이는 호와 자를 다 탐색할 수 없고, 또 그 향관(鄕貫)이 어디인지도 알 수 없다. 그러나 하곡이 세상을 떠난 뒤에 쓴 제문을 보면 직절(直截)하고 깊이 슬퍼하는 것이 정제두의 심혈을 접한 것 같다.

"학문이 끊어지고 도가 없어진 세월이 몇천 몇백 년이던가! 한없이 지루한 긴 밤에 사람들이 다 더듬거리며 길을 찾아 헤매는데 양명이 월(越, 지금의 浙江省 餘姚)에서 일어나 등불 하나 높이 달았다. 그것이 온 세상을 두루 비추어 성학(性學)이 왕성하게 일어났다. 그러나 동방은 어둡기가 중국보다 심하여, 천년 동안에 반딧불의 번득임조차 없이 적막하였다. 선생이 우뚝 서서 횃불 하나 홀로 밝히되, 88년 동안 스스로를 비추고 스스로를 귀하게 여기셨다. 물(物)이 격(格)함에 지(知)가 이름은 '뜻이 성실해짐[意誠]'에서 분명해지고, 심(心)과 리(理), 지(知)와 행(行)은 '하나로 아우름[一致]'에서 분명해지고, 그칠 데를 아는 것[知止]과 지선(至善)은 '자기에게 있음[在己]'에서 분명해지고, 쉽고 간단함[易簡]과 글을 널리 배우고 예로 단속하는 것[博約]은 '둘이 아님[不貳]'에서 분명해지고, 덕성과 문학(問學)은 '하나가 됨[一致]'에서 분명해졌다. 날마다 사물과 교섭하면서 양지에서 그 시비를 헤아려 그릇된 생각을 하나하나 물리치니 마음은 이것을 통해 바르게 되고, 몸은 이것을 통해 닦여진다. 이것이 바로 학문을 하는 올바른 맥이요, 성인이 되는 진수다. 앞에서는 양명이, 뒤에서는 선생이 하나의 등불이 되어 더욱 빛나고 더욱 밝게 타오르더니, 슬프다! 이제 이미 꺼졌으니 누가 다시 이 빛을 이을 것인가? 예전에 내가 학문은 몰랐지만, 뜻은 은미함을 찾으려고 하였다. 그러나 경전에 들어맞지 않아서 마음에 의심이 많았는데, 추곡(楸谷)[91] 눈 속에서 다행히 춘풍(春風)과 같은 선생을 모셔 분발하고 애태우던 것을 열어주심에 덮였던 것이 갑자기 벗겨진 듯했다. 알 것 같지만 알지 못하고, 깨친 듯하지만 깨치지 못하여, 그 뒤로 때때로 나아가면 권면하심과 사모함이 더욱 도타웠으나, 안개가 걷히면 구름이 일어나듯 하여 배우려고 해도 방도가 없었다. 작년 봄에 나아가 뵈니 몸은 여위시고 말을 주고받는 것이 예전과 많이 다르시기에 물러나와 생각해 보니, 고령이시라 참으로 사랑하는 마음에 가슴이 저렸었는데, 어찌 알았으리오! 이 작별이 영원히 아득하게 갈라놓을 줄이야. 다정하고 친절하게 이끌어주심을 어디에서 다시 받을 것인가! 오호 통재라!

대렴이나 발인을 내게 알려준 사람이 없어서 제때에 듣지도 못하고 몸이 또 병에 걸려 지팡이를 짚고 조문하는 것도 이때껏 남에 뒤지니 지난날을 돌아봄에 인정과 의리 모두 저버리고 말았구나. 이 슬픔이 어디까지 닿을까! 눈물이 샘물처럼 솟는구나! 엎드려 생각해 보니 정령은 선명하게 하늘에 계시리라. 소자의 게으름을 꾸짖어주시고, 소자의 어리석음을 열어주셔서 죽을 때까지 스스로를 닦을 수 있게 하소서! 또 사방을 돌보아 동지들을 일으키셔서 각각 마음의 등불을 빛내고 모두 본령을 밝혀 가린 곳에 비치지 않는 데가 없게 해서 다 같이 큰 밝음에로 돌아가게 하소서!"[92]

원문은 사언운문체다. 문체에 구애되어 오히려 가슴에 품은 생각을 다 드러내지 못했을 것 같다. 그러나 한 편의 짧은 문장으로도 학문에 대한 그의 입장이 걸출하고 탁월하다는 것을 알 수 있다. 이제 하곡의 문인을 순서 매긴다면 김택수의 지위가 실로 이광신보다 높을 것이지만, 매우 적고 드문 한 편의 글이 『하곡전서』 부록에 붙지 않았다면 없어지고 말았을 것이니, 이 어찌 슬픈 일이 아니겠는가? 몇백 년 동안 이와 같은 철인이 얼마인지 알 수 있겠는가!

이광신은 오히려 지리한 듯하되 김택수는 본심을 곧바로 지적한 사람이다. 양명의 문도로 말하면 전덕홍이나 왕기와 같은 부류의 인물이다. 대개 문자의 해석에 몰두한 사람은 자기 마음에서의 실질적인 공부가 적어 해설이 치밀할수록 점점 더 곧바로 헤아려 판단하지 못한다. 그러나 타고난 자질이 특별한 사람으로서 자기 마음에서 스스로 깨달음이 있을 때는 몇 마디 넘어가지 않아서 바로 진수를 건드리게 된다.

김택수는 이 후자에 속하는 사람이니, 그야말로 문자를 헛되게 진술하는 사람이 아니다. 그도 어렸을 적에 의심함이 있어서 오랫동안 고민하다가 정제두를 만나 본원을 환하게 깨달은 실제 이력이 이 한 편의 글에 보인다. 또 "물(物)이 격(格)함에 지(知)가 이름은 '뜻이 성실해짐[意誠]에서 분명해지고, 심(心)과 리(理), 지(知)와 행(行)은 '하나로 아우름[一竝]'에서 분명해진다"고 한 말이 학문의 골수를 투철하게 밝힌 것이니, 격물의 풀이를 "사물의 이치를 궁구하여 이른다"고 할 것 같으면 성의와 하등의 발명이 되지 아니하고, 심과 리를 하나요, 지와 행이 둘이아니라고 해야 비로소 심이 드러나고 지가 드러나니, 이것을 나눈다면다 희미해지고 말 것이다. 이 두어 줄 남긴 문장이 실로 우리 학술사에서 뚜렷한 업적을 끼쳤음을 알아야 한다.

❋

김택수라는 인물과 학문에 관해 알 수 있는 자료가 거의 남아 있지않다. 정인보가 소개하고 있는 이 글이 그 학문의 깊이를 살펴볼 수 있는 유일한 자료다. 정인보는 하곡을 추모하는 김택수의 제문이 『하곡전서』에 부록으로 실려 있다고 하지만, 오늘날 전해지는 『하곡전집』에는그 글이 실려 있지 않다. 정인보가 아니었다면 김택수라는 인물은 조선양명학사에서 완전히 사라졌을 것이다.

하곡 정제두의 제자들은 자신의 선생이 양명학자였음을 드러내놓고말하는 이가 없다. 하곡의 제자들이 선생의 학문을 '실심실학'이라고 규정한 것도 하곡을 양명학자로 지목하는 당대의 비판을 벗어나려는 의도가 없지 않았다. 이런 상황에서 김택수는 자기 선생인 하곡의 학문이 왕양명의 학문을 계승하고 있음을 분명하게 선언하고 있다. 그뿐만 아니라 양명학이 학문을 하는 올바른 맥이요, 성인이 되는 진수라고 주장한다. 이것은 그가 하곡을 통해 내려오는 양명학의 정수를 체득했기에 가능한 발언이었다. 그래서 정인보는 김택수를 양명의 제자 가운데 수제자인 전덕홍이나 왕기와 같은 부류의 인물로 평가한다.

김택수의 학문적 깊이는 다음 몇 구절에 나타난다.

물(物)이 격(格)함에 지(知)가 이름은 '뜻이 성실해짐[意誠]'에서 분명해진다.

이것은 『대학』의 '격물', '치지', '성의'의 관계를 설명한 것이다. 주자학에서는 격물치지를 선을 밝히는 요체로서 사물의 이치를 궁구하여 그에 대한 앎을 확보하는 것으로 풀이한다. 그리고 성의는 몸을 성실하게 하는 근본으로서 스스로를 닦는 공부로 이해한다. 이렇게 되면 격물치지와 성의가 두 가지의 서로 다른 공부로 분리되고 만다. 반면에 양명학에서는 격물, 치지, 성의가 분리되어 있지 않다. 의념이 가 닿아 있는 일[=물(物)]이 바르게 되는 것이 양지가 이루어지는 것이요, 또 의(意)가 성실해지는 것이기 때문이다. 따라서 "물(物)이 격(格)함에 지(知)가 이름은 '뜻이 성실해짐[意誠]'에서 분명해진다"는 말은 김택수가 격물, 치지, 성의에 대한 양명학적 이해를 지니고 있었음을 보여준다.

심(心)과 리(理), 지(知)와 행(行)은 '하나로 아우름[一竝]'에서 분명해진다.

이 구절은 심과 리, 지와 행의 관계를 설명한 것이다. 주자학에서는 성즉리(性卽理)와 선지후행(先知後行)을 주장하는 반면, 양명학에서는 심즉리(心卽理)와 지행합일(知行合一)을 주장한다. 김택수는 심과 리, 지와 행의 관계에서 양명학적 견해를 따르고 있다.

그칠 데를 아는 것[知止]과 지선(至善)은 '자기에게 있음[在己]'에서 분명해진다.

이것은 '지선'의 소재를 다룬 것이다. 주자학에서는 지선이 사물에 내재하는 것으로 본다. 반면에 양명학에서는 자기 마음의 밝은 덕을 지선으로 이해한다. 김택수는 지선이 외부 사물이 아니라, 자기에게 있다고 말한다. 역시 양명학적 견해를 따른 것이다.

쉽고 간단함[易簡]과 글을 널리 배우고 예로 단속하는 것[博約]은 '둘이 아님[不貳]'에서 분명해진다.

이것은 박문(博文)과 약례(約禮)의 관계를 다룬 것이다. 주자학에서는 박문은 문헌을 널리 배우는 것이고, 약례는 예로 단속하는 것으로 풀이한다. 이때의 문과 예는 서로 다른 두 가지의 것으로 이해된다. 반면에 양명학에서는 문과 예가 하나의 사물로 간주된다. 양명은 "'예(禮)' 자는 곧 '리(理)' 자다. 리(理)가 발현하여 볼 수 있는 것을 '무늬[文]'라고 하고, 무늬가 은미하여 볼 수 없는 것을 '리'라고 하니, 다만 하나의 사물일 따름이다. '예로 단속하는 것'은 다만 이 마음이 순수한 하나의 천리(天理)이고자 하는 것이다. 이 마음이 순수한 천리이고자 하면 반드시 리가 발현하여 드러난 곳에서 공부해야 한다"[93]라고 말한다. 김택수의 위의 언급은 박문과 약례의 관계에 대한 양명학적 이해에 투철한 것이다.

덕성과 문학(問學)은 '하나가 됨[一致]'에서 분명해진다.

이것은 도문학과 존덕성의 관계를 다룬 것이다. 주자학에서는 도문학과 존덕성이 서로 다른 두 가지의 공부로 이해된다. 반면에 양명학에서는 '도문학은 곧 존덕성의 공부다'라고 말한다. "덕성과 문학(問學)은 '하나가 됨[一致]'에서 분명해진다"는 것은 도문학과 존덕성에 관한 양명학적 견해를 따른 것이다.

날마다 사물과 교섭하면서 양지에서 그 시비를 헤아려 그릇된 생각을 하나하나 물리치니 마음은 이것을 통해 바르게 되고, 몸은 이것을 통해 닦인다.

이것은 『대학』의 격물, 치지, 성의, 정심, 수신이 하나의 공부임을 설명한 것이다. 일상생활에서 구체적인 사물과 교섭하면서 드러난 내 생각의 시비를 양지로 헤아려 그릇된 생각을 하나하나 물리쳐 바로잡는 것이 바로 마음을 바르게 하는 것이요, 몸을 닦는 공부라고 본 것이다.

몇 구절 되지 않는 발언이지만 양명학의 정수를 얻었음이 분명하다. 그의 글을 볼 수 없음이 실로 안타깝다.

恒齋同門으로 金澤秀라는 이가 잇스니 이는 號와 字를 다 考索할 수 업고 또 그 鄕貫이 어대인지도 알 수 업스나 霞谷 沒後에 祭文한 것을 보면 直截, 惻愴하야 참으로 霞谷의 心血을 接한 것 갓다.

"學이 끈치고 道가 업서짐이 世 몃 千百인고 漫漫한 長夜에 사람이 다 "집벅어리"(摘埴)는대 陽明이 越에서 이러나 한 燈불을 놉히 다럿도다. 宇內를 두루 비추어 性學이 蔚興하얏느니. 東方의 昏黑이야 中土 만만함도 아니라 寂寞할사 千載 동안에 아조 반디불 번득임도 없섯도다. 先生이 特立하야 一炬를 외오서 밝키되 八十八載에 自照 自實이시더니라. 物이 格하매 知 至함은 "意誠"에서 밝고, 心과 理, 知와 行은 "並"에서 밝고, 知止 至善은 "在己"에서 밝고, 易簡과 博約은 "不貳"에서 밝고, 德性과 問學은 "一致"에서 밝앗도다. 날로 事物에 涉하매 곳 良知에로 돌리어 그 是非를 헤아려 一一히 克治하니 心은 이로써 正하고 身은 이로써 修하니 學하는 正脈이오 聖되는 眞髓라. 앞서로 陽明이오 뒤로서 先生이 一體燈燄으로 더욱 빛나고 더욱 밝더니 슬푸다 이제 발서 꺼젓으니 뉘 다시 이 빛을 이으리오. 전날 내 學을 모르나 뜻인즉 微함을 찾이랴 하되 經傳이 드러맛지 아니하야 마음에 의심됨이 만터니 楸谷 눈 속에 다행이 春風에 뫼서 憤悱함을 啓發하매 怳然히 씌웟던 것을 버긴 듯하얏섯도다. 안 것 같으되 알지 못하고 깨친 듯하되 깨치지 못하야 그 뒤 때때 나아가매 勉하심과 慕하옴이 더욱이 도타웟으나 霧ㅣ釋하면 雲이 滃하듯 하야 배오랴 하야도 末由하얏도다. 昨春에 나아가 뵈오니 形貌는 여위시고 言語 酬酢이 예와 다르심이 만키로 물러나와 생

각하매 高年이시라 실로 灝愛를 품엇섯더니 엇지 알으리오. 이 작별이 길이
冥漠을 隔할 줄이야. 諄諄한 달래옴을 어느 곳에서 다시 밧자오리오. 嗚呼
痛哉라. 檻(殯)이나 綍(發靷)을 내게 일러준 사람이 업서 듯기도 그제 못하고
몸이 또 병에 걸려 杖策의 吊ㅣ 이때것 남에 뒤지니 平昔을 顧念하매 情과
義 함께 미엇도다. 이 슬픔이 어대 다을고. 눈물이 잇어 새얌 갓도다. 업대
어 너기웁노니 精靈은 顯顯히 하늘에 기실지라. 小子의 惰함을 警하야, 小
子의 昏함을 啓하야, 能히 自修하야 죽은 뒤에야 말게 하시고, 또 四方을 돌
보아 同志를 作興하오서 각각 心燈을 빗내고 모다 本靈을 밝키어 가림이 비
치지 아니함이 업서 다 가치 큰 밝음에로 도라가게 하소서."

原文은 四言韻文이라. 文體에 拘礙하야 오히려 胸懷를 悉吐하지 못하엿을
것도 같다. 그러나 一篇短文으로도 그의 學問에 對한 見地 傑特 卓絕함을
생각할 수 잇다. 이제 霞谷의 門人을 次第한다면 金氏의 地位 실로 李氏보
다 지날 것이엇만 寥寥一篇이 霞谷全書附錄에 붙지 아니하엿든들 泯沒하고
말앗을 것이니 이 어찌 慨然치 아니하랴. 몇 百年 동안 이 같은 哲人이 얼마
인지 알 수 잇으랴.

恒齋는 오히려 支離한 듯하되 金氏는 本心을 直指한 사람이라. 陽明의 門徒
로 말하면 緖山, 龍溪의 流亞이다. 대개 文字義解에 沒頭한 사람은 自心上
實工이 적어 解說이 緻密할수록 점점 더 直截하지 못하나 天品이 卓特한 사
람으로서 自心上에서 自證함이 잇는 때에는 數語가 넘어가지 아니하야 발서
眞髓를 근드리게 된다. 金氏는 이 後者에 屬할 이이니 이야말로 文字의 虛
陳이 아니다. 그도 少時에 懷疑함이 잇서 오랫동안 苦悶하다가 霞谷을 만나
本原을 洞悟한 實際履歷이 이 한 篇에 보이고 "物格, 知至는 誠意에서 밝고

心理, 知行은 一並에서 밝다" 한 말이 가장 學問의 骨髓를 透發한 것이니 格物의 訓을 "窮至事物之理"라 할 것 가트면 誠意와 何等의 發明이 되지 아니하고, 心과 理 하나오 知와 行이 둘이 아니라 하여야 비로소 心이 드러나고 知 드러나나니 갈를진대 다 히미하고 말 것이다. 이 두어 줄 遺文이 실로 우리 學術史上에 잇어 두렷한 業蹟을 끼친 줄 알라.

33

이진병의 주자학 비판

또 문인 가운데 이진병(李震炳, 1679~1756)의 제문에 다음과 같은 글이 있다.

"세상에 참된 유학자가 없어서 학문이 끊어지고 도를 잃어버린 지 오래되었다. 이른바 학문이라고 하는 것이 문장의 뜻에 얽매이고 장구에 빠져서 근본을 버리고 말단을 추구하면, 참된 것을 가리고 거짓을 행하게 되니, 밖으로는 인의(仁義)의 이름을 빌려서 안으로는 사사로운 공리(功利)를 이룰 뿐이다. 진실로 천하의 큰 지혜와 큰 용기를 지닌 사람이 아니라면, 누가 참으로 성인의 일에 뜻을 두어 세상의 거센 흐름에서 벗어나 참된 근원으로 돌아갈 수 있겠는가?"[94]

이글을 통해서 보면 이진병의 학문적 조예가 깊음을 알 수 있는데 상세히 서술할 근거가 없는 것이 유감이다.

✳

이진병(李震炳, 1679~1756)의 자는 병연(炳然), 호는 둔곡(遯谷) 또는 미산거사(眉山居士)로 금산(錦山) 사람이다. 정제두의 문인으로 하곡 선생의 유고 가운데 「대학설」·「중용설」·「이기설」에 대한 교감을 맡았다.

이진병의 학문 성격과 그 수준을 살펴볼 수 있는 자료는 매우 드물다. 『하곡집』에 이진병에게 답한 정제두의 편지글 가운데 상복과 제례에 관한 내용이 실려 있는 것으로 보아 두 사람 사이에 예에 관한 토론이 있었음을 알 수 있다. 그러나 그것을 통해서는 그의 학문이 어떤 성격의 것이었는지를 알기 어렵다. 이진병의 학문 성격과 그 지향점 및 깊이를 짐작할 수 있는 자료로는 역시 정인보가 위에서 제시한 글을 들 수 있겠다.

그 글에는 당대 학자들에 대한 이진병의 비판적 인식이 잘 나타나 있다. 비판의 핵심은 당대의 학자들이 마음공부와는 무관하게 문장의 뜻에 얽매이고 장구를 다듬는 데 빠졌다는 것이다. 이 때문에 참된 것을 가리고 거짓을 행하여 안으로는 사사로운 공리를 추구하면서도 겉으로는 인의의 명분을 내세운다. 이것은 당대의 주자학자들이 그럴듯한 명분을 내세워 당파의 이익을 추구하는 현상을 겨냥한 것이다. 이러한 현상은 의리와 명분을 마음 밖에 설정한 주자학과 무관하지 않다. 따라서 당대 학자들에 대한 이진병의 비판은 주자학에 대한 반성에 이르게 된다. 이로부터 그의 학문이 양명학적 성격을 지니고 있었을 것이라는 점을 짐작할 수 있다.

───────

또 門人中 李震炳의 祭文에

"세상에 眞儒 없음으로부터 學絶 道喪한 지 오래다. 이르되 學이라 하는 것은 대개 文義에 繳繞하고 章句에 沒溺하야 本을 바리고 末로 나갈새 眞을 冒하야 僞를 售하니 밧그로는 仁義의 名을 假하야 안으로는 功利의 私를 이룰 뿐이라. 진실로 天下의 大智 大勇이 아니면 뉘 能히 참으로 聖人의 일에 뜻을 두어 洪流에 버서나 眞源에로 도라갈 수 잇스리오."

한 것이 잇스니 이도 造詣 깁흠을 按識할 수 잇는대 詳叙할 憑據 없는 것이 遺憾이다.

이광사의 실리(實理) 보존

두 번째 부류에 속하는 양명학자로는 원교(圓嶠) 이광사[李匡師, 1705(숙종 31년)~1777(정조 원년)], 신재(信齋) 이영익[李令翊, 1738(영조 14 년)~1780(정조 4년)], 초원(椒園) 이충익[李忠翊, 1744(영조 20년)~1816(순 조 16년)]을 거론할 수 있다.

이광사는 자가 도보(道甫)로 친히 정제두의 문하에서 수업한 사람이 다. 이광신의 행장을 지었을 뿐만 아니라, 홍재(弘齋) 민옥(閔鈺)과도 절 친한 벗이니 당시에 수양에 전심을 다했던 일류임을 알 수 있다. 월암 (月巖) 이광려(李匡呂, 1720~1783)가 지은 「원교묘지(圓嶠墓誌)」에 다음과 같은 글이 있다.

"공이 여러 가지 경전과 사서에 대해 대개 선유를 곡진하게 따르지 않음이 많고 정하곡 선생을 받들어 섬겼으나 정 선생은 왕양명을 중심으로 삼는 데 반해, 공은 왕양명의 치양지설에 또한 부합하지 못하였다. 그러나 정미한 의리와 새로운 지식은 늘 정 선생으로부터 들었다고 말했으며, 선생이 돌아가신 뒤에 복을 입었다."[95]

하곡 정제두의 평생 학문은 양명학이요, 양명학의 중요한 핵심은 치양지인데, 이광사가 이에 대해 부합하지 못했다고 하면 이광사와 정제두의 관계는 아주 멀 것이다. 그런데 상복을 입었다고 함은 무슨 일이며, 누차 정제두를 언급한 것도 이상하지 않은가? 하물며 여러 경전과 사서에 대해 선유를 곡진하게 따르지 아니하는 이광사로서 정제두를 섬기고 정제두를 일컫고 정제두를 위하여 상복을 입었다고 하면, 그 한만(閑漫)하지 않음을 알 수 있지 아니한가? 또 이광사가 지은 홍재제문(弘齋祭文)에 "내외, 허실"에 대해 철저하게 논한 것이 있어 염암 나홍선의 학설과 완전히 일치함을 볼 수 있고, 이광신의 제문에 이광신까지도 "왕양명이 주자만큼 순수하여 흠이 없지는 않음을 알았다"[96]고 하였지만, 그 끝에 이렇게 말하고 있다.

"엄숙하고 공경스러운 모습은 남이 볼 때나 혼자 있을 때나 마찬가지였다. 엄숙하고 공경할 때 마른 나무 같지는 않았고, 쉬지 않고 일함이 있어서 중화의 경지에 이르기를 바랐다. 이 '마음'을 공자에게 맞추어 근원을 기르고 통달함으로써 모든 일을 하려고 했다. 공부를 시작하는 첫머리에서 먼저 참된 앎을 귀하게 여기니, 불교에서 곧바로 상달하려고 하는 것과 같지 않으며, 송대 이후의 주석가인 요씨(饒氏)와 호씨(胡氏)처럼 지엽적인 것을 보태어 주석을 달고 교정을 하느라 늙어 죽은 것과도 같지 않다."[97]

이에 근거하면 양지의 골자가 여전하니, 여러 가지를 종합해 보면 이광사가 양명학에 대해 부합하지 못했다는 것은 참으로 거짓말이다. 속으로는 양명학을 주장했음을 가릴 수 없다. 1755년(영조 을해) 이후로 집안에 미친 재앙에 연루되어 남·북으로 귀양을 가면서 반평생을 지내는 가운데 간간이 위기가 닥쳐, 신지도(薪智島) 귀양지에서 고복하는 소리를 듣는 것은 오히려 바라지도 않는 것이었다. 이광사가 재앙을 두려워하여 스스로 속였음을 의심할 것이 없다.(『원교집』 참조)

❁

이광사(1705~1777)는 자가 도보(道甫), 호는 원교(圓嶠)다. 조선양명학의 거두인 정제두의 가르침을 받았다. 그런데 이광사의 학문에 대한 평가에 이견이 있다. 이광려에 의하면 이광사는 정제두로부터 양명학에 대한 가르침을 받았으나 치양지설에는 계합하지 못했다고 한다. 치양지설은 양명학의 핵심이다. 그 이론에 동의하지 못했다면 양명학자로 평가하기 어렵다. 그래서 정인보는 이광사가 하곡의 학문을 어떻게 생각하고 있는가를 방증 자료로 삼아 그를 양명학자로 평가한다. 정인보의 평가를 강화할 수 있는 자료를 조금 더 살펴보자.

이광사는 일찍이 하곡의 인품과 학문을 사모하여 강화로 직접 찾아 간 적이 있다.

"내가 하곡 정 선생의 덕의(德儀)를 사모한 지 여러 해가 되었으나 사는 곳이 외져서 신해년(1731) 봄에야 비로소 강화에 들어가 선생을 뵙고 실학의 요체를 들었다. 그다음 해 다시 들어가 여러 달 머물면서 더욱 들은 바가 있었고, 그 뒤로도 더러 왕래하였다. 병진년(1736) 8월에 온 가족이 강화에 들어가 오로지 졸업할 생각을 하였는데 배가 갑진(甲津)에 이르러 선생께서 이미 돌아가셨다는 소식을 들었다."[98]

이광사는 27세에 강화로 하곡 정제두 선생을 찾아뵙고 그로부터 실학의 요체를 듣게 된다. 그리고 28세에는 강화에 여러 달 머물면서 더욱 가르침을 받았고, 32세에는 오로지 하곡 밑에서 학업을 마칠 생각을 하고 온 가족을 이끌고 강화에 들어가던 중에 하곡이 세상을 떠났다는 소식을 듣게 된다. 젊은 시절 온 가족을 이끌고 강화에 들어갈 만큼 이광사는 정제두의 인품과 학문에 매료되어 있었다.
정제두의 인품과 학문을 이광사는 다음과 같이 서술한다.

"내가 평소에 다행히 당세의 군자에게 배척되지 않아 종사(從事)할 수 있어서 서언(緒言)을 들은 것도 많았으나, 여러 차례 선생을 뵙고 친히 가르침을 받음에 이르러서는 더욱더 두려워하고 공경하여 감히 조금도 게으름을 피우지 않던 것은 홀로 선생에게서 그것을 보았기 때문이다. 대개 선생의 학문은 내면을 오로지하고 자기에게 성실하여 마치 높은 산이 겹겹이 쌓이고 큰 바다를 품고 있는 것과 같았다. 영화를 밖으로 드러내지 않았고, 사람을 접하는 데 언사가 자상하였으며, 인화(仁和)가 두루 펼쳐져 사람들이 저절로 경외하였다. 나는 식견이 얕아서 감히 선생께서 도에 나아가심이 어느 경지에 이르렀는지를 알지 못하나 대개 밖의 유혹을 버리고 실리를 보존하는 데는 여지가 없었다."[99]

이광사는 하곡과 같은 당대의 군자에게 배척되지 않고 가르침을 받을 수 있었던 것을 다행스럽게 여긴다. 그리고 강화에서 친히 하곡의 가르침을 받고 난 뒤로 더욱 두려워하고 공경하여 학문을 익히고 실천하는 데 게으름을 피우지 않을 수 있었던 것은 하곡의 학문과 삶의 모습에서 그 모범 사례를 보았기 때문이다. 이광사가 하곡에게서 익힌 실학의 요체는 '내면을 오로지하고 자기에게 성실함[專於內, 實於己]'이다. '내면을 오로지한다'는 것은 자기 마음에 돌이켜 살피는 것으로서 외물에 유혹되지 않는 것이다. 그것은 외부 사물에 나가서 이치를 탐구하는 궁리 공부와 대조될 뿐만 아니라 자기 수양에 근거하지 않고 세상을 다스리겠다고 나서는 당시 사대부들에 대한 비판의식도 함축하고 있다. '자기에게 성실하다'는 것은 마음에 사욕이 없이 순수한 천리로 가득 차게 하는 것이다. 이것은 하곡을 통해 전해지는 양명학의 정신이다. 이광사는 하곡의 이 실학을 익힘으로써 자신도 밖의 유혹을 버리고 실리를 보존하는 데 여지가 없었다고 말한다. 이것으로 보면 이광사는 양명학자였다고 평가해도 좋지 않을까 싶다.

第二類에 屬할 陽明學派로는 李圓嶠匡師(肅宗三十一年 乙酉生, 正祖元年 丁酉卒) 李信齋令翊(英祖十四年 戊午生, 正祖四年 庚子卒), 李椒園忠翊(英祖二十年 甲子生, 純祖十六年 丙子卒)을 擧할지니

圓嶠의 字는 道甫니 親히 霞谷門下에서 受業한 이라. 恒齋行狀이 圓嶠의 撰述일 뿐 아니라 圓嶠ㅣ 閔弘齋鈺과도 切友이니 當時潛修하던 一流임을 알 수 잇는대 圓嶠墓誌(李月巖匡呂撰)를 보면

"公이 諸經 四書에 對하야 대개 先儒를 曲從치 아니함이 만코 鄭霞谷 先生을 尊事하엿스나 先生은 王氏를 主하는대 公은 王氏 致良知의 說에 또한 契合치 못하얏스되 精義, 異聞은 늘 鄭先生을 일컷고 先生이 도라간 뒤 服을 입엇다"

하얏다. 霞谷 生平學問은 陽明學이오 陽明學의 大肯綮은 致良知인데 圓嶠ㅣ 이에 對하야 未契함이 잇다 할 것 같으면 圓嶠와 霞谷과의 關係 遙遠할지라. 服麻함은 무슨 일이며 屢稱함도 이상하지 아니한가. 하물며 諸經 四書에 對하야 先儒를 曲從치 아니하는 圓嶠로서 霞谷을 섬기고 霞谷을 일컷고 霞谷을 爲하야 喪服을 입엇을진대 그 閒慢하지 아니함을 알 것이 아닌가. 또 圓嶠의 弘齋祭文에 "內外, 虛實"에 對하야 極論함이 잇어 念菴의 學說과 十分一致됨을 볼 수 잇고, 恒齋祭文에 恒齋까지도 "王氏가 晦菴가치 醇然치 아니함을 알앗다"고 하얏는대 그 끗헤 말하되

"齊莊의 容이 顯에나 獨에 한가지라. 바야흐로 齊하며 莊할 때 枯木 같음이 아니오, 쉬지 아니하고 일함이 잇어 中和를 봄을 바랏도다. 이 "마음"으로써

곳 宣尼(孔子)에 마추어 根과 源을 培하며 達하야 이로써 萬事를 하랴 하얏도다. 이 드러가는 머리 먼저 참알플 貴히 여기나니 葱嶺(佛教를 이름)의 곳 上達하랴 함과 갓지 아니하며 饒, 胡(宋後注釋家)의 枝葉을 層生하야 箋注 校讐로 늙어 죽음과 갓지 아니하도다."

함을 據하면 良知의 骨子ㅣ 依然하니 여러 가지를 綜合하야 보면 圓嶠의 陽明學에 對한 未契는 실로 詭辭라. 속으로는 陽明學을 主張하던 것은 가릴 수 없다. 英祖乙亥以後로 家禍에 連累되야 南北竄謫으로 後半生을 지나는 중 危機間發하야 薪智島 謫舍의 皋號ㅣ 오히려 望外라. 圓嶠의 畏禍自詭함을 의심할 것이 없다.(圓嶠集 參照)

35

이영익과 이충익의 양명학 이해와 평가

　　이영익(1738~1780)의 자는 유공(幼公)이니, 이광사의 작은아들이요, 연려실 이긍익(李肯翊, 1736~1806)의 동복동생이다. 18세부터 이광사를 따라 나라 북쪽 귀양지로 다녔는데, 학문이 정밀하고 돈독하여 이광사가 지기(知己)로 여겼다. 이영익은 육촌 형제였던 이충익과 학문 가운데 따를 것과 어길 것에 대해 서로 토론하고 질문하였는데, 이영익은 항상 이충익이 양명학을 전적으로 주장하는 것을 은미한 말로 경계하여 바로잡았으나, 이 또한 거짓말이다. 이영익은 참으로 양명학을 깊이 연구해 자득한 사람이니, 그가 이충익에게 보낸 편지의 마지막 한 부분에 다음과 같은 말이 있다.

"리를 체득하여 의로움을 모음은 우리가 말하는 학문이요, 사물에서 먼저 구함은 우리가 가엾게 여기는 폐단이다. 그러나 사물의 이치에 마음을 둔 사람은 모두 사물을 끝까지 궁구하려 하므로 마음은 의지하여 지킴이 있고 사업은 얽어맴이 있어서 작은 것들이 쌓여 방일함에 이르지 않지만, 우리는 이미 학문을 사물에서 구하지 못할 것을 알기에 마침내 사물을 소홀히 여기니 마음에서 구한다는 것은 매양 실리는 쌓기 어렵고 광경이 먼저 드러나는 것이 걱정이다. 그래서 마침내 마음을 노닐 곳이 없어서 도리어 시문이나 잡기에 빠져든다."[100]

이것은 자신의 참된 생활에 대해 근신하는 마음을 절실하게 말한 것이다. 또 말하였다.

"자네는 '양지를 실현하여 이 뜻을 성실히 한다'고 하고, 나는 '본말을 격하여 이 뜻을 성실히 한다'고 하니, 이것은 모두 홀로 있는 곳에서 삼가는 데 오로지 힘을 쓰는 것이다. 사물에서 리를 구하기 때문에 밖으로 달린다고 하니, 그 학문이야 어찌 절근(切近)하고 독실하지 않겠는가? 그러나 행하는 것은 옛날 학자 가운데 가장 부실한 사람도 하지 않았던 짓을 하니, 이를 어찌할 것인가?"[101]

이처럼 이영익은 양명학파의 실질적인 공부가 적음을 서로 경계하였고, 또 이충익이 양명학을 주장함을 보고 다음과 같이 경고하였다.

"자네가 전에는 주자학을 신봉하였다가 지금은 양명학을 신봉하는 것이 요컨대 다 실제로 그것이 믿을 만함을 몸소 체험하여 얻은 것이 아니다. 처음엔 객기에서 주의(主意)를 정하고, 마침내 주의(主意) 속에서 의리를 세워 마음을 세운 지 오래됨에 따라 스스로 그 마음을 돌아보아 참으로 실심인 듯하지만, 아무래도 그 처음은 객기에서 나온 것이다. 그렇다면 오늘 말하는 '두뇌진절(頭腦眞切)'이라는 것이 과연 실제로 참된 두뇌를 체득한 것인가?"[102]

이렇게 경고한 그 속마음은 이충익의 신념을 한층 더 격발하여 조금이라도 실제에 미진함을 허용하지 않게 하려고 한 것이다. 그러면서도 간간이 양명학을 들뜨고 고답적이라고 한 것이 있으나, 이영익의 속내를 자구만으로 가릴 수 없음을 짐작할 수 있다.

초원 이충익의 자는 우신(虞臣)이니, 이영익의 편지글을 통해서 보면 이충익은 양명을 주장함이 가장 맹렬하여 이영익이 이를 억누르는 데 힘써서 간절하게 선을 권고하는 의리를 다했다. 그런데 『초원유집(椒園遺集)』에는 이러한 종류의 왕복 편지글이 하나도 실린 것이 없고, 「신재가전(信齋家傳)」을 지어 평생토록 함께 학문을 한 그 과정을 다음과 같이 기록하고 있다.

"내가 일찍이 왕양명의 치양지설을 좋아하자, 선생(이영익)께서 "양명학은 들뜨고 고답적이며 선(禪)에 물들어 있으니 주자학을 배워야 바르게 된다"고 하셨다. 나는 한참 지난 뒤에야 선생의 말씀이 옳다는 것을 믿게 되었다. 선생께서 『고문상서』가 거짓이라고 의심하기에 내가 그렇지 않다고 하자, 선생께서 편지글을 왕복하면서 꼬치꼬치 변별하여 따지시기에 내가 드디어 항복했다. 선생께서는 "『대학』의 격물(格物)은 곧 '물(物)에 근본과 말단이 있음[物有本末]'을 가리키는 것이요, 치지(致知)는 '먼저 하고 나중에 할 것을 아는 앎[知]을 다하는 것이다'"고 말씀하셨으나, 나는 "격물치지는 곧 뜻[意]을 성실하게 하는 방법이다. 만일 '물에 근본과 말단이 있다'는 '물'과 '먼저 하고 나중에 할 바를 안다'는 '앎'으로 격물치지의 '물'과 '지'라고 한다면 문장의 의미에 맞지 않는다"고 하여 마침내 의견이 서로 맞지 않았다. 그러나 두 사람 모두 "고본 『대학』에는 잘못되거나 빠진 글자가 없다"고 하였고, "『대학』 한 편은 오로지 근본과 말단, 먼저 하고 나중에 할 것을 말한 것으로 먼저 하고 나중에 할 바를 아는 것이 요점이다"고 한 점에 있어서는 역시 의견이 다른 적이 없었다."[103]

이렇게 해서 이충익 자신도 이영익과 같이 양명을 신봉하지 않았다고 슬쩍 말하고 있다. 그러나 격물과 치지를 성의의 방법이라고 한다면 양명의 양지설이 아니고서는 이를 해석할 수 없다. 그리고 '물에 근본과 말단이 있다'는 '물(物)'을 '격(格)'하여 '먼저 하고 나중에 할 바를 안다[知所先後]'의 '지(知)'를 '치(致)'한다고 함은 심재(心齋) 왕간(王艮)의 설과 서로 비슷하니, 이 또한 주자학이 아니다. 이뿐 아니라 총본(叢本)을 생각한다면 '친민(親民)'의 뜻이 저절로 정해지고, '먼저 하고 나중에 할 바를 아는 것'이 요점이라고 말한다면 '사물의 이치를 궁구하여 이른다'

는 주자의 설과 뚜렷하게 구별된다. 이것을 가지고 미루어보면 이영익이 이충익에게 한 말이 거짓말인 동시에 이충익이 이영익의 말이 옳다는 것을 한참 뒤에 믿었다고 하는 것 또한 거짓말이다. 이것은 모두 화가 닥칠까 두려워 스스로를 속인 것이다. 이런 가운데 학파가 전해지는 것을 찾는다는 것이 어찌 느껍지 않겠는가!

이충익이 이영익과 주고받은 편지글은 자기의 견해를 솔직히 표현했을 듯한데, 남긴 문집에는 실린 것이 없으니 그 까닭을 다시 물을 필요가 없다. 그러므로 이충익의 학문은 겨우『신재집』을 빌려서 대략 살펴보았다. 특별히 두드러진 그의 글로는 '가설(假說)'이라는 것이 있어 당시의 텅 빔[虛]과 거짓[假]의 폐단을 은밀히 풍자했는데, 실학은 감히 제기하지 못하고 거짓의 폐단을 빌려 자신의 생각을 대조하여 드러내려고 했으니, 이 또한 느꺼운 글쓰기라고 하겠다.

❀

이영익(1738~1780)은 자가 유공(幼公), 호는 신재(信齋)이며, 이광사의 둘째 아들이다. 이충익(1744~1816)은 자가 우신(虞臣), 호는 초원(椒園)·수관거사(水觀居士)이며, 이광현(李匡顯, 1707~1776)의 차남이다. 이충익은 아버지 이광현의 종형제인 이광명(李匡明, 1701~1778)의 양자로 들어간다.

이영익과 이충익은 초기 강화학파의 주요 인물들로, 주자학과 양명학을 깊이 익히고 각자의 독자적인 학문 세계를 수립한 바 있다. 이들은 경학 방면에서 『대학』에 대한 새로운 해석을 제시했으며, 고문 『상서』가 거짓이라는 것도 간파하였다. 이충익은 유가 경전을 벗어나 노자의 『도덕경』에 관한 저술을 남기기도 했다.

이들은 하곡 정제두의 학맥에 연계되어 있고, 그 학문적 정체성을 양명학에 두고 있었다. 그럼에도 자신들이 양명학자임을 드러내놓고 언급하지는 않았으며, 심지어는 양명학을 비판하는 말까지 남기고 있다. 이 때문에 정인보는 이들을 조선양명학파의 두 번째 유형, 즉 '양명학을 비난하는 말은 있으나 그것은 궤사(詭辭)로, 마음속으로는 양명학을 주장하고 있는 것을 감출 수 없는 사람들'로 분류하고 있다. 그 선친들이 나주괘서사건에 휘말려 유배되어 있었던 상황에서 자신들이 양명학자임을 숨김없이 드러내기는 어려웠을 것이라고 본 것이다. 그런데 양명학에 대한 이들의 비판을 단순히 궤사로 보기는 어렵다는 주장이 있다.[104] 따라서 이들의 양명학에 대한 이해와 평가를 재검토할 필요가 있다.

이들의 양명학에 대한 이해를 살펴볼 수 있는 자료로는 이영익의 『신재집』 가운데 이충익에게 보낸 편지글 9통, 그리고 이충익의 『초원유고』 가운데 「종조형신재선생가전(從祖兄信齋先生家傳)」을 들 수 있다. 여기에서는 이 자료들을 토대로 1) 이들이 양명학을 자신들이 의거하는 학문으로 삼고 있다는 점, 2) 양명학의 장단점에 대한 객관적 인식을 확보하고 있다는 점, 3) 주자학을 통해 양명학의 단점을 극복하려고 했다는 점을 살펴보고자 한다.

양명학의 수용

이영익과 이충익은 양명학을 수용하였을 뿐만 아니라 자신들이 종사하는 학문으로 삼았다. 이충익은 어려서부터 왕양명의 치양지설을 좋아하였다고 고백하고 있다. 이영익도 "리를 체득하여 의로움을 모음은 우리가 말하는 학문이요, 사물에서 먼저 구함은 우리가 가엾게 여기는 폐단이다"[105]라고 하여, 자신과 이충익이 모두 양명학적 심학에 종사하고 있음을 밝혔다. '사물에서 먼저 구한다'는 것은 주자학에서 주장하는 바의 '사물에 나아가서 리를 궁구하는 것', 즉 '즉물궁리'를 가리킨다. 이와 달리 '리를 체득하여 의로움을 모은다'는 것은 리와 의를 마음에서 구하는 것을 가리킨다. 비록 '리를 체득한다'는 말을 양명학에서 할 수 있는가는 논의의 여지가 있다. 왜냐하면 '리를 체득한다'고 할 경우에는 리를 체득해야 할 대상으로 삼고 있기 때문이다. 이것은 '마음이 곧 리다'고 말하는 양명학과는 어느 정도 거리가 있다. 그러나 리를 외부 사물이 아닌 마음에서 구해야 한다고 본 점에서는 양명학적이라고 할 수 있겠다.

양명학의 장·단점에 대한 인식

이영익은 양명학의 장점만이 아니라, 그 단점까지 함께 지적하고 있다.

"계산(稽山: 왕양명)의 학문에는 참으로 마음이 들뜨고 고답적이며 선학에 물들어 있는 측면과 명확하고 쇄락한 측면이 병존한다. 그러므로 그 공부가 주자처럼 순일하지 못하니, 실로 이러한 점을 속일 수 없다. 대저 주자의 도는 해와 달처럼 밝아서 사람들에게 분명하게 제시되어 있다. 그러나 왕양명은 세상 사람들 모두 그가 어떤 사람인지 알지 못하고, 그의 공부법은 연구하지도 않고서 한갓 헐뜯고 비난하는 것으로 이로움을 삼으니, 나는 정말 이러한 풍조를 근심하였다. 그러나 또한 어찌 그 장점을 고집하여 그 단점을 비호하며, 반대로 그 단점을 부정하여 그 장점을 매몰시킬 수 있겠는가? 왕양명은 식견이 투오(透悟)하고, 그 성찰극치의 방법이나 집의양기의 설에 관련된 발언은 모두 명확하고 쇄락(灑落)하니, 공리를 추구하는 말세의 폐단에 매우 유익하다. 그러나 제자에게 부채를 쓰도록 권하면서 "예절에 얽매여서는 안 된다"고 하고, "이천이었다면 반드시 증점을 꾸짖었을 것이다"라고 말하는 데 이르렀는데, 이것이 바로 들뜨고 고답적인 것이다. 문인이 실상(實相)과 환상(幻相)을 질문하자 양명선생은 그 도리를 자세히 설명했는데, 이는 석가모니가 열었던 법좌에서 공생(空生)들이 오른쪽 어깨를 드러내어 동의를 표했던 일과 같으니, 이것이 바로 선학에 물든 것이다. 하나는 습성을 다 버리지 못한 것이요, 하나는 옛날에 배운 것을 다 벗어던지지 못한 것이다. 그 언어와 기상이 저절로 이 두 가지의 폐단을 이기지 못하였다. 그러므로 그 말류에 이르러서는 마음대로 일탈하고 이교에 드나들어 못 하는 짓이 없었다. 그 분명하고 쇄락한 점은 세상에 보탬이 되는 것이 적었고, 들뜨고 고답적이며 선학에 물든 폐해는 만연하였으니 탄식하지 않을 수 있겠는가? 그대가 학문을 할 때에도 이러한 점을 알아서 정밀하게 선택해야 할 것이다."[106]

이영익은 양명학의 장점을 '명적쇄락(明的灑落)'으로 요약한다. 그 마음이 사욕에 물들어 있는지를 살피고 그것을 극복하는 '성찰극치(省察克治)'의 방법이나 의로운 행위를 하나하나 실천함으로써 호연지기를 기르는 '집의양기(集義養氣)에 관한 학설이 명확하고 쇄락하다는 것이다. 그리고 왕양명의 식견이 투오함도 장점으로 언급하고 있다. 식견이 투오하다는 것은 양명이 용장에서 도를 깨친 것, 즉 자신의 본성만으로도 충분히 성인이 될 수 있음을 깨달은 점을 가리킨다. 양명학의 이러한 장점은 그럴듯한 명분이나 도리를 내세워 공리를 추구하는 말세의 병폐를 바로잡는 데 유익하다.

이영익은 또 양명학의 단점을 '부고염선(浮高染禪)'이라는 네 글자로 요약한다. '부고(浮高)'란 마음이 붕 떠서 현실 생활에서 지켜야 할 윤리 규범들을 초탈하는 것을 가리킨다. '염선(染禪)'이란 선불교에서 경전에 의뢰하지 않고 곧바로 마음을 가리키는 가르침의 방식에 물든 것을 가리킨다. 이영익은 이 두 가지의 단점 가운데 전자는 습성을 아직 제거하지 못한 데서 기인하는 것이며, 후자는 젊어서 배웠던 것을 다 벗어던지지 못한 때문이라고 진단한다. 그리고 양명학의 이러한 병폐는 양명 후학, 특히 양명좌파에 속하는 안균과 이탁오에 이르러서는 그 백배에 도달하여 못하는 짓이 없게 되었다고 한탄한다.[107]

이처럼 이영익은 양명학의 장점만이 아니라 그 단점까지도 분명하게 인식하고 있다. 문제는 '어떻게 하면 자신들이 의지하고 있는 양명학에 종사하면서 그 단점을 극복할 수 있는가' 하는 점이다. 이영익은 그 방법을 주자학에서 찾고자 한다.

양명학의 단점 극복 방안 탐색

이영익은 양명학의 장점만을 알고 있었던 이충익에게 양명학의 장단점을 모두 인식한 상태에서 그 장점을 취해야 한다고 충고한다.

"길이가 열 자 되는 재목에 한 자 길이의 썩은 부분이 있을 때, 솜씨 좋은 목공은 그 썩은 부분을 제거하고 썩지 않은 부분을 쓰니 곧 훌륭한 재목이 되어 그 한 자가 아홉 자의 훌륭함에 누를 끼칠 수 없다. 만약 억지로 이 재목을 흠이 없는 것으로 돌리고자 하여 썩은 부분이 더욱 그 아름다움을 드러내 준다고 하여 제거하지 않는다면, 이는 결국 썩은 재목이 되고 말 것이다. 그대가 왕양명에 대해 논한 것이 불행히도 이에 가까우니, 그 좋아함 때문에 오히려 그것을 해치고 있다. 왕양명은 도리를 고찰한 것이 훌륭한 점은 많고, 좋지 않은 점은 적다. 그러니 좋지 않은 점을 가지고 훌륭한 점을 가려서는 안 된다고 말하면 괜찮지만, 어찌 단점까지 아울러 옹호하여 강변한다는 말인가? 그대가 이전에 주자학을 신봉한 것과 오늘날 양명학을 신봉하는 것은, 요컨대 모두 실제를 체득하여 그 믿을 만한 점을 얻은 것이 아니다. 처음에는 객기 위에 주의(主意)를 정하였고, 결국에는 그 주의(主意) 속에서 의리(義理)를 세운 것이다. 그러한 마음을 세우고 오랜 시간이 지나면 스스로 그 마음이 자기의 진정한 실심인 것처럼 여겨지지만, 이는 결국 처음 그대로의 마음인 것이니, 바로 객기로부터 나온 것이다. 이와 같다면 오늘날 그대가 말한 '진실되고 절실한 근본'이라는 것도 과연 실제로 참된 근본을 체득한 것인 줄 어찌 알겠는가?"[108]

양명학에 장점이 많다. 그러나 단점도 있으니, 억지로 그 단점까지 변호하려고 하지 말고, 그 장점은 취하되 그 단점은 제거해야 한다는 것이다. 그럼 그 단점을 어떻게 제거할 것인가? 이영익은 주자학을 통하여 그 단점을 제거할 수 있다고 본다. 이것을 이충익은 다음과 같이 말한다.

"내가 일찍이 왕양명의 치양지설을 좋아하자, 선생(이영익)께서 "양명학은 들뜨고 고답적이며 선(禪)에 물들어 있으니 주자학을 배워야 바르게 된다"고 하셨다. 나는 한참 지난 뒤에야 선생의 말씀이 옳다는 것을 믿게 되었다."[109]

이충익의 술회에 따르면 이영익은 양명학의 단점, 즉 '부고염선'의 단점은 주자학을 배움으로써 바르게 될 수 있다고 보았다. 이충익은 처음에는 그 말을 의심했으나, 한참 지나서야 그 말이 옳다는 것을 믿게 된다. 그런데 정인보는 이충익의 이 말을 자신들이 양명학자임을 숨기기 위한 거짓말이었다고 주장한다. 그러나 이들의 말을 거짓말로 보기에는 그 근거가 약하다. 주자학을 배움으로써 양명학의 문제점을 극복하려고 했다고 여기는 것이 타당하다고 생각한다. 문제는 그들이 어떻게 주자학을 통하여 양명학의 단점을 극복할 수 있다고 여겼는가 하는 점이다. 이에 대해 이영익은 다음과 같이 말한다.

"리를 체득하여 의로움을 모음은 우리가 말하는 학문이요, 사물에서 먼저 구함은 우리가 가엾게 여기는 폐단이다. 그러나 사물의 이치에 마음을 둔 사람은 모두 사물을 끝까지 궁구하려 하므로 마음은 의지하여 지킴이 있고 사업은 얽어맴이 있어서 작은 것들이 쌓여 방일함에 이르지 않지만, 우리는 이미 학문을 사물에서 구하지 못할 것을 알기에 마침내 사물을 소홀히 여기니 마음에서 구한다는 것은 매양 실리는 쌓기 어렵고 광경이 먼저 드러나는 것이 걱정이다. 그래서 마침내 마음을 노닐 곳이 없어서 도리어 시문이나 잡기에 빠져든다."[110]

사물의 이치에 마음을 두는 것은 주자학이다. 사물의 이치에 마음을 두면 마음이 그에 집중하므로 마음을 잃어버리지 않을 수 있고, 또 사업도 규범을 지키고자 하기 때문에 방일한 데 이르지 않을 수 있다는 것이다. 객관화된 도리나 예의 규범에 관심을 집중하기 때문에 들떠서 고원한 데로 치달리거나 예의를 무시하는 행위를 하지 않을 수 있다고 본 것이다. 그러나 이렇게 되면 마음이 다시 외부 사물의 이치를 궁구하는 데로 빠져서 그 학문이 지리하게 된다. 이것은 양명학에서 지적하는 주자학의 문제점이다. 그럼 어떻게 해야 하는가? 이 지점에서 이영익은 양명학의 문제점이 양명학 자체에서 기인하는 것인지, 아니면 양명학에 종사하는 자신들의 학문 활동에서 발생하는 것인지 주자학을 통하여 그 문제점을 진정 극복할 수 있는지를 다시 깊이 성찰한다.[111] 이 점에서 보면 이영익은 양명학에 종사하면서 그 장단점을 깊이 이해한 상태에서, 그 단점을 극복할 수 있는 방안을 탐색하는 데 심혈을 기울였음을 알 수 있다. 그러나 그 단점을 극복할 수 있는 방안을 아직

명료하게 제시하지는 못하고 있다.

信齋의 字는 幼公이니 圓嶠의 少子오 燃藜室肯翊의 同母弟라. 十八歲부터
圓嶠를 따라 國北謫所로 다니엇는대 學問이 精篤하야 圓嶠ㅣ 知己로 여기
엇다. 信齋는 椒園과 再從兄弟, 學問의 從違를 서로 講質하얏는대 信齋 항
상 椒園의 王氏學을 專主함을 微辭規切하얏스나 이 또한 詭辭라. 信齋는
실로 陽明學에 잇서 深造自得한 이이니 信齋의 椒園에게 보낸 편지의 最後
一篇을 보면

"理를 體하야 義를 集함은 吾輩의 所說하는 學이오, 事物에 先求함은 吾
輩의 所懼하는 弊이다. 그러나 物理에 玩心하는 者는 一切로 事物에 對하
야 窮究到底하랴 함으로 心은 據守함이 잇고 業은 縮束함이 잇서 積銖 累寸
하야 放逸함에 이르지 아니하되 吾輩인즉 이미 學을 物에 求하지 못할 것
을 알므로 드디어 事物만을 慢忽히 아니 心에 求한다는 것은 매양 實理는
쌋기 어렵고 光景이 민저 드러남이 걱정이라. 마침내 遊心할 곳이 없어 도로
혀 詩文雜技 속에 馳騖한다"

한 것이 自家의 直生活에 對한 戒懷를 切言한 것이며 또 말하되

"자네는 가로되 良知를 致하야 이 意를 誠한다고 하고, 나는 가로되 本末을
格하야 이 意를 誠한다 하니 이는 다 외오서에 삼감에 專功함이라. 事物에
서 理를 求함으로써 밖으로 달림이라 하나니 그 學問이야 어찌 切近篤實치
아니하랴마는, 하는 바인즉 舊學者로 가장 靡濫한 사람도 아니할 것이 잇스
니 이를 어찌할 것인가"

하야 陽明學 一派의 實工이 적음을 交警하얏고, 또 椒園의 陽明學 主張함을 보고 警告하되

"자네 前日의 朱를 信함과 今日의 王을 信함이 要컨대 다 實際로 體行하야 그 信할 만함을 어듬이 아니다. 처음은 客氣 우에서 主意를 定하고, 마침내 主意 속에서 義理를 세워 마음을 세움이 오래매 스사로 그 마음을 돌아보아 참으로 實心인 듯하되, 암만하여도 그 처음인즉 客氣로 좃아온 것이다. 이러할진대 今日의 말하는 "頭腦眞切"이라는 것이 과연 實際로 眞箇 頭腦를 體得함인가"(信齋集 參照)

한 것이 그 속인즉 椒園의 信念을 한층 더 激發하야 一毫라도 實際에 未盡함을 自恕치 않게 함이다. 그러면서도 間間 陽明學을 浮高타 한 것이 잇으나 信齋의 本懷를 字句間으로써 가릴 수 없음을 짐작할 수 잇다.

椒園의 字는 虞臣이니 信齋의 書意를 보면 椒園은 陽明을 主張함이 가장 猛烈히야 信齋 이를 抑하며 勉하야 切偲의 義를 다하던 것인대 椒園遺集에는 이 種類의 往復이 하나도 실린 것이 없고 信齋家傳을 지어 生平同學의 始末을 記錄하얏는대

"忠翊이 일즉이 王氏 致良知說을 좋아하매 先生이 가로되 王氏의 學은 浮高하야 禪에 가까우니 晦菴 배오는 것이 바르다 하얏다. 오랜 뒤에 先生의 말이 올흠을 믿엇고, 先生이 古文尙書를 의심하매 忠翊이 그러치 아니하다 하니 先生이 往復辨詰하기를 마지아니하야 忠翊이 드디어 항복하얏다. 先生이 이르되 大學 "格物"은 곳 "物有本末"을 가르침이오, "致知"는 "知所先後"의 知를 致함이라 하는대 忠翊은 이르되 "格物 致知"는 곳 "誠意"의 方이라 만일 "物有本末"의 "物"과 "知所先後"의 "知"로써 "格物致知"의 "物"과 "知"

라 하면 文義 맞지 아니한다 하야 마침내 서로 合하지 아니하얏으나, 가치 古本이 錯脫함이 없다 하고, 가치 一篇이 오로지 本末先後를 말한 것인대 "知所先後"ㅣ 그 要가 된다 하얏다."

하야 自己도 信齋와 가치 陽明을 信奉하지 아니함을 黙綴하얏으나 格致로써 誠意의 方이라 할진대 陽明의 良知說이 아니고는 이를 解할 수 없고, "物有本末"의 "物"을 "格"하야 "所知先後"의 "知"를 "致"한다 함은 王心齋의 說과 相似하니 이 또한 晦菴學이 아니다. 이뿐 아니라 叢本을 生할진대 "親民"의 義 自定하는 것이오, "知所先後"ㅣ 要 됨을 說할진대 "窮至物理"說과 迥別되는 것이니 이를 가지고 推覈하야 보면 信齋 椒園에게 한 말이 이미 詭辭인 同時 椒園이 信齋의 말의 올흠을 오랜 뒤에 믿엇다 함도 또한 詭辭이니 이 모두 畏禍自詭함이다. 이러한 중에 學派의 傳承함을 차짐이 어찌 느꺼웁지 아니하랴.

椒園의 信齋로 더부러 徃復한 것은 己見을 直抒하얏던 것인 듯한대 遺集에는 실린 것이 없으니 그 緣由를 다시 무를 것이 없다. 그러므로 椒園의 學이 僅僅히 信齋傳을 비러 槪見하얏고 特著한 文學으로는 "假說"이라는 것이 잇어 當時의 虛假의 弊를 隱諷하얏는대 實學은 敢히 提起하지 못하고 假弊를 비러 對映코저 함이 이 또한 느꺼운 筆墨이라 할 것이다.

홍대용의 실학

    세 번째 부류의 양명학파로는 담헌(湛軒) 홍대용(洪大容, 1731~1783)을 들 수 있다. 홍대용의 자는 덕보(德保)니, 연암(燕巖) 박지원(朴趾源, 1737~1805), 아정(雅亭) 이덕무(李德懋, 1741~1793) 등 여러 사람이 가장 신복하던 석학으로 천문과 역산(曆算)학에 조예가 있어 『천원해(天元解)』, 「기윤해(朞閏解)」, 「천의분도(天儀分度)」, 「구고총율(句股總率)」, 「팔선총율(八線總率)」, 「환의율(圜儀率)」, 「구의율(矩儀率)」, 「평구율(平句率)」, 「비례구고(比例句股)」, 「중비례구고(重比例句股)」, 「방환의(方圜儀)」, 「구의(矩儀)」, 「측량설(測量說)」, 「측북극(測北極)」, 「측지구(測地球)」, 「변방(辨方)」, 「정척(定尺)」, 「정율(定率)」, 「제기(製器)」, 「양지(量地)」, 「천지경위도(天地經緯度)」, 「지반경차(地半經差)」 등 여러 작품이 모두 고심하며 정밀히 탐구한 흔적이다. 그러나 이것들은 오히려 그의 기예와 관련된 일일 뿐이고, 홍대용은 평생 학문의 큰 성과를 「의산문답(毉山問答)」이라는 문답체의 서술 방식을 빌려 대체적으로 드러냈다.

「의산문답」은 허자(虛子)와 실옹(實翁)을 설정하여 문답을 주고받는 형식으로 이루어져 있다. 허자는 동해에 거주하는 사람이고, 실옹은 의무려산(毉巫閭山)에 은둔하는 사람이다. 허자가 실옹을 의산에서 만나는 것으로 문답의 실마리를 연 것이 벌써 조정의 교화와 민간의 풍속이 쇠퇴한 원인이 어디에 있으며 그에 대해 어떤 약제를 투여해야 할지를 미리 알게 한 것으로 보이고, 구태여 실옹을 성 밖에서 구한 것은 또 온 세상이 모두 허위와 가식에 병들어 있음을 단정해서 말한 것으로 보인다.

"백성들의 미혹을 세 가지로 나열할 수 있으니, 식색(食色)의 미혹은 가정을 망치고, 이권(利權)의 미혹은 나라를 위태롭게 하며, 도술(道術)의 미혹은 천하를 어지럽힌다."[112]

그리고 다시 도술의 미혹을 다음과 같이 통렬하게 비판한다.

"정학(正學)을 붙드는 것은 실은 자랑하려는 마음에서 나온 것이요, 사설(邪說)을 물리치는 것도 실은 이기려는 마음에서 나온 것이며, 인(仁)으로 세상을 구제하려는 것도 실은 권력을 유지하려는 마음에서 나온 것이고, 명철함으로 몸을 보전하는 것도 실은 이익을 추구하는 마음에서 나온 것이다. 이 네 가지 마음이 서로 이어지게 되면 참뜻은 날로 없어지고 온 천하는 막힘없이 도도하게 날로 허망에로 치닫게 된다."[113]

이 말을 보면 왕양명의 「발본색원론」과 짝이 됨이 분명하다. 마음의 은미한 곳에서부터 실질적인 공부를 하지 않고는 이러한 허위와 가식의 병폐를 구제하지 못한다는 고심과 지극한 뜻이 언외에 드러나 있다. 비록 양명학에 대해 한마디 말도 언급한 적이 없지만, 학문을 마음 밖에서 구함으로 해서 허위와 가식이 이에 꾸며진다는 것을 지적하여 논한 것은 깊이 헤아릴 것 없이 분명하며, 또 당시에 전국을 도맡아 다스리고 있는 학술은 유일지존인 주자학뿐이었으니 그것이 지적하는 것이 무엇인지는 묻지 않아도 알 수 있지 않은가? 홍대용은 당시 유학의 해독에 대해 분노한 사람이다. 그래서 허위와 가식이 가지고 온 재앙을 낱낱이 입증하고 있다.

"처사(處士)들이 제멋대로 의논하자 주(周)나라 도(道)가 날로 쭈그러졌고, 진시황(秦始皇)이 서적을 불사르자 한(漢)나라 왕업[114]이 조금 편안하게 되었고, 석거(石渠)에서 분쟁이 생기자 신망(新莽)이 왕위(王位)를 찬탈했으며, 정현(鄭玄)과 마융(馬融)이 경서를 연역(演繹)하자 삼국(三國)이 분열되고, 진씨(晉氏)가 청담(淸談)을 일삼자 신주(神州)가 망하였다."[115]

이와 같이 격렬하게 비판하여 거의 학문망국론에 가까운 말을 제창하였다. 그러나 옛날 일은 짐짓 내세운 것일 뿐이요, 그 본의가 지향하는 바는 곧 조선 수백 년 동안의 학문계를 꾸짖은 것이다. 이것으로 보아도 홍대용의 학문이 스스로 깨달은 곳이 있음을 알 수 있다. 홍대용은 춘추관과 화이관에 있어서 이전의 선배들이 언급하지 않은 독특한 견해를 가지고 있었다. 「의산문답」 끝에 다음과 같은 말이 있다.

"사방 변방의 민족이 중국을 침범하면 중국이 이를 도둑[寇]이라고 하고, 중국이 함부로 무력을 동원하면 사방 변방 민족이 이를 도적[賊]이라고 한다. 그러나 서로 도둑[寇]이라 하고 서로 도적[賊]이라고 하는 것은 그 뜻이 한가지다."[116]

"공자로 하여금 바다에 떠서 구이(九夷)에 들어와 살게 했다면 중국의 제도로 구이의 풍속을 변화시키고 주나라 도(道)를 외국에서도 일으켰을 것이다. 그렇다면 안과 밖의 구분 및 높이고 물리치는 의리에 저절로 외국의 춘추(春秋)가 생겼을 것이다."[117]

홍대용은 종래 학자들 사이에 철칙으로 내려온 대명의리를 뿌리째 뽑아버렸다. 대개 「의산문답」은 허와 실을 대립시켜 토론한 것이다. 허망과 실존의 원리를 하나하나 추론하다가 화이의 변론으로서 그 끝을 맺은 것은 홍대용이 붓 가는 대로 쓴 것이 아니다. 도술의 미혹이 심하여 자기 민족을 외국인으로 생각하기에까지 미치는 것을 통렬히 한탄하는 한편, 이 한 가지 일에서부터 본심을 불러일으켜 우리 민족을 중심에 두는 실학과 우리 땅을 지키는 실정(實政)을 제기하려는 깊은 생각을 여기에 담은 것이다. 누구나 조선의 양명학파를 들추어 찾아보려면 홍대용의 이 고심에 대해 경의를 표해야 옳을 줄 안다. 학문의 경계는 오직 허와 실로 나뉠 뿐이다. 정제두의 「존언」과 홍대용의 「의산문답」이 모두 '실(實)' 자 하나를 표방한 것이니, 이것이 참으로 후학들이 주목해야 할 점이다.(『담헌서』 참조)

＊

홍대용과 양명학의 연관성을 처음 언급한 사람은 정인보다. 그는 홍대용을 양명학을 일언반구 언급한 적이 없고 받드는 것은 회암에 있지만 그 평생 주장의 핵심이 되는 정신을 보면 두말할 것 없이 양명학임을 알 수 있다고 주장한다. 그리고 그 주장의 근거로 홍대용의 「의산문답」은 왕양명의 발본색원론(拔本塞源論)과 표리가 되며, 정제두의 「존언(存言)」과 더불어 하나의 '실(實)' 자를 드러내고 있다는 점에서 찾는다. 그런데 정인보가 정제두의 「존언」과 홍대용의 「의산문답」이 다 '실(實)' 자를 제시하고 있다는 점에서 홍대용의 '실' 자의 정신이 바로 양명학의 정신이라고 규정한 것은 독단에 흐를 가능성이 짙다는 비판이 있다.[118] 그리고 홍대용의 양명학에 관한 언급이 전혀 없는 것도 아니다. 그 자료들을 토대로 홍대용의 양명학 이해를 재검토할 필요가 있겠다.

홍대용은 양명학을 이단으로 간주한다.[119] 그러나 이단이라고 해서 무조건 배척하지는 않는다. 오히려 그는 양명학을 이단사설로 배척하는 당시의 학문 풍토를 비판하고, 왕양명이라는 인물과 그의 학문을 객관적으로 평가하려는 태도를 지닌다.

우선 홍대용은 왕양명을 시대를 근심하고 세도(世道)를 걱정하는 뜻이 높았던 '호걸지사'로 평가한다. 그리고 왕양명의 글을 읽고 그의 인물됨에 감복하여 저세상에 가면 그를 위하여 채찍을 잡겠노라고 술회하기도 한다.[120] 여기에서 홍대용이 읽었다고 하는 양명의 글은 아마도 『전습록』에 실려 있는 「답고동교서(答顧東橋書)」 가운데 흔히 '발본색원론(拔本塞源論)'이라고 불리는 글일 것이다. '발본색원론'이야말로 양명의 세상에 대한 우환 의식과 구세 정신, 그리고 호걸 선비를 계몽시키는 정신을 잘 나타낸 글이기 때문이다. 홍대용이 양명을 위하여 채찍을 잡겠다고 한 것은 바로 왕양명의 그러한 정신을 따르겠다는 의지의 표현이라고 할 수 있다. 실제로 홍대용의 학문은 허학(虛學)을 비판하고 세상을 구제할 수 있는 실질적인 방안들을 마련하고자 하는 실학 정신이 바탕을 이루고 있다. 이 실학 정신을 잘 드러내고 있는 것이 그의 「의산문답」이다. 정인보가 홍대용의 「의산문답」의 허실론(虛實論)이 왕양명의 '발본색원론'과 서로 표리가 된다고 평한 것도 두 사람의 정신이 서로 소통하고 있음을 보고 한 말임이 분명하다.

홍대용은 또 왕양명의 문장과 사업을 명대(明代)의 거벽(巨擘)으로 평가한다.[121] 그는 '양명의 빛나는 사공의 업적은 실지로 얻은 공효로써, 공언(空言)이나 하고 훈고나 일삼는 학자들과는 판이하게 다르다'[122]고 말한다. 여기에서도 우리는 허학을 비판하고 실학을 지향하는 홍대용의 정신이 왕양명의 사공의 업적에 대한 긍정적인 평가로 드러났음을 알 수 있다. 실학을 추구하는 정신이 서로 이어지고 있음을 볼 수 있는 것이다. 그러나 홍대용은 왕양명의 학술에 대한 평가에서 관대하지만은 않다. 그는 양명학의 장점과 단점을 객관적으로 평가하고자 한다.

당시 조선의 유학자들은 주자학을 절대적인 진리 체계로 간주하고, 주자학에 비판의 성격을 지닌 양명학을 이단으로 배척하였다. 그런데 홍대용은 고루하게 주자학만을 묵수하는 태도를 향원의 마음으로 주자를 바라보는 것이라고 비판할 뿐만 아니라,[123] 묵수주자학의 입장에서 양명학을 배척하는 당시의 학문 풍토를 신랄하게 비판한다. 그에 따르면 왕양명의 학문 종지인 치양지학은 더없이 높고 깊으며, 실제로 세상을 구제하려는 뜻에서 나온 것으로서 결코 후세의 말로만 떠드는 선비 따위가 흉내 낼 수 있는 것이 아니다.[124] 그러나 그는 양명이 주자말학의 폐단을 바로잡으려는 것이 너무 지나쳐 방자한 의논의 폐해가 우유(迂儒)나 곡사(曲士)와 다를 것이 없었고, 도를 바로잡으려는 해독이 자못 기송(記誦)이나 훈고(訓詁)보다도 더 심하게 되었다[125]고 지적한다. 이와 같이 홍대용은 양명학의 장단점을 객관적으로 파악하려는 태도를 지니고 있었다.

홍대용은 양명이 주자학을 등지게 된 점이 바로 격물치지에 대한 해석에서부터 비롯되었음을 정확하게 알고 있었다.[126] 그리고 주자학과 양명학의 격물치지에 대한 해석의 차이에는 심과 리의 의미 및 그 관계에 대한 인식의 차이가 전제되어 있음도 이해하고 있었다. 주자학에서는 마음을 지각기능을 지닌 인식 주체로, 리를 사물에 내재하는 인식 대상으로 설정하고 있으며, 마음과 리의 합일을 위해서는 궁리의 과정을 필수적으로 요구하게 된다. 반면 양명학에서는 이치를 마음 밖에 설정하지 않기 때문에 외부 사물에서 이치를 궁구할 필요가 없고, 내면의 양지를 실현하기만 하면 된다는 것을 잘 알고 있었다. 주자학과 양명학의 기본적인 입장 차이에 대한 인식하에 홍대용은 주자의 격물론을 지지한다. 양지를 실현(致)해야 한다는 양명의 주장이 옳지 않은 것은 아니다. 그러나 그러기 위해서는 궁리 공부가 선행해야 한다고 본다. 궁리 공부가 선행하지 않으면 객관적 사실에 대한 정확한 인식을 빠뜨리게 되어 본심 양지가 혼란에 빠지게 된다는 것이다.[127] 이는 이치를 마음 가운데 끌어들이고, 내 마음의 양지만 밝히기만 하면 천하의 온갖 일들을 다 비추어낼 수 있다고 보는 왕양명의 주장을 비판한 것이다.

　홍대용은 왕양명이라는 인물과 그의 학문을 객관적으로 바라보고 이해하고자 하였다. 이 때문에 당시 대다수의 주자학자들과는 달리 왕양명이라는 인물과 그의 철학에 대해서 긍정적으로 평가한다. 특히 왕양명의 구세 정신과 그 지향점에 대해서는 깊이 감복할 정도다. 말하자면 왕양명의 철학적 고민과 주자학에 대한 비판도 세상을 구제하고자 하는 숭고한 뜻에서 비롯되고 있음을 간파한 것이다. 그뿐만 아니라 홍대용은 왕양명이 거둔 실질적인 사공의 업적도 높이 평가한다. 그리고 그 사공의 업적이 왕양명의 가식 없는 실심(實心)에 기초하여 이루어진 것임을 잘 이해하고 있다. 왕양명에 대한 그의 이러한 이해는 매우 정확하다고 하겠다. 이것이 가능할 수 있었던 것은 홍대용이 어떤 주관적인 편견이나 선입견이 없는 객관적이고 공정한 태도로 왕양명을 대했기 때문이다. 왕양명이 이단으로 배척되는 당시 상황에서 그런 태도를 취한다는 것은 쉬운 일은 아니다. 그런데 이것 이외에 왕양명을 긍정적으로 이해하고 평가한 것은 홍대용이 당시 지니고 있던 문제의식이나 사상 경향과 밀접한 연관이 있다.

　홍대용이 왕양명을 긍정적으로 평가한 대목을 보면, 현실에 대한 깊은 우환 의식에서 허위와 가식을 비판하고 실심에 기초하여 실질적인 사공의 업적을 거두고자 한 부분이다. 이것은 당시 홍대용이 지니고 있었던 문제의식이자 의지 지향이기도 하다. 홍대용은 자신이 지니고 있었던 문제의식으로 왕양명을 만나고 있었던 것이다. 그는 임병양난 이후 주자학자들의 현실성 없는 공리공담적 논리를 지양하고 실사(實事)에서 실공(實功)을 이룰 수 있는 실심(實心)을 확보하고자 하였다. 현실성이 없는 공허한 논리나 헛된 명분만을 내세우는 당시 학자들의 허위의식을 비판하고 인간 주체의 심금에서 우러나는 참된 양심의 소리에 귀를 기울여 백성들의 아픔을 내 아픔으로 여기며 시대적 모순을 해결하려 하였던 것이다.[128] 그것은 바로 왕양명의 정신과 상통하는 것이었다. 이 때문에 홍대용은 죽어서라도 왕양명을 위하여 채찍을 잡겠다고 말할 수 있었다. 이런 점에서 '담헌의 양명학적 조예는 이미 양명학의 장점과 단점을 파악하는 경지에 이르렀으며, 그는 양명학의 내심 공부를 바탕으로 주자학의 말폐적 현상인 허위와 가식의 논리를 척결하고 실심에 입각한 실공을 강조함으로써 양명학과 실학의 사상적 연계를 시도하고 있다'[129]는 평가는 의미 있는 것이라고 하겠다. 그러나 우리는 홍대용을 양명학자로 규정하는 데에는 보다 조심스러워야 한다.

　실심으로 실사에서 실공을 거두고자 하는 홍대용의 정신은 양명학의 정신과 서로 상통하는 것이라고 말할 수 있다. 그렇다고 해서 홍대용을 양명학자로 귀결시킬 수는 없다. 양명학자로 규정할 수 있기 위해서는 그가 양명학의 종지를 수용하고 있어야 하기 때문이다. 잘 알고 있듯이 양명학의 종지는 치양지다. 그런데 홍대용은 치지에 대한 양명의 해석을 비판하고 주자의 해석을 따르고 있다. 양명학의 근본 종지를 부정할 뿐만 아니라, 그것을 기본적으로 이단으로 간주하는 홍대용을 양명학자로 규정하는 것은 자의적인 것이라고 하지 않을 수 없다.

———————

第三類의 陽明學派로는 洪湛軒大容(英祖 七年 辛亥生, 正祖 七年 癸卯卒)을 推할지니 湛軒의 字는 德保니 朴燕巖(趾源), 李雅亭(德懋) 諸公의 가장 信服하는 碩學者로 天文曆算學에 精詣가 잇서 "天元解", "幕閏解", "天儀分度", "句股總率", "八線總率", "圜儀率", "矩儀率", "平句率", "比例句股", "重比例句股", "方圜儀", "矩儀", "測量說", 測北極", "測地球", "辨方", "定尺", "定率", "製器", "量地", "天地經緯度", "地半徑差", 等諸作이 다 苦心精究한 遺痕인대 이는 오히려 그의 藝事이려니와 湛軒 生平學問의 大致는 "毉山問答"이라는 問答體의 論述을 비러 槪見하얏다.

毉山問答의 始末로 말하면 虛子와 實翁을 假設하야 問答을 互酬하되 虛子는 東海의 居人이오 實翁은 毉閭山中의 隱者라 하야 虛子ㅣ 實翁을 毉山에서 만남으로서 問答의 緒를 引한 것이 발서 朝敎, 野俗의 衰頹한 原因이 어대 잇음과 그 對投ㅣ 어떠한 藥劑라야 할 것을 了知한 것이 보이고, 구타여 實翁을 域外에 求함이 또한 擧世가 모두 虛假에 病들믈 斷言함이 보인다.

"生民의 惑을 三으로 列하되, 食色의 惑은 그 家를 喪하고, 利權의 惑은 그

國을 危하고, 道術의 惑은 天下를 亂한다”

한 뒤에 다시 道術의 惑을 痛論하되

“正學을 扶함은 실은 矜心에 由함이오, 邪說을 斥함은 실은 勝心에 由함이오, 救世의 仁은 실은 權心에 由함이오, 保身의 哲은 실은 利心에 由함이라. 四心이 相仍하매 眞意 날로 없어저 天下ㅣ 滔滔하야 날로 虛로 趨한다”

한 것을 보면 陽明의 拔本塞源論과 表裏됨이 宛然하니, 心術隱微한 속에로 부터 實工을 나리지 아니하고는 이 虛假의 病을 救치 못한다는 苦心 至意가 言外에 드러나 비록 一句 半辭가 陽明의 學에 미친 적이 없으나 學을 心外에 求함으로써 虛假ㅣ 이에 緣飾됨을 指論한 것은 深索을 기다릴 것 없시 分明하며, 또 그때에 全國을 統攝한 學術은 一尊인 朱學뿐이니 그 指斥의 向함은 뭇지 아니하야도 알 수 잇지 아니한가. 湛軒은 當時儒學의 害毒에 發憤한 이라. 虛假의 禍를 歷徵하되

“處士가 橫議하더니 周道가 日蹙하고, 秦皇이 書를 焚하더니 漢道가 小康하고, 石渠에서 分爭하더니 新莽이 位를 簒하고, 鄭, 馬가 經을 演하더니 三國이 分裂하고, 晉氏 淸談으로 神州가 陸沈하얏다”

고까지 激論하야 거의 學問亡國論에 갓가운 말을 提唱하얏으나 古事는 실로 虛映이오 그 本意의 向하는 바는 곳 朝鮮 數百年間 學問界를 罵盡한 것이니 이로써 보아도 湛軒의 學이 스사로 透悟한 곳이 잇음을 알 수 잇고, 湛軒은 春秋華夷에 對하야 前輩의 道及하지 아니한 特見을 가젓나니 毉山問答 끝에

“四夷 疆을 侵하매 中國이 이를 寇라고 하며, 中國이 武를 瀆하매 四夷 이를 賊이라 하나니, 서로 寇라 하고 서로 賊이라 함이 그 義 한가지라”

하고 또

"孔子로 하야금 九夷에 居케 하얏든들 內外 나누일새 맛당이 域外의 春秋
잇스리라"

하야 從來 學者間에 鐵案으로 나려온 大明義理를 뿌리째 뽑아바렷다. 대개
毉山問答은 虛, 實의 對討이라. 虛亡 實存의 原理를 步步推論하다가 華夷
의 辨으로써 그 末을 結함은 湛軒의 漫筆이 아니다. 道術의 感이 심하매 自
族을 外로 생각하기에까지 미치는 것을 痛恨하는 一面 本心의 喚起를 이 한
일에서 비롯하야 自類를 主하는 實學과 自土를 衛하는 實政을 擧하랴 하는
深懷를 이에 부침이니, 누구나 朝鮮 陽明學派를 披索하야 보랴면 湛軒의 이
苦心에부터 敬意를 表하여야 옳을 줄 안다. 學問의 分界는 虛實뿐이라. 霞
谷의 "存言"과 湛軒의 "問答"이 모다 한 實字를 表揚함이니 이 실로 後學의
着眼할 곳이다.(湛軒書 參照)

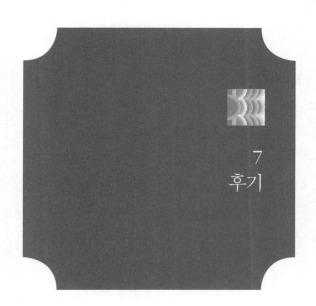

7
후기

37

정인보의 마음속 깊은 울분과 본심감통

    양명학의 요지와 양명의 행적, 그리고 양명 발언의 개략적인 내용과 그 유풍의 점진적인 전파는 대개 앞에서 서술한 것과 같다. 내 이제 번거롭게 중복하여 인용하는 것을 피하지 않고 이와 같이 하나하나 서술하는 것은 하나의 커다란 학통을 만들어 새로운 지식을 들려주자는 것이 아니라, 실로 마음 깊은 곳에 나 혼자만의 울분이 있어서 스스로 그만두지 못하기 때문이다. 양명이 일생토록 고심해서 말한 것과 그 후학들이 힘써 주장하고 애써 지킨 것은 별다른 것이 아니라, 스스로 가릴 수 없는 선천적인 이 앎에 조금도 유감이 없게 하자는 것일 뿐이다. 이것은 근본적으로 지식에 의지하는 것이 아니다. '낫 놓고 기역 자도 모른다'고 해도 이 앎은 모를 수가 없으며, 아무리 만 권의 책을 독파했을

지라도 이 앎에 의지할 줄 모른다면 모든 것이 빈껍데기일 뿐이다.

이 앎이란 삼엄하여 조금의 구차함도 없기에 어떤 재주나 기교로도 이것을 속이지 못한다. 오직 나 혼자만 알기에 가장 은미하여 소리도 냄새도 없는 곳이다. 마음[方寸]조차도 오히려 (이 앎에) 비교될 수 없지만 나 혼자만은 알기에 이것이 가장 참되고 절실하여 성명(性命)이 깃들어 있는 곳이니, 이것을 제쳐두고 인간의 옳고 그름을 판단하는 표준을 세울 곳이 없을 것이다. 무릇 내가 온갖 일에 응하지 않는다면 모르되, 내가 취사(取捨)하지 않는다면 모르되, 내가 취하는 것이 자신과 가정을 바꾸게 하고 버리는 것이 생명에 관계된다고 해도 구차하게 그것에 신경 쓰지 않고 대수롭지 않게 여긴다면 모르지만, 만일 그렇지 않다면 이 앎을 제쳐두고 누가 온갖 일에 응할 것이며, 이 앎을 제쳐두고 누가 저것을 취사할 것이며, 이 앎을 제쳐두고 누가 취하는 것을 자신과 가정으로 바꿀 수 있으며[1] 버리는 것에 생명도 아끼지 않을 수 있겠는가?

힘이란 내가 하고 싶은 데에서 나오는 것이다. 그러나 하고 싶은 그것이 나 홀로 아는 앎이 옳지 않다고 한다면, 이것은 신체로부터 일어난 생각일지언정 본심에서 나온 정성스러운 뜻[誠意]은 아니다. 엄격하게 말하면 내가 하고 싶은 것은 아니지만, 만일 나 홀로 아는 앎이 이를 옳다고 해서 하고 싶은 것이라면, 그 어떤 것도 막지 못할 것이다. 한 생각이 일어났다 사라짐을 나 혼자만은 안다. 신체에서 일어난 생각은 언제나 간격(間隔)이 있고, 본심에서 나온 성의는 언제나 감통(感通)한다. 감통하기 때문에 은미한 가운데의 한 점 밝은 빛이 곧 천지만물을 한 몸으로 여기는 인(仁)이 발하는 통로이니,[2] 민중의 아픔과 가려움이 곧 나의 아픔과 가려움임은 실로 내 마음의 본체가 이러한 것이지, 일부러 큰소리치는 것이 아니다.

그러므로 누구나 '내 본밑 마음이 선천적으로 가진 앎'을 찾으려고 한다면, 스스로 속일 수 없는 곳을 조용히 살펴보라. 스스로 속일 수 없는 그곳의 참된 체[眞體]를 찾으려고 한다면 민중과 감통하는지 아니면 간격이 있는지를 스스로 증명해 보라. 이 밝음은 어디에서든 한순간이라도 멈춤이 없으니, 뜻이 있는 사람이 한번 깊고 멀리 생각해 보면 결코 그럭저럭 대충하고 말 것이 아니다.

우리의 본심을 가리고 막은 지 오래되었다. 옳고 그름도 본심이 판단한 옳고 그름이 아니요, 취하고 버리는 것도 본심이 선택한 취사가 아니다. 본심이 한 것이 아니기 때문에 옳고 그름은 남을 따르는 데 그치고, 취하고 버림은 밖으로만 향하는 데 그치니, 그 하고 싶음이 사실 나의 하고 싶음이 아니다. 이에 힘을 바랄 수 없음은 이미 말할 것도 없고, 남을 따라가고 밖으로 향할지라도 감통하지 않는 것에는 결국 간격이 생김을 면하지 못한다. 신체에서 발생한 창피스러운 생각이 언제나 이것의 원동력이 될 것이니, 비록 상태가 만 가지로 다르고 그 모습이 백 가지로 다르지만 한 곳 그윽한 속에서 싸고도는 것은 이 하나의 생각인 줄로 안다.

그러므로 일생 백년을 지식 탐구에 몰두하여 학문이 동양과 서양을 관통한다고 스스로 여기고, 재능은 고금을 꿴다고 자부할지라도, 자기 홀로 아는 그곳에서 실제로 (마음을 바로잡는) 격물의 공부를 하지 않고는 신체에서 발생한 창피스러운 생각이 머릿속에 여전히 존재하므로 사물이 와서 접하게 되면 재주와 학문은 많건 크건 다 헛일이 되고 만다. 푼돈이나 한 척의 비단과 같이 아주 적은 재물에 대한 비루하고 천박한 욕심이 경솔하게 대응하는 것이야 그냥 그런가 보다 생각하고 말지만, 오히려 재능과 학문으로 인해 그 욕심이 점점 더 심해지거나 혹은 더욱 치밀해질 수도 있다. 그러나 스스로는 자신의 비루함과 천박함을 안다. 스스로 아는 이곳에서부터 공부를 해야 비로소 이겨낼 수 있는 힘이 생기게 된다.

나는 양명학자다. 그러니까 어떻게든지 양명학을 세워야겠다고 생각한다면 그 속에는 어떤 생각이 잠복하고 있는가? 나는 양명학자가 아니다. 그러니까 어떻게든지 양명학을 배척해야겠다고 생각한다면 그 속에는 어떤 생각들이 서로 이어져 있는가? 내 본마음의 시비대로 분별하는 것이 아니라면, 이는 다 사심(私心)이다. '그러니까'의 네 글자가 바로 이 세상에서 아주 오랜 세월 동안 공론을 어지럽히는 원천이다. '그러니까'의 네 글자가 없다면 무슨 일에나 본심으로 비추어 대응함에 따라 어떤 빈껍데기와 가식도 없을 것이다. 그러므로 내가 양명학을 말하지만 누구나 양명학을 좋다고 하는 선입견을 가지고 이것을 긍정하기를 바라지 않는다. 반드시 자기 마음에서 참된 시비를 스스로 분별해야 비로소 빈껍데기와 가식의 영역을 벗어나는 것이다.

양명학을 가리켜 '너무 빠르다'고 한다. 그러나 언제 이 학문대로 가보기나 했는가? 빨리 들어갈 길이 있다면 구태여 돌아갈 필요가 있는가? 일부러 돌아간다면 갈 곳에는 성의가 없는 것이 아닌가? 양명학을 가리켜 '너무 간단하다'고 한다. 그러나 언제 이 학문대로 해보기나 했는가? 간단하게 이룰 수 있다면 구태여 번거롭게 할 필요가 있는가? 일부러 번거롭게 한다면 이루는 데는 성의가 없는 것이 아닌가?

원래 학문에서 중요한 점은 자기 마음의 홀로 아는 곳으로부터 그 생각의 바르지 않음이 없게 하는 데 있으니 실로 간단하다. 그러나 너무 간단한 것은 아니니, 이 이상 터럭만큼이라도 보탬이 있다면 이것은 곧 작위적인 것이다. 참으로 빠르다. 그러나 너무 빠른 것은 아니니, 이 밖에서 한 구비의 다른 길을 찾는다면 이것은 곧 망령되고 삿된 것이다. 그러나 간단하다고 하지만, 온갖 변화에 응하여도 빠뜨리는 것 없이 꼭 맞아떨어진다. 빠르다고 하지만, 일생을 경계하고 두려워해야 간신히 도달할 수 있다.

오호라! 실심을 죽여 다른 사람의 학설을 살리는 저 말을 가지고 부합하는지의 여부를 조사할지언정, 자신의 마음을 가지고 부합하는지의 여부를 살피지 않는 그런 헛됨이 지속되고 가식이 불어난 것은 실로 하루 이틀의 일이 아니다. 수백 년 동안 아버지와 형이 알려준 것이 모두 마음 밖에서 구차하게 꾸미는 것이 아님이 없었다. 가령 비근한 말로 보더라도 어른이 어린아이를 훈계할 때, "너는 남부끄러운 줄도 모르느냐?" "이게 무슨 모양이냐?" "그런 체면이 있나!" "저런 꼴이 어디에 있단 말이냐!" 등의 항상 하는 말이 어느 것이나 다 밖으로 꾸미는 것이 잘못됨을 나무라는 것이지, 자기 마음 홀로 아는 것에 대해 일깨워 준 적이 없었다. 평생 학문도 오직 모방일 뿐이었다. "그것이 왜 옳습니까?" "응. 주자께서 옳다고 하셨으니까." "주자는 왜 옳다고 하셨습니까?" 여기에 이르러서는 대답할 말이 막혔을 것이다.

참으로 애달프지 않은가? 나는 나지 누가 옳다고 해서 옳다고 할 것인가? 주자의 말을 끌어들이는 것도 내 마음과 같기 때문이지, 덮어놓고 옳을 리는 없지 않은가? 이것은 자기를 말살하는 것이며, 동시에 주자에 대해서도 조금도 알지 못하는 것이 아닌가? 가벼운 세속의 말이건, 엄중한 학문이건 모두 마음 밖에서 구차하게 꾸미는 것이다. 이미마음 밖의 것이라면 변천하여 일정하지 않은 것이니, 남부끄러움도 변하고, 모양도 변하고, 체면도 변하고, 꼴도 변하였다. 그러나 남을 부끄러워할 줄만 아는 것은 전이나 지금이나, 꼴을 좋게 하려고 하기는 전이나 지금이나 꼭 마찬가지다. "그것이 왜 옳습니까?" "응, 누가 옳다고 하였으니까." 그 '누가'가 주자만이 아닐 뿐이지, 자기 마음으로 실제로 비추어 가지고 참으로 옳음을 구하지 않기는 전이나 지금이나 꼭마찬가지다. 헛것[虛]인 줄로 알라. 저 말을 가지고 부합하는지의 여부를 따지고, 저 글을 가지고 부합하는지의 여부를 따지는, 이것은 다 헛것인 줄로 알라. 자기 마음을 제쳐두고 부합하는지의 여부를 따질 표준이 없다. 오호라. 이것이 무슨 강론을 듣고서야 아는 것이겠는가!

내가 우리 옛 역사를 살펴보니, 신라의 김흠운(金歆運, ?~655)[3]이 양산(陽山)에 주둔하였다가 백제 대군의 야반 기습을 당해 형세가 위급하자, 그 부하가 흠운의 말고삐를 잡고 말했다. "장군, 피하십시오. 이 어두운 데서 적을 만났으니, 돌아가신들 누가 장군의 충성과 용맹을 알겠습니까?" 흠운이 말했다. "아니다. 대장부가 나랏일로 죽는데, 남이 알건 모르건 마찬가지다. 감히 이름을 구하겠는가?" 그러고는 마침내 한걸음도 물러서지 않았다. 남이 아는지 모르는지를 따진다면, 이것은 벌써 본심에서 나온 성의가 아니다. 본심에서 나온 성의라면 남이야 알건 모르건 아무런 관계가 없다. 옳도다. 김흠운의 말이여! 이렇게 한 뒤에라야 참이다.

이제 누구나 자기 마음의 홀로 아는 곳으로부터 비추어 조사해 보면, 정당한 행사라도 남이 아는 것과 남이 모르는 것을 과연 한가지로 여긴다고 자신할 수 있는가? 한가지로 여기지는 못하지만 겉으로는 관계없는 것처럼 보이려고 하지 않는가? 이러나저러나 모든 행위가 본심의 자기만족을 구하는 것이 아니요, 외부에서 아는지 모르는지, 비난하는지 칭찬하는지, 오직 이것만을 고려하면서 수백 년 전이나 지금이나 한결같이 지내온 것은 사실이다. 자꾸 그런 체하고 또 자꾸 그렇지 않은 체하지만, 사람이 스스로 속이지 못하는 한 곳은 여전하다. 이곳이 여전하니, 어쩔 수 없이 자기를 천시하고, 비루하게 여기고, 소인으로 여기고, 간사하게 여기게 되며, 이럴수록 남에게만은 그렇게 보이지 않으려고 온갖 방법으로 외면을 꾸미게 된다. 그러나 스스로 보기에는 더 천하고 더 비루하고 더 소인 같고 더 간사하게 보일 것이다. 다만 이 스스로를 보는 정도는 신체에서 발생한 이기적인 생각이 바람처럼 일어나고 물처럼 솟아나는 형세를 따라 점점 미약해지며, 나중에는 자신이 천하고 비루하고 소인이고 간사하다는 것조차 전혀 알지 못하는 경우도 있다. 그러므로 세상에는 간격만이 있을 뿐이다. 매우 가까운 친족들 사이에서도 아주 조금의 감통을 발견하지 못하게 된다.

김흠운의 저 말이 길이길이 후대 사람들의 마음속에 박혔다면, 자기 마음의 홀로 아는 곳에서 모든 일을 해결하려고 했을 것이다. 자기가 옳다고 여겨서 하는 것과, 남이 옳다고 여기기 때문에 하는 것에 대해, '일자무식'인 사람에게 무엇이 참이고 거짓인지를 물으면, 묻는 사람이 너무나 실없다며 비웃을 것이다. 이것이 어찌 심사숙고한 뒤에 그 옳고 그름을 변별할 문제이겠는가? 그러나 자기가 옳다고 여기는 이 한 곳에서부터 주체적으로 서자는 근본적인 소원이 수백 년에 걸쳐 왜 그리도 적은가?

나는 양명의 학설을 볼 때, 이 말이 양명의 말이 아니라고 생각한다. 사람들이 모두 인정하는 것을 말하는 것이 그 말하는 사람의 말이라고 할 수 있을까? '너는 네 마음, 네 본밑 마음이 선천적으로 가진 그 앎에 의해, 하려고 하든지 하지 않으려고 하든지 의념이 형성되려고 하거든, 이것을 바로잡으라'고 하는 것이 과연 이상한 말이라고 할 수 있을까? 말에 대해 말을 가지고 옳다 그르다고 판단하는 것은 아무런 실익이 없다.

가만히 자기 마음에 비추어 살펴보라. 의념이 형성되려고 할 때 '당연하다. 그렇지만 그렇게 하면 나에게 불리하니 어떻게 하나?' '옳지 않다. 그렇지만 그렇게 해야 내게 유익하니 어떻게 하나?' 이것을 경험해 보지 않은 사람은 아무도 없을 것이다. '당연하다', '옳지 않다'고 하는 생각과 '어떻게 하나' 하는 생각은, 곧 내 생명과 적이 갈라지는 경계다. '당연하다'고 생각되면 행하고, '옳지 않다'고 생각되면 그만두되, 이것을 머릿속에서부터 확실히 실천해야 한다는 것이 과연 이상한 말이라고 할 수 있을까? 경험해 보니 그렇지만 익히 들은 것이 아니라 의심스럽고, 경험해 보니 그렇지만 당시의 여론[時論]이 아니라서 보잘것없다고 한다면, 이것은 어떤 판단이라고 할 수 있을까?

취향이 각각 다름을 내 구태여 강조하려는 것은 아니다. 재능의 차이와 자질의 다름은 저절로 일치될 수는 없는 것이다. 그러나 수천 가지의 갈래라도 출발은 다 자기 마음에서 비롯한다. 자기 마음에서 힘쓰지 않고는 수천 가지의 갈래가 다 헛것이고 가식일 뿐이니 어떻게 하겠는가? 그러므로 외람되지만 기도하고 간절히 바라는 지극한 마음으로 이 쓴소리를 드려서 사랑하고 존경하는 분들에게 바치고자 하는 것이다.

붓을 놓으면서, 내 스승 난곡(蘭谷) 이건방(李建芳, 1861~1939) 선생으로부터 이 학문의 대의를 받았음을 바르게 아뢰고, 동호인인 고하(古下) 송진우(宋鎭禹, 1887~1945) 씨가 이 학문을 널리 알리려고 고민한 것에 대해 깊이 감사드리며, 또 구천에 계신 겸곡(謙谷) 박은식(朴殷植, 1859~1925) 선생께 이 글을 드리지 못한 것에 대해 안타깝게 여기는 마음을 덧붙여 기록한다.

❋

『양명학연론』 서론에서 정인보는 양명학 논술의 동기를 밝히고 있다. 조선 민중에게 양명학을 소개하여 실심을 불러 깨우고자 한 것이다. 그럼 왜 조선 민중의 실심을 불러 깨우고자 한 것일까? 정인보는 『양명학연론』 후기에서 그 까닭을 밝힌다. '마음 깊은 곳에 나 혼자만의 울분이 있어서 스스로 그만두지 못하기 때문'이라는 것이다. '마음 깊은 곳에 자리하고 있는 그의 울분'은 도대체 무엇이었을까? 그것을 그대로 두지 못하고 『양명학연론』이라는 글로 드러나게 한 것은 무엇인가?

정인보의 마음속 깊이 쌓인 울분은 당대 조선의 현실에 대한 인식에 닿아 있다. 그는 조선 민중이 겪는 곤고와 아픔을 함께 느끼고, 국권을 상실한 조선의 치욕을 자신의 치욕으로 여긴다. 이 아픔과 치욕은 조선 민족 전체가 당한 것이라서 몇몇 개인의 힘으로 풀릴 수 있는 것이 아니다. 그 뼈저린 아픔을 어루만지고, 참을 수 없는 치욕을 덜어내기 위해서는 조선 민중 전체의 단결된 힘이 필요하다. 그런데 당시 조선의 현실은 어떤 '이념'과 '주의(主義)'에 얽매여 서로 대립하고 갈등을 일으켜 분열하고 있으며, 가까운 친족들 사이에도 사욕을 추구하느라 서로 감통(感通)하지 못하고 있다. 한마디로 당대 조선의 현실은 간격(間隔)만이 있을 뿐이다. 이래서는 민중의 복리 도모와 국권의 회복이라는 조선민족의 시대적 과제를 해결하기 어렵다. 정인보의 마음속 깊이 쌓인 울분은 바로 여기에서 온 것이다.

그럼 마음속 깊은 곳에서 이 울분을 느껴서 그것을 『양명학연론』이라는 글로 토로하게 한 것은 무엇인가? 바로 본심 양지다. 이 본심 양지는 옳고 그름을 판단하는 표준이다. 그리고 그것은 다른 사람의 곤고와 아픔을 내 곤고와 아픔으로 느끼는 감통 능력을 지닌다. 타인과의 감통이 있어야 그가 나에게 요구하는 것이 무엇인지를 알 수 있고, 그것을 이루어줌으로써 그와 하나가 될 수 있다. 온 조선인이 하나가 되기 위해서는 그들의 깊숙한 내면에 자리하고 있는 이 본심 양지를 불러 깨워서 그 감통 능력을 발휘하게 해야 한다. 이를 위해서는 무엇보다 먼저 본심 양지가 자기에게 있음을 깨달아야 한다. 이에 대해 정인보는 '스스로 속일 수 없는 곳을 조용히 살펴보라'고 권고한다. 자기에게 돌이켜 살펴서 스스로 속일 수 없는 곳이 있거든 그것이 바로 본심 양지인 줄로 알라는 것이다.

그런데 본심은 사람이라면 누구나 지니고 있지만, 그것은 사사로운 자기의식[자사(自私)]과 물욕(物欲)에 가리기 쉽다. 사사로운 자기의식에 가리면 다른 사람과 사이가 벌어지게 되고, 물욕에 가리면 다른 사람과의 관계가 단절된다. 바로 간격(間隔)이 생기는 것이다. 이렇게 되면 급기야는 다른 사람을 해치게 된다.

본심은 민중과 감통하는 데서 살아나고, 민중과 간격이 생기는 데서 죽는다. 자기에게 돌이켜 살펴서 본심을 가리고 있는 자사와 물욕을 제거해야 민중에 감통하여 그와 하나가 될 수 있다. 정인보는 사람마다 선천적으로 지니고 있는 이 본심을 불러 깨움으로써 민중의 복리를 도모하고 국권을 회복하고자 한 것이다. 정인보의 학문 종지는 참으로 '본심감통' 네 글자로 요약할 수 있겠다.

———————

陽明學의 大旨와 陽明의 事行과 및 陽明 緖言의 槪畧과 그 流風의 漸被함이 대개 上述함과 같거니와 내 이제 煩擧 複引함을 避하지 아니하고 이같이 歷述함은 하상 一部 大篇의 學統을 만들어 異聞을 돕자는 것이 아니오, 실로 그윽한 孤憤이 잇어 스사로 마지못함이다. 陽明의 一生苦說함과 및 後賢의 力主 努守함이 별것이 아니니, 스사로 가릴 수 없는 천생으로 가친 이 아름에 依하야 조곰도 遺憾이 없게 하자 할 뿐이다. 이 하상 智識에 資할 바이 아니라 "目不識丁" 한다고 이 아름은 무무한 법이 없으나 아모리 萬卷을 讀破하얏을지라도 이 아름에 依할 줄을 알지 못하고는 一切가 모두 虛일 뿐일 것이다.

이 아름이란 森嚴하야 一毫의 苟且함이 없을새 어떠한 才巧로서일지라도 이를 欺罔하지 못하는 것이다. 오즉 나 홀로 알새 가장 隱微하야 聲臭俱寂한 곳이라. 方寸도 오히려 比擬 아닐지나 나 홀로는 알새 이 가장 眞切하야 性命의 寄托하는 바이니, 이를 제치고는 人間의 是非 그 表準을 부칠 곳이 없을 것이다. 무릇 나로서 萬事를 應하지 아니한다면 모르되, 나로서 取捨를 아니 한다면 모르되, 나로서 取하는 바는 身家로써 바꾸게 되고 捨하는 바는 生命이 關係된대도 苟且히 係念하지 아니함을 대수롭게 알지 아니한다면 모르되, 만일 그러치 아니할진대 이 아름을 제치고 뉘 저를 應할 것인가. 이 아름을 제치고 뉘 저를 取捨할 것인가. 이 아름을 제치고 뉘 能히 取하는 바를 身家로써 바꾸고 捨할 바에는 生命도 앗기지 아니할 것인가.

힘이란 나 하고 싶은 데에서 나는 것이라. 그러나 하고 싶은 그것이 나 홀로 알메 잇어서는 不可함일 것 같으면 이는 軀殼上 起念일지언정 本心上 誠意 아니니, 嚴格하게 말하면 나의 하고 싶은 것이 아니나 만일 나 홀로 알메 이를 可타 하는 하고 싶음일진대 무엇에 막히지 아니할 것이다. 一念의 起滅을 나 홀로는 안다. 軀殼上 起念은 언제나 間隔的이오 本心上 誠意는 언제나 感通的이니, 感通的인지라 隱微한 속 一點明光이 곳 一體의 仁의 發竅이니 民衆의 痛痒이 내 痛痒임이 실로 내 마음의 本體 이러함이오 일부러 大言함이 아니다.

그러므로 누구나 "내 번밋 마음의 천생으로 가진 아름"을 차지랴거든 스사로 속힐 수 없는 곳을 默省하야 보라. 스사로 속힐 수 없는 그곳의 眞體를 차지랴거든 民衆과의 感通, 間隔에 잇어 어느 것인가 이를 自證하야 보라. 一刹那 동안이라도 이 밝음은 어느 속에서든지 停息됨이 없나니 뜻잇는 이 한번 深想 逈思하야 보면 決코 그렁저렁하고 말 것이 아니다.

우리 本心에 對하야 가리고 막은 지 오래라. 是非ㅣ 本心으로서의 是非 아니오, 取捨ㅣ 本心으로서의 取捨ㅣ 아니니, 本心으로서가 아닌지라 是非는 他隨함에 끄치고 取捨는 外驚함에 끄치니, 그 하고 싶음이 事實 나의 하고 싶음이 아니라. 이에 힘을 바랄 수 없음은 이미 말할 것도 없거니와 他隨는 할지언정, 外驚는 할지언정 感通的이 아닌 바에는 間隔的임은 免치 못하는 것이라. 창피스러운 軀殼念은 언제나 이의 고동이 될지니 비록 狀態 萬別하고 形容이 百殊하나 한 곳 그윽한 속에는 싸고도느니 이 一念일 줄 안다.

그러므로 一生百年을 智識探求에 沒頭하야 學이 東西를 貫한다 自許하고, 才ㅣ 古今을 穿한다 自負할지라도 獨知하는 그곳에서 實際的으로 格物의 工을 하지 아니하고는 腦裏의 창피스러운 軀殼念은 依然하게 잇나니, 事物이 와서 接하면 그 才와 그 學은 만컨 크건 헷일이라. 分錢 尺帛에 對한 鄙陋 賤猥한 意欲의 率然히 赴應함은 예런 듯하고 말지오, 오히려 그 才學으로 因하야 轉甚, 或 加密하게 될 수도 잇다. 그러나 스사로 그 鄙陋함을 알고 賤猥함을 안다. 아는 이곳에로부터라야 비로서 克治할 힘이 잇다.

나는 陽明學者다. 그러니까 엇더케던지 陽明學을 세워야겟다, 이러케 생각한다면 그 속에 엇던 것이 潛伏하얏는가. 나는 陽明學者가 아니다. 그러니까 엇더케던지 陽明學을 排斥하여야겟다, 이러케 생각한다면 그 속에 엇던 것이 盤互하얏는가. 내 번마음의 是非대로서 分別할 뿐이 아닐진대 이는

다 私心이니 "그러니까"의 四字가 곳 天下萬古의 公議를 濁亂하는 源泉이라. "그러니까"의 四字가 없을진대 무슨 일에나 本心으로 조차 照應하는 압헤 一切의 虛假ㅣ 없을 것이다. 그럼으로 내 陽明學을 말하되 누구나 陽明學을 조타고 하는 先入見을 가지고 이에 肯認함은 바라지 아니한다. 반드시 自心으로조차 眞是 眞非의 分別이 스사로 갈러저야 비로소 虛假圈을 버서나는 것이다.

陽明學을 가르처 太捷하다고 하얏섯다. 언제 이 學問대로 가나 보앗는가. 빨리 드러갈 길이 잇을 것 가트면 구타여 돌 것은 무엇인가. 일부러 돈다면 갈 곳에는 誠意 없음이 아닌가. 陽明學을 가르처 太簡하다고 하얏섯다. 언제 이 學問대로 해 가 보앗는가. 간단함으로 일울 수가 잇슬진대 구타여 번거로히 할 것은 무엇인가. 일부러 번거로히 한다면 이루는 데는 誠意 업슴이 아닌가.

원래 學問의 要는 自心上 獨知處로조차 그 念의 不正함이 없게 함에 잇나니 실로 簡하다. 그러나 太簡함은 아니니 이 以上 一毫의 加工이 잇슬진대 이 곳 私僞오. 실로 捷하다. 그러나 太捷함은 아니니 이 以外 一曲의 別路를 차질진대 이 곳 妄邪이다. 그러나 簡하다 하라, 萬變을 應하야도 匱乏함이 없이 曲當하며, 捷하다 하라, 一生을 戒懼함으로써 간신이 到達함이 잇다 할가.

嗚呼라. 實心을 죽이어 他說을 살리는 저 말로서의 合否를 調査할지언정 제 마음으로서의 合否를 살피지 아니하는 이가치 虛存 假息함이 실로 一朝 一夕의 故ㅣ 아니라. 數百年間 父詔兄告함이 어느 것이 心外의 苟飾 아남이 없을새, 假令 淺近한 말로 보더라도 어룬이 幼少를 訓責하는데 "너는 남 붓그러운 줄도 모르느냐", "이게 무슨 모양이냐", "그런 體面이 잇나", "저런 꼴이 어대 잇단 말이냐" 等의 항용하는 말이 어느 것이나 다 外飾에 잇어 破綻남을 남으라는 것이오 自心獨知處에로 警發한 적이 없엇고, 終生學問이오 즉 依傍일 뿐이라 "그것이 어찌하야 올습니까." "응, 朱子께서 올타고 하섯으니까." "朱子는 어찌하야 올타고 하섯습니까." 여기에 밑어서 대답할 말이 窮하엿을 것이다.

참으로 애다롭지 아니한가. 나는 나지 누가 올타고 해서 올타 할 것인가. 朱子의 말을 引함도 내 마음과 一揆임일새지 덥허놓고 올흘 리는 없지 아니한가. 이는 自己를 抹殺한 同時 朱子까지 一毫도 알지 못한 것이 아닌가. 俗言이 淺近하건 學問은 嚴重하건 이게나 저게나 모두 心外의 苟飾이라, 임의 心外인 바에야 變遷不常한 것이니 남붓그러움도 變하고 모양도 變하고 體面도 變하고 꼴도 變하얏다. 그러나 남을 붓그러워할 줄만 아는 것은 전이나 지금이나 모양만을 보기는 전이나 지금이나 體面만을 알기는 전이나 지금이나 꼴을 조케 하랴기는 전이나 지금이나 꼭 一般이오, "그것이 엇지하야 올습니까." "응, 누가 올타고 하얏스니가." 그 "누가"가 朱子만이 아닐 뿐이지 自心으로 實照하야 가지고 眞是를 求하지 아니하기는 전이나 지금이나 꼭 一般이다. 虛인 줄 알라. 저 말로서의 合否 저 글로서의 合否 이것은 다 虛인 줄 알라. 제 마음을 제처노코는 合否의 標準이 없다. 嗚呼라. 이 하상 講論을 기다려 알 것이란 말가.

내 우리 古史에서 보니 新羅 金歆運이 陽山에 駐屯하얏다가 百濟大軍의 夜襲함을 만나 形勢危急한지라 그 部下ㅣ 歆運의 말곡비를 잡고 "將軍아, 避하소서. 이 어둔 데 賊을 만나니 돌아가신들 뉘 將軍의 忠勇을 알리오." "아니다. 大丈夫ㅣ 나라일에 죽으매 남이 아나 남이 모르나 한가지라. 敢히 일

홈을 求하랴." 마침내 一步를 물러서지 아니하얏다. 남이 알고 남이 모름이 關係될 것 가트면 이 벌서 本心上 誠意가 아니다. 本心上 誠意일진대 남이야 알건 남이야 모르건 何等의 關係될 것이 업다. 올흘서. 金歆運의 말이여. 이러한 뒤라야 참이다.

이제 누구나 自心獨知하는 곳에로부터 照檢하야 보면 正當한 行事라도 남의 알음과 남의 모름을 과연 한가지로 여김을 自信할 수 잇는가. 한가지로 여기지는 못하지만 외양으로는 不關하는 것처럼 보이지 아니하는가. 이러나 저러나 一切의 作爲 本心의 自快함을 求함이 아니오, 外部로부터 아나 모르나 非議하나 稱讚하나 이것만을 顧計하야 數百年前이나 今日이나 한결가치 왓슴은 事實이다. 작고 그런 체하고 작고 그러치 아니한 체하지만 사람으로 스사로 속이지 못하는 한 곳은 依然하니 이곳은 依然한지라 엇지할 수 없이 저를 賤視, 鄙視, 小人視, 奸細視하게 되며 이러할수록 남에게만 이러케 보이지 아니하랴 百方으로 外面을 裝飾하되, 自視함에는 더 賤하며 더 鄙하며 더 小人이며 더 奸細일 것이엇만 다만 이 自視의 度가 軀殼上 私利念의 風起水湧하는 形勢를 조차 점점 微弱한지라 나종은 賤함도 鄙함도 小人임도 奸細임도 아조 알지 못하게 될 때도 잇다. 그런즉 세상은 間隔뿐이라. 毫末의 感通을 至親으로서도 發見하지 못한다.

金歆運의 저 말이 기리기리 後人 心髓에 박히엇든들 一切를 自心獨知함에 向하야 解決을 求하얏슬 것이라. 제가 올케 알아서 함과 남이 올케 알아주는 까닭에 함을 "一字無識"한 사람에게 그 眞僞를 무르면 못는 사람이 너무나 시럽슴을 우슬 것이라. 이 엇지 沈思 熟考한 뒤에 可否를 辨別할 것이랴. 그러나 제가 올케 아는 이 한 곳으로부터 自立하자는 根本的 誓願이 數百年

을 上下하야도 엇재 그리 寂寥하얏던가.

나는 陽明의 學說을 볼 때 이 말이 陽明의 말이 아니라고 생각한다. 사람의 다 가치 認定하는 것을 말하는 것이 말하는 이의 말이라 할가. 너는 네 마음 네 번밋 마음의 천생으로 가진 그 아름에 依하야 하랴 하던지 말랴 하던지 意念의 形成되랴 함이 잇거든 이를 바루잡으라 함이 이 과연 이상한 말이라 할가. 말에 對하야 말로써 올타 그르다 하는 것은 何等의 實이 없다.

가만이 自心에 照檢하야 보라. 意念의 形成되랴 할 때 當然타, 그러지만 그러케 하면 내게 不利하니 엇저냐. 不可타, 그러치만 그러케 해야 내게 有益하니 엇저냐. 누구나 이는 驗過하지 아니한 이가 없으리라. 當然타 不可타 하는 그것과 엇저냐 하는 그것과ㅣ 곳 내 生命과 賊과의 分界이니, 當然타 할진대 하고 不可타 할진대 말되 이를 머리속에서부터 確行하여야 한다 함이 이 과연 이상한 말이라 할가. 驗過하야 그러하지만 慣聞함이 아니라 의심스럽고, 驗過하야 그러하지만 時論이 아니라 데데하다 할 것 가트면 이 엇더한 判斷이라 할가.

趣向의 各異함을 내 구타여 强同하자 함이 아니다. 才能의 別, 品姿의 殊ㅣ 저절로 一致되지 못하는 것이다. 그러나 百歧千徑이 出發은 다 自心에 비롯하나니 여기에 用功함이 없고는 百千歧徑이 다 虛假일 뿐임에야 어이랴. 그럼으로 猥濫히 이 苦言을 드려 祈祝 懇乞의 至懷로 所愛 所敬에 向하야 바치고자 하는 것이다.

붓을 더지메 밋처 내 本師 李蘭谷(建芳)先生으로부터 斯學의 大義를 바듬을 正告하고, 同好 宋古下의 斯學闡揚에 對한 苦心을 深謝하며 또 九原에 永隔한 朴謙谷(殷植)先生께 이 글을 質正하지 못함을 恨함을 附記한다.

| 주석 |

1. 이 글을 쓰게 된 까닭

1   『舊園文錄』,「湛軒書目錄序」, 222～224쪽.

2   주자학에서도 성인의 정신경지 실현을 인생의 궁극적 목표로 삼고 있으며, 그것
    을 위한 구체적인 수양 공부법들을 제시한다. 주자학에서 성인의 정신경지는 사
    욕이 제거되고 마음이 천리와 더불어 혼연히 하나가 된 경지다. 이를 위해서는
    도덕본성을 함양하고 사욕을 제거하는 공부가 요구된다. 주자가 말하는 미발시
    (未發時)의 함양(涵養) 공부, 찰식(察識) 공부, 경(敬) 공부 등이 그것이다. 조선
    의 성리학자들 역시 성인이 되기를 추구하였으며, 주자학에서 제시한 공부법을
    자신의 심성을 닦는 방법으로 수용하였다. 이것은 곧 주자학도 자사념(自私念)
    을 극복하고, 자신의 실질적인 마음을 도덕적으로 만드는 학문임을 의미한다.
    따라서 주자학을 실심에 입각한 학문이 아니라고 말하기는 어렵다. 그러나 아직
    까지 주자학의 입장에서 정인보의 주장에 이의를 제기한 연구는 나오지 않고 있
    다. 주자학자라면 주자학에 대한 정인보의 비판에 어떻게든 대응을 해야 할 것

이라고 본다.

3　『詹園鄭寅普全集』2,「歷史的 瞽盲과 吾人의 一大事」, 273~277쪽. 이 글은 1928
　　년《청년》9~10월에 실려 있다.

4　上同, 279쪽.

5　『傳習錄』,「答顧東橋書」, 제142조. "天下之人心, 其始亦非有異於聖人也, 特其間
　　於有我之私, 隔於物欲之蔽, 大者以小, 通者以塞, 人各有心, 至有視其父子兄弟如
　　仇讐者."

6　연세대본에는 "間者 東亞社長 宋古下로부터 "陽明學"에 關한 論文을 要求하는
　　것을 밧고"와 "要求의 範圍에 지나도록"의 구절이 누락되어 있다.

2. 양명학이란 무엇인가?

1　"卽凡天下之物, 而窮其理, 一朝豁然貫通"을 번역한 것이다. 이 말은 주자의 『대
　　학장구』 제5장 '致知在格物'에 대한 주자의 풀이를 요약한 것이다. 주자의 풀이
　　전체 내용은 다음과 같다. "所謂致知在格物者, 言欲致吾之知, 在卽物而窮其理
　　也. 蓋人心之靈莫不有知, 而天下之物莫不有理, 惟於理, 有未窮, 故其知有不盡
　　也. 是以大學始敎, 必使學者, 卽凡天下之物, 莫不因其已知之理而益窮之, 以求至
　　乎其極, 至於用力之久而一旦豁然貫通焉, 則衆物之表裏精粗, 無不到, 而吾心之
　　全體大用, 無不明矣. 此謂物格, 此謂知之至也."[이른바 지식을 지극히 함이 사물
　　의 이치를 궁구함에 있다는 것은, 나의 지식을 지극히 하고자 한다면 사물에 나
　　아가 그 이치를 궁구함에 있음을 말한 것이다. 인심(人心)의 영특함은 앎이 있지
　　않음이 없고, 천하의 사물은 이치가 있지 않음이 없건마는, 다만 이치에 대하여
　　궁구하지 않음이 있기 때문에 그 앎이 다하지 못함이 있는 것이다. 이 때문에 대
　　학(大學)에서 처음 가르칠 때에 반드시 배우는 자들로 하여금 모든 천하의 사물
　　에 나아가서 그 이미 알고 있는 이치를 인하여 더욱 궁구해서 그 극(極)에 이름
　　을 구하지 않음이 없게 하는 것이다. 그리하여 힘쓰기를 오래 해서 하루아침에
　　활연(豁然)히 관통함에 이르면, 모든 사물의 표리(表裏)와 정조(精粗)가 이르지
　　않음이 없을 것이요, 내 마음의 전체(全體)와 대용(大用)이 밝지 않음이 없을 것
　　이니, 이것을 격물(格物)이라 이르며, 이것을 지지지(知之至)라 이른다.]

2 『論語』,「里仁」. 子曰, "參乎! 吾道一以貫之." 曾子曰, "唯."

3 『大學章句』, 제1장. "大學之道, 在明明德, 在親民, 在止於至善. 知止而后有定, 定而后能靜, 靜而后能安, 安而后能慮, 慮而后能得. 物有本末, 事有終始, 知所先後, 則近道矣. 古之欲明明德於天下者, 先治其國; 欲治其國者, 先齊其家; 欲齊其家者, 先脩其身."

4 『大學章句』, 제1장. "欲脩其身者, 先正其心; 欲正其心者, 先誠其意; 欲誠其意者, 先致其知; 致知在格物."

5 『大學章句』제1장, 주자 주. "格, 至也. 物, 猶事也. 窮至事物之理, 欲其極處無不到也."

6 『大學章句』제5장, 주자 주. "所謂致知在格物者, 言欲致吾之知, 在卽物而窮其理也. 蓋人心之靈莫不有知, 而天下之物莫不有理, 惟於理有未窮, 故其知有不盡也. 是以大學始敎, 必使學者卽凡天下之物, 莫不因其已知之理而益窮之, 以求至乎其極. 至於用力之久, 而一旦豁然貫通焉, 則衆物之表裏精粗無不到, 而吾心之全體大用無不明矣. 此謂物格, 此謂知之至也."

7 우주는 전체로 보면 하나의 태극으로서, 통체일태극(統體一太極)이다. 그런데 하나의 우주원리가 흩어져 각 개별자들 속에 내재한다. 따라서 우주 안의 각 개별자들은 모두 이 우주의 원리를 갖추고 있다. 이것이 바로 각구일태극(各具一太極)이다.

8 『王陽明全集』권33,「年譜」, 1228쪽. "始知聖人之道, 吾性自足, 向之求理於事物者誤也."

9 『王陽明全集』권26,「大學問」. "物者, 事也. 凡意之所在必有其事. 意之所在之事謂之物. 格者, 正也. 正其不正以歸於正之謂也. 正其不正者, 去惡之謂也. 歸於正者, 爲善之謂也. 夫是之謂格."

10 『全集』권6,「與馬子莘」, 218쪽. "良知之外更無知, 致知之外更無學."

11 『全集』권26,「寄正憲男手墨二卷」, 990쪽. "吾平生講學, 只是致良知三字."

12 『大學章句』, 제5장. 주자 주. "所謂致知在格物者, 言欲致吾之知, 在卽物而窮其理也. 蓋人心之靈莫不有知, 而天下之物莫不有理, 惟於理, 有未窮. 故其知有不盡也. 是以大學始敎, 必使學者, 卽凡天下之物, 莫不因其已知之理而益窮之, 以求至

乎其極, 至於用力之久而一旦豁然貫通焉, 則衆物之表裏精粗, 無不到, 而吾心之全體大用, 無不明矣. 此謂物格, 此謂知之至也."

13 上同, 「年譜一」, 1223쪽 참조.

14 이 사건에 대한 양명 자신의 진술은 『傳習錄』, 「黃以方錄」, 제318조에 기재되어 있다.

15 『傳習錄』, 「徐愛錄」, 제1조. 愛問: "'在親民', 朱子謂'當作新民', 後章'作新民'之文似亦有據."

16 『雲養集』 제11권, 「與徐絅堂書」, 『記』曰"國無道, 至死不變." 夫君子之處斯世, 而不有大異於人者, 烏足以觀之哉? 先生嘗以天下之心爲心, 其言曰, "士不憂國之亡, 而憂道之亡也. 國亡, 而社稷喪; 道亡, 而人紀絶."

17 張煌言(1620~1664): 남명(南明) 절강(浙江) 은현(鄞縣) 사람. 자는 현저(玄著), 호는 창수(蒼水)다. 숭정(崇禎) 15년(1642) 거인(擧人)이 되었다. 명나라가 멸망한 뒤 소흥(紹興) 일대에서 일어났던 반청(反淸) 의거에 참가하여 노왕(魯王) 아래에서 국감(國監)이 되었고, 권병부상서(權兵部尙書)를 지냈으며, 노왕 정권이 멸망하고 나서도 절동에서 반청항쟁을 계속했다. 정성공(鄭成功)과 연합하여 북벌을 감행, 남경(南京)을 포위했고 많은 주현(州縣)을 공격했다. 정성공이 죽자 절동으로 후퇴했지만, 파인(派人)과 호북(湖北) 13가의 농민군과 연합하여 다시 거사를 계획했다. 강희(康熙) 3년(1664) 은거했고, 얼마 안 있어 포로가 되었지만 의리를 지킨 영웅이었다. 전후 17년 동안 반청항쟁에서 동남(東南) 지방의 중심적 인물이었다. 저서에 『장창수집(張蒼水集)』 4편과 『북정록(北征錄)』 1권이 있다. 임종욱, 『중국역대인명사전』, 이회문화사 참조.

18 『黃宗羲全集』 제10책, 「兵部左侍郎蒼水張公墓誌銘」. "語曰, '慷慨赴死易, 從容就義難.' 所謂慷慨從容者, 非以一身較遲速也. 扶危定傾之心, 吾身一日可以未死, 吾力一絲有所未盡, 不容但已. 古今成敗利鈍有盡, 而此不容已者, 長留於天地之間."

19 『大學章句』 경일장, 주자 주. "明德者, 人之所得乎天, 而虛靈不昧, 以具衆理而應萬事者也."

20 『大學章句』, 경일장, 주자 주. "新者, 革其舊之謂也. 言旣自明其明德, 又當推以及人, 使之亦有以去其舊染之汚也."

21 『傳習錄』,「答陸原靜書」, 제152조. "良知者, 心之本體."

22 『王陽明全集』 권4,「象山文集序」, 244쪽. "聖人之學, 心學也."

23 양명학의 특징 가운데 하나는 마음을 도덕 주체이자 우주 본체로 규정한다는 점이다. 이러한 특징은 양명이 天·道·理·氣·性 등 형이상학적 본체나 본질을 지시하는 최고의 범주 개념들을 '心'의 개념으로 포섭 통일시키는 데서 단적으로 드러난다. 이는 세계에 대응하던 인간의 주체의식[心]을 세계의 본체로 격상시킴으로써 주체와 세계의 분열을 해소하고자 한 것이다.

24 『傳習錄』,「徐愛錄」, 제3조. "心卽理也. 天下又有心外之事, 心外之理乎?"

25 『傳習錄』,「答顧東橋書」, 제133조. "眞知卽所以爲行, 不行不足謂之知."

26 원문에는 「大學解」라고 되어 있으나, 양명의 글 가운데 「大學解」라는 제목의 글이 없기 때문에 『대학』 풀이로 번역하였다.

27 우리가 선천적으로 부여받은 본심의 밝음을 일체 학설의 시비선악을 판단하는 준거로 삼는다. 이것은 공자의 가르침이나 양명학에서 제시하는 학설도 내가 본래 지니고 있는 본심에 의해 그 옳고 그름을 판단하는 것이다. 이러한 사유는 우리로 하여금 기존의 어떤 권위로부터도 풀려날 수 있는 길을 연 것이라고 할 수 있다.

28 『傳習錄』,「答顧東橋書」, 제133조. "知之眞切篤實處卽是行, 行之明覺精察處卽是知."

29 『傳習錄』,「徐愛錄」, 제3조. 愛問, "至善只求諸心, 恐於天下事理有不能盡." 先生曰, "心卽理也. 天下又有心外之事, 心外之理乎?"

30 『傳習錄』,「徐愛錄」, 제3조. 愛曰, "如事父之孝, 事君之忠, 交友之信, 治民之仁, 其間有許多理在, 恐亦不可不察." 先生嘆曰, "此說之蔽久矣, 豈一語所能悟? 今姑就所問者言之. 且如事父, 不成去父上求箇孝的理, 事君, 不成去君上求箇忠的理, 交友治民, 不成去友上民上求箇信與仁的理. 都只在此心, 心卽理也. 此心無私欲之蔽, 卽是天理, 不須外面添一分. 以此純乎天理之心, 發之事父便是孝, 發之事君便是忠, 發之交友治民便是信與仁. 只在此心去人欲存天理上用功便是."

31 『傳習錄』,「徐愛錄」, 제3조. 愛曰, "聞先生如此說, 愛已覺有省悟處. 但舊說纏於胸中, 尙有未脫然者. 如事父一事, 其間溫凊定省之類有許多節目, 不知亦須講求

否?"先生曰, "如何不講求? 只是有箇頭腦, 只是就此心去人欲存天理上講求. 就如講求冬溫, 也只是要盡此心之孝, 恐怕有一毫人欲間雜, 講求夏淸, 也只是要盡此心之孝, 恐怕有一毫人欲間雜, 只是講求得此心. 此心若無人欲, 純是天理, 是箇誠於孝親的心, 冬時自然思量父母的寒, 便自要去求箇溫的道理. 夏時自然思量父母的熱, 便自要去求箇淸的道理. 這都是那誠孝的心發出來的條件. 卻是須有這誠孝的心, 然後有這條件發出來. 譬之樹木, 這誠孝的心便是根, 許多條件便是枝葉, 須先有根然後有枝葉, 不是先尋了枝葉然後去種根."

32 이러한 생각에는 자연적으로 이루어지는 질서로 인해 우주의 생성과 변화가 가능하다고 보는 동양 전통의 사유가 그 배경이 되고 있다. 중국의 철인들은 이 우주를 보편생명이 유행하는 하나의 거대한 생명체로 파악한다. '惟天之命, 於穆不已'라는 『詩經』, 「大雅·周頌」의 구절이 이것을 가장 잘 표현하고 있다. 천명은 만물을 끊임없이 창생해 내는 창조적인 역량을 지닌다. 하늘의 이 창조적인 역량으로 인해 개물이 형성된다. 『中庸』에서는 이것을 '天命之謂性'이라고 하였다. 그런데 하늘이 만물을 생성해 내는 데는 일정한 질서가 있다. 그것이 바로 하늘의 운행원리, 곧 天道다. 『周易』, 「繫辭傳」에서는 이것을 '一陰一陽之謂道'라고 표현하며, 주자학에서는 이 道를 자연 질서, 즉 理로 이해한다. 이제 개체 생명체는 하늘의 명령인 자연 질서에 따라 자신의 생명을 부여받고, 자기 안에 본성으로 내재된 자연 질서에 따름으로써 자신의 생명을 유지해 나간다. 주자학에서는 이 자연 질서를 '生生之理'(『朱子語類』, 권59)라는 말로 표현하고 양명학에서는 '太極生生之理'(『傳習錄』, 제157조)라는 말로 표현한다. 그리고 이 생명의 원리인 理는 善으로 규정된다.

33 『傳習錄』, 「徐愛錄」, 제5조. 愛曰, "如今人儘有知得父當孝, 兄當弟者, 卻不能孝, 不能弟, 便是知與行分明是兩件." 先生曰, "此已被私欲隔斷, 不是知行的本體了. 未有知而不行者. 知而不行, 只是未知. 聖賢教人知行, 正是要復那本體, 不是着你只恁的便罷. 故『大學』指箇眞知行與人看, 說"如好好色, 如惡惡臭." 見好色屬知, 好好色屬行. 只見那好色時已自好了, 不是見了後又立箇心去好. 聞惡臭屬知, 惡惡臭屬行. 只聞那惡臭時已自惡了, 不是聞了後別立箇心去惡. 如鼻塞人雖見惡臭在前, 鼻中不曾聞得, 便亦不甚惡, 亦只是不曾知臭. 就如稱某人知孝, 某人知

弟, 必是其人已曾行孝行弟, 方可稱他知孝知弟, 不成只是曉得說些孝弟的話, 便可稱爲知孝弟. 又如知痛, 必已自痛了, 方知痛, 知寒, 必已自寒了, 知饑, 必已自饑了, 知行如何分得開? 此便是知行的本體, 不曾有私意隔斷的. 聖人敎人, 必要是如此, 方可謂之知. 不然, 只是不曾知. 此却是何等緊切着實的工夫!"

34 『傳習錄』, 「徐愛錄」, 제5조. "今人卻就將知行分作兩件去做, 以爲必先知了然後能行. 我如今且去講習討論做知的工夫, 待知得眞了, 方去做行的工夫. 故遂終身不行, 亦遂終身不知. 此不是小病痛, 其來已非一日矣. 某今說簡知行合一, 正是對病的藥. 又不是某鑿空杜撰, 知行本體原是如此. 今若知得宗旨時, 卽說兩簡亦不妨, 亦只是一簡. 若不會宗旨, 便說一簡, 亦濟得甚事? 只是閒說話."

35 『傳習錄』, 「黃直錄」, 제226조. 問知行合一. 先生曰, "此須識我立言宗旨. 今人學問, 只因知行分作兩件, 故有一念發動, 雖是不善, 然却未曾行, 便不去禁止. 我今說個知行合一, 正要人曉得一念發動處, 便卽是行了. 發動處有不善, 就將這不善的念克倒了. 須要徹根徹底, 不使那一念不善潛伏在胸中. 此是我立言宗旨."

36 『傳習錄』, 「答顧東橋書」, 제133조. "知之眞切篤實處卽是行, 行之明覺精察處卽是知."

37 『傳習錄』, 「答徐愛錄」, 제5조. "知是行的主意, 行是知的功夫. 知是行之始, 行是知之成."

38 『象山集』 권22, 「雜說」. "宇宙內事是己分內事, 己分內事是宇宙內事."

39 『王陽明全集』 권26, 「大學問」. "『大學』者, 昔儒以爲大人之學矣. 敢問大人之學何以在於'明明德'乎? 陽明子曰: 大人者, 以天地萬物爲一體者也. 其視天下猶一家, 中國猶一人焉. 若夫間形骸而分爾我者, 小人矣. 大人之能以天地萬物爲一體也, 非意之也, 其心之仁本若是, 其與天地萬物而爲一也. 豈惟大人, 雖小人之心亦莫不然, 彼顧自小之耳. 是故見孺子之入井, 而必有怵惕惻隱之心焉, 是其仁之與孺子而爲一體也. … 曰: 然則何以在'親民'乎? 曰: 明明德者, 立其天地萬物一體之體也. 親民者, 達其天地萬物一體之用也."

40 『王陽明全集』 권26, 「大學問」. "明明德·親民而不止於至善, 亡其本矣. 故止於至善以親民, 而明其明德, 是之謂大人之學."

41 『王陽明全集』 권26, 「大學問」. "明明德者, 立其天地萬物一體之體也. 親民者, 達

其天地萬物一體之用也. 故明明德必在於親民, 而親民乃所以明其明德也. 是故親
吾之父, 以及人之父, 以及天下人之父, 而後吾之仁實與吾之父·人之父與天下人
之父而爲一體矣."

42 『조선왕조실록』에도 몇 차례 쓰이고 있다.

43 『中庸』, 제31장. "惟天下至聖, 爲能聰明睿知." 이 구절은 본래 『中庸』에 나오는
말이다. 양명은 『中庸』의 이 구절을 풀이하고 있다.

44 『傳習錄』, 「黃省曾錄」, 제283조. "惟天下至聖, 爲能聰明睿知', 舊看何等玄妙, 今
看來原是人人自有的. 耳原是聰, 目原是明, 心思原是睿知. 聖人只是一能之爾, 能
處正是良知. 衆人不能, 只是箇不致知. 何等明白簡易!"

45 『傳習錄』, 「黃省曾錄」, 제271조. "或問異端." 先生曰, "與愚夫愚婦同的, 是謂同
德. 與愚夫愚婦異的, 是謂異端."

46 『傳習錄』, 「黃直錄」, 제229조. "先生嘗謂人但得好善如好好色, 惡惡如惡惡臭, 便
是聖人.'"

47 전통적으로 實心은 '誠'과 결부되어 논의되어 왔다. 참되어 조금의 거짓도 없는
성실한 마음을 實心으로 규정한 것이다. 정인보도 이러한 전통을 계승하고 있다.

48 『詹園鄭寅普全集』 2, 「陽明學演論」, 190쪽.

49 上同, 191쪽.

3. 왕양명의 전기

1 『王陽明全集』 권33, 「年譜一」. "合卺之日, 偶閑行入鐵柱宮, 遇道士趺坐一榻, 即
而叩之, 因聞養生之說, 遂相與對坐忘歸. 諸公遣人追之, 次早始還."

2 누량(婁諒, 1422~1491): 자는 주정(克貞), 호는 일재(一齋)로 강서(江西) 상음
(湘陰) 사람이다. 천순(天順) 8년(1464) 과거에 급제하여 성도훈도(成都訓導)가
되었으나, 오래지 않아 벼슬을 그만두고 귀향하여 후학을 양성했다. 임천(臨川)
오여필(吳與弼)의 문하에서 이학(理學)을 공부했다. 저서에 『삼례정와(三禮訂
訛)』, 『춘추본의(春秋本義)』, 『제유부회(諸儒附會)』, 『일록(日錄)』 등이 있다.

3 『王陽明全集』 권33, 「年譜一」. "是年先生始慕聖學. 先生以諸夫人歸, 舟至廣信,
謁婁一齋諒, 語宋儒格物之學, 謂"聖人必可學而至", 遂深契之."

4   『王陽明全集』 권33, 「年譜一」. "五年壬子, 先生二十一歲, 在越. 擧浙江鄉試. 是
     年爲宋儒格物之學. 先生始侍龍山公於京師, 遍求考亭遺書讀之. 一日思先儒謂衆
     物必有表裏精粗, 一草一木皆涵至理', 官署中多竹, 即取竹格之, 沉思其理不得,
     遂遇疾. 先生自委聖賢有分, 乃隨世就辭章之學."

5   『王陽明全集』 권33, 「年譜一」. "十年丁巳, 先生二十六歲, 寓京師. 是年先生學兵
     法. 當時邊報甚急, 朝廷推擧將才, 莫不遑遽. 先生念武擧之設, 僅得騎射搏擊之
     士. 而不能收韜畧統馭之才. 于是留情武事, 凡兵家祕書, 莫不精究. 每遇賓宴, 嘗
     聚菓核列陣勢爲戲."

6   『王陽明全集』 권33, 「年譜一」. "十有二年己未, 先生二十八歲, 在京師. 擧進士出
     身. 是年春會試. 擧南宮第二人, 賜二甲進士出身第七人, 觀政工部. 疏陳邊務. 先
     生未第時嘗夢威寧伯遺以弓劍. 是秋欽差督造威寧伯王越墓, 馭役夫以什伍法, 休
     食以時, 暇即驅演八陣圖. 事峻, 威寧家以金帛謝, 不受; 乃出威寧所佩寶劍爲贈,
     適與夢符, 遂受之. 時有星變, 朝廷下詔求言, 及聞達寇猖獗, 先生復命上邊務八
     事, 言極剴切."

7   『王陽明全集』 권33, 「年譜一」. "五年壬子, 先生二十一歲, 在越. 擧浙江鄉試. 是
     年爲宋儒格物之學. 先生始侍龍山公於京師, 遍求考亭遺書讀之. 一日思先儒謂'衆
     物必有表裏精粗, 一草一木皆涵至理', 官署中多竹, 即取竹格之, 沉思其理不得,
     遂遇疾. 先生自委聖賢有分, 乃隨世就辭章之學."

8   『朱熹集』, 권14, 「行宮便殿奏劄二」. "此循序致精, 所以爲讀書之法也. … 此居敬
     持志, 所以爲讀書之本也. 此數語者, 皆愚臣平生爲學艱難辛苦, 已試之效. 竊意聖
     賢復生, 所以教人, 不過如此."

9   『王陽明全集』 권33, 「年譜一」. "十一年戊午, 先生二十七歲, 寓京師. 是年先生談
     養生. 先生自念辭章藝能不足以通至道, 求師友於天下, 又不數遇, 心持惶惑. 一日
     讀晦翁上宋光宗疏, 有曰, "居敬持志, 爲讀書之本, 循序致精, 爲讀書之法." 乃悔
     前日探討雖博, 而未嘗循序以致精, 宜無所得; 又循其序, 思得漸漬洽浹, 然物理
     吾心終若判而爲二也. 沉鬱既久, 舊疾復作, 益委聖賢有分. 偶聞道士談養生, 遂
     有遺世入山之意."

10   『王陽明全集』 권33, 「年譜一」. "十有五年壬戌, 先生三十一歲, 在京師. 八月, 疏請

告. 是年先生漸悟仙釋二氏之非. 先是五月復命, 京中舊遊俱以才名相馳騁, 學古詩文. 先生歎曰: "吾焉能以有限精神爲無用之虛文也!" 遂告病歸越, 築室陽明洞中, 行導引術. 久之, 遂先知. 一日坐洞中, 友人王思輿等四人來訪, 方出五雲門, 先生即命僕迎之, 且歷語其來蹟, 僕遇諸途, 與語良合. 衆驚異, 以爲得道. 久之悟曰: "此簸弄精神, 非道也." 又屏去. 已而靜久, 思離世遠去, 惟祖母岑與龍山公在念, 因循未決. 久之, 又忽悟曰: "此念生於孩提. 此念可去, 是斷滅種性矣.'"

11　『王陽明全集』권33,「年譜一」"十有七年甲子, 先生三十三歲, 在京師. 秋, 主考山東鄉試. 巡按山東監察御史陸偁聘主鄉試, 試錄皆出先生手筆. 其策問議國朝禮樂之制: 老佛害道, 由於聖學不明; 綱紀不振, 由於名器太濫, 用人太急, 求效太速. 及分封淸戎禦夷息訟, 皆有成法. 錄出, 人占先生經世之學. 九月, 改兵部武選淸吏司主事."

　　　『王陽明全集』권33,「年譜一」"十有八年乙丑, 先生三十四歲, 在京師. 是年先生門人始進. 學者溺於詞章記誦, 不復知有身心之學. 先生首倡言之, 使人先立必爲聖人之志. 聞者漸覺興起, 有願執贄及門者. 至是專志授徒講學. 然師友之道久廢, 咸目以爲立異好名, 惟甘泉湛先生若水時爲翰林庶吉士, 一見定交, 共以倡明聖學爲事."

12　『王陽明全集』권41,「刻文錄敍說」, 1574쪽. "先生之學凡三變, 其爲教也亦三變. 少之時, 馳騁於辭章, 已而出入二氏, 繼乃居夷處困, 豁然有得於聖賢之旨, 是三變而至道也."

13　『王龍溪全集』권2,「滁陽會語」"先師之學, 凡三變而始入于悟, 再變而所得始化而純. 其少稟英毅凌邁, 超俠不羈, 于學無所不窺. 嘗泛濫于詞章, 馳騁于孫吳, 其志在經世, 亦才有所縱也. 及聞晦翁格物窮理之學, 幾至于殞. … 及至居夷處困, 動忍之餘, 恍然神悟, 不離倫物感應而是是非非自現."

14　黃梨洲,『明儒學案』권10,「姚江學案」, 230쪽. "先生之學, 始泛濫於詞章. 繼而徧讀考亭之書, 循序格物, 顧物理吾心, 終判爲二, 無所得入. 於是出入佛老者久之. 及至居夷處困, 動心忍性, 因念聖人處此, 更有何道? 忽悟格物致知之旨. 聖人之道, 吾性自足, 不假外求. 其學凡三變而始得其門."

15　『王陽明全集』권3,「朱子晚年定論」, 127쪽. "守仁早歲擧業, 溺志詞章之習, 旣乃

稍知從事正學, 而苦於衆學之紛撓疲薾, 茫無可入. 因求諸老釋, 欣然有會於心, 以爲聖人之學在此矣! 然於孔子之敎間相出入, 而措之日用, 往往缺漏無歸. 依違往返, 且信且疑. 其後謫官龍場, 居夷處困, 動心忍性之餘, 恍若有悟."

16　『王陽明全集』권24, 「龍場生問答」(戊辰, 1508, 양명 37세), 912쪽. "君子之仕也以行道. 不以道而仕者, 竊也."

17　『王陽明全集』, 권33, 「年譜一」, 1221쪽. "嘗問塾師曰: '何爲第一等事?' 塾師曰: '惟讀書登第耳.' 先生疑曰: '登第恐未爲第一等事, 或讀書學聖賢耳.' 龍山公聞之笑曰: '汝欲做聖賢耶!'"

18　『周敦頤集』, 「通書‧志學」, 21쪽. "聖希天, 賢希聖, 士希賢."

19　『孟子‧萬章下』, 1장. "伯夷, 聖之淸者也; 伊尹, 聖之任者也; 柳下惠, 聖之和者也, 孔子, 聖之時者也."
　　『周敦頤集』, 「通書‧志學」, 21쪽. "聖希天, 賢希聖, 士希賢. 伊尹顔淵, 大賢也. 伊尹恥其君不爲堯舜, 一夫不得其所, 若撻於市. 顔淵'不遷怒, 不貳過', '三月不違仁.' 志伊尹之所志, 學顔子之所學."

20　『王陽明全集』권7, 「親民堂記」, 252쪽. "元善喟然而嘆曰, '甚哉! 大人之學若是其易簡也. 吾乃今知天地萬物之一體矣. 吾乃今知天下之爲一家, 中國之爲一人矣. 一夫不被其澤, 若己推而内諸溝中. 伊尹其先得我心之同然乎?' 於是名其蒞政之堂曰'親民'而, 曰'吾以親民爲職者也. 吾務親吾之民以求明吾之明德也夫!'" 왕양명의 가르침을 듣고 남원선은 탄식하며 이윤은 내 마음의 동연을 먼저 얻은 사람이라고 말한 바 있다. 여기에서 우리는 천하 사람들을 구제하고자 하는 마음은 바로 이윤과 왕양명과 남원선이 똑같이 공유하였음을 알 수 있다.

21　『王陽明全集』권33, 「年譜一」, 1222쪽. "二十有二年丙午, 先生十五歲, 寓京師. 先生出遊居庸三關, 即慨然有經略四方之志. 詢諸夷種落, 悉聞備禦策. 逐胡兒騎射, 胡人不敢犯. 經月始返."

22　『王陽明全集』권33, 「年譜一」, 1222쪽. "一日, 夢謁伏波將軍廟, 賦詩曰, '卷甲歸來馬伏波, 早年兵法鬢毛皤, 雲埋銅柱雷轟折, 六字題文尚不磨.'"

23　최재목, 『내 마음이 등불이다』, 54쪽.

24　『王陽明全集』권20, 「謁伏波廟二首」, 797쪽. "四十年前夢裡詩, 此行天定豈人爲?

徂征敢倚風雲陣, 所過須同時雨師. 尚喜遠人知向望, 却慚無術救瘡痍. 從來勝算歸廊廟, 耻說兵戈定四夷."

25　『谿谷漫筆』권1,「王陽明夢中得詩」.

26　왕양명은『六韜』,『三略』,『孫子』,『吳子』등의 병법 관련 서적을 연구한 바 있다.

27　『王陽明全集』권9,「陳言邊務疏」, 285~290쪽.

28　陽伯이 伯陽이라면, 伯陽은 과연 어디에 있는가? 큰 도는 곧 사람의 마음, 만년을 두고 변치 않는다. 長生은 仁을 구하는 데 있고, 금단은 밖에 의지하지 않는다. 아, 30년을 어처구니없이 보내고, 이제야 뉘우치기 시작한다(『王陽明全集』권19,「贈陽伯」, 673쪽. "陽伯卽伯陽, 伯陽竟安在? 大道卽人心, 萬古未嘗改. 長生在求仁, 金丹非外待. 繆矣三十年, 于今吾始悔!").

29　급사중(給事中): 황제를 좌우에서 모시고 자문에 응대하고 정사에 참여하는 벼슬. 궁중 안에서 일을 집정하였기 때문에 '급사중'이라고 명명하였다.

30　『王陽明全集』권33,「年譜一」. "武宗正德元年丙寅, 先生三十五歲, 在京師. 二月, 上封事, 下詔獄, 謫龍場驛驛丞. 是時武宗初政, 奄瑾竊柄. 南京科道戴銑薄彦徽等, 以諫忤旨, 逮繫詔獄. 先生首抗疏救之, 其言: "君仁臣直. 銑等以言爲責, 其言如善, 自宜嘉納; 如其未善, 亦宜包容, 以開忠謹之路. 乃今赫然下令, 遠事拘囚, 在陛下不過少示懲創, 非有意怒絕之也. 下民無知, 妄興疑懼, 臣切惜之! 自是而後, 雖有上關宗社危疑不制之事, 陛下孰從而聞之? 陛下聰明超絕, 苟念及此, 寧不寒心? 伏願追收前旨, 使銑等仍舊供職, 擴大公無我之仁, 明改過不吝之勇; 聖德昭布, 遠邇人民胥悅, 豈不休哉!"疏入, 亦下詔獄. 已而廷杖四十, 既絕復蘇. 尋謫貴州龍場驛驛丞."

31　『王陽明全集』권19,「泛海」. "險夷原不滯胸中, 何異浮雲過太空. 夜靜海濤三萬里, 月明飛錫下天風."

32　『王陽明全集』권33,「年譜一」. "二年丁卯, 先生三十六歲, 在越. 夏, 赴謫至錢塘. 先生至錢塘, 瑾遣人隨偵. 先生度不免, 乃托言投江以脱之. 因附商船遊舟山, 偶遇颶風大作, 一日夜至閩界. 比登岸, 奔山徑數十里, 夜扣一寺求宿, 僧故不納. 趨野廟, 倚香案卧, 蓋虎穴也. 夜半, 虎遶廊大吼, 不敢入. 黎明, 僧意必斃於虎, 將收其囊; 見先生方熟睡, 呼始醒, 驚曰: "公非常人也! 不然, 得無恙乎?"邀至寺. 寺有

異人. 嘗識于鐵柱宮, 約二十年相見海上; 至是出詩, 有"二十年前曾見君, 今來消息我先聞"之句. 與論出處, 且將遠遁. 其人曰: "汝有親在, 萬一瑾怒逮爾父, 誣以北走胡, 南走粵, 何以應之?" 因爲著, 得《明夷》, 遂決策返. 先生題詩壁間曰: "險夷原不滯胸中, 何異浮雲過太空? 夜静海濤三萬里, 月明飛錫下天風." 因取間道, 由武夷而歸. 時龍山公官南京吏部尚書, 從鄱陽往省. 十二月返錢塘, 赴龍場驛."

33   『王陽明全集』권33,「年譜一」. "三年戊辰, 先生三十七歳, 在貴陽. 春, 至龍場. 是年始悟格物致知. 龍場在貴州西北萬山叢棘中, 蛇虺魍魎, 蠱毒瘴癘, 與居夷人鴃舌難語, 可通語者, 皆中土亡命. 舊無居, 始教之範土架木以居. 時瑾憾未已, 自計得失榮辱皆能超脱, 惟生死一念尚覺未化, 乃爲石撑自誓曰: "吾惟俟命而已!" 日夜端居澄默, 以求静一; 久之, 胸中灑灑. 而從者皆病, 自析薪取水作糜飼之; 又恐其懷抑鬱, 則與歌詩; 又不悦, 復調越曲, 雜以詼笑, 始能忘其爲疾病夷狄患難也. 因念: "聖人處此, 更有何道?" 忽中夜大悟格物致知之旨, 寤寐中若有人語之者, 不覺呼躍, 從者皆驚. 始知聖人之道, 吾性自足, 向之求理於事物者誤也. 乃以默記《五經》之言證之, 莫不脗合, 因著「五經億說」."

34   『傳習錄』,「黃省曾錄」, 제269조. "仙家說到虚, 聖人豈能虚上加得一毫實? 佛氏說到無, 聖人豈能無上加得一毫有? 但仙家說虚, 從養生上來, 佛氏說無, 從出離生死苦海上來. 却於本體上加却這些子意思在, 便不是他虚無的本色了, 便於本體有障礙. 聖人只是還他良知的本色, 更不着些子意在. 良知之虚, 便是天之太虚, 良知之無, 便是太虚之無形. 日月風雷山川民物, 凡有貌象形色, 皆在太虚無形中發用流行, 未嘗作得天的障礙. 聖人只是順其良知之發用. 天地萬物, 俱在我良知的發用流行中, 何嘗又有一物超於良知之外, 能作得障礙?"
천지만물이 양지의 발용 유행 가운데 있다는 것은 천지만물을 한 몸으로 여기는 것이다. 용장오도의 실질 내용도 천지만물일체다.

35   문화적인 맥락을 달리하는 대표적인 사례로 양명은 귀주 용장의 토착민들이 舜임금의 이복동생인 象의 사당을 지어놓고 제사 지내는 풍습을 들고 있다. 아비에게는 불효하고, 형에게는 공손하지 못한 象을 위해 제사를 받든다는 것은 그간 양명이 살아왔던 문화적인 환경에서는 생각지도 못할 일이었다. 『王陽明全集』 권23,「象祠記」, 893~894쪽 참조.

36　『王陽明全集』 권33, 「年譜一」, 1228쪽. "忽中夜大悟格物致知之旨. … 始知聖人之 道, 吾性自足, 向之求理於事物者誤也."

37　『王陽明全集』 권7, 「別湛甘泉序」, 231쪽. "某幼不問學, 陷溺於邪僻者二十年, 而 始究心於老釋. 賴天之靈, 因有所覺, 始乃沿周程之說求之, 而若有得焉. 顧一二同 志之外, 莫子翼也, 岌岌乎仆而後興. 晚得友於甘泉湛子, 而後吾之志益堅, 毅然 若不可遏, 則子之資於甘泉多矣."

38　『王陽明全集』 권38, 「陽明先生墓地銘」, 1401쪽. "會甘泉子於京師, 語人曰 '守仁 從宦三十年, 未見此人.' 甘泉子語人亦曰 '若水泛觀於四方, 未見此人.' 遂相與定 交講學, 一宗程氏 '仁者渾然天地萬物同體'之指."

39　이 양자 사이의 갈등 과정에 대해서는 한정길, 「왕양명의 마음의 철학에 관한 연 구」, 35~39쪽 참조.

40　이 점이 바로 정명도와도 다른 양명의 독특처다. 이에 대해 시마다겐지는 다음 과 같이 말한다. "(양명의 만물일체설은) 정명도의 입장과 동일한 측면이 있다. 다만 명도에게서는 자신의 고통을 알지 못하는 자는 다만 인을 갖지 못한[不仁] 것이었다. 이제 그것은 시비를 분별하는 마음을 갖지 못한, 즉 양지를 갖지 못 한 때문이라고 선언되었다. 바꾸어 말하면 만물일체의 인이란 바로 양지를 말하 는 것이다. 만물일체의 인과 심즉리가 훌륭하게 결합되었다. 양지는 지와 행의 통일이며, 이제 다시 자아와 타아의 통일 원리다. 아니 그것은 단순한 원리가 아 니다. 하트(루소가 말한)이며, 전적으로 충동이다. 온몸의 고통으로부터 벗어나 려고 하는 것이 생각 이전의 본능적 충동인 것과 마찬가지로 만물일체인 양지는 자타통일에의 도덕적 충동이다"(시마다겐지, 『주자학과 양명학』, 163쪽).

41　양명은 용장에서 격물치지의 뜻을 처음으로 깨달았다(『王陽明全集』 권33, 「年 譜」, 1228쪽). '致知'의 '知'가 지식이 아니라 良知라고 본 것이다. 양명은 이 깨우 침을 그의 수제자인 徐愛에게 전한다. 『傳習錄』, 「徐愛錄」, 제8조 참조. 이 때문 에 황종희는 서애가 양명학의 참된 것을 얻었다고 평가한다(『明儒學案 · 浙中王 門學案』 권11, 220~221쪽).

42　『王陽明全集』 권33, 「年譜一」 "五年庚午, 先生三十九歲, 在吉. 陞廬陵縣知縣. 先 生三月至廬陵, 爲政不事威刑, 惟以開導人心爲本."

43 『王陽明全集』권33,「年譜一」. "十有二月, 陞南京刑部四川淸吏司主事."

44 『王陽明全集』권33,「年譜一」. "六年辛未, 先生四十歲, 在京師. 正月, 調吏部驗
封淸吏司主事. 論晦菴象山之學. 王輿菴讀象山書有契, 徐成之與辯不決. 先生曰:
"是朱非陸, 天下論定久矣, 久則難變也. 雖微成之之爭, 輿菴亦豈能遽行其說乎?"
成之謂先生漫爲含糊兩解, 若有以陰助輿菴而爲之地者. 先生以書解之曰: "輿菴是
象山, 而謂其專以尊德性爲主. 今觀『象山文集』所載, 未嘗不敎其徒讀書. 而自謂
理會文字頗與人異者, 則其意實欲體之於身. 其亟所稱述以誨人者曰: '居處恭, 執
事敬, 與人忠.' 曰: '克己復禮.' 曰: '萬物皆備於我, 反身而誠, 樂莫大焉.' 曰: '學問
之道無他, 求其放心而已.' 曰: '先立乎其大者, 而小者不能奪.' 是數言者, 孔子孟
軻之言也, 烏在其爲虛空乎? 獨其易簡覺悟之說, 頗爲當時所疑. 然易簡之說出於
『繫辭』; 覺悟之說, 雖有同於釋氏, 然釋氏之說亦自有同於吾儒, 而不害其爲異者,
惟在於幾微毫忽之間而已. 亦何必諱於其同而遂不敢以言, 狃於其異而遂不以察之
乎? 是輿菴之是象山, 固猶未盡其所以是也. 吾兄是晦菴, 而謂其專以道問學爲事.
然晦菴之言, 曰: '居敬窮理.' 曰: '非存心無以致知.' 曰: '君子之心常存敬畏, 雖不
見聞, 亦不敢忽, 所以存天理之本然, 而不使離於須臾之頃也.' 是其爲言雖未盡瑩,
亦何嘗不以尊德性爲事, 而又烏在其爲支離乎? 獨其平日汲汲於訓解, 雖韓文楚辭
陰符參同之屬, 亦必與之註釋考辯, 而論者遂疑玩物. 又其心慮恐學者之躐等, 而
或失之於妄作, 必先之以格致而無不明, 然後有以實之於誠正而無所謬. 世之學者
掛一漏萬, 求之愈煩, 而失之愈遠, 至有敝力終身, 苦其難而卒無所入, 而遂議其
支離. 不知此乃後世學者之弊, 而當時晦菴之自爲則亦豈至是乎? 是吾兄之是晦
菴, 固猶未盡其所以是也. 夫二兄之所信而是者, 既未盡其所以是, 則其所疑而非
者, 亦豈盡其所以非乎? 僕嘗以爲晦菴之與象山, 雖其所以爲學者, 若有不同, 而
要皆不失爲聖人之徒. 今晦菴之學, 天下之人童而習之, 既已入人之深, 有不容於
論辯者. 而獨惟象山之學, 則以其嘗與晦菴之有言, 而遂藩籬之; 使若由賜之殊科
焉則可矣, 而遂擯放廢斥, 若碔砆之與美玉, 則豈不過甚矣乎? 故僕嘗欲冒天下之
譏, 以爲象山一暴其說, 雖以此得罪無恨. 晦菴之學既已章明於天下, 而象山猶蒙
無實之誣, 于今且四百年, 莫有爲之一洗者. 使晦菴有知, 將亦不能一日安享于廟
廡之間矣. 此僕之至情, 終亦必爲兄一吐露者, 亦何肯漫爲兩解之說以陰助于輿菴

已乎?""

45 『王陽明全集』 권33, 「年譜一」. "十月, 陞文選淸吏司員外郞."

46 『王陽明全集』 권33, 「年譜一」. "七年壬申, 先生四十一歲, 在京師. 三月, 陞考功淸吏司郞中."

47 『陽明學演論』에는 '寺' 자가 없으나, 「年譜」에 따라 바로잡았다.

48 『王陽明全集』 권33, 「年譜一」. 十二月, 陞南京太僕寺少卿, 便道歸省.

49 『王陽明全集』 권33, 「年譜一」. 九年甲戌, 先生四十三歲, 在滁. 四月, 陞南京鴻臚寺卿.

50 『陽明學演論』에는 '右'로 되어 있으나, 「年譜」에 따라 '左'로 바로잡았다.

51 『王陽明全集』 권33, 「年譜一」. "十有一年丙子, 先生四十五歲, 在南京. 九月, 陞都察院左僉都御史, 巡撫南贛汀漳等處. 是時汀漳各郡皆有巨寇, 尙書王瓊特擧先生."

52 『王陽明全集』 권33, 「年譜一」. "十有二年丁丑, 先生四十六歲. 行十家牌法. 先是贛民爲洞賊耳目, 官府擧動未形, 而賊已先聞. 軍門一老隸奸尤甚. 先生偵知之, 呼入臥室, 使之自擇生死. 隸乃輸情吐實. 先生許其不死. 試所言悉驗. 乃於城中立《十家牌法》. 其法編十家爲一牌, 開列各戶籍貫姓名年貌行業, 日輪一家, 沿門按牌審察, 遇面生可疑人, 卽行報官究理. 或有隱匿, 十家連坐. 仍告諭父老子弟: "務要父慈子孝, 兄愛弟敬, 夫和婦隨, 長惠幼順; 小心以奉官法, 勤謹以辦國課, 恭儉以守家業, 謙和以處鄕里; 心要平恕, 毋得輕易忿爭; 事要含忍, 毋得輒興詞訟; 見善互相勸勉, 有惡互相懲戒; 務興禮讓之風, 以成敦厚之俗.""

53 『王陽明全集』 권33, 「年譜一」. "十有二年丁丑, 先生四十六歲. 九月, 改授提督南贛汀漳等處軍務, 給旗牌, 得便宜行事."

54 『王陽明全集』 권33, 「年譜一」. "十有二年丁丑, 先生四十六歲. 五月, 立兵符. 先生謂: "習戰之方, 莫要於行伍; 治衆之法, 莫先於分數." 將調集各兵, 每二十五人編爲一伍, 伍有小甲; 五十人爲一隊, 隊有總甲; 二百人爲一哨, 哨有長, 有協哨二人; 四百人爲一營, 營有官, 有叅謀二人; 一千二百人爲一陣, 陣有偏將; 二千四百人爲一軍, 軍有副將; 偏將無定員, 臨事而設."

55 『王陽明全集』, 권10, 「橫水桶岡捷音疏」

56 『王陽明全集』권4,「與楊仕德薛尚謙」.

57 『王陽明全集』권33,「年譜一」. "十有三年戊寅, 先生四十七歲, 在贛. 六月, 陞都察院右副都御史, 廕子錦衣衛, 世襲百戶. 辭免, 不允."

58 연세대본『陽明學演論』에는 '勘處'가 '勘虛'로 잘못 기재되어 있다.

59 『王陽明全集』권34,「年譜二」. "十有四年己卯, 先生四十八歲, 在江西. 六月, 奉敕勘處福建叛軍. 十五日丙子, 至豊城, 聞宸濠反, 遂返吉安, 起義兵."

60 不動의 常體가 應變의 妙用을 가지고 온 대표적인 사례다.

61 독무(督撫): 총독(總督)과 순무(巡撫)의 병칭이다. 명·청대에 군정(軍政)과 형옥(刑獄)을 다스렸던 최고의 지방관을 가리킨다.

62 연세대본『陽明學演論』에는 '續'이 '績'으로 잘못 기재되어 있다.

63 『王陽明全集』권39,「征宸濠反間遺事」, 1472쪽. "夫子應變之神眞不可測."

64 上同, 1473쪽. "若人眞肯在良知上用功, 時時精明, 不蔽於欲, 自能臨事不動. 不動眞體, 自能應變無言."

65 上同, 1473쪽. "用兵何術, 但學問純篤, 養得此心不動, 乃術爾. 凡人智能相去不甚遠, 勝負之決不待卜諸臨陣, 只在此心動與不動之間."

66 『王陽明全集』권41,「刻文錄敍說」, 1575쪽. "某於'良知'之說, 從百死千難中得來."

67 宸濠와 忠泰의 변란 진압 과정에 대한 내용은「年譜」48, 49歲條와 錢德洪이 쓴「征宸濠反間遺事」(『王陽明全集』권39)를 참조.

68 『王陽明全集』권34,「年譜二」, 1278쪽. "自經宸濠忠泰之變, 益信良知眞足以忘患亂, 出生死."

69 鄕愿:『論語·陽貨』, 13장. "鄕愿, 德之棄也."『孟子·盡心下』, 37장.

70 狂者:『孟子·盡心下』, 27장.

71 『傳習錄』,「黃省曾錄」, 제312조. "我在南都已前, 尙有些子鄕愿的意思在. 我今信得這良知, 眞是眞非, 信手行去, 更不著些覆藏. 我今纔做得簡狂者的胸次, 使天下之人都說我行不揜言也罷."

72 『王陽明全集』권35,「年譜三」. "六年丁亥, 先生五十六歲, 在越. 五月, 命兼都察院左都御史, 征思田."

73 연세대본『陽明學演論』에는 '益'이 '蓋'로 잘못 기재되어 있다.

74 『王陽明全集』, 卷34, 「年譜二」. "十有六年辛巳, 先生五十歲, 在江西. 正月, 居南昌. 是年先生始揭致良知之教. 先生聞前月十日武宗駕入宮, 始舒憂念. 自經宸濠忠泰之變, 益信良知眞足以忘患難, 出生死, 所謂考三王, 建天地, 質鬼神, 俟後聖, 無弗同者. 乃遺書守益曰: "近來信得'致良知'三字, 眞聖門正法眼藏. 往年尚疑未盡, 今自多事以來, 只此良知無不具足. 譬之操舟得舵, 平瀾淺瀨, 無不如意, 雖遇顚風逆浪, 舵柄在手, 可免沒溺之患矣.""

75 『王陽明全集』, 卷34, 「年譜二」. "丁亥年, 九月, 先生起復征思田, 將命行時, 德洪與汝中論學. 汝中擧先生敎言曰: "無善無惡是心之體, 有善有惡是意之動, 知善知惡是良知, 爲善去惡是格物." 德洪曰: "此意如何?" 汝中曰: "此恐未是究竟話頭. 若說心體是無善無惡, 意亦是無善無惡的意, 知亦是無善無惡的知, 物是無善無惡的物矣. 若說意有善惡, 畢竟心體還有善惡在.""

76 『王陽明全集』, 卷35, 「年譜三」. "六年丁亥, 先生五十六歲, 在越. 乙未至梧州, 上謝恩疏. 臣又聞諸兩廣士民之言, 皆謂流官久設, 亦徒有虛名, 而受實禍. 詰其所以, 皆云未設流官之前, 土人歲出土兵三千, 以聽官府之調遣; 旣設流官之後, 官府歲發民兵數千, 以防土人之反覆. 卽此一事, 利害可知. … 田州切近交趾, 其間深山絶谷, 猺獞盤據, 動以千百. 必須存土官, 藉其兵力, 以爲中土屏蔽. 若盡殺其人, 改土爲流, 則邊鄙之患, 我自當之; 自撤藩籬, 後必有悔."

77 연세대본 2, 『陽明學演論』에는 '解甲'이 '解田'으로 잘못 기재되어 있다.

78 『王陽明全集』, 卷35, 「年譜三」. "七年戊子, 先生五十七歲, 在梧. 十一月乙卯, 先生卒於南安. 是月廿五日, 踰梅嶺至南安. 登舟時, 南安推官門人周積來見. 先生起坐, 咳喘不已. 徐言曰: "近來進學如何?" 積以政對. 遂問道體無恙. 先生曰: "病勢危亟, 所未死者, 元氣耳." 積退而迎醫診藥. 廿八日晚泊, 問: "何地?" 侍者曰: "青龍舖." 明日, 先生召積入. 久之, 開目視曰: "吾去矣!" 積泣下, 問: "何遺言?" 先生微哂曰: "此心光明, 亦復何言?" 頃之, 瞑目而逝, 二十九日辰時也."

79 『傳習錄』, 「黃省曾錄」, 제315조. "無善無惡是心之體, 有善有惡是意之動, 知善知惡是良知, 爲善去惡是格物."

80 『傳習錄』, 「黃省曾錄」, 제315조. "無善無惡是心之體, 有善有惡是意之動, 知善知惡是良知, 爲善去惡是格物. 只依我這話頭, 隨人指點, 自沒病痛. 此原是徹上徹下

功夫. 利根之人, 世亦難遇. 本體功夫, 一悟盡透, 此顏子·明道所不敢承當, 豈可輕易望人? 人有習心, 不敎他在良知上實用爲善去惡功夫, 只去懸空想箇本體, 一切事爲, 俱不着實, 不過養成一箇虛寂. 此箇病痛不是小小, 不可不早說破.”

4. 「대학문」과 발본색원론

1 『王陽明全集』권26에 실려 있다.

2 전덕홍(錢德洪, 1496~1574): 본명은 관(寬), 자는 홍보(洪甫), 호는 서산(緒山)이다. 절강(浙江) 여요(餘姚) 사람이다. 명대 중후기의 철학자, 사상가, 교육자다. 명조 가정 11년(1532)에 진사가 되었고, 벼슬은 형부낭중(刑部郎中)을 지냈다. 왕양명의 학생으로 왕양명 후학의 대표적인 인물로 동시기의 철학가이자 사상가인 왕기와 이름을 나란히 했다. 저서로 『서산회어(緒山會語)』, 『평호기(平濠記)』, 『왕양명선생연보(王陽明先生年譜)』 등이 있다.

3 양광(兩廣)은 광동성(廣東省)과 광서성(廣西省)을 함께 가리키는 이름이다. 양명은 가정 6년(1527) 6월에 광서성의 사은(思恩)·전주(田州) 지방의 민란을 정벌하라는 황제의 명을 받고 떠난다.

4 『陽明學演論』 원문에는 「論學諸書」로 되어 있다. 그런데 『왕양명전집』에는 「논학제서」라는 글이 보이지 않는다. 정인보가 「논학제서」라는 이름 아래 발췌한 글을 살펴보면 모두 「答顧東橋書」에서 따온 것이다. 「답고동교서」는 전덕홍의 서문에 「答人論學書」로 되어 있다. 따라서 여기서의 「논학제서」는 「답인논학서」, 즉 「답고동교서」를 가리키는 것임을 알 수 있다. 그런데 「답인논학서」 역시 『전습록』에 포함되어 있다. 그렇다면 『전습록』과 「논학제서」라는 말에서 「논학제서」는 군더더기다. 『전습록』에서 필요한 구절들을 취하여 상호 검증하려고 한다'고 말하면 충분하다.

5 『대학』은 본래 『예기』 제42번째 편이었다. 그런데 二程과 주자가 『예기』의 「대학」에 착오가 있다고 여겼고, 특히 주자는 『예기』의 「대학」을 새롭게 편집하여 『대학장구』라는 새로운 판본을 만들었다. 이 뒤로 『예기』 속에 있는 본래의 『대학』을 『고본대학』이라고 부르게 되었다.

6 『고본대학』의 '靜而後能安, 安而後能慮'가 『陽明學演論』에는 '靜而後能慮'로 되어

있다. 『고본대학』에 의거하여 바로잡았다.

7 『大學』, 제1장. "大學之道, 在明明德, 在親民, 在止於至善. 知止而后有定, 定而后
   能靜, 靜而后能安, 安而后能慮, 慮而后能得. 物有本末, 事有終始, 知所先後, 則
   近道矣. 古之欲明明德於天下者, 先治其國; 欲治其國者, 先齊其家; 欲齊其家者,
   先脩其身; 欲脩其身者, 先正其心; 欲正其心者, 先誠其意; 欲誠其意者, 先致其
   知; 致知在格物. 物格而后知至, 知至而后意誠, 意誠而后心正, 心正而后身脩, 身
   脩而后家齊, 家齊而后國治, 國治而后天下平."

8 『대학장구』제1장, 주자 주. "대학이란 대인의 학문이다(大學者, 大人之學也)."

9 '불쌍히 여기는 마음'은 「大學問」의 '憫恤之心'을 번역한 것이다. 『陽明學演論』에
   는 '顧惜하는 마음'으로 잘못 기재되어 있다. '顧惜之心'은 초목이 아니라 와석이
   훼손된 것을 보았을 때 드러나는 마음이다.

10 天地萬物을 一體로 하는 仁은 천명지성에서 근원하며, 그것은 자연히 영명하고
   밝아 어둡지 않다. 이것이 바로 明德의 주요 내용이다. 사실 『大學』 원문에서는
   萬物一體의 仁으로 明德을 설명하고 있지는 않다. 그러나 양명은 萬物一體의 仁
   으로 明德을 풀이함으로써 親民을 강조하는 그의 사상체계에 경전상의 근거를
   갖추게 하였다. 明德을 萬物一體로 풀이한 이상 『대학』의 두 번째 강령을 新民이
   아닌 親民으로 풀이하는 것은 당연하고도 자연스러운 귀결이다.

11 『王陽明全集』권26, 「大學問」. "大學者, 昔儒以爲大人之學矣. 敢問大人之學何以
   在於'明明德'乎? 陽明子曰: 大人者, 以天地萬物爲一體者也, 其視天下猶一家, 中
   國猶一人焉. 若夫間形骸而分爾我者, 小人矣. 大人之能以天地萬物爲一體也, 非
   意之也, 其心之仁本若是, 其與天地萬物而爲一也. 豈惟大人, 雖小人之心亦莫不
   然, 彼顧自小之耳. 是故見孺子之入井, 而必有怵惕惻隱之心焉, 是其仁之與孺子
   而爲一體也; 孺子猶同類者也, 見鳥獸之哀鳴觳觫, 而必有不忍之心焉, 是其仁之
   與鳥獸而爲一體也; 鳥獸猶有知覺者也, 見草木之摧折而必有憫恤之心焉, 是其仁
   之與草木而爲一體也; 草木猶有生意者也, 見瓦石之毁壞而必有顧惜之心焉, 是其
   仁之與瓦石而爲一體也; 是其一體之仁也, 雖小人之心亦必有之. 是乃根於天命之
   性, 而自然靈昭不昧者也, 是故謂之'明德.' 小人之心旣已分隔隘陋矣, 而其一體之
   仁猶能不昧若此者, 是其未動於欲, 而未蔽於私之時也. 及其動於欲, 蔽於私, 而利

害相攻, 忿怒相激, 則將戕物圯類, 無所不爲, 其甚至有骨肉相殘者 而一體之仁亡矣. 是故苟無私欲之蔽, 則雖小人之心, 而其一體之仁猶大人也; 一有私欲之蔽, 則雖大人之心, 而其分隔隘陋猶小人矣. 故夫爲大人之學者, 亦惟去其私欲之蔽, 以自明其明德, 復其天地萬物一體之本然而已耳; 非能於本體之外而有所增益之也."

12 『王陽明全集』권33,「年譜一」, 1254쪽. "先生在龍場時, 疑朱子大學章句非聖門本旨, 手錄古本, 伏讀精思, 始信聖人之學本簡易明白. 其書止爲一篇, 原無經傳之分. 格致本於誠意, 原無缺傳可補. 以誠意爲主, 而爲致知格物之功, 故不必增一敬字. 以良知指示至善之本體, 故不必假於見聞."

13 양명의「大學古本序」는 세 차례 수정을 거친다.『王陽明全集』, 권5,「與黃勉之」, 193쪽 참조. 戊寅年(1518, 양명 47세)에 원문을 짓고, 그 이후에 한 차례 수정하였으며, 그리고 嘉靖 2년(1523, 양명 52세)이나 이보다 조금 앞서 마지막으로 개정하였다. 양명은 "건주에 있을 때 성학의 비장인 '치지' 두 글자에 대해 종일토록 토론했으나 동지들 가운데 깨닫지 못하는 이들이 있어서 근래에 고본서문 가운데 몇 마디를 수정해서 이 뜻을 드러내었다(致知二字, 是千古聖學之秘, 向在虔時終日論此. 同志中尙有未徹, 近于古本序中改數語, 頗發此意)"(『王陽明全集』권5,「寄薛尙謙」, 199~200쪽. 양명 52세)고 말하고 있다. 양명은 嘉靖 2년이나 이보다 조금 앞서「大學古本序」를 수정할 때 이미 '致知'의 내용을 보탠 것이다. 따라서『왕양명전집』중의「大學古本序」는 뒤에 개정된 것이지, 戊寅年(1518, 양명 47세)에 지은 원문이 아님을 알 수 있다. 양명은 무인년에 지은 대학고본서문을 경신년(1520, 양명 49세)에 나흠순에게 보인 바 있으며, 그것은 지금 나흠순의『困知記 · 三讀』에 수록되어 있다. 原序와 改序의 근본적인 차이는 改序에서는 致知를 근본으로 하는 사상이 첨가되었다는 점이다.

14 『大學或問』, 1절.

15 『二程全書』, 2: 5~6. "仁者渾然與物同體."

16 『大學章句』. "明德者, 人之所得乎天, 而虛靈不昧, 以具衆理而應萬事者也. 但爲氣稟所拘, 人欲所蔽, 則有時而昏; 然其本體之明, 則有未嘗息者. 故學者當因其所發而遂明之, 以復其初也."

17 『王陽明全集』권26,「大學問」. "然則何以在'親民'乎?"

18 『大學』, 제1장.

19 『大學』, 제1장.

20 『中庸章句』, 22장. "唯天下至誠, 爲能盡其性, 能盡其性, 則能盡人之性, 能盡人之性, 則能盡物之性, 能盡物之性, 則可以贊天地之化育, 可以贊天地之化育, 則可以與天地參矣."

21 『王陽明全集』권26, 「大學問」. "明明德者, 立其天地萬物一體之體也. 親民者, 達其天地萬物一體之用也. 故明明德必在於親民, 而親民乃所以明其明德也. 是故親吾之父, 以及人之父, 以及天下人之父, 而後吾之仁實與吾之父 · 人之父與天下人之父而爲一體矣; 實與之爲一體, 而後孝之明德始明矣! 親吾之兄, 以及人之兄, 以及天下人之兄, 而後吾之仁實與吾之兄 · 人之兄與天下人之兄而爲一體矣; 實與之爲一體, 而後弟之明德始明矣! 君臣也, 夫婦也, 朋友也, 以至於山川鬼神鳥獸草木也, 莫不實有以親之, 以達吾一體之仁, 然後吾之明德始無不明, 而眞能以天地萬物爲一體矣. 夫是之謂明明德於天下, 是之謂家齊國治而天下平, 是之謂盡性."

22 『王陽明全集』권26, 「大學問」. "然則又烏在其爲'止至善'乎?"

23 『王陽明全集』권26, 「大學問」. "至善者, 明德 · 親民之極則也. 天命之性, 粹然至善, 其靈昭不昧者, 此其至善之發見, 是乃明德之本體, 而卽所謂良知也. 至善之發見, 是而是焉, 非而非焉, 輕重厚薄, 隨感隨應, 變動不居, 而亦莫不自有天然之中, 是乃民彝物則之極, 而不容少有議擬增損於其間也. 少有擬議增損於其間, 則是私意小智, 而非至善之謂矣."

24 『傳習錄』, 「陳九川錄」, 제206조. "爾那一點良知, 是爾自家底準則."

25 참스럽고 실다움은 '眞實'을 풀어 말한 것이다.

26 동아일보본과 연세대본 모두 '自歉'으로 되어 있으나, 문맥으로 볼 때 '自欺'라야 의미가 통한다. 그래서 동아일보본 원문도 歉을 欺로 수정하였다.

27 『傳習錄拾遺』, 제10조. "某于良知之說, 從百死千難中得來, 非是容易得見到此. 此本是學者究竟話頭, 可惜此理淪埋已久. 學者苦于聞見障蔽, 無入頭處, 不得已與人一口說盡. 但恐學者得之容易, 只把作一種光景玩弄, 孤負此知耳."

28 연세대본『陽明學演論』에는 '揣摸'가 '獨摸'로 잘못 기재되어 있다.

29 『王陽明全集』권26, 「大學問」. "自非愼獨之至, 惟精惟一者, 其孰能與於此乎? 後

608

之人惟其不知至善之在吾心, 而用其私智以揣摸測度於其外, 以爲事事物物各有定理也, 是以昧其是非之則, 支離決裂, 人欲肆而天理亡, 明德‧親民之學逐大亂於天下."

30 『中庸章句』, 제1장. "莫見乎隱, 莫顯乎微, 故君子愼其獨也."

31 '見君子而後厭然'을 정인보는 '구차하게 앞가림만 하는 것'으로 풀이하였다.

32 『傳習錄』,「薛侃錄」, 제120조. "人若不知於此獨知之地用力, 只在人所共知處用功, 便是作僞, 便是'見君子而後厭然.' 此獨知處便是誠的萌芽. 此處不論善念惡念, 更無虛假. 一是百是, 一錯百錯. 正是王霸‧義利‧誠僞‧善惡界頭. 於此一立立定, 便是端本澄源, 便是立誠. 古人許多誠身的工夫, 精神命脉全體, 只在此處."

33 실학을 신독과 연관 지어 설명한다. 여기에 정인보 실학관의 특징이 있다. 그가 말하는 실학은 실심실학으로 공리를 추구하는 학문과는 다르다.

34 『王陽明全集』 권26,「大學問」. "蓋昔之人固有欲明其明德者矣, 然惟不知止於至善, 而騖其私心於過高, 是以失之虛罔空寂, 而無有乎家國天下之施, 則二氏之流是矣. 固有欲親其民者矣, 然惟不知止於至善, 而溺其私心於卑瑣, 是以失之權謀智術, 而無有乎仁愛惻怛之誠, 則五伯功利之徒是矣. 是皆不知止於至善之過也. 故止至善之於明德‧親民也, 猶之規矩之於方圓也, 尺度之於長短也, 權衡之於輕重也. 故方圓而不止於規矩, 爽其則矣; 長短而不止於尺度, 乖其劑矣; 輕重而不止於權衡, 失其准矣; 明明德‧親民而不止於至善, 亡其本矣. 故止於至善以親民, 而明其明德, 是之謂大人之學."

35 『王陽明全集』 권26,「大學問」. "'知止而后有定, 定而后能靜, 靜而后能安, 安而后能慮, 慮而后能得', 其說何也?"

36 『王陽明全集』 권26,「大學問」. "人惟不知至善之在吾心, 而求之於其外, 以爲事事物物皆有定理也, 而求至善於事事物物之中, 是以支離決裂, 錯雜紛紜, 而莫知有一定之向. 今焉旣知至善之在吾心, 而不假於外求, 則志有定向, 而無支離決裂, 錯雜紛紜之患矣. 無支離決裂‧錯雜紛紜之患, 則心不妄動而能靜矣. 心不妄動而能靜, 則其日用之間, 從容閑暇而能安矣. 能安, 則凡一念之發, 一事之感, 其爲至善乎, 其非至善乎? 吾心之良知自有以詳審精察之, 而能慮矣. 能慮則擇之無不精, 處之無不當, 而至善於是乎可得矣."

37 『大學章句』, 주자 주.

38 『大學章句』, 주자 주.

39 『大學或問』, "明德新民兩物而內外相對, 故日本末. 知止能得, 一事而首尾相因, 故日終始."

40 『王陽明全集』 권26, 「大學問」. "物有本末. 先儒以"明德爲本, 新民爲末", 兩物而內外相對也. 事有終始: 先儒以"知止爲始, 能得爲終", 一事而首尾相因也. 如子之說, 以新民爲親民, 則本末之說亦有所未然歟?"

41 『王陽明全集』 권26, 「大學問」. "終始之說, 大略是矣. 卽以新民爲親民, 而曰明德爲本, 親民爲末, 其說亦未爲不可, 但不當分本末爲兩物耳. 夫木之幹, 謂之本, 木之梢, 謂之末, 惟其一物也, 是以謂之本末. 若日兩物, 則旣爲兩物矣, 又何可以言本末乎? 新民之意, 旣與親民不同, 則明德之功, 自與新民爲二. 若知明明德以親其民, 而親民以明其明德, 則明德親民焉可析而爲兩乎? 先儒之說, 是蓋不知明德親民之本爲一事, 而認以爲兩事, 是以雖知本末之當爲一物, 而亦不得不分爲兩物也."

42 『大學章句』 경1장. '物有本末'에 대한 주자 주. "明德爲本, 新民爲末."

43 『大學或問』, "明德新民兩物而內外相對, 故日本末."

44 『傳習錄拾遺』, 제27조. "明德親民, 總是一物, 只是一個工夫."

45 『王陽明全集』 권26, 「大學問」. "古之欲明明德於天下者, 以至於先修其身, 以吾子明德親民之說通之, 亦旣可得而知矣. 敢問欲修其身, 以至於致知在格物, 其工夫次第又何如其用力歟?"

46 상(喪)을 당해서는 … 것에서 그친다: 『論語』, 「子張」에 나온다.

47 『周易』, 乾卦 文言傳. "知至至之, 可與言幾也."

48 『孟子』, 「告子上」.

49 『陽明學演論』에는 '내 마음의 양지'라고 풀이했으나, 「大學問」에는 '吾之良知'로되어 있다. 「大學問」에 따라서 '나의 양지'로 번역했다.

50 『王陽明全集』 권26, 「大學問」. "此正詳言明德·親民·止至善之功也. 蓋身·心·意·知·物者, 是其工夫所用之條理, 雖亦各有其所, 而其實只是一物. 格·致·誠·正·修者, 是其條理所用之工夫, 雖亦皆有其名, 而其實只是一事. 何謂身? 心之形體運用之謂也. 何謂心? 身之靈明主宰之謂也. 何謂修身? 爲善而去惡之謂

也. 吾身自能爲善而去惡乎? 必其靈明主宰者欲爲善而去惡, 然後其形體運用者始
能爲善而去惡也. 故欲修其身者, 必在於先正其心也. 然心之本體則性也. 性無不
善, 則心之本體本無不正也. 何從而用其正之之功乎? 蓋心之本體本無不正, 自其
意念發動而後有不正. 故欲正其心者, 必就其意念之所發而正之. 凡其發一念而善
也, 好之眞如好好色; 發一念而惡也, 惡之眞如惡惡臭; 則意無不誠, 而心可正矣.
然意之所發, 有善有惡, 不有以明其善惡之分, 亦將眞妄錯雜, 雖欲誠之, 不可得
而誠矣. 故欲誠其意者, 必在於致知焉. 致者, 至也, 如云喪致乎哀之致. 易言 "知
至至之", '知至'者, 知也; '至之'者, 致也. '致知'云者, 非若後儒所謂充廣其知識之
謂也, 致吾心之良知焉耳. 良知者, 孟子所謂 "是非之心, 人皆有之"者也. 是非之
心, 不待慮而知, 不待學而能, 是故謂之良知. 是乃天命之性, 吾心之本體, 自然
靈昭明覺者也. 凡意念之發, 吾心之良知無有不自知者. 其善歟, 惟吾心之良知自
知之; 其不善歟, 亦惟吾心之良知自知之; 是皆無所與於他人者也. 故雖小人之爲
不善, 旣已無所不至, 然其見君子, 則必厭然揜其不善, 而著其善者, 是亦可以見
其良知之有不容於自昧者也. 今欲別善惡以誠其意, 惟在致其良知之所知焉爾. 何
則? 意念之發, 吾心之良知旣知其爲善矣, 使其不能誠有以好之, 而復背而去之,
則是以善爲惡, 而自昧其知善之良知矣. 意念之所發, 吾之良知旣知其爲不善矣,
使其不能誠有以惡之, 而復蹈而爲之, 則是以惡爲善, 而自昧其知惡之良知矣. 若
是, 則雖曰知之, 猶不知也, 意其可得而誠乎!"

『陽明學演論』에는 「大學問」 가운데 '今於良知所知之善惡者, 無不誠好而誠惡之,
則不自欺其良知而意可誠也已(이제 양지가 알고 있는 선악에 대해 이것을 정성
껏 좋아하거나 정성껏 싫어하지 않음이 없다면, 그 양지를 스스로 속이지 않아
서 뜻이 성실해질 수 있다)'에 대한 번역이 빠져 있다.

51 『傳習錄拾遺』, 제16조. "從目所視, 姸醜自別, 不作一念, 謂之明. 從耳所聽, 淸濁
自別, 不作一念, 謂之聰. 從心所思, 是非自別, 不作一念, 謂之睿."

52 『傳習錄』, 「黃省曾錄」, 제264조. "功夫不是透得這個眞機, 如何得他充實光輝? 若
能透得時, 不由你聰明知解接得來, 須胸中渣滓渾化, 不使有毫髮沾帶, 始得."

53 『書經』, 「堯典」.

54 『書經』, 「舜典」, 14節. "舜格于文祖."(순임금이 요임금의 삼년상을 마치고 정치에

임하였다. 그러므로 다시 문조의 묘당에 이르러 고하였다.)

55 『書經』, 「周書·冏命」. "繩愆糾謬, 格其非心."

『孟子』, 「離婁上」, 제20장. "惟大人惟能格君心之非. 君仁, 莫不仁; 君義, 莫不義; 君正, 莫不正. 一正君而國定矣."

56 『王陽明全集』권26, 「大學問」. "然欲致其良知, 亦豈影響怳惚而懸空無實之謂乎? 是必實有其事矣. 故致知必在於格物. 物者, 事也, 凡意之所發必有其事, 意所在 之事謂之物. 格者, 正也, 正其不正以歸於正之謂也. 正其不正者, 去惡之謂也. 歸 於正者, 爲善之謂也. 夫是之謂格. 書言"格於上下", "格於文祖", "格其非心", 格 物之格實兼其義也."

57 『王陽明全集』권26, 「大學問」. "良知所知之善, 雖誠欲好之矣, 苟不卽其意之所在 之物而實有以爲之, 則是物有未格, 而好之之意猶爲未誠也. 良知所知之惡, 雖誠 欲惡之矣, 苟不卽其意之所在之物而實有以去之, 則是物有未格, 而惡之之意猶爲 未誠也. 今焉於其良知所知之善者, 卽其意之所在之物而實爲之, 無有乎不盡. 於 其良知所知之惡者, 卽其意之所在之物而實去之, 無有乎不盡. 然後物無不格, 而 吾良知之所知者無有虧缺障蔽, 而得以極其至矣. 夫然後吾心快然無復餘憾而自謙 矣, 夫然後意之所發者, 始無自欺而可以謂之誠矣."

58 『傳習錄』, 「黃以方錄」, 제317조. "先儒解格物爲'格天下之物', 天下之物如何格得? 且謂'一草一木亦皆有理', 今如何去格? 縱格得草木來, 如何反來誠得自家意? 我 解格作正字義, 物作事字義."

59 『傳習錄』, 「黃以方錄」, 제317조. "'大學'之所謂身, 卽耳目口鼻四肢是也. 欲修身, 便是要目非禮勿視, 耳非禮勿聽, 口非禮勿言, 四肢非禮勿動. 要修這箇身, 身上如 何用得功夫? 心者身之主宰. 目雖視, 而所以視者心也, 耳雖聽, 而所以聽者心也, 口與四肢雖言動, 而所以言動者心也. 故欲修身, 在於體當自家心體, 常令廓然大 公, 無有些子不正處. 主宰一正, 則發竅於目, 自無非禮之視, 發竅於耳, 自無非禮 之聽, 發竅於口與四肢, 自無非禮之言動. 此便是修身在正其心."

60 『傳習錄』, 「黃以方錄」, 제317조. "然至善者, 心之本體也. 心之本體, 那有不善? 如 今要正心, 本體上何處用得功? 必就心之發動處, 纔可著力也. 心之發動不能無不 善, 故須就此處著力, 便是在誠意. 如一念發在好善上, 便實實落落去好善, 一念

發在惡惡上, 便實實落落去惡惡. 意之所發, 旣無不誠, 則其本體如何有不正的? 故欲正其心在誠意, 功夫到誠意, 始有着落處."

61 『傳習錄』,「黃以方錄」, 제317조. "然誠意之本, 又在於致知也. 所謂"人雖不知, 而己所獨知"者, 此正是吾心良知處. 然知得善, 卻不依這簡良知便做去, 知得不善, 卻不依這簡良知便不去做, 則這簡良知便遮蔽了. 是不能致知也. 吾心良知, 旣不能擴充到底, 則善雖知好, 不能著實好了, 惡雖知惡, 不能著實惡了. 如何得意誠? 故致知者, 意誠之本也."

62 『傳習錄』,「黃以方錄」, 제317조. "然亦不是懸空的致知. 致知在實事上格. 如意在於爲善, 便就這件事上去爲, 意在於去惡, 便就這件事上去不爲. 去惡固是格不正以歸於正, 爲善則不善正了, 亦是格不正以歸於正也. 如此, 則吾心良知無私欲蔽了, 得以致其極, 而意之所發, 好善去惡, 無有不誠矣. 誠意功夫, 實下手處在格物也. 若如此格物, 人人便做得, "人皆可以爲堯舜", 正在此也."

63 『書經』,「舜典」, 14절.

64 『書經』,「大禹謨」, 末節.

65 정인보는 『傳習錄』 "格'字之義, 有以'至'字訓者, 如"格于文祖", "有苗來格", 是以'至'訓者也." 가운데 "是以'至'訓者也"를 "至誠으로써 함이라"고 잘못 번역하였다. 아마도 '至訓'의 '訓' 자를 '誠' 자로 오독한 듯하다.

66 文德은 예악으로 사람들을 교화하고 감복시키는 德을 말한다.

67 『書經』,「周書·囧命」.

68 『孟子』,「離婁上」. "人不足與適也, 政不足間也. 惟大人爲能格君心之非. 君仁莫不仁, 君義莫不義, 君正莫不正. 一正君而國定矣."

69 『大學』, 經文에 대한 주자 주.

70 연세대본 『陽明學演論』에는 '理'가 '現'으로 잘못 기재되어 있다.

71 『傳習錄』,「答顧東橋書」, 제137조. "心者身之主也, 而心之虛靈明覺, 卽所謂本然之良知也. 其虛靈明覺之良知應感而動者謂之意. 有知而後有意, 無知則無意矣. 知非意之體乎? 意之所用, 必有其物, 物卽事也. 如意用於事親, 卽事親爲一物, 意用於治民, 卽治民爲一物, 意用於讀書, 卽讀書爲一物, 意用於聽訟, 卽聽訟爲一物. 凡意之所用, 無有無物者, 有是意卽有是物, 無是意卽無是物矣. 物非意之用

乎? '格'字之義, 有以'至'字訓者, 如"格于文祖", "有苗來格", 是以'至'訓者也. 然 "格于文祖", 必純孝誠敬, 幽明之間, 無一不得其理, 而後謂之格. 有苗之頑, 實以 文德誕敷, 而後格, 則亦兼有'正'字之義在其間, 未可專以'至'字盡之也. 如"格其非 心", "大臣格君心之非"之類, 是則一皆正其不正以歸於正之義, 而不可以'至'字爲 訓矣. 且『大學』格物之訓, 又安知其不以'正'字爲訓, 而必以'至'字爲義乎? 如以'至' 字爲義者, 必曰"窮至事物之理", 而後其說始通. 是其用功之要, 全在一'窮'字, 用 力之地, 全在一'理'字也. 若上去一'窮'字, 下去一'理'字, 而直曰'致知在至物,' 其可通 乎?"

72 고동교의 물음은 다음과 같다. 『傳習錄』, 「答顧東橋書」, 제138조. 來書云, "謂致 知之功, 將如何爲溫凊, 如何爲奉養, 卽是誠意, 非別有所謂格物, 此亦恐非."

73 『大學』, 經文.

74 上同.

75 『傳習錄』, 「答顧東橋書」, 제138조. "此乃吾子自以己意揣度鄙見, 而爲是說, 非鄙 人之所以告吾子者矣. 若果如吾子之言, 寧復有可通乎? 蓋鄙人之見, 則謂意欲溫 凊, 意欲奉養者, 所謂意也, 而未可謂之誠意. 必實行其溫凊奉養之意, 務求自慊 而無自欺, 然後謂之誠意. 知如何而爲溫凊之節, 知如何而爲奉養之宜者, 所謂知 也, 而未可謂之致知. 必致其知如何爲溫凊之節者之知, 而實以之溫凊, 致其知如 何爲奉養之宜者之知, 而實以之奉養, 然後謂之致知. 溫凊之事, 奉養之事, 所謂 物也, 而未可謂之格物. 必其於溫凊之事也, 一如其良知之所知當如何爲溫凊之節 者而爲之, 無一毫之不盡, 於奉養之事也, 一如其良知之所知當如何爲奉養之宜者 而爲之, 無一毫之不盡, 然後謂之格物. 溫凊之物格, 然後知溫凊之良知始致, 奉 養之物格, 然後知奉養之良知始致, 故曰"物格而後知至." 致其知溫凊之良知, 而 後溫凊之意始誠, 致其知奉養之良知, 而後奉養之意始誠. 故曰 "知至而後意誠." 此區區誠意·致知·格物之說蓋如此."

76 『傳習錄』, 「陸澄錄」, 제26조. "知者行之始, 行者知之成. 聖學只一箇工夫, 知行不 可分作兩事."

77 『傳習錄』의 원문은 "'專求本心, 遂遺物理', 此蓋失其本心者也"이다. 연세대본 『陽 明學演論』에는 "오직 本心에만 求하고 物理는 내버릴진대 이는 대개 그 本心을

아는 자다"라고 되어 있다. 반면 《동아일보》에는 "오직 本心에만 구하고 物理는 내버릴진대 이는 대개 그 本心을 잃은 자다"라고 되어 있다. 《동아일보》의 내용을 옮기는 과정에서 잘못이 있었던 듯하다.

78 『傳習錄』의 원문은 '夫物理不外於吾心'이다. 그런데 연세대본 『陽明學演論』에는 "무릇 사물의 修理 本心에 벗어나지 아니하나니"로 되어 있다. 반면 《동아일보》에는 "무릇 사물의 條理 本心에 벗어나지 아니하나니"로 되어 있다. 역시 《동아일보》의 내용을 옮기는 과정에서 잘못이 있었던 듯하다. 그리고 『傳習錄』의 '吾心'을 정인보는 '本心'으로 보았다. 여기에서는 『傳習錄』에 따라서 '내 마음[吾心]'으로 번역하였다.

79 『傳習錄』, 「答顧東橋書」, 제133조. "知之眞切篤實處卽是行, 行之明覺精察處卽是知. 知行工夫, 本不可離. 只爲後世學者, 分作兩截用功, 失卻知行本體, 故有合一並進之說. 眞知卽所以爲行, 不行不足謂之知. 卽如來書所云知食乃食等說可見. 前已略言之矣. 此雖喫緊救弊而發, 然知行之體本來如是, 非以己見抑揚其間, 姑爲是說, 以苟一時之效者也. '專求本心, 遂遺物理', 此蓋失其本心者也. 夫物理不外於吾心. 外吾心而求物理, 無物理矣. 遺物理而求吾心, 吾心又何物邪?"

80 『大學或問』 33a. "人之所以爲學, 心與理而已矣. 心雖主乎一身, 而其體之虛靈足以管乎天下之理, 理雖散在萬物, 而其用之微妙實不外乎一人之心, 初不可以內外精粗而論也."

81 『傳習錄』에는 '未免已啓學者心理爲二之弊'라고 되어 있으나, 『陽明學演論』에는 '學者'에 대한 번역이 누락되어 있다. 여기서는 『傳習錄』에 따라 보완하였다.

82 『傳習錄』, 「答顧東橋書」, 제133조. "心之體, 性也, 性卽理也. 故有孝親之心, 卽有孝之理, 無孝親之心, 卽無孝之理矣. 有忠君之心, 卽有忠之理, 無忠君之心, 卽無忠之理矣. 理豈外於吾心邪? 晦庵謂人之所以爲學者, 心與理而已. 心雖主乎一身, 而實管乎天下之理. 理雖散在萬事, 而不外乎一人之心.' 是其一分一合之間, 而未免已啓學者心理爲二之弊. 此後世所以有專求本心遂遺物理之患. 正由不知心卽理耳. 夫外心以求物理, 是以有闇而不達之處. 此告子義外之說. 孟子所以謂之不知義也."

83 『傳習錄』, 「答顧東橋書」, 제133조. "心一而已. 以其全體惻怛而言謂之仁, 以其得

宜而言謂之義, 以其條理而言謂之理. 不可外心以求仁, 不可外心以求義, 獨可外心以求理乎? 外心以求理, 此知行之所以二也. 求理於吾心, 此聖門知行合一之敎. 吾子又何疑乎?"

84　『傳習錄』 원문은 "學射, 則必張弓挾矢, 引滿中的. 學書, 則必伸紙執筆, 操觚染翰"이다. 그런데 『陽明學演論』(《동아일보》)에는 "射를 學하였을진대 반드시 張弓, 挾矢, 引滿, 中的, 操觚하여야 할 것이며, 書를 學하였을진대 반드시 伸紙, 執筆, 染翰하여야 할 것이니"로 되어 있다. '操觚'의 위치가 잘못되어 있는 것이다. 『傳習錄』에 따라 원문을 바로잡았다. 연세대본에는 '操觚'의 위치가 잘못되어 있을 뿐만 아니라, '張弓'이 '長弓'으로 잘못 기재되어 있다.

85　『傳習錄』 원문은 "蓋析其功而言則有五, 合其事而言則一而已"이다. 그런데 『陽明學演論』에는 "대개 그 공부를 갈라 말하면 다섯이로되 합해 말하면 하나일 뿐이니"라고 하여 '合其事'의 '其事'에 대한 번역이 누락되어 있다.

86　『傳習錄』, 「答顧東橋書」, 제136조. "夫學問思辨行, 皆所以爲學. 未有學而不行者也. 如言學孝, 則必服勞奉養, 躬行孝道, 然後謂之學. 豈徒懸空口耳講說, 而遂可以謂之學孝乎? 學射, 則必張弓挾矢, 引滿中的. 學書, 則必伸紙執筆, 操觚染翰. 盡天下之學, 無有不行而可以言學者, 則學之始固已卽是行矣. 篤者敦實篤厚之意, 已行矣, 而敦篤其行, 不息其功之謂爾. 蓋學之不能以無疑, 則有問. 問卽學也, 卽行也. 又不能無疑, 則有思. 思卽學也, 卽行也. 又不能無疑, 則有辨. 辨卽學也, 卽行也. 辨旣明矣, 思旣愼矣, 問旣審矣, 學旣能矣, 又從而不息其功焉, 斯之謂篤行. 非謂學問思辨之後而始措之於行也. 是故以求能其事而言謂之學, 以求解其惑而言謂之問, 以求通其說而言謂之思, 以求精其察而言謂之辨, 以求履其實而言謂之行. 蓋析其功而言則有五, 合其事而言則一而已. 此區區心理合一之體, 知行並進之功, 所以異於後世之說者, 正在於是."

87　『二程集』, 「河南程氏遺書」, 卷第二上, 15쪽. "'窮理盡性以至於命', 三事一時并了, 元無次序, 不可將窮理作知之事. 若實窮得理, 卽性命亦可了."

88　『傳習錄』, 「答顧東橋書」, 제136조. "今吾子特擧學問思辨以窮天下之理, 而不及篤行, 是專以學問思辨爲知, 而謂窮理爲無行也已. 天下豈有不行而學者邪? 豈有不行而遂可謂之窮理者邪? 明道云'只窮理, 便盡性至命.' 故必仁極仁, 而後謂之能窮

仁之理, 義極義, 而後謂之能窮義之理. 仁極仁, 則盡仁之性矣. 義極義, 則盡義之性矣. 學至於窮理至矣, 而尙未措之於行, 天下寧有是邪? 是故知不行之不可以爲學, 則知不行之不可以爲窮理矣. 知不行之不可以爲窮理, 則知知行之合一並進, 而不可以分爲兩節事矣. 夫萬事萬物之理不外於吾心. 而必曰窮天下之理, 是殆以吾心之良知爲未足, 而必外求於天下之廣, 以裨補增益之, 是猶析心與理而爲二也."

89 顧東橋가 보내온 편지에서 제기한 물음이다. 그 내용은 다음과 같다. 來書云: 人之心體, 本無不明, 而氣拘物蔽, 鮮有不昏. 非學問思辨以明天下之理, 則善惡之機, 眞妄之辨, 不能自覺, 任情恣意, 其害有不可勝言者矣(『傳習錄』,「答顧東橋書」, 제136조).

90 『傳習錄』,「答顧東橋書」, 제136조. "夫學問思辨篤行之功, 雖其困勉至於人一己百, 而擴充之極, 至於盡性·知天, 亦不過致吾心之良知而已. 良知之外, 豈復有加於毫末乎? 今必曰窮天下之理, 而不知反求諸其心, 則凡所謂善惡之機, 眞妄之辨者, 舍吾心之良知, 亦將何所致其體察乎? 吾子所謂氣拘物蔽者, 拘此蔽此而已. 今欲去此之蔽, 不知致力於此, 而欲以外求, 是猶目之不明者, 不務服藥調理以治其目, 而徒悵悵然求明於其外. 明豈可以自外而得哉?"

91 『王陽明全集』권26,「大學問」. "故曰'物格而后知至, 知至而后意誠, 意誠而后心正, 心正而后身修.' 蓋其功夫條理雖有先後次序之可言, 而其體之惟一, 實無先後次序之可分. 其條理功夫雖無先後次序之可分, 而其用之惟精, 固有纖毫不可得而缺焉者. 此格致誠正之說, 所以闡堯舜之正傳而爲孔氏之心印也."

92 연세대본과《思想界》에는 모두 '萬學의 究造'로 되어 있으나, 의미상 '萬學의 究道'로 보아야 할 듯하다.《동아일보》에는 '造' 자인지 '道' 자인지 글자가 불분명하다.

93 심으로부터 온갖 조리가 창출되는 구체적인 사례들을 예시한 것이다.

94 『傳習錄』,「陳九川錄」, 제218조.

95 『傳習錄』,「陳九川錄」, 제218조. 有一屬官, 因久聽講先生之學, 曰, "此學甚好, 只是簿書訟獄繁雜, 不得爲學." 先生聞之曰, "我何嘗敎爾離了簿書訟獄, 懸空去講學? 爾旣有官司之事, 便從官司的事上爲學, 纔是眞格物. 如問一詞訟, 不可因其應對無狀, 起個怒心, 不可因他言語圓轉, 生個喜心. 不可惡其囑托, 加意治之, 不

可因其請求, 屈意從之. 不可因自己事務煩冗, 隨意苟且斷之. 不可因旁人譖毀羅織, 隨人意思處之. 這許多意思皆私, 只爾自知, 須精細省察克治, 惟恐此心有一毫偏倚, 枉人是非. 這便是格物致知. 簿書訟獄之間, 無非實學. 若離了事物爲學, 却是著空."

96 『傳習錄』,「陳九川錄」, 201조. "無心則無身, 無身則無心."

97 『王陽明全集』 권26,「大學問」, 971쪽. "何謂身? 心之形體運用之謂也. 何謂心? 身之靈明主宰之謂也."

98 『雲養集』 제11권,「與徐絅堂書」.『記』曰"國無道, 至死不變." 夫君子之處斯世, 而不有大異於人者, 烏足以觀之哉? 先生嘗以天下之心爲心, 其言曰, "士不憂國之亡, 而憂道之亡也. 國亡, 而社稷喪; 道亡, 而人紀絕." 여기서 말하는 선생은 俞莘煥을 가리킨다.

99 육구연(陸九淵, 1139~1193): 자는 자정(子靜)이고, 상산 선생(象山先生)으로 불린다. 무주(撫州) 금계(今溪, 지금의 江西) 사람이다. '심즉리설(心卽理說)'을 제창했으며, 오랫동안 주희와 논쟁하였다. 그의 학설은 왕수인(王守仁)이 계승 발전시켜 육왕학파를 이루었다. 저서로는 『象山先生全集』이 있다. 『宋元學案』 권58,『宋史』 권434를 참조하라.

100 『象山集』,「象山語錄」 권1, "宇宙不曾限隔人, 人自限隔宇宙."

101 여기에서 말하는 학문은 성인이 되기를 배우는 학문을 가리킨다.

102 『傳習錄』,「答顧東橋書」, 제142조. "凡此皆就吾子之所惑者而稍爲之分釋, 未及乎拔本塞源之論也. 夫拔本塞源之論不明於天下, 則天下之學聖人者, 將日繁日難, 斯人淪於禽獸夷狄, 而猶自以爲聖人之學. 吾之說雖或暫明於一時, 終將凍解於西而冰堅於東, 霧釋於前而雲滃於後, 呶呶焉危困以死, 而卒無救於天下之分毫也已."

103 『傳習錄』,「答顧東橋書」, 제142조. "夫聖人之心, 以天地萬物爲一體, 其視天下之人, 無外內遠近, 凡有血氣, 皆其昆弟赤子之親, 莫不欲安全而敎養之, 以遂其萬物一體之念. 天下之人心, 其始亦非有異於聖人也, 特其間於有我之私, 隔於物欲之蔽, 大者以小, 通者以塞, 人各有心, 至有視其父子兄弟如仇讐者. 聖人有憂之, 是以推其天地萬物一體之仁以敎天下, 使之皆有以克其私去其蔽, 以復其心體之同然."

104 『傳習錄』, 「答顧東橋書」, 제142조. "其教之大端, 則堯舜禹之相授受, 所謂"道心惟微, 惟精惟一, 允執厥中", 而其節目, 則舜之命契, 所謂"父子有親, 君臣有義, 夫婦有別, 長幼有序, 朋友有信"五者而已. 唐虞三代之世, 教者惟以此爲教, 而學者惟以此爲學. 當是之時, 人無異見, 家無異習. 安此者謂之聖, 勉此者謂之賢, 而背此者雖其啓明如朱亦謂之不肖. 下至閭井田野農工商賈之賤, 莫不皆有是學, 而惟以成其德行爲務. 何者? 無有聞見之雜, 記誦之煩, 辭章之靡濫, 功利之馳逐, 而但使之孝其親, 弟其長, 信其朋友, 以復其心體之同然. 是蓋性分之所固有, 而非有假於外者, 則人亦孰不能之乎?"

105 『傳習錄』, 「答顧東橋書」, 제142조. "學校之中, 惟以成德爲事. 而才能之異, 或有長於禮樂, 長於政敎, 長於水土播植者, 則就其成德, 而因使益精其能於學校之中. 迨夫擧德而任, 則使之終身居其職而不易. 用之者惟知同心一德, 以共安天下之民, 視才之稱否, 而不以崇卑爲輕重, 勞逸爲美惡. 效用者亦惟知同心一德, 以共安天下之民, 苟當其能, 則終身處於煩劇而不以爲勞, 安於卑瑣而不以爲賤."

106 『陽明學演論』에는 '희희호호'에 대한 번역이 누락되어 있다.

107 『傳習錄』의 '才質'이 『陽明學演論』에는 '本質'로 되어 있다. 『傳習錄』에 따라 바로잡았다.

108 『傳習錄』, 「答顧東橋書」, 제142조. "當是之時, 天下之人, 熙熙皥皥, 皆相視如一家之親. 其才質之下者, 則安其農工商賈之分, 各勤其業, 以相生相養, 而無有乎希高慕外之心. 其才能之異, 若皋夔稷契者, 則出而各效其能, 若一家之務, 或營其衣食, 或通其有無, 或備其器用, 集謀幷力, 以求遂其仰事俯育之願. 惟恐當其事者之或怠而重己之累也. 故稷勤其稼, 而不恥其不知教, 視契之善教, 卽己之善教也. 夔司其樂, 而不恥於不明禮, 視夷之通禮, 卽己之通禮也."

109 『傳習錄』, 「答顧東橋書」, 제142조. "蓋其心學純明, 而有以全其萬物一體之仁, 故其精神流貫, 志氣通達, 而無有乎人己之分, 物我之間. 譬之一人之身, 目視耳聽手持足行, 以濟一身之用. 目不恥其無聰, 而耳之所涉, 目必營焉, 足不恥其無執, 而手之所探, 足必前焉. 蓋其元氣充周, 血脈條暢, 是以痒痾呼吸, 感觸神應, 有不言而喻之妙. 此聖人之學所以至易至簡, 易知易從, 學易能而才易成者, 正以大端惟在復心體之同然, 而知識技能非所與論也."

110 『陽明學演論』에는 '正道'로 되어 있으나, 『傳習錄』에 따라 '王道'로 바로잡았다.

111 『傳習錄』, 「答顧東橋書」, 제143조. "三代之衰, 王道熄而覇術焻. 孔孟旣沒, 聖學晦而邪說橫, 教者不復以此爲教, 而學者不復以此爲學. 覇者之徒, 竊取先王之近似者, 假之於外, 以內濟其私己之欲. 天下靡然而宗之, 聖人之道遂以蕪塞. 相倣相效, 日求所以富强之說, 傾詐之謀, 攻伐之計, 一切欺天罔人, 苟一時之得, 以獵取聲利之術, 若管商蘇張之屬者, 至不可名數. 旣其久也, 鬪爭劫奪, 不勝其禍, 斯人淪於禽獸夷狄, 而覇術亦有所不能行矣."

112 『傳習錄』, 「答顧東橋書」, 제143조. "世之儒者慨然悲傷, 蒐獵先聖王之典章法制, 而掇拾修補於煨燼之餘. 蓋其爲心, 良亦欲以挽回先王之道. 聖學旣遠, 覇術之傳, 積漬已深, 雖在賢知, 皆不免於習染. 其所以講明修飾, 以求宣暢光復於世者, 僅足以增覇者之藩籬, 而聖學之門牆, 遂不復可觀."

113 『傳習錄』, 「答顧東橋書」, 제143조. "於是乎有訓詁之學, 而傳之以爲名, 有記誦之學, 而言之以爲博, 有詞章之學, 而侈之以爲麗. 若是者, 紛紛籍籍, 羣起角立於天下, 又不知其幾家. 萬徑千蹊, 莫知所適. 世之學者如入百戲之場, 讙謔跳踉, 騁奇鬪巧, 獻笑爭姸者, 四面而競出, 前瞻後盼, 應接不遑, 而耳目眩瞀, 精神恍惑, 日夜遨遊淹息其間, 如病狂喪心之人, 莫自知其家業之所歸. 時君世主亦皆昏迷顚倒於其說, 而終身從事於無用之虛文, 莫自知其所謂. 間有覺其空疏謬妄, 支離牽滯, 而卓然自奮, 欲以見諸行事之實者, 極其所抵, 亦不過爲富强功利五覇之事業而止."

114 『傳習錄』, 「答顧東橋書」, 제143조. "聖人之學日遠日晦, 而功利之習愈趨愈下. 其間雖嘗瞽惑於佛老, 而佛老之說卒亦未能有以勝其功利之心. 雖又嘗折衷於羣儒, 而羣儒之論終亦未能有以破其功利之見."

115 『傳習錄』에는 其稱名僭號로 되어 있으나, 『陽明學演論』에는 '名號를 借稱하는 것'으로 되어 있다. 『傳習錄』에 따라 바로잡았다.

116 『傳習錄』, 「答顧東橋書」, 제143조. "蓋至於今, 功利之毒淪浹於人之心髓, 而習以成性也, 幾千年矣. 相矜以智, 相軋以勢, 相爭以利, 相高以技能, 相取以聲譽. 其出而仕也, 理錢穀者則欲兼夫兵刑, 典禮樂者又欲與於銓軸. 處郡縣則思藩臬之高, 居臺諫則望宰執之要. 故不能其事則不得以兼其官, 不通其說則不可以要其譽. 記誦之廣, 適以長其敖也, 知識之多, 適以行其惡也, 聞見之博, 適以肆其辨也, 辭

章之富, 適以飾其僞也. 是以皐夔稷契所不能兼之事, 而今之初學小生皆欲通其說, 究其術. 其稱名僭號, 未嘗不曰"吾欲以共成天下之務", 而其誠心實意之所在, 以爲不如是則無以濟其私而滿其欲也."

117 『傳習錄』,「答顧東橋書」, 제143조. "嗚呼! 以若是之積染, 以若是之心志, 而又講之以若是之學術, 宜其聞吾聖人之敎, 而視之以爲贅疣枘鑿. 則其以良知爲未足, 而謂聖人之學爲無所用, 亦其勢有所必至矣."

118 『傳習錄』,「答顧東橋書」, 제143조. "嗚呼! 士生斯世, 而尙何以求聖人之學乎? 尙何以論聖人之學乎? 士生斯世, 而欲以爲學者, 不亦勞苦而繁難乎? 不亦拘滯而險艱乎? 嗚呼! 可悲也已. 所幸天理之在人心, 終有所不可泯, 而良知之明, 萬古一日, 則其聞吾拔本塞源之論, 必有惻然而悲, 戚然而痛, 憤然而起, 沛然若決江河, 而有所不可禦者矣. 非夫豪傑之士, 無所待而興起者, 吾誰與望乎?"

119 여기에는 또 인간에 대한 양명의 이해가 잠재해 있다. 즉 양명은 인간이 모두 동일한 본심을 지니고 있다는 측면에서 인간의 동일성을, 또 인간이 현실적으로 지니고 있는 재질과 능력이 다르다는 측면에서 인간의 차별성을 말한다. 말하자면 인간은 서로 같으면서 다르고, 다르면서 같다. 그러나 이 같음과 다름은 서로 다른 지평에서 언급된 것이기에 서로 모순을 일으키지 않는다. 이 같음과 다름 두 가지 지평에서 인간을 규정해야 인간에 대한 전체적 규정이라 할 수 있다. 이것은 마치 明道가 인간의 본성을 말하면서 "論性不論氣不備, 論氣不論性不明"이라고 한 것과 동일한 의미 내용을 지닌다.

120 仁의 이러한 感通性에 대해서도 明道가 일찍이 계발한 바 있다. 그는 醫書에서 手足이 마비되는 현상을 '不仁'이라 기술한 것이 仁의 감통작용을 잘 표현한 것이라 말한 바 있다. 明道 역시 仁의 감통작용에 근거해서 만물일체를 말한다.

121 이것을 양명은 "높은 것을 바라거나 자기 분수 이외의 것을 넘보는 마음이 없음", "종신토록 그 직책에 머물러 다시 바꾸지 않음", "오직 자기가 맡은 일에 태만하지 않을까 두려워하고, 자기의 책임을 무겁게 여김" 등으로 표현한다.

122 『王陽明全集』 권25,「節菴方公墓表」, 940쪽. "古者四民異業而同道, 其盡心焉, 一也. 士以修治, 農以具養, 工以利器, 商以通貨, 各就其資之所近, 力之所及者而業焉, 以求盡其心. 其歸要在於有益於生人之道, 則一而已. … 故曰: 四民異業而同

道."
123 이것은 '道가 같기에 學도 사민이 공유한다'는 논리에 근거한다. 양명의 四民同道說은 훗날 '四民共學'의 주장으로 전개된다. "自古農工商賈, 業雖不同, 人人皆共學."(『明儒學案』권32, 「王一庵語錄」)

5. 양명의 제자들과 양명학을 계승한 여러 현인들

1 왕양명의 제자들에 대한 이러한 분류는 황종희의 『명유학안』을 따른 것이다. 황종희는 『명유학안』에서 양명 후학을 '浙中王門學案', '江右王門學案', '南中王門學案', '楚中王門學案', '北方王門學案', '粤閩王門學案' 그리고 '泰州學案'으로 분류하여 다루고 있다.
2 『明史』권195, 「列傳」제83, 「王守仁」.
3 서애가 양명의 제자가 된 것은 1507년(정덕 2년)의 일이다. 당시 양명은 유근을 탄핵한 죄로 옥에 갇혔다가 풀려나 용장으로 떠나려던 중이었다. 당시 서애와 더불어 양명의 제자가 된 사람들로는 여요(餘姚) 사람인 채종연(蔡宗兗, 자는 希淵), 주절(朱節, 자는 守中) 등이 있다. 『王陽明全集』권33, 「年譜一」참조.
4 양명은 정덕 7년(1512) 12월에 남경태복시소경(南京太僕寺少卿, 正四品)으로 승진했다. 이때 마침 서애도 남경공부원외랑(南京工部員外郞)에 임명되었기에 양명은 서애와 같은 배를 타고 남경으로 향했다. 배 안에서 양명은 『대학』에 대한 자신의 새로운 학설을 서애에게 말했고, 서애는 이때의 대화 내용을 글로 남겼다. 그것이 바로 『傳習錄』상권의 「徐愛錄」이다.
5 『明儒學案』권11, 「郞中徐橫山先生愛」. "陽明曰, '曰仁吾之顔淵也.'" 안연은 공자가 가장 아낀 제자로 31세에 세상을 떠났다.
6 「年譜」에 따르면 양명은 50세 때에 '치양지'의 가르침을 제시하였다고 한다. 『王陽明全集』권34, 「年譜二」
7 황종희에 의하면 양명의 가르침은 용장 이후로 두 차례의 변화를 거친다고 한다. 남중(南中)에 있을 때는 수렴을 위주로 하는 '묵좌징심(黙坐澄心)'을 가르쳤으며, 강우(江右) 이후로는 오로지 '치양지' 세 글자를 제시하였다.
『明儒學案』권11, 「郞中徐橫山先生愛」. "陽明自居夷以後, 其教再變. 南中之時,

大率以收斂爲主, 發散是不得已. 故以黙坐澄心爲學的. 江右以後, 則專提致良知
三字. 先生記傳習初卷, 皆是南中所聞, 其於致良知之說, 固未之知也. 然錄中有
云, '知是心之本體, 心自然爲知見父自然知孝, 見兄自然知弟, 見孺子入井自然知
惻隱', 此便是良知, 使此心之良知充塞流行, 便是致其知, 則三字之提, 不始於江
右明矣. 但江右以後, 以此爲宗旨耳. 是故陽明之學, 先生爲得其眞."

8 『아함경』은 석가모니가 득도하고 난 뒤에 처음으로 자신이 깨달은 것을 제자들
   에게 설파한 내용을 담고 있다. 양명도 '용장오도'의 내용을 서애에게 처음 가르
   쳤다. 그 기록이 『傳習錄』권1,「徐愛錄」이다.

9 성찰과 극치: '성찰'은 본심이 사욕에 물들었는지를 살피는 것이며, '극치'는 사
   욕을 극복하여 다스리는 것이다.

10 『明儒學案』권11,「郎中徐橫山先生愛」. "學者大患在於好名. 今之稱好名者, 類擧
   富貴誇耀以爲言, 抑末矣. 凡其意有爲而爲, 雖其跡在孝弟忠信禮義, 猶其好名也,
   猶其私也."

11 『明儒學案』권11,「郎中徐橫山先生愛」. "夫人所以不宜於物者, 私害之也. 是故吾
   之私, 得以加諸彼, 則忮心生焉. 忮心, 好勝之類也. 凡天下計較忌妒驕淫狼傲攘
   奪暴戾之惡, 皆從之矣. 吾之私, 得以藉諸彼, 則求心生焉. 求心, 好屈之類也. 凡
   天下阿比諂佞柔懦燕溺污辱咒咀之惡, 皆從之矣. 二私交於中, 則我所以爲應感之
   地者, 非公平正大之體矣. 以此之機而應物之感, 其有能宜乎否也?"

12 『明儒學案』권11,「郎中徐橫山先生愛」. "予始學於先生, 惟循跡而行, 久而大疑且
   駭. 然不敢遽非, 必反而思之. 思之稍通, 復驗之身心, 旣乃恍若有見, 已而大悟,
   不知手之舞足之蹈曰, '此道體也, 此心也, 此學也. 人性本善也, 而邪惡者, 客感
   也. 感之在於一念, 去之在於一念, 無難事, 無多術.' 且自恃稟性柔, 未能爲大惡,
   則以爲如是可以終身矣, 而坦坦然適, 而蕩蕩然樂也. 孰知久, 則私與憂復作也?
   通世之痼疾有二, 文字也, 功名也. 予始欲以爲姑毋攻焉, 不以累於心, 可矣. 絕之
   無之, 不已甚乎? 孰知二者之賊, 素奪其宮. 姑之云者, 是假之也. 是故必絕之無之
   而後, 可以進於道. 否則終不免以虛見且自誣也."

13 冀元亨(?~1521)은 자가 유건(惟乾)이고 호는 암재(闇齋)이며, 초(楚)의 무릉(武
   陵, 지금의 湖南 常德) 사람이다. 양명이 용장으로 좌천되어 가는 도중(1508) 양

명을 스승으로 모셨다. 양명을 여릉(廬陵)까지 따라가 섬기다가 다음 해(1510) 돌아갔다. 신호가 편지를 보내 양명에게 학문을 물었는데, 양명이 유건으로 하여금 찾아가서 답하게 하였다. 신호가 반란을 일으키자 조정에서는 유건이 신호를 도와 반란을 일으키지 않았나 의심했고, 그를 체포하여 감옥에 가두었다. 정덕(正德) 16년(1521) 감옥에서 나온 지 닷새 만에 세상을 떠났다. 『명사』, 「왕수인열전」에서는 왕수인과 더불어 기원형을 소개하고 있다. 왕수인의 제자가 많지만 그 가운데 기원형만 소개한 것은 그가 왕수인과 환란을 함께 겪었기 때문이다. 『明儒學案』 권28, 「楚中王門學案」; 『明史』 권195 참조.

14　신호는 왕패의 대략을 말했으나 기원형은 단지 학문에 대해서만 말했다. 하루는 「서명」을 강론하면서 기원형은 군신 간의 의리가 일체(一體)에 근본을 둔다는 것을 반복하여 진술함으로써 신호를 감동시켰다. 신호는 그것을 매우 괴이하게 여겼으나 기원형은 조용하게 앞의 말을 다시 설명하였다(『明儒學案』 권28, 「楚中王門學案」, 634쪽).

15　『明史』 권195.

16　정문덕(程文德, 1497~1559): 자는 순부(舜敷), 호는 송계(松溪)로, 절강(浙江) 영강(永康: 지금의 浙江省 永康市 獨松村) 사람이다. 가정 기축년(1529)에 진사에 급제하고 한림원편수에 제수되었다. 처음 장무(章懋)에게 가르침을 받았고, 뒤에 왕수인을 스승으로 섬겼다. 진심(眞心)을 학문의 요체로 삼았다. 『明儒學案』 권14, 「浙中王門學案四」 참조.

17　하정인(何廷仁, 1486~1551): 자는 성지(性之), 호는 선상(善山), 초명은 진(秦)으로 강서(江西) 무현(雩縣) 사람이다. 가정 원년(1522) 향시에 합격했으나, 20년이 지나서야 지현(知縣)에 선발되었다. 남강(南康, 지금의 江西 贛縣)에서 양명을 뵈었으며, 이어서 양명을 따라 월(越)에 갔다. 왕기(王畿) · 전덕홍(錢德洪)과 더불어 양명의 고제자가 되었다. 『明儒學案』 권19, 「江右王門學案四」 참조.

18　황홍강(黃弘綱, 1492~1561): 자는 정지(正之), 호는 낙촌(洛村)으로 강서(江西) 무현(雩縣) 사람이다. 정덕(正德) 11년에 향시에 합격하였다. 양명의 고제자 가운데 한 사람이다. 그의 학문은 처음에는 굳건하게 견지하여 지키는 것을 위주로 하였지만, 뒤에는 자연을 따르는 것[順自然]을 중심으로 삼았다. 『明儒學案』

권19, 「江右王門學案四」 참조.

19 유방채(劉邦采): 자는 군량(君亮), 호는 사천(師泉)으로 길주(吉州) 안복(安福) 사람이다. 가정 7년(1528) 향시에 합격하고 수령교유(壽寧教諭)에 제수되었다. 양명을 스승으로 섬겼고, 양명으로부터 영민하다는 평을 들었다. 저서로 『역온 (易蘊)』이 있다. 『明儒學案』 권19, 「江右王門學案四」 참조.

20 유양(劉陽): 자는 일서(一舒), 호는 삼오(三五)로 안복현(安福縣) 사람이다. 가정 4년에 향시에 합격하고 탕산지현(碭山知縣)에 임명되었으며, 뒤에 복건도(福建 道) 어사에 제수되었다. 양명의 어록을 읽고 좋아하여 그의 제자가 되었다. 『明 儒學案』 권19, 「江右王門學案四」 참조.

21 위양정(魏良政, 1492~1575): 자는 사이(師伊)이고, 양필(良弼)의 동생이다. 형 제 몇 사람이 함께 양명을 섬겼다. 향시에 수석으로 합격하였다. 『明儒學案』 권 19, 「江右王門學案四」 참조.

22 설간(薛侃, 1486~1545)은 자가 상겸(尙兼)이고, 호는 중리(中離)다. 광동(廣東) 계양(揭揚) 사람이다. 정덕 9년(1514)에 감(贛)에서 양명에게 배우기 시작하여 4 년 뒤에 돌아갔다. 정덕 12년(1517)에 진사가 되었다. 상소하여 임금에게 죄를 얻었기 때문에 감옥에 갇혔다가 전원으로 돌아왔다. 따르고 노니는 자가 100여 명이었다. 양명의 가르침을 후일 변호하는 데 매우 힘썼다. 『傳習錄』 제95조에서 제129조는 그가 기록한 것이다. 『明儒學案』 권30, 「粤閩王門學案」; 『明史』 권207 참조.

23 계본(季本, 1485~1563): 자는 명덕(明德), 호는 팽산(彭山)으로 회계(會稽: 지 금의 浙江省 紹興) 사람이다. 정덕 12년에 진사에 급제하고 건녕부추관(建寧府 推官)에 제수되었다. 어려서 왕사여(王司輿)를 스승으로 섬겼으며, 뒤에 양명을 스승으로 섬겼다. 주재(主宰)를 귀하게 여기고 자연(自然)을 싫어하였다. 저서에 『역학사동(易學四同)』, 『시설해이(詩說解頤)』 등이 있다.

24 동나석(董蘿石, 1457~1533): 이름은 운(澐), 자는 복종(復宗), 호는 나석(蘿石) 이고, 만년에는 종오도인(從吾道人)으로 불렸다. 절강(浙江) 해염(海鹽) 사람이 다. 가정 2년(1524) 68세 정월에 회계산(會稽山)에 놀러 갔다가 양명의 강학을 듣고 그를 스승으로 섬겼다. 시(詩)에 능하였고, 벼슬은 하지 않았다. 『明儒學

案』권14, 浙中王門學案三」참조.

25 육징(陸澄): 자는 원정(原靜) · 청백(淸伯)이며, 귀안(歸安, 지금의 浙江 吳興) 사
람이다. 정덕 9년(1514)에 양명을 따라 배웠다. 정덕 12년(1517)에 진사에 급제
하였고, 형부주사(刑部主事)에 제수되었다. 황종희는 "『전습록』은 서애로부터 발
단하였고 이어서 선생(육징)이 기록했는데, 벗들이 그것을 보고 깨닫는 사람이
많았다. 여러 조목이 모두 절실한 물음들이며, 육징 선생이 아니었다면 그와 같
이 상세하게 토론하지 못했을 것이다"라고 하여 육징의 기록을 매우 높이 평가
하였다. 양명은 "서애가 세상을 떠난 뒤로 나의 道가 더욱 외롭게 되었으니, 그
대(육징)에게 기대하는 것이 또한 적지 않다"고 했다(『王陽明全集』권4, 「與陸原
靜」)고 말했다. 『明儒學案』권14, 「浙中王門學案四」; 『明史』권197 참조.

26 추수익(鄒守益, 1491~1562): 자는 겸지(謙之), 호는 동곽(東廓)이며, 강서(江西)
안복(安福) 사람이다. 정덕 6년(1511)에 한림편수에 제수되었으며, 신호(宸濠)가
반란을 일으키자 양명을 따라 봉기하였다. 대례(大禮)를 비난하다 성지(聖旨)를
거슬려 하옥되었다가 광덕주(廣德州, 지금의 安徽省 廣德縣)로 귀양을 갔으며,
서원을 건립하여 강학하였다. 뒤에 벼슬이 남경국자좨주(南京國子祭酒)에 올랐
다. 파면되어 41년을 벼슬 없이 지냈으나 강학을 쉬지 않았다. 시호는 문장(文
莊)이다. 『明儒學案』권16, 「江右王門學案一」참조.

27 구양덕(歐陽德, 1495~1554): 자는 숭일(崇一), 호는 남야(南野)이며, 강서(江西)
태화(泰和) 사람이다. 예부상서(禮部尙書)를 역임했으며, 시호는 문장(文莊)이
다. 양명의 뛰어난 제자로서, 남야의 문인이 천하의 절반이 된다고 하였다. 계축
(癸丑, 1534)과 갑인(甲寅, 1535) 사이에 경사(京師) 영제궁(靈濟宮)의 모임에서
선생이 주감(主監)의 한 사람이었는데, 운집한 사람이 오천 명이나 되었다. 그
성대함은 수백 년 동안 없던 일이다. 『明儒學案』권17, 「江右王門學案二」; 『明史』
권283 참조.

28 섭표(聶豹, 1487~1563): 자는 문울(文蔚), 호는 쌍강(雙江)이며, 강서 영풍(永
豐) 사람이다. 관직은 섬서안찰사부사(陝西按察司副使)까지 이르렀다. 보좌하는
신하의 미움을 받아 감옥에 갇혔다가 이듬해 풀려났다. 시호는 정양(貞襄)이다.
그의 학문은 귀적(歸寂)을 위주로 하여 천하의 감응에 통하였다. 『明儒學案』권

17,「江右王門學案二」;『明史』권202 참조.

29　진구천(陳九川, 1495~1562): 자는 유준(惟濬), 호는 명수(明水)이며, 강서 임천
(臨川) 사람이다.『明儒學案』권19,「江右王門學案四」;『明史』권189 참조.

30　『陽明學演論』에는 采로 되어 있으나 彩로 바로잡았다.

31　『傳習錄』,「徐愛錄」, 제6조. "知是心之本體, 心自然會知. 見父自然知孝, 見兄自然
知弟, 見孺子入井, 自然知惻隱. 此便是良知, 不假外求. 若良知之發, 更無私意障
礙, 卽所謂"充其惻隱之心, 而仁不可勝用矣." 然在常人, 不能無私意障礙, 所以
須用致知格物之功, 勝私復理. 卽心之良知更無障礙, 得以充塞流行, 便是致其知.
知致則意誠."

32　『明儒學案』권11,「浙中王門學案」.

33　『明儒學案』권11,「浙中王門學案」. "吾師之敎, 謂人之心有體有用, 猶之水木有根
源有枝葉流派, 學則如培濬漑疏, 故木水在培漑其根, 濬疏其源, 根盛源深, 則枝
流自然茂且長. 故學莫要於收放心, 涵養省察克治是也, 卽培濬其根源也. 讀書玩
理皆所以漑疏之也. 故心德者, 人之根源也, 而不可少緩; 文章名業者, 人之枝葉
也, 而非所汲汲. 學者先須辨此, 卽是辨義利之分. 旣能知所決擇, 則在立志堅定
以趨之而已."

34　『明儒學案』권11,「浙中王門學案」. "當其無事, 以勿忘勿助而養吾公平正大之體,
勿先事落此蹊徑, 故謂之存養；及其感應而察識其有無, 故謂之省察；察知其有此
而務決去之, 勿苦其難, 故謂之克治."

35　『明儒學案』권28,「楚中王門學案」, 634쪽.

36　『明儒學案』권28,「楚中王門學案」, 634쪽. "先生常謂道林曰：'贛中諸子, 頗能靜
坐, 苟無見於仁體, 槁坐何益?'"

37　『陽明學演論』에는 '치지 공부' 네 글자에 대한 해석이 빠져 있다.

38　『明儒學案』권12,「浙中王門學案二」,「郞中王龍溪先生畿」. "吾人一切世情嗜欲,
皆從意生. 心本至善, 動於意, 始有不善. 若能在先天心體上立根, 則意所動自無不
善, 世情嗜欲自無所容, 致知功夫自然易簡省力. 若在後天動意上立根, 未免有世
情嗜欲之雜, 致知功夫轉覺煩難."

39　연세대본『陽明學演論』에는 常道가 當道로 잘못 기재되어 있다.

40 『王陽明全集』권7,「大學古本序」.“대학의 요체는 뜻을 성실하게 하는 데 불과하다. 뜻을 성실하게 하는 공부는 물을 바로잡는 데 불과하다. 뜻을 성실하게 하는 것의 지극함은 지선에 머무는 것일 따름이다(大學之要, 誠意而已矣. 誠意之功, 格物而已矣. 誠意之極, 止至善而已矣).”

41 『明儒學案』권11,「浙中王門學案一」,「員外錢緖山先生德洪」.“昔者吾師之立教也, 揭誠意爲大學之要, 指致知格物爲誠意之功, 門弟子聞言之下, 皆得入門用力之地. 用功勤者, 究極此知之體, 使天則流行, 纖翳無作, 千感萬應, 而眞體常寂, 此誠意之極也. 故誠意之功, 自初學用之即得入手, 自聖人用之精詣無盡. 吾師既沒, 吾黨病學者善惡之機生滅不已, 乃於本體提揭過重, 聞者逐謂誠意不足以盡道, 必先有悟, 而意自不生, 格物非所以言功, 必先歸寂而物自化, 逐相與虛憶以求悟, 而不切乎民彝物則之常, 執體以求寂而無有乎圓神活潑之機. 希高凌節, 影響謬戾, 而吾師平易切實之旨, 壅而弗宣. 師云,‘誠意之極, 止至善而已矣.’是止至善也者, 未嘗離誠意而得也. 言止則不必言寂, 而寂在其中. 言至善則不必言悟, 而悟在其中. 然皆必本於誠意焉. 何也? 蓋心無體, 心之上不可以言功也. 應感起物而好惡形焉. 於是乎, 有精察克治之功. 誠意之功極, 則體自寂而應自順. 初學以至成德, 徹始徹終, 無二功也.”

42 『陽明學演論』에는‘誠可懼也’에 대한 번역이 빠져 있다.

43 『明儒學案』권11,「浙中王門學案一」,「員外錢緖山先生德洪」.“平時一種姑容因循之念, 常自以爲不足害道. 由今觀之一塵可以矇目, 一指可以障天, 誠可懼也. 噫! 古人處動忍而獲增益, 吾不知增益者何物? 減削則已盡矣.”(獄中寄龍溪)

44 『明儒學案』권11,「浙中王門學案一」,「員外錢緖山先生德洪」.“先師曰,‘無善無惡, 心之體.’雙江即謂,‘良知本無善惡, 未發寂然之體也. 養此, 則物自格矣. 今隨其感物之際, 而後加格物之功, 是迷其體以索用, 濁其源以澄流, 功夫已落第二義.’論則善矣, 殊不知未發寂然之體, 未嘗離家國天下之感, 而別有一物在其中也. 即家國天下之感之中, 而未發寂然者在焉耳. 此格物爲致知之實功. 通寂感體用而無間, 盡性之學也.”(復周羅山)

45 『明儒學案』권11,「浙中王門學案一」,「員外錢緖山先生德洪」.“凡爲愚夫愚婦立法者, 皆聖人之言也. 爲聖人說道妙, 發性真者, 非聖人之言也.”

46 『明儒學案』권12,「浙中王門學案二」,「郎中王龍溪先生畿」. "今人講學, 以神明爲極精, 開口便說性說命, 以日用飲食聲色貨利爲極粗, 人面前不肯出口, 不知講解得性命到入微處, 意見盤桓只是比擬卜度, 與本來生機了不相干, 終成俗學. 若能於日用貨色上料理, 時時以天則應之, 超脫淨盡, 乃見定力."

47 『明儒學案』권12,「浙中王門學案二」,「郎中王龍溪先生畿」. "聖人所以爲聖, 精神命脈全體內用, 不求知於人, 故常常自見己過, 不自滿假, 日進於無疆. 鄕愿惟以媚世爲心, 全體精神盡從外面照管, 故自以爲是而不可與入堯舜之道."(梅純甫問答)

48 『明儒學案』권12,「浙中王門學案二」,「郎中王龍溪先生畿」. "若致知宗旨, 不論語黙動靜, 從人情事變徹底鍊習以歸於玄, 譬之眞金爲銅鉛所雜, 不遇烈火烹熬, 則不可得而精. 師門嘗有入悟三種敎法. 從知解而得者, 謂之解悟, 未離言詮. 從靜中而得者, 謂之證悟, 猶有待於境. 從人事鍊習而得者, 忘言忘境, 觸處逢源, 愈搖蕩愈凝寂, 始爲徹悟."(霓川別語)

49 『傳習錄』제2조, 제228조, 제317조 등에 나온다.

50 『霞谷全集』,「存言中」, 306쪽. "善惡無定形, 以其循本然之理者謂善, 動於氣而用事者謂惡. 其行雖善, 苟有動於氣, 則非善之本也, 故善不可以一定爲善. 故不過以循理者謂之至善 性善而已. 實無善之可定名, 故曰無善. 然則無善之善字, 是定名之善字也, 非至善之善字也."

51 『蒼園鄭寅普全集』2,「陽明學演論」, 225쪽.

52 『明儒學案』권32,「泰州學案一」,「處士王心齋先生艮」. "王艮字汝止, 號心齋, 泰州之安豐場人. 七歲受書鄕塾, 貧不能竟學. 從父商於山東, 常携『孝經』『論語』『大學』袖中, 逢人質難, 久而信口談解, 如或啓之. 其父冬役, 天寒起盥冷水, 先生見之, 痛哭曰, '爲人子而令親如此, 尙得爲人乎?' 於是有事則身代之. 先生雖不得專功於學, 然黙黙參究, 以經證悟, 以悟釋經, 歷有年所, 人莫能窺其際也. 一夕夢天墮壓身, 萬人奔號求救, 先生擧臂起之, 視其日月星辰失次, 復手整之. 覺而汗溢如雨, 心體洞徹. 記曰, '正德六年間, 居仁三月半.' 自此行住語黙, 皆在覺中. 乃按『禮經』製五常冠, 深衣, 大帶, 笏板, 服之. 曰, '言堯之言, 行堯之行, 而不服堯之服, 可乎?' 時陽明巡撫江西, 講良知之學, 大江之南, 學者翕然信從. 顧先生僻處, 未之聞也. 有黃文剛者, 吉安人, 而寓泰州, 聞先生論, 詫曰, '此絕類王巡撫之談

學也.' 先生喜曰, '有是哉! 雖然王公論良知, 艮談格物, 如其同也, 是天以王公與天下後世也. 如其異也, 是天以艮與王公也.' 即日啓行, 以古服進見, 至中門舉笏而立, 陽明出迎於門外. 始入, 先生據上坐, 辯難久之, 稍心折, 移其坐於側. 論畢, 乃歎曰, '簡易直截, 艮不及也.' 下拜自稱弟子. 退而繹所聞, 間有不合, 悔曰, '吾輕易矣.' 明日入見, 且告之悔. 陽明曰, '善哉! 子之不輕信從也.' 先生復上坐, 辯難久之, 始大服, 遂爲弟子如初. 陽明謂門人曰, '向者吾擒宸濠, 一無所動, 今却爲斯人動矣.'"

53 『明儒學案』 卍32, 「泰州學案一」, 「處士王心齋先生艮」. "來學者多從先生指授, 已而嘆曰, '千載絶學, 天啓吾師, 可使天下有不及聞者乎?'"

54 『明儒學案』 卍32, 「泰州學案一」, 「處士王心齋先生艮」. "當是時, 陽明之學, 謗議蠭起, 而先生冠服言動, 不與人同, 都人以怪魁目之."

55 『明儒學案』 卍32, 「泰州學案一」, 「處士王心齋先生艮」. "止至善者, 安身也. 安身者, 立天下之大本也. 本治而末治, 正已而物正也, 大人之學也. 是故身也者, 天地萬物之本也, 天地萬物末也. 知身之爲本, 是以明明德而親民也, 身未安, 本不立也. 本亂而末治者否矣. 本亂末治末愈亂也. 故易曰, '身安而天下國家可保也.' 不知安身, 則明明德親民却不曾立得天下國家之本, 是故不能主宰天地, 斡旋造化."
『明儒學案』 卍32, 「泰州學案一」, 「處士王心齋先生艮」. "危其身於天地萬物者, 謂之失本; 潔其身於天地萬物者, 爲之遺末."
『明儒學案』 卍32, 「泰州學案一」, 「處士王心齋先生艮」. "知得身是天下國家之本, 則以天地萬物依於己, 不以己依於天地萬物."
『明儒學案』 卍32, 「泰州學案一」, 「處士王心齋先生艮」. "聖人以道濟天下, 是至重者道也; 人能弘道, 是至重者身也."

56 『明儒學案』 卍32, 「泰州學案一」, 「處士王心齋先生艮」. "百姓日用條理處, 即是聖人之條理處. 聖人知便不失, 百姓不知便爲失."

57 『明儒學案』 卍32, 「泰州學案一」, 「處士王心齋先生艮」. "聖人之道, 無異於百姓日用, 凡有異者, 皆謂之異端."
『傳習錄』, 「黃省曾錄」, 제271조. 或問異端. 先生曰, "與愚夫愚婦同的, 是謂同德. 與愚夫愚婦異的, 是謂異端."

58 『念菴文集』권5,「冬遊記」.“此學是愚夫愚婦能知能行者. 聖人之道不過欲人皆知皆行, 即是位天地育萬物. 把柄不知此, 縱說眞不過一節之善耳.”

59 『念菴文集』권5,「冬遊記」.“十年之前君病時, 扶危相見爲相知. 十年之後我亦病, 君期枉顧亦如斯. 始終感應如一日, 與人爲善誰同之. 我將大成學印正, 隨言隨悟隨時躋. 只此心中便是聖, 說此與人便是師. 掌握乾坤大主宰, 包羅天地眞良知. 自古英雄誰能此, 開闢以來惟仲尼. 仲尼之後惟孟子, 孟子之後又誰知.”

60 『明儒學案』권32,「泰州學案一」,「處士王心齋先生艮」.“孔子謂, ‘二三子以我爲隱乎?’ 此隱字, 對見字說. 孔子在當時, 雖不仕, 而無行不與二三子, 是修身講學以見於世, 未嘗一日隱也.”

61 『明儒學案』권32,「泰州學案一」,「處士王心齋先生艮」.“若天民則聽命矣, 大人造命.”

62 『明儒學案』권32,「泰州學案一」,「處士王心齋先生艮」.“劉夫子曰, ‘後儒格物之說, 當以淮南爲正.’”
   『劉子遺書』권4,「學言三」.“後儒格物之說, 當以淮南爲正.”

63 『明儒學案』권32,「處士王東崖先生襞」.“今人纔提學字, 便起幾層意思, 將議論講說之間, 規矩戒嚴之際, 工焉而心日勞, 勤焉而動日拙, 忍欲希名而誇好善, 持念藏穢而謂改過, 心神震動, 血氣靡寧, 不知原無一物, 原自見成. 但不礙其流行之體, 眞樂自見, 學者所以全其樂也, 不樂則非學矣.”

64 주서(朱恕, 1501~1583): 자는 광신(光信), 호는 낙재(樂齋)이며, 태주(泰州) 초언장(草偃場, 지금의 大豊市 草埝) 사람이다. 나무꾼 출신으로 왕간의 문인이다.『明儒學案』권32,「泰州學案一」참조.

65 한정(韓貞, 1509~1585): 자는 이중(以中), 호는 낙오(樂吾)이며, 양주(揚州) 흥화(興化, 지금의 江蘇 興化市) 사람이다. 옹기장이 출신으로 왕간의 문인이다.『明儒學案』권32,「泰州學案一」참조.

66 하정미(夏廷美): 번창(繁昌) 사람으로 농부 출신이다. 왕간의 문인이다.『明儒學案』권32,「泰州學案一」참조.

67 안균(顏鈞, 1504~1596): 자는 자화(子和), 호는 산농(山農) 또는 초부(樵夫)이고, 만년에 탁(鐸)으로 개명하였으며, 강서(江西) 길안부(吉安府) 영신현(永新县)

사람이다. 위로 왕간을 계승하고 아래로 나여방(羅汝芳)과 하심은(何心隱)을 계발시켜서 태주학파의 대표적인 인물이 되었다. 저서로 『顔鈞集』이 있다.

68 하심은(何心隱, 1517~1579): 원래 이름은 양여원(梁汝元), 자는 주건(柱乾), 호는 부산(夫山)이며, 강서 길안(吉安) 영풍(永豊) 사람이다. 이른 나이에 과거시험을 포기하고, 사회개혁에 힘을 기울여 취화당(聚和堂)을 창건하였다. 지방관이 잡세를 징수하는 것에 반대하여 붙잡혀 투옥되었다. 당시의 권력자였던 엄숭(嚴嵩)과 장거정(張居正)을 비판하였으며, 그들의 탄압을 받아 평생 도피 생활을 하며 지냈다. 저서에 『하심은집(何心隱集)』이 있다.

69 방포(方苞, 1668~1749): 자는 영고(靈皐) 또는 봉구(鳳九), 만호는 망계(望溪)이며, 안휘(安徽) 동성(桐城) 사람이다. 강희(康熙) 45년(1706) 회시(會試)에 급제했지만 어머니의 병환으로 전시(殿試)에는 응시하지 못했다. 대학사(大學士) 이광지(李光地)의 추천으로 남서방(南書房)에 들어갔고, 몽양재(蒙養齋)로 옮겼다가 무영전수서총재(武英殿修書總裁)가 되었다. 학문은 정주(程朱)를 받들었고, 문학은 당송팔대가(唐宋八大家)의 옛 글을 존중했다. 동성파 고문(古文)의 초조(初祖)가 되어 일대정종(一代正宗)으로 불렸다. 저서에 『망계문집(望溪文集)』이 있다.

70 서월(徐樾, ?~1552): 자는 자직(子直), 호는 파석(波石)이며, 강서(江西) 귀계(貴溪) 사람이다. 가정 7년(1528) 왕간(王艮)에게 배워 고족제자(高足弟子)로서 태주학파(泰州學派)의 계승자가 되었다. 11년(1532) 진사(進士)가 되고, 운남좌포정사(雲南左布政使)를 역임했다. 원강(沅江)의 토관(土官) 나감(那鑒)이 거짓으로 항복했는데, 이를 믿고 그의 성 앞에 이르렀다가 살해당했다. 저서에 『파석집(波石集)』이 있다. 『明儒學案』 권32, 「泰州學案一」 참조.

71 『明儒學案』 권32, 「泰州學案一」. "性如明珠, 原無塵染, 有何覩聞? 著何戒懼? 平時只是率性所行, 純任自然, 便謂之道."

72 조정길(趙正吉, 1508~1576): 자는 맹정(孟靜), 호는 대주(大洲)이며, 사천(四川) 내강(內江) 사람이다. 가정 11년(1532) 진사가 되고, 편수(編修)에 임명되었다가, 국자사업(國子司業)으로 옮겼다. 엄숭(嚴嵩)의 중상모략을 받아 정장(廷杖)을 당한 뒤 폄적(貶謫)되었다. 융경 초에 재기하여 예부상서(禮部尙書)와 문연각대학

사(文淵閣大學士)를 역임했다. 제도를 개혁하고 폐해를 바로잡으려고 했지만 고공(高拱)과 뜻이 맞지 않아 휴직하고 귀향했다. 시호는 문숙(文肅)이다. 저서에 『문숙집(文肅集)』이 있다.

73 엄숭(嚴嵩, 1480~1567): 자는 유중(惟中), 호는 개계(介溪)이며, 강서(江西) 분의(分宜) 사람이다. 홍치(弘治) 18년(1505) 진사에 급제하여 편수(編修)에 올랐다. 예부상서, 무영전대학사(武英殿大學士) 등을 거쳐 가정 23년(1544) 적란(翟鑾)을 대신해 수보(首輔: 수석대학사)가 되었다. 20여 년 동안 정권을 장악했다가, 만년에는 임금의 신뢰를 잃어 파직되고, 평민으로 떨어졌다. 저서에 『검산당집(鈐山堂集)』이 있다.

74 남도행(藍道行): 가정 연간의 산동(山東) 사람이다. 유명한 도사(道士)이자 양명학파를 믿었다. 당시 내각대학사였던 서계(徐階)의 추천으로 도교를 깊이 믿던 가정황제의 신임을 얻었다. 뒤에 가정황제 면전에서 내각수보 엄숭을 공격한 일로 인해 엄숭의 보복을 받았다.

75 『明史紀事』권52, 「世宗崇道教」, "一日藍道行在扶乩時稱'今日有奸臣奏事', 剛好嚴嵩路過. 由此世宗對嚴嵩開始産生厭惡之感."

76 추응룡(鄒應龍): 자는 운경(雲卿), 호는 난곡(蘭谷), 난주(蘭州) 고란(皋蘭) 사람이다. 명세종 가정 병진년에 진사가 되고 행인(行人)에 제수되었다가 어사로 발탁되었다. 엄숭이 정권을 장악하여 자기를 반대하는 이들을 배제하였고, 그 아들 세번(世蕃)은 부친의 권력에 의지하여 이익을 독점하고 작위와 상을 제멋대로 주고 광범위하게 부정을 저질렀다. 추응룡은 엄숭의 부자와 그 당여를 탄핵하였다. 얼마 뒤 엄세번은 참수되고 엄숭은 파직되었다.

77 장거정(張居正, 1525~1582): 명나라 호광(湖廣) 강릉(江陵) 사람. 자는 숙대(叔大), 호는 태악(太岳)이며, 시호는 문충(文忠)이다. 가정 26년(1547) 진사가 되고, 편수(編修)에 올랐다. 엄숭(嚴嵩)과 서계(徐階)의 신임을 받았다. 서계가 엄숭을 대신해 수보(首輔)가 되자 심복이 되었다. 만력제(萬曆帝)의 신임을 얻어 황제가 즉위한 직후부터 10년간 수보의 자리에 앉아 국정의 대부분을 독단으로 처리했는데, 내외적으로 쇠퇴의 조짐을 보이던 명나라의 국세(國勢)를 만회했다. 전국적인 호구조사와 토지측량을 단행, 지주의 부정을 막아 농민의 부담을

줄이는 데 성과를 거두었다. 저서에 『서경직해(書經直解)』8권과 『장태악집(張太岳集)』47권, 『태악잡저(太岳雜著)』, 『사서집주직해설약(四書集注直解說約)』, 『여계진해(女誡眞解)』, 『행실(行實)』, 『제감도설(帝鑑圖說)』 등이 있다.

78 『王心齋先生全集』권4, 雜著, 「樂學歌」; 『明儒學案』권32, 「泰州學案一」. "人心本自樂, 自將私欲縛. 私欲一萌時, 良知還自覺. 一覺便消除, 人心依舊樂. 樂是樂此學, 學是學此樂. 不樂不是學, 不學不是樂. 樂便然後學, 學便然後樂. 樂是學, 學是樂. 嗚呼! 天下之樂, 何如此學? 天下之學, 何如此樂?"

79 『明儒學案』권32, 「泰州學案一」. "鳥啼花落, 山峙川流, 飢食渴飮, 夏葛冬裘, 至道無餘蘊矣. 充拓得開, 則天地變化, 草木蕃, 充拓不去, 則天地閉, 賢人隱."

80 『明儒學案』권32, 「泰州學案一」. "朱恕字光信, 泰州草堰場人. 樵薪養母. 一日過心齋講堂, 歌曰 : 「離山十里, 薪在家裏, 離山一里, 薪在山裏.」心齋聞之, 謂門弟子曰 : 「小子聽之, 道病不求耳, 求則不難, 不求無易.」樵聽心齋語, 浸浸有味. 於是每樵必造堦下聽之."

81 『明儒學案』권32, 「泰州學案一」. "韓貞字以中, 號樂吾, 興化人. 以陶瓦爲業. 慕朱樵而從之學, 後乃卒業東崖. 粗識文字. 有茅屋三間, 以之償債, 遂處窯中, 自詠曰 : 「三間茅屋歸新主, 一片烟霞是故人.」年逾三紀未娶, 東崖弟子醵金爲之完姻. 久之, 覺有所得, 遂以化俗爲任, 隨機指點農工商賈, 從之遊者千餘. 秋成農隙, 則聚徒談學, 一村既畢, 又之一村, 前歌後答, 絃誦之聲, 洋洋然也."

82 백성은 나의 … 나의 친구 : 『正蒙』, 「乾稱篇」. "乾稱父, 坤稱母, 予玆藐焉, 乃混然中處. 故天地之塞, 吾其體 ; 天地之帥, 吾其性. 民吾同胞, 物吾與也."

83 경천태(耿天台): 천태는 경정향(耿定向)의 호다.

84 강릉(江陵): 장거정(張居正)을 가리킨다. 장거정은 강릉 사람이다.

85 주렴계(周濂溪): 염계는 주돈이(周敦頤)의 호다.

86 『明儒學案』권32, 「泰州學案一」.

87 吉水: 중국 강서성 길안(吉安)에 있는 현(縣).

88 역대전: 『주역』, 「계사전」을 가리킨다. 『사기』, 「태사공자서」에서 『주역』, 「계사전」의 일부 내용을 인용하여 '역대전(易大傳)'이라고 지칭한 데서 비롯되었다.

89 『周易』, 「繫辭上傳」, 제10장. "易无思也, 无爲也, 寂然不動, 感而遂通天下之故,

非天下之至神, 其孰能與於此?"[역(易)은 생각이 없고 함이 없어 적연(寂然)히 움직이지 않다가 감동하여 마침내 천하의 일에 통하니, 천하에 지극히 신묘한 자가 아니면 그 누가 이것에 간여하겠는가?]

90 주돈이(周敦頤, 1017~1073): 북송 도주(道州) 영도(營道, 湖南省 道縣) 사람. 본명은 돈실(敦實)이었지만 영종(英宗)의 이름 때문에 '돈이'로 고쳤다. 자는 무숙(茂叔)이고, 호는 염계(濂溪)며, 시호는 원공(元公)이다. 음보(蔭補)로 영현주부(寧縣主簿)가 되고, 남안군사리참군(南安軍司理參軍)과 남창현령(南昌縣令), 건주통판(虔州通判) 등을 지냈다. 『주역』에 정통했고, 명리(名理)를 논하기 좋아했으며, 무극(無極)과 태극(太極), 이기(理氣), 심성명(心性命) 등의 철학 범주를 제안하고, 입성주정(立誠主靜) 학설을 세워 도학(道學)을 창시한 사람이 되었다. 공자묘(孔子廟)에 종사되었다. 염학(濂學)의 창시자로, 정호(程顥), 정이(程頤), 소옹(邵雍), 장재(張載)와 함께 '북송오자(北宋五子)' 중 한 사람이다. 정호와 정이가 그의 문하에서 공부했다. 진박(陳搏)의 「무극도(無極圖)」를 참고하여 세계의 본체 및 형성 발전을 도식화한 「태극도(太極圖)」를 완성했다. 저서에 『태극도설(太極圖說)』과 『통서(通書)』 등이 있으며, 『주자전서(周子全書)』가 있다.

91 『周敦頤集』. "聖人定之以中正仁義, 而主靜(本注云: "無欲, 故靜.") 立人極焉. 故聖人與天地合其德, 日月合其明, 四時合其序, 鬼神合其吉凶."[성인은 중·정·인·의로써 온갖 일을 안정시키고, 고요함[靜]을 위주로 하여(본주에서는 "욕망이 없으므로 고요하다"라고 했다), 사람의 표준을 세우셨다. 그러므로 성인은 천지와 덕을 함께하시며, 일월과 밝음을 함께하시며, 사계절과 순서를 함께하시며, 귀신과 길흉을 함께하신다.]

92 『明史』 권283. "洪先雖宗良知學, 然未嘗及守仁門, 恒擧「易大傳」'寂然不動', 周子'無欲故靜'之旨, 以告學人. 又曰, "儒者學在經世, 而以無欲爲本. 惟無欲然後, 出而經世, 識精而力鉅." 時王畿謂, "良知自然, 不假纖毫力." 洪先非之曰, "世豈有現成良知者耶?" 雖與畿交好, 而持論始終不合."

93 『明儒學案』 권12, 「浙中王門學案二」, 「郞中王龍溪先生畿」. "吾人一切世情嗜欲, 皆從意生. 心本至善, 動於意, 始有不善. 若能在先天心體上立根, 則意所動自無不善, 世情嗜欲自無所容, 致知功夫自然易簡省力. 若在後天動意上立根, 未免有世

情嗜欲之雜, 致知功夫轉覺煩難. 顔子, 先天之學也. 原憲, 後天之學也."

94 『傳習錄』,「黃省曾錄」, 제315조. "無善無惡是心之體."

95 『明儒學案』 권11,「浙中王門學案一」,「員外錢緖山先生德洪」. "凡爲愚夫愚婦立法者, 皆聖人之言也. 爲聖人說道妙發性眞者, 非聖人之言也."

96 섭표(聶豹, 1487~1563): 자는 문울(文蔚), 호는 쌍강(雙江)이며, 영풍[永豐(江西)] 사람이다. 관직은 섬서안찰사부사(陝西按察司副使)까지 이르렀다. 보좌하는 신하의 미움을 받아 감옥에 갇혔다가 이듬해 풀려났다. 시호는 정양(貞襄)이다. 그의 학문은 귀적(歸寂)을 위주로 하여 천하의 감응에 통하였다. 『明儒學案』 권17; 『明史』 권202 참조.

97 『明儒學案』 권18,「江右王門學案三」,「文恭羅念菴先生洪先」. "先生於陽明之學, 始而慕之, 已見其門下承領本體太易, 亦遂疑之. 及至工夫純熟, 而陽明進學次第, 洞然無間. 天下學者, 亦遂因先生之言, 而後得陽明之眞. 其曉曉以師說鼓動天下者, 反不與焉."

98 승당입실(升堂入室)은 마루에 올라 방으로 들어간다는 뜻으로 순서를 밟아 차근 차근 학문을 닦아서 결국 심오한 경지에 들어감을 비유한 말이다.

99 『明儒學案』 권18,「江右王門學案三」,「文恭羅念菴先生洪先」. "先生既定陽明年譜, 錢緖山曰, '子於師門不稱門生, 而稱後學者, 以師存日未得及門委贄也. 子謂古今門人之稱, 其義止於及門委贄乎? 子年十四時, 欲見師於贛, 父母不聽, 則及門者其素志也. 今學其學者, 三紀於茲矣, 非徒得其門, 所謂升堂入室者, 子且無歉焉, 於門人乎何有?' 譜中改稱門人, 緖山龍溪證之也."

100 『明儒學案』 권18,「江右王門學案三」,「文恭羅念菴先生洪先」. "先生之學, 始致力於踐履, 中歸攝於寂靜, 晩徹悟於仁體. 幼聞陽明講學虔臺, 心即向慕, 比傳習錄出, 讀之至忘寢食. 同里谷平李中傳玉齋楊珠之學, 先生師之, 得其根柢. 而聶雙江以歸寂之說, 號於同志, 唯先生獨心契之. 是時陽明門下之談學者, 皆曰, '知善知惡即是良知, 依此行之即是致知.' 先生謂, '良知者至善之謂也. 吾心之善, 吾知之, 吾心之惡, 吾知之, 不可謂非知也. 善惡交雜, 豈有爲主於中者乎? 中無所主, 而謂知本常明, 不可也. 知有未明, 依此行之, 而謂無乖戾於旣發之後, 能順應於事物之來, 不可也. 故非經枯槁寂寞之後, 一切退聽, 天理炯然, 未易及此.'"

101 『中庸』. "天命之謂性, 率性之謂道, 修道之謂敎. 道也者, 不可須臾離也, 可離非道
也. 是故君子戒愼乎其所不睹, 恐懼乎其所不聞. 莫見乎隱, 莫顯乎微, 故君子愼
其獨也. 喜怒哀樂之未發, 謂之中; 發而皆中節, 謂之和. 中也者, 天下之大本也;
和也者, 天下之達道也. 致中和, 天地位焉, 萬物育焉."

102 홀로 우뚝 서는 폐단: 겸선(兼善)하지 못하고 독선(獨善)에 치우치는 폐단.

103 당순지(唐順之): 명나라 상주부(常州府) 무진현(武進縣) 사람. 자는 응덕(應德)
또는 의수(義修), 호는 형천선생(荊川先生)이다. 가정(嘉靖) 8년(1529) 회시제일
(會試第一)로 급제했다. 한림원편수(翰林院編修)가 되어 역대의 실록(實錄) 교정
에 종사했다. 상사와의 충돌로 관직에서 물러나 교육연구에 힘썼다. 일찍이 총
독 호종헌(胡宗憲)이 왜구를 토벌할 때 적을 물리칠 계책으로 바다 밖에서 끊어
버려야지 육지로 올라오게 하면 내륙이 화를 당하리라고 건의했다. 직접 해군을
인솔해 장강(長江) 어귀 숭명(崇明)으로 적을 유인했다. 삼사(三沙)가 급보를 알
리자 호당(戶鐺)과 유현(劉顯)을 이끌고 가 구원해 직접 칼을 들고 공격했다. 왜
구의 포악함을 보고 스스로 해상 방위의 지휘 임무를 맡아 공을 세워 우첨도어
사(右僉都御史)와 봉양순무(鳳陽巡撫)에 올랐지만 병사했다. 학문이 넓고 해박
했으며, 천문과 수학, 병법, 악율(樂律) 등에 두루 능통했다. 무예에서도 일가를
이루었다. 귀유광(歸有光), 왕신중(王愼中), 모곤(茅坤) 등과 함께 당송산문(唐
宋散文)을 애호하여 당송파(唐宋派)로 불린다. 저서에 『형천집(荊川集)』 17권이
있다.

104 등이찬(鄧以讚): 명나라 강서(江西) 남창(南昌) 신건(新建) 사람. 자는 여덕(汝
德), 호는 정우(定宇), 시호는 문결(文潔)이다. 왕기(王畿)를 따라 다니면서 왕수
인(王守仁)의 학문을 익혔다. 융경(隆慶) 5년(1571) 회시(會試)에서 장원급제하
여 서길사(庶吉士)로 선발되고 편수(編修)에 임명되었다. 간언 때문에 장거정(張
居正)의 미움을 받자 질병을 이유로 사직했다. 나중에 복직하여 남경(南京) 국자
감좨주(國子監祭酒) 등을 거쳐 이부우시랑(吏部右侍郎)에 이르렀다. 다시 건저
(建儲)할 것을 주청하고, 삼왕(三王)이 함께 봉해진 일의 그릇됨을 강력하게 비
난했다. 왕수인의 양지설(良知說)을 전했다. 어머니 상을 당해 비통해하다가 몸
을 상해 죽었다. 저서에 강학어록(講學語錄)인 『정우어록(定宇語錄)』과 『등정우

집(鄧定宇集)』,『문결집(文潔集)』이 있다.

105 장원변(張元忭): 산음(山陰) 사람으로 자는 자신(子藎)이고, 호는 양화(陽和)다. 명(明)나라 때의 관리이자 학자다. 융경(隆慶) 5년(1571)에 진사(進士)가 되어 한림시독(翰林侍讀), 수찬(修撰), 좌유덕(左諭德) 등을 지냈다. 일찍이 왕기(王畿)와 교유하고, 양지학(良知學)에 정통했다. 저서로『운문지략(雲門志略)』,『한림제서선수(翰林諸書選粹)』가 있다.
연세대본『陽明學演論』에는 張兀作으로 잘못 기재되어 있다.

106 『羅洪先集』권1,「東宮朝賀疏」(庚子, 1540), 10~11쪽. "臣聞, 自古聖王之貽謀也, 未始不以禮爲防, 而其禮之行也, 又皆究微隱以周其慮. 盖於辨等威, 防漸習, 雖節目至細, 舉動至暫, 其關係至大而可久者, 尤不敢忽. 盖所以爲天下萬世, 而非以自私也. 臣伏覩皇天眷佑, 前曜揚煇. 陛下深惟古典, 早建儲宮, 已嘗下詔, 覃恩四方矣. 既而慎選宮僚, 備輔導以隆法制. 天下皆知陛下此舉至公至明, 所以定大計而消覬覦, 爲慮至深且遠也. 獨於令節上箋之禮稍遲以歲月者, 意者玉體未充, 而又持以謙抑耶? 夫人情之不容己者, 即禮之所由生. 今天下荷陛下覆育者已二十年, 有位者皆出拔置, 而有知者皆由涵濡, 而與之生成, 而又屢被霑露之恩. 正思所以報稱, 而莫之爲圖者. 及聞儲宮之建又三年矣, 使其徒仰法制之隆而未覩威儀之盛, 亦何以一其觀聽, 作其忠愛, 而使之不倦哉? 臣謂竭股肱之力, 致保護之誠, 天下臣民與臣殊責; 至於望清光, 樂盛美而罄私願者, 其心則一而已. 竊以明年正當天下臣儒朝覲會試之期, 而元日又爲三始之吉, 欲乞聖裁, 即於是日俟奉天殿, 大禮既成, 請皇太子出御文華殿受朝賀如儀. 臣思是時, 內自畿甸, 外達遐鄙, 上計之吏, 下及蠻夷君長, 雕題左袵之酋, 凡奉正朔而來王者, 皆得舞蹈庭墀, 必自慶以爲朝覲, 而且得見吾君之子也. 儒生學士稱說仁義者, 莫不矢初服而篤忠貞, 必且自慶相與謳歌吾君之子也. 是禮雖止於拜稽, 而實則可以萃羣情, 可以塞衆望, 可以昭大義. 不出宮禁而周四海, 不逾頃刻而垂萬萬年無疆之休. 是豈區區節目舉動而已哉! 或疑未告廟而臨臣民, 與禮不應. 臣請暫於奉先殿行禮, 或即代告, 自可通誠. 盖推祖考之愛, 有甚於子孫之敬, 而繁文在可畧矣. 或疑睿質和粹, 不宜遽離阿保. 臣請擇左右慣習之人, 委之扈從, 重裘累茵, 周帷複幄, 戴日而出, 納陛而行, 亦自與深宮不異. 又況血氣得動盪而益舒, 知識由習熟而漸廣, 其於宣節不

無相宜. 至於出閣講讀, 自有常期, 不敢豫瀆, 此正所謂禮之權也. 青輅既乘, 綵伏
斯備. 凡冠服之制, 几案之規, 幢羽節盖之華, 其職掌有常員, 而藏納有常處. 乞勅
所司, 及時督造. 仍查内外執事, 侍班員缺, 從公推補, 務在得人, 不徒具位. 至於
周廬之士, 虎賁之司, 亦望嚴擇, 然後任使. 是不待取其膂力以壯羽衛, 實欲審其
心意可托干城. 盖文物以昭數, 而陛盾以飾威, 斯二者又禮之微者也. 臣待罪宮寮,
職當引古誼以贊助道術. 今觀典禮未備, 分不宜嘿. 惟陛下亮其忠, 察其隱微, 而
早斷之. 臣不任摹切. 爲此具本, 親齎奏聞, 伏候勅旨."

107 『李贄文集』 제4책, 508쪽. "始致力於踐履, 中歸攝於寂靜, 晚徹悟於仁體."

108 『明儒學案』 卷18, 「江右王門學案三」, 「文恭羅念菴先生洪先」, 386쪽. "先生之學,
始致力於踐履, 中歸攝於寂靜, 晚徹悟於仁體."

109 『羅洪先集』 卷8, 「答高白坪」, 330쪽. "聖賢之學, 慎獨而已, … 故嘗以爲欲希聖,
必自無欲始; 求無欲, 必自静始."

110 『羅洪先集』 卷15, 「書馬鍾陽卷」, 659~660쪽. "無欲者, 吾心之真體, 天下無以尚
之者也. … 若謂心無無欲之體, 而以理欲交雜爲疑, 則至善終不可得而止也."

111 『羅洪先集』 卷6, 「奉李谷平先生(二)」, 177쪽. "心之本體, 至善也."

112 『羅洪先集』 卷6, 「奉李谷平先生(二)」, 177쪽. "心之本體, 至善也, 然無善之可執.
所謂善者, 自明白, 自周徧, 是知是, 非知非, 如此而已. 不學而能, 不慮而知, 順
之而已. 惟於此上倚着爲之, 便是欲, 便非本體. 明白亦昏, 周徧亦狹, 是非亦錯.
此非有大相懸隔, 只落安排與不安排耳. 孟子曰'勿忘勿助', 助固欲速, 忘豈無所用
其心哉? 必有所牽矣. 故耳目口鼻四肢之欲, 欲也, 有安排者, 亦欲也. 畢竟安排起
於有己, 故欲只是一原. 夫子所謂閑邪者, 其謂是否乎?"

113 『羅洪先集』 卷6, 「答王有訓」, 230쪽. "静坐收拾此心, 此千古聖學成始成終句. 但
此中有辨. 在静坐識得本心後, 根底作用俱不作疑, 即動静出入, 咸有着落, 分寸
不迷, 始爲知方. 然須從静中安貼得下, 氣機歛寂後, 方有所識. 不然, 即屬浮妄中
去矣. 念之有無多寡, 識心後應不作如此見解也."

114 『羅洪先集』 卷16, 「松原志晤」, 696쪽. "世間那有現成良知? 良知非萬死工夫, 斷不
能生也. 不是現成可得, 今人誤將良知作現成看, 不知下致良知工夫, 奔放馳逐, 無
有止息, 茫蕩一生, 有何成就? … 若無收斂静定之功, 却說自有良知善應, 即恐孔

孟復生, 亦不敢承當也."

115 『羅洪先集』권11, 「讀困辯錄抄序」, 474쪽. "譬之於水, 良知, 源泉也; 知覺, 其流
也. 流不能不雜於物, 故須靜以澄汰之, 與出於源泉者, 其旨不能以不殊, 此雙江公
所爲辨也."

116 『羅洪先集』, 「附錄一」, 胡直, 「念菴羅先生行狀」, 1381쪽. "始先生謂儒者之學在經
世, 而無欲爲本. 夫惟無欲, 然後用之經世者, 智精而力鋸."
胡直, 『衡廬精舍藏稿』권23. "始先生謂儒者之學在經世, 而無欲爲本. 夫唯無欲,
然後用之經世者, 智精而力鋸."

117 『羅洪先集』권15, 「書馬鍾陽卷」, 659~660쪽. "聞之古之善寡欲者, 非有欲之後而
務去之之謂也. 防於未然, 不復萌動焉爾矣. 吾心固不能以無欲也, 防之而使不復,
則亦未有自然廓淸之期. 如是而學, 猶之聚兵峙糧, 以冀寇之不我侵, 比於無備者
遠矣! 彼寇猶與我相持, 非所謂徹戒無虞. 善於治者, 保無虞; 善寡欲者, 保無
欲. 無欲者, 吾心之眞體, 天下無以尙之者也. 辨乎此, 而順以存之, 虛以養之. 譬
之於民, 耕田鑿井, 養生送死, 以各遂其有生之樂, 如是, 四境之內, 皆吾之赤子,
弧矢之利, 皆所以自守也. 誰爲寇我? 所謂天下歸仁, 雖有萌動焉者寡矣. 夫是之
謂寡欲. 率是寡欲者, 以施之身, 是躬行也; 推是寡欲者, 以加之民, 是美政也. 夫
是之謂聖學. 生有悟於此, 而愧未之能行. 君有其具, 得其端在, 致其精而已矣. 敢
述以請. 若謂心無無欲之體, 而以理欲交雜爲疑, 則至善終不可得而止也. 若謂保
無欲者頗難爲功, 此則存乎其人, 不可得而執一論也. 矧君摯摯然問於不肖, 有不
曉然於是者乎! 深山寡侶足音, 跫然輒有喜心, 況此學蕪昧久矣, 他日窺測稍眞,
而君之造詣日粹, 使生動色於足音, 則斯卷也, 未必非左劵也."

118 『羅洪先集』권8, 「答蔣道林」, 298~299쪽. "未幾入深山靜僻, 絶人往來, 每日塊坐
一榻, 更不展卷, 如是者三越月, 而旋以病廢. 當極靜時, 恍然覺吾此心虛寂無物,
貫通無窮, 如氣之行空, 無有止極, 無內外可指, 動靜可分, 上下四方, 往古來今,
渾成一片, 所謂無在而無不在. 吾之一身, 乃其發竅, 固非形資所能限也. 是故縱
吾之目, 而天地不滿於吾視, 傾吾之耳, 而天地不出於吾聽; 冥吾之心, 而天地不逃
於吾思. 古人往矣, 其精神所極, 卽吾之精神未嘗往也, 否則聞其行事而能憬然憤
然矣乎? 四海遠矣, 其疾痛相關, 卽吾之疾痛未嘗遠也, 否則聞其患難而能惻然盡

然矣乎? 是故感於親而爲親焉, 吾無分於親也, 有分於吾與親, 斯不親矣; 感於民而爲仁焉, 吾無分於民也, 有分於吾與民, 斯不仁矣; 感於物而爲愛焉, 吾無分於物也, 有分於吾與物, 斯不愛矣."

119 『羅洪先集』, 「附錄一」, 胡直, 「念菴羅先生行狀」, 1388쪽.

120 『羅洪先集』 권16, 「松原志晤」, 696쪽. (龍溪)問曰, "工夫有先後否?"是時余爲閭里均平賦役, 因擧似曰, "卽如均賦一事, 吾輩奉行當道德意, 稍爲鄕里出力, 只得耐煩細膩, 故從六月至今半年, 終日紛紛, 未嘗敢憎厭, 未嘗敢執着, 未嘗敢放縱, 未嘗敢張皇, 未嘗敢褻侮, 未嘗敢偏黨. 自朝至暮, 惟恐一人不得其所, 雖甚紛紛, 不覺身倦, 一切雜念不入, 亦不見動靜二境. 自謂此卽是靜定工夫, 非紐定嘿坐時是靜, 到動應時便無着靜處也."

121 허부원(許孚遠, 1535~1604): 절강(浙江) 덕청(德清) 사람으로, 자는 맹중(孟中) 또는 맹중(孟仲)이고, 호는 경암(敬菴)이며, 시호는 공간(恭簡)이다. 가정 41년 (1562) 진사가 되고, 남경공부주사(南京工部主事)에 올랐다. 만력(萬曆) 20년 (1592) 우첨도어사(右僉都御史)에 발탁되고, 복건(福建) 지방을 순무했다. 담약수(湛若水)의 제자 당추(唐樞)에게 수학했고, 학문은 극기(克己)를 중시했다. 왕양명의 학문을 존숭했고, 양지(良知)를 깊이 믿었다. 저서에 『경화당집(敬和堂集)』이 있다.

122 의종(毅宗, 1611~1644): 명(明)의 제16대 마지막 황제(재위 1627~44)로, 이름은 주유검(朱由檢), 묘호는 의종(毅宗), 시호는 장렬민제(莊烈愍帝), 연호는 숭정(崇禎)이다. 광종(光宗) 태창제(泰昌帝)의 다섯 번째 아들로 16세에 제위에 올라 쇠퇴해 가는 명을 부흥시키려고 노력했다. 환관 위충현(魏忠賢, 1568~1627)을 물리치고 정계를 숙정하여 만력 연간 이후 궁정 안에 뿌리박고 있던 동림당(東林黨)을 둘러싼 정쟁을 종식시켰다. 서광계(徐光啓, 1562~1633)를 기용하여 재정을 바로잡으려 했으나, 파벌당쟁은 날로 심각해지고 청(淸)에 대한 군비의 증대, 기근으로 인한 농민반란이 일어나 왕조의 쇠퇴로 이어졌고 1644년 이자성(李自成)의 반란군이 북경으로 쳐들어와 외성(外城)이 함락되자 그해 3월 만세산(萬歲山)에 들어가 고목에 목을 매어 자결했다.

123 축연(祝淵, 1614~1645): 명나라 절강(浙江) 해녕(海寧) 사람으로, 자는 개미(開

美)다. 숭정 6년(1633) 거인(擧人)이 되었다. 15년(1642) 겨울 회시를 보러 도성에 들어갔다가, 마침 유종주(劉宗周)가 간쟁하다 삭적(削籍)되자 상소를 올려 유종주를 옹호하다가 투옥되었다. 얼마 뒤에 석방되어 유종주를 스승으로 섬겼다. 청나라 군대가 항주(杭州)로 들어왔을 때 자결했다. 저서로는 『축자유서(祝子遺書)』 4권이 있다.

124 『明儒學案』 권11, 「員外錢緒山先生德洪」. "凡爲愚夫愚婦立法者, 皆聖人之言也. 爲聖人說道妙發性眞者, 皆聖人之言也."(答念菴)

125 정인보는 유종주의 독체를 체득하는 공부보다 전덕홍의 성의 공부가 보편적인 공부법이라고 보았다.

126 『王陽明全集』 권26, 「大學問」. "物者, 事也, 凡意之所發必有其事, 意所在之事謂之物. 格者, 正也, 正其不正以歸於正之謂也. 正其不正者, 去惡之謂也. 歸於正者, 爲善之謂也."

127 『陽明學演論』에는 "그러나 공부는 쌓는 것을 가지고 제시할 뿐이니 쌓은 뒤 쌓임으로 생기는 미묘나 영명이 나는 공부에 버무려 말할 것이 아니다"라고 되어 있다. 이 구절은 공부와 그 공부의 결실을 구분해야 함을 말한 것이다. 공부는 쌓아나가는 것이고, 결실은 공부가 쌓여서 얻어지는 미묘함과 영명함이다. 따라서 위 구절의 밑줄 친 부분은 그 의미상 '영명이 나는 것을 공부에'로 되어야 할 듯하다.

128 『明儒學案』 권62, 「忠端劉念臺先生宗周」. 會語問, "未發之中難以摸索." 曰, "中體瑩然, 何勞摸索, 纔摸索便不是中. 爲學莫先於辨誠僞, 苟不於誠上立脚, 千修萬修只做得禽獸路上人."

129 『明儒學案』 권62, 「忠端劉念臺先生宗周」. 祁世培問, "人於生死關頭不破, 恐於義利尙有未净處." 曰, "若從生死破生死, 如何破得? 只從義利, 辨得淸, 認得眞, 有何生死可言? 義當生自生, 義當死自死. 眼前正見一義, 不見有生死在."

130 『劉子全書』 권39, 「行狀」. "始而疑, 中而信, 終而辯難不遺餘力."

131 『明儒學案』 권62, 「蕺山學案」. "知善知惡之知, 卽是好善惡惡之意."

132 『明儒學案』 권62, 「蕺山學案」. "獨之外, 別無本體, 愼獨之外, 別無工夫."

133 『明儒學案』 권62, 「蕺山學案」. "『大學』之道, 一言以蔽之, 曰愼獨而已矣."

134 『明史』 권255, 「劉宗周列傳」.

135 『梅泉集』 제5권, 「絶命詩」 4수.

136 이옹(李顒, 1627~1705): 명말 청초 섬서(陝西) 주질(盩厔) 사람. 자는 중부(中孚)이고, 호는 이곡(二曲)이다. 가경제(嘉慶帝) 때 황제의 이름을 피해 용(容)으로 이름을 고쳤다. 명나라가 망하고 청나라가 일어나자 섬서(陝西)의 지방관이 천거해 조정의 초빙을 받았지만 한사코 사양했다. 손기봉(孫奇逢), 황종희(黃宗羲)와 함께 청나라 초기 삼대유(三大儒)로 불렸다. 학문은 육왕(陸王)을 종주로 삼았지만, 만명(晩明) 때 왕학(王學)이 너무 현담(玄談)을 좋아하자 불만을 드러냈다. 송학(宋學)을 숭상하면서 주희(朱熹)와 육구연(陸九淵)의 사상을 아울러 취했다. 강희(康熙) 연간에 동남쪽으로 무석(無錫)과 강음(江陰) 등지와 섬서 부평(富平), 화음(華陰) 등지에서 강학했는데, 많은 학자가 따랐다. 청나라 조정의 초빙이 잦아지자 곡기를 끊으면서까지 거절의 의지를 보였고, 결국 토실에 숨어 고염무(顧炎武)를 제외하고 사람들과의 왕래도 끊었다. 저서에 『사서반신록(四書反身錄)』과 『이곡집(二曲集)』 등이 있다.

137 위충현(魏忠賢, 1568~1627): 중국 명(明) 말기의 환관(宦官)으로 희종(熹宗)의 총애를 받아 비밀경찰인 동창(東廠)의 수장(首長)이 되었고, 동림파(東林派) 관료를 탄압하며 정치를 농단(壟斷)하여 명의 멸망을 촉진하였다.

138 『明儒學案』 권57, 「諸儒學案下五」, 「徵君孫鍾元先生奇逢 · 歲寒集」. "忠孝節義, 道中之一節一目. 文山以箕子自處, 便不亟亟求畢旦夕之命. 此身一日不死, 便是大宋一日不滅. 生貴乎順, 不以生自嫌. 死貴乎安, 不以死塞責."

139 『明儒學案』 권57, 「諸儒學案下五」, 「徵君孫鍾元先生奇逢 · 歲寒集」. "匹夫不可奪志也. 蓋志不可奪, 便是造命立命處."

140 『明儒學案』 권57, 「諸儒學案下五」, 「徵君孫鍾元先生奇逢 · 歲寒集」. 問, "士當今日, 道應如何?" 曰, "不辱身." 問不辱, 曰"薛文淸有言, 劉靜修百世之師也."

141 탕빈(湯斌, 1627~1687): 청나라 하남(河南) 저주(睢州) 사람. 자는 공백(孔伯) 또는 형현(荊峴)이고, 호는 잠암(潛菴)이며, 시호는 문정(文正)이다. 순치(順治) 9년(1652) 진사가 되고, 국사원검토(國史院檢討)에 올랐다. 강희(康熙) 연간에 박학홍사(博學鴻詞)로 천거되었다. 한림원(翰林院) 시강(侍講)을 거쳐 내각학사

(內閣學士)와 강녕순무(江寧巡撫)를 역임했다. 손기봉(孫奇逢)에게 수학했고, 실천궁행(實踐躬行)이 참된 도학(道學)이라 강조했다. 육왕학(陸王學)과 정주학(程朱學)을 아울러 존중하여 왕수인(王守仁)의 치양지(致良知)는 성학진맥(聖學眞脈)이고, 정주학은 오유지정종(吾儒之正宗)이라 했다. 저서에 『낙학편(洛學編)』과 『탕자유서(湯子遺書)』, 『잠암어록(潛菴語錄)』 등이 있다.

142 양(楊)·이(李) 당파: 양리는 당현종(唐玄宗)의 재상으로 나라를 망친 양국충(楊國忠)과 이임보(李林甫)를 가리킨다.

143 황존소(黃尊素, 1584~1626): 명나라 절강(浙江) 여요(餘姚) 사람. 자는 진장(眞長)이고, 호는 백안(白安)이다. 황종희(黃宗羲)의 아버지다. 만력 44년(1616) 진사가 되어 영국추관(寧國推官)에 임명되었다. 천계(天啓) 초에 산동도(山東道) 어사가 되어 열 가지 시정(時政)의 실책을 지적했다가 위충현(魏忠賢)의 미움을 받아 일 년 치 녹봉을 추탈당했다. 양련(楊漣)이 위충현을 탄핵했다가 문책을 당하자 분연히 항소했다. 나중에 글을 올려 만경(萬燝)의 정장(廷杖)과 하남(河南)에서 옥새(玉璽)를 올린 일 등을 논하다 더욱 위충현의 미움을 사 삭적당했다. 얼마 뒤 체포되어 옥에서 가혹한 고문을 받다가 죽었다. 시호는 충단(忠端)이다. 저서에 『충단공집(忠端公集)』 등이 있다.

144 정위(精衛): 염제(炎帝)의 막내딸 여와(如娃)가 동해에서 놀다가 빠져 죽어 변했다는 신화 속의 새 이름이다. 동해에 대해 원한을 품고서 복수를 하려고 늘 서산(西山)의 목석(木石)을 물어다 빠뜨려 바다를 메우려 한다고 한다. 『山海經·北山經』 참조.

145 주질(麈室): 연세대본 『陽明學演論』에는 '이실(麌室)'로 잘못 기재되어 있다.

146 『二曲集』, 附錄2, 「二曲先生窆石文」. "天下之大根本, 人心而已矣. 天下之大肯綮, 提醒天下之人心而已矣. 是故天下之治亂, 由人心之邪正. 人心之邪正, 由學術之晦明."

147 『二曲集』, 附錄2, 「二曲先生窆石文」. "愚則以悔過自新爲宗旨, 蓋下愚之與聖人, 本無以異, 但氣質蔽之, 物欲誘之, 積而爲過, 此其道在悔, 知悔必改, 改之必盡. 夫盡, 則吾之本原已復, 復則聖矣. 曷言乎自新? 復其本原之謂也."

148 『二曲集』, 附錄2, 「二曲先生窆石文」. "上士之於過, 知其皆由於吾心, 則直向其根源剗除之, 故其爲力易."

149 『二曲集』, 附錄2, 「二曲先生㙜石文」. "悔過者不於其身, 於其心. 於其心, 則必於
其念之動者求之. 故易曰'知幾其神', 而夫子以爲'顏子其庶幾', 以其有不善必知,
知必改也."

150 『二曲集』, 附錄2, 「二曲先生㙜石文」. "嗚呼不孝, 如此行爲何事, 而竟喋喋於此間,
尙爲有人心者乎? 雖得見顧高諸公書, 亦何益!"
全祖望의 문집.

151 『黃宗羲全集』권10, 「移史館論不宜立理學傳書」. "有明學術, 白沙開其端, 至姚江
而始大明. 蓋從前習熟先儒之成說, 未嘗反身理解, 推見至隱, 此亦一述朱, 彼亦一
述朱. 高景逸云, '薛文清, 呂涇野語錄中, 皆無甚透悟.' 亦爲是也. 逮及先師蕺山,
學術流弊, 救正始盡. 向無姚江, 則學脈中絕, 向無蕺山, 則流弊充塞. 凡海內之知
學者, 要皆東浙之所衣被也. 今忘其衣被之功, 徒訾其流弊之實, 無迺刻乎?"

6. 조선양명학파

1 연세대본 『陽明學演論』에는 '一'이 '日'로 잘못 기재되어 있다.

2 연세대본 『陽明學演論』에는 '崔明俊'으로 잘못 기재되어 있다.

3 『傳習錄』, 「陸澄錄」, 제95조에 유사한 구절이 나온다. 설간(薛侃)이 물었다. "뜻
[志]을 굳게 지키기를 마치 마음이 아픈 것처럼 하니, 마음이 온통 아픈 데 집중
해 있는데 어찌 한가로운 말을 하고 한가로운 일에 관여할 겨를이 있겠습니까?"
선생께서 대답하셨다. "처음 학문할 때는 그와 같이 공부해도 좋다. 그러나 (맹
자가) '드나듦이 일정한 때가 없으며, 그 방향을 알지 못한다'고 말했듯이, 마음
의 신명(神明)이 원래 그와 같음을 알아야 공부가 비로소 성과가 있게 된다. 만
약 필사적으로 지키기만 한다면 아마도 공부에 또 병폐가 생길 것이다(侃問, "持
志如心痛, 一心在痛上, 安有工夫說閒話管閒事?" 先生曰, "初學工夫如此用亦好.
但要使知'出入無時, 莫知其鄕', 心之神明原是如此, 工夫方有著落. 若只死死守著,
恐於工夫上又發病)."

4 양명의 이 발언은 제자 설간의 물음에 답변하는 과정에서 나온 것이다. 양명 자
신이 이런 병통을 지녔던 것은 아니다.

5 　기수에서 목욕하고 무우에서 노닌 뒤 시를 읊조리면서 돌아오는 흥취: 『論語』,
　「先進」에 나온다. "點! 爾何如?" 鼓瑟希, 鏗爾, 舍瑟而作. 對曰, "異乎三子者之
　撰." 子曰, "何傷乎? 亦各言其志也." 曰, "莫春者, 春服旣成, 冠者五六人, 童子
　六七人, 浴乎沂, 風乎舞雩, 詠而歸." 夫子喟然歎曰, "吾與點也!"

6 　『遲川先生集』권17, 「寄後亮書」. "辛晉翼來, 見二書, 李應徵又傳一書, 雖皆同時
　出, 慰則倍也. 信後消息, 且復何如, 崔明後不久當還, 苦待此行. 汝書云‘本來面
　目, 只於怳惚間看得依俙, 此乃工夫未熟而然也.’汝能覺得如此, 亦見日間點檢省
　察之功, 深可喜也. 陽明書云‘心本爲活物, 久久守着, 亦恐於心地上發病’, 此必見
　得親切自家體驗分明, 故其言如此. 以陽明之高明, 猶有是憂, 況汝方處逆境, 心事
　何能和泰如平人耶? 此時遽下刻苦工夫, 過爲持守, 或轉成他病, 亦不可不慮. 但
　就尋常言動間, 時加提撥, 不使此心走放, 往往靜坐默觀, 認取天機之妙. 常使吾
　心之體, 妙合於鳶飛魚躍之天則, 雖在囹圄幽縶之中, 自有詠歸舞雩之趣, 自足以
　樂而忘憂. 矧汝起居飮食, 猶得自由, 所與接者, 言語風習雖殊, 亦莫非吾之同胞,
　而其所得於天之五性七情, 與我未甚相遠, 豈不愈於木石麋鹿之與處者耶? 抑所
　謂本來面目常涵於虛明澄澈之地, 而發見於喜怒哀樂之間, 古人用功所以無間於動
　靜, 而日月寒暑之代謝, 風雲煙雨之變態, 莫非道體流行之妙, 而與吾方寸知覺之
　用, 上下同流, 滾合爲一, 但能覺得到此而常常體認, 則所謂依俙者自然分明, 所謂
　怳惚之間者自然恒久純熟矣. 吾非臻此境者, 但心之所存, 常在於此, 亦覺往往有
　得力處, 平生遭憂患難, 堪非一二, 賴此得不至大狼狽. 故爲汝言之, 庶他日父子相
　逢, 各言其別後所得多少, 而爲一番刮目相對地耳. 鳳吉昨從肅川來, 聞誼弟頗能
　安頓, 欲使留待數朔然後方有進退也. 餘在別紙."

7 　『陽明學演論』에는 ‘後箴’으로 되어 있으나 『지천선생집』에 근거하여 ‘復箴’으로 바
　로잡았다.

8 　『遲川先生集』권17, 「復箴」. "人所罔覺, 自心獨知."

9 　진회(秦檜, 1090~1155): 자는 회지(會之)이며, 강녕(江寧, 지금의 南京) 사람이
　다. 1115년 진사(進士)가 되고, 1131년 이후 24년간 재상의 자리에 있었다. 남
　침을 거듭하는 금군(金軍)에 대해 항전을 주장하는 여론을 누르고, 1142년 회하
　(淮河)와 진령(秦嶺)산맥을 잇는 선을 국경으로 하여, 금과 남송이 중국을 남북

으로 나누어 영유하기로 합의하였다. 이로 인해 민족주의를 내세운 후세의 주자학파로부터 비난을 받았다.

10 『인조실록』, 인조 14년 12월 14일 조.

11 유백증(俞伯曾, 1587~1646): 자는 자선(子先), 호는 취헌(翠軒)이다. 1612년(광해군 4년) 진사가 되고, 증광 문과에 병과로 급제하였으며, 1621년 병조좌랑이 되었다. 1623년 인조반정 때 공을 세워 정사공신(靖社功臣) 3등으로 기평군(杞平君)에 봉해졌다. 1627년(인조 5년) 정묘호란이 일어나자 강화도로 왕을 찾아가 사도시정(司寺正)에 임명된 뒤, 후금(後金)과의 화의가 잘못되었음을 상소하였다. 병자호란이 일어나자 부총관으로 왕을 남한산성에 호종하였다. 저서로는 『취헌소차(翠軒疏箚)』3권 3책이 있다. 시호는 충경(忠景)이다.

12 『昆侖集』권20,「遲川公遺事」. "老吏高孝悅, 吏胥中忠謹者也. 丙子亂後, 語完陵公云, '吾在圍城時, 嘗於曉頭向城埤, 黑影裏見有一丈夫, 衣玄色衣, 特坐城上, 獨語嗟歎云, '以不滿六尺之身, 獨冒衆謗, 竭誠捄國家, 賢哉賢哉.' 語意明指大監, 天明後視之, 乃俞杞平也.'"

13 임경업(林慶業, 1594~1646): 자는 영백(英伯), 호는 고송(孤松)이며, 충주 달천촌(達川村) 사람이다. 1618년(광해군 10년)에 무과에 급제하였다. 이괄(李适)의 난을 평정하는 데 공을 세워 진무원종공신(振武原從功臣) 1등이 되었다. 철저한 친명배청파(親明排淸派) 무장(武將)으로 활동하다가, 청나라에 그 행적이 알려져 심양으로 압송되던 중 탈출했다. 그 뒤 명나라에 망명하여 청나라와 싸우다 생포되었으며, 인조의 요청으로 조선으로 압송되어 형틀에서 장살(杖殺)되었다.

14 철석간장(鐵石肝腸): 의지가 철석같아 외물(外物)에 의해 동요되지 않음을 비유하는 말이다.

15 『谿谷漫筆』권1,「崔鳴吉首發講和之議」. "時虜兵屯平山, 去江都百餘里, 而行朝守備寡弱, 人情危懼. 雖斥和者外爲大言, 內實幸和議之成, 而畏浮議莫敢明言, 獨子謙遇事輒首發, 無所顧避, 卒以是被彈去."

16 『增補譯註遲川先生集』(Ⅰ), 5쪽.

17 『仁祖實錄』권48, 仁祖 25년(1647) 5월 17일(정사) 기사. "凡有緩急, 直前不避, 臨事剖析, 人無能及, 亦可謂救時之相也."

18 『遲川先生集』권17,「寄後亮書」. "所謂本來面目常涵於虛明澄澈之地, 而發見於喜怒哀樂之間, 古人用功所以無間於動靜, 而日月寒暑之代謝, 風雲煙雨之變態, 莫非道體流行之妙, 而與吾方寸知覺之用, 上下同流, 滾合爲一, 但能覺得到此而常常體認, 則所謂依俙者自然分明, 所謂怳惚之間者自然恒久純熟矣. 吾非臻此境者, 但心之所存, 常在於此, 亦覺往往有得力處, 平生遭憂患難, 堪非一二, 賴此得不至大狼狽."

19 『昆侖集』권20,「遲川公遺事」. "公與谿谷少時講學也, 見陸王之書, 悅其直指本體, 刊落枝葉, 兩公皆深取之. 公則中年覺其學術之有疵, 屢形於言論. 完陵公稍長涉學, 公嘗赴瀋道, 遺完陵公書, 備論陽明學術之病. 谿谷至老不改初見云."

20 『增補譯註遲川先生集』,「遲川先生續集」권1,「答張谿谷持國維書」七書, 乙亥 (1635, 지천 50세). "自心之眞妄, 本性之洞澈, 忽然激感, 喚起惺惺之主翁, 儼然端坐於靈臺之八窓, 收斂四海之所彌, 退藏方寸之攸密, 感應寂然之間, 覺得吾道指南而陸王之誤路也."

21 『增補譯註遲川先生集』,「遲川先生續集」권1,「答張谿谷持國維書」七書, 乙亥 (1635, 지천 50세). "中夜而起, 披覽吾輩前者所膽陸王之書, 大讀平日所嗜好之諸篇, 則倍覺與吾兄同榻之舊事也."

22 『傳習錄』,「答聶文蔚」제192조. "心也, 性也, 天也, 一也."

23 『增補譯註遲川先生集』,「遲川先生續集」권1,「答張谿谷持國維書」七書. "長夜如年, 萬籟俱寂之中, 偏讀論心論性之書, 其刊落枝葉, 直指本體者, 其所心性之說, 其妙悅人, 初則悅如昔年. … 誤認以陸王之奇處, 同入孔孟之大道."

24 『增補譯註遲川先生集』,「遲川先生續集」권1,「答張谿谷持國維書」七書. "論心之刊落枝葉, 論性之直指本體, 似奇非奇, 皆是自家學術之病處, 無非吾道正學之所害也. … 陽明之學多露禪學, 不自隱諱乎."

25 『增補譯註遲川先生集』,「遲川先生續集」권1,「答張谿谷持國維書」七書. "中夜而起, 披覽吾輩前者所膽陸王之書, 大讀平日所嗜好之諸篇, 則倍覺與吾兄同榻之舊事也. 長夜如年, 萬籟俱寂之中, 偏讀論心論性之書, 其刊落枝葉, 直指本體者, 其所心性之說, 其妙悅人, 初則悅如昔年. 及其一讀再讀, 自心之眞妄, 本性之洞澈, 忽然激感, 喚起惺惺之主翁, 儼然端坐於靈臺之八窓, 收斂四海之所彌, 退藏方寸

之攸密, 感應寂然之間, 覺得吾道指南而陸王之誤路也. 台兄以弟今是昨非之覺, 以爲如何?"

26 『增補譯註遲川先生集』, 「遲川先生續集」 권1, 「答張谿谷持國維書」 七書. "夫萬殊者, 莫非一本也. 其所一本者, 本於一理也. 惟心惟性, 若有少違於正心純性之工, 則所謂差之毫釐, 謬以千里者, 眞指此也."

27 『增補譯註遲川先生集』 권17, 「復箴」. "惟心本靈, 惟性本善."

28 『增補譯註遲川先生集』 권1, 「瑞興途中, 寄兒後亮」(時質潘中), "爲學不須多着說, 自心眞妄自心知, 待他到得澄明後, 流水閑雲意自遲." 유명종은 "이 구절은 분명히 양지독지를 노래한 것이다"(유명종, 『한국의 양명학』, 91쪽)라고 평가한다.

29 『增補譯註遲川先生集』 권17, 「復箴」. "惟顔之過, 一念之微. 人所罔覺, 自心獨知."

30 『增補譯註遲川先生集』 권17, 「復箴」. "惟顔之過, 一念之微. 人所罔覺, 自心獨知. 紅爐點雪, 應時卽化. 旣仁且勇, 與聖爲亞."

31 『西浦漫筆』 下-72. "崔完城終始主和, 固多是非, 亦非自盡其職, 無愧於心者耶!"

32 『增補譯註遲川先生集』 권11, 「丙子封事[第三]」. "今日攻臣之論, 出於若干年少之口, 而擧朝靡然, 或相和附, 其間非無知臣誣枉者, 而環立相視, 終不敢明臣心事者, 無他, 一開口則相隨而入於和議科臼中故也, 此見主和二字, 爲臣一生身累."

33 『增補譯註遲川先生集』, 「遲川先生續集」 권4, 「答長兒二書」. "諒天時察人事, 於强弱莫當之際, 以苦心達權, 不計身名之榮辱, 觸冒聚謗, 而講其和事, 以圖宗社之再安, 則此東臣之職分也."

34 『增補譯註遲川先生集』 권11, 「丙子封事(第三)」. "君子之所信者心也, 求諸心而無愧, 則毁譽之來, 特其外物耳."

35 『增補譯註遲川先生集』 권8, 「論典禮箚」(丙寅, 1626, 인조 4년, 공 41세). "臣謂維日, 天下寧有可以東可以西之禮文乎, 臣自此始知諸臣議禮之言, 皆未的當, 始取儀禮, 禮記及諸傳記, 反覆參考, 曉夜思量, 積數十日, 豁然若見得分明, 觸處皆通, 無可疑者, 蓋臣不至不辨皁白, 亦不至專昧文理, 而又能不以先入爲主, 虛心察理, 唯是是求, 又能耐久咀嚼, 苦心力索, 故良知之天, 一朝開悟而不可掩也, 於是出而語人曰, 今日之禮, 當以三年爲定, 聞者大駭, 到處指笑."

36 『增補譯註遲川先生集』 권8, 「論典禮箚」(丙寅, 1626, 인조 4년, 공 41세). "嗚呼,

世之所尙者名也, 而臣之所務者實也, 世之所論者迹也, 而臣之所信者心也, 世無眞儒, 是非混淆, 風俗澆薄, 乃臣欲以區區之力, 行古人之道於衰叔之世, 宜其動輒得謗而無所容也, 然不容何病, 顧在我者何如耳."

37 『谿谷先生漫筆』권1, 「陽明與白沙」. "陽明白沙論者, 竝稱以禪學. 白沙之學, 誠有偏於靜而流於寂者. 若陽明良知之訓, 其用功實地, 專在於省察擴充, 每以喜靜厭動, 爲學者之戒, 與白沙之學絶不同. 但所論窮理格物, 與程朱頓異, 此其所以別立門徑也."

38 나홍선(羅洪先, 1504~1565): 중국 명나라 때의 유학자. 호는 염암(念菴), 자는 달부(達夫)로 강서성(江西省) 사람이다. 1529년 진사(進士) 제1등의 우수한 성적으로 한림수찬(翰林修撰)을 제수받았으나, 1539년 직을 내놓고 관직에 뜻을 버렸다. 그 후 왕양명의 가르침에 독창(獨創)을 가미하여 사욕을 버리고 '일체의 인(仁)'을 깨달아서 실천해야 한다고 주장하였다. 문집에 『염암집(念菴集)』이 있다.

39 이 부분은 『양명학연론』에 빠져 있는 것을 『계곡만필』에 근거하여 보충하였다.

40 더욱 살피기가 어렵다: 『양명학연론』에는 이 부분이 "좀처럼 벗어나기 어렵다"고 번역되어 있다. 그러나 '더욱 살피기 어렵다'고 풀이하는 것이 『계곡만필』 원전에 부합할 듯하다.

41 『谿谷先生漫筆』권1, 「君子之棄小人之歸」. "待物而立者, 嬰兒也, 附物而成者, 女蘿也, 隨物而變者, 影魍魎也, 竊物而自利者, 穿窬也, 害物而自肥者, 豺狼也. 人而或近於斯五者, 則君子之棄而小人之歸矣. 下二者, 麗犯猶可易免, 上三者, 細累尤爲難察."

42 연세대본 『陽明學演論』에는 念臺가 念菴으로 잘못 기재되어 있다.

43 기복(起復): 나라에 일이 있을 때 상중(喪中)에 있는 대신(大臣)을 삼년상이 끝나기 전에 다시 벼슬에 임명하던 일.

44 한음의 고사: 1594년(한음 이덕형 33세)에 모친상을 당하여 벼슬에서 사직했으나 임금이 기복(起復)을 명하여 이조판서, 병조판서가 되고 훈련도감 당상을 겸한 일을 가리킨다.

45 연세대본 『陽明學演論』에는 '卿'이 '鄕'으로 잘못 기재되어 있다.

46 정두경(鄭斗卿, 1597~1673): 자는 군평(君平), 호는 동명(東溟)으로 이항복(李

恒福)의 문인이다. 1629년 별시문과에 장원으로 급제하고, 부수찬·정언 등을 역임하였다. 병자호란 때 척화·강화의 양론이 분분하자 10조(條)의 소를 올려 대책을 강조하였다. 저서로는 『동명집(東溟集)』 26권이 있다.

47   이경여(李敬輿, 1585~1657): 자는 직부(直夫), 호는 백강(白江)·봉암(鳳巖)이다. 1609년(광해군 1년) 증광 문과에 을과로 급제해 1611년 검열이 되었으나, 광해군의 실정이 심해지자 벼슬을 버리고 낙향하였다. 1623년 인조반정 직후 수찬(修撰)에 취임했고, 부제학(副提學)·좌승지·전라도관찰사·형조판서·우의정을 역임하였다. 저서로는 『백강집(白江集)』이 있다. 시호는 문정(文貞)이다.

48   『중용』은 바로 도를 닦는 가르침을 위하여 지은 것이다: 이러한 관점은 왕양명의 이해와 상통한다. 왕양명은 천명이 객관적으로 실재함을 부정하지 않는다. 그는 천명의 객관적 실재성을 인정하고, 그것을 도덕의 근원으로 간주하는 송학의 도덕적 형이상학을 수용한다. 천도와 성명이 서로 관통함을 긍정하는 것이다. 그러나 왕양명의 관심은 천명의 실재성을 논증하는 데 있지 않다. 그는 도덕적 형이상학의 토대 위에서 구체적인 개인이 해야 할 바의 과업이 무엇인지를 논의하는 데 관심을 기울인다. 그에 의하면 천명이 사람에게 부여된 것이 본성이다. 이 본성대로 사는 것이 사람의 일이다. 그런데 대부분의 사람은 자기의 본성대로 살지 못한다. 이 때문에 본성대로 사는 길을 닦아나가는 것이 학자가 일삼아야 할 일로 부각된다. 장유는 양명학의 이러한 견해를 그대로 수용하고 있다.

49   周濂溪의 「太極圖說」에 나온다.

50   『谿谷先生漫筆』 권1, 「中庸章句中有疑者三」. 余讀中庸章句, 有疑者三焉, 錄之以求正於有道. 首章曰, "天命之謂性, 率性之謂道, 修道之謂敎", 中庸爲修道之敎而作也. 故下文卽繼之曰, "道也者, 不可須臾離也, 可離非道也." 因言戒懼愼獨致中和之事, 此卽修道之實也. 修是修明修治之謂, 猶君子修之吉之修也. 章句曰, "修, 品節之也, 敎, 若禮樂刑政之屬是也." 以品節釋修字, 本欠親切, 禮樂雖所以治身, 比之戒懼愼獨則似差緩. 若乃刑政是爲治之具, 元無關於學者身心. 以是修道, 無乃外乎? 夫捨本章所言戒懼愼獨致中和等切近之訓, 而遠擧禮樂刑政以爲敎, 此余之所疑一也.

51   『谿谷先生漫筆』 권1, 「我國學風硬直」. "中國學術多岐, 有正學焉, 有禪學焉, 有丹

學焉. 有學程朱者, 學陸氏者, 門徑不一, 而我國則無論有識無識, 挾筴讀書者, 皆稱誦程朱, 未聞有他學焉. 豈我國士習果賢於中國耶? 曰非然也. 中國有學者, 我國無學者, 蓋中國人材志趣, 頗不碌碌, 時有有志之士, 以實心向學, 故隨其所好而所學不同, 然往往各有實得. 我國則不然, 齷齪拘束, 都無志氣. 聞程朱之學世所貴重, 口道而貌尊之而已. 不唯無所謂雜學者, 亦何嘗有得於正學也? 譬猶墾土播種, 有秀有實而後五穀與稊稗可別也. 茫然赤地之上, 孰爲五穀, 孰爲稊稗者哉?"

52　『昆侖集』卷20,「遲川公遺事」. "公與谿谷少時講學也, 見陸王之書, 悅其直指本體, 刊落枝葉, 兩公皆深取之. 公則中年覺其學術之有疵, 屢形於言論. 完陵公稍長涉學, 公嘗赴瀋道, 遺完陵公書, 備論陽明學術之病. 谿谷至老不改初見云."

53　『月汀先生集』卷5,「答張翰林維書」. "左右於陽明, 獨喜其說之超詣, 謂其眞足以高出於諸儒之見而多所自得, 旣求見全集而服膺不暇."

54　『霞谷集』卷2,「答崔汝和書(錫鼎)」(癸酉). "嘗觀谿老於陽明之書, 惟其文義見解之熟, 故一見便會, 無不得其要領, 於是每歎先輩眼目之高胸懷之公."

55　『谿谷先生漫筆』卷1,「我國學風硬直」.

56　『谿谷先生漫筆』卷1,「陽明與白沙」. "陽明白沙論者, 竝稱以禪學. 白沙之學, 誠有偏於靜而流於寂者. 若陽明良知之訓, 其用功實地, 專在於省察擴充, 每以喜靜厭動, 爲學者之戒, 與白沙之學絶不同. 但所論窮理格物, 與程朱頓異, 此其所以別立門徑也."

57　『退溪先生文集』卷41, 雜著,「白沙詩敎傳習錄抄傳, 因書其後」. "滉謹按陳白沙·王陽明之學, 皆出於象山, 而以本心爲宗, 蓋皆禪學也."

58　『退溪先生文集』卷41, 雜著,「白沙詩敎傳習錄抄傳, 因書其後」. "滉謹按陳白沙·王陽明之學, 皆出於象山, 而以本心爲宗, 蓋皆禪學也. 然白沙猶未純爲禪, 而有近於吾學. … 此其不盡廢書訓, 不盡鑠物理, 大槩不甚畔去, 但其悟入處, 終是禪家伎倆."

59　『谿谷先生漫筆』卷1,「陽明與白沙」. "但所論窮理格物, 與程朱頓異, 此其所以別立門徑也."

60　『傳習錄』,「薛侃錄」, 제127조. "馬子莘問, '修道之敎, 舊說謂聖人品節吾性之固有, 以爲法於天下, 若禮樂刑政之屬. 此意如何?' 先生曰, '道卽性卽命. 本是完完全全,

增減不得, 不假修飾的, 何須要聖人品節? 卻是不完全的物件. 禮樂刑政是治天下之法, 固亦可謂之敎. 但不是子思本旨. 若如先儒之說, 下面由敎入道的, 緣何舍了聖人禮樂刑政之敎, 別說出一段戒愼恐懼工夫? 卻是聖人之道爲虛設矣.'"

61 『谿谷先生漫筆』권1, 「中庸章句中有疑者三」.

62 『承政院日記』, 인조 3년(1625) 9월 5일. 維日, "人之爲人, 只以此心, 苟失良心, 事爲不當於理. 日夜動靜, 惟當操持此心而已."

63 『遲川先生集』권17, 「寄後亮書」. "陽明書云心本爲活物, 久久守着, 亦恐於心地上發病. 此必見得親切自家體驗分明, 故其言如此. 以陽明之高明, 猶有是憂, 況汝方處逆境?"

64 주자학의 격물치지에 대한 풀이에 대해 정제두는 왕양명과 동일한 회의에 직면한다.

65 실학은 속일 수 없는 한 점 양지에 부합하는 학문이다.

66 그 진리성을 경전에서만 확인한 것이 아니라 자기의 마음속에서 발견한 것이다.

67 『霞谷集』권11, 「附門人等以先生文集事往復書牘」. 沈樗村與李□□□□書略日, "師門之托, 只有吾輩, 而遺集以先生雅志言之, 不靳人知, 只作箱篋中物, 亦何所介介, 而自後死者道理觀之, 亦不敢一如先生之意者, 蓋義之所在, 與之推敚而無害也. … 此實吾輩之責, 而顧無效力之處, 俯仰懷痛而已."(辛酉四月) 又書略日, "遺集事更無可說, 只當收拾於亂藁中明白可知者書出, 不可知者置之. 此則吾兄之責, 然後從容商議取舍, 以入净本之際, 弟何敢不盡其心歟. 此言已言于李德胤, 使之一竝搜出, 以送于兄所. 蓋此事非兄則亦不知其頭面故耳."(同年五月)

68 『霞谷集』권9, 「存言下」. "道之明惟在得其人而體之耳. 豈宜呶呶於世, 以求勝於非其人乎? 不遇有志者則默而已, 只傳其方, 以待後之知者能者. 如楊雄之玄, 世不知其文章, 濂溪之學, 世無知其爲道, 後之知者見其書, 自有知而闢之者, 其惟待於後之有知者乎. 此道豈一人之私乎也? 學之所以如是反復辨難者, 非以求勝也, 欲以求益也, 非以求知也, 欲以求正也. 無非欲以明乎斯道, 而務得於己之故也, 非以一毫求於人知, 而幸得其許與故也. 吾學求諸內而不求諸外. 所謂求諸內者, 非反觀內省而絶外物也. 惟求其自慊於內, 不復事於外之得失, 惟盡其心之是非, 不復徇於人之是非, 致其實於事物之本, 不復拘於事爲之迹也. 在於吾之內而已, 豈

與於人哉?"

69   『霞谷集』권9,「存言下」. "朱子之學, 其說亦何嘗不善, 只是與致知之學, 其功有迂直緩急之辨, 其體有分合之間而用已耳. 其實同是爲聖人之學, 何嘗不善乎? 後來學之者多失其本, 至於今日之說者則不是學朱子, 直是假朱子, 不是假朱子, 直是傅會朱子, 以就其意, 挾朱子而作之威, 濟其私."

70   『霞谷集』권9,「存言中」. "善惡無定形, 以其循本然之理者謂善, 動於氣而用事者謂惡. 其行雖善, 苟有動於氣則非善之本也. 故善不可以一定爲善, 故不過以循理者謂之至善, 性善而已. 實無善之可定名, 故曰無善. 然則無善之善字, 是定名之善字也, 非至善之善字也."

71   『霞谷集』권8,「存言上」. "朱子以其所有條通者謂之理, 雖可以謂之該通於事物. 然而是卽不過在物之虛條空道耳, 茫蕩然無可以爲本領宗主者也."

72   『霞谷集』권11,「門人語錄」. 李震炳曰, "先生之道德才器, 進可以開物成務, 尊主安民. 退可以化俗牖蒙, 繼往開來."

73   『霞谷集』권11,「遺事」. "公於黨論是非之爭, 絶不向人說道, 未嘗與世干涉, 而且近世儒家聚徒立門, 互相爭論, 心嘗痛惡, 故窮居僻處, 以絶聚會之道, 是公雅性然也."

74   영조도 정제두를 산림 가운데 덕망이 높은 유현으로 존경한 바 있으며, 우의정 송인명(宋寅明)도 그를 유현대로(儒賢大老)로 평가한 바 있다. 『霞谷集』권11, 「諸臣筵奏」참조.

75   신작의 저서로는 『시차고(詩次故)』·『춘추좌씨전례(春秋左氏傳例)』·『역차고(易次故)』·『상차고(尙次故)』·『노자지략(老子旨略)』 등이 있다.

76   李匡臣, 『先藁』책1,「論鄭霞谷學問說」. "先生初年, 從事考亭之學, 大全語類等書, 義理精微, 蠶絲牛毛, 靡不研究玩索. 而顧於格致之說, 反心驗諸事, 終有所牴牾者. 中年以後, 得陽明書讀之, 至其致良知知行合一之說, 簡易淨潔, 不覺躍如而有省. 又復參之諸經, 凡精一明誠之妙, 鑿鑿相符, 遂乃專心致志於此. 此非故欲求異於考亭, 只以入門下手處, 不能無繁簡離合之差而然也."

77   『霞谷全集』권3,「答李伯祥書」, 70쪽.

78   『霞谷全集』권1,「上朴南溪書 甲子」, 13쪽.

79 『霞谷全集』 권2, 「再答鄭景由書」, 65쪽. "第惟道理者, 天下之公, 非一家私言, 千古聖傳, 方冊俱有, 凡有未得於心, 唯當理曉心諭, 剖決昭釋, 務歸乎義理之正當, 可也. 今則不然, 徒出於同異之攻, 詬罵之事, 此特後世黨習之下策, 非所以與議於論道也, 若是於辨學末也."

80 『霞谷全集』 권5, 「筵奏」, 戊申 3월 25일, 174쪽.

81 『霞谷全集』 권5, 「筵奏」, 戊申 5월 2일, 216~217쪽.

82 『霞谷全集』 권5, 「筵奏」, 戊申 5월 2일, 214~215쪽.

83 『霞谷全集』 권2, 「答閔彦暉書」, 38쪽.

84 『霞谷全集』 권1, 「上朴南溪書 庚申」, 11쪽.

85 『霞谷全集』 권7, 「上宋尤齋問目 丙辰」, 7쪽. "蓋雖正當者 如一有固必之意 則已是私耳."

86 『圓嶠集選』 권6, 「祭閔兄士相鈺文」 "維歲辛酉八月十又五日丁未, 完山李匡師操百韻四言薦鷄, 哭祭于近故中表兄弘齋閔先生靈柩之前日, 噫余當初, 志學頗篤, 緣何志學, 見兄感激, 余在孩亂, 兄在總丱, 時兄輕衒, 跳操無憚, 或笑或啼, 或蹶或搏, 嗔駭作鬧, 或刮或摘, 無有止時, 爲患甚大, 人皆響蹙, 謂無可奈, 至譬而醮, 亦復如是, 忽在一日, 狞變行止, 睫垂握高, 肩竦背直, 促武徐趨, 坐如縛束, 時笑時言, 中度應繩, 孰有信者, 見怪愈增, 問是何故, 曰學孔子, 今歲如是, 明歲如是, 至于屢歲, 亦復如是, 私欲日去, 日見公理, 透義理關, 窮性命源, 眞見誠僞, 就實剗繁, 遂成大儒, 昔之怪者, 與響蹙者, 反皆咨詫, 無有異辭, 余時思度, 人亦有言, 去私欲極, 人可堯舜, 余不始信, 亦旣見兄, 知是言信, 余時思度, 是兄初年, 難望常人, 一日好學, 成此大儒, 余亦好學, 亦應如是, 如是思度, 余時浸淫, 仙及佛道, 膺錄飛昇, 與彼到, 謂必可成, 自夫見兄, 實事實言, 於心屏營, 一日盡棄, 仙及佛道, 與夫日用, 一切嗜好, 自是厥後, 自有善念, 念念志學, 日證時驗, 如有進益, 只在外面, 人不見中, 只見外面, 或謂進益, 余實有疾, 見艷色人, 可憐非一, 有過余前, 余色愈莊, 心實悅豫, 如風絮狂, 見高官人, 作富貴容, 鄙夷不顧, 心實憧憧, 終莫脫然, 如是類之, 文章技藝, 詭異神奇, 妙味高屋, 一切名利, 玩好之事, 亦皆如是, 如是反之, 好賢樂善, 其實不誠, 皆以外面, 余時思度, 如是之習, 比之世上, 朴椎嗒遢, 自恣之人, 其實不如, 其故何由, 彼罔毁譽, 此能成僞, 欺謾光耀, 釣窃

善名, 弊端不少, 余知是思, 思所醫治, 此豎治方, 只有去私, 以其心情, 只如外面, 已而已矣, 其開可勉, 只如絲忽, 此絲忽開, 言之甚易, 其實大難, 余時思度, 如余所學, 作輟滅裂, 實難去私, 旣難去私, 只得外面, 莊敬日解, 日就肆劼, 漸漸至於, 收拾不得, 兄見如是, 作大憫惻, 每每觀勖, 同作好事, 余實不誠, 終至暴棄, 只有媿慚, 一念餘在, 終欲賴兄, 叱罵警誨, 復復初心, 終欲感兄, 實事實言, 力去私情, 閉棺之前, 得爲可人, 因循之頃, 兄已厭塵, 自古皆死, 有聞而死, 在兄何盡, 奈何吾矣, 譬如失極, 莫辨方向, 又如瞽者, 當歧遺杖, 又如入海, 臨船失導, 今已已矣, 今後之道, 只當感兄, 實事實言, 實情效則, 得爲可人, 毋得負兄, 實情觀勖, 生者責望, 只此而足, 只思所爲, 只如當初, 心情之私, 不得去除, 今歲如是, 明歲如是, 至于老死, 亦復如是, 今後之道, 只得與兄, 如對面坐, 作成一盟, 莊爾外面, 無得夷, 去爾心情, 一切邪私, 只如外面, 無得違畔, 敬以是意, 焫香一瓣, 薦酒一巵, 二拜而告, 兄如信此, 長歡不吐."

87 「의주왕문답(擬朱王問答)」; 이광신의 문집인 『선고(先藁)』에는 「의왕주문답(擬王 朱問答)」으로 되어 있다.

88 『圓嶠集選』 권9, 「五兄恒齋先生行狀」. "書之壁曰學當用功於心髓入微, 自底篤實 輝光. 大本立, 雖私欲有萌, 非所患也. 若就標末粧綴, 適足以長傲. 自謂進高明, 而不知陷於狠戾險嫉, 直可哀也."

89 『周易』, 「繫辭傳」. "仁者見之謂之仁, 知者見之謂之知."

90 『先藁』 책3, 「祭霞谷鄭先生文」(丙申, 이광신 37세). "於乎, 知道者希, 名實不明而 同異難分. 認紫爲朱者, 固妄矣, 指朱爲紫者, 亦惑矣. 世以先生爲爲王氏之學, 而 迳庭乎考亭也, 鮮能尊信而慕嚮焉, 甚者則視以端緒之異門路之差, 有若白黑之判, 不翅如紫之於朱, 其亦不思也已. 如使王氏與先生之學, 離絕事物, 脫略文字, 以知 見爲障礙, 以了悟爲究竟, 則謂之背朱子可也, 異端亦可也. 而然王氏之學, 不但於 一片良知上, 單傳妙契, 而又復稽驗經訓, 研精理義, 彌綸乎事務, 發揮乎文章, 則 其不可謂染空寂也, 明矣. 先生亦已先立其大者, 而優優乎學博而知多, 上自唐虞 洙泗微言奧旨, 下逮濂洛關閩游楊謝蔡, 夥然衆說, 參互講證, 如誦己言, 以至禮 樂算數星曆坤輿, 凡理之所寓, 靡不淹貫. 蓋或浩而靡涯, 孰云寡而有偏. 然則其 將喚先生爲王氏學乎, 考亭學乎? 彼末俗之訾詆, 特侏儒之觀場而已. 嗚呼! 王朱

之分, 蓋原於格物之訓. 朱訓以至而以爲窮至事物之理, 王訓以正而以爲誠正本原
之功. 於是乎, 後之學者, 各有所主, 主於王者謂, '晦庵先事物後本原, 無反身之要
而有支離之弊.' 主於朱者謂, '陽明專本原遺事物, 無窮理之工而有經獵之疾.' 然愚
竊以爲不然. 今格字之爲至爲正, 未知其孰得於孔子曾子之旨, 而兩家之學, 未必
局於斯而有所偏也. 何者? 今夫人除非自暴自棄者, 若其有志乎學, 則窮理誠身斯
二者, 自不能不兩下工夫. 日用事物, 千條萬緒, 開眼森羅, 自有揣遏不得, 必要隨
事而講索焉. 此心方寸, 凝氷焦火, 轉頭起滅, 自有放過不得, 必須隨處而存省焉.
此不待格字之爲至爲正, 而方知講索而存省也, 而車鳥之輪翼, 自不可擧一而廢一
故也. 然則晦庵豈可死守一至字, 而事物未窮之前, 一任本原之操舍之, 事物旣窮
然後, 方下本原之功歟? 陽明亦豈可局定一正字, 而本原未正之前, 姑舍事物之來
接, 而本原旣正之時, 無用事物之功歟? 誠如是則晦庵果支離也, 陽明果徑躐也.
而晦庵一生苦心竭力, 從事於程子'未有致知不在敬'之訓, 則其不爲先事物後本原,
可見矣. 陽明平日立言行事, 每於動上用邊, 煞占分數, 則其不爲專本原遺事物, 亦
可見矣. 故曰, 此特就『大學』訓義上, 各隨主意之如何而爲至爲正而已, 而兩家之
學, 未必局於斯而有所偏也. 然則後學之論彼此者, 只可論訓說之是非得失, 而不
必并疑其學術之爲支離爲經躐也. 假令或有入頭之少殊, 而此亦不過爲智者之知仁
者之仁, 子貢之知子路之勇顧, 何必分門割戶, 互相詆排也哉!"

91 정제두는 40대 후반 안산 추곡(楸谷)으로 들어온 후 60세까지 이곳에 묻혀 학문
   을 하였다.

92 정인보는 이 글이 『하곡전서』 부록에 실려 있다고 한다. 그러나 지금 전해지는
   『하곡전집』에는 이 글이 실려 있지 않다. 이것을 통해 정인보가 보았던 『하곡전
   서』가 오늘날 전해지는 『하곡전집』과 다름을 알 수 있다.

93 『傳習錄』, 「徐愛錄」, 제9조. "禮字卽是理字. 理之發見可見者謂之文, 文之隱微不
   可見者謂之理, 只是一物. '約禮'只是要此心純是一箇天理. 要此心純是天理, 須就
   理之發見處用功."

94 『霞谷集』 권11, 「祭文」. 門人金陵李震炳祭文略曰, "先生以醇粹之資, 負特立之才,
   超然於俗學之中, 以聖人爲可必至, 德性以爲本, 問學以爲工, 溯伊洛關閩之源, 講
   周孔思孟之道. 博聞强識, 深體力究, 知眞踐實, 足目俱到, 玩心於性命之際, 獨觀

乎昭曠之原, 動靜交資, 敬義夾持, 充養旣至, 德器自成, 心與道合, 泯然無際, 晬和之氣, 盎於面背, 其所知之博則於帝王爲治之道, 陰陽造化之理, 萬事萬物之變, 無不融會貫通, 以臻其極. 上下與天地同流之妙, 固有所默識之者, 雖未嘗得志而行道, 知道者當識其貴, 雖未嘗立意而爲言, 知言者當識其要, 而若其獨知自得之妙則有非人所窺測而知者也. 嗚呼! 世之無眞儒, 而學絶道喪久矣. 其所謂學者, 率皆繳繞於文義, 沒溺於章句, 捨本而趣末, 冒眞而售僞, 外托仁義之名, 內濟功利之私而已. 當是時苟非天下之大智大勇, 其孰能眞有志於聖人之事而脫洪流返眞源若是哉?"

95 『圓嶠集』, 「圓嶠先生墓誌(李匡呂)」. "公於諸經四書, 多不能曲從先儒. 尊事鄭霞谷先生, 而先生主王氏, 公於王氏, 亦未契致良知說. 平日精義異聞, 屢稱鄭先生. 先生喪, 服麻會窆."

96 『圓嶠集選』卷6, 「祭恒齋從兄文」. "始慕晦菴, 闡明格致, 後聞霞谷, 新建之說, 用心於內, 當合行知, 不比夫人, 蔓延支離, 初學昧要, 易至外馳, 兄契於心, 求之數歲, 尊崇信慕, 終乃生疑, 復將王朱, 二書在兀, 一一參互, 比較得失, 始時黑白, 棼然參差, 如是累歲, 血戰不已, 終見晦翁, 純然無疵, 王之爲說, 過高而捷."

97 『圓嶠集選』卷6, 「祭恒齋從兄文」. "齊莊之容, 顯獨一施, 方其齊莊, 匪枯木如, 乾乾有事, 輒見中和, 欲以此心, 直契宣尼, 培達根源, 以作萬事, 惟此入頭, 貴先眞知, 不如葱嶺, 直欲上達, 又不似饒, 胡層生葉枝, 專向箋註, 校讐至死."

98 『圓嶠集選』卷2, 「書贈稚婦繭紙(有序通押佳灰)」. "余慕霞谷鄭先生德儀積歲年, 而居稍左, 辛亥春, 始入江都, 拜先生牀下, 聞實學之要. 其明歲復入留累月, 盆有聞, 後或往來. 丙辰八月, 盡室入江都, 專爲卒業計, 舟次甲津, 聞先生已觀化."

99 『圓嶠集選』卷2, 「書贈稚婦繭紙(有序通押佳灰)」. "余平生幸不見撢當世之君子, 得從事聞緒言亦衆矣, 屢拜至親習而愈益畏敬, 不敢小解者, 獨於先生見之. 蓋先生之學, 專於內實於己, 如喬嶽之蓄大海之藏. 榮華不顯於外, 待接人, 言辭詳盡, 仁和旁暢, 而人自畏之也. 余識淺不敢知造道至何地, 而槩其去外誘存實理則無餘境矣."

100 『信齋集』冊2, 「與虞臣」. "體理集義, 吾輩所說之學也. 先求事物, 吾輩所憫之弊也. 然玩心物理者, 必欲凡於事物窮究到底, 故得以心有據守, 業有絟束, 積銖累寸, 不至放逸, 而吾輩則旣知學不可求之物, 故遂慢忽事物, 所謂求之心者, 則每患

658

實理難積, 光景先露. 終至無所遊心, 反馳騖於詩文雜技之中."

101 『信齋集』책2,「與虞臣」. "子則曰'致其良知而誠此意', 吾則曰'格其本末而誠此意', 是皆欲專功於愼獨省察之際. 以求理事物, 猶謂之騖外也. 其爲學之名, 豈不切近篤實無一分浮雜之理者哉? 乃所爲則雖舊學之極靡濫者, 亦羞爲者也. 此將奈何?"

102 『信齋集』책2,「答虞臣」. "子之前日之信朱, 今日之信王, 要之皆非實體, 而得其可信. 始於客氣上定主意, 終於主意中立義理. 立心之久, 自顧其心眞若實心, 而終是當初, 則自客氣來也. 如此則安知今日所言'頭腦眞切'者, 果是實體得眞箇頭腦乎?"

103 『椒園遺藁』책2,「從祖兄信齋先生家傳」. "忠翊嘗喜王氏致良知之說, 先生曰, '王氏之學, 浮高染禪, 須學晦庵爲正.' 忠翊久而後信其然. 先生疑向書古文之贗, 忠翊不然, 先生往復辨詰甚苦, 忠翊遂服. 先生謂『大學』格物, 卽指物有本末, 而致知者, 致知所先後之知也. 忠翊謂格物致知, 卽誠意之方, 而若以物有本末之物, 知所先後之知, 指爲格物致知之物與知, 則文義未協, 竟未相合. 而同謂'古本無錯脫', 同謂'一篇專言本末先後, 而知所先後爲其要', 則亦未爲不同也."

104 中純夫,『조선의 양명학』(이영호 외 옮김, 성균관대학교 출판부, 2016), 233~238쪽.

105 『信齋集』책2,「與虞臣」. "體理集義, 吾輩所說之學也. 先求事物, 吾輩所憫之弊也."

106 『信齋集』책2,「答虞臣」. "稽山之學, 誠有浮高染禪與明的灑落之兼有. 故非若朱子用功純一也, 實不可誣也. 夫朱子之道, 若日月之明, 昭揭于人, 而於稽山則世皆不知爲何人, 不究其用功, 徒以訾詆爲利, 吾固病之. 然亦豈可固其長而並護其短, 斥其短而遂埋其長哉? 稽山見識透悟, 其言省察克治之方, 集義養氣之說, 俱明的灑落, 甚有益於末世馳騖功利之弊. 然如勸弟子用扇, 而謂不可以禮節綑縛, 至言伊川必斥罵曾點, 則是其浮高也. 門人以實相幻相爲問, 而先生敷演其理, 眞是能仁敷座, 空生偏袒, 則是其染禪也. 一是習性之未盡祛, 一是舊學之未盡脫. 其言語氣像, 自不勝二者之弊. 故至其末流, 則謔浪雜散, 出入異敎, 無所不至. 其明的灑落之補於世少, 而浮高染禪之害滔天, 可不嘅哉? 雖子之爲學, 亦不可不知此而精擇也."

107 『信齋集』책2,「與虞臣」. "稽山之學, 再傳而爲顏鈞, 三傳而爲李卓吾, 滔天之弊, 百倍舊學."

108 『信齋集』책2,「答虞臣」. "掩覆十尺之材, 有一尺之朽, 良工截去其朽, 用其不朽,

則便爲美材, 一尺不足累九尺之美. 若强欲歸此材於無欠, 便謂朽處尤見其美而不去, 則此本終爲朽材. 吾子之論稽山, 不幸近是, 其所好之, 適以害之. 稽山見理善者多, 不善者少. 謂不當執其不善而蔽其善則可, 豈可竝護所短而强作呶呶乎? 子之前日之信朱, 今日之信王, 要之皆非實體, 而得其可信. 始於客氣上定主意, 終於主意中立義理. 立心之久, 自顧其心眞若實心, 而終是當初, 則自客氣來也. 如此則安知今日所言'頭腦眞切'者, 果是實體得眞箇頭腦乎?"

109 『椒園遺藁』 권2, 「從祖兄信齋先生家傳」. "忠翊甞喜王氏致良知之說, 先生曰, '王氏之學, 浮高染禪, 須學晦庵爲正.' 忠翊久而後信其然. 先生疑尚書古文之贋, 忠翊不然, 先生往復辨詰甚苦, 忠翊遂服. 先生謂'大學'格物, 卽指物有本末, 而致知者, 致知所先後之知也. 忠翊謂格物致知, 卽誠意之方, 而若以物有本末之物, 知所先後之知, 指爲格物致知之物與知, 則文義未協, 竟未相合. 而同謂'古本無錯脫', 同謂'一篇專言本末先後, 而知所先後爲其要', 則亦未爲不同也."

110 『信齋集』 권2, 「與虞臣」. "體理集義, 吾輩所說之學也. 先求事物, 吾輩所憫之弊也. 然玩心物理者, 必欲凡於事物窮究到底, 故得以心有據守, 業有絈束, 積銖累寸, 不至放逸, 而吾輩則旣知學不可求之物, 故遂慢忽事物, 所謂求之心者, 則每患實理難積, 光景先露. 終至無所遊心, 反馳騖於詩文雜技之中."

111 『信齋集』 권2, 「與虞臣」. "子則曰, '致其良知而誠此意', 吾則曰, '格其本末而誠此意', 是皆欲專功於愼獨省察之際. 以求理事物, 猶謂之騖外也. 其爲學之名, 豈不切近篤實無一分浮雜之理者哉? 乃所爲則雖舊學之極靡濫者, 亦羞爲者也, 此將奈何? 此固知而不行之致. 然知而不行四字, 夫豈開口便說知行合一者之所可爲哉? 未知此學果有太快過捷之弊, 以至吾輩而極邪? 抑學固眞的, 而吾輩自誤邪? 未知使吾輩復以精究物理爲學, 則或心身有依, 不至此放浪邪? 抑吾之放浪, 是無論彼此, 都不用力之罪, 故雖改言議, 將依舊此習氣邪?"

112 『湛軒書』 內集4卷, 補遺, 「毉山問答」. "生民之惑有三. 食色之惑, 喪其家. 利權之惑, 危其國. 道術之惑, 亂天下."

113 『湛軒書』 內集4卷, 補遺, 「毉山問答」. "正學之扶, 實由矜心. 邪說之斥, 實由勝心. 救世之仁, 實由權心. 保身之哲, 實由利心. 四心相仍, 眞意日亡, 天下滔滔, 日趨於虛."

114 『陽明學演論』에는 '漢道'라고 되어 있으나 「의산문답」에 따라 '漢業'으로 고쳐서 번역했다.

115 『湛軒書』內集4卷, 補遺, 「毉山問答」. "處士橫議, 周道日蹙. 秦皇焚書, 漢業少康. 石渠分爭, 新莽篡位. 鄭馬演經, 三國分裂. 晉氏淸談, 神州陸沈."

116 『湛軒書』內集4卷, 補遺, 「毉山問答」. "四夷侵疆, 中國謂之寇. 中國瀆武, 四夷謂之賊. 相寇相賊, 其義一也."

117 『湛軒書』內集4卷, 補遺, 「毉山問答」. "使孔子浮于海, 居九夷, 用夏變夷, 興周道於域外, 則內外之分, 尊攘之義, 自當有域外春秋."

118 劉明鍾, 「北學派의 陽明學—湛軒의 主氣說을 中心으로—」(1975), 99쪽.

119 『湛軒書』外集 권1, 「杭傳尺牘」, 「與篠飲書」. "竊以爲陽明之高, 可比莊周, 而學術之差, 同歸於異端矣."

120 『湛軒書』外集 권3, 「杭傳尺牘」, 「乾淨衕筆談」. "陽明間世豪傑之士也. 愚嘗讀其書, 心服其人, 以爲九原可作必爲之執鞭矣."

121 『湛軒書』外集 권3, 「杭傳尺牘」, 「乾淨衕筆談」. "陽明間世豪傑之士也. 文章事業, 實爲前朝巨擘."

122 『湛軒書』外集 권3, 「杭傳尺牘」, 「乾淨衕筆談」.

123 『湛軒書』外集 권3, 「杭傳尺牘」, 「乾淨錄後語」. "東儒之崇奉朱子, 實非中國之所及. 雖然惟知崇奉之爲貴, 而其於經義之可疑可議, 望風雷同, 一味掩護, 思以箝一世之口焉. 是以鄉原之心, 望朱子也."

124 『湛軒書』外集 권3, 「杭傳尺牘」, 「乾淨衕筆談」.

125 『湛軒書』外集 권1, 「杭傳尺牘」, 「與篠飲書」. "陽明嫉俗, 乃致良知, 此其憫時憂道之意, 不免於矯枉過直, 而橫議之弊, 無以異於迂儒曲士, 正道之害, 殆有甚於記誦訓詁."

126 『湛軒書』外集 권1, 「杭傳尺牘」, 「與篠飲書」. "陽明之背朱子, 要在於格物致知."

127 『湛軒書』外集 권1, 「杭傳尺牘」, 「與篠飲書」. "陽明之背朱子, 要在於格物致知 … 夫良知者, 孟子之說也. 苟其致之, 大人之心, 乃赤子之心也. 夫誰曰不可. 然其所以致之者, 不先之以窮理之功, 其不至於指東爲西, 認賊爲子乎?"

128 宋錫準, 「實學派의 思想에 나타난 陽明學的 思惟構造」(『儒教思想研究』, 1994),

413쪽.

129 上同, 415쪽.

7. 후기

1 국가를 보전하기 위하여 자신과 가정을 희생한 열사들을 그 구체적인 사례로 들
   수 있다.

2 『傳習錄』,「黃省曾錄」, 제274조. "蓋天地萬物與人原是一體, 其發竅之最精處, 是
   人心一點靈明."

3 김흠운: 내물마립간의 8대손으로, 아버지는 잡찬(迊湌) 달복(達福)이다. 태종무
   열왕의 사위이며, 신문왕의 장인이다. 655년 신라가 고구려와 백제에 북쪽 변
   방 33성을 빼앗기자 낭당대감(郎幢大監)으로 출전하여, 병사들과 고락을 같이하
   며 전쟁에 참여하였다. 백제 땅 양산(陽山: 충청북도 영동) 밑에서 진을 치고 조
   천성(助川城: 충청북도 영동의 飛鳳山城)을 공략하려다가 백제군의 기습을 받아
   패배하였다. 대사(大舍) 전지(詮知)가 일단 후퇴하여 후일을 기약하자고 권유하
   는 것을 뿌리치고 적과 싸우다가 끝내 전사하였다.

자료

『谿谷集』, 張維, 민족문화추진회, 1992.

『昆侖集』, 崔昌大, 민족문화추진회, 1997.

『羅洪先集』(上·下), 羅洪先, 鳳凰出版社, 2007.

『蘭谷存稿』, 李建芳, 동구문화사, 1971.

『論語』, 동양고전연구회 역주, 지식산업사, 2001.

『論語集註』, 성백효 역주, 전통문화연구회, 1990.

『薝園文錄』, 정인보, 정양완 옮김, 태학사, 2006.

『薝園鄭寅普全集』, 정인보, 연세대학교 출판부, 1983.

『湛軒書』(상·중·하), 洪大容, 민족문화추진회, 2000.

『大學中庸集註』, 성백효 역주, 전통문화연구회, 2010.

『매천집』 3, 황현, 권경열 옮김, 한국고전번역원, 2010.

『孟子集註』, 성백효 역주, 전통문화연구회, 2010.

『明史』, 中華書局, 1959.

『明儒學案』(修訂本), 黃宗羲, 中華書局, 2008.

『朴殷植全書』, 朴殷植, 檀國大學校出版社, 1975.

『四書或問』, 朱熹, 保景文化社, 1986.

『象山全集』, 陸九淵, 中華書局, 民國 76.

『書經集傳』(상·하), 성백효 역주, 전통문화연구회, 1998.

『徐愛 錢德洪 董澐集』, 徐愛·錢德洪·董澐, 鳳凰出版社, 2007.

『先藁』, 李匡臣, 한국학중앙연구원 소장본.

『信齋集』, 李令翊, 민족문화추진회, 2000.

『신편 원교이광사문집』, 李匡師, 심경호·길진숙·유동환 공편, 시간의물레, 2005.

『顏鈞集』, 顏鈞, 中國社會科學出版社, 1996.

『陽明學演論』, 정인보, 《사상계》, 1953.6~1953.7.

『陽明學演論(外)』, 정인보, 삼성문화재단, 1972.7.

『王畿集』, 王龍溪, 鳳凰出版社, 2007.

『王心齋全集』, 王艮, 據日本嘉永元年(1846) 和刻本影印, 中文出版社, 1987.

『王陽明先生實記』, 朴殷植, 최재목·김용구 譯註, 선인, 2011.

『王陽明全集』, 王守仁, 上海古籍出版社, 1992.

『王龍溪語錄』, 王龍溪, 廣文書局, 1977.

『王龍溪全集』, 王龍溪, 和刻本.

『圓嶠集選』, 李匡師, 필사본.

『위당 정인보의 양명학 연론』, 정인보, 홍원식·이상호 옮김, 한국국학진흥원, 2005.

『劉宗周全集』, 劉宗周, 臺灣 中央研究院 , 1997.

『二曲集』, 李顒, 中華書局, 1996.

『二程集』, 程顥·程頤, 臺北: 漢京文化事業有限公司, 1980.

『李贄文集』, 李贄, 社會科學文獻出版社, 2000.

『張載集』, 張載, 中華書局, 1978.

『傳習錄』, 王守仁, 정인재·한정길 옮김, 청계, 2002.

「朝鮮儒學과 王陽明」, 李建芳(《동아일보》), 1933년 4월 15일부터 6월 12일까지 8회에 걸쳐 吉星

山人이라는 필명으로 연재).

『周敦頤集』, 周敦頤, 中華書局, 1990.

『周易傳義』(상·하), 성백효 역주, 전통문화연구회, 1998.

『朱子語類』, 朱熹, 中華書局, 1986.

『朱熹集』, 朱熹, 四川教育出版社, 1996.

『重刻心齋王先生全集』, 王艮, 弘化4年 和刻本.

『增補譯註遲川先生集』(Ⅰ~Ⅳ), 崔鳴吉, 최병직·정양완·심경호 역주, 선비, 2008.

『遲川集』, 崔鳴吉, 민족문화추진회, 1989.

『椒園遺藁』, 李忠翊, 필사본.

『霞谷集』, 鄭齊斗, 민족문화추진회, 1995.

『何心隱集』, 何心隱, 中華書局, 1960.

『黃宗羲全集』, 黃宗羲, 浙江古籍出版社, 1994.

논저/논문

강석화, 「담원 정인보 선생에 대한 연구사 정리」, 《애산학보》 39, 2013.

강화양명학 연구팀, 『강화학파의 양명학』, 한국학술정보(주), 2008.

금장태, 『한국양명학의 쟁점』, 서울대학교 출판부, 2008.

김교빈, 『양명학자 정제두의 철학사상』, 한길사, 1995.

김세정, 『왕양명의 생명철학』, 청계, 2006.

민영규, 『강화학 최후의 광경』, 우반, 1994.

_____, 「爲堂 鄭寅普선생의 行狀에 나타난 몇 가지 문제점—實學原始」, 《東方學誌》 13집, 연세대 국학연구원, 1972.12.

송석준, 「實學派의 思想에 나타난 陽明學的 思惟構造」, 《儒敎思想硏究》 7, 유교학회, 1994.

심경호, 「江華學과 담원 鄭寅普」, 《語文硏究》 107, 한국어문교육연구회, 2000.9.

_____, 『강화학파의 문학과 사상(3)』, 한국정신문화연구원, 1995.

_____, 「위당 정인보와 강화학파」, 《열상고전연구》 제27집, 열상고전연구회, 2008.6.

유명종, 『왕양명과 양명학』, 청계, 2002.

_____, 『韓國의 陽明學』, 동화출판공사, 1983.

윤남한, 『조선시대의 양명학 연구』, 집문당, 1982.

이상호, 「정인보 실심론의 양명좌파적 특징」, 《陽明學》 15호, 한국양명학회, 2005.

_____, 「鄭寅普의 陽明哲學 研究實心論을 中心으로」, 계명대학교, 1998.

정양완, 『강화학파의 문학과 사상(2)』, 한국정신문화연구원, 1995.

정인재, 『양명학의 정신』, 세창출판사, 2014.

최영성, 『한국유학사상사』(Ⅲ), 아세아문화사, 1997.

최재목, 『내 마음이 등불이다』, 이학사, 2003.

_____, 『동아시아의 양명학』, 예문서원, 1996.

_____, 「鄭寅普『陽明學演論』에 나타난 王龍溪 이해」, 《양명학》 16, 한국양명학회, 2006.7.

_____, 「정인보의 양명학 이해」, 《양명학》 17, 한국양명학회, 2006.12.

한정길, 「19세기 강화학파 학인들의 현실인식과 대응 논리―이시원과 이건창을 중심으로―」, 《대동문화연구》 104, 대동문화연구원, 2018.

_____, 「난곡 이건방의 양명학 이해와 현실 대응 논리」, 《양명학》 51, 한국양명학회, 2018.

_____, 「박은식의 유교구신론에 반영된 서양정치사상」, 『서양 정치사상과 유교 지평의 확장』, 동과서, 2019.

_____, 「왕수인의 경세사상―'治道'의 새로운 발견과 그 이론화를 중심으로」, 《양명학》 46, 한국양명학회, 2017.

_____, 「王陽明의 마음의 철학」, 연세대학교 대학원 박사학위논문, 1999.

_____, 「위당 정인보의 삶과 학문에 나타난 실심·실학의 정신」, 『다산과 현대』 창간호, 연세대학교 강진다산실학연구원, 2008.

_____, 「위당 정인보의 양명학 연구와 다산 이해」, 《다산과 현대》 8, 연세대학교 강진다산실학연구원, 2015.

_____, 「정인보의 양명학관에 대한 연구」, 《東方學志》 141, 연세대학교 국학연구원, 2008.

_____, 「정제두 「대학설」의 특징과 그 경학사상사적 의미」, 《한국실학연구》 37, 한국실학학회, 2019.

_____, 「조선양명학의 실심실학과 조선 후기 실학―위당 정인보의 양명학관에 대한 비판적 성찰을 중심으로―」, 《한국실학연구》 28, 한국실학학회, 2014.

_____, 「조선조 관료지식인의 양명학관 연구(3)―지천 최명길의 양명학관을 중심으로―」, 《한

국사상사학》 52, 한국사상사학회, 2016.

_____, 「조선후기 실학자들의 양명학관」, 《한국실학연구》 10, 한국실학학회, 2005.

_____, 「지천 최명길의 『대학』관―주희의 『대학』 해석에 대한 반성의 한 양상―」, 《대동철학》 83, 대동철학회, 2018.

_____, 「태주학파 왕간의 '안신설'에 기초한 경세사상」, 《태동고전연구》 42, 태동고전연구소, 2019.

_____, 「하곡 정제두의 주자학 반성과 심본체론」, 《한국실학연구》 9, 한국실학학회, 2005.

홍이섭, 『양명학연론』 해제, 삼성문화문고, 1972.

余英時, 『宋明理學與政治文化』, 臺北 允晨文化, 2008.

吳震, 『陽明後學硏究』, 上海人民出版社, 2003.

_____, 『泰州學派硏究』, 中國人民大學出版部, 2009.

張學智, 『明代哲學史』, 北京大學出版社, 2000.

錢明, 『陽明學的形成與發展』, 江蘇古籍出版社, 2002.

陳來, 안재호 옮김, 『송명성리학』, 예문서원, 1997.

_____, 전병욱 옮김, 『양명철학』, 예문서원, 2003.

나카 스미오(中純夫), 이영호 · 이혜인 · 곽성용 공역, 『조선의 양명학』, 성균관대학교 출판부, 2016.

岡田武彦, 『王陽明と明末の儒學』, 明德出版社, 1970.

지은이

정인보(鄭寅普, 1893~1950)

자는 경업(經業), 호는 담원(薝園)·위당(爲堂)이며 본관은 동래다. 강화학파 학맥을 계승한 경학가요 경세가요 사학자로서, 실심실학(實心實學)의 본의(本義)를 구명하여 민족의 위기를 극복하고자 하였다. 연희전문학교 교수를 지냈고, 해방 직후에는 국학대학 학장과 대한민국 초대 감찰원장을 역임하였다. 대표적인 저서로는 '조선고서해제' 18편(1931),『양명학연론』(1933),『오천 년간 조선의 얼』(1935) 등이 있다.

역해자

한정길(韓正吉)

연세대학교에서 양명학 연구로 박사학위를 취득하고, 현재 한림대학교 태동고전연구소 연구교수로 재직하고 있다. 저서로『동양고전 속의 삶과 죽음』(공저, 2018),『동서사상의 회통』(공저, 2019) 등이 있고, 역서로『전습록』(공역, 2001),『국역심경주해총람』(공역, 2006) 등이 있으며,「정인보의 양명학관에 대한 연구」(2008),「왕수인의 경세사상」(2017),「정제두「대학설」의 특성과 그 경학사상사적 의미」(2019) 등의 논문이 있다.

양명학연론

본심이 감통하는 따뜻한 세상

1판 1쇄 찍음 | 2020년 12월 17일
1판 1쇄 펴냄 | 2020년 12월 31일

지은이 | 정인보
역해자 | 한정길
펴낸이 | 김정호

책임편집 | 박수용

펴낸곳 | 아카넷
출판등록 2000년 1월 24일(제406-2000-000012호)
10881 경기도 파주시 회동길 445-3 2층
전화 031-955-9511(편집) · 031-955-9514(주문) | 팩시밀리 031-955-9519

www.acanet.co.kr | www.phildam.net

ⓒ 한정길, 2020

Printed in Paju, Korea.

ISBN 978-89-5733-718-9 94150
ISBN 978-89-5733-230-6 (세트)

이 도서의 국립중앙도서관 출판시도서목록(CIP)은
서지정보유통지원시스템 홈페이지(http://seoji.nl.go.kr)와
국가자료공동목록시스템(http://www.nl.go.kr/kolisnet)에서
이용하실 수 있습니다.(CIP제어번호: CIP2020052543)